AF138369

Martin Dobrizhoffer

Geschichte der Abiponer

Einer berittenen und kriegerischen Nation in Paraquay-Bereichert mit einer Menge

Beobachtungen über die wilden Völkerschaften, Städte, Flüsse, vierfüssigen Tiere,

Amphibien, Insekten, merkwürdigsten Schlangen, Fische und Vögel

Martin Dobrizhoffer

Geschichte der Abiponer
Einer berittenen und kriegerischen Nation in Paraquay-Bereichert mit einer Menge Beobachtungen über die wilden Völkerschaften, Städte, Flüsse, vierfüssigen Tiere, Amphibien, Insekten, merkwürdigsten Schlangen, Fische und Vögel

ISBN/EAN: 9783743301702

Hergestellt in Europa, USA, Kanada, Australien, Japan

Cover: Foto ©Lupo / pixelio.de

Manufactured and distributed by brebook publishing software
(www.brebook.com)

Martin Dobrizhoffer

Geschichte der Abiponer

Geschichte
der Abiponer,

einer berittenen und kriegerischen Nation
in
Paraquay.

Bereichert
mit einer Menge Beobachtungen über die wilden Völker=
schaften, Städte, Flüße, vierfüßigen Thiere, Amphi=
bien, Insekten, merkwürdigsten Schlangen, Fische, Vögel,
Bäume, Pflanzen, und andere Eigenschaften dieser
Provinz.

Verfaßt
von Herrn Abbe Martin Dobrizhoffer,
achtzehn Jahre lang gewesenen Missionär in Para=
quay.

Aus dem Lateinischen übersetze
von
A. Kreil.

Erster Theil.

WIEN,
bei Joseph Edlen von Kurzbek k. k. Hof=
buchdrucker, Groß= und Buchhändler 1783.

Pluris eſt oculatus teſtis unus, quam auriti
    decem;
Qui audiunt, audita dicunt, qui vident, plane
    ſciunt.

Ein Augenzeuge gilt mehr, als zehn Ohren-
    zeugen.
Der etwas höret, ſagt blos, was er gehöret
    hat; der es ſieht, weiß es gewiß.

               Plautus (*in Truculento* 2. 6.)

Vorrede

an

den Leser.

Während meines zwey und zwanzigjährigen Aufenthalts in Amerika war Europa; und seit meiner Rückkehre in Oesterreich Amerika der Gegenstand der vielen Fragen, die man von allen Seiten an mich stellte. Andern nun die Mühe diese Fragen an mich zu stellen, und mir die, sie zu beantworten, zu ersparen; theils auch Män-

nern

nern vom ersten Range ein Genüge zu thun,
schrieb ich gegenwärtige Nachrichten. Eine Unternehmung von dieser Art kann für mich nicht
anders, als äußerst bedenklich, und mit vielen
Unannehmlichkeiten verbunden seyn, wenigstens
in unserem Zeitalter, da eine Menge Aristar-
chen sich zur Gewohnheit gemacht haben, nichts
zu loben, als was von ihrer, oder ihrer Anhänger Feder herrühret, und alles übrige als litte-
rarische Auswüchse zu verachten.

Uiber Paraquay ist bekanntermaßen von
Vielen Vieles geschrieben worden; von Wenigen,
denen die Wahrheit am Herzen lag, aufrichtig;
von Keinem Alles. Man glaube nicht, daß ich
schon einmal gekaute Dinge aufwärme. Meine
Geschichte beschäftiget sich mit den Abiponern einem wilden, kriegerischen, und berittenen Volke,
das beinahe keinem Schriftsteller, der von Amerika handelt, selbst nicht einmal dem Namen nach
bekannt ist. Dessen ungeachtet ist diese Nation
für Paraquay eine der furchtbarsten. Eingenommen für ihre alte Freyheit, und mächtiger als
alle andere nicht sowohl durch die Anzahl ihrer
Krieger als durch ihre Mordkünste verbreitete sie
weit um sich herum Furcht, und Schrecken. So
sehr der Spanier alle übrigen europäischen Nationen an Größe des Geistes, und dem Kriegsglü-
 cke

cke übertraff; so sehr erwarb er sich, sobald er den
Fuß in Amerika setzte, bei allen Völkerschaften
der Antipoden durchgängig den Ruhm eines fürchterlichen Siegers. Kaum waren noch Indianer
übrig, die Gewalt mit Gewalt abzutreiben sich
getraueten; denn wider die spanische Tapferkeit
hielt kein amerikanisches Heer aus, so zahlreich
dasselbe auch seyn mochte. Wagten es einige den
Feuer speyenden Schlünden ihre Kolben, Spieße,
Pfeile und Schleudern, das ist, dem Eisen, und
dem Metalle, Holz, Steine und Rohre entge-
genzusetzen; so sahen sie dennoch am Ende ein,
sie könnten nichts Beßeres thun, als sich ergeben,
sobald sie es mit den celtiberischen Ankömmlingen auf-
zunehmen hätten. Oft rieben diese mit einem
kleinen Haufen ganze Heere der Wilden auf, und
oft war der Sieg entschieden, ohne daß ein Treffen gewaget wurde. Ungeachtet nun nach der
Eroberung von Mexiko, Peru, Chili, Quito,
Paraquay, Tukuman und anderer ungeheuern
Provinzen, und Inseln beinahe alle Nationen dem
spanischen Szepter gehuldiget hatten; so retteten
dennoch die Abiponer dadurch, daß sie bald listig
flohen, bald siegreich kämpften, bis auf unsere
Zeiten ihre Freyheit. Sie machten sogar die
spanischen Kolonien durch ihre vielfältige Ueber-
fälle und blutige Niedermetzelungen mehrere Jahre hindurch, leider! oft genug zittern, bis sie

)(4 end-

endlich im Jahre 1747, um Menſchlichkeit und Religion zu lernen von unſern Leuten in Pflanzörter gebracht wurden, und ſich dem ſpaniſchen Monarchen, dem ganz Paraquay gehöret, wie ſie längſt hätten thun ſollen, zu unterwerfen anfiengen.

Da ich mich ſieben Jahre in den vier Kolonien der Abiponer aufhielt, ſo beobachtete ich nahe genug ihre Sitten, Gebräuche, Kriegszucht, ihren Aberglauben, die Niederlagen, die ſie erlitten, und die ſie anrichteten, ihre politiſchen und ökonomiſchen Verfaſſungen, und die Schickſale der neuen Pflanzungen. Ich habe nun dieſes alles mit mehr Aufrichtigkeit, als Geſchmack niedergeſchrieben, und glaube hierinnfalls Nachſicht zu verdienen. Denn wer wird wohl von mir das Zierliche des Livius, Salluſt, Cäſar, Strada, oder Maffei fodern können, nachdem ich ſo viele Jahre hindurch alles Umganges mit den Muſen, und aller Uibung im Lateine entbehren mußte: wiewohl ich übrigens ſehr darauf geſehen habe, daß, da mein Werk von den Wilden handelt, ſelbes nicht auch in einer rohen, und fehlerhaften Sprache zum Vorſchein käme. Ich werde glauben alles gethan zu haben, wenn man von meiner Wahrheitsliebe überzeugt iſt. Die Aufrichtigkeit des Geſchichtſchreibers war immer der glänzendſte

Schmuck

Schmuck der Geschichte. Wahrheiten, und so
viel es möglich war, gewisse Wahrheiten zu schreiben lag mir vorzüglich am Herzen. Ich fodere
nicht, daß man mich lese, bewundere, lobe: aber
das glaube ich mit Recht fodern zu können, daß
man mir Glauben beimesse. Manches wird manchem unglaublich, oder übertrieben scheinen, wenn
er nicht zum Voraus weiß, daß der Unterschied
zwischen einem amerikanischen Wilden, und einem gesitteten Europäer nicht kleiner ist, als der
Abstand zwischen Amerika und Europa.

Ich habe in die Erzählung der abiponischen
Merkwürdigkeiten manchmal Beispiele aus dem
Alterthume, und manchmal Kernsprüche miteiu-
gestreuet (so ungefehr, wie wir unsere Speisen
zu würzen pflegen) keineswegs in der lächerlichen
Absicht den Ruhm eines Philologen dadurch zu
erhaschen, sondern um deutlich darzuthun, daß
die Gebräuche und Meinungen der Abiponer bei
andern Völker in Europa und Asien schon in den
ältesten Zeiten üblich waren. Die kriegerischen
Vorfälle der Abiponer, bei denen gemeiniglich mehr
gelärmet, als Blut vergossen wurde, habe ich
ziemlich umständlich beschrieben ohne aber darum
ins Weitschweifige verfallen zu seyn. Ich glaube
hierinnfalls dem Beispiele des Titus Livius fol-

)(5   gen

gen zu müßen, welcher nicht nur die blutigen
Schlachten bei Kannä, dem See Trasymenus,
Trebia, Thermopilä, sondern auch die Balgereyen
einiger Haufen des angehenden Roms mit den
Albanern, Sabinern, Fidenaten, Vejentern, und
andern benachbarten Völkerschaften einer weitläuftigen Erzählung würdigte. Uibrigens machten die
Ablponer, ob sie gleich bei ihren Streifereyen in
den spanischen Provinzen mehr plünderten und
verwüsteten, als ordentlich Krieg führten, in ihren in so vielen Jahren so vielmal wiederholten
Einfällen eine unglaubliche, ich möchte fast sagen,
unzählige Menge Menschen nieder. Den Zeitpunkt einer jedweden Ereigniß habe ich selten angemerkt, theils weil ich mich nicht der Gefahr zu
irren aussetzen wollte; theils auch um der Kürze
willen: und es ist mir überhaupt lieber, daß meine Leser Sachen von minderem Belange gar nicht
wissen, als daß sie selbe unrecht wissen. Stets
war mein vorzüglichstes Augenmerk hierauf gerichtet; und ich habe mir es zum Gesetze gemacht,
nichts Zweifelhaftes oder Unzuverläßiges für zu-
verläßig auszugeben. Fügte es sich aber zuweilen,
daß ich aus bewährten Schriftstellern einiges, was
mir selbst nicht hinlänglich bekannt war, erzählte; so waren es solche, denen ich eben so gut
als meinen eigenen Augen trauen konnte. Vielmals habe ich auch bei Gelegenheit von dem, was

ich)

ich selbst gethan, oder erdulbet habe, Meldung gemacht um der Vollständigkeit der Geschichte willen. Wer mir dieses verargen wollte, müßte auch auf den Julius Cäsar, und Paulus den Apostel (wenn man anders kleine Dinge mit grossen vergleichen darf) übel zu sprechen seyn; weil sie ebenfalls ihre Thaten, und ihre Leiden selbst aufgezeichnet haben. Bis hieher habe ich meine Leser mit dem Innhalte, den Beweggründen und dem Plane meiner Schrift bekannt gemacht; noch habe ich einiges zu erinnern, damit sie sich nicht an meiner Geschichte irgendwo stossen, oder mir unrecht thun.

Bemerket man zuweilen, daß andere Schrift-steller, welche die Geschichte von Amerika bearbei-tet haben, einiges verneinen, was ich behaupte, oder behaupten, was ich verneine; so wünschte ich, daß man sich in seinem Urtheile nicht über-eilen, und mich oder die andern, denen ich zu widersprechen scheine, alsogleich eines Irrthums, oder einer Unrichtigkeit beschuldigen möchte. Wie! Wenn wir alle zusammen recht hätten? Die andern, wenn bei ihnen von Mexiko, Peru, oder Kalifornien die Rede ist, und ich, der ich blos Paraquay vor Augen habe? Denn was von einem Lande äußerst richtig ist, ist es vielmal von einem andern nicht. So wie diese Provinzen un-
ers

ermeßlich weit von einander entlegen sind, eben so sind selbe in Ansehung des Himmelsstriches, des Bodens, der darinn sich befindlichen Dinge, und ihrer Eigenschaften unendlich von einander unterschieden. Lieber Gott! welche entsetzliche und manchfaltige Verschiedenheiten der Landschaften, Nationen, Sprachen, Sitten, und Erzeugnisse habe ich nicht mit meinen Augen beobachtet! Auf keinem Boden wächst alles. Peru, Mexiko, Chili, Quito ꝛc. haben Ueberfluß an Gold, Silber, Edelgesteinen, und Perlen. Paraquay hat von allem dem nichts; aber Vieh sieht man darinn von allen Arten in einer erstaunlichen Menge. Die Abiponer, Mocobis, Tobas, Quaycurùs, Aucas &c. sind am meisten kriegerisch, und sehnen sich nach dem Gefechte: die Vilelas, Lules, Chunipies, Quayakies &c. hingegen lieben besonders die Ruhe, und den Frieden. Sogar in einer und eben derselben Provinz sind die Einwohner nach den verschiedenen Strichen gar sehr von einander unterschieden. Wie sich doch Paraquay nirgends gleich sieht! Hier öffnet sich eine unermeßliche Ebene von Feldern auf 100 Meilen weit nach allen Seiten hin, ohne daß man auch nur einen einzigen Baum, oder einen Tropfen Wasser, es sey denn daß es regnete, entdecken könnte. Dort heben sich steile Berge empor, und ungeheure Wälder verlieren sich ins Unabsehliche, ohne daß es mög-

lich

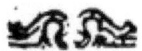

lich wäre, darinn den kleinsten Fleck ebenes Land
gewahr zu werden. An einem andern Orte, z. B.
bei den Abiponern würde man sowohl auf der
Oberfläche, als auch in den Eingeweiden der Erde das geringste Steinchen vergebens suchen; da
man hingegen wieder an einem andern Orte weit
und breit schrofichte Steinwege, und die höchsten
Felsengebirge allenthalben erblicket. Oft kann man
mehrere Tage in einem fort reisen, ohne auch
nur einen Tropfen Wasser, woran sich ein Vogel
laben könnte, zu finden. Oft wird man an den Strömmen, Flüßen, Seen, und entsetzlichen Morästen
die größten Schwierigkeiten zu überwinden haben.
Sollte also jemand Paraquay als ein ebenes,
offenes, morastiges oder nasses Land; ein anderer
dasselbe als ein trocknes, bergichtes, waldichtes
oder steinichtes schildern, so darf man beiden sicher
glauben, da ein jedweder einen andern Strich im
Gesichte gehabt zu haben scheint. Wenn man
diese Vorsicht nicht unterläßt, wird man
manche Schriftsteller von dem Verdachte einer Un-
wahrheit lossprechen, — wenn gleich nicht alle.

Denn in der That lachte ich vielmals, und
vielmals ärgerte ich mich über die Schmiererepen,
welche dem Leser die ungereimtesten Märchen von
Amerika für Geschichte, Erdichtungen für Thatsachen, Meinungen, Muthmaffungen, und ich darf
wohl

wohl sagen, Träume für Wahrheit aufdringen.
Indessen werden sie dennoch gut bezahlet, von vielen gesuchet, und gemeiniglich nicht ohne Beifall
gelesen. Es wird sich daher meines Erachtens
der Mühe lohnen, wenn ich die Quellen der Irrthümer, die sich in die Geschichte von Amerika
eingeschlichen haben, aufdecke. Viele ergreifen
die Feder, nachdem sie kaum die Küsten von Amerika erblicket haben. Die Wißbegierde der Europäer zu sättigen, haschen sie in ihren Erzählungen
mehr nach dem Wunderbaren und Seltsamen als
nach dem Wahren. Sie hören jedem Spanier,
Indianer oder Schwarzen, der ihnen in dem
Wege kömmt, aufmerksam zu, und zeichnen alle
die Sagen auf, die sie von Indiens Beschaffenheit und der Indianer Gebräuchen zusammenbrin-
gen können. So werden sie hintergangen, und
hintergehen wieder andere. Denn da sie der spanischen oder amerikanischen Sprachen entweder gar
nicht mächtig sind, oder selbe doch nur obenhin
inne haben, so können sie die Landesbewohner weder gehörig befragen noch ihre verkehrten Antworten verstehen, indem sich diese mehr durch gewisse Winke, und Zeichen als durch Worte auszudrü-
cken pflegen. Die Erzählungen unwissender Schiffer,
Kaufleute, und anderer, welche die amerikanischen
Seepläße mehr durchgeflattert, als untersuchet haben, sind also die unglücklichen Kanäle, durch
welche

welche sich so viele Märchen und Unwahrheiten in die historischen und geographischen Wörterbücher eingedrungen haben. Kaum liest man darinn irgend einen Namen einer amerikanischen Provinz, oder Stadt, eines Volkes, oder Flußes, der nicht durch Buchstabenzusätze, oder Verstümmelungen jämmerlich verunstaltet, oder wenigstens in einem seiner Theile verhunzet wäre. Die Sammler der Encyklopedien, und Wörterbücher raffen ihren Vorrath vom Wunderbaren aus den sogenannten Reisebeschreibungen so vieler Unwissenden ohne Unterschied zusammen; vermengen alles ohne Wahl und Ordnung; setzen in die Stelle des Wahren das Falsche hin; und bringen ein Flickwerk oder vielmehr ein Chaos zum Vorschein, welches alle, die mit Amerika näher bekannt sind, im höchsten Grade lächerlich finden müßen.

Aber keine Klasse von Schriftstellern ist giftartiger, als die, welche theils von dem Neid, und dem Hasse beseelet, und theils aus Partheylichkeit ihre Schriften mit den schändlichsten Lügen, und abscheulichsten Verläumbungen unverschämt anpfropfet, verdienstvolle Leute tadelt, und Tadelnswerthe lobet. Wer mag alle die Scartecken von Amerika herzählen, welche nicht nur nie an das Licht hätten öffentlich tretten sollen, sondern auch nach dem Urtheile jedes vernünftigen Mannes des Verbren-

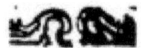

btennens werth wären? In keinem Lande von
Amerika hat das Christenthum so herrliche Fort=
schritte gemacht als in Paraquay bei den Qua=
raniern, den Bewohnern von 32 Flecken, die sie
sich selbst gebauet haben. Nirgends ist die Fröm=
migkeit in einem blühenderen, nirgends sind der
Gottesdienst und die Kirchen in einem glänzen=
deren Zustande, in einer ordentlicheren und zu=
sammenstimmenderen Verfassung: nirgends sind
die Bequemlichkeiten des häuslichen Lebens auf ei=
nem dauerhafteren Fuße: nirgends werden die nütz=
lichsten Künste fleißiger getrieben; und ich müß=
te mich sehr irren, wenn irgend ein amerikanisches
Volk in dem königlichen Heer häufigere und nütz=
barere Dienste geleistet hätte, als eben dieses
bereits in das zweyte Jahrhundert leistet. Hieran
zweifelt niemand, der von Paraquay nur die ge=
ringsten Kenntnisse hat. Und dennoch haben die
unermüdeten Priester, die dieses alles mit ihrem
Schweiße, und mit ihrem Blute zu Stande ge=
bracht haben, immer mehr Verläumder und Ver=
folger, als Penelope Freyer gezählt. Um den
Neid wider sie anzufachen hörten diese niemals
auf Erdichtungen auszuhecken. Allein das herrlich=
ste Lob, daß ihnen so viele spanische Monarchen,
so viele Bischöfe, und so viele königliche Beam=
ten, und Statthalter im reichen Maaße beigeleget
haben, muß ohne Zweifel bei den klügeren, und
                                        gesun=

gesünterdenkenden Europäern von einem größeren
Gewichte, als die kahlen Schmähungen der Uibelgesinnten gewesen seyn.

Es ist schon sehr lange, daß mir eine französische Schrift von den Flecken der Quaranier
von ungefehr in die Hände gerieth. Ich hatte
kaum drey Blätter durchgelesen, als ich darinn 26
entsetzliche und ganz unverzeihliche Lügen wahrnahm,
und mit der Feder anmerkte. Allein am Ende
warf ich, des Zählens müde, den ganzen Quark,
der so zu sagen von Verläumbungen strotzte, mit
Unwillen weg. Der lügenhafte Plauderer will
Paraquay gesehen haben! Vielleicht auf einer
Landkarte? Mich wenigstens wird er so was nie
bereden können. Seinem Vorgeben nach soll der
Winter daselbst im August anfangen, in welchem
Monate doch gerade derselbe aufhöret, und der Frühling eintritt; die Bäume wieder ausschlagen, und
die Vögel ihre Nester bauen. Das weiß doch
jeder Paraquaner. Und dennoch ist dieser Beschreibung, die man nicht anders als eine Schwind-
grube von Lügen und Verläumbungen betrachten
kann, eine rühmliche Stelle in der berühmten
und weitläuftigen Sammlung der Reisebeschreibungen zu Theil geworden; und man hält sie für
die Sonne von Paraquay, ungeachtet selbe blos
in der Absicht geschrieben zu seyn scheinet, Blind-

)(heit

heit und Finſterniß in dem Geiſte der Europäer
zu verbreiten. Ich habe auch noch eine andere
franzöſiſche Beſchreibung von Paraquay, in welcher gleichfalls die Wahrheit auf das unerträglichſte
mißhandelt wird, vor vielen Jahren durchgeblättert.
Ich erſtaunte über die Unverſchämtheit des unredlichen Geſchichtſchreibers, der ſchon lange auf das
nachdrücklichſte widerlegt worden iſt, nicht weniger als über den unglaublichen Beifall, womit er
von vielen geleſen wurde, hauptſächlich aber von
denen, welche für eine blendende Schreibart eingenommen ſind, und die Schaale höher, als
den Kern ſchätzen. Ein witziger Engelländer
ſchrieb vor kurzem von dieſem Schriftſteller:
Dieſer Mann iſt mit aller möglichen Unverſchämtheit und dummen Verwegenheit vollſtändig
ausgerüſtet. Seiner Reiſen ſind viele, aber
auch viele ſeiner Lügen. ꝛc. Innig verehre ich
den Pinſel dieſes Britten, der den dreuſten
Schriftſteller, der in Europa auch in andern
Rückſichten ſehr wohl bekannt iſt, mit ſo lebhaften
und treffenden Farben geſchildert hat. Außer
dieſen gehen noch andere Schriften von Paraquay
in Europa herum, welche das, was ihnen an
Wahrheit gebricht, durch grobe Läſterungen erſetzen ſollen. Gleichwie aber manchmal das Falſche
ſtärkere Gründe als die Wahrheit ſelbſt für ſich
zu haben ſcheint, wie Ariſtoteles anmerkt; eben
ſo

so geſchieht es ſehr oft, daß von den Unwiſſen-
den die unredlichen Schriftſteller den wahrheits-
liebenden und aufrichtigen vorgezogen werden.
Ich begreife dieſes ſehr wohl. Ziehen denn nicht
auch die Fledermäuſe die nächtlichen Finſterniſſe
dem Tageslichte vor?

Ich erinnere mich hier einer zu meinem
Vorhaben ganz dienlichen Stelle des Luxenbur-
ger Rezenſenten in ſeinem Journal hiſtorique,
& critique, vom 15. Julius 1782, da in Frankreich von den Lettres édifiantes, & curieuſes
écrites des miſſions étrangeres, welche von
den gelehrteſten Männern, als Fontenelle, Büf-
fon, Mayran, Montesquieu, Le Franc ꝛc. ſehr
gerühmet, von einer gewiſſen Art Leute hingegen
auf das Bitterſte geläſtert worden ſind, eine
neue Auflage in 22 Bänden veranſtaltet wurde.
Man lieſt, ſagt dieſer Kritiker, daß die Miſſionarien in auswärtigen und jenſeits des Meeres gelegenen Provinzen den Sitten, Gebräuchen, und Einrichtungen verſchiedener Völker,
und auch den Künſten, und Wiſſenſchaften nach-
geſpüret haben. Man ſchätzet ihre weiſen Bemühungen, wodurch ſie die Wahrheit zu entdecken, und ſich von den gemeinen Irrthümern
und Meinungen loszumachen ſuchten. Wie!
Sollte man dieſen Männern, welche ſich ſelbſt

mehr-

mehrere Jahre in den entferntesten Ländern aufgehalten, welche alles selbst mit einem untersuchenden Auge, redlichen Herzen, und einem durch vielerlei Wissenschaften aufgeklärten Verstande beobachtet haben, nicht mehr Glauben beimessen, als jenen herumziehenden einbildischen Reisenden, welche ohne das Innere der Provinzen selbst gesehen zu haben, und ohne in der Landessprache bewandert zu seyn, von ganzen Nationen blos nach dem, was ihnen an dem Orte, wo sie an das Land stiegen, in die Augen fiel, ihr Urtheil fällen; und die Missionarien, die ihren vorgeblichen Beobachtungen oder vielmehr Einbildungen zu widersprechen scheinen, der Welt als schwärmerische, abergläubische und unwissende Leute darstellen? So spricht dieser in allen Fächern der Gelehrsamkeit wohl bewanderte Mann. Wer fühlt nicht die überzeugende Kraft seiner Worte? Nichtsdestoweniger werde ich allemal glauben, daß man großmüthig mit mir umgehe, wenn der gelehrte Pöbel, der nie einen Schritt aus seinem Vaterlande weggekommen ist, von Paraquay nicht alles wird besser wissen wollen, als ich, der ich es mit meinen Augen so lang mit angesehen habe. Es giebt viele, die je unwissender sie sind, desto unüberlegter der Versuchung zu tadeln nachgeben; und denen mit aller Nießwurz von ganz Anticyra nicht mehr zu helfen ist.

Was

Was ich durch meinen zwey und zwanzigjährigen Umgang mit den Paraquayern erfahren;
was ich in den spanischen und indianischen Kolonien, und auf meinen vielen und langwührigen
Reisen durch Berge und Wälder, über Felder
und Flüsse selbst gesehen habe; das habe ich
alles, wenn gleich nicht in einer schimmernden und
rednerischen Sprache, dennoch, so viel es möglich
war, genau und aufrichtig erzählet, so daß ich
allerdings auf das Ansehen eines bewährten
Geschichtschreibers mit Recht Ansprüche zu machen glaube. Indessen halte ich mich dennoch
eben so wenig für untrüglich, als ich mich gern
zurechtweisen lasse. Ich werde meinen Irrthum
in dem Augenblicke wiederrufen, als ich dessen
überzeugt bin. Das Wachs unter den Fingern
kann hierinnfalls nicht biegsamer seyn als ich.
Zwar wünschte ich auch, daß man sich nicht über-
eilen möchte; denn so gut ich im Schreiben irren
kann, sogut kann es jeder andere im Urtheilen.
Weit entfernt meinem Werke die Vollkommenheit
zuzutrauen, dachte ich vielmehr dasselbe, ehe es
noch dem Drucke übergeben war, sorgfältig aus-
zubessern, und auszufeilen. Allein in meinem
Alter, dessen fünf und sechzigstes Jahr bereits
seinem Ende sich nahet, fand ich dennoch nicht
für rathsam noch länger darüber zu brüten; weil
ich befürchten müßte, dessen Ausgabe nimmer-

)( )(3   mehr

mehr zu erleben. Dieses ist nun alles, was ich zum Voraus zu erinnern habe. Lebe wohl, wer du auch immer bist, lieber Leser, und habe Nachsicht mit den Druckfehlern, und auch mit meinen; denn ich nehme mich von nichts aus, was menschlich ist.

Kur-

Kurze Anmerkung,

wie einige spanische und indianische Wörter, die in diesem Werke vorkommen, ausgesprochen werden müssen.

Ch wird von den Spaniern ausgesprochen wie *sch* von den Deutschen. So lautet mucho, viel, wie *muscho*, Chili wie *Tschili*.

X und J klingt wie Ch mit einem etwas geschärften Laut; z. B. Mujèr ein Weib, wie *Muchèr*; Ximenez wie *Chimènez*.

Ç hat den Laut unseres Z. Z. B. Çevallos wie *Zeballos*.

LL und Ñ werden mit einem angeschlossenen J ausgesprochen, wobei man zugleich etwas mit der Zunge an den Gaumen anstößt. So lautet España fast wie *Espanja*, Colmillo wie *Colmiljo*.

Z muß man im Spanischen gelinder als im Deutschen und fast wie ein s aussprechen. Z. B. Rodriguez wie *Rodriges*; denn das u, welches wohl zu bemerken ist, wird im Spanischen nach dem g gar nicht gehöret.

Qu klingt wie das deutsche K. Z. B. Quemo, ich brenne, wie *Kemo*.

In den guaranischen Wörtern wird das y, wenn ein u darauf folget, wie ein deutsches *Tsch*, wiewohl etwas gelinder, ausgesprochen, als: Ayù, ich komme, wie *Aitschù*.

Das Zeichen eines halben Mondes mit hinaufragenden Spitzen bedeutet, daß man den damit bezeichneten Buchstaben mit einem geschärften Hauch, fast wie Ch aussprechen müße. Z. B. Y̆ das Wasser, wie *Y̆ch*.

Ragen

Ragen aber die Spitzen abwärts, so muß der Selbstlau-
ter, worauf dieses Zeichen steht, durch die Nase gesprochen werden. Z. B. Peti͂ der Toback. Ist endlich
auf einem Buchstaben ein griechischer Circumflex ͏ angebracht, so muß man diesen durch die Kehle und die
Nase zugleich aussprechen. Z. B. Gy͂ der Pfeffer.

Je nachdem ein Wort mit diesem oder jenem Ac-
cente bezeichnet ist, je nachdem hat es auch verschiedene
Bedeutungen. Z. B. Tupa ohne Tonzeichen bedeutet
bei den Quaraniern einen Sessel, oder Beth; Tupá
hingegen mit dem Zeichen heißt Gott; Ytà, ein Stein;
Ytä eine Muschel; Tatà, das Feuer, Tatä͂ stark.

In der abiponischen und mokobischen Sprache hat
das R mit dem Tonzeichen einen aus dem r und g zu-
sammgesetzten Laut. So z. B. muß Naetaḟat, ein
Sohn fast so gesprochen werden, wie einige Deutsche
aus einem Naturfehler das r stammelnd aussprechen.
Allein die ächte Aussprache läßt sich besser mündlich
zeigen.

Von diesen Buchstabenzeichen sind manche zu setzen
vergessen, und manche unrichtig gesetzet worden. Dieses
statt einer vorläufigen Nachricht und zu meiner Entschul-
digung in den Augen des Sprachenkenners.

Inn-

Innhalt des ersten Theiles.

Vorläufiges Buch über die Beschaffenheit von Paraquay.

*

Das

Von

Vorläufiges Buch
Uiber die
Beschaffenheit
von
Paraquay.

Da meine Schrift die Abiponen ein berittenes Volk
von Paraquay zum Gegenstande hat, so will ich gleich
im Eingange derselben meinen Lesern ein Bild von der
ganzen Provinz im Grundrisse vor Augen legen. Die
Geschichte selbst wird dadurch um so viel verständlicher;
indem die Kenntniß eines Landes zu einem vollständigen
Begriffe von der Beschaffenheit seiner Einwohner ungemein viel beiträgt, und manches, was sonst dunkel, und

unwahr-

unwahrscheinlich scheinen dürfte, dadurch in ein helles Licht
gesetzet wird. Paraquay, dieses ungeheure Land des mittägigen Amerika, erstrecket sich von allen Seiten auf eine
unermeßliche Weite hin. Von Brasilien bis Peru, und
Chill werden gemeiniglich 700 spanische Meilen angegeben, von der südlichen Mündung des Silberflusses hinge-
gegen bis zum nördlichen Amazonenlande eilfhundert.
Ein ungenannter Engelländer setzt in seiner bei der typo-
graphischen Gesellschaft in Hamburg 1768 herausgekommenen Beschreibung von Paraquay die Breite dieser Provinz von Aufgang nach Niedergang auf mehr als 1000,
die Länge hingegen von Süden nach Norden auf mehr
als 1500 englische Meilen an. Einige zählen mehr, andere weniger, je nachdem sie nach deutschen, spanischen,
oder französischen Meilen gerechnet haben. Etwas gewisses läßt sich hierinnfalls nicht angeben, noch auch ausmachen. Die größten der von den Kolonien am meisten
entlegenen Striche Landes sind noch nicht gehörig untersucht worden; und wie! wenn sie es auch nie werden
sollten!

Meßkünstler sind daselbst etwas Seltnes. Und hatten auch einige Lust, und Kenntnisse genug, Messungen in
den dortigen Gegenden vorzunehmen, so mangelte es ihnen dennoch an Muth sich hinzubegeben; theils aus Furcht
vor den Wilden, und theils auch, weil ihnen die unge-
bahnten Wege das Reisen beschwerlich machten. Jedermann weiß, daß die Karten von Paraquay meistentheils
nach den Beobachtungen unserer Leute gestochen sind, die
da, um Gott und dem katholischen Könige Wilde zu gewinnen, die tiefesten Wälder, die Gipfel der Gebirge,
und die Gestade der entlegensten Flüsse ausgiengen, und
das ganze Land weit und breit durchwanderten: niemals
ohne Gefahr des Lebens, und vielmal mit dessen Verlust.
Bekanntermaßen haben in Paraquay 24 Jesuiten in ihrem

aposte-

apostolischen Verrichtungen durch die Hände der Wilden
ihr Leben eingebüßet. Wie sie hießen; wann, und auf
welche Art sie umkamen, werde ich an einem andern Orte
angeben. Im reichen Chili, und Peru giebt es keinen Winkel, den nicht die Europäer um Gold auszuspüren durch-
wühlet hätten. Paraquay hingegen reizte sie nicht, weil
es gar kein Metall hervorbringt. Darum ist uns noch
heut zu Tage ein grosser Theil unbekannt: und was man
davon weiß, hat man unwidersprechlich den Augen und
Füßen der Missionarien zu danken. Es wäre zu wünschen, daß sie die Strecken, die sie durchgingen, die Flüsse,
über die sie gesetzet haben, und den Abstand der Ortschaften mit eben so viel Genauigkeit, und Kunst, als Aufrichtigkeit angemerket hätten. Nach ihren Bemerkungen kamen sowohl zu Madrit, als auch in Rom verschiedene
Karten von Paraquay heraus. Sie sind aber all durch
die Bank fehlerhaft; und eine solche, an der sich gar
nichts aussetzen ließ, ist mir noch nicht zu Gesicht gekommen. Die, welche unser P. Joseph Qairoga vor
wenigen Jahren zu Madrit stechen ließ, ist noch unter
allen die richtigste, wenigstens in Ansehung derjenigen
Derter, die er selbst als ein Mathematikverständiger beobachtet hat. Er gieng so weit als er konnte. Besonders hoch schätze ich die Karte des königlichen Geogra-
phen Herrn D'Anville schon aus dem Grunde, weil er
auch die zerstörten spanischen, und indianischen Kolonien
fleißig, so wie das meiste Uebrige angemerkt hat. Indessen ist sie dennoch nicht ganz fehlerfrey. Ich eile zu
sehr zu meinen Abiponen, als daß ich mich mit der Anzeige der Fehler der Landkarten abgeben könnte. Ich
glaube, es wird sich der Mühe lohnen, meine Leser mit
Paraquay näher bekannt zu machen.

Paraquay gehört ganz dem König von Spanien;
welcher auch dasselbe durch drey Statthalter und eben so

die-

viele Bischöfen regieren läßt. Jeder hat eine besondere Provinz unter sich. Die erste ist die Provinz des Silberflusses, an dessen Ufern Buenos Ayres die Hauptstadt derselben, und der Sitz des königlichen Statthalters, und eines Bischofes liegt. Buenos Ayres hat eine Akademie, Klöster von beiderlei Geschlecht, einen Hafen, und ein nach neuer Art mittelmäßig befestigtes Citadel, das zwar wider die Anfälle der Wilden, und die Aufläufe der Bürger eine vortreffliche Schutzwehre abgiebt, sich aber wider das schwere europäische Geschütz nicht halten kann, ungeachtet regelmäßige Truppen darinn zur Besatzung liegen. Der Fluß, der an den Mauren desselben vorbeifließt, bedecket ihre Schwäche: denn da sich die Kriegsschiffe, der Sandbänke wegen, denselben nicht nähern dürfen, so sind diese vor ihren Kanonen sicher. Mauren, Gräben, Thore, oder eine andere Einfassung hat diese Stadt nicht, so wenig als jede andere in der ganzen Provinz, ungeachtet diese jener weder an der Zahl, und der Pracht ihrer Gebäude, noch an der Grösse des Handels und der Reichthümer, noch an der Menge ihrer Einwohner auch nur von weiten gleichkommen. Dieser letzteren zählet man bei 40000; Häuser hingegen bei 3000, die zwar meistens aus Ziegelsteinen gebauet, und mit Ziegeln gedecket, aber niedrig sind, einige von zweien Stockwerken ausgenommen. Den Kirchen mangelt es daselbst nicht an Pracht, selbst nach dem Urtheile der Europäer. Sie werden aber alle von den zweien, die Primoli von Rom, unser Laybruder, ein schon vormals berühmter Architekt in Rom, ausgebauet hat, ohne Widerspruch übertroffen. Oeffentliche Brünne, Denksäulen, und Bildsäulen der Heiligen, wird man dort auf keinem Platze gewahr werden. Wägen wird man zu Wien in einer Stunde und in einer Gasse mehr zählen, als hier im ganzen Jahre, und in der ganzen Stadt. Hingegen sieht man hier immerzu eine Menge Reitende. Es ist also kein Wunder

daß

daß alle auch mittelmäßig Begüterte auf spanisch Caval-
leros (Ritter) heißen. Marquisen, Grafen und Ba-
ronen findet man daselbst nicht. Die Befehlshaber der
Truppen, die obrigkeitlichen Personen der Stadt, und die
sonst ihrer Würde, oder ihres Reichthumes wegen in Ansehen stehen, machen den vornehmsten Adel von Buenos
Ayres aus. Das Vermögen der Bürger wird hier mehr
nach der Menge ihres Viehes, als nach dem baaren
Gelde geschätzet. Die Gegend um die Stadt herum ist
nach der Seite sowohl von Terra Magellanika, als auch
von Tukuman zu, auf 200 Meilen weit eben, meistentheils ohne Bäume, und auch oft, wenn es nicht sehr
erdiebig regnet, ohne Wasser; aber nichts destoweniger
sehr fruchtbar an Getreide. Man sieht hier sehr schöne Wiesen, auf welchen unzählige Heerden Hornvieh, Pferde,
und Maulthiere weiden. Wo man sich immer hinwen-
det, stoßen einem ganze Heere von wilden Pferden auf,
die dem ersten, der sich ihrer bemächtiget, gehören. Außer den Weidenbäumen, welche auf den Inseln des Flußes in großer Menge wachsen, bedienet man sich täglich
zur Feuerung der Pfirsiche. Es reisen hier zu Lande
sehr frühzeitig, wenn man sie mit den Händen anpflanzt.

    Ich halte nur, daß Buenos Ayres unter den
vornehmsten Handelsplätzen von Amerika allerdings eine
Stelle verdiene, sowohl in Rücksicht auf den spanischen
Waarenhandel, als auch in Betracht des Schleichhandels
mit den benachbarten Portugiesen. Die Vermöglicheren
ziehen aus dem Handel mit Maulthieren, und dem para-
quarischen Thee, welche Artikel sie nach Peru, und Chili
verführen, einen ansehnlichen Gewinn. Die Luft ist in
diesem Lande sehr feucht, und der Donner eben so furchtbar, als die Stürme und Wirbelwinde. Ungewitter haben daselbst in allen Jahrszeiten ohne Unterschied des Mo-

nats

nats sehr heftig; und es donnert oft Tag und Nacht in
einem fort. Diese Witterung ist ganz Paraguay gemein.
Die bald donner= und bald wassertrachtigen Gewitterwol=
fen sind nicht blos fürchterlich, sondern auch oft Vieh
und Menschen tödlich, nicht allein des Blitzstrahles, son=
dern auch des Hagels wegen, der hier in einer unglaub=
lichen, und in Europa schwerlich noch gesehenen Größe
fällt. Die Stadt Buenos Ayres hat ihren Namen ei=
nem Zufalle zu danken. Nämlich als die Flotte unter
dem Petrus Mendoza den Silberfluß hinaufsegelte, so
fuhr Sancius del Campo, einer seiner Verwandten, in ei=
ner Chaluppe mit unter den ersten an das Land. Hier
müssen ihm nun, ich weiß nicht, welche Zephire entge=
gen geweht haben; denn er konnte sich nicht enthalten
auszurufen: Que buenos Ayres son estos? O wie ist
diese Luft so gut? Die Erfahrung hat nachmals die
Wahrheit dieser von ungefähr gesprochenen Worte bestät=
tigt. Die Stadt liegt unter dem 34 Grade 36 M.
der Südbreite, und unter dem 321sten 3 M. der
Länge.

Auf der andern Seite des Flusses, Buenos Ayres
gegenüber, liegt gegen Aufgang die Kolonie von Sakrament,
welche die Spanier, weil sie die Portugiesen auf jener
ihrem Boden erbauet, und befestigt haben, vielm. weg=
nahmen, und fast eben so vielmal beim Friedensschluß ih=
ren ersten Besitzern zurückgaben: zur innigen Freude der
Einwohner von Buenos Ayres, welche aus dem Schleich=
handel mit den Portugiesen nicht wenige Vortheile zu zie=
hen wußten; so sehr auch der königliche Schatz durch die=
se Privatvortheile in Ansehung der Zölle beinträchtiget wur=
de. Dieses Städtchen, der Zankapfel so vieler Mißhellig=
f.iten, liegt an dem Ufer des Flusses, auf einer Art von
Anhöhe, besteht nur aus wenigen und niedrigen Häusern,
und gleicht mehr einem Dorfe, als einer Stadt. Indes=
fen

sen ist es nichts desto weniger ein beträchtlicher Ort. In den elenden Hütten wohnen die reichsten Kaufleute, und ganze Magazine von Waaren, Gold, Silber, und Diamanten sind darinnen aufgehäufet. Die Stadt ist bloß mit einer einfachen und dünnen Mauer umgeben; außerdem aber mit einer Besatzung, Kanonen, Mund= und Kriegsvorrath auf alle Fälle hinlänglich versehen. Sie hat übrigens weder ein schönes noch ein festes Ansehen. Ich berufe mich diesfalls auf das Zeugniß meiner eignen Augen. Denn da wir im Jahr 1749 auf einem portugiesischen Schiffe aus Europa hier einliefen, so konnten wir im Vorbeigehen alles sehr bequem übersehen. Das portugiesische Gebiet ist von einem so kleinem Umfange, daß es auch der schlechteste Fußgeher in einer halben Stunde ausgehen kann. Die portugiesischen Schiffe segeln mit englischen und holländischen Waaren, und mit Sklaven aus Afrika, deren Handel in Amerika besonders einträglich ist, haufenweise nach diesem Hafen; woraus sie dann die Portugiesen weiter in Paraquai, Chili, und Peru heimlich verführen, und die Zollwächter entweder umgehen oder bestechen. Es ist unglaublich, wie viele Millionen dieser Schleichhandel den Portugiesen eingetragen, und den Spaniern entzogen hat. Dadurch wird es ganz begreiflich, warum jene auf die Erhaltung dieser Kolonie alles verwendet; diese aber selbe, so bald als möglich zu zerstören allemal getrachtet haben.

Mir, der ich mich zween Tage daselbst aufgehalten habe, kam der Ort so wenig haltbar vor, daß ihn meines Erachtens eine Compagnie regelmäßiger Truppen auf den ersten Angriff ohne grosse Schwierigkeit wegnehmen könnte. Allein ich zweifle nicht, daß man nicht in der Folge, da man den Ausbruch eines Krieges vermuthete, in der Eile neue Werker aufgeworfen habe; weil die Belagerung dieses Platzes dem seiner militärischen Talente und Siege

wegen

wegen berühmten spanischen General Petrus Zevallos so viele Mühe und Zeit gekostet, und sich die Stadt nicht eher ergeben hat, als bis der spanische Feldherr, nach geschossener Breche, zum Sturm sich anschickte: da sie dann ihrer zahlreichen Besatzung und Kanonen ungeachtet am 31 Oktober, 1762 kapitulirte. Die zerschossenen Mauren waren noch nicht hergestellet, als schon eine, wenn ich mich noch recht erinnere, aus 12 englischen und portugiesischen Schiffen kombinirte Flotte davor erschien, um ihre neuen Herren wieder herauszujagen. Allein das Glück war den Feinden nicht so günstig, als das Getös, mit dem sie zu Werke giengen, groß war. Sie feuerten bei 3000 Kugeln aus ihren Schiffen nach der Stadt ab; wiewohl meistens ohne Erfolg. Die Spanier bezahlten sie mit gleicher Münze. Der Kampf, welcher einige Stunden gedauert hatte, wurde durch einen Zufall entschieden; denn als das englische Admiralschiff verbrannt war, so flüchteten sich die übrigen um so eilfertiger nach den brasilianischen Häfen. Die Engländer warfen nachmals den Portugiesen ihre Feigheit, diese hingegen jenen ihre Verwegenheit vor; weil die ersteren um die Wirkung ihres Geschützes desto sicherer zu machen, in der Nähe; die letztern aber, um nicht jeder feindlichen Kugel blosgesetzet zu seyn, von der Ferne gefochten haben. So machten sie sich wechselweise Vorwürfe. Petrus Zevallos aber schrieb den Ruhm der Eroberung und Vertheidigung seiner Kolonie der Vorsicht zu, die über ihn gewachet hat. Indessen dauerten für Paraquay die Früchte seiner Siege nicht lange: indem die Spanier bei dem Friedensschlusse in Europa, um von den Engländern ihre Havana auf der Insel Kuba und Manilla, den vornehmsten Platz auf den philippinischen Inseln, wieder zu erhalten, die Kolonie von Sakrament den Portugiesen gern zurückgaben. Als aber der Krieg einige Jahre hernach von neuem ausbrach, so nahm sie Zevallos, nachdem er sich vorher der Katharineninsel bemächtiget hatte, obermals ma's weg. Damals blieb die Kolonie bei dem Schlusse des Friedens zwischen Portugall und Spanien, dem katholischen Könige. Dieser Verlust muß den Portugiesen empfindlich gefallen seyn: indessen können sie ihn dennoch verschmerzen; weil ihnen zwar ein Kanal, durch welchen ihnen unermeßliche Schätze zuflossen, versiegte; aber dagegen durch die Abtretung neuer Ländereyen, und Flüsse neue eröffnet wurden. Sie erhielten nämlich das goldreiche Cuyaba, Matogrosso, die Rosschanze (la Estacada) und andere von ihnen errichtete Kolonien. Vielen kömmt diese grosse Nachbarschaft der Portugiesen mit Peru bedenklich vor, und für die Spanier eben so nachtheilig, als für diese vortheilhaft: weil sie sich niemals schläfrig weisen, so bald es um die Erweiterung ihrer Gränzen zu thun ist. Von der Jugend auf in den Waffen geübt, und der rauhen Wege gewohnt, möchte sie wohl in Kriegszeiten der Gedanke anwandeln, dem Bergwerke Potosi, das eben so silberreich als arm an Vertheidigern ist, einen Besuch zu machen. Das Andenken an das Vergangene hat für die Zukunft Besorgnisse erreget. Noch in den vorigen Jahren, als ich in Paraquay war, vertheidigten sich eine Handvoll Portugiesen in dem Fort S. Rosa (La Estacada) sehr herzhaft wider ein zahlreiches Korps von Indianern und Spaniern, von denen sie bestürmet wurden; und zwangen ihre Angreifer schändlich abzuziehen. Fast um eben diese Zeit bemächtigte sich ein Detachement Portugiesen aus eben dieser Schanze des peruvianischen von christlichen Indianern, oder sogenannten Moxos bewohnten Städtchens S. Michael durch einen nächtlichen Ueberfall, und führten zween unserer Priester, welche daselbst die Seelsorge über sich hatten, als Gefangene mit sich weg. Der eine, der schon bereits bei Jahren war, starb auf dem Wege; der andere wurde in ein öffentliches Gefängniß gebracht. Die Indianer, welche sich nicht durch die Flucht gerettet hatten, wurden vertrieben, und zerstreuet. Die Plünderung

A 5   war

war allgemein. Aber weg, mit dergleichen tragischen Schilderungen! Wer mag die frischen, kaum geheilten Wunden wieder aufritzen, und traurige Ereigniffe für die Zukunft vorhersagen? Jeder Rechtschaffene wünschet und hoffet vielmehr, daß durch den letzen Frieden für die blühende Wohlfahrt beider preiswürdigsten Nationen auf das Beste gesorget seyn möchte. Uibrigens habe ich mich nur darum mit der Beschreibung der Kolonie von Sakrament, deren Namen unter den öffentlichen Kriegs- und Friedensangelegenheiten sehr oft vorkömmt, etwas länger abgegeben, damit sie nicht etwa Unwissende an Größe mit Paris, und an der Stärke ihrer Festungswerker mit Luxenburg vergleichen.

Auf eben diesem Ufer ungefähr 50 Meilen unterhalb dieser Kolonie liegt südwärts Monte video eine kleine Stadt. D. Bruno Moriz Zavalla Statthalter zu Buenos Ayres hat sie im Jahre 1726. gebauet. In der Folge wurde sie, um die Portugiesen im Zaum zu halten, ansehnlich befestiget, und mit Mauern, einer Citadelle und verschiedenen Batterien durch Zuthun der Quaranier versehen. Ihre Einwohner bestehen theils aus der ordentlichen Besatzung, theils aus Spaniern, und zum Theil auch aus solchen, die man aus den kanarischen Inseln herübergesetzet hat. Das Erdreich ist hier allenthalben sehr fruchtbar: und man findet weitläuftige Meyerhöfe, Pferde, und Hornvieh in unglaublicher Menge um die Stadt herum. Den Kolonisten mangelt es niemals an der bequemsten Gelegenheit ihre Erzeugniffe, als Getreide, Vieh und Ochsenhäute an den Mann zu bringen, indem die Schiffe, deren viele aus diesem Hafen unter Segel gehen: sich auf mehrere Monate ihre Lebensbedürfniffe anschaffen müssen. Selten verläßt ein Schiff den Hafen, welches nicht mit 20 oder 30000 Ochsenhäuten nach Europa befrachtet wäre. Es ist zu bedauern, daß

man

man bei allen Annehmlichkeiten dieses so fetten Bodens
vor den Ueberfällen der berittenen Wilden beständig in
Furcht seyn muß. Es geschieht sehr oft, daß sie aus ih=
rem Hinterhalte, wenn ihnen die Gelegenheit bequem
scheint, haufenweise hervorspringen, rauben und morden:
doch bleibt es öfters bei'm bloßen Schrecken. Bis auf
diese Stunde hat man noch kein Mittel auffindig ma=
chen können, ihren Streifereyen Einhalt zu thun; und
alle Freundschaftsbezeugungen, sie zum wahren Glauben
oder zu einem guten Vernehmen mit den Spaniern zu
bewegen, waren vergebens. Wilder als das Vieh, verei=
teln sie schon in das zweyte Jahrhundert die Bemühun=
gen der Priester und Soldaten. Die Stadt liegt unter
dem 34 G. 48 M. der Breite, und dem 322 G. 30
M der Länge. Ihres Havens werde ich weiter unten
mit Mehrerem erwähnen.

Beiläufig 30 Meilen davon ist der Meerbusen Mal=
donati, der auch für größere Schiffe einen ungemein be=
quemen Ankerplatz abgiebt. Außer einigen Küstenbewah=
rern trifft man hier nichts, als wenige Bauernhütten an,
in denen das Elend zu Hause ist; so sehr man auch ge=
wünschet hat, daß man diesen schon von Natur vortreffli=
chen Haven auch durch die Kunst, es koste nun, was es
wolle, befestigen möchte. In der Nähe sieht man eine
Insel, die blos von Seewölfen bewohnet wird. Da die=
se auf puren Felsen, und fast in der Mitte des Silber=
flusses liegt, so würden zwo Batterien darauf ungemein
viel beitragen, die Feinde von Paraquay hindanzuhalten.
Denn sie könnten sich nicht mit ihren Schiffen, um den
Kanonen auszuweichen, westwärts halten; weil sie be=
fürchten müßten auf die englischen Sandbänke (Banco
vnglés) zu gerathen, und in den Fluthen ihr Grab
finden.

Zur

Zur Statthalterschaft von Buenos Ayres gehören noch die Städte Santa Fe, und Corrientes, deren die erste an dem östlichen, die zweyte aber an dem westlichen Ufer der Parana erbauet ist. Jene ist ungleich schöner und auch reicher. Sie findet in ihrem mannichfaltigen Handel, und in der Viehzucht von allen Gattungen eine sehr reichhaltige Quelle ihres Uiberflusses. In den vorigen Jahren gerieth sie durch die Streifereyen der Wilden, als der Abiponen, Mokobis, Tobas, und Charruas beynahe in den äussersten Verfall, und wurde zusehends entvölkert. Die besten und entlegendsten Mayereyen waren zerstöret: und mitten auf dem Platze, und am hellen Mittag wurden Mordthaten verübet. Man machte daher die Verordnung, daß kein Bürger ohne Schießgewehr in die Kirche gehen sollte. Endlich fieng sich dieser Ort wieder zu erholen an, nachdem wir die Kolonien S. Xavier, S. Hieronymus, S. Petrus und Paulus, und Conception erbauet; und die Wilden gesittet, und zu Christen gemacht hatten. So hat also diese so lang bedrängte Stadt ihre Aufnahme und Sicherheit unseren Bemühungen zu danken. Sie ist vor, und rückwärts und auf den Seiten mit Flüssen umgeben, die ihr, so oft sie aus den Ufern treten, allemal den Untergang drohen; so sehr sie sich auch derselben ausser dem Zeitpunkte der Uiberschwemmung zu ihrem Vortheile zu bedienen weiß. Sie liegt unter dem 31 G. 46 M. der Breite. Von Buenos Ayres soll sie 100 Meilen entfernet seyn; ich habe sie öfters gesehen, und auch vielmal darinnen gewohnet.

Die andere Stadt, welcher die Spanier den Namen de las siete Corrientes beygeleget haben, hat denselben von den 7 Ecken des Gestades, die in den Fluß Parana hinausragen, und an welchen sich die Wellen mit Ungestüm zerstossen, erhalten. Die Schiffe, welche aufwärts segeln, werden von dem reissenden Strom abwärts o

ben, wenn sie selben nicht mit vollen Segeln hinauffah-
ren. Ein Boot, welches mit Rudern getrieben wird,
muß, wenn es über den Fluß setzet, verschiedene Umwege
nehmen, um der hinreissenden Gewalt des Wassers auszuweichen, wie ich selbst vielmal erfahren habe, als ich
mich noch bei den Abiponen und Aukanigas in dem Flecken
S Ferdinand aufhielt. Dieß ist sehr leicht zu begreifen,
indem sich der grosse Fluß Paraquay ebendaselbst, wo die
Stadt steht, mit dem noch grösseren dem Parana vereinigt,
doch so, daß dieser seinen Lauf, und jener seinen Namen
ändert. Denn da der Fluß Parana sonst von Osten nach
Westen floß, so richtet er von der Stelle an, da er mit
dem Paraquay zusammenfließt, seinen Lauf nach Süden.
Der Paraquay hingegen heißt, von seiner Verreinigung
mit dem Parana an, durchgängig Parana. Es ist unglaublich, welch eine ungeheure Menge Wasser beide Haupt-
flüße, so bald sie in ein Rinnsal zusammentreten, vor
sich herwälzen. Man würde sie für ein Meer ansehen, wenn
man nicht ihrer Ufer gewahr würde. Corrientes, worin
alle Häuser aus Leimen zusammen geknetet, und mit Palmen bedeckt sind, ist blos dem Namen nach eine Stadt,
und verdienet denselben nicht. Die Einwohner sind meistens von einer sehr einnehmenden Gestalt, weswegen sich
auch sehr viele Europäer, wenn sie hieherkommen, in sie
verlieben, und in Heurathsverbindungen einlassen: Ein
reichhaltiger Stoff zur Reue für ihr ganzes Leben! Die
Weiber arbeiten sich daselbst fast zu Grunde. Ihre Be-
schäftigung besteht im Weben oder im Sticken der Pon-
chos (einer Art Kleider) worin sie eine ganz besondere
Geschicklichkeit beweisen. Die Männer hingegen sind von
Natur leicht, fröhlich, und im Reuten sehr geschickt. Ihre Neigung zur Trägheit, und zum Müßiggang macht,
daß sie mit der Armuth ringen, unerachtet sie an allem
Uiberfluß haben könnten, wenn sie sich der Vortheile der
Lage, die ihnen der fruchtbare Boden, und die Flüsse anbieten,

bieten, zu bedienen wüßten. Die Abiponen verheereten auch diese Gegend viele Jahre hindurch mit Mord, und Raube, so daß man bereits die Stadt verlassen wollte. Nachdem man sie aber zuletzt zur Ruhe, und in die neue Pflanzung S. Ferdinand gebracht hatte, so fiengen sich die Bürger wieder zu erholen an, und sie konnten wieder von den Wiesen und Wäldern jenseits des Flusses Gebrauch machen. Die letzteren bieten die schönsten Stämme zu Fuhrwagen und zum Schiffbau an: die ersteren sind hingegen zur Viehzucht besonders bequem. Beides trägt den Pflanzern nicht wenig ein: und blos die Furcht vor den Wilden, die ihnen stets auflauerten, hinderte sie so lange vor Erbauung des Fleckens S. Ferdinand diese Vortheile zu nutzen. Die Stadt liegt unter dem 27 G. 43 Minuten der Breite und dem 318 G. 57 M. der Länge.

Unter dem Statthalter von Buenos Ayres stehen gleichfalls die 30 Flecken der Guaranier, die um die Flüsse Parana, Uruquay, und Paraguay herumliegen. Die Erdbeschreiber pflegen sie unter dem allgemeinen Namen Doctrinas oder Terra Missionum zusammen zu fassen. Nur Uibelgesinnte, oder Unwissende haben die Unverschämtheit sie in ihren Schriften mit der gehäßigen Benennung: das Reich der Jesuiten, oder der wider den König von Spanien aufrührische Staat zu belegen, und mit den schwärzesten Farben, die ihnen der Neid oder die Schmähsucht an die Hand giebt, zu schildern. Wie leicht käm es mir an, diese Lästerungen zu widerlegen, wenn es nicht wider mein Vorhaben wäre, Satyren oder Apologien meiner Geschichte einzuschalten? Indessen will ich diese Materie dennoch nur ein wenig berühren, um der Lüge der Schmähsüchtigen die Larve abzuziehen. Jedermann weiß, daß der König von Spanien die Missionarien der Jesuiten auf seine Kosten, um

dies

diese Kolonien theils zu errichten, theils zu erhalten, aus
Europa bringen, und ihnen eine jährliche Pension zu ihrem Unterhalt auszahlen ließ — daß die Quaranier dem
Könige alle Jahre ihre Abgaben entrichteten, und ohne
Sold, so viele tausende, und so vielmal sie auch von
dem königlichen Statthalter aufgeboten werden, in dem
königlichen Heere schon in das zweyte Jahrhundert dienen — daß die Obrigkeiten ihrer Flecken von ebendemselben Statthalter jährlich bestätiget; und die Jesuiten
auf königliche Authorität darinn zu Pfarrern angestellet
worden sind — daß die Bischöfe diese Pfarren, so oft
sie wollten, untersuchten, mit den größten Ehrenbezeugungen
empfangen, und oft einige Wochen auf das prächtigste bewirthet wurden — daß die zwey Cittadellen zu Buenos
Ayres und zu Montevideo zwar unter der Leitung der
Spanier, aber doch durch die Hände der Quaranier erbauet worden sind — daß endlich das königliche Heer
meistens aus unsern Quaraniern bestanden habe, die sich
von wenigen Spaniern, wie der Körper von der Seele
regieren ließen, so oft man etwas wider die kriegerischen
Wilden, wider die Portugiesen und ihre so vielmal bela-
gerte und weggenommene Kolonie, oder wider die aufrührischen Bürger der Stadt Assumtion unternahm. Dieses alles ist weltkündig, und keinem Zweifel, und keiner
Zweydeutigkeit unterworfen. Wie können demnach (die
vernünftigen Europäer sollen hierüber entscheiden) diejenigen Glauben verdienen, welche keinen Anstand nehmen,
den Kolonien der Quaranier den Namen einer wider ihren König aufrührischen Provinz, und des Reichs der Jesuiten beizulegen? Wenn sie der Versuchung zu lügen nicht
widerstehen können, so sollen sie wenigstens etwas Wahr-
scheinlicheres ausdenken. Die Quaranier gehorchten den
Jesuiten nicht wie die Knechte ihrem Herrn, sondern wie
Söhne ihrem Vater, und als solchen, denen der katholische
Monarch selbst die Obsorge über sie aufgetragen hatte. Wir

regier-

regierten sie nach den spanischen Gesetzen; und der Nutzen
fiel davon auf die Monarchie zurück.

Zwey Jahrhunderte haben wir gearbeitet, um die
Quaranier aus einem herumziehenden Volke, aus Men-
schenfressern, und den hartnäckigsten Feinden der Spanier
zu Menschen, zu Christen, und zu Unterthanen des katholischen Königs umzubilden. Wie viel Schweis und
Blut diese Arbeit den Jesuiten gekostet habe; und wie
sehr sich diese 30 Flecken an der Menge ihrer Einwohner, einem christlichen Lebenswandel, der Pracht ihrer
Kirchen, ihrer Ergebenheit gegen die spanischen Monarchen,
in der Geschicklichk in den Künsten und in der Mechanik,
und in der Fertigkeit in den Waffen vor allen übrigen
amerikanischen Völkern ausgezeichnet haben: kann man sich,
wenn man will, aus dem Schreiben der Könige, und ihrer Statthalter, wie auch aus denen der spanischen Bischöfe, welche allenthalben gedruckt zu haben sind, beleh-
ren. In eben dieser Absicht dienen auch die Werke des
Doktor Franziskus Xarque Dechants von Alabaraxie eines Augenzeugen, ferner die Schrift des gelehrten Abts
Anton Muratori, und endlich die eines ungenannten En-
gelländers, welche 1768 zu Hamburg in das Deutsche
übersetzt worden ist. Den letzten hab ich, ob er sich gleich
in einigen Stücken irrt, mit Vergnügen, und vielmal
nicht ohne herzlich zu lachen, durch gelesen, besonders da,
wo er sagt: wir Europäer sind nicht klug, daß
wir die Jesuiten in Paraquay tadeln. Laßt uns lieber darauf denken, wie wir auch das in Europa zu Stande bringen, was sie ohne Zwang und ohne Geld bei den
Quaraniern bewerkstelliget haben. In diesen Flecken
arbeitet ein jeder für alle; und alle für einen.
Ohne etwas kaufen, oder verkaufen zu müssen, hat ein jeder alles, was zu einem bequemen Leben gehöret, als
Nahrung, Kleider, Wohnung, Arzney und Unterricht,
hin-

hinlänglich. Nach dem Sprichworte der Europäer gebricht es dem an allem, dem es an Geld gebricht. Die Quaranier haben kein Geld, und kennen keine Münze. Sie erfahren täglich die Wahrheit des Sprichwortes der Alten, daß den Göttern alles um die Arbeit feil ist. Sie sind immerdar beschäftiget, so wie es ihr Alter und ihre Kräfte zulassen, ohne aber auch unter der Last ihrer Arbeit zu unterliegen. Von den Üppigkeiten des Lebens wissen sie nichts; ersparen sich auch keinen Überfluß, und sind dennoch weit glücklicher als unsere Reichen; weil sie sich mit Wenigem begnügen. Denn glücklich ist — nicht der, der viel besitzt, sondern der, der wenig braucht. Übrigens haben die Jesuiten nicht blos für den Geist, und das Herz der Quaranier, sondern auch für ihre körperliche Wohlfahrt gesorget. Da diese von dem Könige von Spanien und ihren Statthaltern allein abhiengen; und da sie nicht, wie die übrigen Indianer, das fürchterliche Loos getroffen hatte, in die Privatsklaverey der Spanier zu gerathen; so baueten sie sich immerzu neue Flecken, und die Anzahl derselben nahm, so wie die Menge ihrer Einwohner, unter unserer Aufsicht jährlich in einem bewundernswürdigen Grade zu. Im Jahre 1762 wurden in den 30 Kolonien der Quaranier 141252 Köpfe gezählet. Allein eine schreckliche Pockenseuche, die bald hernach unter ihnen wütete, raffte bei 30000 derselben weg. Nach einigen Jahren brach sie abermal aus; und obwohl ihre Wirkungen minder zerstörend waren, so tödtete sie dennoch bei eilftausend. Die Kinderflecken welche für die Amerikaner eben so gefährlich, als die Pocken sind, richteten gleichfalls unglaubliche Verwüstungen an. Beides weiß ich aus eigener Erfahrung; denn ich habe mehrere Monate den Kranken, welche an den Pocken oder Kinderflecken darniederlagen, Tag und Nacht meinen geistlichen Beistand geleistet. Auch der Hunger, der eine Folge der großen Trockenheit, und des daraus entstandenen

B   Miß-

Mißwachſes war, rieb eine Menge Quaranier auf. Hierzu füge man noch die, welche im Kriege in den Dienſten
des Königes, aus welchen manchmal 4 bis 5000 mehrere
Jahre hindurch nicht entlaſſen wurden, umkamen. Man
darf ſich alſo nicht wundern, daß die Weiber der Quaranier, ihrer beſondern Fruchtbarkeit ungeachtet, die groſſe
Anzahl derjenigen nicht erſetzen konnen, die durch ſo vielfältige Bedrängniſſe, deren immer eines auf das andere
folgte, aufgerieben wurden. Man zählte daher im J.
1767, in welchem wir Amerika verließen, in allen ihren
Flecken nicht über hundert tauſend. Ich kenne viele bemittelte Spanier, deren einziger Wunſch war, ihr Leben
bei den Quaraniern zubringen zu können. Und Muratori,
der dieſe Flecken ganz gut kannte, hat nicht unrecht, da
er ihre Bewohner in ſeinem Buche glückliche Chriſten nennt,
und, daß ſie es ſind, beweiſet.

Wer immer in das Werk dieſes berühmten Schrift-
ſtellers: das beglückte Chriſtenthum von Paraquay,
oder in andere der obenerwähnten Denkmaale der Gelehr-
ſamkeit einen aufmerkſamen Blick wirft; der muß wahrhaft die Lügen mit Händen greifen, welche die Unverſchämten
aus Wahn oder Schmähſucht von Paraquay ausſprü-
hen. Ich lachte vielmal und zwar von ganzem Herzen,
als ich von ungefehr die verſchiedenen Wörterbücher, und
andere hiſtoriſche und geographiſche Sammlungen durchgieng. Es kam mir vor, als wenn die Verfaſſer derſe-
ben allemal, ſo oft ſie von den Städten der Quaranier
Meldung thun, im Traume, oder in einer Fieberhitze geſchrieben hätten. So äußerſt unrichtig iſt alles. Wenn
ich dieſe Schriftſteller leſe, ſo wechſeln allemal verſchiedene Empfindungen in mir ab. Bald dauert mich ihre Unwiſſenheit, und bald ärgere ich mich über ihrer Unverſchämtheit, mit welcher ſie, vom Partheygeiſte, dem Haß
und dem Neide verblendet, ihre erdichteten und abgelegenen
Mär-

Märchen den Europäern für Wahrheit aufdringen. Oft
aber erstaune ich über die unbegreifliche Leichtgläubigkeit,
womit einige den Fabelkrämern, und Verläumbern einen
unbeschränkten Glauben beimessen, den sie hingegen redlichen Geschichtschreibern versagen. In wessen Händen ist
nicht das hübnerische Zeitungslexikon, in welchem man
doch, so bald von den Flecken der Quaranier in Paraquay die Rede ist, nichts als unerträgliche Unwahrheiten,
und Verläumbungen antrifft? So wie jener Künstler keinen Tag ohne Linie vorbeigehen ließ, so findet man hier
keine Linie ohne Lüge. Das gilt von dem Artikel über
Paraquay. In Ansehung des Uibrigen mögen die
urtheilen, die darinn besser unterrichtet sind. Auch die
zweyte Auflage, die der Sohn des Verfassers veranstaltet
hat, erweckte in mir Unwillen, als ich sie zu Lissabon im
J. 1748 durchgieng. Denn nachdem er alle die Fabeln,
die sein leichtgläubiger Vater zusammengeraffet hat, abermal ohne die geringste Veränderung hatte abdrucken lassen, so setzte er dennoch am Ende diese Worte hinzu: Allein heut zu Tage haben wir von diesen Miß
sionen andere Nachrichten. Aber warum hat er das,
was man zu seiner Zeit für falsch erkannte, nicht ausgemerzet, und verbessert. Ob die spätern Auflagen von
diesen Ungereimtheiten gereiniget sind, ist mir unbekannt.

Das Buch des Herrn von Bougainville: Voyage
autour du monde, welches zu Neuschatel 1772 herauskam, ist sehr hinterlistig geschrieben, und muß daher mit
vieler Vorsicht gelesen werden. Anfangs überhäuft er die
Jesuiten mit den herrlichsten Lobsprüchen; aber gleich
darauf bürdet er ihnen hunderterlei eben so offenbar unrichtige als uns und den Quaraniern unrühmliche Dinge
auf. Tacitus sagt in dem Leben des Agrikola: Die
fürchterlichsten Feinde wären die lobenden. Dies
se

se fangen mit dem Lobe desjenigen an, den sie herabsetzen
wollen, damit man ihnen ihre Lästerungen desto eher glaube, mit denen sie nachmals wider ihn losziehen. Indessen kann ich mich dennoch nicht bereden, diesen in so vielerlei Rücksichten berühmten Mann, der sich als Krieger,
als Seemann, als schöner Geist in allen Fächern der schönen Litteratur, wenn ich mich nicht irre, hervorgethan
hat, in diese Klasse der Doppelzüngigen zu versetzen. Er
hat von uns und den Quaraniern übel geschrieben, nicht
weil er fremden Verdiensten abhold ist, sondern weil ihn
unglücklicher Weise fremde Erzählungen irre führten. Die
Flecken der Quaranier hat er in seinem Leben auch nicht
von Weitem gesehen. Aber hätte er sie doch gesehen!
Ohne Zweifel würde er sich zu dem Gemälde, das er von
den Indianern, und ihren Missionarien entwarf, anderer
Farben bedienet haben. Er hielt sich zu Buenos Ayres,
das ist im Haven, und im Eingange von Paraguay nur
eine sehr kurze Zeit auf. Dort schöpfte er aus den trüb-
sten Quellen die schlimmsten Nachrichten, die er in der
Folge in Europa für Wahrheit ausgab. Leider! geschah
das in Zeiten, da auch die Bestgesinnten nicht ohne Gefahr am besten von uns sprechen durften. Meistens lobt
man nur die aufgehende Sonne, nicht die untergehende.
Wir befanden uns dazumal in diesem Falle. Aber genug
hievon. Ein allerdings glaubwürdiger Spanier drückt sich
über diese Schrift also aus: wenn alles Uibrige, was der
Herr von Bougainville von den verschiedenen Provinzen geschrieben hat, eben so falsch ist, als das, was er von
Paraguay schrieb; so gehört seine Schrift in die Gewürzbude zum Pfeffereinmachen, oder in eine noch schlechtere
Offizin. Ich konnte daher unmöglich gelassen bleiben,
als man mir sagte, daß dieses von so vielen und so grossen Unwahrheiten vollgepfropfte Buch auch bei grossen
Männern Glauben und Beifall gefunden habe. Meine
Freunde vermochten mich schon vor einigen Jahren die
unge-

ungereimteſten Irrthümer deſſelben in einem paar Bogen
zu wiederlegen. Ich würde dieſe Widerlegung hier ein-
ſchalten, wenn es mir nicht um die Kürze zu thun
wäre.

Das Reich der Jeſuiten in Paraquay iſt ein Hirn
geſpinſt, und eine Träumerey des Bernard Ybannez eines
Spaniers, den wir zweimal aus unſerer Geſellſchaft ver-
ſtoßen haben. Wer kann nun von einem rachgierigen
Manne ſeines Gelichters Wahrheit, oder das Lob der Jeſuiten erwarten? Bei den Quaraniern, von denen er
geſchrieben hat, war er nie Miſſionar. In ein lautes
Gelächter brach ich aus, als ich las, daß dieſer Mann
von einem ſonſt würdigen Schriftſteller in Spanien als
ein glaubwürdiger und geſunddenkender Geſchichtſchreiber
gerühmet wurde. Alle vernünftigen Spanier verabſcheuen
ſeinen Namen ſo, wie ſeinen Unſinn. Das Buch Il paſ-
ſagero Americano hab ich nur obenhin durchgeblättert,
und alsdann aus der Hand geworfen. So ſehr hat mir
auf den erſten Anblick vor dem kahlen und lächerlichen Ge-
ſchwätz des Verfaſſers bei Beſchreibung der Kolonien der
Quaranier geekelt. Seinen Namen weiß ich noch bis auf
dieſe Stunde nicht. Ich würde nicht fertig werden, wenn
ich aller derjenigen Erwähnung thun müßte, welche die
Flecken und Miſſionarien der Quaranier in giftigen Brochüren geläſtert haben. Ich könnte ihnen, um ſie zu widerlegen, die Geſchichte des P. Nikolaus del Techo,
des P. Antonius Ruiz de Montoya la conquiſta eſviritual,
den P. Petrus de Lozano, die vertrauten Briefe des P. Anton
Sepp an ſeinen Bruder, die des P. Franz Xavier Charlevoir
im Franzöſiſchen (denn in der deutſchen Uiberſetzung wurden ſie
jämmerlich verſtümmelt, und an vielen Stellen verfälſchet,)
und endlich die jährlichen Berichte der Provinz von Paraquay, welche zu Rom gedruckt ſind, entgegenſetzen. Allein
ich müßte befürchten, daß man mir wider die Unparthey-
lich-

B 3

lichkeit, und Glaubwürdigkeit dieser Schriftsteller als Zeugen in ihrer eigenen Sache Einwendungen machte. Als wenn Julius Cäsar keinen Glauben verdiente, da er von seinen Feldzügen und Siegen schrieb. Er hat uns hintergehen können, ich läugne es nicht; aber auch niemand könnte die Begebenheiten besser und vollständiger wissen, als er. Will man aber unsern Schriftstellern durchaus kein Vertrauen schenken: so lese man mit Aufmerksamkeit die königlichen Briefe Philipp des V. und seine 2 Schreiben, die er an unsere Missionarien in Paraquay den 25 December 1743 aus dem Schlosse Buen Retiro erlassen hat. Man lese das denselben eingeschaltete Schreiben des erlauchten Bischofs von Buenos Ayres Josephs de Peralta aus dem berühmten Orden des heil. Dominikus, in welchem er eben diesem Könige als ein Augenzeug über den Zustand der Kolonien der Quaranier Bericht erstattet. Diese Urkunden, welche für uns von der größten Wichtigkeit sind, kamen in einer lateinischen Uibersetzung 1745 heraus, und sind allenthalben anzutreffen. Man wird im Durchlesen derselben innen werden, daß die Quaranier nicht nur gegen den König von Spanien stets einen unverbrüchlichen Gehorsam, sondern auch gegen Spaniens Feinde einen besonderen Eifer gewiesen haben, und überhaupt ihren Monarchen nützlicher als alle andere Völker von Amerika gewesen sind.

Man wird sich vielleicht auf den Aufstand berufen, den die Quaranier am Uruguey eines königlichen Befehles wegen 1753 erreget haben. Vermöge dieses Befehles sollten sie sieben der besten Flecken in Paraquay den Portugiesen räumen; die 30000 Einwohner aber in eine unbewohnte Gegend, oder zu andern Kolonien der Parana sich hinziehen Die Indianer widersetzten sich der Vollziehung desselben aus allen Kräften — keineswegs aus Haß wider den Monarchen, der sie verbannen wollte, sondern
aus

aus Liebe zu ihrem Vaterlande, aus dem sie verbannet
werden sollten. Und würden denn die Deutschen, die Spanier oder Franzosen nicht ein Gleiches thun, wenn sie von
ihren Souverains ihr Vaterland ihren Feinden zu überlassen gezwungen würden? Jedem ist der vaterländische
Boden werth; den Amerikanern am meisten. Wer wird
also nicht die Widersetzlichkeit der Indianer vom Uruquay,
so wenig sie auch gebilliget werden kann, dennoch gewisser-
massen zu entschuldigen, und mit ihnen Nachsicht zu haben geneigt seyn? An ihrem Vergehen war mehr die
Schwäche ihres Verstandes Schuld, als die Bösartigkeit
ihres Herzens. Stets äußerten sie gegen den katholischen
König den besten Willen, und die größte Ergebenheit.
Aber die Missionarien konnten sie durch keine Beredsamkeit
dahinbringen, daß sie geglaubt hätten, der gütigste König
wolle sie aus ihrem Vaterlande zu Gunsten ihrer Feinde
der Portugiesen verweisen, um nimmer wieder dahin zurückzukehren, und dem Elende blos gesetzet zu seyn. Wahrhaftig! (so schrieben sie an den königlichen Statthalter
Andonaequi) Weder wir, noch unsere Väter haben jemals
wider den König das geringste verschuldet. Nie
haben wir den spanischen Kolonien etwas zu Leide gethan.
Wie sollten wir also glauben können, der beste König wolle
uns Unschuldige mit der Verbannung strafen? Unsere
Ahnen, und Urahnen, und folglich alle unsere Brüder
haben unter den Fahnen des Königs oft wider die Portugiesen, und oft wider die Heerschaaren der Wilden gefochten. Unzählige haben dabei entweder auf dem Schlacht-
felde durch die Hand des Feindes, oder bei den so vielmaligen Eroberungen der portugiesischen Kolonie ihr Leben
eingebüßet: und wir, die wir dem Tode entgiengen, tragen noch unsere Narben als Denkmale unserer Treue, und
unserer Tapferkeit herum. Stets hielten wir es für unsere Pflicht die Grenzen der spanischen Monarchie zu erweitern, und wider jeden Angriff zu vertheidigen. Wir

D 4

schenschonten hiebei weder unseres Bluts, noch unseres Lebens. Und nun soll uns der katholische Monarch unsere Verdien- ste um seine Provinzen mit der bittersten aller Strafen, dem Verluste unseres Vaterlandes, unserer prächtigen Kirchen, unserer Häuser, Aecker und schönsten Meyereyen, kurz mit der Verbannung vergelten wollen? Wer kann sich so etwas als glaublich vorstellen? Wenn dieses wahr ist, was soll man noch für unglaublich ansehen? In dem Schreiben, welches Philipp der V. an uns ergehen, und in unseren Kirchen von den Kanzeln öffentlich ablesen ließ, wurde uns zu wiederholtenmalen eingeschärfet, wir sollten die Portugiesen auf keinerlei Weise unseren Gränzen nähern lassen; sie wären seine ärgsten Feinde, und auch die unsrigen. Und nun ruft man uns immer zu, es sey des Königs Wille, daß wir den schönsten und besten Strich Landes, den uns die Natur, Gott und die spanischen Mo- narchen zum Eigenthum gegeben haben, den wir bereits in das zweyte Jahrhundert mit so vielem Schweiße an- bauen, den Portugiesen abtretten sollen. Wem soll das wahrscheinlich vorkommen, daß Ferdinand, der würdigste Sohn eben dieses Philipps uns gerade dasjenige gebiete, was sein bester Vater uns so vielmal verboten hat? Sollten aber die Portugiesen und Spanier, wie es in dem Wechsel der Zeiten und der Gesinnungen leicht geschehen kann, sich mit einander ausgesöhnet haben, und diese nun sich gegen jene gefällig zeigen wollen, so mögen sie ihnen von den ungeheuren Ländereyen, die noch unbewohnt, und unange- bauet überall in Menge angetroffen werden, einige einräu- men. Warum sollen denn gerade wir unsere Flecken den Portugiesen räumen, deren Vorfahren so viele hundert tausende von uns theils niedergemacht, theils in die schreck- lichste Sklaverey in Brasilien geschleppet haben? In der That ist dies eben so unglaublich als unerträglich. Als wir den christlichen Glauben annahmen, so schwuren wir Gott und dem katholischen Könige unsere Treue; und die

Prie-

Priester und königlichen Statthalter versicherten uns ihrer-
seits einstimmig die Gnade des Königs, und seinen Schutz
auf immer zu. Und nun sollen wir ohne des geringsten Verbrechens schuldig zu seyn, und nach so vielen Verdiensten um die spanische Nation unser Vaterland auf den
Befehl ihres Königes mit dem Rücken anzusehen gezwungen werden? Das Bitterste und Unleidentlichste, was
uns je wiederfahren könnte! Man müßte seinen Verstand
verloren haben, wenn man die Spanier in ihrer Freundschaft für so leichtsinnig und wankend, und in Erfüllung ihres gegebenen Wortes für so unzuverläßig halten
sollte! — — — So schrieben die vornehmsten aus
den Indianern an den königlichen Statthalter, der, so
wie er für seinen Herrn, und für die Indianer aufs Beste gesinnt war, sich bei Durchlesung des Briefes der
Thränen kümmerlich enthalten konnte. Allein der strenge
militärische Gehorsam unterdrückte in ihm die Empfindungen des Mitleids, und er fuhr fort auf die Vollziehung des königlichen Befehles zu dringen, und den sich
Weigernden das Aeußerste anzudrohen.

Es gab sogar unter den Spaniern (wer soll das
glauben?) Leute von einer so verruchten Denkungsart,
daß sie den Indianern heimlich in die Ohren flüsterten,
der König hätte die Räumung der Flecken keinesweges be-
fohlen, sondern die Jesuiten hätten sie blos den Portugiesen verkauft. Die Quaranier kannten den guten Willen
ihrer Seelenhirten zu wohl, als daß sie dieser Erdichtung
hätten Glauben beimessen können; obgleich bei den Blöd-
sinnigen immer eine Art von Verdacht zurückblieb. In
der That liefen viele Missionarien, welche die Auswanderung aus den Flecken zu eifrig, und um es kurz zu sagen,
zu unbehutsam betrieben, Gefahr, ihr Leben durch die
Hände der Indianer, welche der Verlust ihres Vaterlandes beinahe rasend gemacht hatte, zu verlieren. Ich wür-

be ihre Namen und Thaten der Reihe nach anführen,
wenn ich nicht dieses alles nur im Vorbeigehen berühren
wollte. Der P. Bernardus Nußdorfer, welcher in den
Flecken der Quoranier Superior, und überhaupt ein Mann
war, der sich durch seine bei uns verwalteten Stellen,
sein hohes Alter, seine tiefe Kenntniß der indianischen
Sprache, seine Gefälligkeit und seinen Anstand bei allen
ehrwürdig gemacht hatte, eilte durch diese 7 Flecken, und
ermahnte ihre Bewohner mit allen möglichen Gründen
auf das dringendste dem königlichen Befehle Folge zu leisten. Es schien auch, als wenn sie sich hätten von ihm
überzeugen lassen. Allein, als es zur Vollziehung kam,
vergaßen die Indianer, so wie sie überhaupt wankelmüthig,
und veränderlich sind, ihrer Zusage; und wollten von der
Auswanderung nichts mehr hören. Von dem P. Ludwig
von Aquamirano einem Jesuiten, den der König in seinem
Namen aus Spanien nach Paraquay gesandt hatte, um
die Uibergabe der Flecken zu beschleunigen, glaubten sie,
daß er weder ein Jesuit noch ein Spanier wäre; weil
sie zwischen seiner Kleidung, und Nahrung, und der unsrigen einige Unterschiede bemerket hatten. Ja, sie scheue-
ten sich nicht, ihn vor einen portugiesischen Kaufmann, der
sich als einen Jesuiten verkleidet hätte, öffentlich auszurufen. Er rettete sich daher, als sich in dem Flecken St.
Thomas ein Gerücht verbreitete, daß die Indianer wider
ihn im Anzuge wären, um aller Gefahr zu entgehen, bei
stiller Nacht durch die Flucht. In der Folge, als er
wieder in Sicherheit war, traf ich ihn auf meiner Reise
zu den Abiponern, zu Santa Fe an, wo ich herzlich über
ihn gelacht habe. Aber wahrhaftig! wenn die Indianer
eben so behende unseren Ermahnungen Folge geleistet hätten,
als wir ihren wankenden und widerspenstigen Gemüthern,
den Gehorsam eingepräget haben, so würde das ganze Geschäft ohne Geräusch schnell und glücklich zu Stande ge-

bracht

bracht worden seyn. Allein sie waren taub gegen unsere Erinnerungen. Man stellte daher auf dem Platze, um sie auf andere Gedanken zu bringen, öffentliche Bittgänge an; und ein Priester mit einer dörnernen Krone auf dem Haupt ermahnte von der Kanzel herab die Umstehenden mit kläglicher Stimme, mit Seufzern und Drohungen ihren Abzug zu beschleunigen. Seine Ermahnung wirkte so viel daß ihm die meisten zu willfahren versprachen. Sie thaten noch mehr; sie tratten auch des andern Tages unter der Anführung der Missionarien die Reise an, um sich Plätze zu neuen Pflanzungen auszulesen. Allein sie unterbrachen selbe, als sie sich wieder an ihre Geburtsflecken erinnerten. Die Liebe zum Vaterlande, die, wie Ovid klagt (l. 1. eleg. 4) mächtiger als alle Gründe wirket, vermochte alle, wieder nach denselben zurückzukehren. Hier fühlten unsere Väter, wie schwer es ist, einen Stein den Berg hinauf zu wälzen, oder wider den Strom zu schwimmen. Man hält es für ein Meisterstück der Kunst, wenn unsere Beredsamkeit, wie sie auch immer beschaffen seyn mag, über die Triebe der Menschen siezet.

Indessen verbreitete sich das Gerücht, daß der Statthalter von Rio Janeiro in Brasilien Gomez Freyre de Andrade, welcher der Urheber der ganzen Trauergeschichte war, mit seinen Leuten in das Gebiet von Uruguay eingedrungen sey. Hierauf griff nun alles zu den Waffen, indem einer den andern in der ersten Hitze wie ein Strom mit sich nicht fortzog, sondern fortriß. Man hätte glauben sollen, ein neuer Hannibal stünde vor den Thoren. Da nun die Quaranier um ihren Heerd, und ihre Kirchen zu vertheidigen Gewalt mit Gewalt abtrieben, so wurden sie für Aufrührer erkläret. Im Grunde aber verdienten sie mehr Mitleid als Strafe. Blos ihr angebohrner Haß gegen die Portugiesen, und ihre Vaterlandswuth verleiteten sie zu allen den Unordnungen, in die
sie

sie sich blindlings stürzten. Keiner von ihnen dachte jemals daran, sich von der spanischen Herrschaft loszumachen, oder den benachbarten spanischen Kolonien einen Schaden zuzufügen, wie es doch in ihrer Macht stand. Ihre vorige Ergebenheit gegen ihre Monarchen war in ihrer Brust nichts weniger als verloschen; allein sie konnten doch ihre Sehnsucht nach ihrem Geburtsorte nicht überwiegen. Sehr richtig ist die Bemerkung des Ovid, da er sagt: Ich weiß nicht, durch welch einen geheimen Reiz unsere Geburtsstätte uns alle an sich zieht, und sich in unserem Herzen unvergeßlich macht. So groß der Ruhm war, den sich Ulisses durch seine Weisheit erworben hatte, so heftig soll auch seine Sehnsucht nach seinem Vaterlande gewesen seyn. Nachdem er weit und breit herumgereiset war, wünschte er sich den Rauch von einem vaterländischen Heerde zu sehen. Und worinn bestand denn endlich sein so innig geliebtes Ithaka? In einer kleinen Insel, sagt Cicero (l. de Orat.) auf dem jonischen Meere, die auf die schroffesten Felsen, wie ein Nest angeklammert ist. Wem soll es also sonderbar vorkommen, daß die wenig gebildeten Indianer nichts unversucht gelassen haben, um nicht aus ihrem Vaterlande vertrieben zu werden, welches außer der angenehmen Lage, der gesunden Luft, und einer ansehnlichen Größe, auch noch mit Kirchen und Gebäuden pranget, welche selbst den spanischen den Rang streitig machen; mit Wäldern, Flüßen, den fettesten Fluren, und allen Lebensbedürfnissen bis zum Ueberflusse versehen ist; und also ihrer so warmen Anhänglichkeit allerdings werth war? Joachim della Viana Befehlshaber zu Montevideo, welcher um die Gegend zu besichtigen, aus dem spanischen Lager mit einem Geschwader Reiter vorausgeschickt wurde, stieg auf einer Anhöhe beim Anblicke von S. Michael, einem Flecken von 7000 Einwohnern, von dem Pferde ab; und betrachtete ihre herrlichen Tempel und die schönen Reihen ihrer Häuser mit einem

Fern-

Fernrohre. Erstaunt über die Größe dieses Ortes brach er gegen die herumstehenden Reiter in folgende Worte aus: Hört ihr, in den Köpfen unserer Madriter muß es nicht richtig zugehen, da sie diesen Flecken den Portugiesen abtretten wollen. Das sagte dieser Mann, der sonst, um sich bei der spanischen Königinn Barbara beliebt zu machen, Portugalls Interesse aus allen Kräften unterstützte. Den andern 6 Flecken als zu den h. h. Engeln, S. Johann der Taufer, S. Aloys, S. Borgia, S. Nikola, und S. Laurenz mangelte es eben so wenig an einer zahlreichen Bevölkerung, an geschmackvollen Kirchen, und an andern Bequemlichkeiten des häuslichen Lebens. Aber Mauern, Thore, Gräben, oder Pallisaden hatten sie keine, sondern sie standen jedermann von allen Seiten Tag und Nacht offen.

Um sie nun zu vertheidigen rotteten sich die Indianer von Uruquay von allen Seiten zusammen. Allein dieser Schwarm war weiter nichts als ein unordentlicher, und unförmlicher Haufen — weniger zum Siege als zur Niederlage gemacht: indem es demselben an einem des Krieges auch nur mittelmäßig kündigen Anführer mangelte; und die Indianer mit zu ungleichen Waffen auf den Kampfplatz traten. Den europäischen Truppen kamen sie mehr lächerlich als furchtbar vor. Ich glaubte, sagte ein portugiesischer Soldat zu mir, ich sähe einen Haufen Ameise an einem Pomeranzenblatte zerren, als ich die Indianer mit ihren Pfeilen und hölzernen Spießen daherziehen sah. Indessen wissen wir dennoch, daß die Reiterey der Quaranier den Portugiesen vielmal Furcht eingejaget, und nicht selten sehr zu schaffen gemacht hat. Diese fürchteten sich allemal und allenthalben vor ihnen, so oft sie in ganzen Geschwadern angeritten kamen, ihrer Entschlossenheit wegen mit der sie alles unternommen haben würden, ein tüchtiger Anführer an ihrer Spitze gefochten hätte.

So las ich zu Corrientes sehr oft in dem Tagebuche, welches von dem Feldlager des Gomez Freyre an die zu Bestimmung der Gränzen abgeordneten Portugiesen eingeschi-
cket wurde. Zuweilen machen auch die kleinsten Thierchen,
wenn sie zahlreich genug sind, den Löwen zittern. Nach
langem Hin- und Herziehen beider Partheyen, und verschiedenen Scharmützeln, wobei sie mit abwechselndem Glücke gefochten hatten, wurde das Loos der Streitenden entschieden, und der Krieg geendiget. Gewiß ist hiebei auf
beiden Seiten mehr Lärm gemacht, als Blut vergossen
worden: und es findet auch hier statt, was Livius im 7
B. von dem macedonischen Kriege sagt: „Viele aber waren
„ der Meinung, von diesem Kriege sey das Gerücht grösser,
„ als die dabei obwaltende Gefahr gewesen.“ Darinn aber
sind alle einig, daß die Europäer durch so viele Wälder,
und enge Felsenpäße, wo ein kleiner Haufen einer grossen
Anzahl den Durchgang verwehren kann, zu den 7 Flecken
nimmermehr durchgedrungen wären; wenn die Quaranier
von allen 30 Kolonien denen von Uruquay Beistand geleistet hätten. Allein den Bemühungen der Jesuiten gelang
es, die Anwohner der Parana, ungeachtet sie sehr geneigt
waren, ihren Brüdern am Uruquay Hilfe zu leisten, in
Ordnung zu erhalten, und glücklicher Weise ihre Vereinigung mit den Aufrührern zu hintertreiben. Hieraus
mag man abnehmen, was von denjenigen zu halten ist,
die uns als Urheber des Aufstandes, und als Anführer
der Widerspenstigen frech und unverschämt der Welt darstellen. Ihre Schriften sind eben so gefährlich als zahlreich, weil sie, wie wohl man nichts als Erdichtungen,
und Verläumdungen darinn antrifft, dennoch durch einen
Anstrich von Wahrheit, den sie ihren Gründen zu geben
wissen, und das Ansehen der Gewährsmänner, auf be-
ren Aussagen sie sich berufen, den Leser zu überreden,
und seinen Beifall zu erschleichen suchen. Ganz gewiß
würden sie von ganz Europa ausgeklatschet; wenn alle so
gut

gut, wie wir wüßten, wer diejenigen waren, deren Zeugnisse sie anführen. Es ist kein Geheimniß mehr, daß von
vielen vieles wider uns und die Wahrheit geschrieben wurde, weil sie entweder einen von den beiden Höfen fürchteten, oder bei einem derselben eine Beförderung hofften;
oder auch um sich der Gnade gewisser Leute, um die sie
buhlten, zu versichern. Ich könnte ihren Namen, Charakter, ihre Kunstgriffe, und tausend Schlingen, die sie
uns legten, anführen; allein es ist sicherer, dieses der
Zeit, die alles aufdecket, zu überlassen.

Indessen will ich meinen Lesern dennoch etwas ins
Ohr raunen. Wären die widerspenstigen Quaranier von den
Jesuiten angestistet, oder unterstützet worden, so hätten sie
ohne Zweifel den königlichen Völkern mehr zu thun gemacht. Da sie aber des Raths, und des Beistandes
dieser Väter entbehren mußten, so haben sie ihre Sache
dumm, wie gewöhnlich, und unglücklich ausgeführet, zum
augenscheinlichen Vortheil der Spanier, und Portugiesen,
deren Sieg jener ihrem Unverstande zugeschrieben werden
muß. Gleich im Anfange ihres Aufstandes wählten sie
sich einen gewissen Joseph (seinen Geschlechtsnamen weiß
ich nicht) Markthauptmann in S. Michael, was die Spanier Corregidor oder Capitan nennen, zu ihrem Anführer wider die Portugiesen. Er besaß viele Behendigkeit
des Körpers und Unerschrockenheit der Seele: und betrug
sich daher bei allen Gelegenheiten als ein rechtschaffener
Soldat, aber als ein schlechter General, weil er die Stra-
tegie so wenig kannte, als ich die schwarze Kunst. Nachdem er aber in einem Scharmützel blieb, so erwählten
die Indianer an seine Stelle den Markthauptmann zu
Conception Nikolaus Neenquirü, der sich aber auf die
Musik besser, als auf den Krieg verstand, und selben daher nicht auf das Weiseste übte. Dadurch sank den Uru-
guayern allgemach der Muth, und ihre Sache nahm eine
schlim-

schlimme Wendung. Die 7 Flecken würden endlich den königlichen Truppen übergeben. O du, wer du auch immer bist, der du dieses liest, entblöße dein Haupt, und sprich den Namen Nikolaus, nicht anders als mit gebeugten Knieen aus — oder lache vielmehr, wenn du klug bist, aus allen deinen Kräften. Denn das ist der berufene Nikolaus, den die Europäer den Paraquayern, ohne daß diese das geringste davon wußten, zum König gegeben, und so sehr gefürchtet haben. Aus vollem Halse haben wir alle gelacht, als wir in Paraquay die europäischen Zeitungen und Mährchenjournale zu Gesicht bekamen. Zu eben der Zeit, da alles von Seiner Majestät dem einge-bildeten Könige in Paraquay redete und schrieb, habe ich den Nikolaus Neenquirù in dem Flecken Conception mit bloßen Füßen, wie die übrigen Indianer bald reiten, bald eine Heerde Ochsen in das Schlachthaus des Fleckens trei-ben, oft auch auf dem Platze Holz spalten gesehen; ihn betrachtet; und über ihn gelacht. Er trat zu mir hinzu, um nach der Gewohnheit der Indianer mir die Hand zu küßen. Er drang auch in mich, ich möchte ihm Musi-kalien und Symphonien für die Violine, auf der er sehr gut spielte, zum Abschreiben geben. Es war ein Glück für den armen Amerikaner, daß er sich auch im Traume die Königswürde nicht vorstellte, die ihm die Völker jen-seits des Meeres beilegten. Hätte er sich diese in den Kopf gesetzt, so würde er sich gewiß nicht bis zur Arbeit eines Knechtes, und bis zu einem Handkuße erniedriget, sondern vielmehr mir seine Hand zum Küßen dargereichet haben.

Man erlaube mir ohne Rückhalt zu sagen, was an der Sache war. Der König Nikolaus wurde nur in dem Gehirne desjenigen aufgebrütet, der schon lange ge wün-schet hat, uns, als die eifrigsten Vertheidiger der Spani-schen Herrschaft, aus ganz Paraquay vertrieben zu sehen,

um

um den ganzen grossen Strich vom Uruquay dem benachbarten Brasilien einverleiben zu können. Wirklich rückten
die Portugiesen in dem letzten Kriege, nachdem sie die Spanier am Rio grande gählings überfallen, und zurückgetrieben hatten, bis in die Gegend von Montevideo, weil sie
nirgends einen Widerstand fanden: und verheerten alles unterwegs. So was unterfiengen sich die Portugiesen nicht,
so lange die Quaranier unter unserer Aufsicht standen: sie
durften auch nie daran denken. Unsere Abwesenheit hat
sie so kühn gemacht; bis sie endlich Petrus Zevallos, der
mit den spanischen Truppen herbeieilte, wieder zurückschlug.
Mit der Erhebung des Königs Nikolaus auf den Thron
gieng es folgendermassen zu. Um, den Betrug zu verheh-
len, und die boshafte Erdichtung mit einem Scheine
der Wahrheit zu überkleistern, wurde ein königlicher Münz-
meister in Quito durch außerordentliche Belohnungen dahin verleitet, im Namen und mit dem Gepräge des Königs Nikolaus Geld auszuprägen. Diese unächte Münze wurde in der alten und neuen Welt ausgestreuet:
wiewohl ich aufrichtig gestehe, daß ich keine gesehen
habe. Kein Mensch zweifelte, daß sie nicht in Paraquay
von dem vorgegebenen König Nikolaus ausgepräget worden wären; da doch der König in Spanien selbst in
Paraquay keine Münzstätte hat, weil dieses Land gar kein
Metall erzeuget. Allein am Ende ward der Betrug dennoch offenbar; und der falsche Geldmünzer D. E. schrieb
im Jahre 1760 den 20. Merz selbst an den König,
daß ihn geheime Gewissensbisse antrieben, seine
Missethat kund zu machen. Me veo forzado, sind
die Worte des Spaniers, por unos secretos remordi-
mientos de Conciencia à descubrir esta iniquidad. &c.
Durch diesen Brief deckt sich nun der Mann von feilem
Gewissen, und lockerer Ehrlichkeit auf, von dem jener,
im Namen des Königs Nikolaus Münze zu schlagen,
verführet wurde. Seinen Tauf- und Geschlechtsnamen

C   P. F,

P. F. M. M. will ich hier, ungeachtet er in ganz Spanien bekannt ist, mit Stillschweigen übergehen, um seinen Standesgenossen keinen Schandfleck anzuhängen Er hielt sich im J. 1768 in Kadix auf, eben als ich und meine Mitbrüder nach unserer Rückreise aus Amerika in dem nahen Haven S. Maria eine Zeit lang vor Anker lagen.

Der Ruf von dem König Nikolaus, und das in seinem Namen geschlagene Geld erregten bei dem Madriterhofe Besorgnisse. Allein dies war nur ein panischer Schröcken, wie Petrus Zevallos, der mit Truppen in Paraquay zur Rettung dieser Länder abgeschicket wurde, nachmals mit Augen sah, und in seinem Schreiben an den König zu verschiedenenmalen einberichtete. Wofern man aber noch an meiner Aufrichtigkeit in diesem Punkte zweifelt, so lese man die Madriterzeitung (Gazettas de Madrit) wenn mir recht ist, vom Oktober 1768. Man wird darinn der Worte gewahr werden: Man weiß nun, daß alles, was von dem König Nikolaus verbreitet wurde, ein Märchen und eine Erdichtung war. Wie konnte man sich kürzer und deutlicher ausdrücken, und die Lüge nachdrücklicher widerlegen? Ich habe dieses Blatt, welches von der Hofcensur zu Madrit durchgesehen wird, und mit ihrer Genehmhaltung herauskömmt, selbst mit meinen Augen gelesen. Will man noch stärkere Gründe, hier sind einige. Nachdem die Unruhen am Uruquay gestillet, und die verlangten Flecken abgetreten waren, verfügte sich Nikolaus Neenquirù selbst in das spanische Lager, und stellte sich freywillig vor dem königlichen Statthalter Joseph Andronacqui, um von allem, was vorgegangen war, Rechenschaft zu geben. Man hörte ihn freundlich an, und entließ ihn nicht nur ohne die geringste Strafe, sondern man bestättigte ihn sogar in dem Richteramte, das er vorher

schon

schon lange in dem Flecken Conception bekleidet hatte.
Ohne Zweifel würde man ihn in Fesseln, in den tiefe=
sten Kerker geworfen, mit den schröcklichsten Foltern ge=
martert, und vielleicht in hundert Stücke zerrissen haben,
wenn er zu dem Verdacht, daß er nach dem Königreich
Paraquay oder nach dem Königstitel gestrebet hat, An=
laß gegeben hätte. Man mag in der Geschichte von
Amerika noch so fremd, und unbewandert seyn, so weiß
man dennoch, wie strenge die Spanier gegen die Maje=
stätsverbrecher zu verfahren pflegten. Man wird sich ohne
Zweifel an die traurigen Schicksale des Atahualpa, oder
wie andere schreiben Atabaliba Inkas von Peru, des
Montezuma Monarchen von Mexiko, und anderer erin=
nern, welche die Spanier, weil ihnen ihre Treue verdäch=
tig vorkam, ermorden, oder durch andere Qualen hinrich=
ten ließen. Ist es also wahrscheinlich, daß man des Ni=
kolaus Neenguirù eines elenden Indianers geschonet hät=
te, wenn auf ihn der Verdacht von dem Streben nach der
Königskrone, vom Geldmünzen, oder andern gefährlichen
Anschlägen wider den König von Spanien gefallen wäre?
Man muß außerordentlich stumpf seyn, wenn man nach
allem diesem das Mährchen vom König Niklaus nicht lächer=
lich finden soll. Aber ich will noch bis auf den ersten Ur=
prung der Fabel zurückgehen.

Bei den Spaniern ist das Sprichwort sehr gemein:
La mentira es hija de algo. Die Lüge ist die Tochter
von Etwas. Die grundlosesten Gerüchte, welche oft
Städte und Länder wie eine Seuche durchziehen, ent=
stehen manchmal aus den unbedeutendsten Anlässen. Von
dieser Art war die Erdichtung des Königs Nikolaus, de=
ren erster Ursprung in dem Mangel der quaranischen
Sprachkenntniß; die Verbreitung hingegen in der Bösar=
tigkeit gewisser Zungen gesucht werden muß. Ich will
mit der Ordnung nach auseinandersetzen. Das Wort

E 2   *Tubi=*

Tubichà bedeutet bei den Quaraniern so viel als groß.
Mburubichà heißt ein König, ein Kaciquer, Kapitän,
bei einigen auch ein Vorsteher. Bei den Indianern ist es
der Brauch, jedem Haufen, der, es sey nun auf dem
Felde zu ackern, Holz zu hauen oder zu führen, oder
auf Schiffen zu rudern, von dem Flecken ausgeschicket
wird, einen Aufseher mitzugeben, der alles anordnet, und
dessen Befehlen die übrigen gehorsamen müssen. Diesen
heißen nun die Indianer *Nanderubichà*, unsern Befehlshaber
oder Kapitän, nach Art der Spanier, welche den Aufseher
über die Hüner in Kriegsschiffen *Capitan de las Gallinas*,
den Hünerkapitän, und den Aufseher über die Schisbutzer
Capitan de las Escobas den Besenkapitän nennen. Auf
eine ähnliche Weise hießen die Quaranier vom Uruquay
ihren Anführer Nikolaus Neenquirù *Nanderubichà* ihren
Kapitän. Als nun dieß die Spanier von Assumtion und
Corrientes hörten, welche ihre Sprache aus der spanischen
und quaranischen nach Willkühr zusammsetzen, und keine
recht verstehen; so gaben sie eben so ungereimt als unbil-
lig vor, daß die Indianer den Nikolaus mit dem Titel
ihres Königes beehrten. Gewiß war es bei den Quaraniern schon lange üblich dem König in Spanien den
Namen *Mburubichabete*, oder *Mburubichà guaṣu*, oder
Carayrubichabete, das ist des großen Kapitäns, oder des
obersten Monarchen von Spanien beizulegen. Doch pflegten die meisten, so oft sie vom Könige sprachen, um
ihre kindliche Verehrung gegen denselben anzuzeigen sich
dieses halbspanischen Ausdruckes zu bedienen: *Nandé Rey
Marangatu* unser guter und heiliger König. Denn *Nandé*
heißt auf quaranisch unser; *Rey* bedeutet auf spanisch König. Das Wort *Marangatu* sagt so viel als gut oder
heilig; daher pflegen sie auch allen Heiligen, die sie
anrufen, das Beiwort *Marangatu* nachzusetzen. Hieraus
erhellet, daß der Mangel an hinlänglicher Kenntniß der
quaranischen Sprache an dem Wahn Schuld gewesen ist,

der

der den Nikolaus Neenguirú auf den Thron erhob. Ich
darf bey dieser Gelegenheit nicht unbemerkt lassen, daß die
irrigsten Meinungen und greulichsten Lästerungen in Ansehung unser vielmals die Unwissenheit der spanischen, und
portugiesischen Dollmetschen zur Quelle haben. Diese unwissenden, und eben nicht allemal zu gewissenhaften Leute,
welche in der lateinischen und quaranischen Sprache nur äußerst
schlecht bewandert sind, haben unsere Briefe vor den Statthaltern, die weiter nichts, als spanisch verstehen, oft auf
eine ganz verkehrte Art verdollmetschet; wodurch dann die un-
schuldigsten Worte und Handlungen nicht selten die Farbe eines Verbrechens annahmen. Dergleichen alberne
Auslegungen, wovon ich eine Menge anführen könnte,
machten uns zuweilen lachen sehr oft aber preßten sie
uns Seufzer aus, indem so viele Unschuldige den Fehler
eines irrenden Dollmetschen büßen mußten; weil ihre Zeugnisse vor Gericht als rechtliche Beweise gelten, und als
gewisse Aussprüche der Wahrheit den Geschichtbüchern ohne
den geringsten Verdacht einer Unrichtigkeit eingeschaltet
werden. Aber wir wollen wieder zu unserm Nikolaus zurückkehren, den man theils aus Irrthum, und theils
aus Mißgunst die Rolle eines Königs spielen ließ.

Unstreitig waren seine Aeltern, Ahnen und Urahnen
väterlicher und mütterlicher Seits alle Quaranier von
dem Flecken Conception. Eben daselbst lebte er viele Jahre mit seinem Weibe ebenfalls einer Quaranierin, und
versah verschiedene obrigkeitliche Aemter. Der alte P.
Ignaz Zierhaim rühmte sich, daß er, als er noch Pfarrer
war, den berufenen König von Paraquay in seiner Jugend, ich weiß nicht mehr, was für eines Fehlers wegen,
öffentlich habe züchtigen lassen. Seine alte Gattin war
runzlicht, grau, außerordentlich großköpfigt, und überhaupt ein Weib zum Schröcken. Wenn ich mich recht
erinnere, so gebahr sie nie. Ich habe sie mit diesen Au-

C 3   gen

gen, mit denen ich itzt schreibe, gesehen; und es fehlte
nicht viel, daß ich sie nicht für die Megära gehalten hätte. Ihr Mann Nikolaus hingegen war lang und hager,
von einer sehr ehrlichen Physionomie, aber einem ernsthaften
Blicke. Er redete sehr wenig, und trug eine große Narbe im
Gesicht. Hieraus urtheile man, welch einen ungereimten Zusatz diejenigen zur ersten Fabel gemacht haben, welche den
eingebildeten König Nikolaus für unsern Laybruder ausgaben.
In allen Kolonien der Quaraner befanden sich dazumal von
unsern Laybrudern nicht mehr als fünf. Zween davon besorgten als Wundärzte die Kranken; der dritte unsere Kleider.
Der vierte beschäftigte sich mit Kirchenausmahlen Der
fünfte war vom Alter und den Krankheiten ganz ausgezeh-
ret, und übte sich und uns in der Geduld. Alle ab.e
waren Europäer, und keiner hieß weder dem Tauf- noch
Geschlechtsnamen nach Nikolaus. Außerdem nahmen wir
in Paraquay keinen, der von indianischen Aeltern her-
stammte, weder als Priester noch als Laybruder in unsere Gesellschaft auf. Ich läugne nicht, daß die Indianer
eben keine hellsehenden Köpfe sind; aber so thöricht würden
sie dennoch nicht zu Werke gegangen seyn, daß sie, wenn
sie auf den Unsinn sich einen König zu wählen verfallen
wären, sich lieber einen Laybruder als einen Priester ge-
wählet hätten, sie, die den Priestern so viele Weisheit
zutrauen, und ihre Würde so tief verehren. Setzen wir
noch, daß auch die Jesuiten der Schwindel ergriffen hätte, jemals nach einer königlichen Krone zu streben, so
würden sie selbe wohl nicht einem Laybruder, sondern einem Priester aufgesetzet haben, der sich durch seine Rechtschaffenheit, Klugheit und Verdienste vor andern derselben würdig gemacht hätte: wie ein ungenannter Franzose in einer 1759 herausgekommenen Schrift: Nouvel-
les pieces interessantes & necessaires mit vieler Einsicht
anmerkt. Ich werde nun von der lächerlichen Erdichtung
des Laybruders und Königs Nikolaus eine eben so lächerliche Quelle anzeigen. Es

Es geschah einst, daß sich einige Spanier auf dem
Lande, um sich die Zeit zu vertreiben, von verschiedenen
Gegenständen, so wie sie ihnen einfielen oder in den Mund
kamen, unterhielten. Von ungefehr erwähnte einer der
Unruhen, die vor kurzer Zeit am Uruquay ausgebrochen
waren. Wenn die Jesuiten klug wären, sagte hierauf
ein anderer, so sollten sie ihren Laybruder Joseph Fernandez über die Indianer setzen, und ihm das Komman-
do übergeben. Neben dem daß er ein gebohrner Spanier
ist, hat er auch als Lieutenant unter den königlichen Dragonern gedienet, und sich durch seine Kriegskenntnisse allgemeine Achtung erworben. So wie alle Gerüchte in der
Verbreitung zunehmen, so gieng auch der zufälligste Gedanke, und unbedeutendste Einfall vom Laybruder, der den
Aufsätzigen zum General gegeben werden sollte, von Ohren
zu Ohren; und wuchs dergestalt an, daß dasjenige, was
die einen als thunlich sich vorstellten, die andern schon
als geschehen ausgaben; es öffentlich und dreuste behaupteten; und die übrigen zuversichtlich glaubten. So entsteht aus einem Nichts die größte Geschichte. Die meisten hielten sie für eine ausgemachte Wahrheit: in der
That aber war sie blos ein abgeschmacktes und für uns sehr
gefährliches Märchen; indem dadurch der Indianeranführer
Nikolaus Neenguiru zum König von Paraquay,
und Joseph Fernandez unser Laybruder, der vom Uruquay
wenigstens 400 Meilen entfernt lebte, durch die lächerlich-
ste Verwandlung zum König Nikolaus ungestaltet wurde.
Ich kenne den erwähnten Laybruder Fernandez sehr gut;
er stand zu Korduba im Tukuman einer öffentlichen Schreib-
und Leseschule für die spanischen Kinder, während des
Auflaufs am Uruquay, vor; und man würde ihn gewiß
vermisset haben, wenn er in dieser volkreichen Stadt auch
nur einen Tag nicht in die Schule gekommen wäre. Nachdem er mehrere Jahre sein Lehramt versehen hatte, so
nahm er die Aufsicht über die nahe bei der Stadt gelege-

ne

re Meyerey Jesus und Maria eine Zeitlang über sich, also zwar, daß er von der Zeit seines Eintritts in die Gesellschaft an das Gebiet der Quaranier, für deren König man ihn ausgegeben hatte, nicht einmal von Weitem gesehen hat. Dieß ist der Ursprung eines Märchens, welches von so vielen schändlichen Schriften ausgebreitet worden, an sich aber so abgeschmackt, und ungereimt ist, daß ihre Verfasser mehr ausgeklatschet, als ernsthaft widerlegt zu werden verdienen. Ich erstaune oft, und kann mich kaum bereden, daß es in unserem so aufgeklärt seyn wollenden Zeitalter so viele und so grosse Männer gegeben habe, welche diese äußerst ungeschickt ausgedachte Fabel vom Laybruder, und König Nikolaus als eine glaubwürdige Geschichte so begierig verschlangen: wie Kinder, die sich mit Lust an den Märchen und Erzählungen ihrer Wärterinnen weiden, und freudig nach allen Klappern, und Spielwerken die Hände ausstrecken. Man halte mir es zu gute, wenn ich die Sprache des französischen Schriftstellers spreche, da er über die kindische Leichtgläubigkeit so vieler Europäer in diesem Punkte, welche sich nicht etwa aus Gründen der Wahrscheinlichkeit, sondern aus Gehäßigkeit gegen uns ihres Verstandes bemeistert hat, loszieht. Ich zweifle kaum, daß viele in ihrem Glauben auf den König Nikolaus sterben werden; aber das sind blos solche, welche entweder aus Gewohnheit alles für baar Geld annehmen, oder aus hartnäckiger Beharrlichkeit im Irrthume ihre Augen freywillig verschliessen, und am hellen Mittage auch das nicht sehen wollen, was sonst jedem scharfsichtigeren Forscher weder dunkel noch zweifelhaft vorkommen kann. Nach meiner Rückreise aus Amerika bin ich in verschiedenen Ländern von Europa mit Leuten von allen Klassen umgegangen: und ich habe gefunden, daß den grundlosen Gerüchten vom König Nikolaus bei allen die Verachtung zu Theil geworden ist, welchen ihre Geburt, Kenntnisse, Würde, und Tugend einen höhern Rang

unter

unter den Menschen anweisen. Im Gegentheile habe ich immer beobachtet, daß diejenigen, welche noch itzt für die faule Posse des Königs Nikolaus eingenommen sind, unter die unbedeutenden, und unberühmten Leute gehören, deren Ansehen so gering wie ihr Verstand ist, und die sich überhaupt durch Partheylichkeit und Mißgunst gern verbleuden lassen. Wer wird sich aber um solcher Leute Urtheile bekümmern?

Damit meine Leser nicht irgend worinn dem grossen Haufen der Irrenden beitreten, werde ich hier mit ihrer Erlaubniß noch einige Zusätze beifügen, welche zur Bestättigung alles dessen, was ich bisher in Absicht auf diese Materie gesagt habe, ungemein viel beitragen. Aus den 7 Flecken am Uruquay, in welche nach erfolgter Uibergabe eine spanische Besatzung gelegt wurde, zogen über 30000 Indianer ab. Der Anblick so vieler unschuldigen Vertriebenen, so vieler Greise und Unmündigen preßte beinahe jedermann Thränen aus. Fünfzehntausend der Ausgewanderten wurden in den Flecken an dem Flusse Parana aufgenommen, und in Hütten von Stroh verleget, nachdem sie in ihrem Vaterlande ihre zierlichen und bequemen Häuser von Stein verlassen hatten. Beinahe eben so viele tausende zerstreueten sich in den entfernten Ländereyen am Uruquay, um weil dort alles vom Viehe wimmelt, ihre Nahrung gleich an der Hand zu haben. Weder durch Bitten noch durch Befehle konnten sie dahin gebracht werden, daß sie über den Uruquay gesetzet, und ihrem Vaterlande den Rücken gewendet hätten, um wie Bettler in fremden Wohnplätzen der Gnade anderer zu leben, sie, die zuvor an allem so grossen Uberfluß hatten, daß sie Vieh und Baumwolle alle Jahre den Anwohnern an der Parana zuführen konnten. Nachdem nun aus den 7 Flecken die Einwohner heraufgezogen waren, bot sie der spanische Stadthalter vermög des getroffenen Vergleichs den Portugiesen an welche aber dieselben nicht annahmen. Als eine Ursache, warum diese letztern der Erfüllung des Vertrages auswichen, giebt man unter andern auch diese an. Die Portugiesen sollen sich anfänglich von den Gold und Silberminen, die sie im Lande von Uruquay anzutreffen hoften, weil sie ungewissen Muthmassungen und fliegenden Gerüchten zu sehr traueten, einen außerordentlichen Begriff gemacht haben: nachdem sie aber alles genau durchsuchet und besichtiget hatten, wurden sie überzeugt, daß von allen diesen Minen in dem ganzen grossen Strich nicht die geringste Spur vorhanden wäre. Während als dieses in Paraquay vorgieng, starb die spanische Königinn Barbara aus Portugall, welche aus einer besonderen Reigung gegen ihr Vaterland diesen Ländertausch am meisten betrieben hatte, nach einer langwierigen und schmerzhaften Krankheit in der Blüte ihres Alters. Bald hierauf folgte Ferdinand der VI. ein sehr gottseliger König, durch ein ebenfalls lang anhaltendes Krankenlager entkräftet, seiner theuresten Gattinn ins Grab nach. Wie viele Betrachtungen ließen sich hier nicht über die weisesten Anstalten der Vorsicht machen, und über die wunderbaren Wege, die sie einschlägt. Der itzige König Karl der III. erbte die Staaten seines Bruders. Noch als König beider Sicilien mißbilligte er mit vieler Vorsicht laut den Vergleich, den Ferdinand mit den Portugiesen eingegangen hatte: er säumte daher nicht denselben sobald er von dem neapolitanischen auf den spanischen Thron gelanget war, aufzuheben, und davon abzugehen, der vielen Nachtheile und Gefahren wegen, die dadurch seiner Monarchie zuwuchsen. Die verstossenen Quaranier rief er wieder durch ein königliches Edikt in ihre Flecken zurück. Allein sie fanden selbe beinahe in einem eben so wüsten Zustande, als die Juden nach ihrer Rückkunft aus der babylonischen Gefangenschaft ihr Jerusalem angetroffen hatten. Zerstürzt fanden sie ihre Meyereyen ohne Vieh, ihre Aecker mit Dornen bewachsen, und vom Ungezieser verwüstet,

ihre

ihre Häuser entweder verbrannt oder von den spanischen Besatzungstruppen ganz verwahrloset, und hier und da von Schlangen bewohnet. Den Jesuiten bestättigte Karl die Aufsicht über die Kolonien der Quaranier, ohne das geringste darinn abzuändern, oder den Wunsch der portugiesischen Parthey, die ihre Entsetzung und Vertreibung gern gesehen hätte, zu erfüllen. Hätten wir aber nach ¡der Meinung des Königs den vorigen Krieg angesponnen, wie uns einige Uibelgesinnte beschuldigten; so würde er ohne Zweifel die zahlreiche Nation der Quaranier nicht unserer Obsorge und Treue anvertrauet haben. Zu eben dieser Zeit wurde der Marches Zeno de la Ensenada durch ein königliches Schreiben aus dem Orte seiner Verbannung nach Madrit zurückberufen. Dieser erste Minister hatte sich durch seine Talente, und vieljährige Erfahrung berühmt, und um ganz Spänien besonders verdient gemacht; und sich dadurch die Gnade des König Ferdinands in einem vorzüglichen Grade erworben. Allein zu dem mit den Portugiesen verglichenen Ländertausch, der von allen patriotisch gesinnten Reichsräthen, und Statthaltern von Amerika stets widerrathen und verworfen worden ist, gab er seine Stimme nie: er schrieb sogar deswegen an Karln König von Neapel als künftigen Erben der Krone; weil ihm die Wohlfahrt des Reichs weit mehr als die Gnade der Königin Barbara am Herzen lag. Dieses soll man dem Marchesen de la Ensenada, wenn man anders dem allgemeinen Gerüchte in ganz Spanien trauen darf, zur Last gelegt, um ihn deswegen gefangen gesetzet, seiner Würden beraubet, und vom Hofe verwiesen haben. Denn so glücklich war man dazmal in Spanien noch nicht, daß man denken konnte, wie man wollte, und reden, wie man dachte.

Gleich nach Ferdinands Tod willigte Karl nicht nur nicht in den Vergleich ein, den sein Bruder mit den

Por=

Portugiesen getroffen hatte; sondern er erneuerte sogar den Krieg wider dieselben, in welchem 6000 Quaranier in dem königlichen Heere und unter der Anführung des Petrus Zevallos unverdrossen Dienste thaten. Dieser nahm Anfangs die portugiesische Kolonie weg, drang hernach als Uiberwinder in Brasilien ein; und nur die Nachricht, daß der Friede in Europa geschlossen wäre, unterbrach den Lauf seiner Siege. Daß die Quaranier zu dem glücklichen Erfolg seiner Unternehmungen nicht wenig beigetragen haben, bezeugte Zevallos selbst in verschiedenen seiner Briefe denn er dachte immer edel und billig. Aber darum unterließ der Neid, und der Eigennutz dennoch nicht, ihm Feinde zuzuziehen. Wie gerne möchte ich dem grossen Mann das Lob sprechen, zu welchem mir das Andenken an ihn einen so unerschöpflichen Stof anbietet? Ich genoß eine Zeit lang seines freundschaftlichen Umganges. Nie habe ich ihn ansehen können, ohne ihn zu bewundern, und innig zu verehren; mit so vielen und so grossen Gaben hatte ihn die Natur ausgerüstet. Man verarge es mir nicht, daß ich der Neigung meines Herzens nachgebe, und bei dieser Gelegenheit im Vorbeigehen die Grundzüge zu dem Gemälde des unsterblichen Mannes entwerfe. Ein glücklicherer Pinsel mag es in Spanien vollenden. P. Zevallos stammt von einem adelichen Geschlechte in Spanien her. Sein Vater war königlicher Statthalter in den kanarischen Inseln, und starb bei einem Aufstande, den die Einwohner erreget hatten, schon lange für seinen König den Tod der Helden. Zevallos hatte eine so einnehmende Gestalt, und einen so schlanken Wuchs, daß ich ihn ohne Anstand unter die schönsten Männer rechne, die ich jemals gesehen habe. Seine angenehme Körperbildung verschönerte er noch ungemein durch das Feine und Artige seines Betragens; und erhöhte dadurch ihren Werth wie ein Brillant den Werth eines Ringes. Pomp, Prahlerey, und Stolz waren nie seine Sache. Seine kriegerische

Stren-

Strenge wußte er durch Gelindigkeit, und den Ernst eines Feldherrn durch seine besondere Herablassung, und Gefälligkeit zu mildern. So oft er mit seinen Freunden sprach, war er der freundlichste, und sobald er mit seinen Soldaten zu thun hatte, der ernsthafteste Mann. Seine Stimme glich dem Donner, ohne doch eine Gemüthserschütterung, oder Bitterkeit zu verrathen. Sein blosser Anblick flößte allen Klassen von Menschen, dem Höchsten wie dem Nedrigsten, Liebe und Ehrfurcht gegen ihn ein. Wo er immer wandelte, in der Stadt, im Lager, auf der Reise, erfüllte er überall die Pflichten eines rechtschaffenen Christen, vortreflichen Generals, gerechten Richters, und wenn ihn die Umstände dazu auffoderten, unerschrockenen Soldaten. Man sah ihn, wenn es seine Geschäfte zuliessen, oft zwo Stunden hindurch auf dem Boden knieend, mit unverwandten Augen in der Kirche beten. Ein seltnes und erbauendes Beispiel für die Herumstehenden! Alle Jahre pflegte er acht Tage geistlichen Betrachtungen zu weihen. Er lebte unverehlicht, und seine Handlungen waren alle so unsträflich, und rechtschaffen, daß auch der scharfsichtigste Tadler, sähe er auch mit Argusaugen, keine schwache Seite an ihm hätte entdecken können. Er bewies durch sein Beispiel, daß die Frömmigkeit mit dem Kriegsstande, und dieser mit jener nicht unverträglich sind, sondern daß sie sich vielmehr wechselweise erheben und zieren. Im Heere verabscheuete er allzeit die Religionsspötter, und verfuhr unerbittlich strenge gegen diejenigen, die sich ohne Schaam und Gewissen allen Schandthaten überließen, und das Lager als die Freystätte des Muthwillens ansahen, wo derjenige der treflichste ist, der denselben am weitesten treibt. Die herrlichen Siege, die der spanische Held unter lautem Frohlocken der Spanier über die Portugiesen erfochten hat, ist er weniger dem Glücke als seiner ungeschminkten Frömmigkeit schuldig, indem die Vorsicht allzeit seine Unternehmungen segnete, und die Schwä-

che

che seines Heeres ersetzte. Mit seiner besondern Gottes-
furcht vereinigte er durch das edelste Band alle die grossen
Eigenschaften, die wir jedem Feldherrn wünschen, aber nur
an den wenigsten wahrnehmen. An der Verstandeskraft,
Schärfe im Urtheilen, Entschlossenheit, rastlosem Bestre-
ben, vieljähriger Erfahrung im Kriege, unverletzlicher
Treue gegen sein Vaterland und seinen Monarchen ward
er gewiß von niemanden übertroffen. Er bestrebte sich
immer, mehr seinem Könige zu nützen, als zu gefallen. Er erreichte beide Zwecke, ungeachtet es auch zuweilen seinen Feinden gelungen ist, ihm durch gewisse Kunstgriffe die Gnade des Königs zu entziehen. Dieß ist weder ungewöhnlich, noch sonderbar: und er hat dieses Loos
mit allen verdienstvollen Patrioten gemein. Wird denn
nicht auch die Sonne, dieses wohlthätige Gestirn, durch das
Dazwischenkommen des Mondes eine Zeitlang verdunkelt,
wiewohl sie bald wiederum in ihrem vollen Lichte glänzet,
das sie nur verbarg, nicht verlor. Nachdem man endlich
zu Madrit die Kabalen, die der Neid wider das Verdienst und die Fähigkeit des Zevallos geschmiedet hatte,
einsah, so wurde er vom K. Karl zu den wichtigsten Geschäften nach den Höfen von Neapel und Parma abgeordnet. Eben so beredsam als siegreich gieng er mit der Fede-
und dem Degen gleich geschickt um. Unstreitig hatte er
selbst nach dem Zeugnisse der Engelländer und Portugiesen alle Theile der Kriegswissenschaft auf das vollkom-
menste inne. Nie unternahm er etwas, was er nicht lange
vorher schon reif überdacht hatte. Um seine Entwürfe
mit einem glücklichen Erfolge gekrönt zu sehen, mußte er
die auserlesensten Anstalten zu treffen, die geschicktesten
Befehlshaber, auf deren Treue und Kriegskenntnisse er sich
verlassen konnte, zu wählen, die Hindernisse zu heben,
die Schwierigkeiten zu überwinden, die Gefahren vorher-
zusehen, und sie theils mit List und theils mit Gewalt
aus dem Wege zu räumen. Nie verschob er etwas auf

den

den morgigen Tag, was noch heute geschehen konnte;
auch ließ er keine vortheilhafte Gelegenheit ungenützt vorübergehen. Wenn er die unermeßlichen Ebenen durchziehen,
wo man weder Wasser noch Holz findet, und über Moräste und Flüsse setzen mußte, sorgte er zeitlich vor die Sicherheit und Bequemlichkeit seiner Truppen. Nie wagte er
etwas aus Ungestüm, sondern er unternahm alles aus
Uiberlegung. So wenig er in gewagten Entwürfen hitzig,
und im Angriffe verwegen zu Werke gieng; so scharf setzte er seinen Feinden in Schlachten und Belagerungen zu.
Widrige Zufälle konnten ihn so wenig kleinmüthig, als
glückliche übermüthig, und Siege grausam machen. Immer blieb er sich selbst gleich. Um seine Völker zum
pünktlichen Gehorsam zu zwingen, suchte er sich ihnen durch
Güte, und schöne Beispiele beliebt zu machen. Und das,
glaube ich, war auch die Ursache, warum er mit so wenig Leuten immer so viele und so große Dinge glücklich
ausgeführet hat. Nicht zufrieden Befehle ertheilt zu haben, untersuchte er in eigener Person, ob sie auch gehörig
befolget wurden. Ich bewunderte oft seine Sorgfalt, mit
der er selbst die dem Anscheine nach unbedeutendsten Kleinigkeiten nicht außer Acht ließ: z. B. da er vor dem
Marsche die Fuhrwägen selbst besichtigte, und sie Stück für
Stück untersuchte, ob sie auch mit dem nöthigen Proviant
und Kriegsvorrath befrachtet, und mit Wachen gehörig
bedecket wären ꝛc. Fliegenden Gerüchten, zweydeutigen Antworten, fremden Augen trauete er selten; er wollte alles
selbst überall, wo es thunlich war, mit Augen sehen, und
so zu sagen mit Händen greifen; und sich von wichtigen
Dingen gewisse Nachrichten einholen, um sein Heer in
Sicherheit zu setzen, und vor den verdeckten Angriffen der
Feinde zu bewahren. Um Mitternacht visitirte er vielmal auf freyem Felde die Vorposten und Piquets zu Pferde; und vergaß, oder vielmehr verachtete den Schlaf, so
wie alle übrigen Wollüste. Er pflegte zu sagen, die Wach-

samkeit

samkeit des Generals und die Folgsamkeit der Soldaten seyn die sicherste Schutzwehre des Heeres, und der Siege-Mutter. Daß er wahr redete, haben wir mit Frohlocken an ihm erfahren.

Da er nun mit diesem Gefolge der Feldherrntugenden in das Lager trat, so ist es kein Wunder, daß ihm meistens alles nach Wunsch ausfiel. Wir sagten immer, daß das Glück, dieses Geschenk des Himmels zu seinen Fahnen geschworen habe. Im letzten Kriege, den die Spanier in Italien führten, hatte er schon mit Ruhm gedienet, ob als Hauptmann oder Oberster, weiß ich nicht. Was er da Ruhmwürdiges ausgerichtet hat, war ein Vorspiel von demjenigen, was er nachmals in den zwenen Kriegen wider die Portugiesen in Südamerika vollführete. Auch ließ es der Hof den so wichtigen Verdiensten des Zevallos nicht an Belohnungen mangeln. Er erhielt das Kommandeurkreuz vom Ritterorden des h. Jakobs, den S. Januarius Orden, und die Kommandantenstelle zu Madrit. Nach einigen Jahren gab ihm K. Karl den goldenen Schlüßel, ein besonderes Hofehrenzeichen. Als sich in Spanien das Gerücht von den Unruhen in Paraquay verbreitete, sah man erst, in welchem Ansehen Zevallos bei dem Könige stand, und welch ein Vertrauen dieser auf seine Talente setzte. Er machte ihn zum Statthalter von Buenos Ayres, und ließ ihn, um die Unruhen bei den Quaraniern zu dämpfen, und die Uibergabe der sieben Flecken zu beschleunigen, mit 500 Reutern, die man aus allen spanischen Dragonerregimentern ausgehoben hatte, nach Paraquay einschiffen. Hierzu kamen noch, wenn ich mich nicht irre, 7 Kompagnien Fußgänger, die ein spanischer Oberster aus deutschen, französischen, welschen, einigen polnischen, und, wer sollte es wohl glauben? auch rußischen Uiberlaufern zu Parma mit grossen Kosten kurz vorher angeworben hatte. Die

meisten

eisten von diesen waren alte versuchte Leute von einer
rechten Soldatenseele, die bereits in Europa in verschiedenen Treffen mitgefochten hatten. Sie wehrten sich auch
in Paraquay allemal aus allen Kräften, so oft mit dem
Feinde angebunden wurde. Uibrigens äußerte die Neigung
auszureißen, die Folge einer in Europa angenommenen
Grobheit, auch bei den Antipoden so viele Gewalt
über sie, daß sie allemal, so oft sich eine Gelegenheit an-
bot, haufenweise davon liefen, um sich zu verheurathen,
oder ein bequemeres Leben führen zu können. So unwidersprechlich wahr ist es, daß die, welche über das Meer
gehen, den Himmelsstrich, aber nicht ihre Gemüthsart
ändern.

Nach einer langen und beschwerlichen Uiberfahrt,
wobei Zevallos von den Stürmen viel auszustehen hatte,
wollte er ernstlich darauf in Paraquay die Ruhe wieder herzustellen, weil er noch immer der Meinung war, daß der
Krieg in dem Innern dieses Landes wüthete, und daß
alles dem König Nikolaus zugefallen wäre, wie die allgemeine Sage gieng. Als er des Ufers von Buenos Ayres ansichtig wurde, schickte er, um seine Truppen bei einer
öhlingen Landung keiner Gefahr auszusetzen, einige Kundschafter in einer Chaluppe voraus, welche dem Volke, das
am Gestade des Silberflusses zusammengelaufen war, mit
dem bei den spanischen Schildwachen gewöhnlichen Loose-
wort von weitem zuruffen mußten: Quien vive? Wen
sie für ihren König erkännten. Hierauf folgte statt der
Antwort ein allgemeines Gelächter. Ferdinand der VI,
den der Himmel lang erhalten wolle, sey ihr König,
und werde es bleiben, so lang er lebte, schrieen alle einstimmig. Das war genug den Ankömmlingen ihr Mißtrauen zu benehmen. Hintergangen durch die falschen Gerüchte glaubten die Europäer, der König Nikolaus könne
kaum, oder wenigstens nicht ohne vieles Blutvergießen

D   vom

von Throne verstoßen werden: und selbst Zevallos erstaunte, als er gewisse Nachrichten einzog, daß in Paraguay vollkommen die Ruhe herrschte, und die Quaranier zum Gehorsam längst zurückgekehret wären. Auch hatte er mit den Indianern keinen Streit mehr. Aber desto mehr machten ihm die spanischen Befehlshaber von der portugiesischen Parthey zu schaffen, unter welchen sich der Marchese Val de Lirios auszeichnete. Dieser war mit einer königlichen Vollmacht versehen, sich mit den Portugiesen nach seinem Gutdünken über alles zu verabreden, was sich auf den verglichenen Ländertausch bezog. Er war übrigens ein guter Mann, nur daß er zu gefällig gegen die Lieblingsneigung der Königinn Barbara, und berauscht von den Beförderungen, die sie ihm versprach, sich zu sehr auf Portugalls Seite hinneigte: worwider sich aber Petrus Zevallos, der immer Spaniens Wohlfahrt der Gunst der Königin vorzog, aus allen Kräften setzte. Nachdem er selbst überall den Augenschein eingenommen, und alles, was vor seiner Ankunft während der Unruhen vorgefallen war, mit aller Unpartheilichkeit auf das genaueste untersucht hatte, so fand er, daß man eine Menge Dinge wider die Quaranier, und ihre Missionarien entweder ganz dreuste hingeschrieben, oder doch boshaft übertrieben hatte. Er berichtete auch den wahren Verlauf der Sache unverfälscht nach Hofe ein, und rechtfertigte und rühmte sogar die Quaranier, die er doch zu Paaren zu treiben und zu züchtigen aus Europa gekommen war, als ihr eifrigster Vertretter. Es ist wahr, er zog sich durch seine Wahrheits- und Gerechtigkeitsliebe den Haß einiger Uebelgesinnten zu; allein am Ende offenbarten sich die Kabalen seiner Neider; sein Verdienst siegte, und er erwarb sich einen ewigen Nachruhm bei allen Rechtschaffenen.

Auf den Hintritt der Königin Barbara, und ihres Gemahls Ferdinand des VI. änderte sich die Scene, und

alles

alles nahm eine ganz andere Gestalt an. Denn nachdem Karl der Nachfolger seines Bruders den Portugiesen von neuem den Krieg angekündigt hatte, bediente sich Zevallos der Quaraner, die er hätte bekämpfen sollen, als der tauglichsten Werkzeuge die Portugiesen zu demüthigen. Auf seinen Befehl eilten sechstausend von jenen in das Lager des Königs, versahen mehrere Jahre hindurch nicht allein die Truppen, sondern auch die spanischen Gränzkommissäre aus ihren Flecken mit vielen tausend Ochsen; und führten ihnen alles mögliche Proviant, und was dazu gehöret, im Ueberflusse, und mit der größten Bereitwilligkeit zu. Haben sie ihren Namen dadurch gebrandmarkt, daß sie aus Mangel einer völligen Ueberzeugung in Ansehung des königlichen Befehles ihre Flecken den Portugiesen zu räumen eine Zeitlang sich weigerten, und sogar zu ihrer Vertheidigung die Waffen ergriffen; so haben sie ihren Fehler wieder dadurch gutgemacht, und getilget, daß sie sonst immer die offenbarsten Beweise ihrer unwandelbaren Treue gegen den König von Spanien selbst nach dem Zeugnisse des Zevallos zur allgemeinen Verwunderung von sich gaben. Dieses glaubte ich in meiner Geschichte von den Vorfällen bei den Quaranern zur Beleuchtung der Wahrheit anführen zu müssen. Wenn so viele andere ihre Lügen so unverschämt und ungestraft in die Welt hineinschreiben dürfen; warum soll es mir nicht erlaubt seyn, gewisse und ungezweifelte Thatsachen zum Vorschein zu bringen? Ich würde diese Materie noch deutlicher und umständlicher behandelt haben, wenn ich nicht der Meinung wäre der Ehre der darinn verwickelten schonen zu müssen. Nun wird es die Sache des unbefangenen Lesers seyn zu entscheiden, ob man mehr den Brochüren, die die Schmähsucht oder die feige Gefälligkeit gewissen Leuten zu schmeicheln ausgebohren hat, oder mir, der ich dieses alles mit Augen angesehen habe, Glauben beimessen solle. Allein so gewiß ich dieses verdiene,

so wenig getraue ich mir selben von allen zu erwarten; weil
der Irrthum, nach der Bemerkung eines Weltweisen
vielen glaubwürdiger vorkömmt, als die Wahrheit selbst.
Die Vernunft, welche den Willen leiten und regieren
soll; wird leider! nur zu oft zu seiner Sklavin herabge-
würdiget, also zwar, daß wir immer von Natur die Fehler derjenigen zu glauben geneigt sind, die wir beneiden,
oder hassen. Jeder glaube, was ihm beliebt: ich habe
dabei weder etwas zu gewinnen, noch zu verlieren. Hindern eingewurzelte Vorurtheile meine Zeitgenossen mir ihren Beifall zu schenken, so werde ich dennoch wenigstens
den Nachkommen Gründe hinterlassen, das, was wider die
Quaranier, dieses von so vielen mündlich und schriftlich
gerühmte und niemals genug zurühmende Volk, so ohne
allen Grund geschrieben, und ausgestreuet worden ist, zu
bezweifeln. Die Siege, und übrigen herrlichen Thaten,
des Zevallos, dessen Vorzüge ich hier nur kürzlich berühren wollte, wird man an seinem Orte beschrieben
finden.

Die zweyte Statthalterschaft in Paraquay ist Tukuman, ein Land von einem ungeheurem Umfange. Gegen
Aufgang stößt sie an die Statthalterschaft von Buenos
Ayres, gegen Abend an die Gebirge von Chili, gegen
Mittag an die unermeßlichen Ebenen, die sich bis an die
Terra Magallanika erstrecken, und gegen Mitternacht
endlich an das Gebiet von Tarija oder die sogenannten
Chichas. Cyriakus Morell eigentlich Dominikus Muriel ein Spanier (einst mein Mitpriester in Paraquay)
vermuthet in seinen Zeitbüchern von der neuen Welt, die
er 1776 zu Venedig herausgab, daß der Kirchensprengel
von Tukuman, wenn ihn nicht der von Quebeck übertrift,
der größte in der ganzen Welt ist; es versteht sich, nicht
an Volksmenge, sondern an der Größe seines Umfanges.
Um seine Meinung geltend zu machen beruft sich dieser
Schrift-

Schriftsteller auf ein Schreiben des Petrus Michael Argandona Bischoff von Tukuman (:ch habe ihn in Korduba sehr gut gekannt,) an den Pabst Benedikt den XIV. vom 4. December 1750, worinn er unter andern auch dieses sagt: Dieser Sprengel erstrecket sich von Norden nach Süden auf die ungeheure Weite von ungefehr 400 Meilen hin. In der Breite das ist von Osten nach Westen scheinet derselbe bei 200 Meilen zu haben. Hievon macht der Bischof keine Meldung, weil man die Gränzen des spanischen Gebietes auf dieser Seite, der Wilden wegen, die hie und da grosse Striche Landes inne haben, nicht leicht angeben kann. Hieraus erhellet, daß sich Coleti in seinem historisch-geographischen Wörterbuche von Südamerika sehr geirret habe, (wie ihm dann dieses öfters wiederfährt) da er sagt: Tukuman ist von Mittag nach Mitternacht zu mehr als 160 Meilen lang, und von Morgen gegen Abend bei 90 breit. Lächerlich ist auch, was die französische Wienerzeitung vom 8. Julius 1775 unter der Aufschrift: Madrit am 30. May, meldet: Man habe eben durch die Briefe des Statthalters von Tukuman, einer zwischen den Flüßen Rio Pardo, dem Paraquay, und dem Orenoque gelegenen Provinz, Nachrichten erhalten. On vient d'etre informé ici par des Lettres du Gouverneur de la province de Tucuman, située entre le Rio Pardo, le Paraquay & l'Orenoque &c. Wer hat sich jemals auch nur im Traume einfallen lassen, daß Tukuman von diesen Flüßen umgränzet werde, welche doch alle, der Paraquay ausgenommen, unendlich weit von Tukuman entfernet sind. Warum erwähnt man des unbedeutenden Flüßchens Pardo, und übergeht die grossen Ströme, als den Uruquapi, Rio negro, Rio grande de san Pedro &c. Wollte man durchaus die auswärtigen und entlegensten Flüße anführen, so hätte man auch vom Maragnon

ragnon, Rio Janeiro, und Rio S. Francois Meldung
machen sollen. In was für einer Beziehung steht Tukuman mit dem Fluße Orenoque, zwischen welchen und jener Provinz ganz Braßilien, und noch andere Landschaften
liegen, und der eigentlich in Neugranada zu Hause ist.
Ich fand für gut diesen Irrthum zu rügen, und meinen
Lesern zu zeigen, wie ungereimt einige alles untereinander mengen, die von dem entfernten Amerika Nachrichten oder Wörterbücher schreiben. Eher würde man den
Stall des Augias, als diese Schriftsteller von ihrem Un-
rathe reinigen.

Tukuman hat ihren eigenen Statthalter, und Bischof. Dieser residieret zu Corduba, und jener zu Salta, als den vornehmsten Städten des Landes. Die
übrigen sind weder schön, noch auch sehr berühmt. Corduba erklärte Philipp der V. in einem Schreiben an
den Statthalter Stephan Urizar zur Hauptstadt von
Tukum n. Sie hat auch ansehnliche Häuser, eine berühmte Akademie, viele und reiche Pflanzbürger. Nirgends
findet man schönere Wiesen und alle Arten von Vieh in
größerer Menge. Aus den hiesigen Meyereyen werden
jährlich viele tausend Maulthiere in Peru verkaufet. In
der Gegend von Corduba sieht man durchgängig Felsen
von einer außerordentlichen Höhe. Wenige Meilen von
der Stadt an dem Fluße Pucara, der auch bei jener
vorüberfließt, ist ein Ort, wo man Kalk brennet. Als
ich einst dorthin geschicket wurde, so hörte ich zu verschiedenenmalen ein schröckliches Getöse wie Kanonen-
schüße. Die Nacht war heiter, der Himmel unbewölkt,
und kein Lüftgen regete sich. Ich hätte darauf geschworen, es würde irgendwo in der Nähe eine Festung aus
Kanonen beschüßen. Allein die neben mir stehenden Einwohner versicherten mich, dergleichen Donner wären diesen
Felsen eigen, und man hörte selbe beinahe täglich. Viel-

leicht

leicht daß die in den Hölen der Berge verschlossene Luft, indem sie durch die zu engen Klüfte herausarbeitet, von den Felsenmündungen zurückgedränget wird, in den Krümmungen abpresset, und dadurch ein so fürchterliches, so donnerähnliches Gebrüll herausstößt. Indessen hab ich auf meinen vielen Reisen durch das Gebirg von Korduba, welches mich sehr wundert, sonst nie ein unterirdisches Getöse wahrgenommen. In der Stadt Korduba selbst hört man bei der Nacht zuweilen ein dumpfes Gemurmel, als wenn etwas in einem Mörser mit einem hölzernen Stößel zermalmet würde. Dieses gedämpfte und traurig tönende Geräusch zieht sich aus einer Gasse in die andere. Die Spanier hießen es el pison, welches auf spanisch einen Schlägel oder ein Instrument bedeutet, womit die Pflastersetzer ihre Pflastersteine zurechtstossen. Das gemeine Volk glaubt, daß ein Gespenst oder Poltergeist durch die Gassen der Stadt reite; und fürchtet sich davor. Ich habe dieses nächtliche Gebrumme in 2 ganzen Jahren nur einmal gehöret; aber ich zweifle nicht, daß es von einem unterirrdischen Winde herrühre, welcher durch die Erdenklüfte hervordringt, und sich mit heftigen Stößen einen Ausgang sucht; indem der ganze Boden, worauf die Stadt steht, durch wiederholte Erdbeben, so zu sagen, ausgehöhlet worden ist, und nachsinkt, wie ich öfters beobachtet habe. Die Stadt Salta liegt an der Straße nach Peru, und zieht aus dem Durchzuge der Maulthiere große Vortheile. S. Jakob (Sant Yago del Estero) war die älteste Stadt in Tukuman und lange Zeit der Sitz eines Bischofs, und Statthalters. Ihre Häuser sind weder schön noch zahlreich. Erst Innozenz der XII. verlegte zu Ende des vorigen Jahrhunderts den bischöflichen Sitz von hier nach Korduba. Ihren Kirchen fehlet es nicht ganz an Pracht. Sie liegt an dem süßen Flusse (Rio dulce), welcher alle Jahre während seiner Uiberschwemmung so große Sandberge

D 4   anhäuft

anhduft; daß sie im Falle einer Belagerung den Bürgern statt der Bollwerke dienen, und auch Kanonen-kugeln aushalten könnten. Die Bewohner der Gegend von S. Jakob haben wenig Vermögen, aber um so viel mehr Herzhaftigkeit, welche sie zu allen Zeiten gegen die Wilden bewiesen haben: und sind unter allen Spaniern in Paraquay, so wie einst die Lacedemonier unter den Griechen, die tapfersten. Dieses ihres Vorzugs werde ich an seinem Orte mit Mehrerem erwähnen. Sie trei-ben einen eben nicht sehr einträglichen Handel sowohl mit Wachs, das sie in den entlegensten Wäldern aus den wilden Bienenstöcken mit vieler Mühe zusammensuchen; als auch mit Getreide, welches sie nach dem Hafen von Buenos Ayres führen. Allein der Gewinn davon ersetzet die Arbeit und den Schweiß nicht, den sie auf diese Erzeugnisse verwenden. Ihr Vieh ist nichts weniger, als zahlreich, weil es ihnen an Futter gebricht. Ihre Wiesen sind klein und sandigt, und geben daher nur sehr wenig Weide; auch aus dem Grunde, weil im Som-mer die Hitze, und im Winter der Reif alles jämmer-lich verbrennet; und zu dem regnet es auch sieben Mo-nate oft keinen Tropfen Wasser. Weil die Pferde im Winter auf dem Felde kein Futter finden, so nagen sie an den Aesten der Bäume, wie die Geise, und sogar auch an den dürren Stöcken, wie ich vielmals gesehen habe. Wenn der Rio dulce nicht alle Jahre die ganze Gegend, wie der Nil Aegypten, durch seine Uiberschwem-mung tränkte, so würde vermuthlich darinnen gar nichts wachsen. Diese grosse Uiberschwemmung fällt gemeiniglich im Jenner ein. Sie entsteht aus dem Schnee, der in den Gebirgen von Chili und Peru durch die Son-nenhitze schmilzt; denn im Südamerika sind der Novem-ber, December, und Jenner die Sommermonate, so wie sie in Europa die Wintermonate ausmachen. Es ist ein für den neuen Ankömmling eben so schaudervolles als für

den

den Landmann angenehmes Schauspiel den sonst ganz sanft
sich hinwindenden Fluß, den man auch zu Fuß durchwaden kann, von fremden Gewässern angeschwollen jählings aus seinen Ufern treten, alles überschwemmen, und
die herumliegenden Felder oft mehrere Wochen unter Wasser zu sehen. Diese Uiberschwemmung hat eine außerordentliche Fruchtbarkeit zur Folge. Nirgends trift man
alle Arten Getreide häufiger, und die Wassermellonen
größer und süßer an. Diese Anschwellung des Rio dulce
wird den Einwohnern durch Wolken von einer ungewöhn-
lichen Farbe angekündiget. Ich reisete einst aus der Provinz Chaco in Tukuman, und setzte vormittag zu Pferde
über diesen Fluß: hierauf speiste ich in einem der nahe
daran gelegenen Häusern zu Mittag. Ein fremder Spa-
vier, der mit uns zu Tische saß, gab uns alle mögliche
Versicherung, daß die gewöhnliche Uiberschwemmung (El
banado, wie man sie daselbst nennt,) nicht mehr fern
wäre. Als ich ihm um die Gründe seiner Vermuthung
fragte, antwortete er mir, daß er die Wolken, welche
allezeit vor der Uiberschwemmung erschienen, gesehen hätte. Seine Vorherverkündigung traf auch richtig zu.
Noch vor einer halben Stunde kam ein Both, ganz außer Athem gelaufen, mit der Nachricht, die ganze Gegend sey unter Wasser. Ich gieng hinaus, und sah mit
Erstaunen, wie sich alles in so kurzer Zeit in einen See
verwandelt hat. So verändert der Rio dulce sich selbst,
und alle Fluren, und wird zu einem Meere; aber sein
Wasser bleibt süß. Ich war froh, daß ich noch zu rechter Zeit über den Fluß gesetzet hatte, weil ich mich noch
an die fürchterliche Uiberfahrt erinnerte, die ich im vor-
bergehenden Jahre im Angesicht der Stadt S. Jakob
über eben dieses hohe Wasser auf einer Ochsenhaut zitternd vollbracht habe, welche ein schwimmender Spanier,
so wie es dort wegen Mangel der Fahrzeuge und Brücken der Brauch ist, mit den Riemen nach sich zog.

D 5   In

In den um St. Jakob herumliegenden Wäldern
wächst das sogenannte Johannesbrod, wiewohl etwas von
dem afrikanischen und spanischen verschieden, in grosser
Menge. In einem Mörser zerstossen, giebt es ein Getränk; in einem Brey zerrieben eine Art Honigbrod, geessen oder getrunken aber eine Medizin, deren Kraft die
Europäer, die in Amerika an dem Stein oder Harnwinden leiden, besonders rühmen. Den Amerikanern hingegen, welche den Stein auch den Namen nach nicht kennen,
leistet selbe, wenn sie an der Lungen- oder Schwindsucht auszehren, in Wiederherstellung ihrer Kräfte unglaubliche Dienste. Ich werde von dieser heilsamen Frucht
weiter unten, da von den Pflanzen die Rede seyn wird,
noch mehr melden. Selbst das Vieh, als Pferde, Ochsen, Maulthiere ꝛc. nehmen dadurch am geschwindesten,
und am sichersten zu. Aus dem Rio dulce ziehen auch
die Einwohner einen Theil ihrer Lebensmittel, indem fast
alle Jahre, wiewohl nicht immer zu der nämlichen Zeit,
eine Art Fische, welche bei den Spaniern Zábalos heißen, in einer ungeheuern Anzahl den Strom hinabziehen,
und diesen Marsch viele Tage hindurch in verschiedenen
Abtheilungen fortsetzen. Sie eilen, als wenn sie einem
ihnen nachsetzenden Feinde entfliehen wollten. Sie zu
fangen braucht es weder List, noch Netze. Man faßt sie
mit den Händen an, und fängt sie in einer solchen Menge, daß die Behältnisse für sie manchmal zu enge werden.
Solang diese Wanderung der Fische, welche bei den Spaniern den Namen Cardumen führt, währet, sieht man
außer derselben auf dem Tische des gemeinen Mannes
kein anderes Gericht. Der Platz, die Kirche, die Schu-
len, alles riecht alsdann nach Fisch. Wunderbar dürfte
es scheinen, daß sich unter den Fischen Zábalos keine
von einer andern Art einsaden, und den Marsch mitmachten: vielleicht weil die Zábalos unter allen die zahlreichsten sind, und darum bei den Indianern Vorzugsweise

weiße Fische heißen? So bedeutet das Wort Noayi bei
den Abiponern einen Fisch überhaupt, insbesondere aber die
Zábalos. Eben dieses bemerket man auch in der peruanischen Sprache Quichua. Wir haben auch noch in einem andern Fluß, der sich bei Timbó in den Paraquay
ergießt, aber keinen eigenen Namen hat, einen solchen
Durchzug der Fische mehrere Tage hindurch beobachtet,
doch mit diesem Unterschiede, daß hier Fische von verschiedenen Gattungen miteinander wanderten. Wir
fiengen bei dieser Gelegenheit viele, dergleichen man daselbst nie gesehen hatte. Dieses zündete mir bei Untersuchung dieser Fischwanderung ein Licht an. Wir waren damals nur wenige Meilen von dem sogenannten großen Fluß el Rio grande, oder Vérnejo, wie ihn die
Spanier, oder Inate wie ihn die Abiponer nennen, entfernet. Wenn dieser anschwillt, setzt er die ganze Gegend
weit und breit unter Wasser. Ich muthmasse nun, daß
das ganze Fischgeschlecht durch die hinreißende Gewalt der
sich abwärts wälzenden Gewäßer fortgetrieben wird, und
sich daher in den nahen Flüßen einen ruhigeren Aufenthalt
suchet. Weil aber diese alle gesalzenes oder bitteres, wenigstens herbes Wasser mit sich führen, welches den
fremden Fischen durchaus nicht behagen will, so eilen sie
haufenweise, um aus diesem Salz-und Bitterwasser zu
kommen, abwärts in süßere Gewässer, als woran sie in
ihrem Mutterflusse gewöhnt sind Diese Vermuthung
findet aber in Ansehung des süßen Flußes schwerlich statt;
weil man daselbst außer dem Zeitpunkte der Uiberschwemmung keine andere Fischart, als die Zábalos so auf einmal vorüberziehen sieht.

Etwas ähnliches erzählet der P. Jakob de la Torre
in seinen Nachrichten von Peru, welche zuerst zu Rom,
nachmals aber 1604 zu Mainz herauskamen. Da es
in Peru nie regnet, so müßen der nächtliche Thau, und
die

die Sturzbäche aus den Felsen zur Befeuchtung des Bodens am meisten beitragen. Für die Gegend um die
Stadt Aricas, welcher keines von den beiden Mitteln zu
statten kömmt, hat die Vorsicht auf eine andere Art gesorget. Zur Zeit, da man sonst zu säen pflegt,
wimmelt alles an den Ufern von den Sardos einer
bekannten Art Fische. Die nun nahe am Gestade wohnen, füllen ihre Fahrzeuge damit an, schneiden ihnen die Köpfe ab, stecken in jeden ein Korn
von türkischem Waitzen, oder Mayz, nach ihrer
Landessprache, und säen also. Die Erndte ist darum nicht minder reichhaltig, als wenn die Aussaat bethauet, oder beregnet worden wäre. Das
übrige von den Sardos dienet ihnen statt des Dun-
ges, so wie die Aeser der Meervögel, womit sie
ihre Felder trefflich zu düngen wissen. Dieß sind
die Worte eines Mannes, der in Peru die Prokurators-
stelle von unserer Provinz bekleidet hat. Dieses alles noch
mehr zu bestättigen, werde ich noch ein anderes Beispiel
von dieser Fischwanderung hiehersetzen. Auf unserer Ueberfahrt nach Amerika sahen wir, nachdem wir bei dem grünen Vorgebirge und dessen Inseln vorüber gesegelt hatten,
durch drey Wochen täglich einen ungeheuern Zug
Fische nach einer und ebenderselben Richtung bei uns vor-
beieilen. Die Portugiesen nennen sie Melotas. Sie
sind außerordentlich breit, aber nicht lange, und haben
einen jämmerlich grossen kugelförmigen Kopf. Wenn
sie unter das Wasser untertauchen, so schütteln sie sich,
und machen ein grosses Geräusch. Kommen sie wieder
herauf, so spritzen sie aus einem grossen Loch, das sie im
Kopfe haben, eine unglaubliche Menge Wasser mit einem
gewissen Gesumse auf eine Höhe, auf welche kein Springwasser
in königlichen Lustgärten durch was immer für Kunstmaschinen
getrieben werden kann. Aus welchem Naturtriebe, warum und wozu dieses unzählige Fischheer ihre Reise wie

eine

eine Flucht beschleuniget, laſſe ich gern andern zu unterſuchen über. Als wir nachmals auf eben dieſem Meere
zurückkehrten, ſo kam uns während vier ganzer Monate
keiner von dieſen Fiſchen zu Geſicht. Man erlaube mir
eine Vermuthung hierüber zu wagen. Auf unſerer Reiſe
nach Amerika beobachteten wir eine Zeitlang dieſe wan-
dernden Geſellſchaften am Ende des Oktobers, und zu Anfange des Novembers, zu einer Zeit nämlich, in welcher
in der nördlichen Erdehälfte der Winter, in der ſüdlichen
hingegen der Sommer ſeinen Anfang nimmt. Zudem
richteten gedachte Fiſche, ihren Lauf unveränderlich von
Norden nach Süden. Dieſes genau erwogen möchte ich
ſagen, daß die Melotas vom mitternächtigen Weltmeere,
auf welchem im Winter immerzu Stürme toben, weil ſie
das Hin- und Herwerfen ſcheuen, ſich zu entfernen ſuchen,
und in die Südſee, welche in den Sommermonaten ſtiller
iſt, um der Ruhe und der Meeresſtille willen hinabeilen:
ungefehr von eben dem Naturtriebe geleitet, durch welchen
die Schwalben bei einbrechender winterlichen Kälte ſich in
eine wärmere Gegend ziehen. Daß die Thiere die künfti-
ge Witterung vorhereinpfinden, weiß jedermann. Um
andere Erfahrungen zu übergehen, ſo ſahen wir, wenn
wir auf einem Fluſſe in Paraquay fuhren, und die Seewölfe ſchaarenweiſe in dem Strom aufwärts ſchwammen,
uns allemal nach einem Ort um, wohin wir uns retten könnten: denn kein Menſch zweifelte mehr, daß ein
Sturm oder Ungewitter im Anzuge wäre. Auch haben
wir dieſe Ahndungen der Seewölfe allemal untrüglich befunden.

Unter der Stadt S. Jago ſtanden vor Zeiten eine
Menge indianiſcher Kolonien, welche ſich die erſten Spanier in dieſem Lande entweder durch ihre Waffen, oder
durch Furcht unterwürfig gemacht haben. Heut zu Tage
ſieht man noch allenthalben Uiberbleibſel von dieſen Pflanz-
örtern.

örtern. Ihre Einwohner geriethen in die Privatdienst-
barkeit der Spanier, und wurden theils durch die Kinder-
pocken, und theils durch Hunger und Ungemach aufgerieben. Noch sind einige Flecken davon übrig, als Matarà,
Salabina, Moppa, Lasco, Silipica, Lindongasta,
Manogasta, Quanugasta, Socconcho. Weltpriester
haben die Obsorge darüber. Alle diese Kolonien werden
von wenig Indianern bewohnet, welche einigen unter ihnen wohnenden Spaniern die meiste Zeit fröhnen
müssen. Ihr Zustand ist einer der elendesten, ihre Roh-
heit unglaublich; ihre Hütten sind schmutzig und ihre Kirchen nicht viel besser. Was für ein Unterschied zwischen
diesen Indianern, welche unter dem Joche der spanischen
Privatleibeigenschaft schmachten, und unsern Guaraniern ob-
walte, die blos unter dem König von Spanien stehen, habe
ich mit Entsetzen, und nicht ohne von jener ihrem Unglück
auf das innerste gerührt zu seyn, vielmal wahrgenommen.
Eben so muß man sich auch die übrigen Flecken der Indianer, die noch in Paraquay vorhanden sind, vorstellen.

Die Stadt S. Michael, welche auch unter dem
Namen Tukuman bekannt ist, liegt nahe am Gebirge von
Chili. Rund um sie herum sieht man Hügel, Felder,
große Bäche und schöne Wälder. Diese letzteren prangen
mit den höchsten Stämmen, und die ganze Provinz kann
sich daraus mit Dielen, und Balken von Cederholz versehen, die auch für die größten Gebäude zureichen, und
zu Buenos Ayres, weil sie bis dahin bei 400 Meilen
weit auf Wägen geführt werden müssen, sehr hoch abgesetzet werden. Man darf sich auch darüber nicht wundern:
denn diese Bretter werden nicht in Sägemühlen, die das
Wasser treibt, sondern mit Menschenhänden mit saurer
Mühe langsam gesäget. Ein deutscher Künstler brachte
einst bei einem hiezu bequemen Flusse eine solche Sägema-
schine

maſchine zu Stande; allein die auf ihr altes Herkommen
erpichten Einwohner, welche lieber ſchwitzen, als der Er-
findungskraft eines Ausländers etwas zu danken haben
wollen, zertrümmerten ſelbe, ſo gute Dienſte ſie
auch hätte leiſten können. Ein heut zu Tage ſehr berühmter Schriftſteller von Nordamerika ſchreibt, Tukuman ſey ganz ohne Wälder, und enthalte unermeßliche
Ebenen, worauf man nur äußerſt ſelten einen Baum antrifft. Mich dauert der ehrliche Mann, der ſich ſo vielmal durch fremde Zeugniſſe hintergehen ließ, mit ſo vielem Eifer er auch ſonſt nach Wahrheit forſchte. Aber
wer von uns ſoll ſich des Lachens enthalten können, da er
ließt, daß es der Provinz Tukuman an Bäumen und
Wäldern mangle? Dieſes Loos trift alle, welche blos
aus Büchern, und nicht nach dem, was ſie ſelbſt geſehen
haben, von Amerika ſchreiben. Und dennoch erhalten
dieſe Schriftſteller den meiſten Beifall. Ich beneide ſie
darum nicht. Es iſt der Lohn der Mißhandlungen, die
ſie an der Wahrheit verübet haben. Geſchichtſchreiber,
welche mehr Wunderbares als Wahres zu Markte bringen, ſind der Bewunderung des groſſen Haufens; aber
nicht des Beifalls der Vernünftigen werth.

Rioja, und S. Ferdinand gemeiniglich Catamarca
ſind zwo Städte, welche zwiſchen den Bergen gleichſam
vergraſen liegen. Ihre Einwohner nähren ſich meiſtens
von etwas Wein- und Pfefferbau: denn die Spanier bedienen ſich des rothen oder türkiſchen Pfeffers zu ihrer
täglichen Nahrung, und halten ihn für etwas ſehr köſtli-
ches. Sie würzen nicht nur alle Speiſen, ſondern auch
den Käs, wovon nach der Menge Viehes zu rechnen in
den Provinzen Buenos Ayres und Corduba ſehr wenig
gemacht wird, mit dieſem purpurfärbigen und beißenden
Pfeffer, ſo daß jener dadurch das Weiße, und Süße der
Milch verliert, mehr einer rothen Kirſche ähulich wird,
und

und einen sehr herben Geschmack annimmt, welchen der
Gaumen der Europäer nicht verträgt. Die Zahl der
Weingärten ist in ganz Paraquay außerordentlich klein:
denn obgleich Luft und Erdreich den Reben sehr günstig
wären, so fressen doch die Ameise, die hier zu Lande
ganz schreckliche Verwüstungen anrichten, ihre Wurzeln
aus dem Grunde aus. Die Spanier, welche wie die
Deutschen den Wein treflich pflanzen und trinken können,
haben dem Rebenbau entsaget, weil ihnen derselbe kein
Jahr die darauf verwandte Mühe ersetzte Sollten auch
die Ameise durch einen glücklichen Zufall, (Kunstmittel vermögen hier nichts,) ausgerottet werden, so würden dennoch die Holztauben und Wespenheere die hervorkeimenden
Beere auf der Stelle abfressen. Das Bischen
Wein, welches daselbst gepresset wird, ist dick wie eine
Brühe, und stark. Den neuangekommenen Europäern
kömmt er anfangs gemeiniglich wie eine Medizin vor.
Der aus den Trauben gepreßte Most wird erst beim
Feuer gekochet, und verdicket. Wer ohne Wein nicht leben kann, der hüte sich vor Paraquay; denn er muß
wissen, daß in diesem Lande der meiste Trank das Aeu-
ten- und Gänsegetränke, und das nicht allemal nach
Wunsch zu haben ist. In den entfernteren Kolonien
herrscht oft so ein Weinmangel, daß wir auch an Feyertä-
gen vielmals nicht die Messe lesen konnten. Aller Wein, den
man daselbst beim Tisch oder beim Altar trinkt, muß
meistens viele Meilen weit und mit vielen Unkosten aus
Chili gebracht werden: und manchmal erhält man auch
um Geld keinen. Allein, obgleich Paraquay fast gar
keinen Wein hat, so mangelt es doch dieser Provinz an
Vollsäufern und Betrunkenen nicht. Die Spanier wissen
sich aus den zerflossenen Zuckerrohren, Pfirsichen, Pomeranzen, Citronen, Quiten, und dergleichen eine Art
Brandwein, oder Rosoglio zu brennen, wodurch mancher

seinen

keinen Verstand verliert, und sich das Leben abkürzet: die
wilden Indianer hingegen, und der spanische Pöbel bereiten sich aus dem Johannesbrod, Honig, türkischen Korn,
und andern Früchten, indem sie Wasser dazugießen,
und selbe alsdann durch ihre innere Hitze gähren lassen,
ein von ihnen sehr gemißbrauchtes und berauschendes Getränke.

Um die zwo erwähnten Städte Rioja und Catamarca herum giebt es wenig Wiesen, und daher fast
gar kein Vieh. Dieser Mangel aber wird durch die Fruchtbarkeit der Bäume und Aecker, und den Fleiß der Einwohner ersetzet. Sie dörren sich Feigen, weben sich aus
Wolle ihre gewöhnlichen Kleider, holen sich die Ochsen-
und Schaafshäute zusammen, und fügen sie künstlich an
einander, um sie zu einem manchfaltigen Gebrauch zu verwenden; machen Sättel, Bögen und dergleichen aus
dem Leder, und setzen ihre Kunsterzeugnisse um andere
Waaren um. Die Stadt Xuxuy oder S. Salvator
ist an der Gränze von Tukuman gegen Peru zu gelegen,
wenig bevölkert, aber der Sitz der königlichen Rentmei-
ster in Tukuman. Die Fieber und Kröpfe der Einwohner muß man dem aus den nahen Gebirgen quellenden Berg-
wasser zuschreiben. Talavera de Madrid, sonst auch
Esteco genannt, diese vormals eben so reiche als laster-
hafte Stadt am Rio salado, (gesalzenen Fluß) soll
schon im vorigen Jahrhundert durch ein schreckliches Erdbeben von einem Erdschlunde verschlungen worden seyn.
Man sagt, daß außer einer alten tugendhaften Witwe,
welche in ihrem Hause in der Vorstadt erhalten wurde,
und der Schandsäule auf dem Platze, welche, überall wie zur
Bestraffung der Missethäter bestimmt war, nichts übrig geblieben sey. Ich habe dieses aus dem Munde der Spanier gehöret, welche diesen entsetzlichen Einsturz für
ein göttliches Strafgericht erklären. Sie setzten hinzu,

E daß

daß man heut zu Tage an der Stelle der verschütteten Stadt nichts als Gruben, und so zu sagen Grabhügel ihrer Uippigkeit gewahr werde. Ich erzähle es, wie ichs gehöret habe: denn ich selbst habe dieses Denkmal der göttlichen Strafgerechtigkeit, ungeachtet ich zwey Jahre lang nur wenige Meilen von der dortigen Gegend entfernet lebte, nie gesehen. Der seiner Weißagungen wegen berühmte h. Franziskus Solanus soll diese Verschüttung der Stadt Esteco vorausgesaget haben.

Tarija eine ziemlich ansehnliche Stadt gehört zwar unter die peruanische Provinz los Chichas; dennoch wohnten Jesuiten von Paraquay darinn, welche, um die Chiriguanàs, ein wildes den Spaniern immer aufsätziges Volk durch das Evangelium gesittet zu machen, ihren Fleiß und selbst ihr Blut nicht sparten. Fünf von ihnen sind ein Opfer der Grausamkeit dieser Wilden geworden.

S. Cruz de la Sierra wird noch zu Paraquay gerechnet, ungeachtet es westwärts von Peru ganz umgeben ist. Die Stadt liegt unter dem 314° der Länge und dem 21° der Süderbreite, und hat einen eigenen Bischof und Statthalter. Unter diesen stehen die Flecken der Chiquiten, einer indianischen Nation, welche unsere Leute durch viele Jahre in den entlegensten Gebirgen aufgesuchet, und in der Religion, Sitten, und nützlichen Künsten unterrichtet haben. Im Jahre 1766 zählte man in ihren zehn von uns erbauten Flecken 5173 Familien, welche zusammen 23788 Köpfe enthielten. Die Zahl der Gestorbenen übersteigt fast alle Jahre weit die Zahl der Gebohrnen. Ob die Verminderung dieser letzteren mehr dem Himmelsstriche, unter dem sie leben, oder dem Wasser, das sie trinken, oder ihrer Nahrung insbesondere den Landschildkröten, die sie häufig verzehren, oder vielleicht einer natürlichen Unfruchtbarkeit ihrer

Ael-

Aeltern zugeschrieben werden muß, mögen die entscheiden, die mit ihnen umgegangen sind. Ich wenigstens gestehe aufrichtig, daß ich weder die Chiquiten noch ihr Land gesehen habe. Das aber habe ich vielmal gehört, daß wenn unsere Väter nicht jährlich eine große Anzahl Wilde aus den Wäldern in die Flecken gebracht hätten, diese längst ausgestorben seyn würden. Man hat eine Geschichte der Chiquiten vom P. Joannes Patritius Fernandez, von welchem selbe aber nur ins spanische übersetzt worden ist, indem sie, wie mir ein sehr glaubwürdiger Mann längst versicherte, einen welschen Jesuiten und Missionar zum Verfasser hat. In diese Geschichte haben sich einige Erzählungen von den Indianern eingeschlichen, die mir immer sehr verdächtig vorkamen, und meinem Gaumen nie recht behagen wollten. Von den Chiquiten, ihren Sitten und Merkwürdigkeiten wird in der Folge noch vieles vorkommen.

In allen diesen Städten von Tukuman und Paraquay hatten die Dominikaner, Franziskaner, Mercenarier vom h. Petrus von Volasko und die Jesuiten Wohnplätze. Die Nonnenklöster von verschiedenen Orden findet man blos zu Korduba und Buenos Ayres. Tukuman ist selbst nach der Meinung der Spanier die ärmste Provinz von Südamerika; weil sie zwar Vieh im Uiberflusse, aber keine Bergwerke hat. Unter ihren Landesaposteln zählet sie auch den h. Franziskus Solanus. Als dieser nach Peru beruffen wurde, fand sich in mancher Stadt auch nicht ein einziger Priester. Franciskus Viktoria aus dem berühmten Orden des h. Dominikus, und der erste Bischof in Tukuman traf im Jahre 1581, als er den bischöflichen Stuhl bestieg, nicht mehr als 5 Weltpriester, und etliche Ordensgeistliche an, keinen aber, der die indianische Sprache inne hatte, ungeachtet in der ganzen Provinz überall indianische Kolonien herum lagen. Der für die

E 2   Ehre

Ehre Gottes besorgte Bischof schrieb an die P. P. Joseph
Anchieta; und Johann Atienja, deren jener in Brasilien,
und dieser in Peru die Provinzialstelle der schon dazumal
um das Christenthum in Amerika verdienten Jesuiten be=
kleidete, um einige dieser Väter, und erhielt sie auch.
Es wurden daher die P. P. Leonard Armini ein
Welscher, Joannes Saloni von Valenza aus Spanien,
Thomas Filds ein Irrländer, Emanuel Ortega und
Stephan de Grao, beide aus Portugall, nach Tukuman
abgeordnet. Da man sie aber aus Brasilien zu Wasser
dahin schickte, so wurden sie von den unkatholischen Eng=
ländern gefangen, übel behandelt, und am Ende in ein
Fahrzeug ausgesetzt, und Wind und Wellen überlassen.
Sie erreichten aber dennoch durch die Fügung der Vor=
sicht glücklich den Hafen von Buenos Ayres, wie sie sich
vorgesetzet hatten. Aus Peru schickte man den Tukuma=
nern schon lange die P. P. Franziskus Angúlo, und
Alphonsius Barzena, welcher sich noch insbesondere durch
seine Rechtschaffenheit, Sprachenkenntniß, und Größe sei=
nes unternehmenden Geistes auszeichnete, zu Hilfe. Die=
sen letzteren machte der Bischof zu seinem Generalvikar,
und schätzte ihn so hoch, daß er öffentlich bekannte, er
würde seine Würde niederlegen, wenn er den P. Barze=
na verlieren sollte. Auf diese folgten von Zeit zu Zeit
fast durch zwey Jahrhunderte immer andere aus unserer
Gesellschaft. Sie wurden von dem Könige in Spanien
aus Europa hineingeschickt, weil sie die Bischöfe und
königlichen Statthalter verlangt hatten. Was sie in dem
ungeheuern Paraquay, worin sie fast alle Winkel durch=
zogen, für Gott und den katholischen König gearbeitet
haben, werde ich hier nicht berühren; weil es außer mei=
nem Plan ist. Es sind viele Bände hierüber geschrieben
worden. So viele hunderttausend Wilde, die diese Vä=
ter Gott und dem katholischen Könige gewonnen, so vie=
le Kolonien, die sie überall errichtet, so viele herrliche

Got=

Gotteshäuser, die sie gebauet, so viele spanische Städte
endlich, deren Einwohner sie in den Wissenschaften und in
der Religion gebildet haben, werden uns stets bey der
späten Nachkommenschaft das unverwerfliche Zeugniß geben, daß wir bei den Antipoden wenigstens etwas geleistet haben, wenn gleich einige nichts unversucht lassen, unser Andenken zu vertilgen. Ihre Mühe wird allemal
vergebens seyn, solang man nicht alle Bibliotheken zu Asche
verbrennet. Stets werden sich Bücher finden, die das,
was wir überall für die öffentliche Wohlfahrt gethan, geschrieben, und erduldet haben, laut verkündigen. Unstreitig aber würden wir von unsern apostolischen Arbeiten
noch weit mehrere Früchte eingeerndtet haben, wenn nicht
die Europäer, mehr auf ihren Nutzen, als auf das See-
lenheil der Indianer bedacht, unsern Entwürfen Hindernisse gesetzet hätten. Hätten die Christen auch einen
christlichen Wandel geführt, und ihre Bemühungen mit
den unsrigen fleißig vereiniget, so würde vielleicht in ganz
Amerika kein Wilder mehr übrig seyn. Ich war einst
in einer Kirche zu Buenos Ayres, als ein Prediger dieses vor dem königlichen Statthalter und unzähligen Zuhö-
rern von allen Ständen von der Kanzel herab eben so richtig als freymüthig behauptete, und mit so vielen Gründen erwies, daß alle Anwesende von der Wahrheit seiner
Worte vollkommen überzeugt schienen.

Die dritte Statthalterschaft, von welcher der ganzen
Provinz der Namen blieb, ist Paraquay. Sie hat ihre
Benennung von dem Flusse gleiches Namens, der sie
durchströmet, erhalten. Nach ihrem Umfange zu urtheilen, ist sie ungeheuer groß; allein die Einwohner werden
wegen der gefährlichen Nachbarschaft der Wilden auf
der einen, und der Portugiesen auf der andern Seite, in für ihre Anzahl zu enge Gränzen eingeschlossen.
Diese Furcht vor ihren Nachbarn hindert sie von den
E 3   größ-

gröſten, und fruchtbarſten Feldern, welche theils weſtwärts auf der andern Seite des Fluſſes, theils nordwärts; allemal aber zu weit von der Stadt entfernet
liegen, Gebrauch zu machen. Gegen Mittag macht die
Ebene von Corrientes ihr Gränze aus. Die Zahl ihrer
Einwohner iſt ſchwer anzugeben. Man ſagt, ſie könnten
in Fall der Noth bei 20000 Mann auf die Beine ſtellen.
Hiebei iſt die Rede blos von den Spaniern; denn wenn
die Indianer, die Schwarzen, und der übrige Troß von
Sklaven bewaffnet würde, ſo könnte man leicht 30000 zu-
ſammenbringen. Allein man würde ſicher auf ihre Fahnen das Motto ſetzen können: Wir füllen blos die
Zahl aus, und unſere Beſtimmung iſt nur den
Vorrath aufzehren zu helfen. (Nos numerus ſu-
mus, & fruges conſumere nati.) Ein Statthalter
von Paraquay ſoll ſich einſt beklaget haben, daß er zwar
viele Soldaten, aber wenige, die mit Musketen bewaffnet wären, und noch wenigere, die damit umgehen und
zielen könnten, in ſeinem Heere zähle. Die Hauptſtadt la
Aſſumpcion erhielt dieſen Namen von der Himmelfahrt
der ſeligſten Jungfrau. Sie liegt unter dem 25 G. 8 M. der
Breite, und dem 319. Grad 41 M. der Länge an dem
Fluße Paraquay, welcher für die Schiffe daſelbſt zum Ankerplatze und für die Einwohner zum Handeln ſehr bequem iſt, aber die Stadt mit dem Untergange bedroht;
weil er ſich immer mehr und mehr derſelben nähert, und
das Ufer, und die daran liegenden Häuſer wegſpült.
Aſſumcion iſt im geringſten weder zierlich, noch feſt.
Alle Häuſer ſind hier durch die Bank niedrig, und ohne
Stockwerke, wiewohl man auch einige darunter von Stein,
oder Ziegel gebauet, und mit Ziegeln gedecket findet. Eben
ſo ſehen auch die Klöſter aus. In den Kirchen giebt es
nichts ſehenswürdiges. Alle Gaſſen ſind krumm, der darinn befindlichen Gruben und Steine wegen holpericht,
vom Regen ausgehöhlet, und daher für Reuter und Fußgänger

gänger gleich beschwerlich. Der einzige Platz ist darinn, wenn ich mich noch recht erinnere, mit Gras bewachsen. Die Statthalter und Bischöfe haben schon seit Karl des V. Zeiten hier ihren Sitz, aber kein eigenes Haus. Außer der Grammatik wurde hier auch in unserm Kollegium die Philosophie und Theologie mit vielem Zulaufe gelehret. Die Schwarzen, Indianer, und Mulaten, das ist Leute, die von zweyerlei Nationen abstammen, und auch Mestizos, Puchuelos &c. heißen, haben einen eigenen Pfarrer, und eine eigene Pfarrkirche. Das ganze Volk, Knaben und Mädchen, selbst die Frauen vom Stande sprechen quaranisch als ihre Muttersprache, wiewohl auch die meisten ziemlich gut spanisch reden. Die Wahrheit zu sagen, vermischen sie beide Sprachen, und verstehen keine recht. Denn nachdem sich die ersten Spanier dieser Provinz, welche einst von den Cariern oder Quaraniern bewohnet wurde, bemächtiget hatten, so nahmen sie meistens ia Ermanglung spanischer Mädchen die Töchter der Einwohner zur Ehe. Durch den täglichen Umgang lernten die Männer die Sprache der Weiber, und umgelehrt die Weiber der Männer ihre: allein wie es sich meistens zu ereignen pfleget, wenn man noch im Alter Sprachen lernet, die Spanier verhunzten die indianische, und die Indianerinnen die spanische ganz erbärmlich. So entstand aus zwoen Sprachen eine dritte, die nämlich, deren sie sich heut zu Tage bedienen. Während meines dreymonatlichen Aufenthalts in dieser Stadt nahm mir der Beichtstuhl täglich viele Stunden weg, weil ich beide Sprachen spreche. Die meisten Spanier leben in Dörfern auf ihren Meyereyen, oder in Flecken, um nämlich ihre Aecker und Viehweiden näher bei der Hand zu haben. Außer der Hauptstadt giebt es in diesem Lande gar keine. Villa rica, und Curuquati sind unbedeutende Oerter, und nur der Schatten einer Stadt. Ihre Einwohner geriethen durch ihre aus Furcht vor den Purtugiesen so viel

E 4   mal

vielmal wiederholten Wanderungen beinahe ganz an den Bettelstab. Xerez und la Ciudad Real del Quayra führten einst den Namen einer Stadt; allein sie sind schon lange verlassen, und von den Portugiesen, welche zusammen in der Stadt St. Paulus, dem Zufluchtsorte der Mamaluken, wohnen, und heut zu Tage den fetten Boden von Quayra inne haben, zerstöret worden. Die Spanier jammern zwar noch immer über den Verlust ihrer schönsten Ländereyen, aber sie ertragen ihn dennoch gutwillig; überzeugt, daß ein ohnmächtiger Zorn ohne Wirkung ist.

Von den alten Flecken, worein die Spanier einst die überwundenen oder bekehrten Indianer versetzet hatten, sind noch übrig Caazapà, Yuti, Ytapè, und Ytà. Die Franciskaner haben die Obsorge darüber. Caazapà besteht ungefehr aus 200 Familien, die in Ansehung der Viehzucht den übrigen weit überlegen sind. Sie erhalten jährlich bey 20000 Kälber. Setzen wir nun, daß von denen, die glücklich aufkommen, auch der dritte Theil durch das Gewürme, durch die wilden Thiere, und Räuber verloren gehe, so wird man leicht abnehmen, daß die Anzahl der Kühe und Stiere in diesem Flecken gegen 100000 hinaufsteigen müße. Hiezu füge man noch die unzähligen Pferde, Maulthiere und Schaafe. Ihre Viehweide erstrecket sich auf der angenehmsten Ebene auf viele Meilen weit. In einer gewissen Entfernung von einander sind indianische Hirten aufgestellet, und an jeglicher Station sieht man, was ich in Paraquay sonst nirgends gewahr nahm, lauter gleichfärbiges Vieh. So findet man an einem Orte, blos weiße Pferde, Ochsen, Schaafe rc. und so gar die Hühner des Viehhirten sind weiß. An einem andern Orte ist alles schwarz; an einem dritten alles bunt. Diese vielen überflüßig scheinende Farbenunterscheidungen rühren nicht von ungefehr, sondern von der Sorg-

falt

fast der Viehhirten her. Der Flecken Ytapè nähret bei 20 Familien, Yuti und Yïà etwas mehr. Unter Weltpriestern aber stehen Atira und Altos, welche zusammengestoßen worden sind. Quarambarè, und Tobati, zählen wenig Einwohner. Yaguaron enthält bei 200 Familien. Da die indianischen Pflanzbürger dieser Flecken meistens den spanischen Edelleuten dienstbar sind, so können sie mit den Flecken unserer Quaranier weder an Größe der Bevölkerung, noch an dem Grade der Kultur, noch an dem Pracht der Kirchen in Vergleich gebracht werden; weil diese frey von aller Privatleibeigenschaft blos vom Könige in Spanien, dem sie sich freywillig unterworfen haben, abhängen.

In der Statthalterschaft von Paraquay sind noch 4 andere Flecken, die wir für die Indianer erbauet und unterhalten haben. S. Joachim liegt nach verschiedenen Versetzungen itzt unter dem 24. G. 49 M. der Breite, und dem 321. G. der Länge zwischen den Wäldern Tarumay (von den Bäumen gleiches Namens also genannt) an dem Flusse Yù. Im Jahre 1767 zählte man darin 2017 christliche Einwohner. Die Spanier heißen sie unrichtig Tobatines, indem sie sich in ihrer quaranischen Sprache Ytatines oder Ytatinguas nennen. Im J. 1767 entdeckten unsere P. P. Batholomäus Ximenez und Franz Robles ihrer vierhundert in den Wäldern von Taruma, und brachten sie in den alten 150 Meilen davon entlegenen Flecken zu unser lieben Frau von Santa sè, wo sie auch mehrere Jahre hindurch der christlichen Religion getreu blieben. Allein die Liebe zur Freyheit verleitete sie wieder in die Wälder ihrer Väter zurückzukehren, wo sie ehemals angetroffen wurden, und wo sie die P. P. Polykarp Dusso, und Michael Hasner erst nach langem Suchen, und nach vielen Reisen der unsrigen wieder entdeckten. Man bauete ihnen zu Taruma einen kleinen

E 5   Fle-

Flecken, und im Jahr 1723 taufete man mehr als 300.
Theils des Mangels an Viehweide und theils der Unruhen
eines Aufstandes wegen, welchen einige widerspenstige Spanier bei Gelegenheit des ihnen aufgedrungenen Statthalters
Josephs Antequera erregt hatten, wurden sie abermal
durch Zuthun des P. Joseph Pons in den Flecken unser
lieben Frau von Santa fè übersetzet. Auf diesem Orte
blieben sie 10 Jahre, und betrugen sich sehr wohl. Unglücklicher Weise brach in ihrer Nachbarschaft bei den Spaniern
ein fürchterlicher Aufruhr aus, zu welchem sich noch der Hunger,
und die schaudervollen Verwüstungen der Pockerseuche gesellten.
Dieses alles erschreckte sie, und sie flüchteten sich wiederum
im Jahre 1734 in ihre gewohnten und unendlich weit
abgelegenen Wälder, um daselbst Sicherheit und ihren
Unterhalt zu suchen. So sehr den Jesuiten die Flucht
von 400 Familien zu Herzen gieng, so bewunderten sie
doch noch mehr ihre Verschlagenheit, indem sie alle heimlich in einer Nacht entwischten, ohne das geringste zurück-
zulassen, woraus man auf den Weg, den sie eingeschla-
gen, oder wohin sie sich gewendet haben, hätte schließen
können. Man schickte hernach die P. P. Sebastian de
Yegros, Joannes Escanadon, Felix Villagarzia, und
Lukas Rodriquez aus, um den Aufenthalt der Flüchtigen auszuforschen. Sie konnten aber aller angewandten
Mühe ungeachtet, nachdem sie 18 Monate über allerlei
Flüße, und Moräste gesegel, und alle Winkel der entferntesten Wälder auf das sorgfältigste ausgespüret hatten,
auf keine Spur von dem entloffenen Völklein kommen.
Endlich wurden sie im Jahr 1745 durch einen Zufall entdecket: was vorher durch keine Bemühungen bewerkstelliget werden konnte. Die Erzählung dieses Zufalles würde für
meine Geschichte zu weitläuftig ausfallen. Auf Befehl
seiner Vorgesetzten begab sich der P. Sebastian de Yegros
alsogleich auf den Weg; so viele Schwierigkeiten er auch,

in dem beständigen Regen, de Austreten der Flüße und
den gefährlichen Morästen überall zu überwinden hatte.
Nach einer Reise von 49 Tagen traf er die Ytatines in
den Wäldern zu Tapebi an. Sie es waren zufrieden, daß
man ihnen in ihrem Vaterlande einen Flecken bauete, und
einige hundert Kinder, welche erst nach ihrer Entweichung
in den Wäldern gebohren wurden, taufete. Aus den alten Flecken schickte man ihnen ohne Verzug Vieh von allen
Gattungen, Kleider, Aerte und andern Hausrath; ferner
auch einige indianische Tonkünstler mit ihren Familien
sammt noch einigen andern, die sie in den nützlichen Künsten unterrichten sollten. Alles gieng nach Wunsche: als
sich ein unvermutheter Schrecken dieser Indianer bemächtigte, und den guten Fortgang der neuen Kolonie unterbrach. Die berittenen Wilden, welche die Spanier Quaycurùs oder Mbayas nennen, verheerten die ihnen nahe
gelegenen Meyereyen der Paraquayer mit Mord und Raube. Dieß versetzte die Ytatines, die da immer in Sorgen standen, die Feinde seyn ihnen schon auf dem Halse,
in die äußerste Unruhe. Die immer erneuerten Gerüchte
von dem nahen Anrücken der Wilden verursachten ihnen
viele schlaflose Nächte, und selbst am hellen Mittage traum-
ten sie von nichts als Gefahren. Hierzu kam noch ein
anderes Gedrängniß, die allgemeine Trockenheit. Um sich
also sowohl wider den Durst als auch wider die Feinde
zu verwahren, fanden die Indianer und ihre Missionarien für gut, 25 Meilen südwärts an einen Ort zu ziehen,
wo sie durch so viele dazwischen liegende dicke Wälder wider die berittenen Mbayas sicher, und dem Wassermangel
nie ausgesetzet wären. Sie baueten sich daher im Jahre
1753 auf einer Anhöhe am Fluße Yù in der Eile mit
Zurücklassung der von Ziegeln gebauten Kirche und Wohnung unserer Väter einen Flecken, welcher nachmals mit
den beßten Gesetzen auf dem Fuße der quaranischen Kolonien
versehen, mit neuen Familien vermehret, und dauerhaft
einge-

eingerichtet wurde. Ich habe selbst 8 Jahre in diesem Flecken mit Erfolge gearbeitet. Als uns der würdige Bischof von Assumtion Emanuel de la Torre den gewöhnlichen Besuch machte, hielt er sich in unserem Hause 16 Tage auf, und konnte den christlichen Wandel der Einwohner, ihre Genauigkeit im Gottesdienste, das Zierliche ihrer Kirchen und Musik, und die bei diesen kaum jahm gemachten Waldleuten durchgängig herrschende Ordnung nicht genug bewundern, noch rühmen. D. Karl Morphi ein Irrländer und Statthalter in Paraguay, welcher an allen Unternehmungen, und Zügen des Zevallos wider die Portugiesen Theil hatte, und in der Musik, wie auch in den europäischen Sprachen vollkommen bewandert war, konnte sich in den 5 Tagen, da ich ihn bey mir bewirthete, vor Freude kaum fassen. Er erstaunte über die besondere Geschicklichkeit dieser Waldindianer in der Musik, und in den Waffen: denn er sah zu, wie mehr als 500 Indianer theils zu Pferd und theils zu Fuß ihre Pfeile im vollen Laufe nach einem und ebendemselben Ziel abdrückten, und dabei ihres Schusses so gewiß waren, daß ihrer nur wenige das Ziel verfehlten. Er konnte sich an diesem Schauspiele, das ich ihm öfters widerholen ließ, nicht satt sehen, so wenig als ich mich an dem vortreflichen Mann. Die Caziquen dieser unserer Pflanzbürger hießen Paranderi, Yazuca, Yeyu, Guiraquerà, und Xavier. Dem Großvater dieses letztern wurde einst der Namen Franziskus von Xavier beigeleget, und so gieng er als ein Geschlechtsnamen auf seine Nachkommen über.

Die zwote Kolonie in Paraguay, S. Stanislaus, ist eine Filialpflanzung von der zu S. Joachim: indem die Ytatines und die Missionare dieses Fleckens gleichfalls in den Wäldern zwischen den Flüssen Caapivary, Yeyuy und Tapiraquay andere Ytatines entdeckten, und sie in einem Orte zusammenzuwohnen, und den christlichen Glauben anzuneh-

men beredeten. Es war nicht so leicht, sie zu dem Entschlusse
zu bewegen, ihre vaterländischen Wälder mit dem Rücken
anzusehen, und auf das freye Feld herauszugehen. Gewöhnt an ihre hohen schattigten Bäume, welche die Sonne noch nie ganz beschienen hat; scheuen sie sich vor
den Ebenen, auf welche die Sonnenstrahlen frey hindrin-
gen können, und sind stets für ihre Freyheit und
ihr Leben besorgt, das sie nur in unwegsamen Wäldern
wider die Spanier und andere Feinde gesichert glauben.
Man kann nicht läugnen, daß die Wilden in diesem Punkte
die Erfahrung für sich haben. Der P. Sebastian de Yegros (die Indianer hießen ihn Pay Sabbà) brachte ein
ganzes Jahr in dem möglich größten Mangel aller Bedürfnisse bei den Indianern in den Wäldern zu, bis sie
sich, aus dem Gehölze heraus in die Ebenen beim Fluß
Tapiraquay zu ziehen, von ihm bereden ließen. Man
schickte die PP. Emanuel Guttierez und Joseph Martin
Mattilla mit christlichen Indianern, mit Vieh und Lebensmitteln dahin ab, um ihnen einige Hütten, und eine kleine Kirche zu bauen. Das geschah im Jahre 1751.
Die vornehmsten Caciquen dieser Indianer, welche die
Kolonie St. Stanislaus ausmachten, hießen Arabebè,
Taparì, und Quirayù. Die Freygebigkeit und Leutseligkeit unserer Väter, welche ihnen Nahrung, Kleider,
Aerte, Messer, Glaskugeln u. d. g. zum Geschenke gaben, hat sie ganz biegsam und geschmeidig für die Lehre
des Evangeliums gemacht. Da ich aus dem Flecken S.
Joachim, in dessen Gebiet diese neue Kolonie angeleget
wurde, zu ihnen manchmal hinausgieng, so konnte ich die
sanfte Gemüthsart und die dem göttlichen Gesetze so gleich-
förmigen Sitten dieses unter den Bäumen gebohrnen und
erzogenen Volkes nicht genug bewundern. Kaum konnte
ich mich der Thränen enthalten, als ich den seelerqui-
ckenden Trost hatte, sie das Bekenntniß ihrer kleinsten Feh-
ritte mit einer größeren Reue ablegen zu hören, als

viele

viele alte Christen die abscheulichsten Lasterthaten dem Beicht-
vater nicht offenbaren. In wenig Jahren nahm der Flecken durch den Zuwachs neuer indianischer Familien, welche die P. P. Anton Plomes, Thaddäus Enis aus Böhmen, und Anton Corlada durch steile und fast unzugäng-
liche Wege aufgesuchet, und glücklich dahin gebracht haben, unglaublich zu. Diese Kolonie liegt unter dem
24. G. 20 M. der Breite, und dem 321. G. 35 M.
der Länge. Im Jahre 1757 zählte sie schon mehr als
2300 christliche Einwohner. Vor kurzem zogen sie noch
wie das Vieh in Wäldern herum, in welchen die Spanier
den so genannten paraquapischen Thee, einen Hauptzweig
ihres Handels, wovon wir bald mehr sprechen werden,
aufsuchen; also zwar, daß das ganze Land durch die Anlegung dieser zwo Kolonien, nämlich St. Stanislaus,
und St. Joachim ungemein gewonnen hat: indem sich itzt
die Spanier nach Entfernung der Wilden frey in die Wälder wagen dürfen, dieses kostbare Kraut einzusam-
meln.

Ich will zu dessen Bestättigung ein merkwürdiges
Ereigniß erzählen. Die Bäume, aus deren Blättern der
paraquapische Thee gemacht wird, finden sich meistens in
den entlegensten Wäldern, welche einige Mbaeverà (etwas Glänzendes) andere aber Mborebireta (das Vaterland
der grossen Bestie) nennen, und an den Strömen Monday
und Acaray liegen. Zu dieser Theesammlung, einem Geschäft von mehreren Monaten, wurde einst eine ziemliche
Anzahl Spanier mit allen nöthigen Ochsen, Maulthieren,
und Pferden ausgeschicket. Der Wald, durch den man
ziehen mußte, ist überall mit Bäumen, und zwischen denselben mit Rohr bewachsen, mit 26 Flüssen und eben so
viel Morästen durchschnitten, und erstrecket sich auf eine
Weite von 80 Meilen hin, ohne daß man darinn auch
nur eine 10 Schritt lange Ebene gewahr würde. Menschen

schen und Vieh einen Durchzug zu eröffnen, mußten Bäume gefället, Brücken über die Flüße geschlagen, durch die
Moräste mit Faschinen Wege gebahnet, und die steilen
Höhen der Berge etwas ebener gemacht werden. Nachdem man dieß mit unsäglicher Mühe und eben so grossem
Aufwande zu Stande gebracht hatte, mußte man noch
an dem Orte, wo der Thee eigentlich gesammelt und zubereitet werden sollte, für die Spanier Hütten, und für
das Vieh Einzäunungen und Zwinger herrichten: um
aber die Baumblätter bei einem langsamen Feuer dörren
zu können, Stöcke theils in die Erde einschlagen, theils
andere über die Quere daran befestigen. Alle Vorberei-
tungen waren fertig; und die Spanier wurden überall hin
in die Wälder ausgeschicket, diesen Thee zu sammeln;
als ihr Anführer Paschal Villalba auf eine unbewohnte
Hütte der Wilden stieß. Betroffen über diese Entdeckung eilte er zu den Seinigen, ihnen die unangenehme
Nachricht zu hinterbringen. Diese Nachricht war sogleich
das Loosungszeichen zum Aufbruche, auf welches alle das
Blättersammeln stehen ließen, und ihr Leben eilends durch
die Flucht retteten. Man darf sie aber darum nicht für
zaghaft oder feige halten; weil sie nicht in ganzen Haufen
miteinander, sondern einzelnweise in den verschiedenen Gegenden des Gehölzes die Bäume aufsuchen, die Zweige
davon abschneiden, in Bündel zusammenfassen, und ihrer
Hütte zutragen. Auch nehmen sie ausser ihrem Werkzeuge
dem Messer kein anderes Gewehr mit sich. Sie sind also stets den Anfällen der Wilden blosgesetzet. Die Spanier gaben daher das Geschäft auf, weßwegen sie gekommen
waren, und ritten auf ihren Maulthieren und Pferden eilends nach der Stadt zurück. Villalba aber gieng von seinen Flüchtlingen weg, nach St. Joachim, und erzählte
unsern Bätern alles, was er gesehen, und gethan hatte.
Um seinen Worten Glauben zu verschaffen, wies er ihnen
den Topf und die Pfeile, die er aus der Hütte der Wil-

den

den mit sich gebracht hatte: und bat sie inständig, daß
sie sich Mühe geben möchten, diese Wilden, wie sie immer
könnten, in den Flecken zu bringen: welches ihm auch
die Väter mit der größten Freude und Bereitwilligkeit
versprachen. Da sie aber selbst ihrer schwächlichen Leibes-
beschaffenheit wegen eine so beschwerliche Reise sich nicht
zu unternehmen getraueten, so wählten sie aus ihren Indianern einige dazu, und gaben ihnen den Villalba als
Führer mit, um durch sie die Wilden aufsuchen, und
ihre Gesinnungen erforschen zu lassen. Kaum waren sie einige
Tage gereiset, so hatten sie ihre Lebensmittel mit einer
anzeitigen Gefräßigkeit aufgezehret: und da sie auch bereits
einigemal auf dem Wege einen Wassermangel erdulden
mußten, so kehrten sie wieder um, ohne den vermutheten Aufenthalt der Wilden auch nur von Weiten entdeckt
zu haben. Die ganze Unternehmung war also fruchtlos,
und wurde auch nachmals nicht wieder vorgenommen, so
daß die Beschwerde diese Wilden aufzusuchen, und der
Ruhm sie zu finden mir vorbehalten zu seyn schienen.

Meine Obern schickten mich einige Jahre nachher nach
St. Joachim. Das Gerücht von den Wilden in Mbaévera, und die Furcht der Spanier vor ihnen dauerte noch
immer fort. Ihrer Gewinnsucht ungeachtet getraueten sie
sich niemals einen Fuß in dieses Gehölz zu setzen, aus
welchem sie sich eine so reiche paraguayische Theerndte versprachen. Nachdem ich die Sache mit meinem Mitpriester
und unsern Indianern überlegt hatte, beschloß ich die
Reise in die berufenen Wälder zu unternehmen. Ich begab mich daher mit 25 christlichen Indianern auf den
Weg, auf welchem man der Moräste und Flüße wegen
kaum fortkommen kann. Villalba war unser Wegweiser.
Von den Brücken, und andern Anstalten, welche die Spanier zur Sicherheit ihrer Reise getroffen hatten, war
schon lange nichts mehr übrig. Wir überstiegen dennoch
die

die Schwierigkeiten, und langten bei der verlassenen Hütten der Wilden an. Wir fanden noch daselbst Gebeine
von Affen, Wildschweinen, und Elendthieren, welche die Indianer essen; einen hölzernen Mörser sammt noch anderm
Gezeug, viele Aehren von türkischem Korn; ferner den
Weg, auf welchem sie in dem nahen Flusse Wasser holten,
und worauf häufige Tritte von blossen Füßen zu sehen
waren. Aber eine ganz frische Spur konnten wir nicht
entdecken, ungeachtet wir einige Tage hindurch nach allen
Seiten hin Kundschafter ausgeschicket, und uns in den nahen Wäldern und morastigen Ufern des Flusses Acaray
mit dem aufmerksamsten Auge umgesehen hatten. Da wir
also keine Indianer, und auch keine Wahrscheinlichkeit unsere Absicht zu erreichen vor uns sahen, so kehrten wir
wieder, nachdem wir 19 Tage in der traurigen Einöde
herumgeirret, und eben so unaussprechliches als unglaubliches Ungemach ausgestanden hatten, nach unsern Flecken
zurück, ohne eine Frucht als die der Geduld davon eingeerndtet zu haben. Den Weg habe ich zu Fusse, und
oft mit blossen Füßen gemacht. Hätten wir uns nur ein
wenig südwärts gewendet, so würden wir ganz gewiß auf
die Hütten der Wilden gerathen seyn, wie ich das Jahr
darauf sah. Die Spanier, welche mein langes und sorg-
fältiges Nachspüren in den Wäldern Mbaeverá erfahren
hatten, glaubten, die Wilden wären anderswohin gezogen, und besorgten daher keine Gefahr mehr. Sie faßten
daher neuen Muth, und begaben sich wieder in grosser
Anzahl und mit noch größerer Gewinnbegierde auf den
wieder von neuem mit grossen Kosten hergestellten Weg.
Auf einmal erschienen die Wilden wieder, eben als sie
mitten in ihrer Arbeit begriffen waren. Weil man mit
ihnen freundlich redete, und sie mit Rindfleisch und andern Kleinigkeiten beschenkte, so traueten sie den Spaniern
keine feindseligen Absichten zu; und kehrten sogar einigemal
in dieser ihren Hütten zurück. Als man sie fragte, wo

F   sie

sie mit ihren Familien wohneten, gaben sie sehr schlau zur Antwort, ihre Hütten wären sehr entlegen, und man könnte nicht anders als durch viele Moräste dazu kommen; weil sie einen Besuch von Seite der Spanier sowohl sich selbst als auch ihren Weibern gefährlich glaubten. Um zu verhindern, daß sie ihre Wohnung nicht den Fremden durch ihre Fußtapfen verriethen, bedienten sie sich im Nachhausgehen dieser Vorsicht; sie kehrten nämlich, wenn sie auf der südlichen Seite herkamen, auf der nördlichen zurück, also zwar, daß sich kein Mensch ihre Nähe einfallen lassen konnte. So waren die Wilden den Spaniern, und diese jenen der Verrätherey und Verstellung halber verdächtig. Das wechselweise Mißtrauen, und die gegenseitige Furcht vergrößerte sich auch von Tag zu Tage.

Der auf seine Sicherheit stets bedachte Villalba gab mir von allem, was vorgieng, Nachricht, und stand mir gut dafür, daß ich diese Wilden, wenn ich noch einmal zurückkehren wollte, gewiß antreffen würde. Ich zauderte nicht lange; und schlug freudig mit meinen Indianern unsere bekannten Wege ein. Wir hatten schon eine ziemliche Strecke zurückgeleget, und eilten mit grossen Schritten in den Wald Mbaèverà, als sich der Himmel mit allen seinen Regengüßen wider uns verschworen zu haben schien, und uns Tag und Nacht ohne Aufhören damit zusetzte. Wir mußten alle Tage unter freyem Himmel auf der Erde, wo alles im Wasser schwamm, übernachten. Unsere innersten Kleidungsstücke trieften vor Näße, und wir konnten sie weder wechseln, noch trocknen. Das Rindfleisch, die vornehmste und fast einzige Wegzehrung der Indianer fieng an durch die Näße stinkend zu werden. Die Flüße und Moräste schwollen von dem viele Tage ohne Aufhören fortwährenden Regen so sehr an, daß man gar nicht mehr darüber setzen konnte. Zu einem

schle

schönen Wetter, war nicht der geringste Anschein vorhanden. Wir sahen uns daher in der Nothwendigkeit nach
einem achttägigen Ungemach wieder nach Hause zu kehren.
Ohne Zweifel würde ein noch größeres auf uns gewartet
haben, wenn wir nicht vorsichtig unsere Reise eingestellet
hätten: denn der Regen hielt ohne Unerlaß bei 20
Tage an. Wiewohl ich dießmal meine Absicht nicht erreichte, so gab ich sie dennoch nicht auf, ich wartete vielmehr in meinem Flecken begierig nach einer Gelegenheit
die fehlgeschlagene Unternehmung, so bald als möglich, wieder
vorzunehmen. Kurz nachher trat ich auch wirklich meine
dritte und glücklichste Reise in Mbaèverà an. Endlich gelangte ich zu meinem Ziele. Ich entdeckte drey
ziemlich volkreiche Wohnplätze der Wilden, welchen 3
Caziquen nämlich Koy als der Oberste, Tupanchichù und
Veraripochiricù als Kapitäne vorstanden. Die erste
Hütte war von Palmen gebauet, mit trocknem Grase bedecket, hatte acht Thüren und 60 Einwohner. Rechts
und links hiengen Hangmatten herab, deren man sich
beim Tage zum Sitzen, und bei der Nacht zum Schlafen bediente. Jede wilde Familie hat auf der Erde ihren eigenen Heerd, um welchen ein ganzes Geschwader von
Töpfen, großen Kürbissen und Krügen herumstehen. Die
Weisen, besonders die Jünglinge haben eine sehr einnehmende Gestalt, um welche sie viele Europäer beneiden,
und ansehen würden. Sie sind vom Angesichte sehr weiß,
weil sie sich von der Sonne nie bescheinen lassen. Die
Männer, sie seyn nun alt oder jung, scheren sich die
Haare nach Art einiger Mönche, die sich an dem Scheitel einen Kranz von Haaren stehen lassen. Die untere
Lippe tragen sie von dem siebenten Jahre an durchge-
stochen, ziehen durch ein Loch derselben ein Rohr so dick
wie eine Schreibfeder, und haben diesen Gebrauch mit
allen amerikanischen Völkern gemein. Die Quaranier,
deren Sprache sie sprechen, heißen dasselbt Teimbetà-

Alles aber hängt sich ohne Unterschied des Alters und des Geschlechtes dreyeckigte Muscheln an die Ohren an. Die Männer gehen nackend, außer daß sie aus einer natürlichen Schamhaftigkeit um die Mitte ein kleines Schürzchen, wie die Maurer tragen. Doch sind alle Weiber von den Schultern bis zu den Füßen mit einem weißen Zeuge bedecket, den sie sich aus der Rinde des Baumes Pino verfertigen. Wenn man diese Rinde trocknet und brechelt, so bleiben kleine Fäserchen, wie Flachs zurück, aus denen man Fäden zu dem Zeuge spinnet. Dieses Gewebe wird ohne Mühe gebleicht, und nimmt überhaupt alle Farben leicht und dauerhaft an. Die Zeuge hingegen, welche die meisten Völkerschaften der Wilden aus Caraquata oder Maguey, wie es die Mexikaner nennen, weben, (hievon an seinem Orte ein mehreres) sind nichts weniger als weiß, und alle Farben, die selbe nur sehr schwer annehmen, gehen sehr leicht wieder aus. Den geschornen Theil des Hauptes pflegen die Wilden mit einer Krone von Papageyenfedern zu zieren. Ihre Waffen bestehen in Pfeilen mit Wiederhacken, womit sie auch die Vögel im Fluge mit einer besondern Geschicklichkeit herabschießen. Sie nähren sich und die ihrigen mit Elendthieren, Wildprät, und Vögeln von allen Gattungen, so wie sie selbe von der Jagd nach Hause bringen. Oft verstecken sie sich hinter dem Gebüsche, locken die Vögel durch eine grobe Nachahmung ihres Gesanges schlau herbei, und schießen sie dann mit den Pfeilen todt: zuweilen fangen sie auch selbe mit Netzen und Fallen. Sie haben auch vor dem Ackerbau keine Abneigung. Wenigstens findet man in den Wäldern türkisches Korn, Früchte und Toback im Uiberflusse. Mit diesem letzteren war die vorgemeldte Hütte als wie mit einem Zaune umgeben, welche Pflanze daselbst außerordentlich großblätterecht ist, und hoch wächst. Ehe sie sich schlafen

fen legen, ſetzen ſie ihre Töpfe mit Fleiſch oder Früchten zum Feuer, damit ſie bei ihrem Aufwachen gleich zu
eſſen finden. Kaum wird es grau, ſo ſtreifen ſchon die
Männer, und ſelbſt die ſiebenjährigen Knaben mit ihren
Köchern in den Wäldern haufenweiſe herum, um ein Gewild aufzuſpüren, und ſelbes hernach am Tage hindurch
zu verzehren. Wer nicht Hunger leiden, oder tüchtig
ausgelacht werden will, der darf nicht mit leeren Händen
nach Hauſe kommen. Die Mütter werfen ihre Kinder in
einen von Aeſten geflochtenen Korb, und tragen ſie ſo,
wenn ſie durch den Wald reiſen, auf dem Rücken. Sie
verſtehen ſich auch gut darauf den treflichſten Honig ſowohl
zum Eſſen als zum Trinken aus den wilden Bienenſtöcken,
wovon alle Bäume voll ſind, zu ſammeln. Aus dieſem
Grunde halten ſie viel auf eiſerne Meſſer und Aexte.
Da wir dergleichen eiſerne Werkzeuge bei ihnen antrafen,
ſo zweifelten wir nicht, daß ſie ſelbe einigen erſchlagenen
Spaniern, die einſt in dem Walde paraquayer Thee ſam-
melten, abgenommen haben. Gott heißt bei ihnen auf
guaraniſch Tùpa; aber ſeine Eigenſchaften und Geſetze zu
kennen geben ſie ſich wenig Mühe. So wenig ſie von einem Gottesdienſte wiſſen, eben ſo wenig wiſſen ſie auch
vom Götzendienſte. Den Teufel nennen ſie aña,
oder añangà, ohne ihm aber eine Verehrung zu erwei-
ſen. Gegen die Zauberer oder vielmehr Charlatane tragen ſie die größte Achtung, und fürchten ſich vor ihnen.
Denn dieſe prahlen ſich, daß ſie die Krankheiten, und
ſelbſt den Tod her-und wegbannen, die Zukunft vorherſe-
hen, Uiberſchwemmungen und Ungewitter erregen, ſich in
Tieger verwandeln, und ſonſt noch dem Laufe der Natur
Einhalt thun können. Durch dieſe Großſprechereyen
verſchaffen ſie ſich bei den Furchtſamen Ehrfurcht. Die
Vielweiberey halten dieſe Wilden, wie alle Amerikaner,
für erlaubt; doch machen ſie nur ſehr ſelten davon Ge-
F 3 brauch.

brauch. Desto gewöhnlicher sind bei ihnen die Eheschei-
dungen. Sie verabscheuen jede Heurath unter Verwandten, wenn gleich in einem noch so entfernten Grade, und
halten selbe für etwas Gräuliches. Ihre Leichen schließen sie nach Art der alten Quaranier in grosse irrdene
Krüge ein, von welchen wir auf unserer Reise durch den
Wald drey wiewohl leere zu Gesicht bekamen. Sie bekümmern sich wenig um ihr Schicksal nach dem Tode.
Menschenfleisch essen diese Wilden zwar nicht; aber die
benachbarten Indianer machen ein Leckerbischen daraus.
Man erzählet, daß sie ein Weib aufgefressen haben, welches von ihrem Manne weglief. Ihre Hüttengenossen in
Mbaeverà fanden noch, als sie selbe auf ihrer Flucht einholen wollten, ihre Gebeine und frische Spuren von Men-
schenfressern. Jeder Fremde, es sey nun ein Indianer,
Spanier, oder Portugiese, ist ihnen verdächtig. Sie empfangen daher ihren Gast bewaffnet, weil sie ihn für ihren Feind halten, der blos damit umgeht ihrer Freyheit
Fallstricke zu legen. Eben diesen Verdacht hegten sie auch
anfangs von mir und meinen Indianern, als sie uns an-
kommen sahen.

Der erste, dessen wir im Holze gewahr wurden,
war ein schön gebildeter Jüngling, der einen unsern Phasanen sehr ähnlichen Vogel, Yacù genannt, in der Hand
trug, eben als ihm der Pfeil, den ihm der Jüngling
durch den Hals geschossen hatte, die letzten Zückungen aus-
preßte. Er schien über unsere Ankunft etwas betroffen.
Ich gieng daher zu ihm hin, rühmte seine besondere Geschicklichkeit im Pfeilschießen, und reichte ihm, weil Geschenke das Gemüth mehr, als auch die freundlichsten
Worte einnehmen, ein Stück Braten; welches er mit
beiden Händen faßte, und auf der Stelle mit dem heißes-
sten Hunger verzehrte. Das unvermuthete Frühstück benahm

nahm ihm die Furcht, die ihm der erste Anblick der Fremden eingejaget hatte. Sein Name war Arapotiyù (Morgenröthe) Denn ara bedeutet auf guaranisch den Tag, poti die Blüthe yù etwas goldenes oder gelbes, also zwar, daß sie die Morgenröthe durch den Ausdruck: die goldene Blüthe des Tages bezeichnen. Und in der That fanden wir durch diese Morgenröthe die Sonne selbst, nämlich den Vater des Jünglings und vornehmsten Caziquen dieser Gegend den Kapitán Roy. Die Fragen, welche ich über verschiedene zu meiner Absicht dienliche Dingen an ihn freundlich stellte, beantwortete er mir eben so leutselig, und setzte hinzu, sein Vater sey auf der Jagd und nicht fern von uns. Wohlan! erwiederte ich freudig; so führ uns hin zu ihm, damit wir ihn sobald als möglich zu sehen bekommen. Der Jüngling war es ganz zufrieden; und gieng, worüber ich mich sehr wunderte, die ganze Zeit nicht einen Schritt von meiner Seite. Wir mochten ungefehr eine Stunde im Walde fortgegangen seyn, als wir einen ausgemergelten kleinen Greis mit einem grossen Messer an der Seite in Begleitung zweener Jünglinge, wovon der eine sein Sohn, und der andere sein Gefangener, beide aber mit Köchern versehen waren, einen langsamen Schritt herbeikriechen sahen. Meine christlichen Indianer senkten ihre Bogen und Pfeilspitzen zur Erde, um ihm nach ihrem Gebrauche ihre freundschäftlichen Gesinnungen zu bezeugen. Wir traten zu ihm hinzu. Der gesetzteste von meinen Indianern küßte die linke Wange des Caziquen zum Zeichen des Friedens, und gab ihm zugleich von unserer Ankunft Rechenschaft. Gott erhalte dich, sagte er zu ihm, lieber Bruder! Wir sind hier, euch einen freundschäftlichen Besuch zu machen; denn wir glauben, daß wir mit euch befreundet sind. Dieser Pater Priester aber (Pay Abaré) den wir begleiten, vertritt die Stelle Gottes. Er nähret, kleidet, lehret und liebet uns zärtlich; und singet uns

uns ins Grab, wenn er unsere in weiſſe Leinwand ge-
hüllte Leiche zur Erde beſtattet. Er wollte noch weiter
reden; allein der Alte unterbrach ihn, und wiederholte einigemale höhnend und mit lauter Bitterkeit dieſe Worte:
Hindò, Sieh, da. Er läugnete es ihm rund weg,
daß zwiſchen ihm und uns eine Blutsfreundſchaft ſtatt habe,
und maß uns mit ſeinen funkelnden Augen vom Kopfe bis
auf die Füße, weil er uns für ſpaniſche oder portugieſiſche
Menſchenjäger aus Braſilien, die auf die Indianer in den
Wäldern Jagd machen, anſah. Hierauf wandte er ſich
zu uns, und ſagte zu mir in vollem Grimme. Pater
Prieſter! ihr ſeyd umſonſt gekommen; wir brauchen keinen
Pater Prieſter. Der h. Thomas, (von welchem Spanier und Portugieſen in Amerika glauben, daß er in der
neuen Welt geweſen iſt) hat unſerm Lande ſchon lange
ſeinen Segen mitgetheilet. Alle Früchte wachſen hier im
Ulberfluße. Der rohe Wilde glaubte, daß des Prieſters
Gegenwart blos zur Fruchtbarmachung des Bodens tauge.
Allein ich antwortete ihm, ohne ſeinen Irrthum zu rügen:
Wenn auch der h. Thomas einſt in eurer Gegend geweſen
iſt, ſo habt ihr doch leider! ſchon lange vergeſſen, was
er eure Väter von dem höchſten Weſen und ſeinen Geſetzen gelehret hat. Ich bin nun da euch dieſen Unterricht zu wiederholen. Aber höre doch, Alter! Wie lange wollen wir noch im Kothe, in dem wir faſt noch
ganz verſinken, unſer Geſpräch fortführen? Wollen wir
uns nicht lieber auf dieſem Klotze dort außer dem Mo-
raſte hinſetzen. Dem Alten gefiel mein Vorſchlag: wir
ſetzten uns nieder. Ich erzählte ihm die Abſicht und die
Beſchwerniſſe unſerer Reiſe. Um die Gewogenheit des
trotzigen Greiſes zu gewinnen, ließ ich ihm von dem
Braten, der meinen Indianern zur Wegzehrung diente,
ein groſſes Stück bringen, welches er ganz begierig ergriff und verſchlang. So wie ſein Hunger geſtillet war,

so schien sich auch sein vom Argwohne beunruhigtes Gemüth zu besänftigen. Ich wollte nichts unversucht lassen,
mir zu seinem Herzen einen Weg zu bahnen. In dieser
Absicht bott ich ihm aus meiner Dose einen spanischen
Toback an: allein er wandte das Gesicht davon ab, und
wehrte sich mit beiden Händen dawider *Aquibiye*, ich
fürchte mich, gab er mir zur Antwort, weil er denselben
für einen bezauberten Staub hielt, der blos dazu diente,
die Menschen zu verblenden. Ich eröffnete ihm
meine Gedanken, seine Hütte zu besuchen: worauf er mir
aus allen Kräften bewies, daß sie nicht thunlich wären.
Mein Haus sagte er, ist außerordentlich weit von hier
weg. Drey Flüsse, eben so viele Moräste liegen dazwischen und die schlechtesten Wege führen dahin. Hierauf
antwortete ich ihm, daß mich dieser Beweggrund von
meinem Vorhaben nie abwendig machen könnte, nachdem
ich schon so viele Tage gereiset wäre, über so viele Moräste und Flüsse gesetzet, und so viele Wälder glücklich
und gutwillig durchzogen hätte. Aber setzte mir der
Alte entgegen, du siehst, daß meine Gesundheit die blüh-
endste eben nicht ist, und daß es mir daher an Kräften
mangelt, eine so grosse Reise mitzumachen. Das will
ich gern glauben, war meine Antwort, auch ich befinde mich
heut nicht am besten. Es ist auch kein Wunder, das
schlimme Wetter, der häufige Regen, den es die ganze
Nacht hindurch herabgoß, die nassen Wälder, die kothig-
ten Wege, die langen Pfützen, die ich bis auf die Knie
im Wasser durchwadet habe, der steile Berg, den ich bestieg, mein bis auf diese Stunde noch nüchterner Magen,
das immerwährende Gehen von Sonnenaufgang an bis
Mittag, sollte dieses alles nicht die Kräfte des Körpers erschöpfen, und die Gesundheit erschüttern? Aber so
schwach auch unser Körper ist, so haben wir doch noch,
glaube ich, Kräfte genug uns bis zu deinem Hause hin-

zuschleppen, um dort auszuruhen zu können. Wir wollen uns Zeit lassen. Die Stärkern mögen vorausgehen, wir Abgemattete wollen ihnen nur mit langsamen Schritten folgen. O! ihr würdet euch vor meinem Hause hüten, versetzte der Alte, wenn ihr wüßtet, welch eine Gefahr dort euer wartet. Meine Untergebenen sind bösartig. Die Fremden wollen sie nur todtschlagen; todtschlagen, todtschlagen wollen sie nur die Fremden. Oporoyuca çe, oporoyuca çe, oporoyuca çe note. Das ist ihr täglicher, ihr einziger Wunsch. Sie mögen so seyn deine Hausgenossen, wie du sie schilderst, erwiederte ich lächelnd, ich bekümmere mich darum wenig. So lang wir dich, den Schrecken der ganzen Gegend, den seines Edelmuths und grosser Thaten wegen berühmten Kapitän zu unserm Freunde und Beschützer haben werden, wer soll sich unterstehen, uns etwas Leides anzuthun? So lang du uns zur Seite bist, fürchten wir nichts. Diese Lobsprüche, und das Zutrauen, das ich auf ihn zu setzen schien, gewannen mir das Herz des Greises, und er wurde mir geneigt. Wohlan es sey, antwortete er fröhlich, und befahl den zweenen Jünglingen, mit denen er gekommen war: Geht eilends nach Hause, und kündiget den Unsrigen an, es sey ein Pater Priester da, der mich hochschätzte, und eine Schaar Indianer (es waren ihrer 15) welche sich für unsere Blutsfreunde ausgeben. Den Weibern aber befehlet in meinem Namen, daß sie sich vor den Fremden nicht fürchten, noch entfliehen, sondern unsere Wohnhütten rein aussegen. Dieß waren die Worte des Alten. Ich dachte bei mir, aufs Hüttenaussegen kömmt wenig an, wenn uns nur nicht die Wilden auf den ersten Anblick mit ihren Pfeilen aus der Welt hinaussegen.

Die abgeschickten Bothen eilten, so sehr sie könnten. Wir giengen ihnen, wiewohl etwas langsamer, auf dem Fuße nach. Der alte Cazique aber blieb immer

immer an meiner Seite. Die abscheuliche Witterung,
und die beschwerlichen Wege haben wir uns durch freundschaft-
liche Gespräche erträglicher zu machen gesucht. Und da
die meisten Europäer (es war der Faßnachtstag) üppig
schmauseten, frischten wir bei einem Bach, an den wir uns
hinsetzten, unsere durch das Ungemach der Reise beinahe
erschöpften Kräften auf. Gegen Abend bekamen wir die
grosse Hütte, welche ohne Zweifel die Hauptstadt unter
den übrigen war, zu Gesicht. Bei unserer Ankunft liefen
alle Einwohner zusammen, und grüßten uns mit ihrem
gewöhnlichen Gruß: Ereyupà? Bist du schon da?
Worauf ich den gewöhnlichen Gegengruß: Ayu angà,
ich bin schon da, erwiederte. Alle Indianer machten mir
mit Pfeilen und Bogen bewaffnet, und ihre Krone von
Papagayenfedern auf dem Haupte die Aufwartung. Einer von ihnen nahete sich mir, trat aber auf einmal
wieder zurück, auf sich selbst böse, daß er seine Krone
vergessen hatte. Bald darauf erschien er wieder mit seiner Krone, um mir seinen Gruß zu geben. Da ich mit
einigen von meinen Indianern bei dem Eingange des Hauses stehen blieb, fiengen die Weiber und Kinder darinnen
erbärmlich zu zittern an. Erschrocken über den Anblick
der Fremden ließen sie ihre Töpfe beim Feuer stehen, liefen in der Angst hin und her, und verriethen deutlich
die Furcht, die wir ihnen einjagten, weil sie uns feind-
selige Absichten zumutheten. Fürchtet euch nicht, liebe
Schwestern! sagte der Aelteste von meinen Indianern zu
ihnen. Ihr sehet hier Menschen vor euch, die von dem
Blute eurer Väter abstammen. Keiner von uns will euch
das geringste Leid zufügen. Ich bin der erste unter ihnen,
und ihr Anführer. Dieser Alte redet die lauterste Wahrheit, sprach ich zur herumstehenden Schaar. Keiner von
denen, die vor euch stehen, hat wider euch etwas feindse-
liches im Sinne, außer mir, der ich außerordentlich blutdürstig bin. Denn (hier machte ich ein ernsthaftes Gesicht,

sch, und wispelte mit den Lippen) ich fresse drey oder vier
Buben auf einen Biß gleich auf der Stelle auf. Diese drolligte
Drohung verwandelte ihren Schrecken in ein lautes Gelächter.
Die Weiber giengen wieder an ihre Arbeit, und baten uns
einhellig, in ihre Wohnung hineinzugehen. Das antwortete ich, werdet ihr von mir nimmermehr zuwegebrin-
gen, daß ich einen Fuß in eure Hütten setze. Ich sehe
Hunde, junge und alte, um euch herumsitzen. Wo Hunde sind, da giebt es auch Flöhe, deren abgesagter Feind
ich bin, weil sie mich im Schlafe stören, dessen ich mich
nach einer so langwierigen und ermüdenden Reise so sehr
benöthiget finde. Aber ich will mich von eurer Wohnung
nicht weit entfernen, damit ihr mich nicht aus den Augen
verlieret. Hier auf diesem Platze, wo ich alle sehen, und
von allen gesehen werden kann, will ich mein Lager auf-
schlagen. Ich blieb auch wirklich, um den Wohlstand,
und meiner Sicherheit nicht zu nahe zu treten, drey
ganzer Tage und Nacht unter freyem Himmel, wiewohl
es von Zeit zu Zeit regnete, ohne in ihre Hütte hineinzugehen.

Noch diesen nämlichen Abend gab ich dem alten Caziquen Reoy zu verstehen, daß es mir sehr lieb seyn würde, wenn ich alle seine Leute auf einem Haufen beisammen
sehen, mit ihnen sprechen, und sie mit einigen ihnen anständigen Kleinigkeiten beschenken könnte. Mein Wunsch
ward alsogleich erfüllet. In der schönsten Ordnung saßen
sie alle herum, und waren so sittsam und still, daß ich
keine Menschen, sondern geschnitzte Bildsäulen vor mir zu
sehen glaubte. Keiner von ihnen getrauete sich zu muchsen.
Um sie auf mich aufmerksam zu machen, spielte ich ihnen
eine zeitlang auf der Viola d'amour zu ihrem innigsten
Vergnügen vor. So sehr ich auch von meiner Schwäche
in der Musik überzeugt bin, so hielten sie mich dennoch
für den stärksten und lieblichsten Tonkünstler, sie nämlich

die

die in ihrem Leben weder einen bessern noch einen schlech-
tern gehöret hatten, und gar keine andere Harmonie
kannten, als die sie sich selbst mit ihren Kürbissen vor-
schällten. Nachdem ich mir auf diese Weise zu ihren Ohren und Herzen einen Zugang eröffnet hatte, fieng ich
mehr im Tone eines freundschäftlichen Gespräches als einer
Predigt folgendermaaßen an. Es reuet mich nicht, eine
so beschwerliche Reise zu euch unternommen, über so viele
Pützen und Flüße gesetzet, und so viel Ungemach erduldet
zu haben, weil ich euch in eurem Wohlstande sehe, und
von eurem Wohlwollen gegen mich überzeugt bin. Ich
bin gekommen euch glücklich zu machen. Erkennet an
mir eueren aufrichtigsten Freund. Erlaubet, daß ich euch
ohne Zurückhaltung sage, was ich von euch denke. Ihr
dauert mich, daß ich euch unter den Finsternissen der
Wälder vergraben sehe, weil ihr weder die Schönheiten
der Welt, noch ihren Schöpfer kennen lernet. Ich weiß
wohl, daß ihr zuweilen den Namen Gottes im Munde
führet; aber wie man Gott anbeten müße, was er gebiete, oder verbiete, was er den Tugendhaften verheiße;
und den Lasterhaften androhe, ist euch noch völlig unbekannt; und wird es auch bleiben, wenn kein Priester
euren Unterricht über sich nimmt. In eurem Leben seyd
ihr unglücklich; und nach eurem Tode die unglücklichsten
auf immer. Hier setzte ich ihnen den Inbegriff unserer
Religion in möglichster Kürze und Deutlichkeit auseinander. So lang ich sprach, redete mir niemand ein, und
alles hörte mir mit der möglichst größten Aufmerksamkeit
zu: außer daß die Knaben, als ich des höllischen Feuers
erwähnte, zuweilen zu lachen anfiengen. Als ich die
Heurathen unter nahen Verwandten mißbilligte, und für
unzuläßig erklärte, sagte der alte Cacique: Du hast recht,
Pater! solche Heurathen sind etwas ärduliches. Auch
wissen wir dieses schon lange. Ich schloß daraus, daß
die Wilden dergleichen blutschänderische Heurathen mehr,

als

als den Raub und den Todtschlag verabscheuen. Wir
entschuldigen bisweilen die größeren Fehltritte, weil sie
die unsrigen sind; und brechen geringeren unerbittlich den
Stab, weil sie andere begangen haben. Solang ich wider den Todtschlag und den Mord redete, sprach der alte Cacique kein Wort, vielleicht, weil sie ihm nichts
Seltnes waren. Wider die Heurathen unter Verwandten zog er heftig los; weil sie vielleicht bei einem andern
Volke gebräuchlich gewesen sind. Ehe ich meine Anrede schloß,
sah ich mich in der ganzen Schaar meiner Zuhörer
etwas aufmerksamer um; und schrie dann mit der Miene
eines Erstaunten aus: In eurer zahlreichen Versammlung
sehe ich leider nur äußerst wenige, die ein hohes Alter
erreicht haben. Ich begreife dieses sehr wohl, das häufige
Elend, das ihr alle Tage ausstehet, mergelt euern Körper aus, schwächet eure Knäfte, und stürzet euch vor der
Zeit, in ein allzufrühes Grab. Tag und Nacht müsset ihr alle
Abwechslungen der Witterung ertragen. Wie schlecht
schützet euch euer Dach, durch das der Wind überall
durchbläst, dawider? Ausgehungert wie laufet ihr nicht
Tage und Nacht dem Gewilde in den Wäldern nach und ermüdet euch durch die oft fruchtlose Jagd. Ihr lebt blos
von dem, was euch das Ungefehr in die Hände spielet.
Ist es also ein Wunder, wenn euer Herz von den Nah-
rungssorgen beständig gequälet wird? Einen ungewissen,
oder fehlgeschlagenen Pfeilschuß müßt ihr oft mit einem
langwierigen Hunger büßen. Ich will von den Gefahren nichts melden, denen ihr euer Leben ohne Unterlaß
aussetzet. Bald drohen euch die Klauen der Tieger;
bald die Bisse giftiger Schlangen, bald die Pfeile der
Nachbarn, und nicht selten auch ihre Zähne den Tod.
Wäre aber auch das alles nicht, so enthält doch ein stets
feuchter Boden, wie der eurige ist, nicht nur Schnacken,
und giftiges Ungeziefer ins Unendliche, sondern auch den
Saamen zu unzählichen Krankheiten. Welch eine Hoffnung

nung wieder zu genesen kann ein Kranker in eurer Einöde haben, wo man weder einen Arzt, noch die gehörigen Arzneyen antrifft? Denn, die ihr Aerzte, (Aba payé)
nennet, sind alle durch die Bank Quacksalberer, und geschickter euch zu betrügen, als zu heilen. Wollt ihr meinen Worten nicht glauben, so trauet doch euren Erfahrungen, deren ihr so viele auf eure Kosten gemacht habet. Diesen Unbequemlichkeiten sind die Indianer eure
Brüder, welche in einem Flecken beisammen wohnen, und
nach dem Willen Gottes, und dem Unterricht ihrer Priester leben, nicht unterworfen. Gott! wie viele Greise
würdet ihr dort nicht gewahr werden? Es ist auch sehr
natürlich; daß die meisten ihre Tage auf ein so hohes Alter
bringen, da sie in dem Flecken so viele Hilfsmittel dieselben zu verlängern, und ihren Hinschied weiter hinaus-
zuschieben an der Hand haben. Jede Familie hat ihr eigenes Haus, das sie wider die Unannehmlichkeiten der
Witterung vollkommen bewahret, ob gleich dasselbe nicht
immer am besten aussieht. Jedem wird täglich eine hinlängliche Portion Rindfleisch abgereichet. Früchte und
andere Eßwaaren bringt ihm sein Acker im Uiberfluß.
Alle Jahre bekommt ein jedweder ein neues Kleid. Messer, Aerte und andere Werkzeuge zum Feldbau, wie auch
Glaskugelschnüre, und was sonst noch zum Putze gehöret,
erhalten sie meistens zum Geschenke. Erkranken einige,
so stehen ihnen Tag und Nacht erfahrne Aerzte bei, welche ihnen die nöthigen Speisen, die in der Wohnung des
Paters zubereitet werden, und die gehörigen Arzneyen
sorgfältig zutragen. Uiber das sehen auch die Patres,
welche die Aufsicht im Flecken haben, sehr darauf, daß
den Indianern von allem dem nichts abgehe. Glaubt ihr
aber, daß in meiner Erzählung mehr Großsprecherey als
Wahrheit liegt, sehet, da stehen christliche Indianer eure
Brüder, meine Gefährten und Pflegbefohlenen vor euch.
Die meisten von ihnen wurden so wie ihr in Wäldern
gebohs

gebohren und erzogen, und leben 'nun seit vielen Jahren
in dem Flecken St. Joachim unter meiner Aufsicht. Wer-
fet einen Blick auf ihre Kleider. Ihr könnt daraus auf
unsere Lebensart schließen. Ohne Zweifel sehet ihr an ihnen, daß sie mit ihrem Loose zufrieden sind, und sich vollkommen glücklich dünken. Sie waren das, was ihr seyd,
und ihr könnet das werden, was sie sind. Um diese
Glückseligkeit sollet ihr euch, wenn ihr klug seyd, nicht
bringen. Untersuchet mit aller möglichen Geistesanspan-
nung, ob es euch zuträglich ist, in diesen dicken, finstern
Wäldern unter so vielen Beschwerden eure Tage zu ver-
leben, und zu schließen. Entschließet euch, ob ihr den
guten Rath, den ich euch gebe, befolgen wollet. Wir
werden euch als Freunde und Brüder mit offenen Armen
aufnehmen, und ohne Verzug der Anzahl unserer Mitbür-
ger einverleiben. Um euch hievon zu überzeugen, und
dazu zu bewegen, hab ich aus Liebe und Verlangen zu
euch diese langwierige, und, wie ihr selbst wisset, äußerst
beschwerliche Reise unternommen. Hiemit endigte ich.

Um meinen Worten ein Gewicht zu geben, theilte ich
unter alle Anwesende nach Maaßgabe ihres Standes, Alters und Geschlechts kleine Geschenke, als kleine Messer,
Scheeren, Angeln, Aexte, Spiegel, Ringe, Ohrengehänge und Schnüre von Glaskugeln, die sie als einen
Schmuck an den Hals hängen, aus. Diese Kleinigkeiten
sind in Amerika die unfehlbarsten Mittel die trotzigen
Gemüther der Wilden am geschwindesten zu gewinnen;
so wie man die Kinder am ersten mit Klappern stillet.
Eine freygebige Hand vermag bei ihnen mehr, als die
beredteste Zunge. Demosthenes, Cicero, und die ganze
ehrsame Zunft der Redner mögen sich bei den Indianern
heiser schreyen, und alle ihre Künste erschöpfen; kommen
sie mit leeren Händen, so predigen sie Tauben vor, und
alle ihre Mühe ist vergeblich. Verbinden sie ihre Wohl-
redens

redenheit nicht auch mit Wohlthaten, so werden sie am Ende innen werden, daß sie einen Mohren gewaschen haben. Bringt aber jemand für die Indianer häufige Geschenke mit sich, mag er hernach stumm, dumm wie
das Vieh, und häßlich schwarz wie ein Zigeuner aussehen, sie werden ihn mit Vergnügen anhören, ihn werth-
schätzen, und folgsam gegen seine Befehle seyn. Sie gehen für ihn in die Hölle, wenn er darauf dringt. Nicht
Beredsamkeit, sondern Freygebigkeit wirket auf den Willen der Indianer. Ich glaubte daher alles gethan zu
haben, als ich meine Rede mit Geschenken begleitete;
denn man kann sich unmöglich vorstellen, mit was für
einer Freude, und mit welchen Zeichen ihrer Gewogenheit gegen mich alle von der Versammlung in ihre Hütte zurückkehrten. Kurz hierauf bott mir der Cacique
Roy, um mir seine Erkenntlichkeit zu bezeugen, einige Brode an, die, seinem Vorgeben nach, seine alte Gattin eigends für mich gebacken hatte. Diese Brode waren
rund aus türkischem Korn, wie ein Papier so dünn, unter
der Asche gebacken, und auch aschenfärbig, kurz so beschaffen, daß ihr Anblick auch dem Heißhungerigsten Eckel
erwecket hätte. Nichtsdestoweniger lobte ich aus Gefälligkeit die Geschicklichkeit und die besondere Freundschaft
der alten Bäckerin gegen mich. Ich nahm sie also mit
der einen Hand, und gab sie ihm mit der andern sanft
wieder: ich setzte zugleich diese Worte bei, daß es mir
angenehm seyn würde, wenn seine Kinder diese Leckerbis-
sen zu meinem Andenken verzehrten. Der Alte war mit
meinem Anerbieten zufrieden, und trug seine Brode eben
so freudig, als er sie hergebracht hatte, wieder weg.
Fremde müssen sich immer vor den Eßwaaren hüten,
die ihnen die Wilden aufdringen. Sie verstehen sich sehr
wohl auf das Giftmischen, und sind selbst in ihren Gefälligkeiten zu fürchten; denn sie hassen die Fremden,
und sind in diesem Punkte den ersten Römern ähnlich;

G   bei

bey welchen, wie Cicero (Lib. 1. Offic.) schreibt, Fremde und Feinde gleichbedeutende Wörter waren: also zwar, daß man bei den amerikanischen Wilden alles ängstliche Mißtrauen, als die Mutter der Furcht vermeiden, außerdem aber keine Vorsicht für überflüßig halten muß. So unwissend auch diese Wilden im übrigen sind, so können sie sich dennoch sehr gut verstellen. Sie schmeicheln den Fremden, wenn sie ihnen schaden wollen. Man darf dem Schein nicht zu sehr trauen; denn manchmal liegt unter der niedlichsten Blume eine giftige Schlange verborgen, wie wir selbst leider! zu oft erfahren haben.

Der Cazique Roy hatte für sich, und seine Familie eine von den übrigen etwas entfernte Wohnung. Dennoch brachte er während der drey Tage, die wir uns bei ihm aufhielten, die Nacht in der grossen Hütte seiner Untergebenen zu: ob zu ihrer oder unserer Sicherheit? weiß ich nicht. Vielleicht trauete er uns, vielleicht aber auch den Seinigen nicht. Vielleicht daß er auch für sich selbst besorgt war. Wir schliefen mitten unter den Hütten der Wilden. Ich ermahnte die Meinigen auch bei der Nacht, wenn sie sich niederlegten, auf ihrer Hut zu seyn, damit nicht unser kleine Haufe von der zahlreichen Menge der Indianer im tiefen Schlafe hinterlistig überfallen würde. Allein von keiner Seite wurde Anlaß gegeben etwas befürchten zu müßen. Den andern Tag schickte ich die auserlesensten vier von meinen Indianern, denen ich den Arapotiyü den Sohn des Caziquen zu ihrer Sicherheit mitgab, nach dem entfernten Posten, wo ich einen Ochsen von meinen zurückgelassenen Indianern aufbewahren ließ, um denselben zu schlachten, und sein Fleisch hiezubringen, damit ich die Wilden bewirthen könnte. Ihnen eine Freude zu machen läßt sich nichts bessers erdenken. Denn die Amerikaner sind nie fröhlicher und folgsamer, als wenn ihr Magen mit Rindfleisch angepfropfet ist. Dem Caziquen war es ein beson-

besonders Vergnügen sich zuweilen viele Stunden mit mir
in einem freundschaftlichen Gespräch zu unterhalten. Er
gestand mir aufrichtig, daß er und seine Leute keinem Spanier und Portugiesen trauen, und ihren Worten und Freund-
schaftsversicherungen nicht den geringsten Glauben beimessen.
Ich betheuerte ihm daher, um sein Zutrauen und seine
Gewogenheit zu gewinnen, zu wiederholten Malen, daß
ich weder ein Portugies, noch ein Spanier wäre. Um ihn
in dieser Meinung desto mehr zu bestärken, erzählte ich ihm,
daß zwischen meinem Vaterlande, und Spanien und Portugall viele Länder und Meere liegen; daß meine Eltern,
Ahnen, und Urahnen nicht ein Wort spanisch verstanden;
und daß ich eine beschwerliche Reise von vielen Monaten über
das große Weltmeer gemacht habe, blos in der Absicht
die Amerikaner in den göttlichen Gesetzen, und in den Wegen des Heils zu unterrichten. Da ich ihm dieses sehr
ernsthaft einschärfete, so gab er alsogleich den Seinigen
davon Nachricht, daß ich nämlich weder aus Spanien,
noch aus Portugall gebürtig wäre; welches dann ungemein
viel beitrug mir die Gemüther der Wilden durch die Bande
der Freundschaft und Gewogenheit noch enger zu verbinden.
Ich muß hier etwas erwähnen, was ich nicht ohne zu erröthen schreiben kann, und meine Leser nicht ohne zu lachen lesen werden. Der Cazique, welcher aus einem
Rohr Toback schmauchte, eröffnete meinen Indianern, die
um ihn herumsaßen, sein Vorhaben, und legte dadurch
zugleich seine Unwissenheit an den Tag. Ich schätze ihn
werth, unsern Pater, sagte er, und weil ich gewiß weiß, daß er kein Spanier ist, so setze ich all mein
Vertrauen auf ihn. Ich möchte gern, so lang ich lebe,
bei ihm bleiben. Ich habe eine Tochter, das schönste Mädchen, das man sich vorstellen kann: diese will ich unserm
Pater zur Ehe geben, damit er in meiner Familie bleibe.
Ich habe dieses mit meiner Gattin schon abgeredet; sie ist
auch einverstanden. Kaum hatte der Alte seine Thorheit

G 2   auf-

ausgesagt, als meine Indianer zu lachen anfengen. Er
fragte sie um die Ursache. Sie antworteten, daß die Prie=
ster immer unverheurathet leben, und daß ihnen die Ehe
durch ein unverbrüchliches Gesetz verbotten ist. Der Alte
war ganz betroffen darüber, und hob sein Tabasrohr in
die Höhe. Aüeyrae! schrie er aus: Was ihr mir da
Unerhörtes, und Unglaubliches vorsaget? Bald wunderte
er sich, und bald seufzete er, daß er seine Wünsche uner=
füllt sehen mußte. Ich spazierte indessen in der Nähe zwi=
schen den Bäumen herum, und hörte diesen lächerlichen
Vortrag: aber ich that nicht, als hörte ich's, sondern ich
gieng hin zu ihnen, und fragte sie, warum sie so gelacht
hätten. Sie schämten sich mir das ungereimte Vorhaben
des Caciquen in Ansehung der Heyrath zu wiederholen;
wurden roth, und schwiegen. Wenn man mehrere
auf einmal frägt, antwortet keiner; dieß ist bei den Qua=
rantern schon so der Brauch. Ich fragte daher einen in=
sonderheit, welcher mir mit Zittern den Gegenstand des
Gespräches und ihres Gelächters ganz, und unverholen aus=
einandersetzte. Hierauf wandte ich mich an den Caciquen,
und dankte ihm für die guten Gesinnungen, die er gegen
mich geäußert hatte. Ich und alle Priester fuhr ich fort,
bekennen uns zu einem Stande, welcher sich mit der Ehe
nicht verträgt, und uns allen das Gesetz einer ewigen Keusch=
heit aufleget. Uebrigens ob ich gleich dein Schwiegersohn
nicht werden kann, noch auch werden will, so wirst du
dennoch an mir stets den treuesten Freund, und selbst,
wenn du es verlangst, einen Gefährten und Lehrer haben,
der dich in der christlichen Lehre unterweisen will. Nach diesem
bezeugte uns der Caziquie abermal seine Zuneigung zu
uns, und seine Verwunderung.

Kaum war ich den Tag vorher bei der Wohnung der
Wilden eingetroffen, so verlangte ich, daß man Bothen
ausschickte, die benachbarten Caziquen, die mit ihnen in
guten

gutem Vernehmen stünden, von unserer Ankunft zu benach-
richtigen, und sie auf einen Besuch einzuladen. Denn
fürs erste wußten wir ihre Wohnungen nicht; fürs zweyte
aber mußten wir uns den Ueberrest unserer Kräfte, die
wir von der grossen Reise übrig behielten, für die Rückkehre aufsparen. Man willfahrte meinem Begehren auf
der Stelle; weil die Indianer, im Fall, daß wir etwas
Feindseliges im Schilde führten, sich durch die Ankunft
ihrer Nachbarn um so viel mehr in Sicherheit setzten. Des
andern Tages gegen Mittag erschienen die Wilden bewaffnet (sie lagen nur einige Stunden von den ersten weg)
mit ihren Familien in grosser Menge. Die Mütter trugen
ihre Säualinge in Körben. An der Spitze der ganzen
Schaar zogen die zween Caziquen einher. Der erste von
diesen hieß Veraripochiritù, der eben so groß und dick,
als sein Name lang war. So ernsthaft er aussah, so
war er dennoch weder unhöflich, noch ungelehrig. Er kam
mit den Seinigen eben von einer Wildschweinjagd so, daß
sie das fetteste Schweinefleisch mit sich auf dem Rücken
trugen. Sein Sohn, ein 10jähriger Knab von einer
sehr angenehmen Gesichtsbildung hatte sich das ganze Gesicht mit kleinen schwarzen Sternchen bestreuet. Du glaubst,
sagte ich zu ihm, du zierest dein Gesicht mit deinen schwarzen Fleckchen; du hast es vielmehr erbärmlich zugerichtet.
Sieh dich nur ein wenig aufmerksam in diesen Spiegel: denn
ich hatte ihm einen geschenket: er besah sich nicht lange,
sondern eilte zum Wasser sich zu waschen. Wie der Ruß
weg war, glaubte ich den Daphnis, welcher anfänglich als
ein Cyklope ankam, vor mir zu sehen. Ich beschenkte alle
mit den gewöhnlichen Geschenken, sprach mit jedem freundlich; an öftesten aber mit ihrem Caciquen Veraripochiritù, dessen besondere Neigung zu unserer Religion ich gleich
im Anfange bemerkte. Der zweyte Cacique, welcher
gleichfalls mit seinen Leuten angezogen kam, hieß Tupanchichù, ein Mann von 40. Jahren. Sein Wuchs, und

seine

seine Geſichtszüge gaben ihm ein gewiſſes Anſehen; aber
seine Seele war ſo ſchwarz wie ſein Geſicht; ſtolz, hin-
terliſtig, und gefährlich, weil er mit der heiterſten Stirne,
und den ſanfteſten Worten den unmenſchlichen Vorſatz uns
alle zu ermorden, welcher nachmals von andern entdeckt
wurde, in ſeinem Herzen zu verbergen wußte. Nach ſeiner Ankunft ſetzte er ſich zu mir hin, und foderte auf der
Stelle mit einem gebieteriſchen Tone eine Portion paraquayiſchen Thee. Nachdem er mich, und ich ihn über verſchiedene Kleinigkeiten mit aller Leutſeligkeit gefragt hatte,
kamen wir, ich weiß nicht mehr wie, auf die Materie von
Gott. Ich ergriff dieſe Gelegenheit ſehr begierig. Daß
einer iſt, fieng der Cacique an, der im Himmel wohnet,
wiſſen wir ſchon lange. Hierauf verſetzte ich ihm, ſo hättet ihr auch wiſſen ſollen, daß er der Schöpfer und Beherrſcher aller Dinge, und unſer Vater iſt, der uns auf
das zärtlichſte liebet, und daher unſerer Gegenliebe und
Anbetung wohl werth iſt. Ihr hättet wiſſen ſollen, was
ihm gefällt, und mißfällt. Wohlan, fuhr er fort, ſo
ſage mir denn, was ihm mißfällt. Er haßt, antwortete
ich, und ſtrafet auf das ſtrengſte die Ehebrüche, Unzucht,
Lügen, Verläumdungen, Diebſtähle, Todtſchläge —
Wie? unterbrach er mich trotzig, Gott ſoll nicht wollen,
daß wir andere umbringen? Warum vertheidigen ſich dieſe
Feigen wider ihre Angreifer nicht beſſer? So mach' ichs,
wenn jemand mit mir anbindet. Ich bemühete mich dem
tollen Schwärmer ſeinen Irrthum zu benehmen, und ihm
einen Abſcheu vor dem Menſchenmord einzuflößen; mit
welchem Erfolge weiß ich nicht. Ich habe nachmals von
glaubwürdigen Zeugen vernommen, daß ſich dieſer Wilde
Tupanchichù, der in der ganzen Gegend als ein bosbaf-
ter Zauberer gefürchtet wurde, in ſeiner Hütte mit einem
aufgerichteten Haufen Todenſchädel geprahlet habe, derjenigen nämlich, die er mit Gift, oder durch gewaltſame Er-
mordung um das Leben gebracht hat. Man ſagte auch,
er

er hätte sich wider uns verschworen. Damit wir nun nicht
von ihm bei der Nacht überfallen würden, hielt sich der
Cacique Roy in der nahen Hütte auf, während daß wir
unter freyem Himmel schliefen, und wachte für unsere Sicherheit; allein er kam bald darauf durch die verruchten
Künste des grausamen Tupanchichù, wie ich bald erzählen werde, um sein Leben. Er verlor das seinige, weil
er das unsrige retten wollte.

Die Caciquen hatten nach verschiedenen Unterredun-
gen und Berathschlagungen einstimmig beschlossen, mich
bittl'ch anzugehn, daß man ihnen in ihrem Geburtsorte
einen Flecken auf dem Fuße der übrigen indianischen errichtete. Ich gewährte ihnen ihre Bitte um so viel lieber,
weil uns ein Flecken in Mbaeverà die : equemste Gelegenheit verschaffte, die andern Wilden, welche sich noch in den
entfernteren Wäldern verborgen hielten, aufzusuchen, und
zum Evangelium zu bekehren. So abgeneigt auch Tupanchichù der christlichen Religion war, so getrauete er sich
dennoch nicht, den andern zween Caciquen dem Roy als
dem vornehmsten, und Veraripochiritù, als dem mächti-
geren und älteren, öffentlich zu wiedersprechen. Er stellte
sich daher mit vieler Arglist an, als wenn er den Vorschlag
billigte, um desto sicherer die beschlossene Errichtung der
Kolonie zu hintertreiben. Nachdem ich nun bereits drey
Tage bei diesen Indianern zugebracht hatte, erklärte ich
allen, daß ich den andern Tag die Reise antretten, aber
wieder zurückkehren würde, sobald ich das nöthige Vieh,
und das übrige, was zur Errichtung und Erhaltung einer Kolonie erforderlich ist, herbeigeschaft hätte. Um mir
ihre Ergebenheit gegen mich anzuzeigen, gaben mir die Caciquen bei meiner Abreise ihre Söhne mit, daß sie mich
bis zu meinem Flecken begleiten sollten. Der schlaue Tupanchichù gesellte mir, weil er keinen erwachsenen Sohn
hatte, den Bruder seines Weibes, einen bildschönen Jüng-

G 4

ling

ling bei. Von dem Caciquen Roy kamen die vier Söhne
mit, nämlich Arapotiyù als der älteste, Ararendì, der
nächste nach ihn (beide waren noch unverheurathet) und
noch zween Knaben samt dem Gato einem Jüngling, welcher des Caciquen Gefangener war. Hierzu stießen noch
andere Verheurathete, so daß wir in allem 18 Wilde
zu unsern Gefährten zählten. Wir hatten eine sehr glückliche und lustige Reise. Als mich die Spanier, welche
mir begegneten, von so vielen nackten Wilden mit Köchern
und Kronen von Papagayenfedern begleitet daher ziehen
sahen, verwandelte sich ihr anfänglicher Schröcken in Glück-
wünsche, und in ein lautes Frohlocken. Alle rühmten
einstimmig meine Unerschrockenheit, daß ich mich in die
Wohnungen der Wilden gewaget hatte, und mein Glück,
daß ich sie entdecket habe. Ein Spanier, der von der
Schönheit des Jünglings, den mir der Tupanchìchù zugegeben hatte, gerühret war, sagte zu mir: Wahrhaftig
Pater! es wäre ewig Schade, wenn der Teufel ein so spanisches Gesicht (schönes wollte er sagen) erwischen sollte.
In dem Flecken S. Joachim zogen wir wohlbehalten und
mit einer Art von Jubel ein, und wurden von den Einwohnern auf das freudigste empfangen. Die Waldgäste
bewirtheten wir stattlich, kleideten, und beschenkten sie sogleich mit Aexten, Messern, Glaskugelschnüren, und andern Kleinigkeiten im Ueberflusse. Nachdem sie 14 Tage
bei uns ausgeruhet hatten, schickten wir sie wieder in Begleitung unserer Indianer zu den ihrigen zurück: den Jüngling Arapotiyù ausgenommen, welcher von der Stunde
an, daß er mir in dem Walde am ersten zu Gesicht kam,
von meiner Seite nicht mehr weggeben wollte. Ich prüf-
fete einige Monate seine Beständigkeit, unterrichtete ihn
in den Wahrheiten des Glaubens, taufete, und verheurathete ihn kurz nachher nach christlichem Gebrauche. So
eine kurze Zeit er in unseren Flecken war, so sehr that er sich
in Tugendhandlungen von allen Gattungen hervor, daß
man

man ihn von einem alten Christen nicht hätte unterscheiden
können. Er war untröstlich, als uns ein königliches De-
cret nach Spanien zurückrief: und alle Indianische Kolonien beweinten mit ihm unser, und ihr Loos. 'Gato' der
Gefangene blieb gleichfalls, ganz zufrieden mit seinem
Schicksale bei uns, in unserem Flecken. Er betrug sich
auch so wohl, daß ich ihm die Taufe ertheilte, und eine
Christin zur Ehe gab. Allein eine langsame Auszehrung
rieb ihn nach wenigen Monaten auf.

Unsere Indianer erzählten mir nach ihrer Rückkunft
aus den Wäldern Mbaeverà, daß bei den Wilden eine
sehr gefährliche Art von Angina, wie eine Seuche, her-
umgehe. Die Zauberer und besonders ihr Anführer Tupanchichù suchten den unwissenden Volk weiß zu machen,
diese Seuche käme von uns her, in der Absicht, demselben
einen Abscheu vor uns beizubringen. Ich schrieb alsogleich
an unsern Provinzial, und gab ihm von meiner Reise, den
gesundenen Wilden, und der Kolonie, um deren Errichtung sie angehalten hatten, Nachricht. Er billigte mein
Vorhaben, und bezeugte seine Freude darüber. An meiner
Stelle zu St. Joachim, denn ich gieng zu den Wilden
zurück, setzte er gleich einen andern. Auch der königliche
Statthalter D. Joseph Martinez Fontes wurde von allem,
was schon geschehen war, und noch geschehen sollte, unterrichtet, und seine Erlaubniß zu Errichtung der neuen Kolonie, wie gewöhnlich, nachgesucht. Alles gieng nach
Wunsche, und kein Mensch machte mir Schwierigkeiten,
als die Hölle den glücklichen Fortgang meiner Unternehmung
hemmte, und alle meine Hoffnungen vereitelte. Sie bediente sich dazu eines doppelten Werkzeuges: des blutdür-
stigen Tupanchichù, und eines reichen Spaniers. Man
vernehme, und verabscheue die schröckliche Bosheit dieser
Ungeheuer. Auf einmal kam ein unvermutheter Both mit
der Nachricht, daß der Cacique Roy durch vergiftete

G 5   Ba-

Batatas, welche die Deutschen Erdäpfel und die Quaranier Yeti nennen, sein Leben eingebüßt habe. Tupanchichù hatte ihm selbe zu essen gegeben; theils um sich an ihm seiner Sorgfalt wegen zu rächen, mit der Roy für unsere Sicherheit wachte, während daß Tupanchichù unsern Untergang beschlossen hatte; theils auch die Anlegung der Kolonie zu hintertreiben, welche jener gern gesehen hätte, und daher sehr eifrig betrieb. Nicht zufrieden den Alten um das Leben gebracht zu haben, dachte er auch der Wittwe desselben das nämliche Schicksal zu, um sich nach ihrem Tod der von ihren Mann hinterlassenen Aexte, Messer, und anderer eiserner Werkzeuge zu bemächtigen. Das Weib flüchtete sich hin und wieder; weil sie sich aber in keinem Winkel des Waldes sicher glaubte, so rettete sie sich mit ihrer Familie in unseren Flecken, wie Seefahrer, die im Sturme einem nahen Hafen zueilen. Sie hatte vier Söhne und eben so viele Töchter, alle unverheurathet, bis auf eine, die aber von ihrem Mann schon geschieden war. Ihre Reise, wobei fast 100 Meilen weit beständig im Walde und über viele Flüße und Moräste gewandert werden mußte, erschwerten ihr noch zwo Töchter, deren die eine erst zweyjährig, die andere zwar erwachsen, aber an Händen und Füßen lahm war, so, daß sie allein keinen Schritt thun konnte. Beide mußten getragen werden. Die ältere wurde in eine Hangmatte gelegt, und von ihren Brüdern, und Schwestern auf dem Rücken fortgeschleppet. Diese Gedult und Liebe der Wilden verdient allerdings unsere Bewunderung. Nachdem die Mutter in den Grundlehren des Christenthums gehörig unterrichtet war, wurde sie nach einigen Monaten mit ihren 5 Kindern und dem Gefangenen in einem Tage getaufet. Alle Anwesende empfanden darüber den lautersten Trost. Mann kann sich vorstellen, wie unaussprechlich der meinige gewesen seyn müße, da ich diese zehn der Zahl der Gläubigen einverleibte. — Eine Frucht, weßwegen es allein der Mühe

werth

werth war die Reise nach Mbaeverá zu unternehmen.
So abscheulich und verrucht mir die That des Giftmi-
schers Tupanchichú vorkömmt, welcher den Caziquen
Roy, der sich die · für die Seinigen anzulegende Kolonie
am meisten angelegen seyn ließ, ermordet hatte, so scheint
mir dennoch das Andenken des unchristlichen Mannes ungleich verabscheuungswürdiger, welcher aus einem schmutzigen Eigennutz die Errichtuug der neuen Pflanzung hin-
tertrieb. Er ist unter den Spaniern in Paraquay, aber
nicht aus einem spanischen Geschlechte gebohren. Seinen
Namen verschweige ich; weil er in einem europäischen Lande bekannt und im Ansehen ist.

Dieser mehr bemittelte als ehrliche Mann unternahm, und versuchte alles, wovon er sich einen Gewinn
und einen Zuwachs zu seinen Reichthümern versprach.
Er hatte in seiner Meyerey Vieh von aller Art im Ueberfluß, und ein Haus in der Stadt Assumtion. Seinen größten Reichthum sammelte er sich aus dem Handel
mit paraquayischen Thee. Seine weitläuftige Wirthschaft
erforderte eine Menge Leute. Er hatte gehöret, daß ich
verschiedene volkreiche Wohnplätze der Wilden in Mbaeverá
entdeckt habe, und ihnen mit nächsten, um sie in der Religion zu unterrichten, eine Kolonie anlegen wollte. Schnell
machte er einen Entwurf diese Wilde in seinen Meyerhof
durch was immer für Kunstgriffe zu bringen, und sich
ihrer statt der Schwarzen, welche in der dortigen Gegend hoch zu stehen kommen, zu bedienen. In diesem
Vornehmen schickte er einige geschickte und der quaranischen Sprache mittelmäßig kundige Leute zu ihnen, um
sie zu seinen Absichten zu bereden, und ihren Vortrag selbst
durch reichliche Geschenke beliebter zu machen. Diese
Unterhändler versprachen daher den Wilden auf dem Grund
und Boden des Spaniers goldene Berge, schöne Kleider,
und täglich die köstlichsten Mahle, kurz alle Glückseligkei-
ten:

ten: wie Fiſcher, welche den Fiſchen die Speiſe anködern, aber den tödtlichen Angel verbergen. Sie erſchöpften alle ihre Künſte um jeuen einen Abſcheu vor den Kolonien der Jeſuiten einzuflößen. Sie logen ihnen vor, als wenn lauter Elend und Hunger in denſelben herrſchte. Sie ſollten ſich vor den Jeſuiten in Acht nehmen: und ohne Verzug und weitere Ueberlegung, wenn ſie ihr Glück machen wollten, mit den ihrigen in den Meyerhof N. N. begeben. Dieſen Rath gaben ihnen die Spanier; allein, er wurde von niemanden befolget. Gewiß ein raſender Gedanke ſo was von den Indianern, welche aus Furcht in die ſpaniſche Dienſtbarkeit zu gerathen, die Nachbarſchaft der Spanier und ſogar ihren Schatten fürchten und fliehen, und ihre Schmeicheleyen für masquirte Fallſtricke und Drohungen anſehen, zu verlangen oder zu erwarten. Sie wollen lieber nackend und frey ſeyn, als gut gekleidet und gemäſtet unter einer harten Leibeigenſchaft ſchmachten. Da ſie ſahen, daß ihr Aufenthalt den Spaniern bekannt wäre, ſo glaubten ſie, daß es um ihre Sicherheit gänzlich geſchehen ſey, und daß ſie ſich der Nachſtellungen der Spanier von keiner Seite mehr erwehren könnten. Sie ſtanden ſogar ſtets in Sorgen, daß ſie einſt ein Trupp Soldaten auf den Befehl des Spaniers, dem ſie ſich zu gehorchen weigerten, abholen und von ihrem Geburtsorte weg in die Dienſtbarkeit ſchleppen möchte. Weil ihnen ihre gefährliche Lage Tag und Nacht vor Augen ſchwebte, ſo beſchloſſen ſie zuletzt ihre Wohnplätze zu verlaſſen, und ſich um eine von dieſem Orte ſehr weit entlegene Gegend umzuſehen. Sie verbrannten daher ihre Hütten, und eilten mehr wie Flüchtige, als Auswandernde mit Sack und Pack von der Stätte ihrer Unruhe weg. Wohin? das blieb uns immer ein Räthſel.

Ich wurde kaum von dieser Flucht der Wilden benachrichtiget, als ich mich mit 40 chriſtlichen Indianern und dem Arapoyú, der alle Steige und Wälder in der ganzen Gegend kannte, auf den Weg begab. So ſehr wir uns auch bemüheten, und ſo viel wir auch ausſtanden, ſo erreichten wir dennoch unſere Abſicht nicht. Die Hütten der drey Caciquen, in welchen ich mich vor wenigen Monaten drey Tage aufgehalten hatte, und die ganze Völkerſchaft fand ich in der Aſche. Wir durchlieſen die Ufer der Flüſſe Monday und Acaray, und die zwiſchen ſelben liegenden Wälder; aber von einem Menſchen konnten wir keine Spur entdecken. Da kein Anſchein eines glücklichen Erfolges vor Handen war, ſo kehrten wir wieder, nachdem wir die Wälder rechts und links durchſtrichen hatten, abgemattet und traurig zurück. Alle Rechtſchaffene wurden entrüſtet, als dieſe Nachricht in der ganzen Provinz bekannt wurde. Die Spanier und chriſtlichen Indianer entbrannten vor Zorn wider den Mann, der ſich nicht ſcheuete uns die bereits zur Ernde reiſe Früchte, welche wir in die Scheuern der Kirche zu ſammeln im Begriffe waren, zu verheeren. Denn dadurch, daß er ſich dieſe Wilde zueignen wollte, war er Urſache, daß ſie von ihrem Vorhaben abſtanden Verehrer der Gottheit und Anhänger der Lehre Jeſu zu werden. Der Statthalter von Paraguay ſchlug, als man ihn von dieſer Schandthat benachrichtigte, mit der Fauſt auf den Tiſch, an welchem ich mit einigen vornehmen Spaniern ſaß. Wahrhaftig! ſchrie er voller Erbitterung aus, dieſer Mann iſt ärger als der Teufel und ſelbſt als der Antichriſt. D. Emanuel de la Torre Biſchof von Paraguay rühmte meine Mühewaltung, wodurch ich mich auf ſo vielen Reiſen um das Chriſtenthum verdient gemacht habe, mündlich und ſchriftlich. Auch er verabſcheuete in meiner Gegenwart den gottloſen Mann, der uns bei Einerndtung der erwarteten Früchte Hinderniſſe in den Weg gelegt hat,

als

als einen, der nicht werth iſt, weder ein Chriſt noch ein
Spanier zu ſeyn. Er drohete ſogar, daß ſeine That nicht
ungeſtraft bleiben würde. Allein dießmal blieb es bei den
bloſſen Worten. Denn ſo viel ich weiß, wagte ſich weder ein Biſchof, noch ein Staatthalter an dieſen Böſe-
wicht, weil er ſeiner zahlreichen und vielvermögenden
Verwandſchaft wegen zu fürchten war, und es beide für
gefährlich hielten, ihren Zorn in einer, wie man aus
den Jahrbüchern weiß, zum Aufruhr ſo ſehr geneigte
Stadt wider ſich zu reizen. Allein der Nachſicht der
Obrigkeit gegen ſeine Bosheiten ungeachtet ſchonte doch
die rächende Hand der göttlichen Strafgerechtigkeit des
Verworfenen nicht.

Er hatte viele Leute mit groſſen Koſten bei der Thee-
ſammlung in Mbaeverà angeſtellet. Ein ungeheurer Vorrath war davon bereits in der Hütte der ſammelnden
Spanier aufgehäuſet, und wartete auf Maulthiere um
nach der Stadt gebracht zu werden. Dieſe Hütte lag
auf einer Anhöhe und ringsum unter Bäumen. In der
Nähe ſah man das Ufer des Fluſſes Acaray ganz mit
Binſen und hohen Graſe bewachſen. Ein Wilder hatte in
demſelben Feuer angelegt, welches auſſerordentlich ſchnell
um ſich griff. Der ſpaniſche Befehlshaber der Arbeitsleute, und des ganzen Geſchäftes war für ſeine Hütte beſorgt, und ſchickte daher 18 ſeiner Untergebenen
hin, dem Feuer Einhalt zu thun: allein ſie wurden das Opfer derſelben; indem ein plötzlich entſtan-
dener Wirbelwind die ganze Ebene in ſo kurzer Zeit in
Flammen ſetzte, daß die Spanier vor- und und rückwärts
und auf allen Seiten von ſelben umringet, und ihnen
alle Gelegenheiten zu entfliehen abgeſchnitten waren. Einige ſprangen in die Moräſte; allein ſie waren ganz ausgetrocknet: andere tauchten ſich in Koth: aber alle Rettungsmittel waren vergebens. Sie wurden zwar nicht
ver-

verbrannt, aber durch die herannahenden Flammen ersti-
cket, geröstet, und meistens bei unversehrten Kleidern gebraten. Noch eben diesen Abend starben drey eines elenden Todes, drey aber des andern Tages. Zwey andere
starben etwas später und folglich um so viel schmerzhafter.
Ihre gräsliche Geschwüren, die in denselben wachsenden
Maden, und die Fäulung ihres ganzen Körpers gaben einen
so unerträglichen Gestank von sich, daß die übrig gebliebe-
nen wenigen Arbeiter nur mit verhaltener Nase in die Hütte
hineingiengen, und die Sterbenden mit Speise und Trank
labeten. Nach dem Verlust ihrer Nase, Ohren, und Augen beschlossen sie endlich ihr Leben, welches ihnen bitte-
rer als der Tod selbst war. Die Kundschafter der Wilden sahen unbemerkt diesem Umfalle der Spanier von
Weitem zu. Diese ihre kleine Anzahl machte sie um so be-
herzter. Einer von ihnen schlich sich mit Pfeilen und
Kolben bewaffnet, und mit einer Federkrone auf dem
Haupte in die Hütte der Spanier, worinn nur ein einziger zur Aufbewahrung des paraquayischen Thee zurückge-
blieben war, indem die übrigen theils mit der traurigen
Nachricht in die Stadt eilten, und theils in dem Walde etwas suchten. So! redete ihn der Wilde mit einer
grimmigen Miene an, ihr habt euch unterstanden diese
Wälder, die euch niemals gehöret haben, zu betretten.
Wißt ihr nicht, daß dieß unser vaterländische Grund und
Boden ist, den wir von unsern Ahnen, und Urahnen ge-
erbt haben. Habt ihr noch nicht Ländereyen genug, ihr,
die ihr euch unermeßlicher Felder, und unzähliger Wälder manchmal mit, und manchmal wider den Willen unserer Väter, allemal aber ohne das geringste Recht bemächtiget habet, und euch noch immer derselben unverschämt anmasset. Seyd ihr denn in euerer Augen sogar
arm, daß ihr eure Reichthümer in unsern Wäldern sammeln, und unsere Bäume ihrer Blätter, um einen Trank
daraus zu machen, berauben müßet. Schämet euch euerer

Dreu-

Dreustigkeit, und Habsucht. Reuen aber wird sie euch
gewiß; denn ihr werdet sie einst mit dem Leben büßen.
Wenn sich einer von uns euerem Gebiete näherte, bei Gott!
er käme nicht mehr lebendig zu uns zurück. Wir werden
uns in Zukunft nach euerem Beispiele richten. Wofern
euch also euer Leben lieb ist, und ihr nicht allen Verstand ver=
loren habt, so eilet von hier weg nach Hause, und war=
net eure Landesleute, ja keinen Fuß mehr in diese Wäl=
der zu setzen, wenn sie anders nicht ihrer Tage satt sind.
Während als der Wilde dieses so ziemlich drohend hervor
trotzte, verstummte und erblaßte der Spanier, weil er
ängstlich den tödtlichen Streich erwartete. Sein Leben
zu erhalten, bott er dem Judianer Aexte, Messer, Klei=
der und andere Kleinigkeiten zitternd dar. Durch diese
Geschenke besänftiget kehrte der Wilde zu den Seinigen,
die sich in der Näje verborgen hielten, zurück. Der
Spanier hielt jeden längern Verzug in seiner Hütte für
gefährlich, und nahm daher eilends die Flucht nach der
Stadt, wiewohl er viele tausend Pfund bereits fertiges
Thee unverwahrt in dem Walde zurückließ.

Als sich die Nachricht von den achtzehn durch die
Feuersbrunst umgekommenen Spaniern, und den Dro=
hungen der Wilden in der Stadt verbreitet hatte, so
wurde alles außerordentlich bestürzt; und die Furcht vor
den Wäldern in Mbaeverà bemächtigte sich aller Gemü=
ther dergestalt, daß man erst nach einigen Monaten, und
nur um einen sehr hohen Lohn Leute finden konnte, wel=
che den zurückgelassenen Theevorrath auf Maulthieren nach
der Stadt schaften. Derjenige litt hiebei keinen kleinen
Schaden, der aus Gewinnsucht, und aus einem schmutzi=
gen Geiz die Anlegung der neuen Kolonie zur Bekehrung
der Wilden vereitelt hatte. Doch kömmt, sagt Tibull,
die späte Strafe leise herangeschlichen. (Sera tamen
tacitis poena venit pedibus.) Unglücksfälle, welche den
unchrist=

welche den unchriſtlichen Mann trafen, nicht als eine
Wirkung des Ungefehrs, ſondern als eine Strafe der
råchenden Gotteshand angeſehen werden müßten, zweifel=
te kein Menſch. Allein härtere Züchtigungen warten ſei=
ner, wenn er nicht ſeine Uibelthat durch eine wahre Buße
wieder gutmacht. Er hat ſeine Seele ſo vielmal der Hölle
verpfändet, als er Wilde von der Annahme des Chri=
ſtenthums abgeſchröcket hat: um derentwillen ich dennoch
bei 700 Meilen in verſchiedenen Reiſen zu Fuß, und
oft mit bloſſen Füßen gegangen bin. Iſt meine Mühe
mit dem erwarteten Erfolge nicht gekrönet worden, ſo iſt
mir doch der göttliche Lohn gewiß. Von Menſchen erhielt
und erwartete ich auch keinen.

Ich muß hier noch einer anderen Reiſe zu den Wil=
den erwähnen, welche zwar in wenigen Tagen verrichtet
war, aber mir meine Mühe reichlich vergolten hat. Eine
Anzahl Spanier bereitete an dem ſüdlichen Ufer des Fluſes
Empalado paraquayiſchen Thee zu. Da ihnen die Bäume
ausgiengen, von welchen dieſe Blätter abgepflücket werden,
ſo ſandten ſie drey Kundſchafter aus, welche jenſeits des
Fluſes die verlangten Bäume aufſuchen ſollten. Von
ungefehr ſtieſſen ſie auf ene Hütte, und ein mit türkiſchem
Korn beſäetes Feld; woraus ſie freylich etwas zu voreilig
ſchloſſen, daß ſich in dieſem Walde Wilde in Menge auf=
halten müßten. Dieſe Neuigkeit erſchreckte alle dergeſtalt,
daß ſie alſogleich ihre Arbeit, zu der ſie gedungen waren,
liegen ließen, und ſich eine Zeitlang in ihren Hütten,
wie die Schnecken in ihren Gehäuſen, verborgen hielten.
Tag und Nacht ſtand man wegen eines feindlichen An=
griffs in Sorgen. Um ſich von diſer Furcht zu befreyen,
ſandten ſie einen Eilbothen nach S. Joachim, um uns zu
bewegen, die im Walde ſich aufhaltenden Wilden aufzu=
ſuchen, und nach unſerer Kolonie zu bringen. Ich ſagte

ihm

ihm alsogleich meine Bereitwilligkeit zu, und begab mich
wieder am S. Johannes des Evangelisten Tage, ungeachtet ich erst am Weyhnachtsfeste von einer dreywöchigen
Reise aus Mbaeverà zu Hause angelangt war, mit
40 Indianern auf dem Wege Die durch den langwierigen Regen angeschwollenen Flüße, machten uns auf unserer Reise nicht wenig Hindernisse. Ich nahm aus der
spanischen Hütte einen Wegweiser mit, setzte über den Fluß
Empalado, und entdeckte endlich, nachdem ich alle Wälder am Ufer des Flusses Monday miri sorgfältig durchsuchet hatte, am dritten Tage mittelst der Fußtapfen, denen wir nachgiengen, eine kleine Wohnung, in welcher
ein altes Mütterchen mit ihrem 20jährigen Sohn, und einer
15jährigen Tochter schon seit vielen Jahren gelebt hatte.
Als ich sie fragte, wo sich die übrigen Indianer aufhielten, gab sie mir zur Antwort, daß in diesen Wäldern
niemand außer ihr und ihren zweyen Kindern übrig wäre,
indem eine schröckliche Pockenseuche alle Bewohner dieser
Gegend weggeraffet hätte. Da der Sohn mein Bedenken in Ansehung der Worte seiner Mutter bemerkte, sagte er zu mir: du darfst meiner Mutter sicher glauben;
denn ich habe selbst in der Absicht mir ein Weib zu suchen,
die entferntesten Wälder zu wiederholtenmalen durchgelaufen, ohne daß ich auch nur den Schatten eines Menschen
zu Gesicht bekommen hätte. Der junge Wilde ward also
durch einen Naturtrieb geleitet, die Ehe mit seiner Schwester für unzuläßig anzusehen. Diese Versicherung, daß
nämlich keine Wilden mehr in dem Walde vorhanden waren, wiederholte er mir nach einigen Monaten in meinem
Flecken vielmal und mit aller möglichen Aufrichtigkeit.
Das nämliche bestättigten auch die Spanier, die mich
berufen hatten, und nachmals zwey ganze Jahre darinn
ihre einträgliche Theesammlung fortsetzten.

Die

Die alte Mutter suchte ich mit triftigen Gründen zu überreden, sich in meine Flecken, wofern es ihre Umstände zuließen, zu ziehen; und verhieß ihr daher glücklichere Tage. Sie antwortete: sie wollte meiner Einladung gern nachkommen, wenn sie nicht etwas davon zurückhielte. Ich habe, sagte sie, die drey Wildschweine, die du da siehst, gleich im Anfange, als sie auf die Welt kamen, zahm gemacht: sie werden uns im Fortgehen wie Hunde folgen; aber welches ich sehr fürchte, umkommen, sobald sie das ausgebrannte Feld erblicken, oder von der Sonnenhitze gequälet werden. Besorge nichts, erwiederte ich, sey überzeugt, daß auch mir diese lieben Thierchen am Herzen liegen. Während der Sommerhitze wollen wir uns, wo es auch immer ist, im Schatten lagern. Auch wird es uns nie an Pfützen, Bächen und Lachen fehlen, deine Schweine zu erfrischen. Dieses lenkte ihren Sinn, und sie versprach mit uns zu gehen. In der That machten wir uns den andern Tag auf den Weg, und langten den ersten Jenner wohlbehalten im Flecken an, ungeachtet wir auf dieser Reise zwey schreckliche Donner- und Regenwetter zu überstehen hatten, und uns ein naher Tieger mit unablässigen Brüllen die ganze Nacht durch zusetzte. Den Spaniern, welchen ich die Mutter und ihre zwey Kinder im Vorbeigehen wies, machte ich kund, daß sie in der ganzen Gegend von keinem Wilden mehr etwas zu befürchten hätten. An die Stelle der Furcht tratt nun bei ihnen Scham und Reue; denn sie hatten geglaubt, daß in den zwischen den Flüßen Empalado und Monday miri gelegenen Wäldern alles von Wilden wimmelte. Nun will ich etwas von dem Aussehen, den Eigenschaften, und der Lebensart der Mutter und ihrer Kinder, meinen Bemerkungen zufolge, erzählen. Von ihrer ersten Jugend an ließen sie sich an dem Ufer des Monday miri, worauf alles von Mücken, Schlangen und andern giftigen Thierchen voll ist, nieder. Aus den Ästen der Palmbäu-

me flochten sie sich eine Hütte. Das daselbst immer fa-
thigte Wasser gab ihnen ihren Trank: die Baumfrüchte
aber, die Elendthiere, Rehe und Kaninichen, verschiedene
Vögel, türkisches Korn, die Wurzel des Baumes Mandió
&c. ihre Nahrung. Aus den Blättern Caraquatà web-
ten sie sich ihre Kleidung, und bereiteten sich ihr Bett.
Das Honig, welches in den hohlen Stämmen der Bäume überall im Uiberflusse angetroffen wird, war ihnen
statt des Zuckerwerks. Die Alte schmauchte Tag und
Nacht aus einem Rohre, worann ein hölzernes Gefäß,
wie ein kleiner Topf befestiget war, Toback, den die Quaranier peti nennen: der Sohn hingegen kauete immer an
zerriebenen Tobackblättern. Eine an einem Steine ge-
schärfte Muschel und zuweilen ein gespaltenes Rohr dienten ihm statt des Messers. Der junge Mann, welcher
seine Mutter und Schwester ernährte, trug noch zwey Stückchen Eisen, den Uiberrest eines zerbrochenen Messers,
welche einen Zoll lang und breit, und an einem Griffe
festgemacht waren, mit Wachs und Bindfaden umwunden in seinem Gürtel. Mit diesem Werkzeuge schnitzte er
sich auf das geschickteste seine Pfeile mit Widerhacken, machte sich hölzerne Fallen für die Elendthiere, grub die Bäume durch, wo er Honig vermuthete, u. d. g. m. Da
es ihnen an einem Tiegel fehlte, um einen Topf daraus
zu machen, so assen sie Zeit ihres Lebens nichts Gesotte-
nes, sondern lauter Gebratenes. Die Blätter des paraquanischen Thees begossen sie nur mit kaltem Wasser, weil
sie kein Gefäß hatten, dasselbe warm zu machen.
Feuer erhielten sie durch die schnelle Reibung zweyer
Hölzchen sehr schleunig nach Art der übrigen Amerikaner.
Ich werde von dieser Methode an einem andern Orte
mehr reden. Den Durst zu löschen schöpften sie sich aus
den Morästen Wasser, welches immer, es sey denn, daß
der Südwind dasselbe auffrischet, lau ist, und von ihnen
so grossen Kürbissen in Ermanglung andrer Kannen her-

beige-

beigebracht und aufbehalten wurde. Ihr Hausrath bedeutete sehr wenig. Um sich davon einen Begriff zu machen, muß man sich ihre Kleider vorstellen. Der Sohn
hüllte sich in eine Art Mantel aus den Blättern Caraquata
gewebet, welcher ihm auf beiden Seiten von den Schultern bis an die Knie hinabgieng, und an dem Unterleib
mit einem Strickchen, an dem ein Kürbiß mit zerriebenem
Toback hieng, umgürtet war. Die aus groben Fäden
gewebte Hangmatte diente der Mutter des Nachts zum
Bette, und den Tag hindurch statt eines Kleides. Eines solchen Netzes bediente sich auch die Tochter. Da
mir dasselbe zu durchsichtig, und folglich in Gegenwart der
Spanier und Indianer zu unanständig schien, so warf
ich ihr ein Handtuch zu, ihre Blöße zu bedecken. Das
Mägdchen legte das Tuch, das ihr meine Indianer
gaben, wie Papier zusammen, und setzte es sich auf den
Kopf, um sich damit wider die Sonnenhitze zu bedecken.
Meine Indianer aber erinnerten sie, sich darein zu wickeln,
welches sie auch that. Dem Jüngling konnte ich nur mit
Mühe die leinenen Beinkleider, in die ich auf der Reise
mein Haupt, um mich wider die Mückenstiche zu bewahren,
gehüllt hatte, damit seine Blöße die Ehrbarkeit nicht beleidigte,
aufdringen. Vorher kletterte er geschwind, wie ein Affe,
auf die höchsten Bäume, für seine drey Wildschweine Futter zusamm zu bringen. In den Beinkleidern glaubte
er wie in einer Klemme zu seyn, und konnte kaum vorschreiten. Wiewohl sie in dieser Wüste ihr Leben in der
größten Armuth und Dürftigkeit zubrachten, und selbst
die Strengheiten und Leiden der alten Einsiedler ertragen
mußten, so fand ich sie dennoch mit ihrem Loose ganz zufrieden, und im Genuß einer vollkommenen Seelenruhe
und einer unwandelbaren Gesundheit. Hieraus sieht man,
wie wenig die stets genügsame Natur bedarf. Schaam
erfülle diejenigen, welche für ihre Tafel, und Kleider
alle vier Welttheile aufbieten. Von den äußersten Grän-

zen der Erde an müßen alle Meere, Wälder, Felder,
Berge, die Eingeweide der Erde und alle Elemente,
ihren Körper zu schmücken, und ihren Gaumen zu reizen,
ihre Schätze öffnen. Möchten sie doch nicht in dem Gegenstande ihrer Lust, und ihres Schmuckes den Saamen
ihres Unmuths und ihrer Zerstörung finden! Die Sucht
nach immer neuen ausgekünstelten Vergnügungen zehrt ihre
Kräfte, und ihre Reichthümer auf: zeichnet in ihr An-
tlitz die Spuren der Verwüstung, und lohnet sie mit
Krankheiten und einem frühzeitigen Tod. Sie werden
desto unglücklicher, je weichlicher sie waren.

Meine drey Waldbewohner hatten die quaranischen
Gebräuche entweder vergessen, oder sich darüber hinwegge-
setzet. Sie giengen mit unbeschnittenen und fliegenden
Haaren herum, ohne selbe zu binden. Der Sohn hatte
weder eine durchstochene Lippe, noch Papageyenfedern auf
dem Haupte. Die Mutter und Tochter trugen statt der
Ohrengehänge, und Halsbänder Strickchen um den Hals,
an welchem ziemlich schwere pyramidenförmige Stücke
Holz herabhiengen. Da sie im Gehen aneinander stießen
so machten sie dadurch ein Geklapper. Auf den ersten Anblick fragte ich die Alte, ob diese Halsgehänge bestimmt
wären die Mücken zu verscheuchen: und wechselte ihnen
diese hölzerne Gewichter mit einer Schnur von Glaskugeln
von einer besonders schönen Farbe um. Die Mutter und
der Sohn waren lang von Körper, und sehr ansehnlich.
Die Tochter aber hatte in ihrem Gesicht ein so blendend
Weiß, daß ihr die Dichter unter den Grazien allerdings
eine Stelle hätten einräumen, alle Europäer hingegen sie
sicher hätten schön nennen können. Ihre Fröhlichkeit äußerte sie
in einer anständigen Gesprächigkeit. Ueber unsere unvermuthete Ankunft erschrack sie so wenig, daß sie sich vielmehr darüber freuete. Als wir quaranisch sprachen, lachte
sie herzlich über uns, und wir über sie, als sie in eben

diesen

dieſer Sprache antwortete. Denn da ſie mit keinem Quaranier außer ihrem Bruder und ihrer Mutter umgegangen war, ſo behielt ſie wohl die quaraniſchen Wörter bei,
aber ſie ſprach ſelbe nach einer ganz wunderlichen Mundart
aus. So z. B. ſagen die andern: Quaraçi, die Sonne,
Yaçi, den Mond, Cheraçi, ich bin krank, und ſprechen
das ç mit dem unten angehängten Zeichen wie ein ſs aus;
folglich Quaraſsi, Yaſsi, Cheraſsi. Sie hingegen ſpra-
chen: Quaratſchi, Yatſchi, Cheratſchi aus. Der
Sohn ſah außer ſeiner Mutter, und Schweſter kein Weibs-
bild, und auch keinen Mann außer ſeinem Vater. Das
Mädchen kannte blos die Mutter, und ſonſt niemanden
von ihrem Geſchlecht. Von männlichem ſah ſie außer ihren Bruder keinen auch nicht von Weitem; weil ihr Vater
noch, als ſie im Mutterleibe war, von einem Tieger zerriſſen
ward. Um ſich Früchte ſowohl auf der Erde, als auch
auf den Bäumen zu ſammeln, und Holz zur Feuerung zu-
ſammenzutragen, lief das emſige Mädchen den Wald, der
überall von Hecken, Rohren und Dornen bewachſen war,
durch; und ritze ſich dadurch ihre Füße jämmerlich auf.
Um Geſährten zu haben nahm ſie meiſtens einen kleinen
Papagey auf der Schulter, und keinen kleinen Affen auf den
Armen mit, ohne ſich im geringſten zu fürchten, vor den Tiegern, die in den dortigen Gegenden häufig angetroffen werden,
wie ich mit Augen geſehen habe. Ich ſelbſt wäre den Tag
vorher, als wir bei der Hütte dieſer Wilden eintraffen,
im Schlafe beinahe von einem Tieger zerriſſen worden. Er
war bereits nicht mehr ferne von mir. Zum Glücke weckte
ſein Gebrüll die Indianer auf, welche alsdann mit Spießen
und Feuer heranrückten, und alſo mein Leben retteten.
In dieſen Wäldern wüten die Tieger, weil es wenig Gewild darinne giebt, um ſo viel grimmiger, wenn ſie hun-
gert; und ſpringen weit gieriger auf die vorüberziehenden
Menſchen, als auf dem freyen Felde, wo ſie wegen der
unendlichen Menge Vieh von allen Gattungen, das ſich

da-

daselbst aufhält, so oft sie wollen, einen Raub, ihren Hunger zu stillen, finden.

Unsere drey Neubekehrten wurden alsobald in dem Flecken wie die übrigen gekleidet, und mit Lebensmitteln alle Tage versehen. Ich ließ sie auch öfters in Gesellschaft mit andern in die nahen Wälder hineingehen, um des Schattens und der angenehmen Grüne der Bäume, an die sie gewohnt waren, zu genießen. Denn wir mußten aus Erfahrung, daß, wie die Fische außer dem Wasser sich nicht lange erhalten lassen, also auch die Wilden, sobald man sie aus den Wäldern in die Flecken bringt, sehr oft auszehren; weil die gähe Veränderung der Nahrung und Luft, und die Sonnenhitze ihren Körperbau zu gewaltsam erschüttern, nachdem sie von Jugend auf an die feuchten, kühlen, und finstern Wälder gewöhnet sind. Eben dieses Schicksal traf in unserem Flecken die Mutter samt ihren Kindern. Wenige Wochen nach ihrer Ankunst wurden sie von dem Schnupfen, und einem Flußfieber, das sich durch den ganzen Leib zog, besallen. Hierauf folgten Augen- und Kopfschmerzen, und nicht lange darnach die Taubheit. Die Schwermuth, und der Eckel vor allen Speisen erschöpsten dergestalt ihre Kräfte, daß sie am Ende eine völlige Schwindsucht und Auszehrung ergriff, wogegen alle Mittel vergebens waren. Die alte Mutter, welche schon einige Monate in dem Zustande der Erschöpfung hinwelkte, wurde von mir, nachdem ich sie vorher in den Anfangsgründen der christlichen Lehre gehörig unterrichtet hatte, getauft, und starb mit einer so heitern Seele, und völliger Ueberlassung in den göttlichen Willen, daß sie ohne Zweifel in den Aufenthalt der Seligen übergegangen ist. Das Mädchen, welches voll Blüte, und jugendlicher Kraft in unseren Flecken kam, verlor selbe, und sah sich bald selbst nicht mehr gleich. Sie verblühete, langsam wie eine Blume, wurde zum hellen Gerippe, und folgte der Mutter in das

Grab,

Grab, und, wenn ich nicht sehr irre, in den Himmel.
Man könnte von ihr mit Salomo sagen, sie hat nach
der Taufe in Kurzem ein hohes Alter erreichet, und Gott,
der an ihrer Seele einen Gefallen hatte, habe selbe darum
zu sich genommen, damit nicht die Bosheit ihren Verstand
anstecke. Das ist gewiß, jedermann im Flecken rühmte
die Reinigkeit des unschuldigen Mädchens, und begleitete
sie mit Thränen zum Grabe. Ihr Bruder überlebte sie;
aber er spürte Anwandlungen von eben dem Uebel, das
ihm seine Mutter und Schwester geraubt hat. Er über-
stand selbe, weil er stärker war. Selbst von den Kinderflecken, die in der Kolonie schreckliche Verwüstungen anrichteten, genas er nachher also zwar, daß er nach seiner Genesung nichts mehr befürchten zu müßen glaubte. Er war
fröhlich vom Gemüthe, gieng zu den bestimmten Stunden
in die Messe, und lernte fleißig die christliche Lehre. Er
wies sich in allem folgsam, und gefällig, und gab überhaupt die besten Anzeichen von sich. Um aber seine Beharrlichkeit in seinem Entschlusse im Flecken zu bleiben
besser zu prüffen, schob ich seine Taufe etwas weiter hinaus.
Indessen kam ein christlicher Indianer, ein rechtschaffener,
und in Ansehung seiner Grundstücke sehr begüterter Mann,
der diesen Neugläubigen auf mein Geheiß schon lange bei
sich hatte, zu mir. Mein Vater, sagte er, unser Wald-
mann befindet sich zwar recht wohl, aber er scheint mir
eine Anlage zum Wahnsinne zu haben. Er klagt zwar
über keine Schmerzen, aber über schlaflose Nächte; daß
ihm seine Mutter und Schwester alle Nächte sichtbar erschienen, und ihn freundlich erinnerten: Ndecaray, ndecaray
angä, nderemimoa eyrupi oroyuyebinde rera ha bone.
Ich bitte dich, laß dich taufen. Wir werden dich, ehe
du es vermuthest, abholen. Diese Erscheinung ließe ihn
nicht schlafen. Sag ihm, war meine Antwort, in meinem Namen, er soll gutes Muths seyn. Das betrübte
Andenken an seine Mutter und Schwester, mit denen er

Zeit seines Lebens umgieng, errege in ihm diese Träume.
Jene wären, wie ich nicht zweifle, im Himmel, und hätten nichts mehr auf der Erde zu thun. Nach wenigen
Tagen kam dieser Indianer abermal, und bestättigte seine
vorige Nachricht und Muthmassung von dem fürchterlichen
Wahnsinne seines Ungetausten. Da ich besorgte, es möchte
doch etwas an der Sache seyn, so eilte ich wirklich in sein
Haus, und traff ihn sitzend an. Auf meine Frage, wie
er sich befinde? antwortete er lächelnd, daß ihm nichts fehle,
noch wehe thue. Doch, setzte er hinzu, bringe er die
Nächte wachend zu; weil seine Mutter und Schwester immer zu ihm kämen, ihn die Taufe zu beschleunigen erinnerten, und ihn unvermuthet abzuholen droheten. Und darum
könne er nicht schlafen. Dieses erzählte er mit seiner gewöhnlichen Offenherzigkeit. Weil ich diese Erscheinungen
für Träume hielt, so glaubte ich darüber hinwegsehen, aber
auch in einer so wichtigen Gelegenheit für die Ruhe und
Sicherheit meines Neugläubigen sorgen zu müßen, weil
ich gleichfalls aus der H. Schrift wußte, daß sich Gott
nicht selten der Träume zu seinen Einsprechungen, und
Warnungen bedient hat. Da ich nun seiner Beharrlichkeit
und Kenntniß im Christenthume ziemlich gewiß war, so
taufete ich ihn, und legte ihm den Namen Ludwig bei,
nachdem ich ihn um das Gehörige befraget, und vorbereitet hatte. Dieß geschah den 23. Juny am Vorabend des
h. Johannes des Taufers um 10. Uhr frühe. Noch denselben Tag gegen Abend gab er seine Seele sanft in die
Hände seines Schöpfers über, ohne daß man an ihm eine
Krankheit, oder ein Zeichen eines Schlagflusses hätte entdecken können.

Diese Begebenheit, welche der ganze Flecken weiß,
und die ich mit einem Eide bezeugen könnte, erweckete bei
allen ein grosses Aufsehen. Was man davon halten müße,
laße ich dem Urtheile meiner Leser über. Indessen kann
ich

ich mich dennoch nicht bereden, diesen Vorfall für ein Werk des Ungefehrs anzusehen. Ich schreibe es vielmehr der göttlichen Güte zu, daß ich so glücklich war diese drey Waldleute in einem unbekannten Winkel des Gehölzes aufzufinden; daß sie sich auf meine Ermahnung alsogleich nach dem Flecken, und zur wahren Religion gewendet, und ihre Tage nach empfangener Taufe geendet haben. Gott wollte diejenigen im Himmel vereinigen, welche so viele Jahre im Walde so unschuldig miteinander gelebt hatten. Ich muß bekennen, daß ich mich noch itzt allemal mit Vergnügen an meine Unternehmung am Flusse Empalado erinnere, welche, mit so vielen Beschwerden, und Gefahren sie auch für mich verknüpfet war, dennoch für diese drey Waldbewohner so glücklich und für die Spanier so vortheilhaft ausfiel; indem sie durch mich in Erfahrung gebracht haben, daß in der ganzen grossen Strecke Waldes keine Spur mehr von einem Wilden zu finden ist, und deßwegen auch drey Jahre viele tausend Zentner paraguanischen Thee mit unsäglichem Gewinnste sammeln konnten. Es ist nichts Seltenes, daß sich die spanischen Kaufleute von dem Schweiße und den Gefahren der Mißionäre, welche diese Theewälder von Wilden reinigen, bereichern: nichts destoweniger tragen sie zur Kleidung und zum Unterhalte der Neubekehrten nicht einen Pfenning bei. Man läßt die Pflege ihres Körpers, so wie ihres Geistes der Sorgfalt oft dürftiger Mißionäre über. Soviel von den Kolonien der Quaranier in Taruma. Scheinet es meinen Lesern, als wenn ich davon zu viel geschrieben hätte, so mögen sie auch wissen, daß ich noch viel Merkwürdiges übergangen habe.

Die neueste Kolonie in Paraguay heißt Belen; weil sie der Mutter Gottes von Bethlehem gewidmet ist. Sie wurde im Jahr 1760. am Flusse Ypanequazù fast bei dessen Ausflusse in den nahen Fluß Paraguay nordwärts der Stadt Assumtion für sehr grausame Wilden, welche in

ihrer

ihrer eigenen Sprache Eyiquayegis, bei den Spaniern
aber Quayeurùs oder Mbayàs heißen, erbauet. Diese
sind die geschicktesten Reuter, groß, und meistens dick vom
Körper, der Spanier abgesagteste Feinde, voll Stolz und
lächerlichen Aberglaubens; und kennen die Schaamhaftigkeit,
nach ihren Kleidern und Sitten zu urtheilen, auch dem
Namen nach nicht. Ihre hauptsächlichste und einzige Sorge, und Wissenschaft hat die Pferde und Waffen zu ihrem
Gegenstande. Den Krieg oder vielmehr die Straßenräu-
berey treiben sie von Jugend auf als ihr rühmlichstes Handwerk. Dieses allein bringt ihnen bei den Ihrigen Ehre,
und Reichthum. Im Jahr 1745. fielen sie Paraquay
unabläßig an. Im Angesicht der Stadt wurden ohne
Ende Menschen todtgeschlagen, wie es noch die aufgerichteten Kreuze bezeugen. Die Wilden trieben das Vieh aus
den Meyereyen, verjagten dessen Wärter, und führten
viele tausend Pferde und Maulthiere weg Die Dorfschaf-
ten Mandihò, Caryi und andere, welche von der Stadt
weiter weg, und dem Gebiete der Feinde näher lagen,
wurden beinahe in eine Wüste verwandelt, ihre Einwohner
umgebracht oder durch die Furcht umgebracht zu werden
verscheuchet. Der Kaufleute, welche dieß- und jenseits
herumreiseten, wurden nicht wenige ausgeraubt und erschlagen. Die Kolonisten von Curuquati, welch sich mittelst
der dazwischen liegenden ungeheuren Wälder wider diese
Barbaren sicher glaubten, wurden in Menge auf das Grau-
samste niedergemetzelt. Die Uebriggebliebenen konnten nicht
genug Todte begraben, und ihre Mitbrüder beweinen In
dem größten Theile der Provinz, den das Unglück traff,
heulte alles über Raub und Mord, anstatt daß man solchen zu steuern hätte bedacht seyn sollen: weil man das Uebel für unheilbar hielt. Die Truppen, welche man die
Feinde zu rekognosciren, und wenn es die Gelegenheit fügte,
auch zurückzutreiben allenthalben ausschickte, wurden oft
überraschet, oft aus einem Hinterhalt überfallen, manchmal

mal überlistet, und nicht selten durch herzhafte Angriffe und Gefechte in die Flucht geschlagen. Stolz auf ihre durch so viele Jahre fast täglich erfochtene Siege konnten diese Wilden weder mit Gewalt gebändiget, noch durch Gefälligkeiten gewonnen werden. Endlich kam der Friede 1760. mehr durch die Fügung der Vorsicht als durch menschliche Geschicklichkeit zu Stande; und man errichtete ihnen auf dem vorbenannten Orte auf ihr Begehren eine Kolonie. Die Anlegung derselben, und die Aufsicht darüber wurde dem P. Joseph Sanchez Labrador vormals Professor der Philosophie zu Korduba, einem Mann voll Klugheit, Fleiß, und Gedult, und scharfsinnigen Naturforscher, der sich auch einmal bei den Quaraniern aufgehalten hat, weislich anvertrauet. Er sparte auch wahrlich keine Mühe die schwere Sprache der Wilden zu lernen, und ihnen Menschlichkeit und Religion sowohl durch Unterricht, als Wohlthaten beizubringen. Wenn doch auch seinem Fleiß und seiner Gedult ein gleichmäßiger Erfolg entsprochen hätte! Man hat wohl den Enkel des sogenannten Markthauptmanns und Caciquen Epaguini und noch andere Kinder, vielleicht auch einige Erwachsene, um deren Leben es bereits geschehen war, getaufet: aber die übrigen liefen auf den Feldern herum, und bekümmerten sich um den Religionsunterricht wenig mehr. Indessen kann man dennoch ihre Treue nicht genug rühmen; denn von der Zeit an, daß sie den Frieden eingiengen, unternahmen sie nicht die geringste Feindseligkeit wider die Spanier. Diese hingegen versprachen anfänglich, als sie noch an dem Mbayàs ihre Feinde fürchteten, und sich an die Niedermetzelungen erinnerten, zum Unterhalt der Kolonie goldene Berge: als aber die Furcht, und das Andenken ihrer Bedrängnisse aus ihrem Gedächtniß allgemach zu verschwinden anfieng, so glaubten sie sich weder in Herbeischaffung der nöthigen Lebensbedürfnisse in die Flecken übereilen, noch auch sich dabei zu sehr angreifen zu müßen. Vor Hunger hätten die Neugläubigen vielmal

mal verschmachten müßen, wenn ihnen nicht die Früchte von Palmbäumen, und das überall aufgetriebene Gewild den Mangel des Rindfleisches ersetzet hätten. Unzählig, und unglaublich sind die Arbeiten, Sorgen, Beschwernisse und Lebensgefahren, mit welchen der P. Joseph Sanchez und seine Gefährten die P. P. Johann Garzia, und Emanuel Duran viele Jahre hindurch unauégesezt ringen mußten. Der letztere ward ernannt für die Quanas oder Chanas, Niyolólas (in der Sprache der Mbayas) einem unberittenen indianischen Volke eine neue Kolonie zu Stande zu bringen. Dieses überaus zahlreiche Volk wohnt dießseits und jenseits des Flußes Paraquay, ist von einer sehr guten Gemüthsart, und liebet den Ackerbau. Die Mbayas erkennen sie für ihre Herren, und leisten ihnen als Knechte sowohl auf der Reise als auch im Feldbau beträchtliche Dienste. Sie fiengen bereits an auf der Seite des östlichen Ufers des Paraquay an dem Fluß Aába oder Tepoty, wie ihn andre nennen, wo der neue Flecken hingebauet werden sollte, die Felder anzubauen, und die nutzbarsten Früchte davon einzuernbten. Man versprach sich daher von dieser zahlreichen und gelehrigen Nation auf einen so fruchtbaren, und zur Entdeckung neuer Nationen so bequem gelegenen Boden für das Christenthum die größten Vortheile. Allein derjenige, der sich mit der Anlegung dieser Kolonie schon lange abgegeben hatte, wurde mit seinen Mitgefährten nach Europa abgeruffen, eben als er alles, was zu ihrer Vervollkommung und Erhaltung erfoderlich war, mit unsäglicher Mühe zusammen gebracht hatte. In eben dem Jahre, in welchem wir Paraquay verließen, entdeckte der P. Joseph Sanchez mit Hilfe seiner Mbayas glücklich einen Weg bis zu den Flecken der Chiquiten sowohl auf dem Fluß Paraquay als auch für Reisende an dessen Ufer, nachdem man denselben viele Jahre hindurch mit vielen Schiffen und Menschen, und den Verlust vieler Leute öfters vergebens gesucht und versucht hatte. Im Jahr 1715 wurd

den

den in dieser Absicht die P. P. Augustin de Arce, und
Bartholomäus Blende von einigen christlichen Indianern
begleitet auf dem Fluß Paraguay ausgeschickt. Nach häufig ausgestandenem Elend wurden sie von den wilden Pays-
quas auf das unmenschlichste ermordet. Viele Indianer
wurden erschlagen, und die übrigen retteten sich durch die
Flucht. Auch die P. P. Servas, Michael de Yegros,
de Zea, und Joannes Neumann aus Oesterreich woll=
ten sich auf dem Fluß Par. quay einen Zugang zu den Chi=
quiten eröffnen. Der letzte starb durch die Mühseligkeiten
der langwührigen Sch.ffart erschöpfet 1704 in der Stadt
Assumtion, kaum als er daselbst von seiner Reise wieder
anlangte. Alle diese Versuche waren jederzeit eben so gefährlich als fruchtlos Der Weg, auf welchen die Mißionäre bisher zu den Chiquiten gelangen konnten, kostete
außerordentlich viel Zeit und Mühe. Man mußte über
die Gebirge von Tukuman steigen, die höchsten Felsen er-
klettern, über die schiff- und brückenlose Flüße setzen, und
gefährliche Wüsteneyen, in welchen man auf der einen Seite
dem Wassermangel, auf der andern aber den Anfällen der
Wilden blosgesetzet ist, durchwandern, und dann erst noch
in den Ebenen durch immerwährende Moräste waden. Mit
allem dem konnte man nur in gewissen Monaten die Hin-
und Herreise unternehmen. Denn ein ganzes halbes Jahr
das ist, vom December bis zum May hält alle Jahr ein
beständiger Regen an; die Flüße tretten schon vorher aus
ihrem Ufer, und das ganze Land ist wie mit einem Was-
serdamm umgeben, durch den niemand durchkommen kann.
Um so viele Unbequemlichkeiten zu vermeiden trachtete man
aus allen Kräften einen Weg auf dem Fluß Paraguay aus-
findig zu machen, auf welchem die Mißionäre, und andre
Bedürfnisse den Flecken zu Schiffe mit großer Zeit- und
Kostenersparung von den Quaraniern zu den Chiquiten, und
von diesen zu jenen gebracht werden könnten: nebendem
daß man sich auch von diesem Weg zu Kriegszeiten für

die

die Statthalter zu Paraquay viele Vortheile versprach.
Daß derselbe nun endlich entdeckt worden ist, hat man einzig dem Nachforschen, und der besondern Gedult des P.
Joseph Sanchez Labrador als eine gemeinschaftliche
Wohlthat für die Spanier und Indianer zu danken. Allein
wir wurden gerade in dem Zeitpunkte wieder zurückgeschickt,
als wir davon zur Aufnahme des christlichen Glaubens
Gebrauch hätten machen können. Nach unserer Abreise
werden die Flecken der Chiquiten vermuthlich eingegangen
seyn. Ich würde die Ursache hievon leicht angeben können, wenn mich nicht die Furcht zurückhielte. Die Wahrheit gebiert Haß. Aber wir wollen wieder, da wir mit
der Beschreibung der indianischen Kolonien, die unter dem
Statthalter von Paraquay stehen, am Ende sind, die
übrigen Eigenschaften dieser Provinz betrachten.

Die Luft in Paraquay ist ungemein hitzig; aber der
Boden bringt fast durchgängig die nützlichsten Erzeugnisse
hervor, als: Baumwoll, Zuckerrohre, Toback, Honig,
türkisches Korn, (gemeines nicht) verschiedene Erdgewächse, Mandioca, batatas (auf deutsch Erdäpfel) ebenfalls
von verschiedenen Arten, medizinische Kräuter, als: Rhabarbara, welche der von Alexandria sehr ähnlich ist, Farben, Weihrauch, verschiedene Harze, Balsam, Palmen,
die höchsten Cedern, und andere fruchtbare, oder zu Häuser, Fuhrwägen, Schiffbau rc. taugliche Bäume: ferners Pferde, Maulthiere, Ochsen, und Schaafe. Die Bäume Cupay, Ybira payè, aus welchen man in Brasilien einen vortreflichen Balsam bereitet, Tatayi, welcher eine
gelbe, und Urucuy, welche eine rothe Farbe geben, sieht
man in den Wäldern allenthalben. Die Pflanze Anil, aus welcher man die blaue Farbe oder den sogenannten Indigo macht,
Grana oder Cochenille, wie wir sie nennen, eine rothe
Farbe, und die etwas bleicheren Wurzeln von eben dieser

Farbe

Farbe Hiſſipò genannt, die Ananas, und andere niedliche Früchte keimen auf dem Erdboden überall hervor. In ganz Aſſuntion wächſt nicht eine einzige Rebe. Der aus den Zuckerrohren mittelſt des Feuers geſottene Saft, giebt dem gemeinen Volke eine Art Brandwein. Statt Brod aus Getreide ißt man daſelbſt eines, ſo aus Mandioka oder aus türkiſchem Kornmehl verſchiedentlich zubereitet wird: die Vornehmen aber laſſen ſich ihr Weizen- und Kornmehl aus Buenos Ayres zu Schiffe bringen. Von Minen oder Bergwerken findet man in dieſen Lande nicht die geringſte Spur, ſo wenig als von den Edelgeſteinen, welche die erſten Spanier hier entdecket haben wollten. Papageyen, Affen von verſchiedener Geſtalt, Elendthiere, Hirſchen, Rehe, Ameiſenbäre, Tieger, Löwen, die gewählteſten Fiſche, Straußen, Rebhüner, Krokodile, Hunde, Flußſchweine und überaus große Schildkröten halten ſich daſelbſt ohne Ende auf. Ob die erſtaunliche Menge Gewildes dem Lande mehr nütz als ſchade, wollen wir hier nicht unterſuchen. Ueber die unzählichen Schlangen, Drachen, Ameiſhaufen, und andere giftige Thiere werden wir uns anderswo weitläuftig erklären. Die dieſem Lande eigene und einträglichſte Frucht iſt der paraquayiſche Thee, welcher in ein ſiedendes Waſſer eingetaucht und getrunken wird. In Anſehung ſeiner Naturgeſchichte weiß man, daß ſein Name ſehr berühmt iſt; aber außerdem weiß man auch davon nichts, als einige Fabeln und Verläumdungen. Meines Wiſſens hat noch niemand von dem Wachsthume, der Zubereitung, Natur, dem Gebrauch und Werth dieſes Krautes umſtändlich geſchrieben. Ich unternehme dieſes, weil ich die genaueſten Kenntniſſe davon beſitze, indem ich mich 8 Jahre zu S. Joachim zwiſchen den Wäldern, wo dieſer beruffene Thee zubereitet wird, aufgehalten habe.

J

Wenn

Wenn man die Blätter vom Baume Caà, wie ihn die Quaranier nennen, abschneidet, und bei einem langsamen Feuer röstet, so heißen sie durchgängig paraguayischer Thee, wegen der Aehnlichkeit, die zwischen selben und dem Kraut Thee, das in Asien wächst, statt hat: denn beide wirft man in ein siedendes Wasser, und trinkt sie wie eine Arznei. Der Baum Caà wächst blos in den Wäldern von Paraguay, fast 200 Meilen von der Hauptstadt weg, wild. Er hat gern einen leimichten und nassen Grund, wie die Rohre. An der äußeren Gestalt und den Blättern kommen diese Bäume den Pomeranzen gleich; an Größe, und Dicke aber übertreffen sie selbe. Dennoch haben sie etwas weichere Blätter als diese. Ihre Blüten sind klein, weiß, fünfblätterigt, und dem Kamme einer Traube ähnlich. Wenn ihr Saamen zeitig ist, so sieht er fast wie der amerikanische Pfeffersaamen aus, außer daß jener in seiner Schaale 3 oder 4 kleine, weißlichte und länglichte Körner einschließt. Man schneidet die Zweige mit einem grossen Messer von den Bäumen, setzet sie zu einem gelinden Feuer, wo sie hernach wie Schießpulver krachen; hänget sie auf Querhölzer, und röstet sie eine Zeit lang. Hierauf streuet man diese Blätter mit den kleinsten Reisern auf den Boden, und zerstößt sie mit Stäbchen zu Staube. Der auf diese weniger mühsame und den Spaniern eigene Art bereitete Thee heißt Yerba de palos, weil er aus Blättern, ihren Stengeln und Streifen, welche etwas holzichtes an sich haben, besteht. Man nennt selben daher das Holzkraut. Der Preis von 25 Pfunden (Arroba) von diesem Kraut beträgt in den Wäldern 2 Gulden, in der Stadt Assumtion aber wegen der Frachtkösten vier Gulden unserer Münze. Doppelt so hoch kömmt der Thee Caà mirì, welcher von unsern Quaraniern mühesamer, und reiner zubereitet wird, zu stehen. Diese söndern die Stengel und Streifen von den Blättern sorgfältig ab, und werfen sie weg. Die Blätter rösten sie gleichfalls bei einem langsamen Feuer, und

stossen

stoßen sie hernach ganz leicht in einem hölzernen Mörser, wobei sie sehr Acht haben, daß sie nicht zu sehr zermalmet werden; denn je größer ihre Theile bleiben, einen desto angenehmern Geruch, und Geschmack haben sie. Zerrieben verlieren sie beides. Ich lachte über die Unwissenheit der Schriftsteller, welche den Unterschied des Yerba de palos und Caà miri aus der Verschiedenheit der Bäume ableiten, da derselbe doch blos in der Verschiedenheit der Zubereitung der Blätter besteht. Zu beiden werden die Blätter von dem nämlichen Baume genommen Caa miri heißt ein kleines Kraut; weil nämlich nach der Methode der Quaraner die Stengel, und grobern Holztheilchen davon abgesöndert, und nur die zärtesten Theile der Blätter (wiewohl nicht nach Art der Spanier) zerstossen werden.

Wenn dieses Kraut gehörig zubereitet ist, so dünstet es schon für sich allein einen köstlichen Geruch von sich. Vermenget man aber dasselbe noch mit etwas von den Blättern oder Rinden der Frucht Quabira miri, die man zu Mehl zerstößt, so wird der Geruch, und Geschmack desselben doppelt so lieblich und auch theurer. Da dieses Kraut eine Art Gummi in sich enthält, so muß man beim Rösten sehr darauf sehen, daß es nicht zu sehr ausgedörret wird. Die Kaufleute pflegen die Güte derselben auf folgende Weise zu prüffen. Sie nehmen nämlich etliche Finger voll in die hohle Hand, und blasen dann darauf, so stark sie können. Fliegt viel Thee davon, so halten sie nichts darauf, weil er ihrer Meinung nach zu sehr geröstet ist, und dadurch Saft und Kraft verloren hat. Bleibt er aber durch seinen Gummi an der Hand kleben, so schätzen sie ihn hoch. Dieses Kraut führet eine gewisse Bitterkeit mit sich, und darum muß es im Trinken mit Zucker versüßt werden. Indianer und gemeine Spanier aber trinken dasselbe täglich ungezuckert. Wiewohl der Baum Caà nur an der

J 2   äusser-

äusserſten Gränze von Paraquay gegen Oſten und Norden
zu angetroffen wird, ſo trinken dennoch nicht nur alle Paraquayer, ſondern auch alle Chilenſer und Peruaner von
ſeinen Blättern, ſo daß ſie dieſes Getränkes auch nicht einen Tag entbehren können, und viele den ganzen Tag darnach lüſtet. Dieſer Nectar von Paraquay wird von allen
ohne Unterſchied des Standes, Alters und Geſchlechts für
eben ſo köſtlich, als von andern der Choccolade, Kaffee,
Thee von China, oder der Roſoglio gehalten. Der paraquayiſche Thee wird aus den entlegenſten Wäldern von
Paraquay in das entfernte Peru und Chili auf dem Rücken
der Maulthiere getragen, und dort theils wegen des
ſchlechten Weges, und theils der Zölle wegen, woraus der
königliche Schatz ſehr beträchtliche Summen zieht, um einen außerordentlich hohen Preis verkaufet. In dieſer Abſicht preßt man denſelben feſt zuſammen, und macht ihn
in viereckigte Säcke von Ochſenhäute ein, welche die Spanier Zurrones oder Tercios nennen. Jeder Sack enthält ſieben Arroben, (eine Arrobe beträgt 25 Pfund)
und von dieſen werden jedem Maulthiere zween aufgeladen.
Legt man zu dieſer Laſt nur noch einige Pfunde hinzu,
ſo wird das Maulthier, das ſeine gewöhnliche Laſt kennet,
ausſchlagen, ſich ſträuben, und ſich mit ſeinem Pack auf die
Erde werfen.

Von der Beſchaffenheit, Zurichtung, und dem Preiſe
des paraquayiſchen Thees habe ich bisher geſagt, was mir
beifiel. Nun will ich auch von dem Gebrauche, und den
Eigenſchaften deſſelben Meldung thun. Das Gefäß, in
welchem ſelber getrunken wird, iſt aus Ochſenhorn, oder
aus einem in der Mitte geſpaltenen Kürbiß gemacht, den
man mit verſchiedenen Brandmaalen ziert, und die Vornehmeren mit ſilbernen Blättchen einfaſſen laſſen. Das
Volk heißt es Maté, wodurch aber die meiſten mehr den
Trank des Thee's ſelbſt anzeigen. In dieſes Gefäß wird
ein

ein gewöhnlicher Löfel voll Thee geworfen; mit Zucker
und kaltem Waſſer eine Zeitlang vermiſcht, und hernach
mit ſiedendem Waſſer begoſſen. Viele nehmen auch Citronen = oder Limonienſaft die Galle abzutreiben dazu.
So zugerichtet ſchäumet der Thee auf ſeiner Oberfläche wie
Milch. Die Spanier ſchlürfen ihn durch ein ſilbernes
Röhrchen, an welchem unten ein von allen Seiten durch-
löchertes Kügelchen angemacht iſt, damit nicht mit dem
Theewaſſer auch der Thee, welcher dem Magen ſehr ſchäd-
lich iſt, mit in den Mund kömmt. Andere bedienen ſich
hiezu entweder eines hölzernen, oder eines andern zarten
Röhrchens. Die Indianer, welche von dieſem Röhrchen
gar keinen Gebrauch machen, verſchlingen wider ihren
Willen eine Menge Thee, woraus ſich denn in ihren Eingeweiden grüne Kügelchen zuſammſetzen, die man nach
ihrem Tode bei ihnen gefunden haben will: ſo wie man
bei den Elendthieren, Huanacken, und Gämſen zuweilen kleine Steine und Kugeln, die man zu Arzeneyen
verwendet, und Bezar nennt, (nicht Bezoar, wie die
Deutſchen ausſprechen) antrifft. Gewiß iſt, daß man den
Thee, wenn er länger im lauen Waſſer liegen bleibt, ohne Nachtheil der Geſundheit nicht trinken kann. Das
Waſſer davon wird ſchwarz und blos zur Erhöhung der
Schwärze der Dinte in den Schreibzeug geworfen. Daher wird auch dieſer Thee, wenn er auf dem Weg ein
wenig zu naß wird, nicht mehr zum Trank, ſondern gemeiniglich die Tücher und Zeuge ſchwarz zu färben gebraucht; weil er ſich an ſelbe wegen ſeiner klebrichten
Feuchtigkeit leicht und dauerhaft anhängt.

Der gehörige und mäßige Gebrauch dieſes Trankes
iſt ſehr heilſam, und in vielerley Rückſichten nützlich.
Denn er pflegt den Leib und die Blaſe zu reinigen, einen
gelinden Schweiß hervorzutreiben, den Apetit zuſchärfen,
die durch die Sonnenhitze erſchöpften Kräften ſchleunig wie-

J 3   der

der herzustellen, den Hunger in Ermanglung anderer Lebensmittel zu stillen, und den Durst, wenn selber im kalten Wasser getrunken wird, zu löschen. Wenigstens wurden die Indianer, wenn sie den ganzen Tag über ruderten, müde und durstig waren, und der Schweiß von ihnen triefete, unglaublich aufgefrischet, wenn sie viel Thee mit Flußwasser tranken. Will jemand zur Herstellung seiner Gesundheit stark schwitzen, so braucht er in keine Apothecke zu gehen, sondern er darf nur diesen Thee in gesottenem Wasser trinken, und sich niederlegen. Will man aber erbrechen, so hat man nur paraguayschen Thee mit lauem Wasser zu sich zu nehmen. Diese Eigenschaften desselben weiß ich aus einer vieljährigen Erfahrung, womit der allgemeine Glaube übereinstimmt. Wir pflegten diesen Thee täglich statt des Frühstückes, und nachmittag abermal zu nehmen, ohne auf die Choccolade, den Koffe, oder den asiatischen Thee zu achten. Mir wenigstens schmeckte, und bekam der paraguayische Thee sowohl, daß ich eine ganze Büchse chinesischen Thee viele Jahre hindurch unberührt liegen ließ. Die meisten von uns genossen mittelst dieses Thees einer unwandelbren Gesundheit; und brachten ihr Leben auf ein sehr hohes und meistens munteres Alter. So wahrscheinlich aber mir diese meine Muthmaßung vorkömmt, so wenig zweifle ich, daß durch den unmäßigen, und fast stündlich fortgesetzten Gebrauch, den viele davon machen, der Magen geschwächet, und häufiges Herauf stoßen nebst andern Krankheiten dadurch veranlasset wird. Ich saß einst mit einem alten Spanier zu Tische, der wie ein Besessener aus dem untersten des Magens schröcklich heraufgrölzte. Das, mein Pater! sagte er zu mir, sind die Früchte unseres Thees. Mir stößt es herauf, so oft ich Athem hole. Das sind die Folgen davon, wenn man ihn fast immer in einem fort, wie die Luft, in sich schlürfet. Ich kenne viele gemeine Spanier, welche kaum zehn Worte sprechen, oder einen Fuß oder eine Hand bewe-

bewegen konnten, ohne ihren Kürbiß an den Mund anzu-
setzen. Gerothen in Europa viele Säufer durch Wein,
und andere berauschende Getränke an den Bettelstab, so
verschwelgen in Amerika nicht wenigere ihr Vermögen in
paraquaischen Thee; denn je weiter ein Ort von den Wäldern in Paraquay entfernt ist, desto höher kömmt derselbe
stehen.

Viele tausend Menschen sind in den entferntesten
Wäldern jahraus jahrein mit der Zubereitung des paraquaischen Thees beschäftiget, und verzehren daher alle
Jahre viele tausend Ochsen. Unglaublich ist die Anzahl
der Maulthiere, nicht nur derer, auf welchen man diesen Thee nach dem Orte seiner Bestimmung bringt, sondern auch derer, welche durch die schlimmen Wege, und
Beschwerlichkeiten der langwierigen Reise zu Grunde gehen. Daher bereichern sich selten diejenigen, welche den
Thee auf ihre Kosten sammeln lassen, und Ochsen, Maulthiere und eiserne Werkzeuge dazu hergeben; wie sich
denn auch die, welche sich zu dieser Arbeit verdingen,
nie aus ihrer Dürftigkeit herauswinden. Der große Gewinn wird nur den Kaufleuten zu Theil, welche damit nach
Peru und Chili handeln. Alle, die ein ansehnliches Vermögen in Paraquay besitzen, haben sich dasselbe nicht durch
durch den Handel mit Hornvieh, Schaafen, Pferden,
Ochsenhäuten, Baumwolle, Zucker, oder Taback, sondern
blos durch den Thee- und Maulthierhandel nach Chili und
Peru erworben. Die Ausfuhr der übrigen paraquaischen
Produkte kostet unendlich viel Mühe, und ersetzet selbe
nicht, weder durch die Größe, noch durch die Gewißheit
des Gewinnes. Oft hörte ich Paraquayer über die Seltenheit der Theebäume sich beschweren: allein ihre Klagen
schienen mir immer lächerlich: weil sie selbst die Ursache
dieser Seltenheit sind. Denn anstatt daß sie nach herge-
brachter Gewohnheit blos die Aeste von den Bäumen hät-

J 4

ten

ten ablösen sollen, hieben sie, um an der Zeit und der Erträgniß zu gewinnen, die Stämme selbst um, gleich denen, welche, um ein Schaf zu scheren, es schinden, und mit der blossen Wolle unzufrieden auch demselben die Haut abziehen. Da nun viele diesen Unfug treiben, so gehen alle Jahre unzählig viele Bäume zu Grunde. Die Indianer gehen daher vorsichtiger zu Werke, und schneiden nur die überflüßigen Aeste, und Zweige ab, als wenn sie die Bäume blos beschneiden wollten, so daß selbe unbeschädigt bleiben, und viele Jahre hindurch Nutzen abwerfen. Weil die ächten Bäume Caà nicht überall häufig genug angetroffen werden, so nehmen einige zu einer andern Aushilfe, oder besser zu sagen, Betrügerey ihre Zuflucht. Sie schneiden nämlich, um nicht in den Wäldern herumlaufen, und die ächten Bäume mühsam aufsuchen zu müßen, von andern den erstern etwas ähnlichen Bäumen die Blätter ab, rösten selbe, und vermengen sie unter die ächten, um ihnen den Geruch zu geben: gleich den Betrügern, welche geschliffenes Glas für Diamanten, Mehl für Zucker, mit Gold versetztes Kupfer für pures Gold, oder deutlicher Gift für Arzney verkaufen. Denn der unächte Thee: Caàquazù, Caà verá, Aperea Caà, Caarâ und andere Hilfsmittel des Betruges verursachen die heftigsten Kopf und Bauchschmerzen, das gewaltsamste Erbrechen, und noch andere schlimme Zufälle. Dergleichen landesverderbliche Verfälscher werden von der Obrigkeit strenge bestrafet. Noch zu meiner Zeit wurden viele tausend Pfund von solchem, verfälschten Thee auf dem Platze öffentlich verbrannt.

Wir haben, um Zeit, Kosten und den Schweiß der Indianer zu ersparen im Angesicht der quaranischen Flecken die Bäume Caá angepflanzet, welche in kurzer Zeit zu den größten Wäldern heranwuchsen. Wenn die Spanier dem Fleiß unserer indianischer Pflanzbürger nach-

ahmen

ahmen wollten, so würden sie ohne Zweifel ihre Umstände
sehr verbessern. Allein den meisten ist diese Arbeit unbekannt, und auch zu schwer. Die Anpflanzung eines solchen Waldes fodert Kenntnisse, Geduld; und ist nur das
Werk vieler Hände. Der Saame Caà, dessen Gestalt
ich kurz vorher beschrieben habe, muß erst, weil er von
Natur sehr leimicht und klebricht ist, drey oder viermal
im frischem Wasser abgewaschen werden, bis er von allen
Leime, welcher wie eine Seife im Wasser einen Schaum
aufwirft, gänzlich gereinigt ist. Unterläßt man dieß einzige, so ist alle Mühe, und Arbeit daran verloren. Die
Erdscholle, in welche man den zubereiteten Saamen leget,
muß nicht blos obenhin bespritzet, sondern reichlich begossen werden, so daß sie ganz Leimen wird. Man ist noch
glücklich, wenn man mit aller dieser Vorsicht im vierten
Monat den Keim aus dem tiefgelegten Saamen hervortretten sieht. Die junge Pflanze muß wie Kohl an den
Ort des anzulegenden Waldes versetzet, und in grossen
und gleichen Zwischenräumen von einander eingesetzet werden, damit sie nicht, wenn sie grösser werden, eine die
andern im Wachsen hindern. Es läßt sehr schön, wenn
man einen Wald von lauter reihenweise angepflanzten
Bäumen in der schönsten Ordnung erblickt. Eine Grube
muß ebenfalls, um das Regenwasser aufzufangen und
zu behalten, zwey Ellen tief, und eben so viele breit gegraben, und in der Mitte derselben die Pflanze in die
Erde gestecket werden. Im Anfange ist es auch nothwendig, die zarten Bäumchen durch eine spitzige Decke
von Stroh wider den Reif und die tobenden Südwinde zu
bewahren. Ohne diese Vorsicht würden alle durch die
Kälte, oder durch die Stürme umkommen. Darum findet man auch in der Statthalterschaft von Buenos Ayres,
und Tukuman, weil die Luft daselbst kälter ist, nirgends
einen Baum von dieser Art. Er wächst blos an der äu-
sersten Gränze von Paraquay gegen Norden zu, wo die

J 5

Hitz

Hitze heftiger ist, und länger anhält. Auch das hat die Erfahrung ausgemacht, daß die Bäume Caà, die man mit Menschenhänden anpflanzt und pfleget, niemals diejenige Höhe erreichen, welche ihnen die Natur, wenn sie wild wachsen, verleihet. Indessen gaben uns dennoch die von uns gepflegten Bäume nach drey oder vier Jahren eine ergiebige Blätterärndte, welche hier statt der Früchte gilt; und belohnten uns für die auf sie verwandte Mühe reichlich. Mit weniger Aufwand von Zeit und Arbeit werden die Wälder von den Vögeln angelegt. Diese haschen sehr begierig nach dem Saamen der Theebäume; da sie aber selben wegen seiner natürlichen Klebrigkeit nicht verdauen können, so geben sie ihn fast ganz wieder von sich, woraus dann, wenn er auf einen feuchten Boden fälle, täglich neue Bäume, und nach und nach auch Wälder hervorwachsen.

Man hat mich vielmal gefragt, warum der paraquayische Thee, auf den die Europäer in dem südlichen Amerika so viel halten, nicht auch in Europa, wie andere Waaren herübergebracht wird. Meine Antwort war, daß man dies aus verschiedenen Ursachen unterlasse. Fürs erste wird nicht leicht mehr von diesem Thee gemacht, als man in Amerika braucht. Sonst könnten die Spanier in Paraquay, wenn sie sich eben so eifrig als andere Nationen auf den Handel und Gewinn verlegten, nicht nur den Thee sondern auch andere für Europa nützliche Artikel ausführen. Außerdem herrscht dort, besonders in Kriegszeiten, ein beständiger Schiffmangel, und gar keine Sicherheit. Hierzu kömmt noch, daß dieser Thee, sobald er etliche Jahre alt ist, seine Kraft und anfängliche Lieblichkeit verliert, und den Geruch eines moskovitischen Pfundleders annimmt. Die Paraquayer verwenden ihn alsdann zum Schwarzfärben. Weil die Europäer dieses Kraut nie versucht haben, so lüstet sie es auch nicht darnach

nach: und laſſen es auch darum nicht aus Amerika kommen; wie ſie gewiß thun würden, wenn ihnen die Eigenſchaften deſſelben bekannt wären.   Folgende Geſchichte hat
man mir in Paraquay oft erzählet.   Unter der Regierung
Philipp des V. hatten die Engelländer die Erlaubniß jährlich zwey Schiffe mit Schwarzen aus Afrika nach Buenos
Ayres zu ſchicken, und ſich dieſes Handelswegen daſelbſt
niederzulaſſen.   Sie nützten dieſe Gelegenheit, und führten mit lautem Beifall der Spanier denſelben alle auswärtige Erzeugniſſe zu: nach Hauſe aber ſchickten ſie alle
ausländiſche Thiere und Produkte von Paraquay.   Kaum
war der paraquaniſche Thee in England angelanget, als
Hohe und Niedere von beiden Geſchlechtern demſelben vor
allen andern den Vorzug gaben.   Sobald die Londner-
kaufleute ſahen, daß man den aſiatiſchen Thee auf die Seite ſetzte, und ihr ſonſt ſehr einträglicher Theehandel ins
Stocken gerieth, ſo verſuchten ſie alles, um den paraquai-
ſchen Thee ſobald als möglich, aus ganz Großbrittanien
zu verbannen; und machten daher demjenigen, dem es
geläuge, anlockende Verheißungen.   Es mangelte auch
nicht an einem feilem Mediziner, der mit einer wichtigen Miene, und mit vollen Backen ſeine Stimme wider
den unſchuldigen Thee erhob, ihn als für die Schönheit
und Fruchtbarkeit der Weiber äuferſt verderblich ausſchrie,
und jedermann davor wie vor einem Gift warnete.   Dieſer um Gold gedungene Schriftſteller ſoll auf die Gemüther der Engelländer einen ſo groſſen Eindruck gemacht
haben, daß man den paraquaniſchen Thee in ganz London
alſogleich verwarf, verbannte und vergaß.   Ob dieſes ein
Märchen, oder eine Geſchichte iſt, weiß ich nicht.   Wenig
ſtens habe ich's aus dem Munde der Spanier; und find-
auch daran, wenn ich die ängſtliche Sorgfalt der Engländer für die Erhaltung der Reize und Fruchtbarkeit ihrer
Schönen in Erwägung ziehe, nichts unwahrſcheinliches.
Uibrigens verbürgen die Unſchädlichkeit des paraquaviſchn
Thees

Thees so viele Millionen Menschen, welche in Südamerika dieses Getränk täglich im reichen Maaße zu sich nehmen, ohne darum ihre Schönheit, wenn ihnen die Natur welche verliehen hat, zu zerstören, oder ihre Fruchtbarkeit zu verringern.

Meine Gall rege sich in mir, so oft ich in Geschichten, Wörterbüchern, oder Zeitungen lese, die Jesuiten hätten das Monopolium des paraquaischen Thees sich zu-
geeignet. Ganz Paraquay ist Zeuge, daß dieses die derb-
ste und unverschämteste Lüge ist. So wie diesen Thee jedermann trinken darf, so darf ihn auch jedermann zurich-
ten und verkaufen. Die Spanier bringen das Jahr
hindurch viele tausend Zentner auf grossen Schiffen nach
Corrientes, Santa Fé und Buenos Ayres, und von dannen theils auf Wägen und theils auf Maulthieren nach
Tukuman, Peru und Chili, ohne daß ein Jesuit
hiebei um Erlaubniß gefraget wurde, oder sich wiedersetzte,
oder auch nur einen Anspruch auf so ein Recht machte.
Die Quaraner, die Bewohner von 32 Flecken, welche
unter unser Aufsicht standen, machten und verkauften blos
den Thee Caà miri für Vornehmere. Da die Zurichtung
dieses letzteren viel mühsamer ist, so geben sich die Spanier, welche sich auf den schlechteren Caà de palos verlegen, nicht damit ab. Uiberhaupt verhält sich die Menge des Thees, den die Spanier verkaufen, zu dem, welchen die Quaraner absetzen, wie eine ganze Hand zu ihrem kleinsten Finger. Durch königliche Verordnungen ist
jedem Flecken der Quaraner ein bestimmtes Maaß vor-
geschrieben, wieviel sie verkaufen dürfen. Die Spanier
hingegen sind hierinnfalls nicht im geringsten beschränket.
In den meisten Ortschaften von Paraquay giebt es gar
kein Geld, und der Thee vertratt zu allen Zeiten gemeiniglich dessen Stelle. Von diesem bezahlten wir also dem
König die Kopfsteuer für die Quaraner, schmückten ihre

Kir-

Kirchen aus, die an Zierlichkeit keiner etwas nachgeben, und schaffen ihnen eiserne Werkzeuge, und alles, was sie brauchten an. Ihre Anzahl belief sich in den 32 Flecken wohl gegen einmalhundert tausend. Diese alle mußten mit dem Nöthigen versehen werden. Wie viel kostete dieses nicht den Vätern, welche darüber die Aufsicht hatten, Aufwand und Sorgen? Besonders da alles Eisenwerk, und überhaupt alles, was von Europa hinein gebracht wird, in Paraquay außerordentlich hoch zu stehen kömmt. Auch die Sachwalter der Kollegien, welche Vieh und andere Erzeugnisse aus ihren Meyereyen um Thee, diesen aber statt des Geldes um andere Geräthschaften umtauschten, können dieses daselbst üblichen Tausches wegen den Theehändlern ohne Verläumdung nicht beigezählet werden. Denn die Stifter der Kollegien haben denselben nicht nach europäischem Gebrauch zur Unterhaltung der Kirchen und Gebäude, und für die Bedürfnisse ihrer Bewohner Unterthanen, oder Kapitalien, die Zinsen trugen, angewiesen. Sie gaben uns nach ihrer Landesart Felder und Meyereyen, um deren Erzeugnisse wir uns unsre Bedürfnisse anschaffen mußten. Dieses kann nun ohne Tausch nicht geschehen. Aber Unwissenheit oder Mißgunst würde es verrathen, wenn man diesen zu unserm Unterhalt so nothwendigen Umsatz einen Handel nennen wollte. Welch ein lächerliches Geschrey ist nicht in so vielen Lästerschriften wider die portugiesischen Jesuiten erhoben worden, weil sie ihren brasilianischen Zucker verkauft haben, da ihnen dennoch ihr Stifter keinen andern Fond, wovon sie hätten leben können, hinterlassen hat. So pflegt oft die Unwissenheit, und oft eine freche Schmähsucht den lautersten Handlungen den Anstrich eines Verbrechens zu geben, und Unschuldige als schuldig darzustellen.

Von dem paraquaischen Thee haben wir zu Genüge gehandelt. Nun wollen wir auch der Tabackpflanze erwähnen, die in Paraquay sehr glücklich gedeihet. Man

säet

säet sie bald auf dem Felde, und bald in den Wäldern;
an beiden Oertern kömmt sie gleich gut fort, wiewohl
auch einige, den in den Wäldern gewachsenen Toback für
besser halten. Man dörret die Blätter desselben ein wenig in der Luft, und bindet sie alsdenn mit Wieden in
Bündchen zusammen. Viele kauen ihn, andere schmauchen ihn, und nur wenige schnupfen denselben. Zu dieser
Absicht bedienen sich die Vornehmeren blos des zu Sevilla
fabrizirten, ungeachtet sie in Paraquay das Pfund um
vier spanische Thaler oder 8 Gulden unseres Geldes und
oft noch theurer bezahlen müssen. Man kann nicht läugnen, daß der paraquayische Toback jenen angenehmen Geruch nicht hat, welcher den virginischen oder den aus
der Insul Kuba so sehr empfiehlt. Die ersten Blätter,
welche in Paraquay reif werden, sind sehr groß, und oft
länger, als eine Elle. Je später man sie sammelt, desto
mehr schrumpfen sie ein. Man schmauchet in Paraquay
gemeiniglich den Toback ohne Rohr und Pfeife auf folgende Art. Man schneidet ein Blatt, welches auf keiner
Seite durchlöchert ist, mit einer Scheere viereckigt in der
Länge und Breite eines grossen Fingers. In dessen Mitte wird ein anderes kleines mit den Fingern zusammenge-
drücktes Blatt gelegt, in das auswendige und gröfere
eingewickelt, und mit beiden Händen zusammengedrähet.
Man zündet nun das eine Ende an, und stecket das andere in den Mund; und zieht so den Rauch an sich. Das
zusammengedrähte Blatt vertritt die Stelle des Rohrs,
dessen sich andere bedienen, und das, wenn es nicht immer
mit vieler Sorgfalt rein gehalten wird, des pechartigen
Tobackdampfes wegen, welcher sich darinn ansetzt, einen
häßlichstinkenden Geruch von sich giebt. Reinlicher und
mit weniger Umständen schmauchen diejenigen Spanier
Toback, welche immer mehrere dergleichen Skarnitzen,
(man heißt sie Zigarros) in einem Futteral bei sich tragen, und nach Belieben anzünden, wie die Soldaten,

welche

welche ihre Patronen in ihren Patrontaschen mit sich führen. Diese Zigarros werden in den Städten von alten
spanischen Weibern gemacht, und verkaufet. Das gemeine Volk pflegt klein zerschnittenen Toback in Papier
oder in ein Blatt von türkischen Korn zu wickeln und anzuzünden. Unstreitig taugt dieser Rauch für den Kopf
des Menschen nichts. Sonderbar ist es, daß hier nicht
nur Schiffer, Soldaten und gemeine Leute, wie in Deutschland, sondern auch Spanier vom Stande Toback schmauchen, und darinn ein Vergnügen suchen. Ich erinnere
mich noch eines spanischen Kapitäns, welcher viele Wochen
hindurch mein Reisegefährte war, und der, wenn ihm
der Toback ausgieng, paraguayischen Thee sehr oft schmauchte. Ich fragte ihn um die Ursache und Absicht seiner
Sonderbarkeit. Ich thue dieses, antwortete er mir,
um meiner Gewohnheit willen. Ich kann nicht leben, wenn ich nicht einen Rauch, von was er auch immer herkommen mag, unter meiner Nase sehe. Ich
kenne auch einen königlichen Statthalter, welcher immer
eine silberne Pfeife mit Tabackblättern bei sich trug, und
davon von Zeit zu Zeit auch in einem fremden Hause
oder in Gesellschaft mit vornehmen Spaniern Gebrauch
machte. Er gab vor, daß der Tobackrauch seinen Verstand außerordentlich aufhelle, und ihn dadurch zu den
schwersten Geschäften geschickt mache.

In dem benachbarten Brasilien drähen die Portugiesen die Tabacksblätter wie Stricke zusammen, und richten selbe sehr künstlich zu. Hierauf zerreiben, oder kauen
sie ihren Knaster. Es ist unglaublich, wie hoch die Aerzte diesen Brasilientoback schätzen, und wie begierig die
Europäer dabei zugreifen. Die Spanier allein brauchen
jährlich zum Kauen eine erstaunliche Menge. Durch diesen Tobackverkehr sind nicht wenige Millionen aus den
Händen der Spanier zu den Portugiesen, welche mit die

sein

sem so gesuchten Artikel einen ausschließenden Handel treiben, hinübergewandert. Um zu verhindern, daß nicht
alle Jahre so viel Geld aus dem Lande zu den Ausländern übergieng, befahl Karl der III. im Jahre 1765
den Spaniern und Indianern in Paraquay ihren Toback,
der an Güte den brasilianischen nichts nachgiebt, auf portugiesische Art zuzurichten, und dem königlichen Statthalter um einen bestimmten Preis für Rechnung des
Königs zu verkaufen. Man gehorchte den königlichen Befehlen wiewohl ungern, weil diese Tobackzurichtung viel
Arbeit foderte, und den Arbeitern fast gar nichts eintrug.
Der Statthalter von Assumtion schickte überall Portugiesen hin die Landesbewohner in der unbekannten Kunst zu
unterrichten. Hier ist der ganze Prozeß; denn ich war in
dem Flecken St. Joachim, über welchen ich die Obsorge
hatte, aus Ergebenheit gegen den König, in dieser brasilianischen Schule selbst zugegen, sah und hörte alles, und
manipulirte selbst mit. Ich hatte tausend Schwierigkeiten
zu überwinden, bis ich meine Indianer zu der erforderli-
chen Genauigkeit gewöhnte, die, wenn sie fehlt, alle Mühe
und Arbeit vergebens macht. Ich werde nun alles, was
man dabei beobachten muß, kurz auseinandersetzen.

Die Tobackblätter hält man für reif, wenn sie an
ihrem Ende gelblicht und welk werden. Man pflücket
sie vormittags ab; weil sie da am feuchtesten sind; hängt
sie alsogleich auf Röhren auf, um sie etwas zu trocknen,
und läßt sie so im Schatten einige Stunden ruhen. Die
Stengel, welche das Blatt in der Mitte durchstreifen,
werden entweder mit einem Stock zerstampfet, oder noch
besser ganz herausgerissen. Wenn dieses geschehen ist, so
werden die Blätter mittelst eines Rades, wie Hanf zu Stricken
zusammgedrähet, und über eine Walze gewunden. Diese
Walze setzet man hernach mit dem Toback in den Schatten so, daß er der Wärme der Sonne, aber nicht ihren

Strah-

Strahlen ausgesetzet ist. Der herumgewundene Toback schwitzet in der Folge einen schwarzen Gummi aus, welcher in das darunter liegende Gefäß herabtropfet. Wie dieser Toback täglich hinabtrieft, so werden auch die Tobackstricke täglich damit begossen. Damit aber die ganze Masse von diesem Gummi durchdrungen, und gebeitzet werde, muß man den Toback alle Tage ab- und von der andern Seite wieder auf eine zweyte Winde hinaufwinden. Hiedurch wird das, was vorher an der Walze zu unterst lag, auswärts gekehret, mit dem Saft gleichmäßig getränket und geschwärzet, und fett wie Speck. Um diesen Entzweck ganz zu erreichen, muß das Ab- und Aufwinden, und Begießen viele Wochen fleißig fortgesetzet werden. Die Lieblichkeit des Geruchs zeigt an, wann der Toback ganz zugerichtet ist. Damit er nicht ausdörre, muß man ihn an einem feuchten Orte aufbewahren, und alles daraus wegthun, was ihn mit einem widrigen Geruch anstecken könnte. Nach dieser Zubereitung schneiden ihn die Portugiesen in kleine Stückchen, und rösten selbe in einem neuen Topfe auf Glut, worauf sie ihn mittelst einer herumgetriebenen Stange zu Staub zerreiben. So zugerichtet ist er die Lust der portugiesischen Nase. Ich muß bekennen, daß der über der Glut zerriebene Toback, weil er stets nach Kohlen riecht, den Ausländern nicht behagen will. Dieser Methode ist ohne Zweifel die der Böhmen weit vorzuziehen, welche den Brasilientoback an einem kleinen Reibeisen zu reiben pflegen. Von dem Toback und den verschiedenen Gattungen desselben wird noch an einem andern Orte Meldung gemacht werden.

Ungeachtet also der Handel mit Thee, Toback, Zucker und Baumwolle, und dem Ueberflusse an verschiedenen Früchten den paraquanischen Pflanzherrn die schönste Gelegenheit sich zu bereichern anbietet, so giebt es doch darinn so wenig bemittelte, daß man sie an den Fingern

K   abzäh-

abzählen könnte. Sie haben viele Hilfsmittel sich ein
grosses Vermögen zu sammeln; aber noch weit mehr Hindernisse. Schon von Anbegin der Provinz haben die Spanier durch die schröcklichsten Empörungen, bürgerliche
Kriege, verderbliche Zänkereyen und Streitigkeiten mit
den königlichen Statthaltern und einigen Bischöfen, und
durch die unter ihnen bis itzt noch immer fortwährenden Unei-
nigkeiten jämmerlich gelitten. Welch eine klägliche Scene
könnte ich hier meinen Lesern öffnen, wenn ich aller
der betrübten Zufälle, durch welche die Stadt Assumtion noch in diesem Jahrhundert heimgesucht worden ist,
erwähnen wollte. Die wilden Nationen, als die Quaycurùs, Lenguas, Mocobis, Tobas, Abipones und
Mbayas, welche alle beritten sind, haben in vorigen Zeiten diese Provinz mit Mord und Raub grausam verhee-
ret, ohne daß es die Einwohner hindern, oder von
einer Zeit zu andern sich wieder erholen konnten. Oft
mangelte es den Kriegsvölkern an einem Anführer, noch
öfter aber den Generalen an Truppen, und nicht selten
beiden an Wachsamkeit und Muth, dieser vornehmsten
Schutzwehre wider die Wilden, welche gemeiniglich ganz
unvermuthet einfallen, durch plötzliche Angriffe die sichern
Spanier übermeistern; und überhaupt mehr ihrer Geschwindigkeit als ihrer Waffen wegen fürchterlich sind. Ihren
Streifereyen Einhalt zu thun hat man am Ufer des Flusses
Paraquay verschiedene Schanzen aufgeworfen, und mit einer Kanone, meistens aber auch mit Palisaden versehen.
Sobald sich die Wilden auch nur von der Ferne zeigen,
wird die Kanone abgefeuert, und dadurch den Bürgern die
Losung gegeben sich zeitlich zu flüchten, oder, wenn sie es
für dienlich halten, zu den Waffen zu greifen. Da man
nun diesen Kanonschuß in jeder von diesen eben nicht
weit von einander angelegten Schanzen wiederholt, so wird
die Hauptstadt von der Annäherung der Wilden, wenn

sie

sie sich auch nur von Weiten sehen lassen, auf das eilfer-
tigste benachrichtiget, welches, wie ich aus eigener Erfahrung weiß, zur Abwendung manches Unheils nicht wenig beiträgt. Weil diese Provinz von regulirten Truppen entblößet ist, so müssen die Pflanzer selbst in den Schanzen Wache halten, und wider die Wilden, so oft es der
Statthalter für gut befindet, ausziehen. Diese Kriegsdienste, welche oft einige Monate dauern, hindern sie wegen ihrer oftmaligen und langen Abwesenheit, ihre häuslichen und Familienangelegenheiten, ihren Feldbau und
Handel gehörig zu besorgen. Dies ist die vornehmste
Quelle und Veranlassung ihrer Armuth. Denn die Last
und Beschwerlichkeiten der Kriegsdienste werden blos auf
die Armen vertheilt; die Reichen und Vornehmen aber
läßt man bei ihrer Wirthschaft zu Hause. Dies ist
schon lange so üblich. Außer den berittenen Wilden
sind auch die Payaquas, die grausamsten unter allen, die
Urheber einer Menge Bedrängnisse gewesen, welche diese
Provinz betroffen haben. Diese unmenschlichen Kaper
streiften viele Jahre auf den Flüssen Paraquay und Parana mit Kähnen, die ungefehr 40 Mann faßten, herum;
nahmen die spanischen Handelsschiffe, welche mit Waaren
nach Buenos Ayres segelten oder von dort zurückkehrten,
weg, und brachten die Schiffleute um. Da also die
Schiffahrt durch täglich verübte Räubereyen unterbrochen
wurde, so gieng auch der Handel, die Quelle des Wohlstandes, zu Grunde. Endlich gelang es dem königlichen
Statthalter Raphael de la Moneda die Kühnheit dieser
Flußräuber zu bändigen, und sie in verschiedenen Zügen zu zwingen, daß sie um Frieden bitten mußten, welchen sie auch, aber nur unter der Bedingung erhielten,
daß sie sich an dem Ufer des Flusses Paraquay im Angesichte der Stadt Assumtion ruhig aufhalten sollten. Seit
vielen Jahren wohnen sie nun an dem ihnen angewiese-

K 2   nen

nen Orte, und erfüllen ihre Zusage, den Spaniern keinen
Schaden mehr zuzufügen, mit der strengsten Ehrlichkeit,
wiewohl sie unserer Religion so abgeneigt sind, daß sie
weder die Statthalter, noch die Bischöfe und Priester
zur Annahme derselben bereden können. Ihre hartnäckige
Ergebenheit gegen ihrem von der Kindheit an eingesoge-
nen Aberglauben, und die schlechten Beispiele der Christen, die ihnen stets vor Augen schweben, verbunden mit
der elenden Sklaverey der Indianer, welche den Spaniern
unterthan sind, machen ihnen das christliche Gesetz fürchterlich und verhaßt. Es that mir allemal leid, sie als
Schlachtopfer der Hölle ansehen zu müssen, so oft ich sie
sowohl in der Stadt als auch in ihren Wohnplätzen sah.
An Größe und Stärke geben sie keinem Volke in Amerika
etwas nach. Von Natur furchtbar machen sie sich durch
ihre Verzierungen noch furchtbarer. In die untere Lippe,
welche sie durchbohren, stecken sie ein langes Stäbchen
von Holz, oder einen glänzenden Aerzte, das ihnen bis
auf die Brust reichet. An das eine Ohr binden sie einen
Flügel von einem grossen Geyer. Ihre Haare beschmie-
ren sie mit einem rothen Saft, der wie Ochsenblut aussieht, und machen sie dadurch glänzend. An dem Hals,
den Armen und Beinen tragen sie grosse Schnüre von
Glaskugeln. Sie bemahlen sich am ganzen Leib vom Kopf
bis auf die Ferse mit allerley Farben, so daß sie wie Har-
lequine aussehen, und fodern daher meistens für die Fische, die sie den Spaniern verkaufen, einen Spiegel, um
mittelst desselben auch den Hinterleib bemahlen zu können.
Ihre Weiber und Töchter bedecken sich sehr ehrbar mit einem von Wolle künstlich gewebten Zeug. Die Männer
hingegen glauben am prächtigsten gekleidet zu seyn, wenn
sie über und über zierlich bemahlen sind. Im Anfange
zogen sie sowohl in ihren Wohnplätzen als auch in der
Stadt ganz nackt herum. Dieß schien dem Statthalter

de

de la Moneda, dieſer Geiſel der Payaquas, die chriſt-
liche Schaamhaftigkeit zu beleidigen; er ließ ihnen daher
eine Menge Hemder aus grober Baumwolle zurecht machen, und den erwachſenen Wilden ſogleich austheilen, mit
der Bedrohung, daß jeder, der in Zukunft noch nackt in
die Stadt kommen würde, auf der Schandbühne mit 50
Stockſchlägen gezüchtiget werden ſollte. Wie ſehr ſie auf
dieſe Drohung geachtet haben, kann man aus dieſem einzigen Vorfalle abnehmen. Ein Wilder brachte einſt einer
Spanierin Fiſche zum Verkaufe, und erhielt zur Bezah-
lung Früchte, die man daſelbſt Mani oder Mandubi nennt,
und wie Mandeln ſchmecken. Da es ihm an einem Sack
fehlte, ſo ſchüttete er ſie in ſein Hemd, welches er von
Vornen bis in die Mitte aufhob. Im Weggehen fiel
ihm noch bei der Hausthüre ein, daß eine ſolche Manier
einherzugehen anſtößig ſeyn, und ihm, wenn er von dem
Statthalter geſehen werden ſollte, die angedrohten Prügel
zuziehen möchte. Dieſe Betrachtung ſchröckte ihn. Er
gieng daher wieder zu der Spanierin zurück, als wenn es
ihn renete, und ſchrie mit dem Finger drohend: Moneda,
Moneda! Hierauf ſchüttete er ſeine Früchte auf die Erde,
ließ das Hemd wieder herab, hob es von hinten auf, und
trug ſo ſeine Mandubi freudig davon. Auf dieſe Art
glaubte er ungeſtraft und ehrbar auf dem Platz herumgehen
zu können. Aus ganzer Seele fürchteten ſich die Payaquas vor dem ſtrengen Statthalter, und ihm muß es
allein zugeſchrieben werden, daß man ſie, wiewohl Moneda
ſchon lange nach Buenos Ayres abgegangen iſt, noch itzt zu
Aſſumtion ruhig und ehrbar einhergehen ſieht. Sie haben ihre eigene Sprache; doch ſtammeln die meiſten wegen ihres täglichen Umgangs mit den Spaniern etwas
ſpaniſch und quaraniſch. Bei ihren Heurathen und Be-
gräbniſſen, und wenn ſie gebähren, oder in Krieg ziehen,
beobachten ſie eine Menge Cäremonien, und lächerlich aber-
gläubiſcher Gebräuche. Ihre Waffen beſtehen in langen

K 3 Spießen;

Spießen, Bogen, Pfeilen, und Kolben; aber mehr noch
als alles dieses hat man ihre Verschlagenheit zu fürchten.
Wie viel sie den Spaniern von ihrer ersten Ankunft in
Paraquay anzuschaffen gegeben haben, bezeugen ihre
Jahrbücher zu Genüge. Jede Familie hat einen eigenen
Kahn, welcher sehr schmal, aber lang ist. Sie fahren
darinn mit einem einzigen vorne ganz zugespitzen Ruder
sehr schnell, wohin sie wollen, auf oder abwärts. Ihre
Geschwindigkeit ist die Folge des leichten Baues ihrer Fahrzeuge. Diese stehen in der Mitte kaum drey Hand breit
tief unter dem Wasser. Der Vorder- und Hintertheil
des Schiffbodens ist wie ein Bogen gekrümmet, und raget aus dem Wasser hervor: der Kahn selbst aber ist an
beiden Enden gleichspitzig, so daß der Vorder- und Hintertheil oft verwechselt werden. Im heftigsten Sturme wagen
sie sich mit ihrer Familie mit der heitersten Stirne auf
den Fluß. Stürzt ihr Kahn um, was aber äusserst selten
geschieht, so setzen sie sich auf die umgekehrte Seite, und
fahren in der Stellung eines Reutenden ihren Weg fort. Wie
oft sah ich nicht vom Ufer aus einen von den Payaquas
mit den schäumenden Wellen des Flußes ringen und lachen,
wenn ihn ein Wirbel zu verschlingen drohete. Allein diese
kapernde Nation hält das Wasser für ihr Element, und
fürchtet sich nur ausser demselben. Gebirge von Gewässer
mögen sich übereinander wälzen, Stürme sich müde toben;
der Payaqua wird an den hintersten Spitze seines Schiffes
stehend ganz kaltblütig fortrudern, und selben trotzen; während daß der Kahn, der größtentheils aus dem Wasser
hervorraget, und aufwärts schauet, schnell wie der Wind
durch die Wellen fährt. So wenig ein Fisch unter dem
Wasser ertrinkt, so wenig ersäuft auch ein Payaqua: denn
er schwimmt so leicht als ein Fisch. Sie stürzen sich in
die untersten Schlünde der Flüße, bleiben darinn eine
Zeitlang, und kommen erst nach einer guten Weile wieder
mit einem Fische, den sie unter dem Wasser fiengen, hervor.

vor. Diese täglichen Schauspiele auf dem Fluß Paraquay
wären es auch werth von Europäern gesehen zu werden.
Auch der Bau ihrer Kähne verdient, so wie der Gebrauch,
den sie davon machen, daß man sie bewundere und bemit-
leide. Das Feuer und steinerne Aexte sind die einzigen
Werkzeuge, womit sie die größten Bäume mit Beibehal-
tung des Gleichgewichts sehr künstlich aushöhlen. Sie haben Kähne von zweyerlei Art. Die kleineren gehören zum
Fischfang und täglichen Reisen: die größeren, die wohl bei
40 Mann einnehmen können, zum Kriege. Wollen sie
wider die Spanier einen Zug thun, so lassen sie deren mehrere zusammenstoßen, und sind um desto gefährlicher, je
weniger Waßer sie dazu brauchen, und sich in kleineren
Flüßen in einen Winkel oder hinter einer Insel sich verbergen können, bis sich eine Gelegenheit anbietet auf Handelsschiffe loszugehen, oder mittelst einer Landung die Kolonie der Spanier mitten in ihrer Sicherheit zu überfallen.
So dumm diese Wilde auch aussehen, und mehr dem Vieh
als Menschen gleichen, so sind sie doch äußerst verschmitzt,
wenn es auf Hinterlist oder verderbliche Anschläge ankömmt,
und haben in allen Künsten des Betrugs so ausgelernt,
als wenn sie beim Hannibal in die Schule gegangen wären.
Gewiß haben sie mehr Unheil durch ihre Verschlagenheit
als durch ihre Tapferkeit angerichtet. Gegen 400 Meilen
weit südwärts der Stadt Assumtion fahren sie mit ihren
Kanots auf Streifzüge gegen die Kauffartheyschiffe und
Kolonien der Spanier aus. Ich beruffe mich dießfalls
auf die Städte Assumtion, Corrientes, Santa Fé, auf
die Gegend um Buenos Ayres, die quaranischen und spanischen Kolonien. Aufgehäufte Leichen, entführte Knaben
und Mädchen, in Asche gelegte Häuser, geraubte Güter
und Geräthschaften und verwüstete Kirchen sind Denkmaale
sowohl der Barbarey als auch der Arglist dieser Flußräuber, die bei meiner Ankunft in Paraquay noch bei allen
in frischem Andenken waren. Man muß es als ein be-

K 4

son-

sonders glückliches Ereigniß ansehen, daß der oftgedachte Statthalter de la Moneda Mittel fand der Frechheit dieser Unmenschen den Necken zu brechen. Es gibt wohl noch itzt zahlreiche Schaaren der Payaguas, welche mit den Spaniern in keinem Friedensburde, oder freundschaftlichem Einverständniß stehen; aber sie sind nichts weniger als gefährlich, weil sie sich an dem nördlichen Ufer des Paraquay, und der darinn sich ergießenden Flüße weit weg von der Stadt Assumtion aufhalten in einer Gegend, wohin die Spanier nur sehr selten kommen. Sie treiben noch immer Raupen: und die Portugiesen, welche sich in dem Flecken Cuyaba niedergelassen haben, werden nicht wenige theils weggeschleppet und theils erschlagen: wiewohl sie von diesen auch manchmal mit blutigen Köpfen heimgeschicket werden, weil die Portugiesen außer ihrer Hurtigkeit und Feinheit auch noch mit dem Schießgewehr trefflich umzugehen wissen. Kurz sie bezahlen mit gleicher Münze. Vieles was die Sitten der Payaguas betrifft, wird man an seinem Orte in der Geschichte angemerket finden.

Den Statthalterschaften von Buenos Ayres, oder dem Silberflaße, Tukuman und Assuntion muß noch die Landschaft Chaco von dem Worte Chacù also genannt, welches in der cussoischen oder peruanischen Sprache einen Haufen auf der Jagd gefällten und übereinander liegenden Gewildes anzeigt, beigezählet werden. Da diese Provinz die Freystätte und der Zufluchtsort vieler Nationen ist, so haben ihr die Alten den Namen Chaco mit Recht beigeleget. Sie erstrecket sich bei 300 Meilen weit in der Länge, und bei 100 in der Breite. Diejenigen, welche ihr nach ihrem Gutdünken Gränzen setzen, und bloß die Ebenen, welche die Spanier los llanos de Manso nennen, darunter begreifen, zählen weniger Tukuman, das Land de las Charcas, Sancta Cruz de la Sierra, der Silberfluß, und einer Fluß Paraquay umgeben die Landschaft Chaco. Von der

Seite

Seite schließet selbe ein Gebirg ein, welches sich von Korduba an bis zu den peruanischen Silberbergwerken zu Lxpes
und Potosi, und von dannen bis nach Santa Cruz de la
Sierra und dem See Mamorè, wo es aufhöret, erstrecket.
Die Luft ist in dieser ganzen Gegend sehr gesund, und das
Erdreich fett und fruchtbar. Hier erheben sich sanft ab-
hängige Hügel; dort sieht man mit hohem Grase bewachsene
Thäler, welche für Pferde und Vieh von allen Gattungen
die beste Weide abgeben: dazwischen liegen Wälder und
die höchsten Bäume von aller Art. Auf der Seite nach
Peru zu sieht man in den größten Strecken nichts als himmelhohe Felsen und Steinklippen. Gegen Mittag findet
man auf 14 Klafter unter der Erde weder Stein noch
Sand. Felder und Wälder, Flüße und Seen und die
ganze Luft enthalten die schönste Jagdbarkeit; denn überall
trifft man vom fremden Gewild, von Fischen, Amphibien
und Vögeln eine eben so unglaubliche als mannichfaltige
Menge an. Wir werden in der Folge von jeder Gattung
insonderheit sprechen. Ausser den Seen und häufigen Bächen wird das Land Chaco auch von zweener Hauptflüßen
durchströmet, welche, wenn sie anschwellen, die Dämme
durchbrechen, aus ihren Ufern tretten, und die niedrig
liegenden Felder weit und breit unter Wasser setzen. Der
berühmteste Fluß in Chaco heißt auf spanisch Rio grande
oder Vermejo (der große oder rothe Fluß) auf abiponisch inatè. Er entspringt auf dem Gebirze von Peru,
und nimmt durch den Zufluß einer Menge Bäche dergestalt zu, daß er zuweilen auch kleine Schiffe trägt. Er ist
tief und reissend, und daher, wie mich die Indianer oft
versicherten, den Schwimmenden sehr gefährlich. Bei den von
den Wilden längst zerstörten Städten Quadalcazar und
Conception fließt er vorbei, und ergießt sich ungefehr 30
Meilen davon in den Fluß Paraquay, welcher sich bald
darauf im Angesicht der Stadt Corrientes mit dem Fluß
Parana vereinigt, in der Gegend von Buenos Ayres aber
den Namen des Silberflusses (Rio de la Plata) annimmt.

K 5   Das

Das peruanische Silber wurde einst auf dem Rio grande und dem Fluß-Parana mit grosser Abkürzung des Weges und Ersparung vieler Unkosten nach Buenos Ayres gebracht, um es alsdann für Rechnung des katholischen Königes und seiner Spanier nach Europa einzuschiffen. Diese Schiffahrt ist aber seit vielen Jahren theils aus Furcht vor den Wilden, die an diesen Flüßen wohnen, und theils wegen der verborgenen Klippen gänzlich unterblieben. Die Naturkündigen rühmen das Wasser des äusserst fischreichen grossen Flußes als sehr heilsam, besonders für die, welche an den Harnverstopfungen und Blasebeschwerden leiden. Wider diese bedient man sich auch eines Krauts mit einem milchartigen Safte, welches la Yerba de Orina oder la Meona heißt, und an dem Rande dieses Flußes wächst. Die Vortrefflichkeit des Wassers, welches dem grossen Fluß von seiner Urquelle an eigen ist, wird von den unflätigen Bächen, die er selber auf dem Wege aufnimmt, ganz verderbet. Er hilft daher auch das Wasser des Flußes Paraquay, an dem man weder Farbe noch Geschmack rühmen kann, noch mehr verunreinigen.

Der zweyte Fluß in diesem Lande heißt Pilcomayo und entspringt ebenfalls in dem Gebirge von Peru. Er und der grosse Fluß laufen in einem Abstand von ungefehr 30 Meilen miteinander fort. Der Pilcomay trägt weder überall, noch auch zu allen Zeiten Schiffe. Beiläufig 80 Meilen vor seinem Ausfluß in dem Paraquay theilt er sich in zween Arme, und bildet hindurch eine eben so lange Insel. Der erste Arm, den der Fluß Paraquay nahe bei der Stadt Asuntion aufnimmt, heißt bei den Quaraniern der weise Fluß Araquaay, vielleicht weil man Kopf haben muß um glücklich auf ihm fortzukommen. Während der jährlichen Ergiessungen desselben kömmt die Insel ganz unter Wasser zu stehen, so daß aus beiden Armen ein Rinnsal wird, und derjenige vom Glücke und nicht von Kunst spre-

sprechen muß, der durch alle dazwischen liegenden Furte und Wasserkrümmungen unbeschädigt durchkömmt. Der zweyte Arm, welcher den Namen Pilcomay beibehält, ergießt sich fast 9 Meilen von der Stadt Assumtion südwärts in den Paraquay. Er führet meist unflätiges Wasser mit sich. Unser P. Augustin Castañares aus Tukuman gebürtig, und Apostel vieler Völkerschaften, welcher im Jahr 1744 den 15. September von den wilden Mataquayern auf einer apostolischen Reise samt seinen Wegweisern und Gefährten meuchelmörderisch erschlagen wurde, beschiffte einst auf einem quaranischen Fahrzeug den Pilcomay, und hatte den Laybruder Salvator Colon einen Franzosen, der einst in Europa viele Seereisen gemacht hat, bey sich. Dieser hat mir nun auf seiner Rückfahrt aus Paraquay nach Kadix, die er mit mir als ein 90jähriger Greis und an beiden Augen stockblind gemacht hatte, die gefährlichen Krümmungen und Wendungen des Pilcomay, sein oft enges Ufer und andere Hindernisse, welche die Schiffahrt auf selben erschweren, in vertraulichen Gesprächen vielmal vor Augen gestellet.

Der gesalzene Fluß, Rio Salado, hat seinen Ursprung auf dem Gebirge von Salta. Sein Riansal ändert er so wie seinen Namen von Zeit zu Zeit. Anfangs heißt es Rio Arias, hernach Rio Passage, nahe beim Kastell de Val buena Rio Salado, sobald er aber bei Santa Fé vorüber ist, Rio Coronda, unter welchem Namen er sich auch mit dem grossen Paranastrom vereiniget. Von seiner Quelle an führt er nicht nur süßes sondern auch sehr gesundes Wasser mit sich, welches aber nachmals durch die Seeen, und darein sich ergießenden Bäche so bitter und salzigt wird, daß viele Meilen weit auch das Vieh nicht einmal davon trinken kann. Es verlohnt sich der Mühe die Ursache dieser Salzigkeit zu untersuchen. In den nahen Ebenen wachsen viele Stauden, welche die Spanier

la

la Vidriera nennen, vielleicht weil man ihre kalcinirte
Aſche zum Glasmachen brauchen kann, ſo wie die Europäer die zubereitete Aſche von Eichen und anderen Bäumen
oder die ſogenannten Pottaſche zu Glas und Seife verwenden. Dieſe Staude heißt bei den Abiponern Achibi-
kaie (Salz), welche ſich auch ihrer Aſche bedienen, die
Speiſen und den Toback, den ſie kauen wollen, zu ſalzen.
Zu S. Jakob nennt man ſie Fumes, und verwendet die
Aſche davon gemeiniglich zur Seife. Die Vidriera ſieht
der Wachholderſtaude ähnlich, hat einen ſchwachen Stamm,
und kleine, langlichte, grüne, und faſt durchſichtige Zäpf-
chen in einem Haufen zuſammengefüget ſtatt der Zweige
und Blätter. Früchte trägt ſie, wenn ich mich recht erinnere, keine. Wie das Regenwaſſer darauf fällt, ſo nimmt
es eine gewiſſe Salzigkeit an, und theilet ſelbe auch den
Seen und Bächen mit, denen es auf dem flachen Erdboden zufließt. Dieſe ergießen ſich nun in Flüße, deren
Waſſer anfangs von Natur ſüß war, und verſäuren es jämmerlich. Die Palmbäume Caranday, unter welchen Salpeter anſchießt, machen mit den Vidrieras gleiche Wirkung. Daher leidet man ſelbſt an groſſen Flüßen an ſü-
ſem Waſſer Mangel mehr oder weniger, je nachdem es in
der Nähe mehr oder weniger von dieſen Palmbäumen und
Vidrieras giebt. Ich ſchreibe dieſes aus meiner eigenen,
und leider! vielmaligen Erfahrung. Wir waren in der
äuſſerſten Gefahr zu erdürſten, als wir im Jenner in der
größten Hitze eine langwierige Reiſe an dem Rio Salado
machten, der dazumal ſo anſchwoll, daß wir ihn ſchwimmend überſetzen mußten. Allein ſein Gewäſſer war von der
Art, daß weder ich, noch die Soldaten und Pferde einen
Tropfen davon trinken konnten. Glücklicher Weiſe fiel auf
den Abend unter Donner und Blitz ein häufiger Regen,
woran wir uns labeten, wiewohl er uns auch, weil wir
auf der Erde, und nach dem Landesgebrauch unter freyem
Himmel lagen, vom Scheitel bis auf die Fußſohle und bis

auf

auf die Haut tüchtig durchnetzte. Uebrigens hat der Rio
Salado ein zwar saures aber auch helles Wasser, und man
sieht darinn die kostbarsten Fische selbst auf dem Boden.
Er ist tief, und durch jähe und enge Ufer eingeschränket;
rinnet ganz sanft durch allerlei Krümmungen, und tauget
daher zur Schiffahrt, ausser zu Santa Fé, nichts. Zwischen
dem gesalzenen und süßen Fluß rauschet das kleine Flüßgen
Turugon daher, welches, weil es seinen Lauf durch Wälder richtet, bei der größten Trockenheit den Reisenden süßes
Wasser im Ueberflusse anbietet: und durchgängig ohne
Furth und Salzigkeit ist. Es fließt nahe bei dem indianischen Flecken Salabina vorbei, und ich habe öfters darüber
gesetzet. Der süße Fluß, welcher in der Gegend von S.
Jakob die Dienste des Nils versieht, wie ich oben erzählt
habe, tritt etwas weiter gegen Süden aus seinem Ufer
auf das Feld, und wird von dem See der Kürbiße (La-
guna de los porongos) zwischen Corduba und Santa Fé
verschlungen. Nicht weit davon ist der weiße See (Lagu-
na blanca) an welchem die Indianer und Spanier zu
Nachts immer ein gewisses Stiergebrülle hören wollen.
Vielleicht träumen sie?

Kleinere Flüße des Landes Chaco sind: der Centa,
Ocloyas, Jujuy, Sinancas, Rio negro, Rio verde,
Atopehenra Lavatè, Rio Rey oder Ychimaye, Malabrigo, oder Neboquelatèl, Ynespin oder Narabegein,
Eleya &c. &c. Wer mag alle die übrigen Bäche herzählen, die fast zahl- und nicht selten auch namenlos sind;
und wenn es lange nicht regnet, wie das in Chaco öfters
geschieht, fast ganz austrocknen: so daß man oft viele Meilen weit nicht ein Tröpfchen Wasser findet woran, sich ein
Vogel laben könnte. Kommen aber Regengüße, so schwellen die Bäche zu Flüße, und diese zu Meere an, und
überschwemmen die ganze Gegend. Auf manchen Reisen
mußten wir uns viele Wochen durch Wasser, Koth und
tiefe

tiefe Moräste zu Pferde täglich durcharbeiten, ohne auch
nur ein Fleckchen trockenes Land, um uns des Nachts
darauf hinzulegen, finden zu können. Meine Gefährten die
spanischen Soldaten, stiegen zuweilen auf die Bäume, und
setzten sich wie Vögel zwischen die Aeste hin um des Nachts
etwas auszuruhen. Einige machten sich auch Feuer darauf
an, und wärmten sich ihr Theewasser. Allein mit diesem
Ungemach ist dasjenige nicht zu vergleichen, das wir er-
dulteten, wenn wir Tag und Nacht in einem fort reuten
mußten, um einen Ruheplatz zu erreichen, wo wir uns
und unsere Pferde nach der größten ausgestandenen Hitze
tränken und erquicken konnten. Oft findet man auf ungeheuren Strecken nicht einmal einen Strauch, um Feuer
damit anzumachen. Schnacken, Schlangen, schädliches
Ungeziefer stossen den Reisenden schwarmweise auf, so wie
man auch allenthalben Löwen, Tieger und andere grimmi-
ge Thiere erblicket. Indessen darf man sich dennoch mit
Gotteshilfe, und wenn man nicht unterläßt vorsichtig, geduldig und wachsam zu seyn, nicht sonderlich vor ihnen
fürchten.

So sieht die Provinz Chaco aus. Die Spanier
sehen selbe für den Sammelplatz des Elends, die Wilden
hingegen als ihr gelobtes Land, und als ihr Elysium an.
Sobald die Spanier unter dem Pizzaro die Peruaner un-
terjochet, und sich durch das Recht des Krieges in den
Besitz von Chili, Quito, und Tukuman gesetzet hatten,
flüchteten sich die Indianer von allen Seiten hieher, als
in den Zufluchtsort der Freyheit und die Schutzwehre wider die Unterdrückung. Die Paraguayer eilten vorsichtig
in die Schlupfwinkel, die ihnen Chaco darbot, um sich
den gefährlichen Augen und Händen der europäischen Gäste
zu entziehen, welche sie weder zu Freunde haben, noch als
Feinde fürchten wollten. Die höchsten Berge dienten ihnen zur Warte, unwegsame Wälder statt einer Mauer,

Flüße

Flüsse und Moräste statt der Graben, die von Gewild und Fruchtbäumen angepropften Felder zu Magazine, kurz die ganze Provinz, die durch ihre natürliche Lage und Beschaffenheit wider alle fremde Anfälle gesichert ist, statt einer B.stung. Noch itzt giebt es darinn zahlreiche Völkerschaften, welche alle Anschläge der Spanier auf sie vereiteln, und bereits denselben in das dritte Jahrhundert trotzen, wiewohl zu ihrem eigenen Nachtheile, indem ihre Freyheit ihren gewissen Untergang nach sich zieht. Es ist sehr wahrscheinlich, daß schon lange vor Ankunft der Spanier Eingebohrne in diesem Lande gewohnt; allein wir zweifeln eben so wenig, daß sich in der Folge andre Wilde zu ihrer Sicherheit denselben beigesellet haben. Da die Schreibekunst bei den Wilden in keinem Gebrauche war, so glaube ich, daß man alles, was die Geschichtschreiber von demselbigen Zeitalter geschrieben haben, für Muthmassungen ansehen müsse. Wenigstens sind in den alten Landkarten und Geschichten von Paraquay viele Namen der wilden Nationen, wie ich gewiß weiß, ganz verkehrt angemerket. Diese vielen Fehler entstanden aus dem Mangel an Kenntniß ihrer Sprache und Ortschaften, und aus den elenden Nachrichten einiger unwissender und leichtgläubiger Spanier, die in die Hände der Wilden gerathen waren. Unter unzähligen Beispielen mag uns eines genug seyn. Die Quaycurus heißen Oackakalòt. Unkundige gaben dieß für den Namen einer grossen Stadt aus. Oft hielten sie die verschiedenen Wohnplätze des nämlichen Volkes für verschiedene Nationen. Aus den Namen der Caciquen, wovon in jedem Wohnplatz einer ist, schmiedeten sie ebenfalls verschiedene Völkerschaften. In Chaco existirten einst mehrere an Sprache, Namen und Sitten ganz voneinander verschiedene Nationen; allein heut zu Tage ist von ihnen außer ihrem Namen, und einigen unbedeutenden Resten nichts mehr übrig. So waren einst die Calchaguies ein zahlreiches, kriegerisches, und den Spaniern sehr aus aufſätziges Volk. Allein der Krieg und die Pockenſeuche haben ſie dergeſtalt aufgerieben, daß nur wenige übrig geblieben, und in dem Winkel des Gebietes von Santa Fé verdrungen worden ſind. Eben dieſes Loos traf auch von Zeit zu Zeit die berittenen Malbalàs, die Mataràs, Palomos, Mogoſnas, Orejones, Aquilotes, Churumates, Ojotades. Taños, Quamalcas &c. &c. Die berittenen und für die Spanier gefährlichen Nationen, welche ſich noch in Chaco aufhalten, heißen Abipones, Natekebit auf ſpaniſch Tobas, Amokebit, Mocobies, Yapitalakas oder Zapitalakas, Oaekakalòt oder Quaycurùs oder Lenguas. Von den Mbayas rennen ſich die, welche an dem öſtlichen Ufer des Paraquay wohnen, Eyiquayegis, die am weſtlichen Quetia degodis. Unberittene Völker ſind die Lules, Yſiſtines, Foxiſtines, welche eben dieſelbe Sprache Tonocote reden, und meiſtens von uns im chriſtlichen Glauben unterrichtet und in die Flecken verſetzet worden ſind; die Homoampas, Vilelas, Chunipies, Yoók, Ocóles, die groſſentheils chriſtlichen Pazaines, die Mataquayes oder Ychibachi, die wir ſo oft bilden wolten, aber allzeit ungelehrig befunden haben; ferners die fapernden Payaquas, von denen ich oben geſprochen habe; die Guanas, die einige auch Chanas oder Niyololas rennen, und endlich die Ebiquiten, die in ihren Flecken das Chriſtenthum angenommen haben, und deren ich oben mit mehreren erwähnte. Durch unſere jährliche Reiſen in die Wälder haben wir ihren Kolonien noch andere Wilde von verſchiedenen Nationen als: Zamucos, Caypotades, Ygaroños &c. beigeſellet.

Die Chiriguanas ein Volk, welches ihrer Anzahl, Trotzigkeit und Hartnäckigkeit wegen beruffen iſt, können meines Erachtens nicht zu dem Lande Chaco gerechnet werden, weil ſie größtentheils das Gebiet von Tarija und Peru bewohnen. Wunderlich iſt, daß ſie quaraniſch (nur

nach

nach einer etwas veränderten Mundart) sprechen. Man behauptet durchgängig, daß sie von dem südlichen Ufer der Flüße Parana und Paraguay nach den nördlichen Gegenden von Peru gezogen sind der Rache der Portugiesen zu entgehen, weil sie ihren Landsmann Alexius Garzia, der sich von dem in Peru geraubten Silber bereichert hatte, erschlagen haben sollen. Andere stellen diese Ursache der Auswanderung in Abrede, und geben vor, daß die Chiriguanos fast 100 Jahre, ehe Garzia ermordet wurde, von dem Kaiser in Peru Incà Yupanqui bekrieget, aber nie überwältiget worden sind. Von diesen Meinungen mag man sich nach Belieben eine auswählen. Gewiß ist, daß die Chiriguanas, wenige ausgenommen, welche sich zum Christenthume gewendet haben, heut zu Tage die abgesagtesten Feinde der Spanier sind, und in der ganzen Gegend weit und breit gefürchtet werden. Bis itzt konnten sie weder durch die Waffen gebändiget, noch durch das Zureden unserer Leute zur Annahme des Christenthumes gebracht werden. Von diesen letzteren ermordeten sie fünf auf eine greuliche Art. Leider hat der Schweiß so vieler Jahre die erwartete Wirkung nicht hervorgebracht, und alles Blut ist für sie vergebens vergossen worden.

Will man noch andere übriggebliebene Nationen, welche sich außer Chaco in Paraquay aufhalten, kennen lernen, so will ich von selben nur kurz folgendes melden. Die zahlreichsten unter allen sind die Quaranier. Sie wohnen in 32 grossen Flecken an dem Ufer der Flüße Parana, Paraquay und Uruquay beisammen, dem Könige und unserer Religion mit unwandelbarer Treue zugethan, so wie die Ytatinquas, für welche, wie ich anderswo gesagt habe, in dem Walde von Taruma zwo Kolonien angelegt worden sind. In den andern Flecken, worüber Weltpriester und Franziskaner die Aufsicht haben, halten sich gleichfalls christliche Indianer auf. Die Tobatinquas, Tapes und

L

Caay-

Caaygnas halten sich noch itzt in den tiefsten Wäldern verborgen. Sie haben ihren Namen von den Bergen, Flüssen und Wäldern, die sie bewohnen, erhalten. Im Grunde sind sie Quaranier, oder, wie sie vormals hießen, Carier, auch sprechen sie quaranisch. Die Quayaki sind eine besondere und zahlreiche Nation, und an Sprache, Sitten und der weißen Gesichtsfarbe von den Quaraniern gänzlich verschieden. Sie durchstreichen die entferntesten Gehölze am Ufer des Monday quazù, und hüpfen wie die Affen auf den Bäumen herum, wenn sie Honig, Vögel, oder eine andere Näscherey erhaschen wollen. Kleider, oder einen beständigen Aufenthalt haben sie nicht. Von Natur furchtsam beleidigen sie keine Seele. Ich habe ihrer mehrere sehr nahe gekannt, welche sich in den quaranischen Kolonien durch Frömmigkeit, Emsigkeit, Rechtschaffenheit und besondere Reinlichkeit in den Kleidern vor andern ausgezeichnet haben. In den schroffesten Felsen, welche um den Fluß Tebiquary miri, und dem Städtchen villa rica herumliegen, wohnen Wilde, welchen die Spanier wegen der weißen Farbe ihres Gesichts den Namen Quaycuruti beilegen. Sie sind groß von Körper und mit Pfeilen und Kolben bewaffnet. Oft steigen sie haufenweise von ihren Bergen in die daraulliegenden Ebenen herab, tödten die Pferde und Maulthiere der Spanier mit Pfeilen und Kolben, zerreißen sie in Stücke, und tragen selbe auf den Schultern mit sich nach Hause um sie daselbst in einem festlichen Schmause aufzuzehren. Ochsen und Schaafe rühren sie nicht an, auch hab ich nie gehört, daß sie je einen Menschen umgebracht hätten. Weil sie also unter den Pferden und Maulthieren so viele Niederlagen anrichteten, so beschloffen die Spanier zuletzt jener ihre Wohnplätze auszuspüren, und sie entweder gefangen wegzuführen, oder niederzumachen. Man unternahm im Ernste mit vielem Lärme den Zug wider sie, welcher aber eben so kurz als fruchtlos ausfiel. Denn gleich im ersten Tage wurden sie,

als

als sie den steilen Felsen hinaufzuklettern anfiengen, von so
einem Schröcken befallen, daß sie ohne Verzug unverrichteter Dinge nach Haus eilten. Sobald ich im Flecken S.
Joachim davon Nachricht erhielt, nahm ich mir vor diese
Wilde aufzusuchen: allein die Spanier, welche der Meinung
waren, daß diese Reise eben so gefährlich als unnütz seyn
würde, riethen mir davon abzustehen. Sie besorgten in
ein Wespennest zu stechen. Sie wollten daher die Wilden lieber fürchten, als aufsuchen lassen. Zu diesen Pferdefressern
füge ich auch die Menschenfresser, welche die Spanier Ca-
ribes, die Quaranier aber Abaporu nennen, weil sie
Menschenfleisch essen. Dergleichen streifen in den Wäldern
zwischen den Flüßen Parana und Uruquay bei dem Monday quazù und Acaray herum, Menschen aufzuspüren,
deren Fleisch sie allem Wildprät weit vorziehen. Unsere
Leute haben sie mit vielen Mühseligkeiten, und mit Gefahr des Lebens gesucht, und auch gefunden, aber ohne
Erfolg. In den unermeßlichen Ebenen, in den Labyrin-
then der Wälder, in den unzugänglichsten Schlupfwinkeln
um Yquazu, Ygatimi, Carema, Curyi, Acaray,
Monday &c. wimmelt alles von Indianern, welche meistens Quaranier sind, aber von dem Orte ihres Aufenthalts
verschiedene Namen führen. Hundert Zungen würden nicht
zureichen, die Sitten und Benennungen aller dieser kleinen
Völkerschaften zu erzählen.

Unter den berittenen Nationen außer Chaco verdienen die Quenoas am ersten eine Erwähnung. Sie wohnen
zwischen dem Uruquay, dem Silberfluß und dem Meere;
aber ihr Aufenthalt ist unstät. Zu dieser Nation
rechnet man die Charruas, Yaròs, Bohanes, Minoanes
und Costéros, welche alle beritten, und von barbarischer
Gemüthsart sind. Die, welche dem Silberfluße am nächs-
sten, und so zu sagen unter den Thoren von Paraquay wohnen, machten den ersten Spaniern bei ihrer Ankunft in

L 2   die-

diesem Lande sehr viel zu schaffen: und hassen sie auch ist
noch, sie mögen sich nun für ihre Freunde oder Feinde
ausgeben, von ganzem Herzen. Wenigstens trauete man
ihnen nicht; weil man von ihnen glaubte, daß sie Tag und
Nacht auf verderbliche Anschläge wider die Spanier sännen.
Im Jahr 1750 überfiel ein Trupp dieser letzteren von
Santa Fé die treulosen Charruas, um sie wegen des so
vielmal gebrochenen Friedens zu züchtigen, in ihren Wohnplätzen, und schlugen sie auf das Haupt. Viele blieben auf
dem Platz, und die übrigen wurden mit ihren Familien als
Gefangene mit fortgeschleppet. Man bauete ihnen westwärts der Parana auf der Anhöhe Cajastà bei dem Fluß
Inespin ungefehr 20 Meilen von der Stadt Santa Fé eine Kolonie und gab ihnen einen Franziskanermönch zu, der sie in der
Religion und Sittenlehre unterrichten sollte, nebst einer Besatzung um das Leben des ersteren in Sicherheit zu setzen,
diesen aber den Weg zur Entweichung abzuschneiden. Diese
Wilden genossen meistens das Fleisch von wilden Pferden,
wovon in den nahen Feldern alles voll ist. Hunger und
Elend brachten sie endlich dahin, daß sie dem Priester Gehör gaben, und sich auf den Ackerbau fleißig verlegten.
Da dieser weder für sich noch für die Kolonie mehr etwas
besorgte, so bat er, daß man die Besatzung herausziehen
möchte; weil er ihre Gegenwart nicht mehr für nöthig,
die Beispiele der Soldaten aber für seine Neubekehrten
zu ärgerlich fand. Der gute Pater wußte, daß alle Mühe
und Arbeit verloren ist, wenn die Indianer den Widerspruch zwischen der Aufführung und Reden der Soldaten,
und dem, was sie in der Kirche hören, gewahrnehmen.
Wie viele bittere Klagen könnte man nicht hierüber führen!
Wie viel könnte ich nicht davon erzählen, wenn ich nicht
das Papier mit dergleichen schmutzigen Geschichten zu
verunreinigen, und den Ohren des Lesers anstößig zu seyn
befürchtete! Wie oft haben die katholischen Könige in ihren
Schreiben an die Statthalter in Amerika denselben einge-

bunten wohl auf ihrer Hut zu seyn, daß der Muthwille der Soldaten den Neubekehrten kein Aergerniß und keine Nachtheile verursachete. Allein man muß bekennen, daß die Befehle der gottseligen Könige in diesem Falle nur sehr schlecht befolget werden. Ich schreibe dieß aus eigener Erfahrung. Wenn man wegen feindlicher Einfälle in Furcht ist, so schicket man zuweilen Soldaten zur Vertheidigung der neuen Kolonie dahin ab. Allein wir fürchteten uns vor der Ankunft der Soldaten weit mehr als vor der Annäherung der Wilden. Jener ihre freche Zügellosigkeit ist dem anderen Geschlechte weit gefährlicher, als immer die Pfeile der Wilden der Kolonie Schaden zufügen können. Wir wollten oft lieber ohne Hülfsvölker der Gefahr blosgesetzt seyn, als das Seelenverderben, das diese fast immer anrichteten, mit ansehn. Gegen das Ende des vorigen Jahrhunderts brachten unsere Leute die Yaròs eine große Abtheilung der Quenoas durch Geschenke und Zureden dahin, daß sie in dem Flecken·S. Andre beisammen wohnten, und sich eine Zeitlang in der Religion unterrichten liessen; allein sie kehrten bald wieder, der christlichen Reinigkeit und Lehre überdrüßig, auf Anstiften eines bei ihnen sehr angesehenen Schwarzkünstlers zu ihrem vorigen Aufenthalt zurück. Auf die Frage, warum sie entwichen wären, antworteten sie: Wir wollen keinen solchen Gott, der alles sieht, hört und weiß, was von uns auch im Verborgenen geschiebt. Wir wollen wieder unsere alte Freyheit, und nach unserem Wohlgefallen denken und handeln. Unzählig und unglaublich sind die Verheerungen, die diese Wilde in den Gegenden von Corrientes, Santa Fé und Montevideo angerichtet haben.

Die unermeßliche Ebene, welche von Buenos Ayres an süd- und westwärts sich ausdehnet, und unter dem Namen Terra magallanica bekannt ist, wird von wilden und berittenen Völkerschaften bewohnet, die eben so vielerlei

L 3
Spra-

Sprachen als Namen haben. Die Spanier heißen sie Pampas, Feldbewohner, oder Serranos, Gebirgleute, die Indianer in Peru aber durchgängig Aucas, das ist, Feinde oder Aufrührer. Im Grunde aber werden sie in Puelches, Peguenches, Thuelchüs, welche wir Patagonier nennen, Sanguelches, Muluches und Araucanos, die Bewohner der Gebirge von Chili, abgetheilet. Die Namen dieser Völker klingen schreckbar; aber schreckbarer noch sind ihre Gemüthsart, Thaten, Sitten und Gebräuche. Eine genaue Schilderung davon würde einen ganzen Band ausfüllen. Ich werde daher, wie gewöhnlich, nur im Vorbeigehen einiges anmerken. Das Gebiet dieser Völkerschaften erstrecket sich von Süden nach Norden bei 100, von Osten nach Westen aber bei 200 Meilen weit. Wasser und Holz hat es wenig, aber um desto mehr Waldpferde. Straußen halten sich gleichfalls daselbst in unglaublicher Menge auf. Das Pferd, auffer welchem diese Wilden auf die Reise nichts mitnehmen, giebt ihnen Speise, Kleidung, Haus, Bett, Waffen, Arzney, Zwirn, und Gott weiß, was alles noch. Sie essen täglich Pferdebraten, wenn sie keine Straußen bei der Hand haben. Aus der Roßhaut machen sie sich ihr Bett, ihre Kleidung, Stiefel, Gezelte, Sättel und Riemen sowohl zum Zaum als zu Waffen. Die Sehnen brauchen sie zum Nähen statt des Zwirns. Die zerlassene Fette der Pferde trinken sie statt des Honigs. Dadurch, daß sie ihr Haupt mit Pferdeblut, und gleich darauf mit Wasser waschen, glauben sie stark zu werden. Aus den Mähnen flechten sie sich Stricke. Selbst die Läuse, die an ihren roßhäutenen Mänteln wachsen, verzehren sie mit der größten Lust, als das herrlichste Leckerbischen. Sie betrinken sich gar sehr, und verwenden daher alles, um sich von den Spaniern Brandtwein, diesen Zunder ihrer blutigsten Zänkereyen, grausamer Todtschläge, und täglicher Laster, zu erhandeln. Daher war es auch zu Buenos Ayres eine Hauptsände dieses

ver-

verderbliche Getränk dem Wilden zu verkaufen; deren Los-
sprechung der Bischof sich zu meiner Zeit vorbehalten hatte.
Um ein einziges Fläschgen Brandwein kauft sich der wilde
Freyer ein junges Mädchen von dessen Eltern zur Frau.
Wenn man das erstemal Johannesbrod im Wasser trinket,
laufen alle mit vielen Cäremonien zu den Gräbern ihrer
Anverwandten, und schütten unter dem kläglichsten Gejam-
mer dieß Getränke darauf aus, äusserst betrübt, daß die
Begrabenen nicht mit ihnen trinken können.   Im Kriege
sind sie den benachbarten vorzüglich furchtbar. In einem hurtigen Pferde, ihren Pfeilen, einem Säbel, einer Lanze und drey
steinernen mit Leder überzogenen und an eben so viel Riemen
hängenden Kugeln besteht ihr ganzer eben nicht zu verach-
tender Waffenvorrath.   Auf einen einzigen solchen Stein-
wurf zerschmettern sie Menschen und Vieh.   Oft
verwickeln die Pferde ihrer Feinde ihre Schenkel in diese
drey Riemen, fallen, und stürzen den Reuter, dem sonst
nichts fehlet, herab.   Uebrigens treffen die Wilden mit
ihren Steinkugeln weit gewisser, als die Europäer mit den ihrigen von Bley, die sie aus ihren Musqueten abfeuern,
und machen auch sichtbarere Wunden.   Die Dragoner von
Buenos Ayres empfiengen durch diese gefährliche Waffe oft
derbe Schlappen, und wollten sich daher nie gern an diese
Reuter wagen.   Sie wußten, daß jedes Gefechte mit diesen
Wilden blutig, meistens zweifelhaft und nur sehr selten für
sie siegreich ausfiel.   Die südlichen Indianer haben dergleichen Steinkugeln von verschiedener Art.   Die grösseren
schleudern sie im Kriege auf ihre Feinde, die kleineren
brauchen sie auf der Jagd wider das Gewild.   Ihrem
Beispiele folgen nun auch die Spanier und andere Indianer.   Selten wird man auf dem flachen Lande eines Reuters gewahr werden, von dessen Mantel oder Gürtel nicht
solche Steinkugeln (die Spanier heißen sie las bolas) herabhiengen; und wirklich wissen die meisten bei Gelegenheit
sehr glücklich davon Gebrauch zu machen.

Die

Die Wilden zeigen sich dazumal am grausamsten, wenn sie ihren Feind an beiden Schenkeln verstümmelt, und sich wie ein Wurm auf der Erde windend, den Qualen eines langsamen Todes überlassen. Auch rücken sie mit dieser Drohung, wenn sie aufgebracht sind, gleich hervor.

Diejenigen, welche sie auf einen Streich odtschlagen, haben von einer sanften und gelinden Behandlungsart zu sprechen. Ein rasendes Mitleid verleitet sie ihre Sterbende, um ihrem Schmerz bald ein Ende zu machen, noch im Leben einzugraben. Der P. Mathias Strobl, ein Steyermärker von Bruck an der Muth, der 14 Jahre bei diesen Völkern zubrachte, zog einen dieser Unglücklichen noch lebendig aus dem Grabe hervor. Sonst bemahlen sie denjenigen, welcher schon allgemach mit dem Tode ringet, ihrer Sitte gemäß mit verschiedenen Farben, und behängen ihr galamäßia mit Glaskugeln, welche aber blos blau seyn dürfen. Den Leichnam des Verblichenen richten sie in eine Lage, daß seine Kniee das Gesicht berühren. Seine Pferde schmücken sie anfangs mit kleinen metallenen Schällen, Glaskugeln und Straußenfedern, und tödten sie am Ende, nachdem sie selbe einigemale um das Gezelt des Verstorbenen herumgeführet haben. Eben dieses Loos wartet auch auf seine Hunde. Die Aeser der Pferde werden bei seinem Grabe auf Pfäle aufgesteckt, und bunte Kleider, wie Kriegsfahnen herumgepflanzet. Sie glauben, daß die Menschen- und Straußenseelen in unterirrdischen Zelten herumwallen. Das übrige, was das Aussehen dieser Wilden, und ihren lächerlichen Aberglauben betrifft, werde ich an seinem Orte mit anmerken, wenn von den Abiponern weitläuftiger die Rede seyn wird. Dieß sind die noch übriggeoliebenen Nationen in Paraquay. Von vielen ist außer ihrem in der Geschichte, und in den Landkarten aufgezeichneten Namen aus verschiedenen Ursachen schon lange nichts mehr vorhanden. Dergleichen sind: die Caracaràs, Hastores,

ſtores, Ohomàs, Timbùs, Ceracoàs, Naniques, Agazes, Itapurùs, Urtueſes, Perabazones, Frentones, Aquilotes &c. &c. Wenn aber ſoll dieß wunderbar verkommen, nachdem in Europa, Aſien und Afrika, die mächtigſten Nationen gleichen Schickſale unterlagen, deren Namen wir zwar aus Büchern wiſſen, deren eigentliches Vaterland aber, ſo zwie ihre Dauer, Städte und Untergang unter den Alterthumsforſchern die heftigſten Streitigkeiten, die wohl nie entſchieden werden dürften, veranlaſſen?

Dieß will ich hier als einen Zuſatz beifügen. Kaum findet man eine Nation in Paraquay, um welche ſich nicht unſere Leute Mühe gegeben, der ſie nicht, ſo oft es thunlich war, Flecken erbauet, und Menſchlichkeit, Religion und Unterwürfigkeit gegen den katholiſchen König beizubringen geſucht hätten. Vorzüglich aber haben ſich die Quaranier, die zahlreichſten aller Völkerſchaften in Paraquay, und ſo zu ſagen die Beherrſcher, welche von den Europäern durch ihre Waffen nie zu Paaren getrieben werden konnten, bei dem Unterricht unſerer Väter folgſam und gelehrig bezeigt, und faſt durch zwey Jahrhunderte Gott und dem katholiſchen Könige ſo eifrig gedient, als man es von keinem andern amerikaniſchen Volke verlangen oder erwarten dürfte. Fürwahr die Quaranier haben es den gottesfürchigen Königen von Spanien zu danken, daß ſie ihnen aus Europa zu ihrem Unterricht in der Religion Jeſuiten hineingeſchickt und reichlich unterhalten, daß ſie ihnen nur einen mäßigen Tribut abgefodert, daß ſie, um ſelbe wider ihre Neider und Verläumder zu ſchützen, königliche Briefe ausgefertiget, und mit tauſend Gunſtbezeugungen mildreichſt überſchüttet haben. Das Andenken dieſer Wohlthaten wird kein Zeitalter bei ihnen vertilgen. Indeſſen wird doch auch niemand, der ſich in Paraquay ein wenig umgeſehen hat, in Abrede ſtellen, daß auch die Spanier den

L 5

von

von uns gebildeten Quaraniern vieles schuldig sind. Denn sie haben fast alle Kriege, welche die Spanier wider auswärtige und einheimische Feinde geführet haben, mitgemacht, und an den meisten Siegen dieser letzteren nicht. wenig Antheil. Vielmal haben sich alle indianische Nationen in Geheim zum Untergange der Spanier verschworen. Ohne Zweifel würde eine so ungeheure Anzahl der Aufrührer über den kleinen Haufen der Europäer gesiegt haben, wenn sich nicht die Quaranier aus Ergebenheit gegen den katholischen König den Anschlägen und Unternehmungen der Widerspenstigen nachdrücklich widersetzt hätten. Aus nachstehendem Vorfall mag man auf das übrige schliessen.

In den Jahren 1665 und 1666 machten beinahe alle Indianer Anschläge die Spanier aus der ganzen Provinz zu verdrängen; und der Geist des Aufruhres und der Widerspenstigkeit hatte sich in ganz Paraquay verbreitet. Der Statthalter Alphonsus Sarmiento eilte auf diese Gerüchte ganz erschrocken aus der Stadt Assumtion mit einem kleinem Korps nach dem Flecken Arecaya, welches ungefehr 60 Meilen davon am Fluß Yeyuy liegt; weil ihm die Treue der dortigen Einwohner verdächtig vorkam. Die meisten waren Privatspaniern dienstbar, und daher mit ihrem Schicksale sehr unzufrieden. Allein sie verstellten sich und empfiengen den Statthalter mit allen ihm gebührenden Ehren, so daß dieser für denselben Zeitpunkt nichts Arges mehr besorgte, und sich in den aus den Aesten der Bäume und Stroh in der Eile aufgeschlagenen Hütten mit seinen Leuten lagerte. In der Nacht fielen die Indianer mit Waffen aller Art über die Spanier mitten im Schlafe her, und steckten selbst dieser ihre Hütten in Brand. Von den letztern blieben einige auf dem Platze; viele wurden verwundet, und die Kleider der meisten verbrannt; das Pulver flog in die Luft; und die Aufrührer bemächtigten sich einiger

Musque-

Musqueten. In diesen mißlichen Umstäcden flüchteten
sich die meisten Spanier theils nackt, und theils verwundet in die nahe Kirche, worinn sie sich, wie in einer kleinen Schanze eine Zeitlang sicher glaubten; allein Mangel
an Lebensmitteln und Wasser rieb sie beinahe auf. In
der äußersten Noth nahmen sie zum Weihwasser, welches
in einem grossen Gefäße aufbewahret wurde, ihre Zuflucht.
Weil sich die Feinde um die Kirche herum postirten, so
war ihnen alle Gelegenheit zur Flucht oder Proviant zu
erhaschen benommen. Da die Hungersnoth immer drin-
gender wurde, so versuchten die kühnsten unter den Be-
lagerten die Wachsamkeit der Indianer zu hintergehen,
und sich in den Flecken herauszuschleichen, aus welchem
sie auch eine Portion Wasser nebst einem Schwein zum
grossen Labsal der Bedrängten mit sich zurückbrachten.
Die spanischen Geschichtschreiber erzählen, daß die Verwundeten durch den Genuß des Schweinefleisches (Die
Mediziner mögen hierüber lachen, wie sie wollen) genasen.
Vielleicht waren es solche, denen der Hunger noch weit unerträglicher als ihre Wunden schien? Von dieser äußerst kritischen Lage, worinn sich der Statthalter mit seinen Spaniern befand, wurden die quaranischen Ytatinquas,
deren sich bei 8000 in den von uns erbauten und unterhaltenen Flecken S. Ignaz, und unserer lieben Frau vom
h. Glauben aufhielten, benachrichtiget; durch welchen Weg
weiß ich nicht. Beide Kolonien standen sammt ihren
Seelsorgern unter dem P. Quesa, einem Sardinier.
Weil dieser jeden Aufschub und jedes Berathschlagen in diesen Umständen für äußerst bedenklich hielt, so begab er
sich mit 200 Indianern zu Pferde alsogleich auf den Weg,
auf welchem der Moräste und Flüße wegen nicht leicht
fortzukommen war, und eilte dem bedrängten Statthalter
zu Hilfe. Wider alles Vermuthen langte er noch innerhalb 24 Stunden in dem Flecken Arecaya an, wo er
dann auf der Stelle die aufrührischen Indianer angriff,
eine

eine Menge theils tödtete, theils gefangen nahm, und
nicht wenige verwundete. Man kann sich vorstellen, mit
welchen Ausdrücken der Erkenntlichkeit die nunmehr erlö-
sten Spanier ihre Befreyer empfiengen. Aus den Quaraniern wurden 3 Reuter auserlesen, welche, ohne auf
die Beschwerlichkeiten des Weges zu achten, die Briefe
des Statthalters spornstreichs nach Assumtion bringen
mußten, um daselbst von dem, was vorgefallen war, und
was noch zu seiner und zu der Provinz Sicherheit vorge-
kehret werden sollte, Nachricht zu geben. Als nachmals
der Hof zu Madrit von diesem Vorfalle Bericht erhielt,
bewunderte selber die Treue und die Tapferkeit der Quaranier.
Selbst der König legte ihnen in einem Schreiben an sie
das verdiente Lob bei. Dieses unvergängliche Denkmal
der unverbrüchlichen Treue der Quaranier gegen den König,
und dieses seiner Gewogenheit gegen jene wird in dem
Archive des Fleckens unserer lieben Frau vom h. Glauben
aufbewahret. Der Statthalter hingegen konnte, eingedenk
der ihm geleisteten Dienste, des Lobes kein Ende finden;
ja er bekannte öffentlich, daß, wenn die spanische Monarchie
überall so getreue Unterthanen, und von einer so vortreffli-
lichen Mannszucht hätte, sie über alle ihre Feinde gewiß
siegen würde. Es läßt sich aus bewährten Schriftstellern
beweisen, daß die Empörungen, welche die aufrührerischen
und kriegerischen Nationen, alle Spanier aus dem Lande
zu jagen, anzettelten, wirklich ausgebrochen wären, wenn
sie nicht die Macht und die beharrliche Treue der Quaranier gegen den König davon abgeschrecket hätte. Allein
eben dieses zog ihnen auch den Haß aller der Wilden zu,
welche gegen die Spanier einen unversöhnlichen Groll hegen. So haben die Quaycurus eine zahlreiche und äußerst
kriegerische Nation den zween Flecken der Ytatinguas durch
beständige Uiberfälle, Niedermetzelungen und Viehraub viele
Jahre also zugesetzt, daß diese um der Ruhe willen an
ihren itzigen Platz zwischen den Flüßen Parana und

Paraquay gezogen sind, wo sich die Nachkommen derer, die den in Arecaya beängstigten Spaniern zu Hilfe kamen, noch aufhalten.

In eben dem Jahre 1665 verheerten die Calchaquier, eine der streitbarsten Nationen, alle Aecker und Meyereyen um die Stadt Santa Fè herum; schlossen die Stadt selbst ein, und brachten sie auf das äußerste. Während da alles zitterte, ließ der Statthalter Anton de Vera Muxica ein beträchtliches Korps Quaranier aus ihren Flecken am Uruquay heranrücken. Diese hieben unter den Belägerern so grimmig herum, daß sich die Uibriggebliebenen eilends durch die Flucht retteten, und viele Jahre aufs Wiederkommen vergaßen. Ich würde nicht fertig werden, wenn ich alle ihre Unternehmungen von dieser Art anführen wollte. Oft haben mehrere tausend Quaranier viele Jahre in dem königlichen Heere mit dem Ruhme einer besondern Treue und Tapferkeit gedienet, man mochte nun wider die Portugiesen, oder die aufrührischen Spanier der Stadt Assumtion, welche sich den königlichen Befehlen hartnäckig widersetzten, oder wider die Indianer, die sich wider die Spanier und ihre Regierung verschworen hatten, zu Felde gelegen seyn. Diese unbegränzte Anhänglichkeit aber gegen den König hat ihnen niemand anderer als unsere Väter eingepflanzet, indem sie vorher, ehe sie sich unserer Unterweisung und Aufsicht anvertrauten, sich stetts als die abgesagtesten Feinde der Spanier gewiesen haben. Es hat uns nicht wenig Zeit und Mühe gekostet, bis sich diese übermächtige, und auf ihre Freyheit ärger noch als das Gewild erpichte Nation unter die göttlichen und königlichen Befehle schmiegte. In der That haben auch viele, welche in andern Dingen unsere Ehre brandmarkten, die kühnen und glücklichen Bemühungen der Jesuiten für die Quaranier

nier bewundert, und denselben die herrlichsten Lobsprüche beigelegt.

Man höre den berühmten Bougainville (Voyage Autour du Monde Seite 121) welcher von unseren Missionären bei den Quarantern nicht wie ein Geschichtschreiber, sondern als ein Lobredner zu sprechen scheint. Sie haben, sagt er, die Laufbahne ihrer Unternehmungen mit der Seelengröße der Martyrer, und einer wahrhaft englischen Geduld betretten. Diese zwo Eigenschaften kamen ihnen sehr wohl zu statten, wenn sie trotzige, wankelmüthige, und auf ihre Meinungen und alte Freyheiten äußerst eingenommene Wilden aus ihren Wäldern herauszuziehen, und bei ihnen zu bleiben vermögen, oder sie zum Gehorsam oder zu nützlichen Arbeiten gewöhnen sollten. Uiberall stießen ihnen unzählige Schwierigkeiten auf, und bei jedem Schritte zeigten sich neue Hindernisse. Allein ihr apostolischer Eifer überwand sie alle; und ihre Leutseligkeit machte zuletzt dieses unbändige und rohe Waldvolk willfährig und zahm. Sie brachten die Wilden in Kolonien zusammen, gaben ihnen Gesetze, und unterrichteten sie in schönen und nützlichen Künsten, so daß sie die barbarische Nation ohne Religion und Menschlichkeit in ein sanftes, gefälliges, höfisches und dem christlichen Glauben besonders ergebenes Volk umstalteten. Hingerissen von den siegenden Gewalt der Beredsamkeit ihrer Apostel gehorchten die Indianer freywillig Männern, von denen sie sahen, daß sie sich für ihre Glückseligkeit aufopferten. So ehrenvoll spricht von uns Bougainville, und, wie ich nie gezweifelt habe, von ganzem Herzen. Indessen werden vielleicht dennoch einige dieses (ganz Paraquay ist Zeuge) gewiß verdiente Lob in Zweifel ziehen. Aber wie! da eben dieser Schriftsteller zwar nicht aus Mißgunst, sondern durch die Erzählungen der Uibelgesinnten, und Unwissenden zu Buenos Ayres hintergangen, seiner Geschichte

eine

eine Menge für uns eben nicht sehr rühmlicher Dinge von
den Flecken der Quaranier, einschaltet, sollten wohl Vernünftige Anstand nehmen ihm in dem, was er von uns
Lobwürdiges sagt, Glauben beizumessen? Aber sey es
auch, daß man den Herrn von Bougainville nur damals
glaubwürdig finde, wenn er Böses von uns spricht, so
kann uns dennoch nur sehr wenig daran gelegen seyn.
Man hat so viele gedruckte Briefe der Bischöfe und
Statthalter an die Könige von Spanien und Päbste,
welche zu Genüge beweisen, daß die Mühe, die sich die
Jesuiten um die Quaranier und andere Völkerschaften
schon in das zweyte Jahrhundert geben, weder unnüz, noch
vergeblich verwendet war. Man erlaube mir aus dem
lateinischen Schreiben des würdigen Bischofs Johannes
de Sarricolea Y olea aus Paraquay von 13 November
1730 an den Pabst Klemens den XII. eine Stelle anzuführen. — — In den volkreichen Flecken, heißt es daselbst, welche die Jesuiten inne haben, wohnen die Indianer, welche sie aus der heidnischen Barbarey durch ihren evangelischen Fleiß, ihre Arbeit und Standhaftigkeit
zum katholischen Glauben gebracht haben. Diese Kolonien
sind mit dem Blut der Missionäre gepflanzet, mit ihrem
Schweiße begossen, und mit Wort und Beispiel gepfleget
worden. In diesen 30 paraquayschen Flecken, worinn bei
130000 Quaranier gezählet werden, blüht fast ganz die
Frömmigkeit der ersten Christen, und Tempel und Gottesdienst sind daselbst in vollem Glanze zur Beschämung
der alten Christen, zum Erstaunen der Wilden, zur Verwunderung der Natur, zum Triumphe der Gnade, zum
Siegeszeichen des Kreuzes Christi, ꝛc. So oft ich dieses
Schreiben des erlauchten Bischofes las, so oft glaubte ich
die alte Aufrichtigkeit der Spanier aus dem Munde der
Römer zwar nicht so zierlich, aber eben so offenherzig
sprechen zu hören. Mit diesem Briefe stimmen auch die
von andern Bischöfen in Paraquay als des Josephs Pa-

los

ron Aſſumtion vom J. 1725, und Joſeph Peralta Biſchofs von Buenos Ayres vom J. 17+3 an den König von Spanien überein. Emanuel Abad Y'llana Biſchof in Tukuman ſchrieb, als er in den Flecken ſeiner Diöces, worinn unſere Leute verſchiedene indianiſche Nationen unterrichteten, die gewöhnliche Unterſuchung anſtellte, in die Pfarrbücher das herrlichſte Lob der Jeſuiten ein. Ebendaſſelbe that auch im Jahre 1765 Emanuel de la Torre, Biſchof zu Aſſumtion, da er um eben dieſe Zeit, das iſt, ehe wir aus Paraquay vertrieben wurden, die quaraniſchen Flecken unterſuchte. Hingegen verfolgte Bernardinus Cardenas Biſchof von Aſſumtion, dieſer Störer der ganzen Provinz, wie aus den Jahrbüchern erhellet, im vorigen Jahrhunderte die Jeſuiten, weil ſie ſich ſeinen unruhigen und aufrühriſchen Anſchlägen widerſetzt hatten, aus allen Kräften; legte ihnen eine Menge zur Laſt, und vertrieb ſie aus ihrem Kollegio und der Stadt Aſſumtion. Allein ihre Verbannung währte nicht lange; denn ſie wurden durch königliche Authorität wieder in ihre vorige Sitze eingeſetzt. Durch ebendieſelbe wurde der unruhige Prälat, welcher ſich die Gewalt eines Statthalters angemaſſet hatte, gezwungen, die Stadt und ſein Biſtum mit dem Rücken anzuſehen, ohne dieſes wieder jemals zu erhalten. Alles dieſes iſt weder unbekannt, noch zweydeutig. Von ſo einem Manne getadelt zu werden, mußten wir uns zu einer Ehre anrechnen. Eben dieſes gilt auch von dem bekannten Joſeph Antequera, dieſem Diokletian der Jeſuiten. Dieſer vertrieb anfangs den rechtmäßigen Statthalter von Aſſumtion Didacus de los Reyes mit Einwilligung aller aufrühriſcher Spaniern; nachmals aber ſetzte er ihn gefangen, und warf ſich durch ſeine boshaften Ränke zum Statthalter auf. Den Garzia Ros, welchen der Vicekönig von Peru in dieſe Provinz als Statthalter um die Unruhen darinn zu dämpfen geſchicket hatte, warf er in einen düſteren Kerker. Der Unterkönig ertheilte

daher

dem Bruno Moritz de Zaballa Statthalter von Buenos Ayres Befehle Antequera den Urheber der Empörung und das Haupt der Anführer zu Paaren zu treiben. Hierauf trat Zaballa mit 6000 Quaraniern und einem kleinen Haufen Spanier nach Assumtion den Marsch an. Als nun Antequera sah, daß die königlichen Völker den seinigen weit überlegen waren, so nahm er auf 3 Jagdschiffen, die er mit 40 Mann besetzt hatte, auf dem Fluß Paraquay die Flucht. Er wurde aber in der Stadt Plata, welche auch Chuquisaca heißt, eingehohlt, und im April 1726 nach Lima der Hauptstadt in Peru geliefert. Nachdem man seine Sachen auf das genaueste durchsucht hatte, fällte endlich der Unterkönig das Todesurtheil über ihn, kraft dessen er enthauptet werden sollte. Dessen ungeachtet wurde er im Geheime erschossen, weil man befürchtete, der Pöbel, welcher seinem Landsmanne sehr zugethan war, möchte ihn den Händen der Gerechtigkeit mit Gewalt entreißen. Der Ehrgeiz, sagt ein spanischer Schriftsteller, und andere Laster, denen sich Antequera überließ, schleppten den sonst scharfsichtigen Mann in den Kerker und selbst auf die Stätte des Todes. Die Jesuiten überhäufte er, weil sie es mit ihren Quaraniern stäts mit der Parthey des Königs hielten, mit allen möglichen Verläumdungen und Schmähungen; vertrieb sie gewaltsam aus ihrem Kollegium, das ihnen aber nachmals wieder eingeräumet wurde, und fügte den nahe bei der Stadt gelegenen Flecken der Quaranier so viel Uibels zu, daß sie ihrem Untergange nahe waren. Anton Ulloa, welcher sich in seiner Geschichte zwar ohne seine Schuld vielmals geirret hat, wurde auch hierinfals von den Peruanern hintergangen, nach deren Urtheil Antequera ihr Landsmann entweder ganz unschuldig war, oder doch eine gelindere Strafe verdienet hätte. Allein, diejenigen, die um die Sache wissen, lachen mit Rechte über sie. Außer den angeführten gab es noch in Paraquay

M   Leute

Leute von verschiedenen Ständen, welche bald aus Neid, bald aus Eigennutz die Jesuiten, die sich die Kultur der paraquaischen Kolonien angelegen seyn ließen, auf allerley Art schmäheten. Allein nur Blödsinnige oder Unwissende lassen sich durch ihr Geschwätz berücken. Vernünftige Obrigkeiten haben sie öfters als Verleumder erkläret, und bestrafet. Ich kann, und mag mich mit der Erzählung dieser Begebenheiten nicht abgeben, weil man sie in allen Geschichten von Paraquay durchgängig antrifft. Man wird bei Durchlesung derselben gewahr werden, daß die Jesuiten von vielen angeklagt worden sind; daß aber die Anzahl ihrer Vertheidiger, nämlich der Könige, Bischöfe, Statthalter ꝛc. welche die Falschheit der Anklage mit Augen sahen, die ihrer Feinde weit überstieg. Wie viel den Quaraniern die Mühewaltung der Jesuiten genutzt habe, liegt an dem Tag, so daß wir fremder Zeugnisse nicht einmal nöthig haben. Denn als wir im Jahre 1767 die 32 Flecken der Quaranier, an deren Erbauung unsere Väter ihre Mühe beinahe durch 2 Jahrhunderte verwendet haben, verließen, so waren das Christenthum und alle nützlichste Künste darin in ihrem blühendstem Zustande. Auch enthielten die Kolonien die bequemsten Häuser, prächtige Kirchen, einträgliche Marereyen, und was das vorzüglichste ist bei 100000 Christen. Wir schifften uns nach Europa ein, und wünschten uns dieß einzige zum Preise unseres Schweißes, und des von unsern Brüdern vergossenen Blutes, daß diese unsere Söhne in Christo in ihrem ungeheucheltem Eifer für die Religion, und ihrer unverbrüchlichen Treue gegen Gott und den katholischen König beharren möchten. Nachdem wir unsere Uiberfahrt über das ungeheure Meer, welches Amerika von Europa scheidet, glücklich und freywillig vollbracht haben, fürchteten wir uns nicht mehr dieselben noch einmal hinüber machen zu müßen: aber das besorgten wir, daß sich nicht unsere Schaafe

nach

nach dem Verluſt ihrer Hirten zerſtreueten. Möchten wir doch einmal ſichere Nachricht erhalten, daß unſere Beſorgniß ungegründet ware.

Von den zehn von unſern Leuten gebauten und unterhaltenen Flecken der Chiquiten an den Gränzen von Peru, welche gegen das Ende des 1767ſten Jahres 5173 Familien, und in allen 23788 Köpfe zählten, habe ich oben Meldung gemacht. Dieſe Indianer wurden wegen ihrer kriegeriſchen Gemüthsart, und vergifteten Pfeilen durchgängig gefürchtet, und dienten mit vieler Treue und Tapferkeit ſowohl wider die Wilden, als auch wider die Portugieſen, ſo oft ſie von dem Statthalter des Königs dazu aufgeboten wurden. Weniger volkreich aber deſto wichtiger für die öffentliche Sicherheit waren die 4 Kolonien der Abiponen, die zwo der Mocobis, eine der Tobas, und noch eine andere der Mbayas, welche wir dieſen berittenen, und ſtreitbaren Nationen erbauet, und bis zu unſerer Abreiſe unterhalten haben. Hiezu füge man noch die unberittenen Lules, Vilelas, Chiriguanas, Chunipies, Homoampas, &c. die wir zum katholiſchen Glauben bekehret, und in die Kolonien verſetzet haben. An Sprachen, Sitten, und Gebräuchen kömmt keine den andern gleich, doch verlegen ſich alle auf den Ackerbau. Dieſe von uns gelegten Pflanzungen ließen wir bei unſerer Abreiſe in Europa andern Wärtern über.

Verſchiedene Flecken, die theils wir, theils auch andere angelegt haben, exiſtiren ſchon lange nicht mehr, zum Theil wegen des Leichtſinns der Einwohner, die ſich wieder nach ihren vorigen Aufenthalt ſehnten, zum Theil aber auch wegen der Bosheit, Schlafrigkeit und des Geizes der Europäer. Nach dem Zeugniß des P. Joſeph Sanchez Labrador, welcher ein hiſtoriſches Manuſkript hier-

M 2 über

über selbst eingesehen hat, sind bei 73 indianische Flecken
von verschiedenen Nationen in Chaco eingegangen. Mit
der Anführung ihrer Namen fürchtete ich die Geduld meiner Leser zu ermüden. Für die südlichen Wilden, welche
die Terra magallanica bewohnen, haben unsere Leute noch
in diesem Jahrhundert mit ungeheuren Kosten 3 Flecken
angelegt, und der seeligsten Gottesgebährerin gewidmet.
Der erste, welcher von der unbefleckten Empfängniß den
Namen Conception führet, hat Pampas von allerlei südländischen Nationen zu Einwohner, und diente den Kolonisten von Buenos Ayres zur Schutzwehre. Diese neu er-
richteten Pflanzungen standen zween Männer vor, die allezeit viele Gottseligkeit, Klugheit, und in Erdultung der
Beschwerden eine besondere Größe der Seele bewiesen haben, nämlich der P. Mathias Strobl aus der österreichischen, und P. Emanuel Querini aus der römischen Provinz. Die Familie dieses letzteren ist unter den venetianischen eine der berühmtesten; und sein Geburtsort die grie-
chische Insel Zante, worauf sein Vater die Stelle eines
Statthalters der Republick bekleidete. In der Akademie
zu Korduba lehrte er die Philosophie, und verwaltete nicht
nur die vornehmsten Kollegien, sondern auch die ganze Provinz. Von seiner Tugend hatte jedermann hohe Begriffe.
Als er aus Amerika mit seinen übrigen Mitbrüdern zurückkehrte, hatte ihn zu Rom Klemens der XIII. sein
Landsmann, und einst sein Mitschüler sehr lieb, wo er
auch vor wenigen Jahren sein Leben beschloß. Beide Väter hatten sich bei den Quaraniern lange aufgehalten, und
sich eine besondere Geschicklichkeit mit den Indianern um-
zugehn, und ihr Herz zu lenken eigen gemacht. Dadurch
bekehrten sie nicht wenig Pampas zum Christenthume.
Die Nachbarschaft der Stadt und der spanischen Mayereyen,
wo es weder an Brandwein noch an Aergernisse mangelte, hinderte sie die Wilden auf bessere Wege zu bringen auf eine ganz unglaubliche Art. Die Serranos,

und

und die manchmal unter ihnen wohnenden Patagonen,
welche die Pampas zu besuchen von allen Seiten herzukamen, wurden theils durch die Freygebigkeit dieser Väter gewonnen, und theils auch durch die Bequemlichkeiten, welche die Einwohner der Flecken genossen, gereizet
den Wunsch zu äußern, daß ihnen auch auf ihrem vaterländischen Boden so ein Flecken gebauet würde. Diesen Wunsch suchten wir ihnen auf der Stelle zu befriedigen. Zu diesem Endzweck begaben sich die P. P. Cardiel und Falkoner, wovon dieser ein Engelländer und
geschickter Mediziner, der andere ein Spanier sehr eifrig
und unerschrocken, beide aber zum Umgang mit den Indianern von Natur gemacht waren, in die Wüste zu den
Wilden, um ihre Gesinnungen auszuforschen, und sich um
einen bequem gelegenen Platz für die zu errichtende Kolonie umzusehen. Es hielt sehr schwer einen solchen zu
finden, weil einerseits das Wasser, auf der andern Seite
hingegen Bau = und Brennholz stets mangelt. Dessen ungeachtet wurde zuletzt dennoch die Kolonie angeleget, und
derselben der Namen Nuestra señora del pilar unsere liebe
Frau von der Säule beigeleget. Marike und Thschan-
euya zween Kaziquen, und leibliche Brüder zogen sich nun
mit 24 zahlreichen Hausgenossenschaften hinein. Die Aufsicht darüber wurde dem P. Mathias Strobl, weil er ihre
Sprache inne hatte, anvertrauet. Der verschiedenen
Schicksalen ungeachtet, welchen neuen Kolonien immer unterworfen sind, zeigte sich eine sehr gegründete Hoffnung
für ihre Aufnahme. Allein bald hätte ein unvermutheter
Streich die neue Kolonie, wie der Reif die Blüthen,
auf einmal zu Grunde gerichtet. Von ungefehr wurde
in der Gegend von Buenos Ayres ein Mord verübet.
Der Statthalter schickte Soldaten aus des Thäters habhaft zu werden. Eben dazumal war der Kazique Yahati
ein Serrano mit 15 Personen beiderlei Geschlechts nach der
Stadt gereiset, um verschiedene Kleinigkeiten, theils sich

M 3   einzu-

einzuhandeln, theils zu verhandeln. Er stieß daher auf
die Soldaten, welche ihn und die seinigen ohne das geringste Anzeichen als des Mordes verdächtig gefangen mit
sich fortführten, und in der Stadt in ein enges Gefängniß einschlossen. Diese ihren, wie sie gewiß wußten, unschuldigen Landesleuten zugefügte Unbild gieng dem Serranos unaussprechlich nahe. Der P. Strobl, welcher sich
damals unter ihnen aufhielt, lief augenscheinlich Gefahr
sein Leben zu verlieren, um für die Unvorsichtigkeit der
Soldaten zu büßen. Im vollen Grimme schickte das Volk
den Caziquier Marike, welcher an beiden Augen blind war,
aber bei ihnen im größten Ansehen stand, auf der Stelle
nach der Stadt ab, damit er von dem spanischen Statthalter die Befreyung seiner Gefangenen foderte, oder im Wei-
gerungs- und Verzögerungsfalle den Spaniern im Namen
der ganzen Nation den Krieg ankündigen sollte, welcher
von dem Augenblicke dieser Erklärung an anfangen würde. Diese stolze Drohung jagte dem Statthalter Joseph Andonaegui, welcher sich der Schwäche seiner Truppen, die er den zahlreichen Feinden entgegen zu setzen
hatte, bewußt war, viele Furcht ein. Er ließ daher
die Untersuchung über den Todtschlag noch einmal vornehmen. Nachdem man die Zeugen noch einigemal an-
gehöret hatte, zeigte sich zuletzt die Unschuld des Caziquen,
indem glaubwürdige Zeugen aussagten, daß er zur Zeit
des ausgeübten Mordes in einer Bude in der Stadt gewesen ist. Hierauf wurden die Bezüchtigte, welche 4
Monat lang in einem Kerker unschuldig schmachten mußten, von dem Statthalter einem sehr gerechtigkeitslie-
benden Mann auf freyen Fuß gesetzet, und ihnen erlaubt
wieder zu den Ihrigen zurückzukehren. Dieß ereignete
sich in Anfang des 1748sten Jahres, eben als ich zu
Buenos Ayres angelanget war. Nach ihrer Entlassung
aus der Gefangenschaft sah ich sie in unserem Kollegium,
und konnte mich bei ihrem Anblicke der Thränen kaum
ent-

enthalten. Ich unterhielt mich mit dem blinden Caciquen Maxike, einen gesprächichen Greis sehr lange mittelst eines Dollmetschen, der den lächerlichen Zunamen führte Domingo de los Reyes Castellanos, Dominikus von den spanischen Königen. Weil ich ihm in meinem Zimmer auf der Viola d'Amour vorspielte, und die von ihren Weibern gewebten Kleider sehr erhob, gewann mich der blinde Cacique so lieb, daß er mich tastänbig batt, ich möchte mit ihm in die Kolonie kommen um den alten P. Matthias Strobl unter die Arme zu greifen. Ich muß bekennen, daß mir mein Gaumen sehr nach dieser Reise wässerte. Wie angenehm antwortete ich ihm, wäre es mir, wenn ich mich gleich auf das Pferd setzen, und mit dir in das magellanische Gebiet ziehen könnte. Allein wir alle, die wir uns zu diesem Stande bekennen, dürfen aus eigenen Willen keinen Schritt thun, es sey denn, daß uns unser Kapitain (der Provinzial) irgendwohin schickt. Wo ist er, euer Kapitain, fragte der Alte hastig. In eben diesem Hause versetzte ich: worauf er sich straks durch einen andern in das Zimmer unsers Provinzials führen ließ, und ihm aus allen Kräften, wiewohl umsonst anlag, daß er mich ihm zum Gefährten mitgeben möchte. Der Provinzial gab ihm zu Antwort, daß ich itzt zu etwas andern bestimmt wäre, aber er versicherte ihm, daß er mich in zwey Jahren in seine Kolonien senden würde. Ich hatte noch das vierte Jahr der theologischen Studien, zu Korduba in Tukuman zu vollenden. Mein Oberer würde ohne Zweifel sein Wort gehalten haben, wenn er mich nicht jählings für die Abiponen gebraucht hätte.

Mit der Befreyung der Gefangenen zu Buenos Ayres schien sich auch der Sturm gelegt zu haben, und die Ruhe durch die neue Kolonie der Patagonier einen noch dauerhafteren Fuß zu gewinnen. Man errichtete näm-

nämlich diesen 4 Meilen von der Pflanzung zu U. l.
Frauen von der Saule einen besondern Flecken unter dem
Namen zur Muttergottes der Verlassenen (de los De-
samparados.) Zu Vorsteher desselben wurde der P. Lo-
renz Balda von Pampelona aus Navara ein Anverwand-
ter des h. Franziskus von Xavier nebst dem P. Augustin Bilert aus Catalonien ernannt. Die drey Caciquen
Chanat, Sacacku, und Taychocó zogen sich mit 80
Genossenschaften in diesen Pflanzort. Eine Genossenschaft
bestand aus 3 oder 4 zuweilen auch aus mehreren Familien; jede Familie aber aus 4, 5, manchmal auch
aus mehreren Köpfen. Denn die Patagonierinen sind
fruchtbar, und die Vielweiberei ist bei ihnen nichts Seltnes. Sie sind auch gelehriger als andere Südländer,
und der Taufe minder abgeneigt. Es thut mir leid,
daß ich ihrer Jugend weder Ehrbarkeit noch Schamhaftigkeit nachsagen kann. Die Spanier standen bis dahin
mit demselben beinahe in gar keinem Verkehr. Von ei-
einer so zahlreichen, willfährigen, und übrigens gutmü-
thigen Nation ließ sich für das Christenthum vieles erwarten. Allein auch hier machte die Hölle alle unsere
Hoffnung zu Wasser. Cangapol, von den Spaniern
Cacique bravo genannt, der sich durch seine Gestalt,
Leibs- und Geistesgröß, und Menge seiner Untergebenen
unter allen Caciquen am meisten auszeichnete, kurz den
Oberbefehlshaber in diesen Gegenden spielte, sah diese
neue Pflanzungen schon lange mit scheelen Augen an. Er
besorgte, daß die Freundschaft der Spanier weiter greifen, die Freyheit der südländischen Nationen Gefahr
laufen, und sein Ansehen, wodurch er in diesem Lande
eine Art von Obergewalt ausübte, nach und nach untergraben werden, und in Verfall gerathen möchte. Er
ließ sichs demnach seine hauptsächlichste Sorge seyn, wie
er die Flecken so bald als möglich zerstören, und die
Lehrer der neuen Religion aus dem Lande vertreiben
möch-

möchte. Er suchte daher so viele Wilde, als er konnte, zusammenzubringen, schloß mit ihnen ein Bündniß, und machte sich mit selben auf sein Vorhaben auszuführen. Auf die Nachricht, daß die Feinde in grosser Menge im Anzuge wären, schrieb der P. Strobl zeitig an den Statthalter und die Stadt Buenos Ayres um Hilfsvölker zur Vertheidigung der neuen Kolonie. Diese versprach wohl 70 Reuter aus der Landmiliz dahin abzuschicken; allein es kam nicht ein einziger. Jener entschuldigte sich mit der Unmöglichkeit dem Verlangen des Paters zu willfahren, so gern er auch wollte, weil er aufrichtig bekennen mußte, daß er seine regelmäßigen Truppen nicht einmal zur Vertheidigung des Hafens und der Cittadelle von Buenos Ayres für hinlänglich hielte. Da also der P. Strobl von den Spaniern, denen an der Erhaltung dieses Fleckens am meisten gelegen seyn mußte, eine abschlägige Antwort erhalten hatte, so entgieng er mit den Seinigen den Feinden, die bereits in grossen Tagreisen heranrückten, weil er zum Widerstand sich nicht stark genug fühlte, durch die Flucht. Die Flecken, Mayereyen, und Viehheerden wurden den Wilden überlassen. Allein diesen Verlust der Ochsen und Schaafe konnte man durch die Menge derjenigen Menschen, deren Leben man von dem Grimme der zahlreichen Schwärme der Feinde rettete, für hinlänglich ersetzt halten. Die Neubekehrten und Neugetauften, die es mit Gott und den Spaniern aufrichtig meinten, begaben sich mit ihren Seelenhirten in dem Flecken Conception als einem Zufluchtsort. Allein auch dieser Kolonie setzten die Wilden mit ihren täglichen Streifereyen also zu, daß man sie, weil sie die spanische Besatzung nur schlecht vertheidigte, den 13 Hornung 1753 verlassen mußte, zum offenbarsten Nachtheil der Stadt. Denn da nun die Wilden zu Pferde überall frey herumschwärmen konnten, so blieben die Mayereyen bei 40 Meilen weit von der Stadt ohne Viehwärter, und die

M 5

ihrer

ihrer Fruchtbarkeit wegen berühmten Getreidefelder um
S. Magdalena herum ohne Schnitter; weil alles davon
gelaufen war. Selbst in der Stadt, welche weder Gräben
noch Mauren und Thore hat, machten vielmals wirkliche,
und vielmals eingebildete Gefahren die zaghaften Einwohner
oft schändlich genug zittern. Ja den herumliegenden
Feldern und Mayereyen wurde von den streifenden Wilden eine Menge Vieh weggetrieben, und viele Menschen
theils ausgeraubt, theils erschlagen. Die Dragoner,
welche auf dem Felde herumpatrouilliren, und den Feind
im Zaume halten sollten, bekommen von Zeit zu Zeit
tüchtig Schläge. Die Silberwägen von Peru wurden
auf dem Wege vielmal weggenommen, und ihre Bedeckung und Fuhrleute jämmerlich ermordet. An der Bay
des Silberflusses Barragàn, wo die Schiffe umgeleget und
ausgebessert werden, brachten die Wilden oft die Einwohner auf das äußerste, niemals aber sind sie von jenen
sicher. Die, welche in der Absicht in die Salinen Salz
zu bringen, in grosser Anzahl nach Süden hin-
abgiengen, wurden öfters alle zusammen umgebracht. Erst
dann empfanden die Spanier die Wichtigkeit der südlichen
Pflanzungen, nachdem sie selbe, und die Hoffnung sie jemals wieder herzustellen verloren haben. Nun wandeln
so viele tausend Indianer in den mittägigen Provinzen in
tiefer Finsterniß herum; ein bejammernswürdiger Gedanke!
Wem sollen nicht das unsägliche Ungemach, die Beschwerlichkeiten der Reisen, der Mangel an allen Bedürfnissen,
die täglichen Lebensgefahren, welche unsere Väter durch
so viele Jahre für diese Völker ausgestanden haben, und
ihre viele vergeblich darauf verwandte Mühe, Thränen ablocken? Außer den Kindern, deren sie die meisten
vor ihrem Tode getaufet, und den Erwachsenen, die sie
in ziemlicher Anzahl für die Seligkeit vorbereitet haben,
ärndteten sie von allen diesen nicht die geringste Frucht
ein. Anfangs mußten sich die Väter, so lang bis man
ihnen

ihnen Schaafe und Ochſen zu ihrem Unterhalt ſchickte, mit
Pferdefleiſch vieler täglichen Nahrung der Indianer behel-
fen. Wann der P. Thomas Falkoner ein Engelländer
mit ſeinen Indianern die Felder durchſtrich, bediente er
ſich ſein Pferdfleiſch zu ſchneiden, allemal ſeines Huts anſtatt eines zinnernen oder hölzernen Tellers. Dadurch
aber wurde der Hut ſo fett, daß ihn die Waldhunde,
wovon in den dortigen Feldern alles voll iſt, während da
der P. Falkoner ſchlief, auffraſſen. Ich war in Buenos
Ayres, als er um einen neuen Hut bat, und ſich über
die Gefräſſigkeit der Hunde beſchwerte. Der Wohnort
des P. Strobels wurde, ich weiß nicht von welchen Bö-
ſewichtern angezündet. Das Dach von Stroh brannte
ſchon, und er würde ſelbſt in ſeinem tiefen Schlafe ohne
Zweifel ein Opfer der Flammen geworden ſeyn, wenn ihn
nicht ein treuer Indianer aufgewecket, und aus der Feu-
ersbrunſt gerettet hätten. Aber das getraue ich mir zu be-
weiſen, daß, ſo viel Böſes die Indianer unſern Vätern
auch zugefüget haben, dennoch denſelben von dem ſpaniſchen Pöbel, und Brand- und andern Waarenhändlern
noch weit mehr angethan worden iſt. Weil man ſie von
den Wilden zu entfernen ſuchte, rächten ſie ſich durch
allerlei Märchen, Erdichtungen, und Läſterungen. Wie
viel ließe ſich nicht hierüber ſchreiben, was für die Geduld der Väter rühmliche Beweiſe abgeben könnte. Der
Flecken Conception liegt unter dem 322 Grad 20 M.
der Länge und dem 36 G. 10 M. der Breite. Die
Kolonie zu U. l. Frau von der Säule lag von Conception 70 Meilen ſüdweſtwärts weg, von Buenos
Ayres ungefehr 110, von dem Flecken zur Mutter Gottes der Verlaſſnen hingegen nur vier.

Man darf aber nicht glauben, daß man dieß Geſchäft die ſüdlichen Nationen zahm zu machen, und zu
unterrichten bis auf unſere Zeiten ganz außer Acht ge-
laſſen

laſſen haben. Schon im vorigen Jahrhunderte wurde daſſelbe von den katholiſchen Königen und unſeren Vätern eifrig betrieben. Man ſuchte vergebens alle Möglichkeiten auf dieſe Völker Gott und dem katholiſchen König unterwürfig zu machen. Um vom übrigen nichts zu ſagen ſind daſelbſt blos die P. P. Nikolaus Maſcardi und Joſeph Quillelmo in ihren Miſſionen durch die Hände ihrer verwilderten, und ungelehriger Schüler um ihr Leben gekommen. Dieſe Grauſamkeit der Wilden ſchreckte unſere Väter in Chili und Peru nicht ab alles zu verſuchen um in den äußerſten Winkel des mittdägigen Amerika das Licht des Evangeliums zu verbreiten. Allein ihre Bemühungen waren ſtets vergebens, und hatten für ſie weiter keine andere Folge als den unſterblichen Ruhm, den ſie ſich durch ihre apoſtoliſche Starkmuth und unerſchöpfliche Geduld in Erduldung des Ungemachs erkämpfet haben. Schwere Unternehmungen bleiben allemal rühmlich, wenn ſie auch mit dem erwarteten Erfolg nicht gekrönet werden. Im J. 1745 wurd vom König Philipp dem V. das Schiff S. Antonius aus Kadix ahne Hicket mit dem Auftrage die magallaniſche Küſte, und die daran gelegene Landſchaften genau zu beſichtigen. Würde man eine Bucht, oder einen vortheilhaftgelegenen Platz antreffen, ſo ſollte derſelbe alſogleich wider auswärtige Feinde befeſtiget werden. Wofern man aber Wohnplätze der Wilden entdeckte, ſo ſolle man ihnen eine Kolonie und eine Kirche bauen. Deßwegen ſandte der König bei dieſer gefahrvollen Unternehmung auch 3 Jeſuiten mit: nämlich den P. Joſeph Quiroga einen ſtarken Mathematiker, und Marine verſtändigen (er wurde vom Hofe zu Madrit ſelbſt dazu auserſehen) den P. Joſeph Cardiel, und den P. Mathias Strobl als Vorſteher von beiden, weil er der dort üblichen Sprachen mächtig war. Der Kapitain des Schiffes hieß Joachim de Olivares von Kadix. Die Pilotendienſte verſahen Didacus

Va-

Varela ein Biscayer, und Basilius Ramirez von Sevilla, zwey der geschicktesten Seefahrer. Aus der Besatzung von Montevideo wurden 28 Mann sammt ihrem Hauptmann Salvator Martin de Olmo zur Sicherheit des Schiffes, und der Seeleute mitgenommen. Nachdem man im Hafen von Montevideo die Anker gelichtet hatte, gieng man den 17 Christmonat 1745 unter Segel. Die Winde bliesen eben so günstig, als die Erwartung von dieser Seereise groß war. Wo sich immer eine Gelegenheit zeigte, das Schiff an das Land zubringen, wurde eine Landung gewaget. Alles, was sich vom Erdreich oder Gewässern zeigte, wurde genau besichtiget, und von dem P. Quiroga in das Tagebuch der Reise auf das sorgfältigste eingetragen. Dieser fuhr in einem Bott alle Buchten, Bayen, Anfahrten und Seen aus, maß die Tiefe des Wassers, untersuchte die Inseln, Sandbänke, die dazwischen liegenden Klippen, und was immer für die Schiffahrt der Spanier zuträglich oder nachtheilig seyn könnte, und zeichnete alles umständlich auf. Die P. P. Strobl und Kardiel durchstreiften indessen zu Fuß auf verschiedenen Wegen unter einer Bedeckung von etlichen Soldaten die von der Küste etwas entlegenen Gegenden, untersuchten ihre Beschaffenheit, und forschten mit der größten Aufmerksamkeit, ob sie nicht etwa eine Spur irgend eines menschlichen Wohnplatzes, oder eine bequeme Lage zu einen solchen entdecken könnten. In dieser Absicht kletterten sie auf die stäubsten Berge hinauf, und entfernten sich oft von dem Ufer und ihren Gefehrten mehrere Meilen in der Hofnung Indianer gewahr zu werden: besonders da sie auf ein Grab stießen, in dem sich noch zween ganz frische Weibskörper und einen Mannskörper antraffen. Um das Grab herum, welches wie eine Hütte gebauet und gedecket war, hiengen 6 wollene Standarten von verschiedener Farbe. Weiters sah man Pferde auf hohen Pfälen aufgesteuert. Jeder todter
Kör-

Körper war in einem wollenen Tepich eingehüllet; der Kopf
des einen Weibes aber mit einem Blätchen und mit Ohrenge-
hängen von Messing gezieret. Hieraus schlossen die meisten,
daß hier Puelches vergraben seyn müßten; und überließen sich
der lebhaftesten Freude, weil ihrer Meinung nach die Wohnplätze der Wilden nicht mehr fern seyn konnten. Allein sie
jauchzten zu voreilig, wie sie dessen bald überzeugt wurden.
Denn obgleich der P. Strobl noch vier Meilen weiter
fortgezogen war, so konnte er dennoch weder von einem
Menschen noch von einem menschlichen Wohnort die geringste Spur auffinden. Er gab daher alle Hofnung auf,
und ließ durch einen Soldaten den P. Cardiel, der etwas weiter von ihm weg war, zu sich kommen. Dieser
hatte ebenfalls viele Meilen weit das Land durchgewandert, und war daher von seiner Reise ganz entkräftet.
Der P. Strobl hielt es daher nicht für klug, die Reise
noch weiter fortzusetzen. Er befürchte, sagte er, irgend
einem zahlreichen Geschwader der Wilden aufzustossen, denen sie weiter nichts als einige erschöpfte Fußgänger ent-
gegensetzen, und von denen sie daher ohne Mühe niedergemacht werden könnten. Er habe sich zwar lange schon
gewünschet, sein Leben in dem Dienst der Religion auf-
opfern zu können. Allein das Leben der andern könne
und wolle er nicht einer so augenscheinlichen Gefahr blos-
setzen. Wäre aber auch weder Gefahr noch Feind, so
würden sie dennoch, wenn sie noch weiter fortrückten,
weil ihre Lebensmittel alle aufgezehret wären, Hungers
sterben müssen. Diese Vorstellungen machte Strobl seiner
Schuldigkeit gemäß. Der P. Cardiel hingegen, dessen
Muth durch nichts erschüttert werden konnte, der weder
zukünftige Gefahren sich vorzustellen, noch die gegenwärtigen zu fürchten pflegte, mißrieth die Rückkehre, und
drang auf die Fortsetzung der Reise, indem in der Nähe irgendwo Wohnplätze der Wilden seyn müßten. Dessen Beweis glaubte er hierinn zu finden, weil er einen
weiß

haarigten Hund gesehen hatte, der seine Gefährten in
einem fort anbellte; nachher aber davon, und vermuthlich
zu seinen Herrn lief. Allein dieser Grund überwog die
des P. Strobels nicht; und beide Väter kehrten wieder
mit ihrer Bedeckung in das Schiff zurück. Hier wurde
die Sache noch einmal in genaue Erwägung gezogen,
das Urtheil aller Schiffsbefehlshaber darüber eingeholet
und beschlossen den P. Cardil, weil er so gern reisen
möchte, noch einmal reisen zu lassen, doch unter der Bedingung, daß er sich mit 34 Mann theils Soldaten,
theils Matrosen, welche sich hierzu freywillig anerbotten,
und mit Proviant auf 8 Tage auf den Weg begebe: welches auch den 20 Hornung geschah. Täglich wurden 7
Meilen gemacht, und zwar meistens auf einem wiewohl
schon ganz unkenntlichen engen Fußsteig der Indianer.
Trinkbares Wasser gab es überall im Uiberflusse. Außer
einigen Straußen, und Huenacken (Hirschen ähnlichen
Thieren mit Kamelrücken) sah man daselbst kein Gewild. Den 4ten Tag erblickten sie gegen Abend einen
über die andern hinaus ragenden Hügel, auf dessen Gipfel
man ein Feld entdeckte, worauf weder Gras noch ein
Baum zu sehen war. Den nächtlichen Frost konnte niemand mehr aushalten; denn ob man gleich in der Nähe
einige Gesträuche fand, mit denen man Feuer anmachte,
so fror doch die Seite, welche von dem Feuer ab, und
dem kalten Winde entgegengekehret war, gleichsam zu
Eis, während daß die dem Feuer zugekehrte erwärmet
wurde. Dieß ist auch ganz begreiflig, wenn man auf
den Himmelsstrich, worunter sie wanderten, Rücksicht
nimmt. Sie traten ihre Reise aus der Bay S. Julian,
welche unter dem 49 Gr. 12 M. der Breite liegt, eine Zeitlang westwärts an: es mußten ihnen daher nothwendig aus den nahen Gebirgen von Chili die Eiswinde
entgegen wehen. Dieses Frostes ungeachtet wurden die
Soldaten immer hitziger; allein man beobachtete auch die
allmäh-

allmählige Entkräftung ihres] Körpers. Viele krochen
mit zerrissenen Schuhen (die Rauhigkeit des Weges war
Ursach daran) und viele mit blossen Füßen, manche auch
mit verwundeten einher. Den P. Cardiel, der sonst allen
stetts Muth zusprach, wurde selbst anfangs durch Steinschmerzen, nachmals aber durch die Entkräftung seiner
Füße also eingenommen, daß er ohne Kruken keinen
Schritt thun konnte. Allein das war nicht vermögend
ihm seine heftige Begierde, Wohnplätze der Wilden zu
entdecken, zu benehmen. Man glaubt alles zu können,
was man sehnlich wünschet. Allein da man nur auf 8
Tage Proviant mitgenommen, und daßelbe während der
8 Tagreise ziemlich abgenommen hatte, so befahl er die
Rückkehre zu den Schiff zu beschleunigen. Der P. Strobl
mag hier wohl sein Zwergfell ein wenig gerüttelt haben,
da er die dreusten Helden mit leeren Händen, und übel-
zugerichteten Füßen von ihrer Expedition zurückkehren sah;
weil er es schon lange vorher geahndet hatte, daß hier
alle Müße und Arbeit übel angewandt seyn würde. Doch
hat man der beschwerlichen Reise wenigstens die augen-
scheinliche Uiberzeugung zu danken, daß vermög der an-
gestelten Versuche die Wohnplätze der Wilden vom Meere sehr
entfernt liegen müssen, und daß von dem an der Küste gelegenen Ländern die größten Strecken nicht einmal bewohnet werden können, weil es ihnen oft an süssen Wasser,
oft an Gras und Bäumen, und nicht selten an beiden zugleich gebricht, so daß nur wenige Straußen, und Huenacken daselbst kümmerlich ihren Unterhalt finden. Hieraus
erhellet, daß der von Menschen betrettene Fußsteig, so
wie die 3 Körper, und die Pferde, die der P. Cardiel
gesehen hatte, von Indianern herrühret habe, welche
von Chili, worinn es Pferde die Menge giebt, in der
Absicht sich aus den dortigen Salinen Salz zu holen hin-
abgezogen sind, und vielleicht aus Mangel des trinkbaren
Wassers oder aus einem andern ihnen jählings zugestosse-
nen

den Krankheit unterwegs umgekommen sind. Nachdem man alles in Augenschein genommen, und weder zur Anlegung einer Kolonie für die Indianer, noch zu einer Schanze für die Spanier einen bequemen Platz gefunden hatte, so beschloß man einhellig wieder nach Hause zu kehren doch so, daß man auf der Rückfahrt wieder fleißig an das Land steigen, und die Gegenden besichtigen wollte, die man auf der Herfahrt ungesehen lassen mußte. Endlich legte man sich wieder den 4. April gegen Abend nach vielen auf dem stürmischen Meere überstandenen Gefahren zu Buenos Ayres vor Anker, nachdem man nichts unterlassen, was mit der Absicht des Königs in einem Bezuge zu stehen schien, und der Seezug bis in das 4te Monat gewähret hatte. Sie kamen bis zum 52. Gr. 28 M. der Breite, von welchem die magallanische Meerenge nur 14 Meilen entlegen ist. Man kann mit Wahrheit versichern, daß sich keiner von denen, die diese gefährliche Fahrt mitmachten, in Erfüllung seiner Pflichten saumselig bewiesen hat. Alle leisteten vielmehr ihrem König sowohl durch die schwerste Arbeit als auch durch die Erduldung des strengsten Ungemachs einen wesentlichen Dienst, woraus einmal ihr Vaterland die beträchtlichsten Vortheile ziehen sollte. Die täglichen Beobachtungen, welche der P. Quiroga an den Küsten sorgfältig gemacht, und immer aufgezeichnet hatte, wurden zu Madrit bald darauf gedrucket, und die merkwürdigsten Gegenstände daraus in Kupfer gestochen. Sie werden einst den Spaniern, welche diese Meere befahren werden, sehr wohl zu statten kommen; denn es ist unglaublich, wie fehlerhaft die See- und Landkarten, und die Schiffernachrichten einiger Ausländer sind, welche die magallanischen Meere flüchtig durchgesegelt, folglich die wichtigsten Dinge nur einen Augenblick, und gleichsam nur im Vorübergehen betrachtet, und ohne auf das Innere und Wesentliche zu sehen, bloß nach dem, was ihnen auf dem

N   Er

sten Anblick in die Augen fiel, beschrieben haben. Diese Unrichtigkeiten werden nun durch die Beobachtungen des P. Quiroga, der alles selbst mit Augen sah, und dabei keine Mühe sparte, widerleget. Ich habe sein Tagebuch, welches zu Madrit in spanischer Sprache herauskam, während daß ich auf die Abfahrt der Flotte warten mußte, zu Lißabon in das lateinische übersetzt. Charlevoix hat es auch seiner Geschichte von Paraquay mit eingeschaltet. In der deutschen Uibersetzung ist alles verstümmelt, so wie auch andere Dinge, worinn der Uibersetzer den Sinn des französischen Schriftstellers bei weitem nicht erreichet. Als einen Zusatz füge ich noch folgendes bei. Weil der P. Cardiel auf seiner ersten See- und Landreise in den magallanischen Gegenden keine Wilden entdeckte, so unternahm er zu diesem Entzweck noch eine Reise zu Pferde, und nahm einige Gefährten mit, allein mit eben so wenig Erfolge als vorher. Nachdem er in den dortigen Wüsteneyen weit und breit herumgewandert, und die mitgenommenen Lebensmittel aufgezehret hatte, gerieth er in eine solche Noth, daß er, um nicht Hungers zu sterben, wie das Vieh Gras essen mußte. Diese äußerste Hungersnoth diente ihnen zur Losung nach der Stadt Buenos Ayres zurückzukehren, zwar unverrichteter Dinge, aber dennoch mit vielen bewunderungs- und nachahmungswürdigen Verdiensten, die er sich durch großmüthige Ertragung des Elends und seinen apostolischen Eifer gesammelt hatte. Er arbeitete auch für die Mocobis, Abipones und sehr lange für die Quaranier. Petrus Zevallos hatte ihn daher nicht ohne Ursache so lieb gewonnen.

Im Jahre 1765 gerieth das grosse Kauffartheyschiff Conception, welches für einige Millionen Waaren am Borde hatte, und nach Callao dem Hafen von Lima bestimmet war, am Ufer der Feuerinsel (La Ysla del fuego)

auf

auf den Strand, und scheiterte. Weil aber das Schiff nur allmählich sank, so rettete sich die Equipage meistens durch ihre Boote. Man brachte auch einen Antheil Lebensmittel, und andere Bedürfnisse sehr vorsichtig, ehe es ganz untergieng, an das Land. Die Spanier faßten nun auf einem dem Meere nahe gelegenen Hügel Stand, und pflanzten darauf einige Kanonen. Nachdem man selbe abgefeuert hatte, sah man von weitem eine Menge indianischer Landesbewohner herzueilen. Durchaus nackt rieben sie sich mit beiden Händen unablässig an ihrem Leibe. Man lösete noch eine Kanone, und sie fielen alle zur Erde nieder, ohne doch von ihrem Bauchkratzen nachzulassen. Diese lächerliche Gebärdung setzte die Spanier in Verwunderung, weil sie nicht wußten, ob sie ein Zeichen des Friedens oder des Krieges wäre. Da man ihre Sprache nicht verstand, so suchte man sie mit sanfter Stimme, freundlichem Winken und Vorzeigung kleiner Geschenke, dahin zu bringen, daß sie ihre Furcht ablegten, und herzukamen. Auf diese Einladung näherten sie sich dem Posten der Spanier, und setzten ihr Reiben fleißig fort. Wegen dieser Gewohnheit legten ihnen die Spanier den Namen Rasca barrigas, (Bauchkratzer bei. Um sie aber zahm und biegsam zu machen, bott man ihnen schöne Leinwand, Eßwaaren und verschiedene Gaben an, von welchen sie aber außer den Glaskugeln nichts annahmen, vielleicht aus Mißtrauen, gegen die Fremden. Im Uibrigen wiesen sie sich friedsam und freundlich, so daß jene ohne Furcht frey unter ihnen herumgiengen. Der Spanier einzige und unablässige Sorge war, wie sie, sobald als möglich wieder nach Hause schiffen können. In dieser Absicht beschlossen sie ein Fahrzeug nach Maßgabe ihrer Anzahl zu bauen; und machten zugleich einstimmig das Gelübd, dasselbe, wofern sie Montevideo glücklich erreichen würden, in die Kirche des h. Franziskus von Assisi zu opfern, damit ihnen Gott durch

R 2

Gele

Vorbitte dieses Heiligen ihre Reise segnete. Bäume zum
Schiffbau trafen sie auf ihrer Insel allenthalben an: eben so
wenig fehlte es ihnen an Zimmerleuten und Werkzeugen
zum Bretterschneiden. Die Indianer zeigten ihnen sehr
dienstfertig, wo sie hartes oder besseres Holz finden würden. Im Spalten aber und im Sägen desselben waren
sie weniger nützlich, als willfährig: denn wenn sie 3
oder 4 Hiebe mit der Axt, oder etliche Züge mit der
Säge gethan hatten, zogen sie sich weg; indem ihnen
die ungewohnte Arbeit nie recht behagen wollte. Statt
der Indianer arbeiteten nun die Spanier um so fleißiger,
deren Sehnsucht nach ihrem Vaterlande sich gar nicht beschreiben läßt. Alles lag fertig, als ihnen zum Zusam-
menfügen der Balken noch Nägel mangelten. Glücklicher Weise warf das schäumende Meer wie gewöhnlich
verschiedene Küsten aus dem gescheiterten Schiffe an das
Ufer, worunter sich auch eine mit Nägeln befand. Jedermann sah das als eine besondere Wohlthat der Vorsicht an. Einiges, was zur Schiffrüstung gehört, hatten sie schon vorher aus dem sinkenden Schiffe zum künftigen Gebrauche vorsichtig herausgenommen. Durch alle
diese Hilfsmittel wurden sie endlich im Stande gesetzt,
das Fahrzeug in die See zu lassen, auf welchem sie nach
einer Fahrt von fast tausend Seemeilen, und eben so vielen überstandenen Gefahren zuletzt im Hafen Montevideo
glücklich anlangten. Sie hielten sich nach dem Verlust
ihrer Waaren und ihres Schiffes noch für glücklich, daß
sie mitten unter den Wellen des Meeres und den Wilden
der Insel mit dem Leben davon kamen, welches um so
mehr zu bewundern ist, da diese vor Zeiten 17 Holländer, die ihnen nichts zu Leide thaten, auf das grausam-
ste ermordet, und zerrissen; und sogar zween andere aufgefressen hatten. Die letzteren waren von Jakob L'her-
mite, Oberbefehlshaber der holländischen Flotte, welche
Moriz

Moriz Prinz von Nassau nach der magallanischen Meerenge und andern Weltgegenden im Jahre 1623 ausgeschicket hatte, befehligt auf einem Boote die Feuerinsel zu besichtigen. Die Beschreibung dieser Seefahrt findet man in einem zu Frankfurt 1655 von Johann Ludwig Gottfried herausgegebenen Werke, Geschichte der Antipoden betittelt. Alles dieses, was ich bisher von dem Schiffbruch und der Seereise der Spanier schrieb, hat mir ein alter Biscainer, der Schiffszimmermann des versunkenen Schiffes, der alle Gefahren mit ausgestanden, und das neue Fahrzeug gebauet hatte, in der Stadt Santa Fé erzählet. Im Jahr 1768 gieng ein Schiff aus dem Hafen von Buenos Ayres mit zween Mönchen nach der Feuerinsel unter Segel, eben als ich mit meinen Mitbrüdern daselbst auf eine Gelegenheit nach Europa wartete. Diese zween Priester waren, nachdem man sie auf königliche Kosten mit allem Nöthigen bis zum Ueberflusse versehen hatte, bestimmt, sich in besagter Insel niederzulassen, und die Einwohner in der Religion zu unterrichten. Allein sie kehrten bald wieder unverrichteter Dinge nach Buenos Ayres zurück. Was sie auf dem Eilande ausgerichtet, oder unternommen haben, und warum sie ihre Rückkehr so sehr beschleunigten, ist mir nicht bekannt. Ich hörte wohl hie und da vornehme Spanier zu dieser Absicht um Jesuiten jammern: allein sie wurden eben dieses Jahr, Gott weiß, warum, nach Europa verwiesen. Nicht weit von der Feuerinsel liegt die Insel Maloina, welche diesen Namen von der Stadt S. Malo in Bretagne erhalten hat, unter dem 51. Gr. 30 M. der Süderbreite, und dem 60. Gr. 50 M. der westlichen Länge von dem Parisermeridian angefangen. Der schon oft erwähnte Ludwig Anton von Bougainville, damals Oberster unter dem Fußvolke, hatte sie nebst dem Herrn von Nerville und Arboulin seinen Verwandten auf gemeinschaftliche Kosten, in Besitz genommen, und mit arbeitsamen französischen Unterthanen aus Akadien im Jahre 1763 oder wahrscheinlicher 1764 besetzt. Drey Jahre hernach, das ist, 1767 kaufte sie der König von Spanien für 800000 spanische Thaler, so wenigstens gieng damals der Ruf in Buenos Ayres, an sich, weil sie ihm in französischen Händen wegen ihrer Nachbarschaft mit dem gold- und silberreichen Peru und Chili bei einem Bruch zwischen beiden Mächten für seine Monarchie zu gefährlich schien. Nachdem die französischen Familien nach Europa eingeschiffet worden, kamen in ihre Stelle Spanier, solche nämlich, die wegen ihrer Missethaten die Freyheit oder das Leben verwirket hatten. Aber kaum ist einer, welcher nicht das Gefängniß oder einen schnellen Tod dem langwieriegen, und täglichen Ungemach, das man in dieser Insel aussteht, vorzöge. Zum Befehlhaber derselben wurde Philipp Ruiz de la Puente Kapitän des Kriegschiffes *La Liebre* (der Hase) ernannt, welcher auch neue Einwohner, Mund- und Kriegsvorrath dahin brachte. Ihn begleitete noch ein anderes Schiff La esmeralda (der Smaragd) unter den Befehlen des Kapitän Mathäus Collao. Dieser nämliche Kapitän, ein sehr erfahrner und ungeachtet seiner Strenge gegen die Matrosen sehr gutmüthiger Seemann, hatte mich, nach seiner Rückkunft von der Insel Maloina von Montevideo aus mit 152 meiner Ordensgenossen nach Europa geführet. Nerville fuhr gleichfalls mit, weil seine Befehlshaberstelle in dieser unglücklichen Insel aufgehöret hatte. Von ihm und den Spaniern, welche mit dort waren, habe ich das meiste erfahren, was ich itzt über diese Materie geschrieben habe.

Ich nenne diese Insel mit Vorbedacht eine unglückliche Insel, wiewohl sie einige Franzosen den Beglückten gleich achten. Hierüber darf sich niemand wundern; denn

man

man lobt immer die Waare, die man gern an den Mann
bringen will. Folgendes haben mir glaubwürdige Zeugen
von der natürlichen Beschaffenheit des Eylandes Malvina
erzählt. Sie konnte niemals, weder von Indianern
noch von vierfüssigen Thieren bewohnet werden, indem es
derselben an allem, was zum Lebensunterhalt erforderlich
ist, gebricht. Statt der Bäume hat sie Binsen, statt Gras
Moos, statt des Erdreichs Leimen, und Pfützen. Eine
unerträgliche Kälte, fast beständige Nacht, Nebel und
Finsternisse verleiden sie gleich anfangs jedem Einwohner.
Der längste Tag währet daselbst nur sehr wenige Stunden.
Da sie dem Südpol so nahe ist, so toben die Südwinde, die fürchterlichsten Stürme und Ungewitter darinn
gräulich herum. Der Frost, welcher beständig vom Schnee
begleitet wird, ist daselbst desto unerträglicher, da man auf
der ganzen zwar eben nicht sehr grossen Insel kein Stämm-
chen Holz weder zur Feuerung noch eine Hütte aufzuschlagen antrifft, und man dasselbe mit vieler Gefahr aus
der Feuerinsel herüberbringen muß. Das Schiff la
Esmeralda lag stets mit Schnee bedecket in der Bucht
vor Anker; und den spanischen Matrosen froren, wie
sie selbst versicherten, die Hände dergestalt, daß sie,
wenn sie sich nicht durch häufiges Brandweintrinken erhitzet
hätten, zur Arbeit mit den Tauen und andern Schiffs-
verrichtungen untüchtig gewesen wären. Die Geiße, welche die Franzosen mit sich gebracht hatten, kamen alsogleich
entweder Hungers- oder eines giftigen Saftes wegen um.
Das Getreid, welches sie auf diesem sumpfigten Boden
aussäeten, wurde nie reif, indem an den kleinen Halmen
nur sehr selten eine Aehre zum Vorschein kam. Daher
gesellte sich, nachdem der europäische Proviant ausgegan-
gen war, zu dem übrigen Elende auch noch der Hunger.
Nun gieng es über die Wasservögel her, welche den Schwa-
nen etwas ähnlich sehen, aber grösser, und bei 12 Pfund
schwer sind. Die Franzosen heißen sie d'Outarde, die

N 4   Holl-

Holl- und Engelländer aber Pinguinos oder Penguinen. Statt Brod gab man daher den französischen Soldaten, und andern Pulver und Bley, damit sie sich ihren Hunger zu stillen Vögel schießen könnten. Durch diese Jagd, die man täglich auf sie machte, sind sie, in so grosser Anzahl die Franzosen selbe auch antrafen, so zusammengeschmolzen, und verscheuchet worden, daß für die Spanier, welche die Franzosen in dieser unfruchtbaren Insel ablöseten, auch diese einzige Nahrungsquelle versiegte. Der Mübeseligkeiten angeachtet, mit denen die dortigen Einwohner zu kämpfen haben, ist sie dennoch für die Spanier unwidersprechlich von grossem Nutzen; indem die Schiffe im Sturm alhier einen Zufluchtsort und Hafen, der sogar eine kleine Flotte einnehmen kann, und süßes Wasser finden. Die Derter, welche einem feindlichen Angriff am wenigsten widerstehen können, und einer Landung am ersten blosgesetzet sind, hat man mit Schanzen und Batterien befestiget, und die Insel mit einer kleinen Besatzung unter den Befehlen des Anton Catáni Oberßen vom Fußvolk versehen. Hier muß ich auch noch erinnern, daß es in der Nachbarschaft des gemeldten Eylandes Maloina noch eine andere gleiches Ramens giebt, welche die Engländer seit einigen Jahren inne haben, und die Falklandsinsel nennen. Ungefehr um das Jahr 1770 ließ sie der Statthalter von Buenos Ayres Franziskus de Paula Buccarelli in Besitz nehmen, aber bald darauf auf Befehl des Königs in Spanien den Engländern wieder zurückstellen, um durch die Hebung dieses unbedeutenden Anlasses den Ausbruch eines Krieges zu verhindern. Aber wie bin ich so jählings von dem verwüsteten Flecken in Paraquay ab, und zu den magallanischen Gegenden gekommen! Ich gestehe es, ich habe weit, aber mit Vorsatz und Nutzen ausgeschweifet: denn ich habe mir vorgenommen alles das bei Gelegenheit meiner Geschichte einzuschalten, wovon man eine Nachricht in den gewöhnlichen Geschichten vergebens

tens suchet. Aber wir wollen wieder in unser altes Gleis
einlenken.

Es würde eine äußerst langwierige, und mühsame
Arbeit seyn, wenn ich von allen indianischen Kolonien,
welche in Paraquay zerstöret worden sind, die Ursachen,
Urheber, und den Zeitpunkt der Zerstörung anführen sollte. Von vielen Kolonien in Paraquay gilt beinahe, was
man von Troja gesagt hat: (Nunc ager, aut sylva est,
ubi templa, domusque stetere.) Itzt ist ein Acker oder
Wald, wo vormals Tempel und Gebäude gestanden sind.
Daß mehr als 400 Kolonien, welche einst um die heut
zu Tage zerstörte Stadt Quadalcazar herumlagen, gänzlich eingegangen sind, beweisen die Jahrbücher. Um die
Städte Corduba, Rioja, S. Jakob und S. Michael
in Tukuman; ferners um Corientes und Assumtion herum
sind, so zu sagen, unzählige Pflanzungen wieder in ihr vo-
riges Nichts zurück gesunken. Die äußerst wenigen noch
vorhandenen Kolonien, gleichen mehr dem Schatten eines
Fleckens, und werden blos von wenig elenden Indianern,
welche Privatspaniern dienstbar sind, bewohnt. Ich
schreibe hier blos aus eigener Erfahrung; denn ich habe
selbst auf meinen vielmaligen Reisen durch dieses Land
allenthalben unglaubliches Elend, und die Ruinen der zerstörten Flecken mit Augen gesehen. Ehe ich die Verwüstungen, welche die Mamelucken, ein brasilianisches Volk,
einst in verschiedenen Flecken unserer Quaranier angerichtet haben, erzähle, muß ich einiges zum voraus erinnern.
Die ersten Spanier, welche in Paraquay kamen, un-
terwarfen sich blos die Gegenden und Völker, welche in
der Nähe um die Flüsse Parana, und Paraquay herumlagen. Zu Eroberungen in der Ferne mangelte es ihnen
wohl nicht an Muth, sondern an einer hinlänglichen Anzahl Truppen. Zum Christenthum wurden indessen nicht
wenig Quaranier meistens durch Franziskaner belehret,

N 5   und

und, wenn es thunlich war, in Kolonien gebracht. Die größten Verdienste haben sich zu der Zeit der h. Franziskus Solanus, und Ludovicus Bolaños, ein Mann von einer sehr erhabnen Tugend, welcher mit unsern Vätern die vertrauteste Freundschaft unterhielt, durch ihre apostolische Arbeiten erworben. Beide waren aus dem seraphischen Orden, und die Aposteln von Paraquay, aber weil sie nicht von eben so vielen Mitarbeitern und Nachfolgern unterstützt wurden, für die grosse Erndte, die blos auf Schnitter wartete, nicht hinlänglich. Weil sich die Quaranier damals noch in unzähliger Menge in den Wäldern und ihren Schlupfwinkeln verborgen gehalten hatten, so rieben sie sich, wo sie konnten, an den wenigen Spaniern, und wurden daher von diesen, weil sie vor ihnen nie sicher waren, stets gefürchtet. Im Jahre 1610 unternahm der tapfere Statthalter von Assumtion und Buenos Ayres Ferdinand Arias mit einem ansehnlichen Korps Truppen einen Zug wider die Anwohner vom Uruquay; allein ihre Menge und barbarische Grausamkeit erschröckte ihn so sehr, daß er alle Hoffnung eines glücklichen Erfolges aufgab, und sich wiederum nach Assumtion zurückzog. Eben dieser Versuch wurde auch von andern Statthaltern eben so unglücklich widerholet. Kurz die Quaranier konnten durch keine Musketen, sondern blos durch die Beredsamkeit der Missionarien; durch Liebe, und nicht durch Furcht besiegt werden, wie der Erfolg bewiesen hat. In eben dem Jahre brachte endlich der P. Marcellus Lorenzana ein Spanier, unser damaliger Rektor zu Assumtion, bei den Quaraniern, die zwischen dem Paraquay und Parana schwarmweise herumstreiften, zuwege, daß sie in dem eigends für sie erbauten grossen Flecken S. Ignaz von Loyola die christliche Religion annahmen, und mit den Spaniern Friede machten. Der Zustand dieses Fleckens ist noch heut zu Tage sehr blühend, oder vielmehr war es bei unserer Abreise in Europa; denn

denn was sich nach derselben ereignet hat, weiß ich so ei=
gentlich nicht. Um eben diese Zeit durchwanderten unsere
Väter Joseph Cataldino, und Simon Mazzetta aus
Italien, Anton Ruiz de Montoya ein Spanier aus
Amerika, ferners die P. P. Rochus Gonzalez ein Spa=
nier aus Paraquay, Petrus Romero, Didacus Bor=
roa &c, welche einige Jahre nachher den andern zu Hilfe
geschicket wurden, alle Männer von Heldenmuth und apo=
stolischer Tugend, sowohl die Provinz Quayra als auch
die von den spanischen Truppen noch unbetrettenen Wäl=
der und Berge gegen den Fluß Uruquay zu. Sie ent=
deckten darinn viele tausend Quaranier, welchen sie überall,
wo sie konnten, Kolonien baueten, um sie darinn zu ver=
sammeln, und sie zu Christen und Unterthanen des katho=
lischen Königs zu machen. Die glücklichen Unternehmun=
gen dieser Väter sind schon vorlängst in ganzen Bänden
beschrieben worden.

Diese schnellen Fortschritte des Christenthums haben
die Mamelucken aus dem benachbarten Brasilien und mei=
stens aus dem Flecken S. Paulus beinahe rückgängig ge=
macht, wenigstens auf eine bejammernswerthe Art un=
terbrochen. Die Mamelucken sind ein zusammengelaufe=
nes Volk von Holländern, Portugiesen, Franzosen, Ita=
lienern, Deutschen rc. und brasilianischen Weibern, welche
durch ihre Geschicklichkeit mit der sie mit dem Feuergewehr um=
zugehen wußten, ihre Entschlossenheit und ihr Talent zur Räu=
berey bekannt, und daher mit dem fremden Namen Mamelu=
cken belegt worden sind. Maffei sagt von ihnen in seiner
Geschichte von Indien S. 69. daß sie Aegyptens Stärke
und die besten Soldaten waren. Nach andern waren sie
Sklaven des Sultans von Aegypten. Die aber in Bra=
silien diesen Namen führen, kann man mit Pabst Paulus
dem III. ohne ihnen das geringste Unrecht anzuthun, Ja=
nitscharen der Hölle nennen: indem alle ihre Bemühun=
gen

gen dahin abzielten die von den Vätern zu Kinder Gottes umgestalteten Indianer aus ihrer Seelenfreyheit in die abscheulichste Sklaverey zu schleppen. Durch ihre in so vielen Jahren so vielmal wiederholte Uiberfälle wurden verschiedene Flecken ganz verwüstet als Assumtion in Yyuy, Allerheiligen in Caaṣo, zu den h. h. Aposteln in Caazapàquazù, S. Christoph jenseits des Flußes Ygay, S. Joachim ebendaselbst, S. Theres bei der Quelle dieses Flußes, Jesus und Maria in Ybiti Caray, Mariàbeimsuchung ebendaselbst, S. Barbara an den westlichen Ufer des Paraquay, und S. Karolus in Caapi. Die Räuber banden die Quaranier, welche diese Flecken bewohnten, wenige Entflohene ausgenommen, mit Stricken und Ketten, und trieben sie, wie das Vieh heerdenweise nach Brasilien, um den Rest ihrer Tage bei den Zucker Mandioka-Baumwoll-Toback-und Bergwerksarbeiten zu nützen. Die säugenden Kinder rißen sie, weil sie die Reise zögerten, und ihnen zur Last fielen, der Mutter von der Brust, und schleuderten sie ohne das geringste Gefühl von Menschlichkeit auf die Erde. Alte und Kranke hieben sie nieder oder erschoßen sie, weil selbe die lange Reise nicht aushalten konnten. Die Gesunden wurden des Nachts, damit sie nicht im Finstern entflöhen, in zu dieser Absicht gemachte Gruben geworfen. Viele starben unterwegs durch Hunger und die Beschwernisse der Reise, die sie oft viele Meilen weit in einem fortsetzen mußten. Bei dieser Menschenjagd brauchten die Mamelucken bald Gewalt wie der Wolf, und bald List wie der Fuchs, beides aber auf eine sehr grausame Art. Meistens fielen sie unter der Zeit, da das Volk in der Kirche war, in zahlreichen Haufen in die Flecken, und besetzten alle Wege und Winkel, damit ihnen die Unglücklichen nicht entrinnen konnten. Daher entstand bei uns die Gewohnheit, die nachmals immer beibehalten wurde, und den Quaraniern zum Gesetze diente, daß keiner ohne Lanzen oder Pfeile in

die

die Kirche gehen sollte, um nicht wieder eine Beute der
jählings einfallenden Räuber aus Brasilien zu werden.
Oft verkleideten diese sich als Jesuiten, und lockten mit
ihren Rosenkränzen, Kreuzen und schwarzem Rock ganz
Haufen Indianer, welche sich von dem Betruge nichts beifallen ließen, zusammen. Verschiedene Kolonien, welche den
Anfällen der Mamelucken am meisten ausgesetzet waren
als Loreto, S. Ignaz rc. wurden in sicherere Gegenden
mit unglaublicher Mühe der Väter und Indianer verse-
zet. Die Räuber schonten weder unsere Chiquiten, noch
der Wohnplätze der Moxos, noch anderer Flecken im
spanischen Gebiete, die unter der Aufsicht der Weltpriester standen. Die indianischen Flecken, welche am Flusse
Jejuy in dem Gebiete von Curuquati angelegt waren,
als Mbaracayù, Terecañy, Candelaria und Ybìr-
pariyara, und mehr andere wurden von den Mameluken
aus dem Grunde zerstöret. Aus eben dieser Ursache sind
auch die spanischen Städte Xerez, Quayra, die auch Ciudad
Real, Villarica &c. eingegangen. Wer mag aber
alle die Verwüstungen, womit Paraquay hergenommen
worden ist, abzählen? Sie allein böten zu einem dicken
Bande Stoff genug dar; und haben ihn auch wirklich für
mehrere hergegeben. Alle, die noch von Paraquay schrieben, füllten immer mit den barbarischen Grausamkeiten
der Mameluken ganze Blätter an, und so viel sie auch
davon gesagt haben, so viel haben sie auch allem Ansehen
nach übergangen. Denn die räuberischen Unternehmungen, welche diese Unmenschen durch so viele Jahre und
mit so großer Anstrengung aller ihrer Kräften wider die
fast nackten und wehrlosen Quaranier, die dem Stahl und
dem Bley ihrer Feinde weiter nichts als hölzerne Spieße
und Pfeile entgegen zu setzen hatten, ausführten, können
sowohl an der Länge der Zeit, die sie gewähret haben,
als auch an der Menge der Indianer, welche dabei um

ihr Leben oder um ihre Freyheit gekommen sind, nicht nur mit den berühmtesten Kriegen in Europa verglichen werden, sondern machen auch denselben den Rang streitig. Man lese, was die Lettres édifiantes & curieuses in der 21 Anzeige hierüber schreiben. „Man sagt, heißt es daselbst, daß die Mamelucken in 130 Jahren, welches beinahe unglaublich, bei zwo Millionen Indianer theils ermordet, und theils in die Gefangenschaft geschleppet, und dadurch das Land mehr als 1000 Meilen weit bis zum Flusse der Amazonen von Inwohnern entblösset haben. Man weiß aus authentischen Briefen (sie sind vom König von Spanien vom 16 September 1639.) daß in einzigen 5 Jahren 300000 Indianer von Paraquay in Brasilien weggetrieben worden sind.“ Petrus Avila Statthalter von Buenos Ayres bezeugte in einem Schreiben vom 12 Oktober 1639, daß er es selbst gesehen habe, wie die Einwohner des Fleckens S. Paulus in der brasilianischen Stadt Rio de Janeiro (Fluß des h. Januarius) öffentlich Indianer verkauften, deren Anzahl sich vom J. 1628 bis 1630 in dieser Stadt allein auf 60000 belief. Hieraus kann man leicht abnehmen, daß man in andern Oertern von Brasilien noch weit mehrere tausende der Quaranier, welche die Einwohner von Cananea &c. und andere Menschenjäger so begierig wegfiengen, verhandelt habe.

Diese Räuberey blieb aber nicht immer unveraltet; denn nachdem man unter die Quaranier mit Bewilligung des Königs Schießgewehr ausgetheilet hatte, wurden die Feinde oft geschlagen, oft zurückgetrieben, und oft sehr derb nach Hause geschicket. Merkwürdig und fast unglaublich ist der Sieg, welche 4000 neugläubige Quaranier an dem Flusse Mbororè da, wo er in den Uruquay fällt, über die zahlreichen Haufen der brasilianischen Räuber erfochten haben. Auf 300 Kähnen kamen

bei

bei 400 aus dem Flecken S. Paul und 2700 Tupies sehr grausame Wilde, welche mit den ersten in Bunde standen, herangefahren. Die Quaranier zogen unter der Anführung des Oberbefehlhabers ihrer Nation Ignatz Abiazù den Feinden mit 5 Schiffen entgegen und feuerten eine Kanone wider sie ab, mit einem so glücklichen Erfolge, daß drey von ihren Kähnen in den Grund gebohret, und eine Menge Brasilier, theils getödtet, theils verwundet wurden. Nach diesem unvermutheten Gruß sprangen die meisten erschrocken von ihren Fahrzeugen auf das Land weil sie an dem glücklichen Ausschlage eines Flußtreffens verzweifelten, um den Quaraniern aus einem Hinterhalte in dem Rücken zu fallen. Aber auch hier wurden sie von allen Seiten tüchtig empfangen. Die meisten blieben auf dem Platze, und es würde kein einziger davon gekommen seyn, wenn nicht die einbrechende Nacht dem Gefechte und dem Sieg ein Ende gemacht hätte. Den andern Tag setzte man den Flüchtlingen in den Wäldern, wie dem Gewilde, allenthalben nach mit dem Erfolge, daß nur wenige nach dem Verlust ihrer Kähne zitternd und voll Wunden ihre Vaterstadt erreichten. Die Uiberwinder zählten nur 3 Todte, welche sie im Anfange des Treffens einbüßten, und bei 40 Verwundete, so daß sie diesen herrlichen Sieg mehr der Fügung der Vorsicht als ihren Waffen zuschrieben. Dieser Vorfall machte, daß die Brasilianer von S. Paulus die Quaranier, weil derselbe über alle Erwartung glücklich ausfiel, und diese dadurch muthiger wurden, zu fürchten, und ihre verächtlichen Begriffe von selben abzulegen anfiengen. Dadurch wurde der Friede und die Sicherheit in den Flecken hergestellet, und das Christenthum konnte sich wieder weit ausbreiten, nachdem die Mameluken dessen Fortgang durch ihre beständigen Einfälle nicht allein gehemmet, sondern auch dasselbe dem Verfall wieder nahe gebracht haben.

Man

Man glaube nicht, daß die spanischen Schriftsteller die Brasilianer verleumden, oder ihre Erzählungen übertreiben. Selbst der König in Portugall Joseph der I. gesteht in einem Edikte vom 6. Julius 1755, welches auch dem portugiesischen Gesetzbuche eingeschaltet worden ist, ausdrücklich, daß viele Millionen Indianer zu Grunde gegangen, und heut zu Tage in ganz Brasilien nur wenige Flecken, und in den Flecken nur wenige Indianer übrig sind. Die Ursache hievon sey, daß man sie den Gesetzen von Portugall zuwider als Leibeigene behandelt habe. Er erkläret daher die Indianer für frey mit dem Befehle die gefangenen Indianer wieder auf freyen Fuß zu setzen. Auch andere menschenfreundliche Könige von Spanien und Portugall hatten schon lange vorher durch wiederholte Verordnungen, und unter Bedrohung der geschärftesten Strafen verbotten, die Indianer zu entführen, zu verkaufen, oder ihnen auf was immer für eine Art nachzusetzen. Viele Statthalter drangen auf die Beobachtung der königlichen Befehle; allein sie erreichten ihre Absicht nur sehr selten. Denn die unzähligen Unempfindlichen, welche aus der Dienstbarkeit der Indianer Vortheile ziehen, fragen wenig nach Wohlstand und Gewissen. Gewinn ist ihr Abgott. Ihr einziges Geschäft ist sich mit Hindansetzung der Gesetze Gottes und des Königs, den sie weit weg wissen, aus dem Elende der Indianer zu bereichern. Allein ihr Vermögen zerrinnt, wie sie täglich erfahren, auf eben die Art, wie es gewonnen wird, so daß die meisten ihren Erben nichts als die äußerste Armuth hinterlassen. Treffend und lebhaft hat ihre Unmenschlichkeit der wegen Bekehrung unzähliger Wilden berühmte P. Anton Vieira, welcher lange Zeit königlicher Prediger in Lissabon, nachmals aber Missionär in Brasilien war, und 14 Bände von seinen Predigten herausgab, geschildert, als er, weil er die Indianer bei ihrer Frey

heit

heit schätzte, von ihren Verfolgern aus der Provinz Marañon vertrieben wurde, und sich deßwegen vor dem königlichen Hof zu Lissabon beklagte. Diese seine Rede, die er im J. 1662 gehalten hat, findet sich im 4ten Bande seiner Werke, welche zu Lissabon im Jahre 1685 aufgeleget sind, und ist allerdings lesenswerth.

Weil man in Brasilien selbst auf die königlichen Befehle nicht achtete, so suchten auch die Päbste der abscheulichen Gewohnheit die Indianer wegzufangen, und zu quälen auf Ersuchen der Könige mit Drohungen und Strafen Einhalt zu thun. Paulus der III. Urban der VIII. und hauptsächlich Benedikt der XIV. thaten alle diejenigen in den Kirchenbann, welche Indianer zu Sklaven machen (dieß sind die Worte der römischen Verordnung) kaufen oder verkaufen, vertauschen, verschenken, von Weib und Kindern trennen, anderswohin bringen und versenden, ihnen auf was immer für eine Art ihr Haab und Gut oder ihre Freyheit nehmen, sie in der Sklaverey behalten, oder denen, die solches thun, mit Rath oder That beystehen, Vorschub leisten, oder ihren Frevel begünstigen, oder denselben für erlaubt ausgeben, und auf solche Weise davon predigen, und überhaupt alle, die auf was immer für eine Art dabei mitwirken. Dieses Verbot beleget alle demselben Zuwiderhandelnden mit der Strafe des Kirchenbanns (latae sententiae) so, daß sie durch die That selbst ohne richterlichen Ausspruch von der Kirchengemeinschaft ausgeschlossen sind, und nur von den römischen Päbsten nach vorher geleisteter Genugthuung wieder in selbe aufgenommen werden können.— Zum Besten aller Indianer nicht nur derer, welche in Brasilien, Paraquay oder an dem Fluß de la Plata, sondern auch derer, welche in Ost- und Westindien sich aufhalten. Das ist der Sinn, und überhaupt genommen auch der wörtliche Innhalt der päbstlichen Verfügungen. Die Briefe Paulus des III.

O

an den Kardinal Tabera Erzbischof von Toledo stad vom 23. May 1537 gefertiget. Die Bulle Urban des VIII. vom 22. April 1639, welche mit dem Worte Commissum anfängt, wird nebst dem Schreiben des Staatsraths von Madrit, worinn auf die Vollziehung derselben gedrungen wird, in der Urschrift in dem Archive unseres vormaligen Kollegiums S. Ignaz zu Buenos Ayres aufbewahret. Die Bulle *Immensae* von Benedikt dem XIV. an die Bischöfe von Brasilien und andern portugiesischen Provinzen findet sich in der Bullensammlung eben dieses Pabstes im I. Th. 28 Kap. Auch an die Spanier schrieben Päbste und Könige um sie durch Drohungen und Ermahnungen von den Bedrückungen der Indianer abzuhalten. Denn auch sie stellten einst wiewohl weniger als andere den Indianern nach, und bedienten sich ihrer den königlichen Befehlen zuwider als Leibeigener. Um diesen reichhaltigen Stoff nur ein wenig zu berühren, so wurde in der Stadt Santa Cruz de la Sierra öffentlich Indianermarkt gehalten, und die indianische Mutter mit ihren Söhnchen, wie das Schaaf mit seinen Jungen verkaufet. Die Einwohner derselben machten vielmals Jagd auf die Wilden, tödteten einige und verhandelten die Uibrigen, entweder zu Haus oder in Peru. Es ist unglaublich, wie angelegen sie sichs seyn ließen die Errichtung der Kolonien, welche der P. Joseph Arce und seine Mitgenossen für die Chiquiten, und andere Völker anlegten, zu hintertreiben, oder wenigstens ihren Fortgang zu hemmen, weil sie befürchteten, es möchten ihnen der Indianer, die sie fangen und verkaufen könnten, zu wenig werden. Dieser Menschenhandel trug ihnen jährlich viele tausend Thaler ein; aber er schreckte auch die Wilden von der Annahme des Christenthums gänzlich ab; weil sie sahen, daß sie diese Annahme, und die Aussöhnung mit den Spaniern um ihre Freyheit bringen, und Zeit ihres Lebens unglücklich machen würde. Endlich

drohe.

drohete der Unterkönig von Peru, Fürst de Santo Bono
auf die vielfältigen und bittern Klagen unserer Väter
über die Hindernisse, die ihnen die Spanier in Ausbrei-
tung der Religion legten, in einem öffentlichen Edikte
allen diesen verruchten Menschenhändlern mit der Landes-
verweisung, Einziehung ihres Vermögens, und Entsetzung;
und rottete dadurch dieses abscheuliche Gewerbe in dem
Gebiete von Santa Cruz aus. Hätte er doch auch in
der Stadt Quayra oder Ciudad Real (die königliche
Stadt) wie man sie noch nannte, der Indianerjagd
und den Bedrückungen derselben steuern können! Allein
so viel Mühe wir uns gaben, die Wilden in den uner-
mäßlichen Wäldern aufzusuchen und zu Christo zu bekehren; so groß war auch der Geiz der Spanier, die sich
aus dem Wegfangen der Indianer reichlichen Gewinn versprochen haben ; aber meistens verarmet sind.

Die spanischen Geschichtschreiber klagen einstimmig,
und ich habe es selbst mit Augen gesehen, wie unmensch-
lich die Indianer in den Städten von Paraquay von ihren Herren den sogenannten Encommenderos den spanischen Gesetzen zuwider behandelt, und zu der härtesten
Arbeit angehalten werden. Dieses Elends überdrüßig
entflohen die Indianer überall, wo sie konnten, in ihre alten Schlupfwinkel zurück. So flüchteten sich die Lules,
eine unberittene und zahlreiche Nation in Chaco, welche
einst von dem h. Franziskus Solanus getaufet wurden,
weil sie in die harte Dienstbarkeit der Einwohner der
Stadt Esteco gerathen waren, in ihre vorigen Wälder,
und konnten nur nach vielen Jahren von unserm P. Anton Machoni einem Sardinier wieder heraus und nach
Valle buena gebracht werden. Es kostete unendlich
Mühe sie wieder zu bilden. Heut zu Tage halten sie
sich in dem Flecken S. Stephan bei Miraflores, wie
es die Einwohner nennen, auf. Die Calchaquies, ein

D 2   sehr

sehr kriegerisches Volk, entwichen gleichfalls, aufgebracht über das Elend, in dem sie als Leibeigene der Spanier schmachten müßten, nach ihrem vorigen Aufenthalt, woraus sie von Zeit zu Zeit in Tukuman einfielen, und eine Menge Einwohner niedermetzelten. Die Bewohner der Stadt Conception am Rio vermejo wurden von Indianern erschlagen, welche ihre unerträgliche Dienstbarkeit zu diesem Entschluß der Verzweiflugg gebracht hatte. An dem Orte, wo die Stadt gestanden ist, sieht man itzt einen Wald, und selbst die Uiberbleibsel davon sind von der Erde bedecket. Die den Indianern, so wie dem Gewilde angebohrne Liebe zur Freyheit machte sie auch zu dem Aeußersten entschlossen. Daher hegen sie einen unüberwindlichen Abscheu wider die Privatleibeigenschaft der Spanier, und folglich auch wider die Religion, welche ihnen das Joch derselben aufleget, und streuben sich dagegen aus allen Kräften. Deßwegen wurden auch die Jesuiten im vorigen Jahrhundert, welche um die Religion in Aufnahme zu bringen die von den Päbsten und Königen bestättigte Freyheit der Indianer wider jeden Eingriff sicher zu stellen suchten, vielmals von denen, welchen ihr Eigennutz mehr als das Wohl der Religion und der Monarchie am Herzen lag, aus dem Lande versagt, geschmähet und gelästert. Die Flecken, deren Einwohner unter der Privatherrschaft der Encommenderos standen, sind entweder schon lange ganz eingegangen, wie ich schon gesagt habe, oder in so ein Elend herabgesunken, und zusammengeschmolzen, daß sie itzt mehr dem Schatten einer Kolonie als Flecken gleichen: dahingegen die 32 Pflanzörter der Quaranier, die 10 der Chiquiten, und andere kleinere von anderen Nationen, weil ihre Bewohner durch ein königliches Edikt zu Unterthanen des Königs erkläret wurden, unter unser Aufsicht stets einen Zuwachs von neuen Einwohnern, und sich auf einem hohen Grad des Wohlstandes erhalten haben,

wie

wie die Statthalter und Bischöfe als Augenzeugen an den König vielmal einberichteten. Ich läugne nicht, daß es zu allen Zeiten wohldenkende Spanier und Portugiesen gegeben habe, welche die göttlichen und königlichen Gesetze pünktlich befolgten, und die Härte ihrer Landesleute gegen die Indianer verabscheueten. Sie haben das Ihrige redlich beigetragen, daß die Indianer bei ihrer Freyheit geschützet, und unsere heilige Religionswahrheiten verbreitet würden. Allein diese Rechtschaffenen hatten das Mißvergnügen zu sehen, daß ihre kleine Anzahl nicht zureichte, der Grausamkeit des grossen Haufens Dämme zu setzen. Auch der geübteste Fechter hält es nicht wider viele aus. Es mangelte ihnen nur an Kräften, an guten Willen niemals. Ich habe selbst Spanier gekannt, die man mehr Väter als Herren der Indianer hätte nennen sollen. — Scheine ich mich über diese Materie zu weit ausgebreitet zu haben, so schlage man die spanischen Schriftsteller von Paraquay nach, und man wird gewahr werden, daß ich darüber nur leicht weggegangen bin.

Von den Flüßen, welche die Provinz Chaco durchströmen, habe ich oben im Vorbeigehen Meldung gemacht. Noch habe ich von der Parana dem vornehmsten unter allen, welcher die übrigen alle aufnimmt, und nicht weit von Buenos Ayres dem prächtigen aber nichtsbedeutenden Namen des Silberflußes erhält, eien Menge zu sagen. Das Meiste, was die Geschichtschreiber von seinem, und seines Namens Ursprung erzählen, ist unrichtig. Sie glauben, daß der Silberfluß sein meistes Waßer von dem Fluße Paraquay herhabe, dieser aber aus dem See Xarayes entspringe. Beides ist grundfalsch; denn der Silberfluß ist im Grunde die grosse Parana, welche durch die Zuflüße des Paraquay, Uruquay und anderer noch mehr anwächst. Gedachter Fluß durchströmt von seiner äußerst entlegenen Quelle an bis zum stillen Meer, worein er sich

D 2   ergießt,

ergießt, unermeßliche Strecken Landes, und heißt bei
den Quaraniern, die an demselben wohnen, auch noch
itzt durchgängig Parana. Dieses Wort bedeutet etwas
mit dem Meere Verwandtes, oder Meerähnliches. Para
bedeutet auf quaranisch vielfärbig. Weil also das Meer
nach Verschiedenheit des Lichts, der Winde und Wellen
von Weitem allerley Farben spielet, so geben ihm die
Quaranier den Namen Para, noch öfters aber Paraquazù
(etwas sehr vielfärbiges) Da nun der Fluß Parana sowohl wegen der unerhörten Breite seines Flußbeetes, als
auch wegen des ungeheuren Schwalles seines Gewässers
alle übrigen ohne Vergleich übertrifft, und fast wie ein
Meer aussieht, so erweisen sie ihm die Ehre einen Verwandten des Meeres zu heißen, denn das Wort
ana bedeutet eine Verwandtschaft. Im Jahre 1509
entdeckte Joh. Diaz de Solis, auf seiner Herfahrt von
Europa, denselben, und nannte ihn nach sich den Fluß
Solis. Im Jahre 1527 legten ihm Sebastian Gabot
und Didacus Garzia den Namen des Silberflußes bei,
weil sie bei den indianischen Anwohnern desselben einige
Silberplatten entdeckten, welche die Portugiesen aus Peru gebracht, und jene diesen abgenommen hatten. Die
Spanier hingegen vermutheten, man habe sie aus dem
Grunde des Flußes herauf, oder an dessen Ufern geholet.
Allein seit 3 Jahrhunderten zeigt sich keine Spur mehr
von einem Silber. So sind oft die prächtigsten Namen
eine Wirkung blosser Meinungen und ungegründeter Muthmassungen. Dieser zwar silberleere aber grosse Fluß
(vielleicht, und wie man daselbst durchgängig glaubt,
der größte in der Welt) behält von seinem Ursprunge
an auch heut zu Tage den Namen Parana, wiewohl sich
eine Menge großer und kleiner Flüsse, deren aber keiner
der Parana gleichkömmt, darein ergießen. Erst bei dem
Muschelfluß (Las Conchas) das ist, 6 Meilen oberhalb Buenos Ayres, wo aus dem Wasser die grosse

Klip-

Klippe La punta gorda hervorraget, wird er von den Spaniern der Silberfluß genannt, nachdem er kurz vorher den Uruquay, und mit selbem den schwarzen Fluß auf der Seite gegen Osten zu eingenommen hatte. Durch so viel hinzugekommenes Gewässer verstärket breitet er sich bei las Conchas beinahe auf 10 Meilen weit aus. Daher legen sich hier die Schiffe, welche den Paraquay und Parana herabkommen, vor Anker, werden ausgeladen, und nehmen wieder ihre Ladung zur Rückfahrt ein. Weiter können sich solche kleine Schiffe, so wie selbe von Assumtion, Corrientes, und den quaranischen Flecken anlangen, ohne Gefahr nicht wagen.

Uiber den Ursprung der Parana wird eben so sehr als über das Vaterland des Homer gestritten. Was man immer bisher davon geschrieben hat, ist eitel Muthmassung und Hypothese. Die Spanier, welche sich zuerst Paraquay unterwerfen wollten, sind auf der Parana oder an ihren Ufern bei 500 Meilen weit aufwärts gegangen, ohne doch zu ihrer Quelle gekommen zu seyn. Die Indianer in Brasilien halten für den Ursprung der Parana einen ungeheuren See, dessen Wasser sich aus den Gebirgen in Peru sammelt. Vielleicht ist dieß der See Lauricocha, der nahe bei der Stadt Quanuco ungefähr unter dem 11. Grade der Breite liegt. Aus gedachtem See leiten andere mit mehr Wahrscheinlichkeit den Amazonenfluß ab, ungeachtet viele Indianer denselben für die gemeinschaftliche Quelle sowohl dieses Flusses als auch der Parana ausgeben. Allein wer kann den Indianern etwas Zuverläßiges nachsagen? Es gibt so viele Flüße, welche alle aus den Gebirgen von Peru ihren Ursprung nehmen, die da durch allerlei Krümmungen und Schlangengänge in einander laufen, und sich mit einander vermengen. Wer mag nun in diesem Gewirre der Flüße die Parana mit Gewißheit heraus finden? Martin del Barco

D 4   sagt

sagt in seinem Gedicht Argentina, daß die Parana zwischen dem 12 und 13 Grade der Breite entspringe. Wäre dieß, so müßte man an der Gränze von Bahia Allerheiligen der Hauptstadt in Brasilien, ihrer Quelle gewahr werden. Allein dieser Schriftsteller irret
sich sehr oft, wie man gewiß weiß; und scheinet überhaupt mehr um seine spanischen Reime, als um die Wahrheit bekümmert gewesen zu seyn. Ludwig von Bougainville
schreibt in seinem Werke: Voyage autour du monde,
daß die Parana bei dem atlantischen Meere aus den Bergen entspringe, welche sich vom Rio Janeiro ostnord-
ostwärts erheben, und von dort gegen Westen, nachmals
aber gegen Mittag ihren Lauf nehme. Ich getraue mir
nicht einem Mann von so grossem Ansehen zu widersprechen, weil er einer von den Neuern ist; aber ich getraue
mir auch auch nicht mich blindlings auf seine Worte zu verlassen, weil er sich durch fremde Erzählungen so vielmal
irre führen ließ, wie aus dem erhellet, was er von den
Quaraniern und ihren Flecken geschrieben hat. Denn
was er von dem Ursprunge und den Krümmungen der
Parana schreibt, hat er nicht selbst gesehen, sondern nur
von andern, von deren Glaubwürdigkeit ich nicht urtheilen
kann, gehört. Kurz, vom Ursprunge der Parana läßt
sich meines Wissens nichts Gewisses angeben. Diese Ungewißheit des Ursprunges darf sich der König unter allen
Flüßen allerdings für eine Ehre anrechnen, weil er sie
mit dem ältesten Adel gemein hat. Dieß Einzige weiß man,
daß er mit allen seinen Wendungen und Biegungen über
800 Meilen weit fortläuft, ehe er sein Gewässer dem
Meere in seiner ungeheuren Mündung überantwortet.
Auf seiner langen Reise gesellen sich ihm unzählige kleine
und auch viele grosse Flüße bei; und er nimmt stets in
seinem Laufe zu. Wer mag aber alle Flüße, die sich darein
ergießen, herzählen? Ich werde hier nur der vornehmsten und merkwürdigsten gedenken, und dabei dem Haupt-
strom-

ſtrome von den nordöſtlichen Gegenden an in ſeinem
Laufe folgen.

Auf der Seite des weſtlichen Ufers der Parana fallen in ſelbe die Flüße Ygayry, Ymuncina, Monicy
Amambay; der Ygatimy, welcher Schiffe von mittlerer
Gröſe trägt. Der Ygurey, und Yquairy; der Acaray
ein anſehnlicher Fluß, wenigſtens ſo groß wie die Donau
bei Wien, vielleicht auch noch gröſer, denn am Geſtade
ſelbſt habe ich ihn außer dem Zeitpunkte der Uiberſchwemmung 6 Klafter tief befunden. Er iſt ungemein breit,
und flieſt ganz unmerklich dahin. Er nimmt auch auf
dem Wege bei 30 andere Flüſſe von verſchiedener Gröſe, über die ich oft geſetzt habe, zu ſich, und würde ohne Zweifel auch für gröſere Schiffe zureichen, wenn nicht denſelben hie und da Klippen im Wege ſtünden, deren Weg-
räumung eben ſo groſſe Mühe nicht koſten würde, und die
auch längſt ſchon weggeräumet wären, wenn die Spanier
den Nutzen der Schiffahrt beſſer einſähen. Denn der paraquayiſche Thee, welcher in den um dieſen Fluß herumliegenden Wäldern häufig geſammelt wird, könnte auf
demſelben und der Parana mit vieler Zeit- und Koſtener-
ſparung bis nach Buenos Ayres geführet werden. Allein die Anwohner deſſelben ſind taub bei allen Vorſtel-
lungen, und wollen lieber dürftig leben, als arbeiten.
Ferners der Monday, welcher aus den Wäldern um
Taruma bei dem Flecken S. Joachim, worinn ich ſo
viele Jahre gewohnt habe, hervorquillt, und durch den
Zufluß gröſerer Bäche als: des Yhù, Tarumà, Yuquiry,
Quirahunquay, Cambay &c. dergeſtalt anwächſt, daß
man mit Booten, und ſelbſt mit gröſeren Kähnen darauf
herumfährt. Die Mamelucken ſind einſt in ſolchen, nachdem ſie über die Parana geſetzet hatten, auf dem Monday bis zu unſern Quaraniern in den Flecken Jeſus,
welcher damals bei dem nahen Ybaroty erbauet wurde,
einge-

eingedrungen, und haben sie theils niedergemacht und theils gefangen weggeführet. Caapivary und Aguapey sind enge, aber tief, und den Schwimmenden der Wasserthiere wegen gefährlich. Der Yaquarû eine Art Seetieger, reißt vielmals die schwimmenden Pferde, und Maulthiere mit sich fort. — Endlich auch der Atingy. Alle die bisher angeführten Flüsse gehören in die Zahl der geringern, und unbedeutenden. Aber sobald man über den 27. Grad 43. M. der Breite, und 318. Gr. 57 M. der Länge hinaus und in die Gegend von Corrientes gekommen ist, dann halte man stille, und sehe sich aufmerksam um. Hier wird man gewahr werden, wie der grosse Paraquay, angewachsen durch eine Menge Flüsse, welche er in seinem Laufe aufnimmt, der noch grösseren Parana zur Beute wird, und seinen bisherigen Namen ablegt. Denn das unermeßliche Gewässer, welches sich aus dem Zusammenflusse so vieler Ströme auf einmal in einem und eben demselben Beete übereinander herwälzt, wird nun von keinem Menschen mehr Paraquay, sondern von Indianern und Spaniern Parana genannt, weil diese ungleich mehr als jener dazu hergiebt. Allein auch in dem nämlichen Rinnsal zwischen einerlei Ufer laufen die Parana und der Paraquay lange mit einander ohne sich zu vermengen, als ob sich die hellen Fluthen der ersten des schlammigten Wassers des letzteren schämten. Wenigstens bleiben beide Flüsse bei 3 Meilen weit von einander geschieden, und unterscheiden sich an Farbe und Geschmack, wie man sich dessen sowohl durch die Augen als auch durch den Gaumen überzeugen kann. Aber wie das Beispiel der Kameraden ansteckend ist! Kurz, vorher floß die Parana nach Westen; so bald sie sich aber mit dem Paraquay vereiniget, ändert sie ihren Weg, und läuft gegen Süden willig der Mutter der Flüße, dem Meere zu. In dem Flecken Franziskus Regis, welchen wir den Abiponern von der Klasse der Yaaucanigas gebauet haben, entdeckte

te ich westwärts der Parana, nämlich der Stadt Corrientes gegenüber, einen äußerst langen, breiten und tiefen Kanal, und fiel, nachdem ich alles genau untersucht hatte, auf den Gedanken, daß einst der Paraquay entweder allein oder mit der Parana vereinigt westwärts geflossen; allein durch den in einer außerordentlichen Uiberschwemmung aufgehäuften Sand in seinem Laufe angehalten worden sey, und sich einen neuen Weg gebahnet habe. Man mag diesen Gedanken für eine bloße Muthmaßung ansehen, mir wird er immer wahrscheinlich bleiben. In dem Gebiete von S. Jakob de Storea haben sich sowohl der süße als auch der salzichte Fluß auf diese Weise vielmals ein neues Beet eröffnet. Ich habe ihr altes Rinnsal so wie das von anderen Flüßen oft gesehen. In der Stadt S. Jakob bauete einst der h. Franziskus Solanus seinen Mitbrüdern (den Franziskanern) nebst einem Wohngebäude auch eine prächtige Kirche, so, daß die Thüre derselben nicht der Stadt sondern den Feldern zugekehret war. Da ihm die Seinigen darüber ihr Mißvergnügen bezeugten, so antwortete der seiner Weißsagungen wegen berühmte heilige Baumeister: Sie möchten sich nur ein wenig gedulten. Ihre Wünsche würden einst in Erfüllung gehn. Sie wüßten nicht, was noch geschehen würde. Nach einigen Jahren änderte der süße Fluß, welcher nahe bei der Stadt vorbeifließt, seinen Lauf. Die Stadt mußte daher versetzet werden, und zwar also, daß die Kirchenthüre gerade auf den Platz heraussah, und noch sieht. Der Erfolg rechtfertigte die Weißsagung, wie mir die darinn wohnenden Spanier erzählet haben. Aber wir müssen wieder zu unserer Parana zurückkehren.

Ihr östliches Ufer ist größtentheils schroffigt und steinigt: das westliche hingegen niedrig und leimigt, und folglich den Uiberschwemmungen so sehr bloßgesetzet, daß

Feld

Feld und Wald überall unter Waſſer geſetzt wird, und man nur ſchwimmend oder zu Schiffe, und keineswegs zu Fuß oder zu Pferd durchkommen kann. Die ganze Provinz weſtwärts der Parana hat Uiberfluß an allerlei hohen Stämmen zum Wagen- und Schiffbau, fetten Weiden, und theils ebenen, theils ſanft erhobenen Feldern. Bei allem dem wird man daſelbſt beinahe keinen Platz entdecken, auf welchem Menſchen wohnen, oder Flecken auf die Dauer gebauet werden könnten, weil man dort bald zuviel Waſſer und bald gar keines, oder was eben ſo viel iſt, ſaueres oder bitteres hat. Würde man an dem Uſer der Parana eine Kolonie bauen, ſo würde ſie in der nächſten Uiberſchwemmung, welche ſich zuweilen auf ein Paar Meilen erſtrecket, ausgetränket werden. Entfernte man ſie aber 2 oder 3 Meilen von dem Geſtade, ſo müßten Vieh und Menſchen vor Durſt umkommen. Denn die anderen Flüße, welche alle der Parana zu eilen, ſind ſo beſchaffen, daß ſie bei einem anhaltenden Regen aufſchwellen, und die ganze Gegend in einen Moraſt verwandeln; und wenn es nicht regnet, austrocknen, oder ein Waſſer mit ſich führen, welches ſelbſt das Vieh nicht trinken kann. Daher mußten wir in den Kolonien der Abiponern als S. Hieronymus, S. Ferdinand, S. Karolus, ob wir gleich Flüße an der Hand hatten, ſtehendes, ſaules, ſchlammigtes, warmes und von Egeln ſtrotzendes Waſſer trinken, aus einer Lache nämlich, in welche Pferde, Ochſen, Hunde und Schaafe getrieben wurden, und die ſie daher oft verunreinigten. Sechs Jahre mußte ich mir den Durſt damit löſchen. Die Brunnen, welche man mit unglaublicher Mühe daſelbſt ausgrub, ſielen entweder bei einem eingefallenen Regen gleich wieder zuſammen, weil man ſie mit keiner Mauer einfaſſen konnte, indem es wohl hundert Meilen herum keinen Stein giebt; oder ſie gaben uns ſaures oder herbes Waſſer.

Min-

Minder bekannte Flüße, von ungewiſſer Dauer, die ſich in die mit dem Paraquay ſchon vereinigte Parana ergießen, ſind: der ſchwarze, grüne, weiße und rothe Fluß (Rio negro, verde, blanco, rubeo) der Fluß von Gomez, und Atopehenſa Lauatè, oder die Herberge der Waſſerſchweine; der Alcaray, Cayman, und Embalza-do; der Rio del Rey, oder der königliche Fluß bei den Abiponern Yehimaye; der Malabrigo, bei den Abipo-nern Neboquelatel; der Eleyà, Saladillo, der Inespin, bei den Abiponern Naraheguem; der Rio S. Martin, Salado, und Carcaranal; der Tortugas oder der Schildkrö-tenfluß; der Matanza, de los Arrecifes, Areco, Lu-jan, und de las Conchas. Wir haben endlich den Ha-fen erreicht, wo die Schiffe, die aus dem nördlichen und und öſtlichen Paraquay kommen, um aller Gefahr zu entgehen, bleiben. Hier iſts nun, wo die Parana durch den Zuwachs ſo vieler Flüſſe, als des ungeheuern Uru-quay, und des ebenfalls ſehr groſſen Rio negro ins un-ermeßliche vergrößert, zu einem förmlichen Meere wird. Aber eben da, wo ſich der Paranaſtrom als ein Ver-wandten des Meeres zeigt, legt er ſeinen bisherigen Na-men ab, und nimmt dafür jenen des Silberfluſſes an. Und warum das? Führet er vielleicht in ſeinem Schooße oder an ſeinen Ufern Silber? Nicht ein Blättchen, und außer dem Schlamme gar nichts. Doch kann man die Parana von dem Silber aus Peru, welches dieſer Strom durch Verſchlingung der Silberſchiffe mit verſchlang, den Silberfluß nennen, ſo wie die Verheerung von Afrika dem Scipio den Beinamen des Afrikaniſchen zuzog. Ob-wohl derſelbe 10 Meilen breit iſt, ſo ſäuft er dennoch, noch nicht zufrieden mit ſeiner Größe, die übrigen von Weſten her-kommenden kleineren Flüße an ſich. Der merkwürdigſte darunter iſt der, welchen die Spanier Riachuelo nennen. Denn dieſer ſchwillt durch die tägliche Ebbe und Flut des Meeres auf, bietet den kleineren Schiffen,

Lan-

Lanchas genannt, einem sicheren Ruheplaß an, und bähnet ihnen einen Weg zum Ufer. Diese leßteren werden auf diesem Fluß vielfältig gebraucht.

Bekanntere Flüße, die oftwärts in die Parana laufen, sind von Mitternacht angefangen der Anembyˋ, Para-
napauèˋ, Quibayˋ, und Ŷquazu aus Brasilien, auf
welchem einst die Mamalucken, in der Absicht Quaranier
wegzufangen, angerücket kamen. Dieser Fluß ist nicht
ganz unbeträchtlich und trägt auch größere Schiffe. Vier
Meilen von dem Ufer der Parana sieht man einen Wa-
ferfall, wo er bei 30 Elen hoch mit einem fürchterlichen
Geräufch stuffenweise herabstürzt, und wobei wiederum
so viel Waffer abprellet, daß auf diesem Orte stets ein
schäumigter Dampf, wie eine Wolke, schwebet, deffen man
allemal auf 4 Meilen gewahr wird. In der Nähe deffelben sollen sich keine Fische des schrecklichen Getöfes wegen
aufhalten. Weil die Schiffe über diesen Wafferfall, den
die Spanier Salto, die Quaranier aber Ŷtù nennen,
(ein Waffer, welches über Felfensteine strömt) schlechterdings nicht hinaufkommen können, so müffen die Schiffer
aussteigen, und den Kahn eine Weile mit den Händen
nachziehen. Drey Meilen von dem Wafferfall ist der Fluß
noch eine Meile breit. Hieraus kann man abnehmen, daß
er den Namen Ŷquazu (eines großen Flußes) mit Recht
führet. Der Ŷpirayty̆ˋ. Der Yabebiryˋ, welcher bei
den quaranischen Flecken S. Ignaz miǐi und Loreto vorbeifließt, und sehr schmal aber sehr tief ist. Die Flüße
S. Laurenz, S. Ambrosius, Rio de los Aſtores, S.
Lucia. — Auf diesem leßteren schlichen sich die Payaquas,
sehr grausame Laper, öfters herein, verwüsteten die Mayereyen der Spanier, und erschlugen die Einwohner. Der
Fluß Corrientes gehört unter die mittelmäßigen. Er
entspringet aus dem nahen See Ŷberà, welcher einst
der See de los Caracaràs hieß, und bei 40 Meilen
lang

lang aber von einer geringen und ungleichen Breite seyn soll. Die vielen Inseln dieses Sees dienen itzt den aus den Flecken entflohenen Jadianern zum Aufenthalt; Im vorigen Jahrhunderte sollen sich daselbst die Caracarás, ein indianisches Volk, das den Spaniern außerordentlich viel Schaden zufügte, aufgehalten haben. Die letzteren konnten ihnen lange Zeit nichts anhaben, bis sie endlich von einem Haufen Quaranier auf Befehl, und unter der Anführung des Statthalters von Buenos Ayres, Joh. de Garay angegriffen, und nach einer hartnäckigen Gegenwehre, indem sie Insel vor Insel vertheidigten, glücklich über den Haufen geworfen wurden, so, daß fast alle entweder getödtet oder gefangen worden sind. Man kann nicht bestimmen, ob dieser Sieg rühmlicher für die Quaranier oder für die Spanier zuträglicher gewesen ist. Die übrigen Flüße, welche sich hier mit der Parana vermengen, heißen Quanquilaro, Espinoso, Alcaraz, Hernand Arias, Gardia, Rio de los Charruas, und Pacu. Allein alle diese bedeuten sehr wenig. Wir wollen zu etwas Wichtigeren übergehn.

Wir haben des Orts erwähnet, wo der Uruquay, ein Fluß der ersten Größe, in die Parana fällt. Seinen Namen hat er von den Schnecken, welche größer als eine Faust sind, und von den Jndianern in der Muschel gebraten, und geessen werden. Er entspringt, nach Bougainvilles Angabe, in dem Gebirge von Brasilien zwischen dem 25. und 26. Grad der Breite in der Kapitainschaft S. Vinzenz, und läuft ungefehr 100 Meilen weit. Die vielen Klippen, mit denen er gleichsam besäet ist, und die Wasserfälle hindern die Schiffahrt, und machen sie selbst den Kähnen gefährlich. Der größte Wasserfall erstrecket sich bei dem quaranischen Flecken Yapeyù über den ganzen Fluß, so daß auch die Kähne, welche von Buenos Ayres anlangen, nicht hinüberkom-
men

können, sondern auf dem Rücken der Schiffer hinaufgebracht
werden müßen. Bei dieser Gelegenheit wollen wir ein bei den
Indianern am Uruquay übliches Fahrzeug, welches auf
spanisch Balsa heißt, beschreiben. Sie fügen nämlich
zween grosse, oft 70 Schuhe lange Kähne mittelst einiger Querstangen fest zusammen, und flechten darauf von
Rohr eine Art von Fußboden, auf dessen Mitte sie ein
Häuschen gleichfalls von Rohr und mit Ochsenhäuten bedecket
festmachen. Dieses Schiff wird nicht mit Segeln sondern
mit Rudern sowohl auf- als abwärts sicherer als schnell
getrieben: und fodert daher eine grosse Anzahl Ruderknechte zu seiner Bemannung. Am Fluß liegen überall Inseln herum, worauf man Palmbäume, Citronen- und Pfir-
sichbäume, kurz, Bäume von allen Arten; aber auch
Tieger, Schlangen und andere reißende Thiere, nebst
Wildprät in Menge antrifft. Die ungeheuren Felsenstü-
cke, aus welchen dieser Wasserfall besteht, wurden einst
durch Pulver in die Luft gesprenget; allein da die Bruch-
stücke in den Fluß zurückfielen, verlegten sie den Schiffen
den Weg gänzlich. Solche Hilfsmittel sind oft schlim-
mer als das Uibel selbst.

Unter den Flüßen, welche der Uruquay auf der Seite
gegen Westen zu einnimmt, sind die merkwürdigeren
der wegen der Gränzstreitigkeiten zwischen den Portugiesen
und Spaniern bekannte Piquiry, oder Pepiry, Qua-
numbacà, und Acaranà; der Mbocore, der bei den Quaraniern wegen ihres obgedachten wider die Mamelucken
erfochtenen Sieges eben so berühmt ist, als es der See
Thrasimenus und der Fluß Trebia durch die Niederlage,
welche die Römer vom Hanibal erlitten haben, je geworden sind, wenn man anders kleine Begebenheiten durch
grosse Beispiele erläutern darf. Ferners der Aquapey,
und der Miriñay, welcher aus dem See Ybera hervorkömmt. Ich muß hier einen Fehler rügen, der sich

in

in die deutsche Uibersetzung der Geschichte des P. Xavier Charlevoix eingeschlichen hat. Es heißt darinn ganz unrichtig, daß sich der Fluß Miriñay mit der Parana, und der Fluß Corrientes mit dem Uruquay vereinige: denn dieser geht gerade in die Parana, und jener in den Uruquay. Ich beruffe mich dießfalls auf das Zeugniß meiner eigenen Augen; indem ich das Ufer dieser Flüße selbst durchwandert habe. — Endlich auch der Vaccaretâ, Timboy, Gualeguay, Rio de los Topes, und Yaquary quazù. Alle diese Flüße nehmen unterwegs noch andere kleinere zu sich. Auf der Seite gegen Osten fließen in den Uruquay der Uruquay miri, Uruquay pi tà, oder der kleine und rothe Uruquay; der Yribobà, Rio S. Juan, Ñucorà, Yaquarapè, Jyuy, Piratiny Ycabaqua, Mbutuy; der mit dem Ybicuy schon vereinigte, und der spanischen und portugiesischen Gränzstrettigkeiten wegen gleichfalls merkwürdige Toropy; der Quaray, Tebiquary, Lechiguana von dem Honigseimen also genannt, welche die Bienen auf den Spitzen kleiner Sträuche oder des hohen Grases machen, und der Rio S. Salvador. Nahe bei diesem fällt auch der wegen der Güte und Menge seines Wassers berühmte schwarze Fluß (Rio negro) in den Uruquay, der gleichfalls bald darauf in der Parana bei dem grossen Steinfelsen la punta gorda sein Grab findet. Aus der Menge der mit dem Uruquay vereinigten Flüße mag man auf die Größe desselben schließen. Daß sein Wasser ungemein gesund ist, versichert man daselbst durchgängig, und ich weiß es aus eigener Erfahrung. Ueber ein Jahr eckelte mir vor aller Speise, und die Nächte brachte ich schlaflos zu. Diese Nahrungs- und Schlaflosigkeit erschöpfte meinen Körper bis zur gänzlichen Auszehrung. Ich wurde daher von den Kolonien der Abiponer, worinn man so viel Ungemach aussteht, in die quaranischen Flecken versetzt; allein ungeachtet ich mich in verschiedenen von denen, die an der Parana liegen, eine Zeitlang aufgehalten

P   hat-

hatte, so empfand ich dennoch keine Erleichterung. Kaum aber war ich einige Wochen in dem Flecken Maria major an dem Ufer des Uruquay, als ich vollkommen genas. Daß die Sängerknaben in den Kolonien am Uruquay eine so vortrefliche Singstimme haben, schreiben auch einige seinem Wasser zu, als welches zur Reinigung der Brust und der Kehle sehr viel beiträgt. Außer dem ist dieser Fluß sehr fischreich, und man findet darinn nicht nur unzählig viele, sondern auch ungemein grosse und köstliche Fische. Viele wollen in dem Uruquay Meerungeheuer von einem fürchterlichen Anblicke gesehen haben. Ich kann dieß weder bejahen noch verneinen: denn ich habe diesen Fluß wohl besahen, aber nicht, wie andere Reisende, ausgefahren.

Ich besorge schon lange, daß diese übelklingenden Fluß-benennungen meine Leser betäuben, und ermüden. Allein um denselben einen richtigen Begriff von der Größe der Parana beizubringen, mußte ich alle die Flüße, mit deren Wasser sich jene bereichert, nach der Reihe einzelnweise anführen. Von den Erdbeschreibern erhalten die, wenigstens zu Kriegszeiten, den meisten Beyfall, welche nicht nur die Städte und Flecken, sondern auch die Dörfer und einzelne Schlößer in ihren Landcharten bezeichnen; weil man daraus auf die Größe der Provinz und den Grad ihrer Kultur schliessen kann. Meine Leser schenken mir daher nur ein bischen noch ihre Gedult; denn ich muß noch schlechterdings den Paraquay als den vornehmsten Theilnehmer des Gewäßers der Parana beschreiben. Das Wort Paraquay bedeutet auf quaranisch einen gekrönten oder Kronenfluß. Parà heißt, wie ich schon gesagt habe, etwas vielfärbiges, Qua ein Kreis; und folglich Paraquà eine Krone von bunten Papageyenfedern, wie sie bei den indianischen Anwohnern dieses Flußes üblich waren. Andere leiten den Ursprung dieser Benennung von der Manchfaltigkeit der Blumen her, womit die Ufer dieses Flußes überall besäet sind. Ich füge diesem noch die

Mei-

Meinung eines neueren bei, welcher diesen Fluß darum
einen Kreis oder eine Krone genannt wissen will; weil er
sich stets windet und krümmet, und dadurch aus dem Gestade Kreise bildet. Da man schon über den Namensur-
sprung einen so grossen Streit erhebet (meines Erachtens
ist dieß der Streit von der Geißwolle und des Eselsschat-
ten) so ist der von dem Ursprung des Flusses noch viel größer. Von diesem kommen in den Geschichten eine Menge
Meinungen und Muthmassungen vor, von welchen ich keine, da es uns an Gründen fehlt, die uns einen Aufschluß
hierüber geben könnten, weder annehme noch verwerfe.
Nur das ist heut zu Tage gewiß, daß alle die unrecht daran sind, welche diesen Fluß aus dem See Xarayes ableiten. Dieser alte und allgemeine Irrthum ist (mit Erlaubniß des Hrn. von Bougainville) keineswegs von Schriftstellern aus unserer Gesellschaft, sondern von den ersten
Spaniern, welche Paraquay erobert haben, in Europa gebracht, und erst in unseren Zeiten entdeckt worden. Man
weiß nun, daß die Spanier, welche diesen Fluß später be-
fuhren, noch 60 Meilen oberhalb gedachten Sees hinauf-
gekommen sind. Hieraus erhellet, daß man den Ursprung
des Paraquay in entferntern Gegenden gegen Osten, oder
Norden suchen müße. Diesen glauben nun einige in dem
berüchtigten See del Dorado gefunden zu haben. Bougainville setzte die Urquelle des Paraquay zwischen den 16.
und 15. Grad der Süderbreite, fast in gleicher Entfernung
vom Süd- und Nordmeere auf eben das Gebirg hin, aus
welchem der Fluß Madera entspringt, der sich am Ende
mit dem Amazonenfluß vereinigt. Diese Muthmassung des
Franzosen lasse ich den Portugiesen, welche unter dieser
Polhöhe gewesen sind, zu prüfen über. Es sey nun, wie
ihm wolle, so ist doch wenigstens dieses ziemlich ausgemacht,
daß der Paraquay nicht aus dem See Xarayes kömmt,
weil dieser See nirgends als auf der Landcharte existirt.
Denn die Niederlage vom Gewässer, welches man zuweilen

dort

dort sieht, ist nicht die Mutter, sondern eine Tochter des
Paraquay. Dieß behaupte ich ohne Bedenken, und ver-
lasse mich hierauf auf die historische Glaubwürdigkeit des P.
Joseph Sanchez Labrador, welcher, wie ich oben gesagt
habe, als ein geschickter Naturkündiger mit seinen Wegweisern, den Mbayas, die er in dem Flecken Belen bildete, beide Ufer des Paraquay vielmal bereiset, und auf demselben im Jahr 1767 den von andern so oft umsonst gesuchten Weg bis zu den Chiquiten gefunden hat. Auf eben
demselben ist er auch den 27. September glücklich wieder in
Belen eigetroffen, nachdem er alles sorgfältig in Augenschein genommen hatte. Der chiquitische Flecken Xavier
ist am meisten gegen Norden, und wie Sanchez bemerkt
hat, unter dem 16. Grad der Breite und dem 313. Grade
der Länge gelegen. Der Flecken vom Herzen Jesu liegt
unter den 19. Grad der Breite, und dem 319. Grade der
Länge, folglich am nächsten bei Paraquay, und von Assumtion nur 190 Meilen. Die Erdbeschreiber mögen nun
hören, wie sich Sanchez von dem eingebildeten See Xarayes, und der erträumten Insel de los Orejones in seinen Nachrichten von Paraquay ausdrückt. Der Paraquay
sagt er, fließt in einem Beete vereinigt eine Weile von
Norden herab; hernach theilet er sich in drey Arme, deren
einem die Indianer den Namen Paraquay miri, daß ist
den kleinen Paraquay, den zweenen andern aber die Benennung Paraquay quazù (des großen Paraquay) geben.
In den gewöhnlichen Ueberschwemmungen schwellen diese
drey Arme zu einer unglaublichen Höhe auf, und setzen, so
oft sie aus ihren Ufern tretten, das ebene Land bei 200
Meilen weit unter Wasser. Da sich nun diese Austrettung
öfters ereignet, so hielten die neuangekommenen Europäer
dieses gesammelte Gewässer für einen See, in dessen Mitte
sie die eingebildete Insel de los Orejones hineinsetzten, und
den sie 30 Meilen lang und 10 breit seyn ließen: denn gerade

rade so viel Raum überschwemmt der ausgetrettene Para=
quay. Die ersten Spanier hießen diesen Ort die Para=
deisinsel, weil sie daselbst nach vielen ausgestandenen Mühe=
seligkeiten ein wenig ausruhen konnten. Derselbe liegt
unter den 15. und 18. Grad und folglich unter dem heißen
Erdgürtel. Was wird nun hierauf Bougainville antwor=
ten, welcher den Ursprung des Paraquay zwischen dem 15.
und 16. Grad der Süderbreite ansetzt? Die Portugiesen,
welche in Cuyaba, und Mattogrosso, folglich in der dor=
tigen Gegend wohnen, wissen von einer solchen Insel eben
so wenig als die eingebohrnen Wilden und später dahin
gekommenen Spanier. So räsonniret Sanchez, welcher
diese streitige Gegenden mehr als jeder andere durchgewan=
dert hat, und daher Glauben zu verdienen scheint, wenn
er dem See Xarayes die Existenz rund abspricht. Die
Europäer irren sich sehr oft, wenn sie durch das unbe=
kannte Amerika eine Reise thun. Vielmals halten sie das in
den Regenmonaten sich sammelnde Gewäßer für einen Fluß
oder für einen beständigen See, da es doch blos entweder
von vorhergegangenen Regen, oder von dem im peruvian=
schen Gebirge geschmolzenen Schnee, oder den daraus er=
folgten gränzenlosen Ueberschwemmungen herrühret. Viele,
welche von dem magallanischen Meere geschrieben haben, be=
haupten dreuste, daß sich an die Bay von S. Julian ein
überaus grosser Fluß anschliesse, welcher aus einem gleich=
falls ungeheueren See, woraus noch ein anderer Fluß Cam=
pana heraus fließt, entspringet. So wird dieses alles in
dem Tagebuch des Admirals Anson angegeben. Die Spa=
nier, welche, wie ich oben gesagt habe, auf Befehl Philipp des
V. auf dem Schiff S. Antonius im Jahr 1746 mit dem
Auftrage die magallanischen Küsten zu besichtigen ausgeschi=
cket worden sind, haben die Bay von S. Julian zu Lan=
de und zu Schiffe viele Tage nahe genug vor Augen ge=
habt. Sie sind auch die ganze Gegend zu Fuß durchgegangen
ohne etwas von einem Fluß zu entdecken. Nach ihrem ein=

P 3 stim=

stimmigen Zeugniß hat diese Bucht in den Sommermonaten kein süßes Wasser; die Seen, und Brunnen aber, wo man trinkbares Wasser findet, sind 4 Meilen davon entlegen. Zu gewissen Zeiten stürzen sich jählings aus dem geschmolzenen Schnee entstandene Bäche in das Meer. Vielleicht haben die Seeleute einst solche Bäche von Weitem gesehn, und für ordentliche und beständige Flüße gehalten. Eben dieses gilt auch von dem See Xarayes.

Die größten Flüße, welche ihr Wasser dem Paraquay zuführen, kommen von Westen her, als der Jaurù, welcher unter dem 16. Gr. 29 M. der Südbreite, und den 320. Gr. 10. M. der Länge, von der Insel Ferro angerechnet, in den Paraquay fällt — der Mandiy, unter dem vorigen, wo man sich den See Xarayes hindenket. Der grüne Fluß, der Yabebiry, der Pilcomayo, welcher in zween einige Meilen weit von einander abstehenden Armen dem Paraquay zuläuft, wie ich oben gesagt habe — der ziemlich große Fluß Timbò, welcher aus zween kleinen an dem Orte, den man dort la herradura nennet, entsteht, und dessen Richtung der des Flußes Tebiquary, welcher westwärts des Paraquay herfließet, geradezu entgegen gesetzt ist. Hier ist die Kolonie S. Karolus, welche ich für die Abiponer angelegt habe. Hievon unten ein Mehreres. Ehe sich der Paraquay mit der Parana vereiniget, nimmt er noch den Rio grande oder Vermejo (den großen oder rothen Fluß) zu sich. Auf der Seite gegen Osten ergießen sich von Norden angefangen in den Paraquay der Fluß de los porrudos, welcher sich vorher den Fluß Cuyaba (der Name einer portugiesischen Ortschaft) und mit ihm die Flüße Cuchipo quazù, und Cuchipo mißi, wieauch den Fluß Manso beigesellet — der Fluß Taquary, welcher sich weiter unten in dreyen Mündungen, welche drey dazwischenliegende Inseln bilden, dem Paraquay mittheilet, nachdem er sich vorher mit dem Fluß Camapuä vereiniget hat,

Auf

Auf diesen und noch anderen Flüßen fahren die Portugiesen aus Brasilien mit ihren Kähnen in ihre Kolonien Cuyaba und Mattogrosso, wo sie aus den Bächen Goldsand lesen, und dabei so viel gewinnen, daß sie ihre darauf verwandte Mühe nicht gereuen darf. Zu Camapua einem Zwischenort ließ sich Andreas Alvarez ein Portugiese mit vielen Schwarzen nieder, und versieht seine vorüberziehenden Landsleute aus seinen Grundstücken mit Lebensmitteln, Wägen, und allem, was sie nöthig haben. Diese Reise der Portugiesen ist müheselig und gefährlich; weil sie über große Einöden zu Land und zu Wasser auf verschiedenen Flüßen wandern müßen. Die gemächlicheren Spanier beneiden sie um das bischen Gold nicht, das sie mit so vieler Leibsund Lebensgefahr und mit so vielem Ungemach erkaufen müßen. Die übrigen Flüße heißen der Mbotetey auf dem Gebiete der quaranischen Ytatinguas, denen unsere Väter daselbst einst zwo Kolonien hingebauet haben; der Ygary pe, der Mboymboy, Tareyty, der Quaycuruy, an deßen Ufer die Quaycurus, welche man Mbayas nennt, nachdem sie über den Paraquay gesetzt haben, sich hinzogen, und noch sind — Der Fluß Corrientes, welcher wegen der streitigen Gränzen zwischen den Spaniern und Portugiesen, und noch anderer Histörchen und Märchen merkwürdig ist — der Mbaery, der Ypanequazú einst Quarambarè; der Yeyny, welcher auch für größere Schiffe, es wäre denn daß es sehr lang nicht regnete, Wasser genug hat, aber in seinem Laufe von den vielen in seinem Beete liegenden Klippen aufgehalten wird. Diesem Fluß fließen eine Menge kleinere Flüße zu, worunter Caapivary der vornehmste ist, und sich mit demselben ungefehr 20 Meilen vor seinem Ausfluß in dem Paraquay vereiniget. Um den Yeyuy und den Caapivary liegen ungeheuere Wälder herum, welche man mit Recht das Vorrathshaus des paraquayischen Thees nennen kann. Eine große Menge deßelben wird von den Einwohnern des Fleckens Curuquati,

ti und andern Spaniern auf Garandumbas nach Assumtion
gebracht. Eine Garandumba ist ein grosser aus einem
einzigen Baume ausgehöhlter Kanot, auf dessen beiden Seiten man noch Bretter einfüget, um ihn zu erweitern. Weiters fliessen in den Paraquay die Flüsse: Tobaty, Caa-
ñabè, und der für mittlere Fahrzeuge zureichende Tebiquary.

Durch die Vereinigung mit so vielen und so grossen
Flüssen wächst der Paraquay zu so einer Grösse an, daß die
Spanier auf eben den Schiffen, mit welchen sie von Kadix
in die See stachen, und den Ozean durchsegelten, bis nach
Assumtion und noch weiter fahren konnten. Heut zu Tage waget es niemand mehr aus Besorgniß eines Schiffbruches. Der Fluß breitet sich so sehr aus, daß man oft
gar kein Ufer, als ob man auf dem hohen Meere schiffte, erblicket. Er ist auch von vielen Inseln durchschnitten, und
den Schiffen seiner vielen Klippen, Sandbänke und Wür-
bel wegen gefährlich. Es würde eine unverzeihliche Un-
behutsamkeit seyn denselben ohne einen des Flusses kündigen
Schiffer, oder einen Lootsmann, zu befahren. Dieser
Mann läßt sich sehr gut bezahlen. Er fährt in einem
Kahn vor dem Schiffe voraus, und mißt stets die Tiefe
des Wassers mit einem Senkbley. Des Nachts muß man
in einem sicheren Ort Anker werfen. Nahet sich ein
Sturm, so eilet man ängstlich nach einem Zufluchtsort.
Allein oft bleibt das Schiff, aller angewandten Mühe unerachtet, auf einem Sandhaufen oder Furt, (ich rede aus
eigener Erfahrung) sitzen. Die Schiffleute müssen es nun
mit ihren Schultern wegheben, oder einen Theil der Waaren in einen Kahn hinüberladen. Denn die Meisten beschweren des Gewinneshalber ihr Schiff dergestalt, daß es
kaum zwey Handbreiten aus dem Wasser hervorraget. Sobald sich also ein Sturm erhebt, sobald dringt auch das
Wasser in das Schiff. Dieß ist die Ursache, warum so
viele

iele verunglücken. Ihre Habsucht macht, daß sie, da sie
recht viel gewinnen wollen, alles verlieren. Außerdem ist
der Paraquay noch zweener Wirbel wegen beruffen. El Re-
molino chico, y grande, der große und kleine Wirbel,
wie selbe die Spanier nennen, sind zween Oerter, wo sich
das Wasser auch ohne Wind im Kreise herumdräht, und
in deren Mitte ein Schlund sich öffnet, welcher alles, was
ihm nahe kömmt, an sich reißt, und verschlingt. Indessen fährt man dennoch mit ein wenig Vorsicht ohne Gefahr
vorüber. Gefährlicher sind die Gegenden, wo der Fluß
reißend, wie der Blitz, sich herstürzt, und die Schiffe auf
Klippen oder Sandbänke hinschleudert. Gegen den Strom
kann man mit bloßen Ruder ohne Segeln nicht fortkommen. Hieraus kann man leicht begreifen, warum die
Schiffahrt auf diesem Fluß stets mit Gefahren, und Be-
sorgnißen verbunden ist. Ich habe beinahe 10 Monate
auf dem Meere zugebracht, und auch viele und lange Fahr-
ten auf dem Paraquay gethan. Aber ich muß bekennen,
daß mir auf diesem öfters als auf dem großen Weltmeere
bange geworden ist. Eben dieses gestand mir auch zu Corrientes ein Engelländer, ein wackerer Mann, welcher die
meiste Zeit seines Lebens auf Seereisen zugebracht hat. Ich
läugne nicht, daß die Seefahrt mit tausend Gefahren ver-
knüpft ist; aber unstreitig hat man auch auf dem Meerschif-
fen mehrere und sicherere Hilfsmittel die Gefahren der
See entweder zu vermeiden, oder zu überwinden, als die
Schwere und Festigkeit des Schiffes, die Erfahrung der
Befehlshaber, die Geschicklichkeit und Behendigkeit der
Seeleute ꝛc., welches alles man auf paraquayischen Schiffen vermißt. Drohet ein Ungewitter einen nahen Untergang, so hört und sieht man außer dem Geschrey der Schiffleute, welches noch fürchterlicher als der Sturm selbst ist,
und dem zwecklosen Hin- und Herlaufen des Schiffvolkes
nichts, was zur Abwendung der Gefahr etwas beitrüge.

Bis

Bis sie mit einander ausmachen, was zu thun ist, geht das Fahrzeug unter.

Wenn man weiß, daß der Fluß Parana aus so vielen und so grossen Flüssen zusammengesetzet ist, wird man sich ohne Zweifel von seiner Breite einen Begriff machen können. Nun will ich das Vorzüglichste von seinen Merkwürdigkeiten erzählen. Vor allem aber muß ich des Wasserfalles oder des außerordentlichen Herabsturzes der Parana erwähnen, welchen die Spanier el salto grande nennen, und welcher unter dem 24 Gr. der Breite, und 325 der Länge in der Gegend der heut zu Tage zerstörten Stadt Quayra sich anhebt. Plinius hat viel von dem Fall des Nilus, und noch mehr Pomponius Mela vom Sturze des Araxes geschrieben; aber keiner von beiden kömmt dem der Parana auch nur von Weitem gleich. Ich habe ihn selbst niemals gesehen. Ich bediene mich daher, um dieses Wunder der Natur zu schildern, der Worte des P. Jakob Ranconier eines Niederländers, welcher dasselbe im Namen des P. Nikolaus Durax unsers damaligen Provinzials in Paraquay in den jährlichen Berichten nach Rom im Jahr 1626 auf das Umständlichste beschrieben hat. Dieser hatte den Fall der Parana selbst, als er vermög seines Amtes die neuen Flecken der Quaranier in der Provinz Quayra besichtigte, gesehen und beobachtet: ich kann mich daher auf seine Worte so gut als auf meine Augen verlassen. Dieser Wasserfall, sagt er, ist unter allem, was man in dieser Provinz wunderbares antrift, das Wunderbarste: und ich weiß nicht, ob es auf dem ganzen Erdkreis etwas giebt, welches mehr angestaunt zu werden verdiente. Ich habe diesen Gegenstand mit meinen Augen, und als ein wißbegieriger Wahrheitsforscher untersucht. Mit der heftigsten Gewalt schießt der Strom aus dem höchsten Felsengebirge durch einen Fall von 12 Meilen herab, und auf die Spitzen ungeheurer und fürchterlich aussehender Klip-

Klippen hin, wodurch denn das Wasser auf eine außerordentliche Höhe wieder zurück geprellet wird, also zwar, daß
sich der Stamm des Flußes an den schrofigten Felsensteinen
spaltet, und erst nach allerlei Umwegen sein zertrenntes Gewäßer wieder sammelt, welches sich indessen in schaudervollen Wirbeln herumdreht. An anderen Orten springt das
Wasser in die Felsen selbst hinein, gräbt die größten Stücke darinn aus, und entzieht sich eine Zeitlang dem Auge,
bis es wieder daraus, wie aus verschiedenen Quellen, hervorbricht. Kurz die Heftigkeit des sich herabstürzenden
Stromes ist so groß, daß man auf dem ganzen 12 Meilen
langen Fall nichts als Schaum sieht, welcher, weil er die
Sonnenstrahlen zurückwirft, die Augen des Zusehenden
durch seinen Glanz blendet. Auch wird das Getöse
des herabfallenden, und an den Felsen sich zerschälenden
Gewäßers wohl auf 4 Meilen weit gehöret. Nach diesem schrofigten Steinwege scheint dasselbe am Fuße des
Berges auf dem weicheren Boden ausruhen zu wollen.
Denn es steht daselbst untertags beinahe ganz still; aber
fast alle Stunden höret man ein lautes Gemurmel, dessen
Ursachen man nicht kennt, wobei zugleich das Wasser einige Ellen hoch auffspringt. Dieses alles habe ich sehr genau
in Augenschein genommen, und sorgfältig beobachtet. Fische giebt es auch daselbst von einer unglaublichen Größe,
und der P. Anton Ruiz de Montoya Missionär in
Quayra versicherte mir, er habe einen Fisch gesehen, der
an Größe einem Ochsen nichts nachgab, und nur mit dem
halbem Körper im Wasser schwamm. Das darf niemanden unglaublich vorkommen. Man schrieb mir sogar,
nachdem ich die Reducciones (er versteht die neuen indianischen Kolonien) besichtiget hatte, daß ein Indianer
von einem solchen Flußfisch verschlungen, und hernach ganz
auf das Gestad wieder hinaufgespieen worden ist. Wir haben also unsere 12 Meilen zu Fuße gemacht; aber es waren ihrer weit mehr, der verschiedenen Umwege und Krüm-

mungen des Gebirges halber. Aeußerst ermüdet brachten
wir im Hinaufklettern des Berges 6 volle Tage zu; und
der Schweiß trieste von unserem ganzen Leibe (der Provinzial war damals schon bei Jahren). Auf dem rauhen
Wege stießen wir allenthalben auf schrosigte und steile Felsen, kleine Seen, Sturzbäche, und Sandheiden. In keinem Land in der Welt würde die Sonne so unausstehlich
brennen, wenn hier nicht kleine Bäche, und der Schatten häufiger Bäume die Hitze derselben milderten. Am unbe-
quemsten aber schien uns die Enge des Wegs selbst, welcher
beständig unter dicken Bäumen und Dornhecken fortgieng.
Diese Reise haben wir im angehenden Frühling nämlich in
Oktober gemacht. Nachdem wir am sechsten Tage das
Gebirge überstiegen hätten, schifften wir uns auf der Parana ein — Dieses ist die ungeschminkte, aufrichtige, und
genaue Erzählung eines der frömmsten Männer. Ich habe sie aus den jährlichen Berichten der G. J. aus der Provinz Paraquay von den Jahren 1626, und 27, welche zu
Antwerpen 1636 herauskamen, ausgezogen.

Zwischen dem quaranischen Flecken de la Candelaria
und der Stadt Corrientes sieht man in der Gegend Mbao-
quä, wo so viele Viehweiden sind, einen andern kleineren
Wasserfall mit hervorragenden Klippen, worüber sich kein
Schiff wagen darf, es sey denn, daß der Fluß durch langwierigen Regen oder jährliche Ueberschwemmungen also
aufschwelle, daß er hoch über die Felsensteine weggeht.
Eben dieser Fels läuft unter der Erde viele Meilen weit
fort, und wird durchgängig für den nämlichen gehalten,
der den großen Wasserfall der Parana, und den des Uruquay bei Yapeyu, wie ich schon gesagt habe, ausmacht.
Ich zweifle nicht, daß in der Parana auf ihrem langen
Wege Wirbel und Wasserschlünde verborgen seyn müßen,
und beruffe mich dießfalls auf einen Unfall, der sich zu
meiner Zeit, als ich mich in Loreto aufhielt, ereignet hat.

Im

Im Jahr 1756 schiffte ein Haufe Quaranier aus dem nahen Flecken S. Ignaz aufwärts auf der Parana in Kähnen, um in den entlegenen Wäldern paraquapischen Thee zu machen. Wenige Meilen oberhalb des Fleckens Fronleichnam ertranken sie alle, bis auf einen, der uns die traurige Bothschaft brachte. Gegen Mittag, sagte er, ruderten sie unter Trommeln und Pfeiffen unverdrossen in ihren aus zween Kähnen zusammengesetzten Fahrzeuge fort. Der Himmel war heiter, die Luft unbewegt, der Fluß ruhig: und kein Mensch ließ sich von einem Unglücke etwas einfallen, als auf einmal das Vordertheil des Schiffes wie eine Säule in die Höhe stieg, und das Hintertheil abwärts sich senkte. Weil das Schiff sich bald darauf in seine natürliche Lage richtete, so wurden sie wieder ruhig. Dieß dauerte aber nur einen Augenblick; denn kurz nachher wurde das Vordertheil abermal durch eine verborgene Kraft in die Höhe getrieben, und das Schiff mit allem, was darauf war, in den Abgrund gezogen, so das weder von diesem, noch von jenen eine Spur mehr übrig blieb. Nur ein einziger entrann seinem Untergang, wie ich schon gesagt habe, mit Schwimmen, der uns nämlich von dem traurigen Schicksale seiner Gefährten die Nachricht gebracht hat. Die wahre Ursache dieses widrigen Zufalles konnte kein Mensch mit Gewißheit angeben, doch urtheilten wir alle, ein verborgener Wasserschlund, den man bisher noch nicht wahrgenommen hätte, müße daran Schuld gewesen seyn. In grossen Flüßen, und auf dem hohen Meere entdecket man noch heut zu Tage gefährliche Oerter, welche viele Jahrhunderte den Seefahrern unbekannt geblieben sind. Man kömmt oft in der Gefahr um, weil man sie nicht vermeidet, und man vermeidet sie nicht, weil man sie nicht voraus sieht. Blos ihre Entdeckung macht vorsichtig.

In der Parana giebt es unzählige Inseln von verschiedener Größe. Dieser Fluß zerstört die alten, und

schaf-

schaffet sich neue. Ich habe ihre Entstehung und Vernich-
tung auf meinen Reisen oft beobachtet. Während der jährlichen Ueberschwemmungen schüttet der gewaltsame Schwall
des Wassers ganze Sandberge an, worauf nun der Wind
allerley Saamen besonders aber von Weiden hinträgt, welche auf dem weichen Sandboden alsogleich Wurzel schlagen,
und wegen des Ueberflusses an Feuchtigkeit bald aufschie-
ßen. Im Kurzen sieht man die Insel mit Weiden und
anderen Bäumen bewachsen, mit einem Waasen bekleidet,
und von Vögeln, vierfüßigen Thieren, und Amphibien bewohnet. Andere Inseln werden von der Gewalt des
Wassers allmählig untergraben. — Einige sahen wir un-
tergehn, andere wie ein Schiff wanken, und in Wind und
Wellen herumtreiben, bis sie vom Wasser ausgefressen in
Stücke zerfielen, und von den Wellen verschlungen wurden.
Ein solche schwimmende oder mit Vegetius und Plinius zu
reden, herumwandernde Insel hat der P. Franziskus Bur-
ges einst mein Mitpriester, in dem Flecken Xavier, welcher
im Anfange an einem Arm der Parana für die Mocobis
erbauet worden ist, eine Zeitlang gesehen. Wie sich der
Wind änderte, änderte sie auch ihre Lage, so daß sie sich
ihm bald von vorne, und bald von der Seite zeigte, bis
sie endlich von dem Wasser gleichsam unterminirt in den
Fluß sank. Bekanntere Inseln sind Martin Garzia, Las
dos hermanas (die zwo Schwestern) S. Gabriel, La
Ysla de flores (die Blumeninsel). Sie hat diesen Namen nicht etwa von den Blumen, wie ein gewisser Schriftsteller sagt, indem sie in weiter nichts als in einem nackten
Felsen besteht, sondern weil sie am Weihnachtstage, den
die Spanier la Pascua florida die blumigte Weihnacht
nennen, entdeckt worden ist. Endlich auch la Ysla de Lobos, die Insel der Seewölfe, deren es hier eine Menge
giebt. — Die Parana tritt regelmäßig des Jahres zweymal
aus ihren Ufern. Die Sommerüberschwemmung, welche
auch die größere ist, fängt meistens in December an, währet

den

den ganzen Jenner und setzet sich erst zu Ende des Hornungs. Die andere und kleinere fällt im Winter in der Hälfte des Junius ein, und dauert bei 30 Tage. In beiden Ergießungen werden alle Inseln, wovon einige auch 3 Meilen lang sind, also überschwemmet, daß man blos die Gipfel der höchsten Bäume hervorragen sieht. Zu der Zeit gehen die Tieger, und Hirschen, welche dem unsrigen ähnlich sehen, und wovon dort alles wimmelt, auf das Gestad. Wo der Fluß nicht von hohen Ufern eingeschlossen ist, breitet er sich auf viele Meilen weit aus. Ich erinnere mich, daß ich einst auch auf einem Schiffe mit Ruder und Segeln bei dem Flecken S. Ferdinand unter den Palmbäumen lange Zeit herumgefahren bin, wo ich sonst mit meinen Pferden mit verhängtem Zügel zu sprengen pflegte. Kurz, aus den Wiesen war ein förmliches Meer geworden. Von der Menge und Güte der in der Parana befindlichen Fische wird an seinem Orte das Nöthige gesagt werden. Die Bäume, welche in die Parana fallen, versteinern sich sehr oft. Eben dieses beobachtet man auch an anderen Orten in Paraquay. Ich habe oft weiches und hartes Holz Hörner, Ochsenbeine und feste Rohre in Stein, oft in Kiesel und auch in Marmor verwandelt gesehen, besonders aber in den Gegenden Urucutiy nahe bei dem Flecken S. Joachim. Die Parana führt schlammigtes Wasser, welches, wenn es sich in einem Kruge gesetzt hat, einen sehr gesunden Trank aber nur für die Eingebohrnen abgiebt. Denn die Fremden bekommen im Anfange, bis sie daran gewöhnt sind, Bauchgrimmen, woran 14 meiner Ordensgenossen sterben mußten, als wir alle aus der ganzen Provinz zu Buenos Ayres auf ein Schiff nach Europa warteten. Ich selbst, der ich mich in den nämlichen Hause aufhielt, war nicht mehr weit davon entfernt. Die Ebbe treibt oft das Meer, besonders wenn der Sudwind bläst, gegen 100 Meilen die Parana hinan. Dennoch bleibt ihr Wasser bis fast 60 Meilen vor ihrer Mündung süß.

Uz

Unter dem unverdienten Namen des Silberflusses hat die Parana fünf Häfen, für was immer für Meerschiffe; aber für keine vollkommene Sicherheit. Im Hafen zu Buenos Ayres halten die Schiffe 3 Meilen vom Ufer still, so daß sie Wind und Wetter bloßgesetzet sind. Der Südwind, welcher hier zu Lande besonders heftig wütet, drohet alle Augenblicke den Schiffen den Untergang, wenn sie sich nicht mit überaus festen Ankern und Tauen versehen haben. Die in diesem Flusse üblichen Lanchas, (eine Art leichter Schiffe,) können sich auf dem Flusse Riachuelo dem Lande nähern, solang nämlich die Ebbe währet; tritt die Fluth ein, so müssen auch diese wegen der Untiefe von dem Ufer sich entfernt halten. Bei der Kolonie S. Sakrament, welche an dem östlichen Ufer Buenos Ayres gegenüber, und ungefehr 15 Meilen (denn für so breit hält man den Fluß) von dannen liegt, können die Schiffe näher beim Lande Anker werfen und sind auch sicherer, indem sie so ziemlich einerseite durch das hohe Ufer, und von der andern Seite durch die gleich daran gelegene Insel S. Gabriel wider die Winde geschützet werden: wiewohl sie selbst die Nähe dieser Insel und die verborgenen Klippen, an welchen so viele Schiffe verunglücket sind, zu fürchten haben. Als wir aus Europa hier anlangten, wurden wir in diesem Hafen zween Tage herumgeworfen; weil es ohne Aufhören stürmete. Mitten unter den fürchterlichsten Schlagwellen mußten die Matrosen Tag und Nacht, auf einem Boote herumfahren, und in der äußersten Gefahr aus vollen Kräften arbeiten, bis sie die Anker aus dem schlammigten Grunde in welchem sie stets losgiengen, heraufbrachten. Ebendieses portugiesische Schiff S. Jakob, auf welchem wir von Lissabon aus nach Paraquay unter Segel gegangen sind, stieß, nach einigen Jahren, nachdem es noch eine oder zwo Reisen nach Europa gemacht hatte, auf die Insel S. Gabriel, und versank. Die Trümmer

des

des gescheiterten Schiffes dienten den Quaranern, von
welchen einige Tausende im Jahre 1762 unter dem Petrus Zevallos die portugieſiſche Kolonie mit belagern
halfen, Feuer anzumachen, und ihr Fleiſch zu braten.
Der beſte, und, um es kurz zu ſagen, der einzige Hafen an
eben dieſem Uſer iſt Montevideo, welcher Ort von der
Kolonie 30 Meilen, und eben ſo viele vom Meere weg-
liegt, und mit Batterien und einem Cittadelle, welche
eine Beſatzung von 500 Mann einnehmen kann, anſehn-
lich befeſtiget iſt. Dieſe Rhede iſt von ihrer Mündung
an beinahe anderthalb Meilen lang und faſt rund. Das
hohe Uſer und ein noch höherer Berg, den man auf 8
Meilen weit ausnimmt, bedecket ſelbe wider alle Winde,
den Südwind ausgenommen, welcher hier beſonders fürchterlich raſet. Auch Kriegsſchiffe könnten hier einlaufen,
ſie bleiben aber wie die Schweine im Schlamme ſitzen.
Die kleinen Kanincheninſel, La Isla de los Conejos, liegt
an der Einfahrt in die Bay. Für die uhermeßlichen Koſten,
welche der Madriterhof auf das Cittadel verwendet hat,
iſt daſſelbe ſo klein, daß es eher einer Schanze gleichſieht.
Von weitem kam es mir auf dem Schiffe wie ein Kalk-
oſen vor. Die Inſel Maldonado liegt ungefehr 9
Meilen von der Mündung des Fluſſes und faſt eben ſo
weit von Montevideo weg, zwiſchen der Blumeninſel und
der Inſel der Seewölfe, faſt in der Mitte. Schiffe von
allerlei Art finden daſelbſt einen bequemen Ankerplatz,
und Sicherheit wider den Südoſtwind. Dieſe Bay hat
der Statthalter P. Zevallos mit neuen Schanzen, ſo gut
er konnte, befeſtiget. Nach dem Urtheile aller
Sachverſtändigen könnte aus dieſem Platze wegen ſeiner
vortheilhaften Lage ein vortrefflicher Hafen gemacht werden, der für die Provinz von der äußerſten Wichtigkeit
ſeyn dürfte, wenn man anders der Natur durch Kunſt
zu Hilfe kommen wollte. Auf dem entgegengeſetzten Uſer

gegen

gegen Abend 12 Meilen von Buenos Ayres, ist die
Bay Barragan eben so bequem zum Schifftalfatern als
unsicher, indem der niedrigen Ufer wegen alle Winde
darinn frey herumtoben können. Schon die Einfahrt in selbe
ist gefährlich. Die Bay ist zwar sehr groß; aber
weil sie nur eine sehr mäßige Tiefe hat, so bleiben die größeren Schiffe in einer Entfernung von zwoen Meilen vom
Lande. Auf diesem ganz unbefestigten Ort findet man
nur wenige elende Hütten von Leder und Binsen. Die
wilden Südländer haben unter den wehrlosen Einwohnern
oft jämmerlich herumgewütet, nachdem der Flecken Conception durch die Saumseligkeit derjenigen, die für die
Erhaltung desselben hätten wachen sollen, zu Grunde gegangen ist.

In wenigere und unsichere Ruheplätze der Silberfluß den Seefahrern anbietet; desto häufiger sind in demselben die gefährlichen Oerter, welche jenen den Untergang drohen. Bei der heitersten Luft, und dem günstigsten Winde ist er noch weit gefährlicher, als irgend ein
Meer, der vielen Untiefen und Sandhaufen wegen, welche
den Schiffen überall im Wege liegen. Die merkwürdigsten darunter sind die englischen und die ortizer Sandbänke (El banco Ynglès und El banco ortiz). Beide erstrecken sich in die Länge, und in die Breite auf viele
Meilen weit. Ihre Gefährlichkeit wird noch durch die bei der
Seewölfe - und Blumeninsel im Wasser verborgenen Klippen vergrößert, besonders aber durch die großen Felsen
bei dem Hafen von Montevideo, welche, ich weiß nicht,
wegen welcher Aehnlichkeit mit den Fuhrwägen, Las Carretas de Montevideo genannt werden, und desto gefährlicher sind, je weniger man sie sieht. Wenn ein Schiffer nicht den Fluß von Grund aus kennet, und das
Senkbley nicht immer bei der Hand hat, so ist das Schiff
so gut als geborsten. Es wird entweder in den Sand-
bänk,

bänken verfinken, oder an den Klippen hängen bleiben. Diese Unfälle werden um so weniger ausbleiben, sobald der Südwind im Fluße stürmet, und das Steuerruder unbrauchbar macht. Es ist ganz unglaublich, welche Gebirge von Gewässer zur Zeit eines Sturmes sich übereinander thürmen und wie gewaltsam die Fluthen toben. Drey oder vier Anker reichen kaum zu das Schiff fest zu halten, wie ich aus eigener Erfahrung weiß. Schiffer die viele Jahre die See durchkreuzet haben, fürchten sich, wenn sie zu Lissabon, oder Kadix nach Paraquay unter Segel gehen, weit weniger vor dem Ocean als vor dem Silberfluß. Matthäus Collado ein Mann von vieler Erfahrung und Kapitän des Kriegsschiffes la Esmeralda sagte nicht einmal, als er uns von Montevideo nach Europa zurück führte: Bin ich nur einmal von diesem Teufelsneste weg, so glaube ich schon im Hafen von Kadix zu seyn. So viele noch in unseren Zeiten zu Grunde gegangene Schiffe müßen ohne Zweifel jedem Seefahrer Furcht einjagen. Im Hafen von Montevideo fanden wir bei unserer Ankunft aus Europa das große spanische Schiff den Hoffärtigen (el Soberbio) ohne Masten, weil man sie in der äußersten Noth abkappen, und über Bord werfen mußte, damit das Schiff erleichtert, und von den Klippen los würde, auf welchen selbes bereits eine Zeitlang gesessen, und dem Schiffbruche nahe war. Ein anderes Kauffartheyschiff La luz (das Licht) welches etliche Millionen spanische Thaler am Borde hatte, gieng im Angesichte der Stadt Montevideo unter. Ich war damals schon lange in Paraquay. Ein anderes Kriegsschiff der h. Stephan (San Estevan) von dem Geschwader des spanischen Geschwaderführers Pizarro, welches wider das englische des Anson ausgerüstet worden war, gieng vor einigen Jahren, ich weiß nicht, durch welchem Zufall an dem westlichen Ufer zu Grunde. Noch ein anderes kleineres Kriegsschiff (eine Chrbeque, oder Jabeque,

Q 2

que, wie es die Spanier nennen, welches mit Segeln und Rudern versehen war, und Kanouen nebst anderm Kriegsvorrath von Kadix gebracht hatte, verunglückte auf der englischen Sandbank im Jahre 1768. Kaum konnte sich noch die Besatzung in einer Chaluppe in der nahen Bucht Maldonado retten. Alte oder minderbeträchtliche Schiffbrüche übergehe ich der Kürze halber. Bald hätte auch unser Schiff, auf dem wir von Lissabon kamen, die Anzahl der Verunglückten vergrößert. Ich werde die Veranlassung dazu ganz kurz erzählen.

Der Eigenthümer unseres Schiffes Felician Velho miethete in Portugall für vieles Geld einen Brasilier, dessen Vater ein Portugiese, die Mutter aber eine Schwarze war (man heißt dergleichen Leute Mulaten.) Dieser gab sich für einen des Silberflußes Kündigen oder für einen Lootsmann aus, im Grunde aber wußte er von allem dem, was er hätte wissen sollen, nichts. Gleich bei der Einfahrt in den Fluß, wo ihm der Kapitän Joseph Carvalho de Pereira nach Schiffsgebrauch das Steuerruder übergab, weil er unser Schiff hätte führen sollen, machte der Dummkopf einen sehr großen Fehler. Anstatt nach der Schifferregel das östliche Ufer stets im Gesichte zu behalten führte er das Schiff so weit westwärts, daß wir nichts mehr als Himmel und Wasser sahen. Als der Kapitän dieses bemerkte, sagte er zu ihm: Hörst du, du wirst noch mein Schiff vor Untergang der Sonne zu Grunde richten. Bald hätte diese Weissigung eingetroffen. Denn als ich mich Nachmittags gegen zwey Uhr auf den Rand des Schiffes lehnte, bemerkte ich und meine Mitgefährten, daß der Fluß an einem gewissen Orte ungewöhnliche Wellen warf. Ich entdeckte dem Kapitän meine Besorgniß, welcher sogleich mit der größten Eilfertigkeit auf den Hauptmast hinaufkletterte. Er nahm gewahr, daß wir gerade auf die englische Sandbank hin-

segel-

segelten; und befahl daher auf der Stelle das Schiff oſt-
wärts zu wenden. Wir ſind verloren, ſchrie er mit zittern-
der Stimme, wenn wir einen Augenblick damit zögern.
So nahe ſind wir dem Sande und unſerem Untergang.
Dieſes Wellenwerfen war nämlich, wie ich gleich Anfangs
muthmaßte, eine Wirkung der verborgenen Sandbänke.
Gegen Abend warfen wir zuerſt Anker in einer Untiefe,
welche nicht über 4 Ellen Waſſer hatte, ſo daß unſer Schiff
kaum flott blieb. Kaum war die Sonne untergegangen, als
ein fürchterliches Ungewitter ausbrach. Schreckliche Bli-
ße mit Donner vermiſcht, und ein Sturm von Süden
trieben ganze Gebirge von Wellen empor, und verſetzten
uns in die augenſcheinlichſte Gefahr, weil auf dem ſchlam-
migten Boden kein Anker feſthielt, entweder auf die Klippen der Blumeninſel auf der einen, oder auf die engli-
ſchen Sandbänke auf der andern Seite hingeſchleudert zu
werden; denn dieſe waren links, und jene rechts uns
ganz nahe zur Seite. Daher mußten die Bootsknechte
Tag und Nacht arbeiten, die Anker aufwinden, und die
Tauen befeſtigen. Noch jammert mich meiner, und
meiner Gefährten, ſo oft ich mich an dieſe entſetzliche
Weyhnachtsnacht erinnere, in welcher ſich ſonſt alle Chriſten zu
freuen pflegen, welche uns aber bei dieſem Kampfe der Elemente mit Angſt und Schrecken erfüllte. Dieſer fürchterliche Sturm dauerte zween Tage. Am h. Stephans-
tage glaubte endlich der Kapitän zu bemerken, daß ſich
das Schiff von der gefährlichen Gegend entferne. Allein
nach einigen Augenblicken mußten wir abermals jählings
Anker werfen, weil er mit dem Senkbley einem nahen
Sandhaufen entdeckt hatte.

Von den Spaniern, welche, um uns auszuſpähen,
des Nachts auf einer Chaluppe von Montevideo auf uns
zukamen, weil man in Amerika vom Friedensſchluſſe noch
nichts wußte, erfuhren wir, daß wir in einer gefährli-

Q 3   chen

chen Lage, und den Klippen Las carretas de Montevideo sehr nahe wären. Umsonst wünschten wir alle aus diesem Hafen einen Lootsmann zu erhalten. Sie entschuldigten sich, sie hätten kein Boot, das sie brauchen könnten. Doch sey ein portugiesischer Kapitän mit 10 Matrosen hier, der den andern Tag nach dem Hafen der Kolonie abgehen würde. Dieser könnte mit seiner Chaluppe vorausfahren, und unser Schiff führen. Sein Schiff versank einige Tage vorher bei dem Vorgebirge S. Maria in der Mündung des Flusses mit einigen hundert Sklaven aus Afrika, die er verhandeln wollte, so daß sich nur der Kapitän mit einigen Matrosen retten konnte. Wir warteten daher den folgenden Tag lange Zeit auf diesen Wegweiser; weil er aber nie zum Vorschein kam, vielleicht, weil er die stürmischen Winde scheuete, so setzten wir allein die Reise fort, und irrten wie Blinde herum. Wir segelten die ganze Nacht fort in dem Wahne, daß wir bei der Sandbank von Ortiz schon vorbei wären, ohne das geringste zu besorgen. Allein mitten in unserer Sicherheit schwebten wir in der augenscheinlichsten Gefahr: denn gegen Anbruch des Tages saß das Hintertheil des Schiffes auf dem Sande, dem wir schon lange entgangen zu seyn glaubten, noch so fest; daß wir zween Tage hindurch alle Schifferkünste vergebens erschöpften, um es flott zu machen oder von der Stelle zu bewegen. In der zweyten Nacht erhob sich auch noch eines der schrecklichsten Ungewitter. Da nun das Hintertheil im Sande stets unbeweglich stecken blieb, so wurde nur das Vordertheil hin und hergetrieben, aber mit einer solchen Gewalt, daß das Schiff alle Augenblicke auf dem Punkte war in Trümmer zu geben. Glücklicher weise trieb in eben dieser Zeit auch ein anhaltender Südwind unter beständigem Donner so viel Wasser in den Silberfluß, daß unser Schiff vom Sande gehoben und wieder flott ward. Mit dem nämlichen uns so günstigen Winde liesen wir

end-

endlich gegen Mittag glücklich in den Hafen der Kolonie ein.
Nach einem Aufenthalt von zweenen Tagen, und nachdem
uns das Meer weidlich herumgeworfen hatte, segelten wir
hinüber nach Buenos Ayres. Auf dieser Ueberfahrt von
ungefähr 15 Meilen haben die meisten von uns mehr noch
als auf der ganzen Herfahrt auf dem Oce.. gezittert,
und sich auch heftiger erbrochen. Wir bedienten uns
dazu, in Ermanglung eines besseren Fahrzeuges, einer alten, faulen, wurmstichigen und baufälligen Chaluppe, an
der kaum ein Nagel mehr fest hielt. Der Kapitän ver-
traute uns ohne Zurückhaltung vor unserer Abreise, daß
diese Fahrt wohl die letzte seyn dürfte. Man kann sich
vorstellen, wie uns dabei zu Muthe war. Unsere Furcht
und Gefahr ward durch die Heftigkeit des Windes noch
mehr vergrößert, welcher, weil er uns zuwider war,
uns zum Laviren nöthigte. Dieß alles ist aber noch nichts
gegen den Schrecken, womit wir befallen wurden, als
nicht nur das Steuerruder auf die Sandbank stieß, sondern auch das Vordertheil hinaufgetrieben wurde, und eine
Zeitlang auf derselben stecken blieb. Da wir alle unsern Untergang für unvermeidlich hielten, so jammerten manche in
ihrer Angst laut, die auf der ganzen vierteljährigen Seereise über das hohe Weltmeer nicht ein Wort von sich hören ließen. Aber wer mag die gränzenlose Freude beschreiben, die sich unser bei dem Anblicke des Ufers und
des Hafens, des Zieles unserer dreymonatlichen Seefahrt,
bemächtigte.

Ich habe mich über diese Materie sehr weit ausgebreitet, um meinen Lesern begreiflich zu machen, daß es
nicht blos Kunst, sondern auch Glück ist, wenn man in
diesem Flusse unbeschädigt fortkömmt. Das Schiff mag
noch so fest gebauet, der Schiffer noch so erfahren, wachsam, behende und pünktlich seyn; er mag alle gefährliche
Oerter des Flusses noch so gut kennen; man ist darum

Q 4

nicht

nicht auſſer Geſahr. Es darf nur ein Sudwind toben, ſo wird Kunſt, Wiſſenſchaft, und die langwierigſte Erfahrung der Geſahr nicht ſteuern können, und das Schiff auf Oerter hingeriſſen werden, wo die Schiffenden umkommen, oder wenigſtens für ihr Leben zittern müſſen. Im Jahre 1767 wurde ein Boot, das beſte im Hafen von Buenos Ayres, welches gleichfalls von den auserleſenſten Schiffern geführet worden war, von einem gewaltigen Sturme von Süden her an die Sandbänke geworfen, und wie eine Ruß durch den Boden durch in zween Theile geſpalten. Zehn Jeſuiten, welche nach Chili beſtimmt waren, und verſchiedene ſpaniſche Grenadiers ertranken; kurz alle bis auf den Hauptmann und einen zehnjährigen Knaben, welche auf der jählings erwiſchten kleinen Chaluppe das andere von dem Orte des Schiffbruches wohl 10 Meilen entfernte Uſer glücklich erreichten. Alles ſtaunte; aber keiner getraute ſich die Schiffleute einer Unwiſſenheit oder eines Verſehens zu beſchuldigen; weil offenbar blos das heftige bei der Nacht entſtandene Ungewitter an dem Unglücke Schuld war. Aus den Seekarten und Schiffbüchern weiß man wohl, daß das nördliche Rinnſal des Fluſſes enger und tiefer; das ſüdliche hingegen ſeichter und weiter iſt: man weiß, wo die engliſche und Ortizer Sandbank und die bekannten Klippen liegen; allein wer kann die neuen Untiefen, und Sandhaufen errathen, die der Fluß in jeder Uiberſchwemmung, und das Meer durch ſein ungeſtümmes Andringen in dem Fluß anzuſchütten pflegen. Man entdecket ſie zwar mittelſt des Senkbleyes. aber meiſtens zu ſpät, wenn man ihnen nicht mehr entgehen kann, und die Fluthen Kunſt und Arbeit vereiteln. Dieſer Fluß wird alſo deſto geſährlicher, je mehr er ſich ausbreitet, und dem Meere nähert. Der Silberſluß ergießt ſich in einer einzigen Mündung zwiſchen den Vorgebirgen S. Maria, und S. Anton, welches letztere auch das weiße Vorgebirg (Cabo blanco) heißt, in das

Meer

Meer. Man höre, was Cyriakus Morell eigentlich P.
Dominikus Muriel einst mein Reisegefährter auf der Uiberfahrt aus Europa nach Amerika und Mitpriester in Paraquay, welcher auch das öffentliche Lehramt der Theologie zu Korduba in Tukuman bekleidet hat, in seinen zu
Venedig 1776 herausgegebenen Jahrbüchern der neuen
Welt von der Mündung des Silberflußes sagt. Was
man den Silberfluß nennet, sind seine Worte, ist
eigentlich ein ungeheurer Meerbusen, worinn die
Parana, der Paraquay und der Uruquay zusam-
menströmen. Uibrigens ist über die Breite des Silberflußes bei seinem Ausfluß in das Meer verschieden geschrieben worden. Die meisten Spanier schätzen ihn heut
zu Tage auf 60 Meilen, andere auf weniger, einige auf
70. Aegydius Gonzalez de Avila giebt sogar in seinem
geistlichen Schauplatz in Indien (II. Band) der Mündung desselben 80 Meilen. Man wähle sich hierunter,
was man will. Ich habe zweymal durch diese Mündung
geschifft, aber selbe nie gemessen. Eben dieses thun auch
die Schiffer. Ihnen liegt blos daran, sobald, und so
sicher als möglich durchzukommen. Ihre Breite abzu-
messen haben sie weder Zeit noch Lust.

Gewiß ist, daß diese übermäßige Breite des Silberflußes, auf welchem man oft keines von seinen beiden
Ufern gewahr wird, unbehutsame und leichtgläubige Schiffer vielmals irre führet. Sie verlassen sich oft zu sehr auf
ihre unzuverläßigen Beobachtungen, glauben noch im Ozean
zu seyn, und fahren, ohne das Senkbley zu Rathe zu ziehen, mit vollen Segeln einher, bis sie auf einer Sandbank aufsitzen, und dadurch zu spät, oft mit dem Verlust
ihres Lebens inne werden, daß sie mit dem Silberflusse
zu thun haben. Ich schreibe dieses alles aus eigener Erfahrung. Es war am S. Thomas Tage, daß wir bei
dem schönsten Wetter, und dem günstigsten Winde alle un-

Q 5

sere

fere Seael befeßteu. Wir fahen Vögel fliegen, welche
uns auf dem Meere fonst nie zu Geficte kamen, und Gras,
Zweige von den Bäumen, u. d. g. herumfchwimmen;
auch nahmen wir gewahr, daß fich die Farbe des Meeres
änderte. Hieraus konnte man leicht auf die Nähe des
Landes fchlieffen. Wir erinnerten deßhalben den Kapitän,
einen Portugiefen und übrigens fehr guten und vorfichtigen
Mann, welcher aber feinen Beobachtungen zu viel trauete, und daher von feiner Meinung nicht abzubringen war.
Er bestand vielmehr fest darauf, daß wir noch weit vom
Lande weg wären, und daß er folglich noch mit vollen
Segeln feine Reife bis gegen 7 Uhr Abends fortfetzen
wollte. Mit Mann und Maus würden wir zu Grunde
gegangen feyn, wenn er feinen Entfchluß nicht geändert
hätte. Gegen Sonnenuntergang erhob fich ein kleiner
Windstoß, wie das unter den Wendekreifen öfters ge-
fchieht. Wir zogen daher, wie gewöhnlich alle Segel
ein. Um unfer Schiff fchwammen Seewölfe herum. Diefe Retter unferes Lebens überzeugten uns, daß wir in
dem gefährlichen Silberfluße, oder wenigstens in deffen
Mündung fegelten: denn auf dem hohen Meere fieht man
diefe Wafferthiere niemals, weil fie täglich an das Ufer
hinausgehen. Diefes Anzeichen ward durch das Senkbley
noch mehr bestättiget. Wir maßen nur noch etliche Ellen
Waffer. Der Kapitän, welcher itzt feines Irrthums
überführt war, befchloß nun mit aller möglicher Bedacht-
famkeit zu Werke zu gehen. Wir glaubten zwifchen Ham-
mer und Amboß zu feyn, als fich dem Wirbelwind
noch ein fürchterliches Ungewitter mit Blitzen, und einer
der heftigsten Stürme von Süden) beigefellten. Um zu
verhindern, daß unfer Schiff nicht auf das nahe Vorgebirg S. Maria, oder auf die Sandbänke hingeriffen
würde, machte man mit den Segeln ein Manövre, welches die Spanier ponerfe à la capa nennen, und wodurch man die Segel einander fo entgegenfetzt, daß der

Wind

Wind, welcher von dem einen Segen aufgefangen wird, auf das andere abglitscht. Die Folge davon ist, daß das Schiff auf dem nämlichen Orte im Wasser stehen bleibt. Um uns in dieser augenscheinlichen Gefahr den Beistand des Himmels zu erbitten fielen wir nach dem Beispiele des Kapitäns mit ausgespannten Armen auf die Kniee nieder. Das Herumwerfen des Schiffes, der Aufruhr der Elemente, und der mit Blitzen schrecklich abwechselnde Donner jagten uns von allen Seiten Todesangst ein. Gegen Mitternacht setzten wir wieder, als es stiller ward, ein einziges Segel bei, und fuhren so Schritt vor Schritt fort. Unter der Dämmerung schwebte uns die unbekannte Küste vor Augen. Kaum fiel der Nebel, als wir mit Zittern gewahrnahmen, daß wir kaum einen Kanonschuß mehr von dem hohen Felsen, des Vorgebirges S. Maria entfernt wären. Unsere Angst vermehrte sich, als wir mit dem Senkbley nur noch 6 Faden Wasser maßen, und folglich dem Schiff die äusserste Gefahr drohte. Während daß des Wassers wegen der Fluth des Meeres immer weniger wurde, konnten wir wegen der Windstille nicht von der Stelle kommen, also zwar, daß wir bei Entstehung eines Sudwindes an die Küste getrieben worden, oder bei fortdauernder Windstille auf dem Sande sitzen geblieben wären. Unser Glück und Trost war die Sonne, die sich an der Mittagshöhe sehen ließ, und aus deren Beobachtung wir wissen konnten, wo wir eigentlich wären. Gegen 2 Uhr Nachmittags wehete ein sehr sanftes Lüftchen, welches zwar nicht unsere Segel, aber dennoch unsere Wünsche erfüllte; denn es half uns aus der Untiefe heraus, und von der gefährlichen Küste weg; und wir konnten wieder nach und nach das hohe Meer gewinnen. Nach Sonnenuntergang hatten wir günstigeren Wind, und liefen in den Strom selbst ein, so, daß wir bei anbrechendem Tage die Insel der Seewölfe, welche mit ihren Jungen spielten, erblickten. Diese Freu-

be

de wåhrete nicht lange, weil hierauf noch am nåmlichen Tage alle die Fehler und Gefahren erfolgten, deren ich kurz vorher erwähnte. Man mag hieraus schließen, wie sehr auch die erfahrensten Seeleute die Breite des Silber= flusses zu fürchten haben.

Betrachtet man den endlosen Schwall des Gewäsers, welches der Silberfluß vor sich herwälzet, und seine we= nigstens auf 60 Meilen sich erstreckende Breite, so wür= de mir niemand unrecht geben, wenn ich den Silber= fluß allen Flüßen der alten und neuen Welt gleichstell= te, und ihm in Ansehung der Größe selbst den Vorzug zu= erkånnte. Allein ich wage es nicht einen richterlichen Ausspruch hierüber zu fällen. Nichtsdestoweniger werde ich nie demjenigen Glauben beimessen können, was Gott= hard Arthus von Danzig in seiner Geschichte von Ostin= dien vom Fluß Ganges schreibt Diesen Fluß, sagt er, welcher auch in der h. Schrift Phison genennet wird, hålt man für den größten in der Welt. Nach dem Zeugniß alter Geschichtschreiber ergießen sich in denselben nicht über dreißig Flüße. Seine kleinste Breite geben sie auf 8000 Schritte, seine größte auf 20000, und seine kleinste Tie= fe auf 100 Schuhe an. Hieraus erhellt, daß der Gan= ges wohl ein sehr grosser Fluß ist, aber mit nichten der größte in der Welt, indem Amerika noch weit größere Flüße aufweisen kann. Der Euphrat, Indus, Nil, Ara= res, die Donau, der Rhein, die Tiber, der Po, Qua= dalquivir, der Tajo, der Dniester, und die Themse sind berühmt, aber bei weitem nicht so wasserreich, daß sie dem Silberfluß die Waage halten könnten. Doch wird noch mit Recht darüber gestritten, ob der Silberfluß, auch den übrigen Flüßen in Amerika überlegen ist.

Um den Vorrang mit der Parana streiten der Fluß Urinoco in Neugranada, und der Maragnon oder der

Amaz

Amazonenfluß in Brasilien. Dieser läuft anfangs bei 100 Meilen weit gegen Mitternacht; hernach wendet er sich ostwärts und ergießt sich durch 84 Mündungen, deren eine jede beinahe eine Meile breit ist, ins Meer. Doch behält er auch in seinem Ausflusse und mit dem Meere vereiniget auf 30 Meilen sein süßes Wasser, wie unser P. Samuel Fritz, in seinen in den Jahren 1689, und 91 auf das sorgfältigste gemachten Beobachtungen über diesen Fluß, welche den lettres édifiantes & curieuses eingeschaltet worden sind, anmerket. Auch der berühmte Condamine gab eine geographische Beschreibung dieses Flußes aus seinen Beobachtungen heraus, nachdem er selbe mit andern unsers P. Joh. Magnin, Missionärs der Indianer in der Provinz Quito, und Ehrenmitgliedes der Pariserakademie verglichen hatte. Der P. Anton Vieira königl. portugiesischer Hofprediger, und nachmals ein sehr eifriger Missionär in Brasilien und am Maragnon, scheint dem ganzen Streite in einer Predigt, die er am Ostermontage zu Betlehem einer Stadt in der Provinz Maragnon gehalten hatte, ein Ende gemacht zu haben, da er sagt: Dieser große Fluß (der Maragnon) der größte in der ganzen Welt hat euerer Stadt und dem ganzen Lande den Namen gegeben. Ich weiß nicht, ob dieser Ausspruch des Vieira über den Vorrang des Amazonenflußes vor allen übrigen Flüßen eben so richtig als ruhmrednerisch ist. Ohne Zweifel würde Vieira mit demselben zurückgehalten oder ihn gar widerruffen haben, wenn ihm der Silberfluß eben so gut wie der Maragnon bekannt gewesen wäre. Nur das Urtheil desjenigen werde ich für entscheidend halten, der die 3 Flüße als den Urinoco, den Amazonen- und den Silberfluß geometrisch ausgemessen haben wird. Ich bin ganz unpartheyisch, und weit entfernt von der Gewohnheit derjenigen, welche die Provinz, worinn sie sich lange aufge-

hal-

halten haben, den andern vorziehen, und gleichsam vergöttern. Wiewohl ich mehr als 20 Jahre in Paraquay zugebracht habe, so kam eemir doch nie in den Sinn, die Parana zur Königin unter den Flüßen vielleicht wider anderer ihren Willen zu erheben. Ich bin dem Silber- oder richtiger Kothfluße weiter nichts als mein Leben schuldig, das er mir nicht genommen hat, als ich in seinem Schooße herum fuhr, und mich unversehrt aus seinen Fluthen wieder entkommen ließ, welches man die Wohlthat der Räuber nennen kann.

Engelländer und Franzosen werden vielleicht dem Fluß des H. Laurentius in Kanada vor dem Silberfluß den Vorzug geben. Daß er ungeheuer groß ist, läugnet niemand. Er läuft außerordentlich weit. Sein Beet ist eines der breitesten und tiefesten so, daß er auch Schiffe vom ersten Range trägt. Bis nach Quebek, das ist 120 Meilen vor seinem Ausfluße fahren die Kriegsschiffe; und von dort bis nach Montreal ungefehr 60 Meilen von Quebeck pflegen noch die größten Lastschiffe zu gehen. Allein darum übertrift die Größe dieses Flußes die der Parana noch nicht. Auf diesem fährt man weiter. Die grossen spanischen Schiffe fuhren einst, so wie sie von Kadix unter Segel giengen, bis nach Assumtion hinauf, welches von der Mündung an bei 400 Meilen beträgt. Sie wagten sich sogar bis nach der Gegend von Candelaria, das von Assumtion noch ungemein entlegen ist. Im Jahr 1753, da ich noch in Paraquay war, kamen die Spanier unter dem Emanuel de Flores, und die Portugiesen ihrer Gränzstreitigkeiten halber bis an den Fluß Jaurus, welcher unter dem 16 Gr. 25 M. der Süderbreite, und dem 320 Gr. 10 M. der Länge von der Insel Ferro an in den Paraquay fällt. Die Schiffe, deren sie sich hierzu bedienten, waren wie Seeschiffe gebaut, mit Segeln versehen, hatten Kanonen, Proviant auf mehrere Monate und Soldaten

baten am Borde, und konnten folglich nicht so gar klein
gewesen seyn. Dergleichen Schiffe (auf spanisch heißen
sie lanchas) werden von den Spaniern zu Buenos Ayres
auf dem Silberflusse vielfältig gebraucht, und selbst zu
weilen auf dem hohen Meere, wenn die Reise nicht zu
weit geht, und der Hafen nahen ist. Man mag von
dem Silberflusse glauben, was man will. Die Parana ist
nur eine Verwandte des Meeres, nicht die meinige: ich
gewinne also und verliere dabei nichts. Mir ist blos um
die Wahrheit zu thun. Dieß ist der einzige Zweck, wofür ich schreibe. Man ließt die ungereimtesten Mährchen
von diesem Flusse. So viele Irrthümer lassen sich nicht
mit wenigen Worten widerlegen. Ich wollte daher lieber
weitläuftig als dunkel werden.

Kaum erscholl der Name des Silberflusses in Europa,
als die Spanier haufenweise in Paraquay liefen, um
sich daraus statt der erwarteten Reichthümer den Bettelstab zu holen. Paraquay ist von Chili, Peru und
Quito umgeben, welche an Gold, Silber, Edelgesteinen,
und anderen Kostbarkeiten einen Ueberfluß haben. Daß
sich von allen dem in Paraquay nichts findet, wissen heut
zu tage nicht nur die Eingebohrnen, sondern auch die
Fremden. Man würde etwas finden, wenn man
nachsuchte, möchte vielleicht jemand einwenden. Auch das
ist mir nicht im geringsten wahrscheinlich. Ich kenne
Spanier, welchen es weder an Kopf, noch an Spurkraft
mangelt, die Schätze, wenn in dem Schooß der Erde welche verborgen lägen, auszuspüren, und wenn ich mir
den Ausdruck erlauben darf, zu wittern. Weil man also
bisher Gold und Silber theils gar nicht, und theils vergebens gesucht hat, so bin ich fest der Meinung, daß
gar keines vorhanden seyn müsse. Je länger ich mich in
Paraquay aufhielt, durch desto mehrere Beweise und Erfahrungen wurde ich in meiner Meinung bestärket. Wie

viel-

vielmal hab ich nicht über die unwissenden oder gegen uns
übelgesinnten Schriftstellern gelacht, welche Paraquay zu
einer Fundgrube von Gold und Silber träumten, da wir
doch in dieser Provinz durch so viele Jahre weiter nichts
als Holz und Koth zu Gesicht bekommen haben.   An
manchen Orten glaubte man Spuren von Metallen zu entdecken, allein die Spänier, die sie aufsuchten, bereicherten
sich dadurch so wenig, daß sie dabei ihr eigenes Vermögen
einbüßten. Ich werde hier alles aufrichtig erzählen, was mir
noch von ihren mißlungenen Versuchen, und lächerlichen
Meinungen beifällt.   In der Stadt S. Jakob de Stores
habe ich einen vormals sehr reichen Kaufmann gekannt,
welcher damals ganz verarmet war, und in der Hoffnung
recht viele Schätze zu erwerben alle seine Bemühungen und
sein ganzes Vermögen zur Entdeckung der Gold und Silberminen verwendet hatte.   Er miethete Leute, welche er
ausschickte dieselbe aufzusuchen.   Es mangelte auch nicht
an feilen Menschen, welche ihm goldene Berge vorspiegelten.   Er selbst unternahm eine sehr kostspielige und weite
Reise zu dem Statthalter von Tukumann, um von ihm die
Erlaubniß zu seinem Vorhaben zu erhalten.   Er dingte sich
Arbeitsleute, und schaffte sich einigemale Maulthiere,
Proviant, und alles zum Bergbau erforderliches Werkge-
räth mit vielen Kosten an, ohne seine Absichten im geringsten zu erreichen, außer, daß er sein wirkliches Vermögen
dabei zusetzte, und des von den Bergwerken erwarteten nie
ansichtig wurde.   So ward er arm, und das Märchen
der ganzen Stadt.   Mit der äußersten Geschäftigkeit brachte er nichts zu Stande.   Selbst seine vielen mißlungenen
Versuche machten ihn nicht klug.   Er wußte, daß 80
Meilen von S. Jakob ein Ort vom Eisen den Namen
führte.   Er besteht in einer sehr grossen und fruchtbaren
Ebene.   In den nahen Wäldern ist Ueberfluß an dem besten Wachs und Honig.   Die Spanier kamen deswegen

häu-

haufenweise dahin es zu sammeln. In der ganzen Gegend giebt es keinen Stein. Auf dem Wasen finden sich irgendwo ein Tisch und ein Block eines Baumes, welche wie Eisen
aussehen; beim Sonnenschein aber wie Silber blitzen.
Nun glaubte der gute Mann am Ziele seiner Wünsche zu
seyn: denn er zweifelte nicht mehr, daß es hier silberhalti-
ges Eisen gäbe; indessen die übrigen in die Faust lachten.
Er brach hastig ein Stück von diesem Metall ab, und gab
es in der Stadt einem Eisenarbeiter zum einschmelzen. Die
Spanier, welche dabei zugegen waren, warfen unvermerkt
einige Silbermünzen in den Schmelzofen. Da er also
eine, aus dem gefundenen Eisen und Silber vermengte
Masse aus dem Schmelztiegel fließen sah, jauchzte er vor
Freuden, daß nun sein Glück gemacht wäre. Als aber
seine Gefährten seiner Leichtgläubigkeit zu spotten, und ihn
deßhalb auszuklatschen anfiengen, knirschte er vor Zorn,
und stieß wider die Urheber des Betrugs die gräulichsten
Drohungen aus. Uebrigens versicherte mir der europäische Schmied, daß er dieses unbekannte Metall sorgfältig
im Feuer probiret habe. Dieser Probirung zufolge war es
eine Art ganz spröden und wie Glas zerbrechlichen Eisens,
welches, weil es sich schlechterdings nicht bearbeiten, noch
hämmern läßt, zu keinem Gebrauch dienet. Es dachte auch
kein Mensch mehr daran diesem Metall nachzugraben.
Dieser Erzählung füge ich noch eine andere bei.

Zu Korduba in Tukuman gerieth einst das Hauswe-
sen eines Kaufmannes in einen gänzlichen Verfall. Seine Umstände zu verbessern, entsagte er dem Handel, und
trieb die Arzneykunst, die er nie recht gelernet hatte.
Diese Standesveränderungen der Europäer in Amerika
sind nichts seltenes. Schiffleute, und entlaufene Soldaten, bekommen, so lang sie bei einem Handwerk bleiben,
es mag noch so einträglich seyn, in Paraquay keine Weiber. Hier wird nun auf der Stelle Rath geschaffet. Sie

R   wer-

verlegen sich auf den Handel, und eröffnen eine Krambude mit Käse, Messern, Nadeln, Scheeren, leinenen und wollenen Schnupftüchern und einigen Flaschen Brandwein. Nun heißen sie Kaufleute, gehören zum Adel, schätzen sich besser als gemeine Leute, und können nun zu Heprathen und obrigkeitlichen Bedienungen gelangen. Sind sie banquerout, so werden sie Mediziner. Das geschieht alle Tage. Der in Europa kaum einen Bart scheren, zur Ader lassen, Nägel schneiden, Schröpfen, Clystiere geben, oder ein Pflaster aufstreichen kann, macht jenseits des Meeres in Paraquay einen Hyppokrates, und bringt vor-und nachmittag nach Gutdünken ungeahndet die Kranken um. Sie lügen sich zu Aerzten, und sind gefährlicher als die Pest. Von diesem Gelichter schien mir der Bartholomäus gewesen zu seyn, von dem ich hier rede. Da er aber bemerkte, daß ihm die Krankheiten und das Sterben anderer nichts eintrugen, und er noch außerdem von allen gefürchtet wurde, änderte er seine Lebensart, und gab die Medizin auf. Nun nahm er seine Zuflucht zu den Bergwerken, als zur letzten Aushilfe. Es hatte sich dazumal ein Gerücht verbreitet, als ob die Gebirge von Korduba Gold führten. Er miethete sich daher, nachdem er das Urtheil der Sachverständigen darüber eingeholet, und von dem königlichen Statthalter die Erlaubniß dazu erhalten hatte, Leute zum Graben, und borgte zu ihrem Unterhalte Vieh aus. Er wühlte eine Zeitlang in der Erde herum ohne Erfolg; aber mit einem außerordentlichen Schaden und unglaublichen Aufwand, weil er Holz und Wasser auf viele Meilen weit dahinbringen lassen mußte. Seine angehäufte Schuldenlast, die er in der Hoffnung Gold zu finden sich aufbürdete, diente allen zur Lehre, daß auf der Oberfläche der Erde mehr Gold zu finden ist, als in den unterirrdischen Höhlen des Gebirges von Korduba. Auch machte sich meines Wissens kein Mensch mehr nach ihm über diese vorgegebene Goldminen her. Eine Sage, aber vielleicht nur eine Sage erhält sich noch unter den gemeinen

Spa-

Spaniern, daß die Indianer einst vor der Ankunft der
Spanier aus dem Gebirge um Rioja herum Gold ausgegraben hätten. Allein alle Bemühungen der Spanier, welche
diesem edlen Metalle nachspürten, waren bisher immer
fruchtlos. Daß man in dem Gebirge bei Montevideo
zu unseren Zeiten Goldtheilchen entdeckt habe, versicherte
mir selbst der Statthalter von Buenos Ayres Andona-
gui zu Anfange des Jahres 1749, als ich bei ihm speisete. Man berichtete auch die Entdeckung nach Hofe Madrit, allein weder der Hof, noch Privatleute wollten sich
an die Bearbeitung dieser Berge wagen, weil man sich wenig davon versprach, und vielleicht auf die ganze Sache
nichts hielt. Jemand hatte auch ausgestreut, als ob man
in dem kleinen Flüßchen Rosario, welches nahe bei der
Stadt Montevideo vorbeifließt, einige Amethysten gefunden hätte. Meines Erachtens müßen es entweder blos unächte, oder anderswohergebrachte gewesen seyn, denn man
weiß nicht, daß noch von jemanden dergleichen Steine in
diesem Fluße wären aufgesucht worden.

Die ersten spanischen Ankömmlinge hofften in der Provinz Quayra, welche am meisten gegen Norden liegt, gegen
Osten aber an Brasilien stößt, und von der Parana durchströmet wird, Gold, Silber und Edelgesteine die Menge anzutreffen. Sie schienen vergessen zu haben, daß nicht alles,
was glänzt, Gold oder Diamant ist. An dem Ufer der
Parana hat man einmal Steine gefunden, welche man
Cocos de mina nennt. Sie sind manchmal rund, und
manchmal eyförmig. Ihre Oberfläche ist wie bei gemeinen Steinen rauh und hart, und von einer dunklen Farbe.
An Größe gleichen sie einem Granatapfel, zuweilen auch
dem Kopf eines Menschen. Unter ihrer Schaale schließen
sie eine Menge kleiner, vielfärbiger, und, nach dem Urtheile der Nichtkenner, kostbarer Steinchen ein. Diese glaubten an ihnen bald helles Crystall, bald Amethyste, Smas-

R 2   rag-

ragden ꝛc. zu sehen, allein ihre Augen täuschten sie. Kenner schätzen selbe den böhmischen Steinen gleich. Diese
mit den kleinen Steinen beschwängerten Cocos de mina
sollen mit einem jämmerlichen Knall gleich einem Kanonen-
schuße zerplatzen, sobald ihre kostbare Frucht reiz ist. Diese Gestalt und Eigenschaften leget ihnen das gemeine Volk
bei, mit welchem Rechte weiß ich nicht: denn mir selbst
ist auf meinen langwierigen Reisen, die ich durch einen
großen Theil von Paraquay, und besonders an dem Ufer
der Parana gethan habe, wie wohl ich mich überall sehr
aufmerksam umsah, kein solcher Stein zu Gesicht gekommen. Daß die Cocos de mina in anderen amerikanischen Provinzen, wo es ächte Edelgesteine giebt, einen
Werth haben mögen, stelle ich nicht in Abrede; aber ich
läugne zuversichtlich, daß sich noch jemals ein Paraquayer
davon bereichert habe. Viele haben vielmehr bei ihrem
Glauben an diese unächten Edelsteine, und der Hoffnung
des Gewinns, die sie darauf gründeten, ihr ganzes Vermögen eingebüßet, wie man daselbst allgemein weiß. Die
vormaligen Städte in Quayra Xerez, la Ciudad Real,
und la Villa Rica, welche einst für die Quellen der Reichthümer und des Golds und Silbers gehalten wurden,
waren der Sammelplatz der Dürftigkeit, und des Elendes.
Der brennende Durst nach Gold, wie viele tausend Europäer hat er nicht in Paraquay um ihren Verstand gebracht!
Tief in ihrer Seele hat die Meinung unausrottbare Wurzeln
geschlagen, daß Paraquay Schätze besitze, aber bisher in
dem Schooße der Erde verborgen gehalten habe. Petrus
Stephan de Avila Statthalter von Buenos Ayres schil-
derte Paraquay im J. 1637 in einem Schreiben an den
König als ein gold- und silberreiches Land. Eben dieser
Meinung war auch Ruiz Diaz Melgarejo der Erbauer
der Stadt Villa rica. Allein Emanuel de Frias Tochter-
mann des Ruiz und nachmals Statthalter berichtete an
den

den König, daß Ruiz nach allem möglichen Nachsuchen keine Spur von einem Metalle habe entdecken können, und daß diejenigen, welche dem Madriterhofe vorspiegelten, als ob es in Quayra Bergwerke gebe, aus einem tödtlichen Hasse gegen die Jesuiten bloß denselben Neider zu erwecken zur Absicht hätten. Solche Menschen verdienten als Verläumder keinen Glauben, und könnten überhaupt nicht als Zeugen gelten. Die Stadt Villa rica (die reiche Stadt) war nur dem Namen nach, oder in Erwartung ihrer Schätze reich, in der That niemals.

Da die Spanier in Paraquay, das sie zu Fuße ausgiengen, und mit Augen sahen, nirgends Gold- oder Silberminen entdeckten, so machten sie andern und sich selbst weiß, daß sich diese auf dem Grund und Boden der Quaranier, welche die Jesuiten in der Religion unterrichteten, befinden müßten. Diese grundlose Muthmassung ist die Quelle, woraus so viele Verläumdungen und Lügen wider uns geflossen sind. Wirklich wurden selbe, weil das Falsche, nach der Bemerkung eines Weltweisen, öft wahrscheinlicher als die Wahrheit selbst aussieht, von vielen geglaubt, welche die Verläumder hätten bestrafen, wenigstens im Zaume halten sollen. Der Hof von Madrit sandte einst, nicht nur die Wünsche der Jesuiten, sondern auch ihre Bitte zu erfüllen, Leute aus, welche alle Spuren eines Bergwerkes genau untersuchen sollten. Diesen Ausspürern wurde nun in einer Stadt ein entlauffener Quaranier zum Wegweiser mitgegeben, ein Mann von einem lockeren Charakter und feilen Gewissen. Von einem Feinde der Jesuiten durch Geschenke und Verheißungen bestochen gab der Schurke vor, die Goldgruben der Quaranier seyn in der Gegend um den Flecken Conception am Ufer des Uruquay. Er kenne diesen Ort sehr gut, allein derselbe sey wie eine Festung mit Schanzen, Kanonen, und einer zahlreichen Besatzung versehen. Dorthin

R 3   gieng

gieng alſo der Zug. Die Reiſegeſellſchaft war nur noch
wenige Meilen von den gerühmten Goldminen weg, als
der indianiſche Betrüger aus Furcht vor der Strafe, die
ihm die Lüge, welche in kurzem entdecket werden ſollte, zu-
ziehn würde, bei der Nacht entfloh. In dem Flecken Yapeyù ließ ihn unſer Miſſionär ſelbſt ergreifen, ſchließen,
und unter einer hinlänglichen Bedeckung treulich und un-
verweilt an die Spanier abliefern, denen er entflohen war.
Der Betrug in Anſehung der erdichteten Goldminen und
K ſtungswerke war nun offenbar. Das Märchen und die
Verläumdung ſtanden in ihrer Blöße da. Die Spanier
unterſuchten alle Ecke und Winkel. Die Folge davon war,
daß ſie einmüthig und öffentlich eingeſtanden, daß dort
weder ein Metall vorhanden iſt, noch, nach der natürlichen
Lage der Provinz zu urtheilen, daſelbſt erzeugt oder vermuthet werden könne. Dem Indianer kam ſeine Untreue
theuer zu ſtehen. Die Spanier, welche die Jeſuiten ſo
zerläſtert hatten, ließ der König als Verläumder, ihrer Güter und Ehre auf immer verluſtig und zu allen königlichen Dienſten unfähig erklären. Die Strenge dieſes königlichen Ausſpruchs ſchreckte zwar die Schmäher zurück:
ober die lächerliche Meinung von den Gold- und Silberminen bei den Quaraniern verlor dadurch ſo wenig von
ihrem Anſehen, daß ſie ſich ſogar auf die leichtgläubigeren
Europäer herüberpflanzte. Eben dieſen Irrthum hegten
auch einſt die Portugieſen in Braſilien, welche
unſern Miſſionären an dem Fluß Uruquay das Aa-
ſinnen thaten: Ueberall, wo ihr hintrettet, trettet
ihr auf Gold. Blos die Hoffnung Gold zu erhaſchen
war der Bewegarund des bekannten Statthalters von Rio
Janeiro in Braſilien Gomez Freyre de Andrade, warum er dem Hofe von Liſſabon die Kolonie S. Sakrament
um die 7 Flecken am Uruquay zu vertauſchen anrieth.
Dieſe wollten die Spanier, nachdem ſie, wie ich oben
geſagt habe, die 32,000 Quaranier herausgetrieben hatten,

ten, wirklich, dem Vergleiche gemäß, an die Portugiesen
übergeben; allein die leßteren nahmen sie nicht an. Unter
anderen Ursachen dieser Weigerung gab man in Paraquay
auch folgende an, daß die Portugiesen, welche während
des Krieges die Ländereyen am Uruquay genau in Augenschein genommen, und kennen gelernet hatten, keine Spur
einer Gold- oder Silbermine auffinden konnten, da, wo sie
sich vorher durch bloße Muthmaßungen getäuscht goldene
Berge hingeträumet hätten.

Oft habe ich über die Spanier gelacht, welche zuweilen zu uns in die Flecken der Quaranier kamen. Die
gemeinsten Steine, die ihnen auf dem Wege aufstießen,
hoben sie sorgfältig und mit einer inneren Freude auf, und
trugen sie nach Verschiedenheit ihrer Farbe bald als Sma-
ragden, bald als Amethysten, oder auch als Rubinen mit
sich fort. Ich sagte ihnen oft, diese sonderbar aussehen-
den aber dennoch gemeinen Steine fänden sich an den Gesta-
den der Flüße und auf den Straßen so häufig, daß man
nicht nur Schiffe, sondern auch ganze Flotten damit beladen könnte. Allein dieses machte auf sie keinen Eindruck.
Sie blieben dabei, daß alles, was sie bei den Quaraniern
fänden, Gold oder Edelgestein seyn müße. Von Gold-
schmieden und Juwelenhändlern müßen sie jämmerlich aus-
gezischt worden seyn. Legt aber die Einbildungskraft nicht
jedem Spielwerke der Kinder einen Werth bei? Diamanten, wovon in ganz Paraquay keiner ist, hat die Verläumdung und der eingewurzelte Haß gegen die Jesuiten
dem Lande der Quaranier so häufig angedichtet, daß selbst
die öffentlichen Zeitungen dadurch hintergangen wurden.
In einem solchen Blatt (Gazeta de Madrid) las ich
einst unter der Aufschrift: London: Man schreibt aus
Brasilien, daß die Jesuiten in Paraquay ihre Diamanten-
gruben zu einem Grad der Vollkommenheit gebracht haben, daß zu befürchten steht, die brasilianischen Diamanten

R 4   wer-

werden im Preise fallen. Dieses Blatt gab ich dem Statthalter von Paraquay Karl Morphi aus Irland, der sich
durch seine Tapferkeit und Kriegskenntnisse einen grossen
Namen erworben hat, zu lesen, als er mich einst zu S.
Joachim besuchte. Er las es laut, und lachte und ärgerte sich wechselweise darüber. Die herumstehenden Spanier und Offiziere, die in Paraquay gebohren waren, und
ihr Vaterland auf das genaueste kannten, glaubten, der
Madriterzeitungsschreiber müße dasselbe in Traume, oder
in einem Anfall von Wahnwitz geschrieben haben: allein er
ist blos von unverschämten Lügnern ohne seine Schuld hintergangen worden. Wie spitzet sich meine Feder ihre Namen herzuschreiben! Es sind solche, die man nicht einer
Lüge fähig halten sollte. Ich hätte mich gern viel Geld
kosten lassen, wenn ich nur ein kleines Stückchen von einem
Diamanten hätte auftreiben können, um die Gläser zum
verschiedenen Gebrauch in der Kirche zu schneiden. Allein
ich konnte niemand finden, der einen verkaufte oder besäße.
Ich mußte mich daher statt desselben mit einem Kiesel begnügen. Hieraus schließe man, was von den Diamanten-
gruben der Jesuiten zu halten sey. Sie haben blos in
den Schriften unserer Verläumder, und der Unwissenden
existirt, in Paraquay niemals. Haben die Wilden bei der
magallanischen Meerenge etwas Metall, so haben sie es
aus dem Gebirge von Chili, wo man, wie jederman weiß,
Metalle findet. Aber die Provinz Chili ist von Paraquay
so sehr verschieden, als Oesterreich von dem angränzenden
Ungarn. Dieses hat Gold und Silber in Ueberfluß, jenes
keines von beiden. Die Portugiesen sammeln in Cuyaba,
welches unter den 14. Gr. der mittägigen Breite, und
dem 322 der Länge liegt, in Matogrosso und in der S.
Rosaschanze (la Estacada) aus verschiedenen Flüßen
Goldsand oder Goldkörnerchen. Die Spanier ließen es vor
Alters geschehen; im letzten Friedensschluß aber bestättigten sie den Portugiesen ausdrücklich diese Freyheit. Denn
die

die letztern behaupteten immer, daß die gemeldeten Landschaften zu Brasilien gehören; die Spanier hingegen rechneten sie zu Paraquay oder Peru. Daß sich jemals ein Spanier oder Indianer die Mühe gezeben hätte, dergleichen Goldstäubchen aus dem Sand der paraquayischen Bäche herauszulesen, habe ich weder gesehen, noch gehört. Doch kann ich nicht bestimmen, ob dieses der Armuth der Bäche, oder der Trägheit der Paraquayer zugeschrieben werden müße: denn an den Portugiesen haben wir allemal in Amerika mehr Thätigkeit, aber auch mehr Habsucht bemerket, welches kein Spanier läugnen wird.

Zur Bestättigung alles deßen, was ich über diese Materie geschrieben habe, scheint mir von einem besonderem Gewichte das Zeugniß des berühmten Bougainville zu seyn, welcher, wiewohl er seine Nachrichten von Paraquay von Feinden unserer Gesellschaft, wenigstens von solchen, die wir zu fürchten Ursache hatten, erhielt, dennoch ohne Bedenken frey und unverholen heraussagt, daß diese Provinz weder Gold noch Silber hervorbringe. Da er so viele theils unrichtige, theils für uns unrühmliche Dinge, so wie man sie ihm weiß machte, niederschrieb, so zweifle ich nicht, daß er auch unserer Gold- und Silberadern würde erwähnt haben, wenn er davon nur im geringsten Wind gehabt hätte. Sein Stillschweigen muß in diesem Punkte meine Leser mehr überzeugen, als ich mit allen Künsten der Beredsamkeit thun könnte. Hierzu kömmt noch ein anderer; eben so unumstößlicher Beweiß, der auch dem stumpfsten Verstand einleuchten muß. Seit dem Jahr 1767 sind die Jesuiten von ihren für die Indianer erbauten, und unterhaltenen Flecken, Kollegien, und Meyereyen weg, und in ganz Europa zerstreuet. Alles wurde der Willkühr, den Augen und Händen der Spanier überlaßen. Dreizehn Jahre sind bereits nach unserer Abreise verfloßen. Gäbe es nun darinn irgend eine Goldmine, oder

R 5   Edel-

Edelgesteine, so würden selbe wahrhaftig ihren scharfsichtigen Augen nicht entgangen, sondern von hundert Zeitungs-
schreibern in der Welt ausposaunet worden seyn. Allein
bis ist hat man keine Sylbe von Paraquay verbreitet.
Ich wenigstens, der ich fleißig allerlei Zeitungen lese,
habe bis auf diese Stunde nicht das Geringste davon weder gelesen noch gehört. Mich wundert auch nicht,
daß so viele, die auf unser Vermögen gelauert, und unsere Ehre geschändet haben, auch nach unserer Entfernung
nichts fanden: aber das wundert mich, daß sich kein Ehr-
vergessener gefunden hat, der uns so was nachsagte, nachdem man uns noch in unserer Abwesenheit so viel Uebels
theils aus Irrthum, und theils aus Neid aufgebürdet
hat. Um meine Leser von meiner Aufrichtigkeit zu überführen, werde ich denselben alles getreulich mittheilen,
was mir von Paraquay's Produkten bekannt ist. Man
wird nicht ohne zu lachen innen werden, welche Schätze
die Natur hier vergrub.

Gegen das Ende des vorigen Jahrhunderts brachte
der P. Antou Sepp aus Tyrol ein altväterischer, aber
rechtschaffener, und in der Musik treflich bewanderter
Mann, der sich besonders um die Quaraner verdient gemacht hat, aus den Steinen Ytacurù, welche in den
Feldern allenthalben herumliegen, mittelst des heftigsten
24 Stunden in einem fortunterhaltenen Feuers etwas Eisen heraus. Allein beinahe niemand machte es ihm nach;
denn das bischen Eisen ersetzte bei weiten die außerordentliche Mühe und das viele Holz nicht, das man darauf
verwenden mußte. Diese Steine sind aus den kleinsten
Steinchen zusammgesetzt, dunkelbraun und mit schwarzen Punkten besprengt. In unseren Zeiten wurde etwas mehr Eisen auf spanischen Schiffen hineingebracht; allein der Preis
desselben ist noch heut zu Tage entsetzlich hoch. Eine Art
von steyermärktischen oder schwedischen Eisen kostet 4 deutsche
Gul-

Gulden, aus spanischen oder biskapischen acht. Doch thut
der besser, welcher um den doppelten Preis eine biskapische
Art kaufet, weil sie mehr als zwo nordische ausdauert.
Jedem quaranischen Jüngling pflegte der Jesuit, der an
seinem Geburtsorte Pfarrer war, an dem Tag seiner Trauung, und den Verheuratheten am Neuenjahrstage ein gemeines Tischmesser zu verehren. Die Auslage zu diesem
Geschenke allein belief sich höher, als die Europäer glauben werden, weil die meisten Flecken bei 4000 Einwohner, einige aber auch sechs bis sieben tausend zählten. Knaben und Mädchen schneiden sich ihr Rindfleisch mit einem
gespaltenen Rohr, oder zerreißen es mit den Zähnen. Dieser grossen Seltenheit des Eisens ungeachtet, kam es niemanden von uns in den Sinn, aus den Steinen Ytacurü
mit unsäglicher Mühe ihr bischen Eisen herauszupressen.
Viele halten sich berechtiget aus ihren Beobachtungen
schließen zu dürfen, daß die Gebäude, welche aus dergleichen Steinen gebauet sind, vom Blitzstrahl am öftesten berührt werden: vielleicht weil die verborgenen Eisentheile
denselben anziehen. Ein vornehmer Engelländer von vielen Kenntnissen versicherte mir zu Kadix, daß seine Landsleute, so oft ein heftiges Ungewitter ausbricht, ihren Beutel, Degen und alles Metall, was sie bei sich tragen,
auf die Seite legen, weil sie glauben, daß der Donner
vom Metalle angezogen werde. Ich kann den Engelländern nicht Unrecht geben, wenn ich mich an das erinnere,
was ich in Amerika selbst beobachtet habe. Im Flecken
S. Joachim schlug einst der Donner um 3 Uhr Nachmittags neben meinem Zimmer in den Ort, wo das für die
Schmiede nothwendige Eisengeräth aufbewahret wurde.
Die dadurch entstandene Feuersbrunst währete bei 20
Stunden, und legte das ganze Haus bis auf mein Zimmer
in die Asche. Die höchsten Gebirge bei Korduba um das
Thal Calamuchita bringen einen dunkel aschen-oder besser zu sagen bleyfärbigten Magnet hervor. Als ich in der

B.

Vakanz einst mit meinen Ordensgenoffen dahin gefchicket
wurde, erzählte man mir, daß der Donner wenige Monate vorher in die Eifenkammer eingefchlagen hatte, wo
man nämlich die Aerzte, Sägen, und andere Schmieds-
werkzeuge hinlegte.   Alles diefes bekam durch den Donner eine magnetifche Kraft, fo daß es Nadeln, und was
fonft noch von Eifen ift, mit Gewalt an fich zog. Dief
ift auch fehr begreiflich; denn der Donner fammelte fich
aus dem in dem dortigen Gebirge mit häufigen Magnet-
theilchen gefchwängerten Dünften; und erhielt dadurch
magnetifche Eigenfchaften.   Diefe follen auch anderen Blitz-
ftrahlen in Europa eigen feyn.   Ich laffe alles das der
Unterfuchung der Naturforfcher über.

In den Gebirgen von Korduba gräbt man zuweilen
den Talco aus, welcher auf latein Lapis fpecularis, oder
Lunaris, auf griechifch Aphofelenum oder Selebites, auf
deutfch aber Frauenglas heißt.   Um mit einem Meffer
feine Häutchen von einander ablöfen zu können, muß
man ihn in Waffer einweichen.   Bei einem mäßigen Feuer
nimmt er die Weiche des Papiers, und die Farbe des Silbers an.   Man fchneidet Bilder, und andere Figuren
daraus um arme Kirchen damit auszuzieren.   Unter den
vielen Blättchen, welche man von diefem Steine abfchälet,
findet man wenig ganz reine und durchfichtige; die meiften
haben theils fchwarze, theils dunkelbraune Fleckchen. Die
befferen braucht man zu Fenftern und Laternen ftatt des
Glafes, welches im J. 1748, als ich in Paraquay kam,
äußerft felten, und theuer war.   In den vornehm-
ften Kollegien der Provinz, und den Flecken der Quaranier
fand ich nicht ein einziges Glasfenfter.   Alle Leute machten fich ihre Fenfter aus Talco (welches aber wegen feiner
Seltenheit nicht fehr oft gefchah) Papier oder Leinwand.
Allein fie mußten, weil jeder Regen oder heftiger Wind
daffelbe einreißt, beftändig daran flicken.   In den letzten
Jah-

Jahren aber, da ich mich in Paraquay aufhielt, ward eine Menge Glas auf spanischen Schiffen hineingeführt, so daß der Preis desselben um ein beträchtliches fiel, und die meisten Kirchen mit Glasfenstern versehen werden konnten. Gegen Mittag haben die Kirchen statt des Glases einen Stein, welcher wie Alabaster aussieht, hart, weiß und etwas durchsichtig ist. Man läßt ihn mit vielen Kosten aus Peru bringen. Denn da der Südwind im mittägigen Amerika mit einer Ausgelassenheit ohne Gleichen tobt, so liegt auf einen Stoß desselben alles, was gläsern ist, in Trümmern. Er wirft ganze Häuser um, zersplittert die Hauptmasten der größten Schiffe, und reißt himmelhohe Cedern aus der Wurzel aus. Kalkstein findet man sonst in Paraquay überall, bei den Quaraniern und Abiponern aber keinen einzigen. So trift man auch an den Ufern des Paraquay und anderer Flüße allenthalben Gyps an. Die Quaranier hingegen, welche von diesen Ufern etwas weiter weg sind, brennen aus den Muscheln und Schnecken= häusern Kalk, und weißen sich damit, oder mit einer Kreide, welche von ihnen Tobaty genennet wird, und der Erde von Tripolis ähnlich ist, ihre Wände. Da es mir auch daran in den von mir erbauten Flecken u. l. Frau vom h. Rosen= kranz und S. Karolus mangelte, so nahm ich Asche, misch= te sie mit Ochsenblut, und strich damit meine Hütte und die Kirche an, damit nicht die Wände, welche von Holz, Rohr, Leimen, und Ochsenmist zusammengeknettet waren, das Auge beleidigten. An dem Gestade des Tebiquary des größeren sah ich einst gesprengten schwarzen Marmor, der aber eben nicht viel Raum einnahm. Ob sonst noch Mar= mor, oder andere größere Steine unter der Erde verbor= gen liegen, ist mir nicht bekannt. Daß sich Holz, Rohre, und Beine nicht nur in dem Fluß Parana, sondern auch in den Wäldern und Haiden versteinern, habe ich oben gesagt, und selbst gesehen. Doch macht man davon kei=
nen

nen Gebrauch, auch schätzet man selbe nicht so hoch, wie in Europa, weil sie hier zu Lande etwas sehr gemeines, und alltägliches sind. So sehr kömmt es überall beim Werth und der Bewunderung der Dinge auf ihre Seltenheit, und fremde Herkunft an. Als ich einst aus dem Flecken S. Joachim durch die Gegend von Urucutuy eine Reise machte, so fand ich auf einem kleinen Hügel, den ich um die Gegend zu übersehen mit den Quaranern zu Fuße bestiegen hatte, auf der Oberfläche der Erde überall Steine von gemeiner Art, verschiedener Größe, aber einerlei Figur herumliegen. Sie stellten einen Mund, eine Nase, und zwey Augen, kurz ein menschliches Gesicht nicht unkenntlich vor. Das Sonderbare dieser Entdeckung machte uns anfangs lachen, nachher aber setzte sie uns in Verwunderung. Ich zweifelte gar nicht, daß die Steine durch die Gewalt des herabgefallenen Regens also ausgehöhlet worden sind. Worüber ich mich aber wunderte, war, daß sie gerade dadurch die Gestalt eines menschlichen Gesichts angenommen haben, welches ich sonst nirgends, als an diesem Orte beobachtete. Sogleich schöpften die Indianer demselben einen Namen, und nannten ihn Ytá robá, Gesichtssteine. Rothe, schwarze, feuerträchtige, folglich gute Flintensteine sind besonders am Uraquay sehr häufig. Allein man hat keine Werkzeuge sie zu spalten, und für Flinten zurecht zu machen. Ob Paraquay auch Alaun, Schwefel und Quecksilber hervorbringe, weiß ich nicht. Salpeter schießt auf verschiedenen Feldern sehr häufig an, besonders, wo es Palmbäume von der Art der Caranday giebt. Das von ihren Blättern herabfallende Regenwasser scheint wegen der darauf angenommenen Salzigkeit der Saame des Salpeters zu seyn. In einigen Seen setzet sich bei anhaltender Trockenheit Salz zusammen. An anderen Orten wird aus dem gesammelten Salpeter in irrdenen Töpfen Salz gekochet. In dem Lande der Quaraner giebt es gar keines, sondern dasselbe muß von den

Sols

Kolonien der Spanier sehr weit und mit grossen Kosten dahin gebracht werden Die Schildkröten, wovon in den Flüßen, Bächen, und bei den Chiquiten auch in den Wäldern alles voll ist, sind nicht von der Art derjenigen, deren Gehäus bei den Europäern einen so grossen Werth hat, und verarbeitet wird. Spanische Rohre, wie sie die Deutschen, oder indianische, wie sie die Spanier nennen, und welche zu Stöcken gebraucht werden, kennt man in Paraquay nicht, ob man gleich daselbst Rohre von verschiedener Gestalt und Größe hat.

Aber wozu die Erzählungen aller dieser Kleinigkeiten? Blos um meine Leser von meiner Aufrichtigkeit, und Begierde alles anzusagen, was Paraquay erzeugt, zu überführen. Unvernunft, oder Unverschämtheit würde es verrathen, wenn man mir als einem Augenzeugen weniger Glauben beimessen wollte, als den elenden Brochüren, deren Verfasser theils aus Unwissenheit, und theils aus anderen Ursachen Paraquay zum Magazin von Gold, Silber und Edelgesteinen lügen. Viele haben sich geirret, die selbst in Paraquay von Paraquay geschrieben haben. Sie eignen diesem Lande Schätze zu, nicht weil sie die Provinz wirklich besitzt, sondern weil sie selbe in das von Mineralien ganz entblößte Land hineingeträumet haben. Ein Blinder träumte, er sehe, sagt ein spanisches Sprichwort, und er träumte, was er wünschte. El çiego Soñaba, que veia, y ́ soñaba lo, que queria. Hierunter ist Martin del Barco Erzdiakon von Buenos Ayres zu zählen, welcher im vorigen Jahrhundert in seinem Gedichte, Argentina y ́ conquista del rio de la plata, nebst anderen Märchen auch folgendes in spanische Reime gebracht hat, daß nämlich in einem See in der Gegend, wo itzt die Abiponer sich aufhalten, Edelgesteine erzeugt würden. Ich habe die ältesten, erfahrensten, und redlichsten unter den Indianern, die dort herum gebohren waren, und viele Jahre in diesen

Gegen-

Gegenden gewohnt hatten, hierüber befragt. Allein sie
antworteten mir einstimmig, daß sie in ihrem Leben keine
Edelgesteine gesehen, auch von ihren Vätern nie so was
gehöret hatten. Da diese Wilden, um sich zu schmücken,
Hals, Arme und Waden, mit Glaskugeln, die aus Europa hineinkommen, andern Scheibchen, die sie sich aus den
Schneckenhäusern bereiten, den Saamenkörnern von allerlei
Früchten, Nüßen, Klauen von Vögeln und anderen solchen
Spielwerken täglich behängen, so würden sie ohne Zweifel u. st.
eben so brennendem Verlangen nach den Edelgesteinen ge-
geizt haben, weil sie von Natur hellleuchtend sind, wenn
sie ihnen unter die Augen, oder unter die Hände gekommen
wären. Wir rechnen daher diesen edelgesteineträchtigen
See ohne Bedenken in die Klasse der Hirngespinste; denn
aus der Klasse der Geschichten ist er schon lange von allen Vernünftigen ausgemerzet worden. Wie läppisch aber-
gläubisch, und dumm argwöhnisch selbst die Einwohner in
Ansehung alles dessen, was wie Metall aussah, gewesen
sind, kann man aus den Worten des P. Nikolaus Duran,
welcher, nachdem er als Provinzial die neuen Flecken der
Quaranier in Quayra (sie sind itzt alle portugiesisch) bereiset hatte, als ein Augenzeuge folgendes erzählet: Dort,
sagt er, sieht man einen ungeheueren Felsen, von
welchem sich das Gerücht bis zu uns verbreitet
hat, und den man im entgegengesetzten Verstande den armen nennet; weil ihn alle für die reich-
ste Goldgrube halten, und ihn beinahe ganz aus
diesem Metalle bestehen lassen. Dieser Fels sieht
recht abentheuerlich aus, hat allerlei Farben, und
schimmert so sehr, daß er die Sonnenstrahlen wie
ein Spiegel zurück wirft: Daher ihn auch alle
Statthalter und Soldaten in diesen Gegenden für
ein sehr kostbares Metall halten. Sie zeigen
ein außerordentliches Verlangen diesen Felsen aufzusuchen; allein die Furcht umzukommen, oder zu

zu verirren, schrecket sie von der Ausführung ab, besonders von der Zeit an, da 30 Balsas (aus zwee=nen Kähnen zusammgesezte Fahrzeuge) welche in der Absicht den Goldberg aufzusuchen ausfuhren, zu Grunde gegangen sind. Da meine Reise bei demselben vorbei gieng, so untersuchte ich, was an der Sache wäre; allein ich fand weiter nichts als einen blossen Stein, welcher von dem Sand, den der Wind aus dem Fluß hinaufwehet, also ab=geschliffen, und geglättet ist, daß er einem Glas ähnlicher sieht als einem Stein. Und dieses pflegt der Ausgang menschlicher Hoffnungen zu seyn. So schreibt Nikolaus Duran in den jährlichen Berichten von Paraquay vom J. 1626 u. f. (92. S. der Antwerper Ausgabe). Daß sich die Sache so verhalte, zweifle ich gar nicht. Denn das Gebiet von Quayrà, wo der beruffene, aber izt bereits in Mißkredit herabgesunkene Fels ist, ha=ben seit vielen Jahren die Portugiesen inne, welche, gleich=wie sie von Natur scharfsichtig, unerschrocken, und zur Er=tragung der Beschwerlichkeiten abgehärtet sind, bisher nichts unversucht gelassen haben, die verborgenen Metalle zu entdecken und zu benützen. Enthielte also der Fels au=ßer den Steinen, auch noch Kostbarkeiten in seinem Schoo=ße, so hätten sie ihn längst umgekehrt, und geplündert. Allein bis izt weiß man davon noch nichts. Oder hätte wohl dem benachbarten Paraquay, was in Brasilien vorgieng, verborgen bleiben können?

Die Spanier bedienen sich in ihren Häusern meistens silberner Gefäße; das Geräth der meisten Kirchen ist gleich=falls von Silber. In den quaranischen Kolonien sind nicht nur die Altäre, sondern auch das Plafond öfters vergoldet. Ich läugne dieses alles nicht. Allein dieses Gold und Silber ist kein paraquarisches Produkt, sondern ein Erzeugniß von Peru und Chili. Die Quaranier gie=

S   ßen

ßen sich sowohl für ihre als auch der Spanier Kirchen große Glocken von Erzt. Allein sie brauchen dazu Erzt aus
Chili. In ganz Paraquay wird weder im Namen des
Königs noch eines andern eine Münze geschlagen. Daher
wurde der boshafte und thörichte Betrüger, welcher im
Namen des Nikolaus als des erdichteten Königs von Paraquay
Münzen ausprägete, die aber eigentlich in Quito zu Hauſe
waren, von allen vernünftigeren Europäern mit Recht aus-
gepfiffen. Nur Unwissenden, deren Kopf eben so seicht,
als ihr Haß gegen uns groß war, konnte er sowas auf-
bürden. Einige Städte ausgenommen, welche mit europäiſchen Schiffen, oder den benachbarten Peruanern Handel treiben, bedient man ſich in Paraquay des gemünzten
Geldes ſehr wenig. Deſſen Stelle vertritt der Tauſch wie
bei den Alten. Pferde, Maulthiere, Ochſen und Schaafe,
Toback, Baumwoll, paraquayiſcher Thee, Zucker, Salz,
allerhand Getreidarten, Feld- und Baumfrüchte, Thier-
häute 2c. ſind ſtatt des Ge des, wodurch man ſich alle Be-
dürfniße einhandelt, den Biſchöfen, Pfarrern, und königl.
Statthaltern ihren jährlichen Gehalt auszahlet, und die
Steuern abträgt. Hauptſächlich gilt dieß von der Stadt
Aſſumtion. Alles, was die Natur daſelbſt hervorbringt,
hat einen von der Obrigkeit feſtgeſetzten Preis, welchen
die Kaufenden und Verkaufenden genau wiſſen und beobachten. Hat eine ſpaniſche Frau Unſchlittkerzen nöthig, ſo
giebt ſie ihrer Schwarzen einen Korb mit einer Portion
Baumwoll, Toback, paraquayiſchem Thee, Zucker und Salz
mit. Von dieſen nimmt nun die, welche die Kerzen verkauft, heraus, was ihr beliebt, aber nach den beſtehenden
Geſetzen des Preiſes. Hier iſt nun zwiſchen dem Käuſer
und Verkäuſer nichts zu handeln. In den wenigen Städten, wo man ſich des Geldes bedienet, ſind nur dreyerlei
Silbermünzen gang und gäbe, nämlich ein peſo fuerte,
peſo de Plata, oder patacón, welcher ein Konventions-

tha-

thaler oder unsrige zween Gulden beträgt, ein Real de
plata, und ein medio real de plata. Der erste gilt
5 deutsche Groschen, der andere sieben und einen halben
Kreuzer. Gold- oder Kupfermünze sieht man daselbst keine. Die Indianer, welche in den unserer Aufsicht anvertrauten Flecken wohnten, hatten gar kein Geld, so wenig
als wir, außer daß in jedem Flecken 14 Silbermünzen, Rea-
len oder Halbrealen aufbewahret wurden; denn diese Münzen
werden nach dem Gebrauch der spanischen Kirche bei einer
öffentlichen Trauung von dem Pfarrer dem Bräutigam, und
von diesem der Braut als eine Morgengabe dargereichet.
Gleich nach der Trauungsceremonie giebt man sie wieder
dem Pfarrer zurück, damit er das nämliche Geld und die
nämlichen Brautringe wieder bei andern Trauungen an der
Hand habe. Während der 22 Jahre, die ich mit den
Spaniern und Indianern in Paraquay zugebracht habe,
erinnere ich mich nicht, wer sollte das glauben? weder eine goldene Münze, noch sonst etwas goldenes gesehen zu haben, außer dem Ring des Bischofs, von dem ich aber
auch nicht sagen kann, ob er golden war; weil die meisten Bischöfe Ringe von Tomback, welches die Spanier
dem Golde vorziehn, zu tragen pflegen. Was Tacitus
von dem alten Deutschlande sagt: Ich kann nicht entscheiden, ob ihnen die Götter das Gold im Zorne
oder aus Wohlwollen versagt haben. Doch behaupte ich nicht, daß Deutschland gar kein Gold
oder Silber hervorbringe; denn wer hat es noch
untersuchet? (Sitten der Deutschen, 5ter Absatz) paßt
ganz auf Paraquay. Hätte die Natur auch diesem Lande
Gold und Silber zugetheilt, und die Kunst und der Fleiß
selbes entdecket, so würden die Spanier ihre zwey müheseli-
gen Gewerbe die Viehzucht, und die Zubereitung des paraquayischen Thees, welcher ihren Nachbarn zum Bedürfniß geworden ist, schon lange haben fahren lassen. Die Indianer würden zum Bergbau verurtheilet worden seyn, und

S 2

sich

ſich daher wider die Religion und die Freundſchaft der
Spanier, welche immer die Dienſtbarkeit zur Folge gehabt hätte, aus allen Kräſten geſtreubet haben. Wir
hätten folglich auch nie ſo viele tauſend Wilde zu unſerem Glauben bekehret, alſo zwar, daß ich den Mangel
der Bergwerke, oder ihre Nichtentdeckung für eine Wohlthat der Vorſicht, und für ein Glück der Provinz Paraquay halte.

Wenn gleich Paraquay keine Metalle beſitzt, oder
wenigſtens keine noch darinn entdecket worden ſind, ſo
würde man dennoch unrecht daran ſeyn, wenn man ſich
dieſe Provinz als ein armes und mühſeliges Land vor-
ſtellte. Sie hat Uiberfluß an allem, was man zum
Unterhalt des Lebens braucht, und beſonders an Vieh
von aller Art. Man wird nicht leicht ein Land in der
Welt antreffen, worinn ſo viele und ſo zahlreiche Heerden Ochſen, Pferde, Maulthiere und Schaaſe auf den
Wieſen zuſammen weideten. Von allen dieſen Gattungen
wurden anfangs in Paraquay von den erſten Spaniern,
welche dahin kamen, nur etwelche Stücke gebracht. Sie
haben ſich aber ſeit dem theils wegen der ſchönen Wieſen,
und theils weil ſie das ganze Jahr hindurch Tag und Nacht
auf ihrer Weide bleiben können, ins Unglaubliche vermehret. Beſonders überſteigt der ſchnelle Anwachs des
Hornviehes alle Begriffe der Europäer. Vor 50 Jahren wimmelte auf dem flachen Lande alles von ſo vielen
Ochſen, die einem jeden gehörten, der ſich ſelbe zueignete,
daß ſich die Reiſenden durch ſelbe, weil ſie ſich auf dem
Wege hinſtellten, und mit ihren Hörnern jenen den
Durchgang verwehren wollten, 'mittelſt vorausgeſchickter
Reuter, eine Oeffnung machen laſſen mußten. Man
darf ſich daher nicht wundern, daß ein anſehnlicher Ochs
dazumal durchgängig 5 Groſchen oder einen Real de
plata galt, wie man aus den alten Rechnungen erſiehet.

Der

Der aus Holz prächtig geschnitzte Hochaltar zu S. Borgia am Uruquay (ich habe ihn selbst gesehen) soll ohne Vergoldung 30000 Ochsen gekostet haben. Er war ein Werk der Quaranier aus dem Flecken Loreto, welche unser Bruder Prasanelli von Rom ein vortrefflicher Bildhauer in seiner Kunst unterrichtet hat. Ein jeder Spanier, der seine Meyerey vergrößern wollte, miethete sich für wenige Ellen Zeug, oder Kotton etliche Reuter, welche ihm innerhalb wenig Wochen Kühe und Stiere zu zehn tausend und noch mehr zusammen trieben. Man wird vermuthlich wissen wollen, wie die Ochsen in Paraquay aussehen; denn ich bin öfters darüber befraget worden. An Größe kommen sie den ungarischen gleich, sie sind aber stärker vom Leibe, und von allerley Farben. Den Kopf tragen sie wie die Hirschen mit einem gewissen wilden Trotz aufrecht, auch laufen sie beynahe eben so schnell. Wenn die Weide nicht bey einer lang anhaltenden Trockenheit ausdorret, so erhält man von einem jeden geschlachteten Ochsen außer einer Menge Unschlitt so viele Fette, daß oft zween starke Männer selbe nicht wegtragen können. Die Rindsette vertritt in der Küche gemeiniglich die Stelle des Schmalzes; denn die Kühe werden wegen ihrer Wildheit nur sehr selten gemolken. Sie zu zähmen ist ein langwühriges und mühsames Geschäft, und daher den trägen Indianern und Spaniern unausstehlich. Die einheimischen geben nur in Gegenwart des Kalbes, und wenn man ihnen die Füße bindet, Milch. Untertags läßt man sie mit ihren Kälbern auf die Weide; auf den Abend aber kehren sie wieder selbst nach Haus, doch sondert man die Kälber des Nachts, damit sie ihnen nicht die Euter austrinken, von ihnen ab. Daher kömmt es, daß man in Paraquay von Milch und Käse nur sehr wenig, und vom Butter beynahe gar nichts ißt. Ein Fischer und eine Schlachtbank sind zwey

S 3

Wör-

Wörter, welche der Quaraner nicht kennt. Jeder schlachtet sich seine Ochsen nach Belieben. Die Armen kaufen sich hier nicht, wie in Europa, nur einige Pfunde Fleisch, sondern ganze Viertheile von Ochsen; aber meistens erhalten sie selbe von den Vermöglicheren umsonst. Auch dem wüthendsten Stier können zween oder drey Jünglinge das Leben nehmen. Einer wirft ihm um die Hörner einen ledernen Strick; der andere einen um die hinteren Füße, schneidet ihm hierauf eine Sehne ab, springet ihm auf den Rücken, und sticht ihm das nächste, beste Messer in den Nacken. So fällt der Ochs auf einen Stich zusammen. Erst jüngsthin habe ich gehöret, daß dieser Brauch in Sicilien, wo ihn die Spanier eingeführet haben, noch währe.

Die Ochsenhaut, welche vom Kopf bis auf den Schwanz 3 Ellen mißt, und von den Spaniern das gesetz- oder vorschrif:mäßige Leder (un cuero de ley) genennet wird, kaufen die Handelsleute durchgängig für 6 Gulden unserer Währung, da doch der ganze Ochs lebendig bey den Spaniern nur auf 4, und bey den Quaranen gar nur auf zween Gulden zu stehen kömmt. Nämlich die Mühe, welche die noch rohen Häute kosten, erhöhet ihren Preis. Um sie zu trocknen, muß man sie mit hölzernen Nägeln auf der Erde fleißig ausspannen, und in einem bedecktem Orte, wo aber die Luft frey durchstreichen kann, damit sie nicht von den Motten angefressen werden, und ihre Haare verlieren, mit aller Vorsicht aufbewahren. Alle drey, wenigstens alle 5 Tage muß der Staub als der Ursprung der Motten sorgfältig ausgeklopfet werden. Wird diese Arbeit einige Monate lang, nämlich bis man einige tausend Häute mit einander verkauft, fortgesetzt, so halten die spanischen Käufer sehr viel darauf. Es ist unglaublich mit welchen Kunstvortheilen und mit welchem Fleiße einige die frischen

schen Häute, wenn sie etwas kürzer sind, bis zur ver=
langten Länge von 3 Ellen auseinanderzerren. Sie wer=
den aber dadurch so dünn als Papier, und die Lederer
können sie nicht brauchen,. Ihren Klagen abzuhelfen,
hat man vor nicht gar langer Zeit dieses Ausdehnen der
Häute öffentlich verboten. Ich erstaunte oft, daß die=
ses Verbot nicht schon vor hundert Jahren gemacht wor=
den ist. Weil die Spanier den Lederhandel sehr ein=
träglich fanden, so verfielen sie auf den rasenden Gedanken,
Ochsen, so viel sie nur konnten, niederzumetzeln. In
dieser Absicht ließen sie ganze Geschwader Reuter rechts
und links auf den Wiesen, wo es vom Viehe, das nie=
manden gehörte, am meisten wimmelte, herumstreifen.
Von diesen gemietheten Reutern hat jeder sein besonderes
Geschäft. Die einen setzen mit ihren hurtigen Pferden in
eine Heerde Ochsen hinein, und schneiden ihnen mit einer
langen Lanze, an welcher statt der Spitze eine scharfe
halbrunde Sichel festgemacht ist, den zum Abschlachten
bestimmten ausgewachsenen Stieren die Sehne der Hin=
terfüße ab. Weil sie nun hinken müssen, so werfen ih=
nen andere einen Strick um; noch andere, welche den
vorigen auf dem Fuße folgen, reißen sie zur Erde nieder
und tödten sie. Die Uibrigen müßen die Haut auszie=
hen, an einen bestimmten Ort hinbringen, und mit Nä=
geln an den Boden befestigen; endlich auch die Zunge,
die Fette, und das Unschlitt aus dem geschlachteten Vieh
auslösen und wegtragen. Das übrige Fleisch, wovon in
Europa ganze Armeen leben könnten, bleibt auf dem
Felde liegen, wo es hernach von Tiegern, Waldhunden
und Raben nach und nach aufgezehret wird, ohne daß
durch die Menge dieser Aeser die Luft jemals angestecket
worden, oder eine solche Ansteckung zu befürchten wäre.
Eine einzige solche Expedition von etlichen Wochen, trägt
demjenigen, der sie auf seine Kosten veranstaltet, einige
tausend Ochsenhäute ein. Weil man diese Ochsenjagd

S 4   und

und Niedermeßelung ein ganzes Jahrhundert fortseße, so wurden die Wiesen völlig ausgeleeret. Nun giebt es keine der herrenlosen und unzähligen Gemeinheerden (Las Vaquerias) mehr. Wer einen Ochsen oder 10000 Ochsen fieng, besaß sie mit Recht, und kein Mensch seßte sich dawider. Die Habsüchtigen richteten damals ihr Augenmerk blos auf den gegenwärtigen Gewinn, den ihnen der Lederhandel einbrachte, und ließen sich dadurch so sehr verblenden, daß sie die Nachtheile nicht sahen, die daraus für ihre Nachkommen entstanden sind. Blos der Größe der Felder, und der Fruchtbarkeit des Erdreichs muß die grosse Menge Hornvieh, welche sich noch bis jezt in den paraquayischen Meyereyen erhalten hat, und in deren Ansehung Europa Paraquay nur beneiden, nie aber erreichen kann, zugeschrieben werden. Daß bei den Spaniern noch izt ein Ochs 4, und bei den Quaraniern nur 2 Gulden gilt, habe ich anderswo gesagt. Die ersten Jahre, die ich bei ihnen war, wurde einer meistens für einen Gulden hingegeben. Da die Anzahl derselben sich immer verminderte, so mußten sie natürlich im Preise steigen. Ich kenne Spanier, welche bei 100000 Ochsen auf ihren Meyereyen zählen. Der Flecken Yapeyu zu den h. 3 Königen besizt bei 500000; S. Michael noch mehr. Hierbei ist aber kein Uiberfluß. Um den Magen von 7000 Quaraniern (so viele Einwohner zählt ungefehr dieser Flecken) aufzufüllen, werden täglich wenigstens 40 Ochsen geschlachtet, wovon man einem jeden abends eine grosse Portion abreicht. Hierzu rechne man die Ochsen, welche von den Indianern, in dem Flecken oder auf den Meyereyen heimlich abgethan, von den herumschwärmenden feindselig gesinnten Wilden erschlagen, und von den Waldhunden, Tiegern und Würmern, die sich gemeiniglich an dem Nabel des Kalbes ansezen, aufgezehret werden. Der Flecken Caàzapà, welcher unter der Aufsicht der Franziskaner steht, erzielet,

wie

wie ich schon an einem anderem Ort gesagt habe, in
seinen Meyereyen jährlich bei 20000 Kälber. Jedes
Kauffahrtheyschiff nimmt 30 manchmal auch 40000
Ochsenhäute nach Europa mit. Wer mag das Leder
von den tausenden berechnen, welches täglich zu Stricken,
Zäunen, Häusern, Kisten, Sätteln rc. zum Einmachen des
paraquayischen Thees, Tobacks, Zuckers, Getreides, der
Baumwoll, und anderer Dinge verwendet wird. Der
spanische Pöbel breitet sich statt des Betths eine Ochsenhaut
auf die Erde um des Nachts darauf ruhen zu
können, so wie alle Negernsklaven thun. Ich gebe alles
dieses einzelnweise durch, um meine Leser im Stand zu
setzen, von der Menge der Ochsenhäute auf die Menge
des Hornviehes einen Schluß zu machen. Rindfleisch
ist die vorzüglichste, tägliche und oft einzige Nahrung der
gemeinen Paraquayer. Nicht nur allein viele Spanier,
sondern auch viele Indianer endigen ihre Tage, ohne ein
Brod aus Getreide jemals gekostet zu haben. An vielen
Orten mangelt es an einem Getreideboden, an dem meisten aber den Einwohnern an Geduld das Getreide
auszusäen und zu mahlen. Türkisches Korn, Erdäpfel,
von allerley Farbe und Geschmack, Mandioka (die Wurzel eines Baume)verschiedere Bohnen, Johannesbrod u.d.g.
dienten ihnen marchmal statt des Brods und Zuckerwerkes.
Da es den meisten Paraquayern an diesen Nahrungsmitteln fehlet, so muß selbe das Rindfleisch ersetzen, welches
zuweilen gesotten, meistens gebratten, und nur sehr selten gesalzen gegessen wird. Von einer Portion, woran
ein Europäer ersticken müßte, wird ein Amerikaner kaum
zur Hälfte satt. Ein kleines Kalb verzehrt ein Quaranier
in wenigen Stunden. Dieß ist eben so gewiß, als es
den Europäern unglaublich vorkommen dürfte. Welcher
Paraquayer wird nicht aus vollem Halse lachen, wenn
er bei dem berühmten Robertson, vermuthlich weil man
ihn unrecht berichtet hat, in seiner Geschichte von Ame-

S 2   rika

rika liest: Die Amerikaner haben einen schlappen Magen, und wenig Eßlust. Er hätte sagen sollen: Sie sind unersättlich gefräßig, und allzeit heißhungerig. Ovid scheint von den Indianern in Amerika zu reden, da er im 8. B. seiner Verwandlungen sagt:

„ Kaum erwacht er, so tobt in seinem hungrigen Schlunde, und in den unermeßlichen Eingeweiden eine rasende Fraßgier. Auf der Stelle fordert er der Erde, der Luft und dem Meere ihre Erzeugnisse ab. Mitten im festlichsten Schmause klagt er über Mangel; mästet sich mit Leckerbißchen, und sehnt sich nach neuen. Woran einer Stadt, einem ganzen Volke genügte, erklekt ihm allein nicht. Seine Freßlust wächst, so wie er seinen Wanst anpfropfet. „ *)

Ich glaube hier keinen Dichter zu hören, sondern die unersättliche Gefräßigkeit der Amerikaner in einem Bilde zu sehen; so treffend ist sie geschildert. Ehe der Indianer schlafen geht, setzt er sein Fleisch, wenn er eines hat, zum Feuer, damit er es bei seinem Aufwachen gebraten finde, und verzehren könne. Geht ihm sein Proviant nicht aus, so wird die Sonne sowohl bei ihrem Auf = als Niedergang seine Zähne beschäftiget, und seinen Mund voll finden, ohne daß ihn der Apetit je-

---

*) Vt vero eſt expulſa quies, furit ardor edendi,
Perque avidas fauces, immenſaque viſcera regnat.
Nec mora, quod pontus, quod terra, quod educat aer,
Poſcit et appoſitis queritur jejunia menſis
Inque epulis epulas quaerit, quodque urbibus eſſe
Quodque ſatis poterat populo, non ſufficit uni,
Plusque cupit, quo plura ſuum demittit in alvum. *Methamorphoſ.* 8.

femals verließe. Seinen Antheil Rindfleisch, welches man
ihm auf die Reise auf 3 Tage mitgiebt, zehrt er den ersten auf, unbekümmert, wovon er die folgenden lebt.
Doch verdient er auch, wenn keine Lebensmittel mehr
vorhanden sind, vor allen Europäern gerühmet, und bewundert zu werden, indem er ohne Murren, und geduldig
hungernd seinen Weg fortgeht. Diese Freßbegierde der
Einwohner, und die unzähligen Ochsen, die man täglich
schlachtet, werden meine Leser ohne Zweifel auf den Gedanken bringen, daß Paraquay nicht nur der Sammelplatz der Ochsen, sondern auch die Schlachtbank und der
Würgeplatz derselben seyn müße. Die Gefräßigkeit der
Paraquayer läßt sich vielleicht damit entschuldigen, daß
das Fleisch in Amerika nicht so gut nährt als in Europa.
In dieser Meinung stimmten mir viele Spanier aus
Europa bei, die sich in Paraquay bei 40 Jahren aufgehalten haben. In den Speisesälen der Klöster wird
jedem Geistlichen so viel Fleisch vorgesetzet, als kaum 4
Deutsche oder 8 Italiener aufzehrten. Daß der Magen
der Paraquayer eß- und verdauungsfähiger sey, wird
niemand behaupten, der da weiß, daß Paraquay unter
einem hitzigen Himmelsstriche liegt; denn jemehr der
Körper von der Sonne erhitzt, und dem Schweiße unterworfen ist, desto schwächer wird der Magen, und desto
weniger und langsamer verdauet er, weil sich alle Wärme
desselben nach den äußern Theilen des Körpers hinzieht.
Dieß erfahren alle Europäer in den Sommermonaten
durchgängig. Es ist demnach sehr wahrscheinlich, daß es
in den wärmsten Reichen von Amerika minder fähige, und
eßbegierige Menschen gebe, deren Magen nämlich die
Sonnenhitze schlapp macht. Andere aber nähren sich von
Jugend auf in Ermanglung des Hornviehes, des Wild-
präts und der Früchte täglich mit Fischen, Schildkröten,
Krokodilen, und sogar auch mit den abscheulichsten In-
sek-

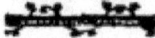

ſekten. Dieſe Nahrung ſcheint gleichfalls zur Erkaltung
des Magens, und zur Benehmung der Eßluſt nicht wenig beizutragen.

Paraguay bringt nicht nur Ochſen, ſondern auch
Pferde in unendlicher Menge hervor. Die letzteren ſtam-
men alle von den ſieben Pferden ab, welche die erſten
Spanier in dieſes Land gebracht haben. Die ganze Ebene,
welche ſich vom Silberfluße an auf 200 Meilen weit
ringsumher erſtrecket, iſt ganz mit herumirrenden Pferden bedecket, von welchen man ſo viele nehmen, und
ſich zueignen kann, als man will. Etliche Reuter bringen in wenig Tagen viele tauſend Pferde nach Hauſe.
Dieſe Pferdjagd wird nicht auf einerlei Weiſe unternommen. Bisweilen werfen ſie einzelnen Pferden, welche
ihnen am meiſten gefallen, einen ledernen Strick um.
Allein auf ſolche Art fängt man, wie die, welche mit der
Angel fiſchen, in langer Zeit nur ſehr wenige. Andere
machen es wie die Fiſcher, welche Netze auswerfen, und
umzäunen das Feld trichterförmig, wobei ſie doch eine
überausgroſſe Oeffnung laſſen. Durch dieſe jagen ſie die
Pferde, welche ſie von den übrigen wegtreiben, ſchaarenweiſe hinein, ſchließen ſie hernach zu, und laſſen ihre
Gefangenen eine Zeitlang Hunger und Durſt leiden. Dadurch werden ſie geſchmeidiger, und laſſen ſich hernach
unter den zahmen Pferden ohne Mühe überall hintreiben,
wohin man will. Bisweilen brennt man auch eine Strecke
Feldes ab. Sobald nun das junge Gras hervorſchießt,
kommen die Pferde begierig und haufenweiſe herzuge-
laufen, und werden von den Jägern von allen Seiten
umgeben, und weggeführet. Einige ſchneiden auch den
Stutten, um ſie hinken zu machen, und ihnen das Entlaufen zu verleiden, in die Sehne des Hinterfußes.
Denn das Hinken hindert ſie nicht trächtig zu werden,
als wozu ſie allein beſtimmt ſind. Ein ſolches vom Fel-

de

de gebrachtes Pferd, welches noch nicht zum Reuten
abgerichtet ist, wird meistens für 15 oder 14, bisweilen
auch für 10 Kreuzer verkaufet. Die Füllen giebt man
den Käufern der Pferde umsonst mit. Ich habe einmal
mit Erstaunen gesehen, wie sechs Spanier, die sich mit
dieser Pferdejagd abgaben, auf einmal 2000 Pferde in
eine Meyerey bei Korduba zum Verkaufe trieben. Man
bezahlte sie dafür mit einigen Ellen Coton, welchen sie
wie einen Mantel zusammenrollten, und an den Sattel
hinter sich aufbanden. So kehrten die Pferdhändler still
wieder nach Hause, sie, die kurz vorher mit einem jämmerlichen Getöse, und hinter einer ungeheuren Wolke
von Staub herantrabten. Man hätte sie für ein anrü-
ckendes Kriegsheer halten sollen. Weil die Pferde sogar
niedrig im Preise sind, so hat oft ein eben nicht sehr
bemittelter Mann auf einer einzigen Meyerey sowohl zum
Gestütte, als auch zum Reuten bei 50000 Pferde. Man
braucht sie gemeiniglich zu allem. Hohe und Niedere
bedienen sich ihrer nicht blos zu Reisen, sondern auch zum
täglichen Spazierreiten in die Kirche, oder in die Stadt,
imgleichen zum Holz- und Wassertragen in die Küche,
welches letztere sie aus dem nächsten Bache holen, kurz
zu allen Geschäften, wozu ein Europäer seine eigenen
Füße in Bewegung setzt. Die Pferde müßen auch in
ganz Paraquay statt der Drescher das Getreide austret-
ten, und die Mühlen statt des Wassers treiben. So viele tausend Wilde setzen sich gleichfalls ohne Unterschied
des Alters und des Geschlechts täglich auf ihre Pferde.
Die Indianer gegen Süden (eine unzählbare Menschen-
menge) reiten nicht blos darauf, sondern fressen sie
auch stündlich auf. Alle Jahre werden von den Spaniern eine Menge Stutten erschlagen, weil sie ihr Fett,
zum Abgärben der Hirschhäute brauchen. Durch die Klauen
der Tieger, durch die Zähne giftiger Schlangen, und
das alles zernagende Gewürme gehen jährlich, so wie

durch

durch den Wassermangel, wenn die Bäche austrocknen, unglaublich viele Pferde zu Grunde. Wie haben ihre Aeser haufenweise an den Ufern der Seen und Flüße herumliegen gesehen. Von den Füllen kommen nur die wenigsten auf. Die meisten werden theils von den im vollem Laufe dahersprengenden Pferden zertreten, und theils den Würmern, die sich an dem stets feuchten Nabel anhängen, oder den Tiegern zum Raabe. So vielfältig der Gebrauch ist, den man in Paraquay von den Pferden macht, und auf so verschiedene Weise selbe umkommen, so wimmelt doch alles davon, wie man aus dem äußerst niedrigen Preise derselben, der aber dennoch nach ihrer Verschiedenheit gleichfalls verschieden ist, abnehmen kann. Ein zugerittenes Pferd im besten Alter und Zustande wird meistens für 2 Gulden verkauft, wenn es ein Trottgänger ist. Ist es aber ein Paßgänger, so gilt es vier. Pferdeliebhaber geben für einen Zelter von besonderer Grösse und Hurtigkeit wohl noch mehr. Ich will mich hierüber deutlicher erklären.

Der Preis der Pferde steht in Paraquay nicht nur mit der Farbe und dem Körperbau, sondern auch meistens mit ihrer Gangart im Verhältniß. Diese ist verschieden, und nach der Beobachtung der Spanier vierfach. Am höchsten schätzet man die, welche nicht im Gehen, wie die meisten bei uns, rütteln oder trotten, sondern mit den Schenkeln sanft und weit vorschreiten. Ein Reuter, welcher darauf sitzt, kann sicher ein volles Glas Wasser in der Hand halten, ohnen einen Tropfen zu verschütten. Diese Pferde heißen auf lateinisch Gradarii, Tolutares, und Asturcones, weil man sie einst aus Asturien kommen ließ, auf spanisch Aguillas, de passolargo, und Andadores, auf abiponisch endlich Yachacatà. Es giebt einige, welche von Natur so geartet

artet find, und andere, die man dazu abrichtet. Iſt die Stutte ein Paßgänger, ſo wird auch das Füllen ein Paßgänger, wenn gleich der Hengſt trottete. Sicherer aber
iſt es, wenn beide Paßgänger ſind. Daher ſondert man
auch in den Meyereyen die Stutten dieſer letzteren Art
von den gemeinen Hengſten ab. Unter den jungen Pferden wählt man die ſchönſten, und ſtärkſten aus, um ſie
einen ſanften aber dennoch hurtigen Tritt zu lehren, wobei man auf folgende Weiſe zu Werke gehet. Man bindet die Vorder- und Hinterfüße mit einem Riemen alſo
zuſammen, daß ſie zwar gehen, aber keinen für den Reuter beſchwerlichen Schritt thun, oder mit den Schenkeln
hüpfen und ſelbe ausſtrecken können. Andere binden den
Schulpferden einen runden Stein in einem Leder eingemacht an die Füße. Da dieſer ſie nun, wenn ſie trotten,
auf die Schenkel ſchlägt, ſo lernen ſie aus Furcht vor
den Schmerzen ſanft und mit den Beinen weitgreifend
gleichförmig auftretten. Jede dieſer zwo Unterrichtsar-
ten macht Paßgänger. Sie lernen mit leichten Füßen
über den Boden hinwegſchweben, und in prächtigen
Schritten einhertanzen, wie Virgil ſagt. (3. Georg.)
In allen Flecken der Quaranier waren ſolche Pferdſchulen.
Jeder Paßgänger macht in einer Stunde zwo Meilen,
vorausgeſetzt, daß der Weg nicht uneben iſt. Auch
wird denſelben ein gemeines Pferd nie erreichen, es ſey
denn, daß es galoppiret. Die Pferde, welche man auf
lateiniſch Succuſſatores, auf ſpaniſch Trotones, auf
abiponiſch nichilicheranetà, und auf deutſch Trabgän-
ger nennt, haben von Natur einen für den Reuter
ſehr unangenehmen Gang: weil ſie ihre Füße wie Schlägel aufheben, und dadurch dem auf ihnen Sitzenden alle
Eingeweide auf eine ſehr gewaltſame Art rütteln. Dergleichen Pferde ſind zwar unbequem aber ſicher zu reiten: denn da ſie den Fuß feſter in die Erde ſetzen, und
ihre Beine bei jedem Schritt hoch aufheben, ſo ſtolpern
ſie

sie seltner als die Paßgänger, welche den Fuß kaum von
dem Boden wegbringen, und folglich da sie eben so hurtig als sanft fortschreiten, mit ihrem Huf bald an die
Steine, bald an eine Baumwurzel oder eine feste Erdscholle anstoßen. Sie fallen also auch öfter, und werfen
den Reuter auf die Erde nieder, besonders wo kein ge-
bahnter Weg ist. Ich kenne jemanden, (ich bin niemanden schuldig zu sagen, daß ichs selbst war) welcher diese
Erfahrung auf seine Kosten zu verschiedenenmalen gemacht
hat. Zu langen Reisen, welche durch unwegsame Gegenden unternommen werden, sind die Pferde am besten,
welche zwischen den Trott und Paßgängern das Mittel
halten, und von den Spaniern Passitrotes, oder Mar-
chadores genennet werden. Dieser ihr Tritt kömmt
dem menschlichen am nächsten. Sie ermüden also den
Reuter weniger, werden selbst nicht sobald müde, und
stoßen sich seltner an. Viele halten sehr viel auf die
Wettläufer, weil sie sowohl beim Wettrennen, als auch auf
der Jagd, und wenn man feindlichen Wilden nachsetzt, sehr
wohl zu gebrauchen sind. Die Spanier, welche auf dem
flachen Land wohnen, und alle Indianer schätzen jedes
Pferd geringe, das nicht mit allen Vieren zugleich aus-
sprenget, kurz nicht galoppiret. Sie wollen nur geflügelte
Pferde. Langsame Schildkröten verachten sie.

Ohne Zweifel taugen alle Geschichtschreiber nichts,
von denen sich Robertson hintergehen ließ, da er sagt, die
amerikanischen Pferde wären schlecht beleibt, und ganz
ohne Feuer; Zwerge unter den Pferden, und nur der
Schatten der europäischen Ich behaupte ungescheut, daß
die Pferde in Paraquay an Wuchs und innerer Trefflich-
keit von den unsrigen in nichts unterschieden sind. Man
sieht allenthalben grosse und mittelmäßige für Kürasiere,
und Dragoner. Kleine wie die aus Korsika sind in Pa-

r aquay

raquay eben so selten, als die Kometen am Himmel. Es ist wahr, steyermärktische Rosse mit zumäßig breitem Rücken, ungeheuren Schenkeln und spannengroßen Hufen fast wie die Elephanten hat man in diesem Lande auch itzt noch nicht. Es erzeugt blos leichte, kurz Renn- und Reutpferde, nicht aber Kutschen- und Fuhrpferde. Vielleicht würden sie, wenn man sie wie in Europa mit Gerste und Haaber in einem bedeckten Stalle fütterte, die Größe der steyermärktischen erreichen. Die Paraquayerpferde werden auf dem Felde geworfen, und bleiben das ganze Jahr, Tag und Nacht, auf dem Felde, ohne ein anderes Futter zu haben, als das Gras, welches um selbe herumliegt, oftmals weder gut noch hinreichend, und zuweilen von der Sonnenhitze und dem Reife verdorben ist. Manchmal nagen sie auch an Baumreisern, und sogar auch am dürren Holze. Um ihren Durst zu löschen müssen sie vielmal lange herumlaufen, bis sie nur ein wenig schlechtes Wasser finden. Unter freyem Himmel sind sie beständig bald der Sonnenhitze, bald lange anhaltenden Regengüßen, bald dem Reif und bald der beschwerlichen Kälte, welche der stürmische Sudwind mit sich bringt, und beinahe überall und allzeit dem Stachel stechender Fliegen, Bremen, und Schnacken, die in unendlicher Menge herumschwärmen, mit blossem, oft mit wundem Leibe ausgesetzet. Diesen Ursachen schreibe ichs zu, daß die paraquayischen Pferde nicht so volleibig wie die steyermärktischen, hollsteinischen, dänischen, und neapolitanischen werden. Wenn im Winter das Gras verwelket, welken sie auch ab, und die Farbe ihrer Haare wird dunkler. Wird das Feld wieder grün, so nehmen auch sie wieder zu, und bekommen ihre alte Farbe wieder. In fetten Weiden, wo viel Gras und Salpeter ist, werden sie gleichfalls so fett, daß man auf ihrem Rücken wie auf einem Tische Thaler zählen könnte, ein Ausdruck, dessen sich die Spanier von den fetten Pfer-

S   den

den zu bedienen pflegen. Allein so sehr 'auch die Para-
quaperpferde von dem fetten Grase zunehmen, so giebt
es ihnen dennoch die Kraft nicht, welche Gerste und
Haaber, mit Stroh und Heu untermengt, den europäischen Pferden zu geben pflegen, so, daß diese den ganzen
Tag ihren Reiter tragen oder am Wagen ziehen können.
Wenn man in Paraquay eine noch so kurze Reise un-
ternimmt, so muß man allemal eine Schaare Pferde
vor sich hertraben lassen, damit man, sobald eines ermüdet ist, das andere hernehmen kann. Dasjenige,
welches man vormittag geritten hat, läßt man nachmittag
mit den andern frey laufen. Daher gaben wir jedem
Quaranier, welcher im königlichen Heere Dienste that,
4 Pferde aus der Meyerey des Fleckens mit, damit sie
sich immer eines um das andere bedienen, und die übrigen
ausruhen lassen konnten. Doch übertreffen die Pferde
von S. Jakob de Storea die übrigen an Stärke und
Dauerhaftigkeit des Körpers, theils weil sie von
ihren ersten Jahren zan an die Arbeit gewöhnet, und
theils weil sie in Ermanglung des Grases, welches auf
dem sandigten Boden öfters zu wenig wird, mit Johannesbrod gefüttert werden. Ich kannte Soldaten von
S. Jakob, welche mit einem Pferde in den Krieg zogen, sich desselben alle Tage bedienten, und damit wieder
zurückkehrten, nachdem sie 30 und noch mehrere Tage
aui der Reise zugebracht hatten, und beinahe kein einziger verstrichen ist, an dem sie nicht unterwegs dem Gewilde nachgejagt hätten. Denn da sie nur sehr wenig
Proviant mitnehmen können, so würden sie oft Hunger
leiden müssen, wenn sie nicht die Jagd zu Hilfe nähmen.
Sie mußten viel Gewild um das Leben bringen, um sich
das ihrige, und oft auch das meinige zu erhalten;
denn auch ich habe manche langwührige Reise mit
ihnen durch die öden Wüsteneyen in Chaco gemacht.
Ich muß aufrichtig bekennen, daß mir die Pferde
von

von S. Jakob die nützbarsten, und liebsten vor allen waren.

In Paraguay findet man Pferde von allen Gattungen, wie man sie in Europa antrist. Daß es aber darunter mehr Schimmel, und Falben, als Rappen und Füchse gebe, ist eben so gewiß als sonderbar, indem unter diesem Himmelsstriche, fast alle Menschen, sie mögen nun von Europäern oder Amerikanern abstammen; schwarze und steife Haare erhalten. Ein Spanier mit einem blonden Haar ist in Paraguay etwas äußerst seltnes. Ein weißhaariges Kind von einer indianischen Mutter, würde für ein Weltwunder angesehen, und zu den Kobolten und Ebentheuern gezählet werden. Vielleicht, daß es sogar der wilde Vater im nächsten Bache ersäufte. Schimmel und Falben, welche die Spanier nach Art der Lateiner bajos, spadiceos, badios oder ballos nennen, fallen sehr in die Augen, und waren vorzüglich bei den alten in Ansehen. Man rühmt ihre Gelehrigkeit, und Sanftmüthigkeit. Allein da sie, wie ich aus eigener Erfahrung weiß, bald müde werden, und zu schwitzen anfangen, so kann man sie an Stärke mit den Rappen und Füchsen nicht vergleichen, am wenigsten aber mit den kastanienbraunen Füchsen. Von diesen sagt das spanische Sprichwort, daß sie, weil sie außerordentlich viel ausstehen und ertragen können, eher todt auf dem Platze bleiben, als müde werden. Alazan tostado antes muerto, que cansado. Doch haben wir auch öfters beobachtet, daß die Eisenschimmel, welche bei den Spaniern Dordillos heißen, weiße und schwarze Haare untereinander, eine schwarze Mähne und einen Schwanz von eben dieser Farbe haben, eine besondere Stärke äußerten. Eben dieses gilt auch von den Braunfalben, (auf spanisch bayo en serrado, deren Mähne und Schwanz schwärzlicht aussieht. Um meine Nachrichten von Amerika mit ein wenig grie-

T 2   Chi-

chischer Gelehrsamkeit zu würzen, erzähle ich meinen Lesern aus dem Homer, daß selbst Achilles unter andern (nach der Meinung der Ausleger) einen solchen Falben geritten habe. Die Schecken hält man in Paraquay für tückisch und gefährlich, und glaubt daher, daß sie mit besonderer Vorsicht behandelt werden müßen. Daß man ihnen hierinnfalls so gar Unrecht nicht thue, habe ich leider mit meinem Schaden vielmals erfahren, obwohlen ich auch eingestehen muß, daß ich die paraquayischen Pferde, von was für einer Farbe sie auch seyn mochten, niemals mit der Sicherheit, und dem Vertrauen bestiegen habe, mit dem man sich auf die meisten europäischen setzt. Viele von jenen schlagen aus, und werfen ab, stolpern, sind widerspenstig, furchtsam und scheu. Jedes gählinge Gerdusch, jeder fremde Anblick erschrecket sie, also zwar, daß sie ohne auf Zaum und Zügel zu achten den Kopf rückwärts an die Brust des Reiters werfen, nicht mehr weiter gehen, und manchmal auch den Reiter, wenn er nicht fest sitzt, durch ihr Ausschlagen hinabstürzen, oder außer dem Wege mit ihm fortrennen. In der Stadt S. Jakob de Storea habe ich einmal ein junges Pferd zum Geschenke erhalten. Es war weiß, und mit schwarzen Punkten besprengt. Viele Jahre hat es mir die beßten Dienste geleistet. Dieses Pferd besaß so eine Stärke, daß es auch die langwührigste Reise nicht ermüdete. Immer frisch und gutwillig konnte dasselbe durch nichts weder beim Tag noch bei der Nacht erschrecket werden. Es rührte sich nicht, wenn man zwischen seinen Ohren eine Flinte abfeuerte. Dieser trefflichen Eigenschaften ungeachtet, konnte ich dasselbe nie dahinbringen, daß es sich auf dem Felde einem Orte näherte, wo man von weitem neue Ziegel und schwarzen Thon sah. Es fürchtete sich nämlich vor einem Gegenstande, den es noch nie gesehen hatte, wie diejenigen, welches alles Neue für gefährlich ansehen.

Wel-

Welche Angst würde nicht ein Pferd aus Paraquay theils selbst ausstehen, theils seinen Reiter ausstehen machen, wenn es in eine europäische Stadt käme, wo demselben so viele unbekannte Schauspiele von so mancherlei Farben und Gestalten, Grenadiere mit hohen rauhen Mützen auf dem Kopfe, Damen mit noch höhern Aufsätzen von Dünntuch, gleich den Geweihen der Hirschen, und langen Schleppen, womit sie die Gassen kehren, die höchsten Thürme, Häuser mit unendlichen Reihen glänzender Fenster und andere dergleichen Dinge in die Augen fielen. Doch würden sie bei dem wiederholten Anblick dieser Sonderbarkeiten, weil derselbe für sie keine schlimme Folge hätte, ihre Furcht ablegen. Dieß ist die Wirkung der Gewohnheit, welche gemeiniglich die furchtsamen Gemüther wieder aufrichtet. Wir sahen auch in Paraquay paraquayische Pferde zu Kriegsübungen mit Erfolge abrichten, und an den Schall der Trommel, und den Donner der Kanonen, und andere Dinge, welche im Kriege vorkommen, gewöhnen.

Bei einer so grossen Menge der Pferde herrscht auch viele Manchfaltigkeit. Einige sind schöner und hurtiger, als die andern, wie in Europa. Diejenigen hält man in Paraquay für die treflichsten, welche eine breite Brust, kleinen Kopf, grosse und schwarze Augen, kurze und spitzige Ohren, weite Nasenlöcher, eine dicke Mähne, einen langen und starken Schwanz, rauhe Füße, dünnen Bauch, einen breiten und runden Rücken, gerade schlanke Beine und einen festen und ungespalteten Huf haben; mit einem frechen Muthwillen ihre Nebenpferde auf dem Felde zum Kampfe auffodern, über die Gräben ohne Furcht setzen, auf dem morastigen Boden leicht weghüpfen; und sobald man sie abgesattelt, und abgezäumet hat, um den Schweiß von sich abzustreifen, sich frisch auf der Erde herumwälzen. Die, welche auf einem stei-

S 3   nichten

nichten Boden geworfen werden, hält man für besser als die, welche auf einem weichen und thonigten das Tageslicht erblicken. Bringt man ein Pferd, das an den steinichten Boden gewöhnet ist, in weiche und morastige Felder, so wird es sich lang sträuben, und mit unfestem Tritt furchtsam vorschreiten. Die Ursache dieses Zagens ist die Erde, welche unter den Hufen weicht. Führt man aber eines, welches auf einem weichen Erdreich aufgewachsen ist, auf Stein- und Kießwege, so wird man es öfters straucheln und mit wundem und durch die rauhen Steine abgestoßenem Hufe hinken sehen. Denn in ganz Paraguay bedienet man sich der Hufeisen nicht, wiewohl dieses Land an manchen Orten mit Felsen und schrofen Steingebirgen besetzet ist. So ein Hufeisen würde kostbarer als das Pferd selbst seyn, erstens, weil das Eisen unglaublich theuer ist, und zweytens, weil man daselbst den Hufschmid, der die Pferde beschlagen könnte, auch dem Namen nach nicht kennt. Aber es ist auch nicht nöthig. Ich habe durch eine vieljährige Erfahrung gefunden, daß die Pferde, wo sie immer her seyn mögen, innerhalb wenig Monaten jeden Boden gewöhnen. Nicht nur die Spanier sondern auch alle Wilden reiten in Paraguay lauter Wallachen. Am häufigsten und am glücklichsten werden sie im abnehmenden Monde geschnitten. Da ich dieses behaupte, lache keiner der neuern Philosophen über mich, wenn ich und alle Amerikaner ihm nicht Gleiches mit Gleichem vergelten sollen. Sie alle wissen, sehen und greifen den Einfluß des Mondes auf uns so zu sagen mit Händen. Mir ist er im geringsten nicht zweifelhaft; und ich habe ihn bei den auf meine Anordnung und in meiner Gegenwart erbauten Häusern oft erfahren. Die im Vollmond gefällten Bäume dauern nicht lang, werden faul, und den sogenannten Holzwürmern zur Speise. Die Bäume hingegen von gleichem Alter und der nämlichen Gattung, welche man im auf- oder abnehmenden

Mon-

Monde umhauet, erhalten sich viele Jahre wie Steine. Diesen Unterschied habe ich in den Kolonien S. Hieronymus und Conception, welche für die Abiponer erbauet wurden, offenbar gesehen. In dem ersten beobachtete ich nicht die geringste Spur von einer Holzmotte; das Holz war fest, und nicht im geringsten ausgefressen; weil die Spanier die Palmbäume dazu im abnehmenden Monde gefället hatten. Im andern waren die Balken und Querbäume ganz ausgehöhlet. Tag und Nacht schneyete es einen gelben Staub herab. Tisch und Bett wurden damit angefüllet; und die Würmer machten mit ihrem Nagen ein entsetzliches Geräusch. Weil nämlich die spanischen Soldaten die Palmbäume für unser Haus, um den Bau desselben und ihre Rückkehre zu beschleunigen, im Vollmonde schlugen. Ich fand diese Wohnung, wiewohl sie sehr geräumig war, dennoch so unerträglich, daß ich mir eine neue Hütte bauete. Man sage nicht, diese Beobachtung rühre blos vom unwissendem Volke und den Landleuten her; denn selbst Collumella dieser fleißige Naturforscher erinnert in seinem 12. Buche, daß man alles Holz zu Gebäuden im abnehmenden Monde fällen müße, und zwar zwischen dem zwanzigsten und dreyßigsten, weil seiner Meinung nach das zu dieser Zeit geschlagene Holz nicht faulet. Diese Erfahrung haben wir nicht nur am Holze, sondern auch an der Aussaat, und hundert andern Dingen gemacht. Zieht man dem Ochsen im Vollmond die Haut ab, so verlieret sie bald die Haare. Thut man es im abnehmenden Monde, so bleibet sie unbeschädigt. In Häute der letztern Art macht man, weil sie dauerhafter sind, den paraquapischen Thee ein. Die übrigen braucht man zu geringeren Diensten. Werden die Schiffer von widrigen Winden aufgehalten, so warten sie begierig auf den Mondeswechsel; denn sobald dieser eintritt, pflegen sich auch die Winde zu ändern. Die ganzen 10 Monate, die ich theils auf dem Ocean

T 4 und

und theils auf dem mittelländischen Meere zugebracht habe,
beobachtete ich, daß die spanischen, portugiesischen, schwedischen und dänischen Kapitäne äußerst aufmerksam, ich
möchte fast sagen, ängstlich den Mondesvierteln entgegen
gesehen haben: weil sie um eben diese Zeit eine Veränderung in der Luft oder im Meere hoffeten, oder fürchteten, indem einer langen Erfahrung zufolge auf jede
Mondsveränderung eine der Elemente folgt, und der
Sturm die Windstille, der Nordwind den Südwind, oder
dieser jenen ablöset.

Aus dem Baum Cupay (woher der berühmte
brasilier Balsam Cubayba den Namen führet) fließt,
wenn man mit einer Axt bis an den Kern desselben hin-
einhaut, ein von den Aerzten und Mahlern sehr gebrauch-
tes Oel, aber blos in den Frühlingsmonaten September
und Oktober, und zwar im Vollmonde. Nimmt der
Mond ab, so erhält man nicht einen Tropfen mehr.
Beides habe ich selbst beobachtet, und kaum meinen Augen trauen wollen, bis ich dessen endlich überführet war.
Ich übergehe die übrigen Erfahrungen von dieser Art,
damit ich mich nicht über die Schranken, und wider mein
Vorhaben über die Eigenschaften des Mondes ausbreite,
wozu mir das Entmannen der Pferde Anlaß gab.

Die zugerittenen Stutten können leichter und länger
als alle andere die Beschwerden der Reise ertragen. Dieß
halte ich für eine ausgemachte Wahrheit. Auch bemerkten wir, daß die Kühe immer besser und glücklicher
über die Flüsse setzten als die Stiere. Oft läßt man
mehrere tausend Ochsen in kleinen Abtheilungen über die
breitesten Ströme schwimmen. Hierbei zählten wir von
den Ertrunkenen immer mehr Stiere als Kühe. Jene
werden von dem Fluße, weil sie etwas träger schwimmen,
öfters fortgerissen. Den Gestüttpferden scheren die Spa-

nier

nier Mähne und Schweif weg, damit sie desto eher und
gewisser feil werden. Ich weiß wohl, daß dieß noch aus
einem andern Grunde geschieht. Die Reitpferde zieret
und vertheuert ein langer und dicker Schwanz. Auch der
elendeste Mohr würde sich für entehret halten, wenn er
auf ein englisirtes Pferd sitzen müßte. Die Indianer halten den Schwanz für einen unentbehrlichen Theil des Pferdes, und glauben, wir treiben Scherz, wenn wir ihnen
sagen, daß es in Europa Leute giebt, welche ihre Pferde
stutzen. Sie sagen, der Schwanz sey nicht nur die Zierde des Pferdes, sondern auch seine vornehmste Waffe,
sich der Schnacken und Fliegenschwärme zu erwehren. Ein
alter und stets kränkelnder spanischer Priester hatte ein
gutartiges, hurtiges, und besonders sanft auftrettendes
Pferd. Er bediente sich desselben vor allen andern, zu
den Reisen, die er zuweilen unternehmen mußte. Einem
Spanier stach der Gaul sehr in die Augen; er bott daher dem Greise dafür so viel an, als er nur selbst verlangen würde, aber vergebens. Unwillig, daß ihm der
Priester nicht willfahrete, drohete er diesem sein Lieblings-
pferd, wenn er es nicht verkaufen würde, heimlich entführen
zu lassen. Der Eigenthümer desselben, welcher sich die Erfüllung dieser Drohung als sehr möglich vorstellte, ließ seinen
Knecht kommen, und befahl ihm ohne weiters seinem Pferd
den Schwanz abzuhauen. Es ist besser, sagte er, einen
Theil als das Ganze zu verlieren. Auf dem Felde, wo
man es nicht öffentlich sieht, wird es mir zu meinen
Reisen noch sehr gute Dienste thun. Die mir begegnen,
werden wohl über meinen Engelländer lachen, aber von
den Dieben wird es stets unangetastet bleiben. Ich will
lieber auf demselben, so lang es mein ist, ausgelachet
als ohne dasselbe von einem Trottadnaer an
allen Gliedern und Beinen, wie Pfeffer im Mörser, zerstossen werden. Ich habe mit diesem Stoiker genauen
Umgang gepflogen, und ihn, wie er es auch werth war,

S 5   sehr

hoch geschätzet. Einem Pferde, auf dem der andere reitet, den Schwanz abhauen ist die empfindlichste Rache, und bei dem spanischen Pöbel nichts seltnes. Man hält es für eine Schande und für einen unerträglichen Schimpf, wenn einer den andern einen rabon (ein Pferd ohne Schwanz) heißt.

Dem Pferde ein gutes Aussehen theils zu verschaffen theils zu erhalten, trägt die besondere Reinhaltung desselben nicht wenig bei. Denn wenn sie stets bestäubt, ihre Mähnen ungekämmt, ihre Schwänze schuppicht, und in Knoten in einander verflochten sind, so wird ihre Ausdünstung gehemmet, und die Pferde werden allmählich mager, ausgemergelt oder raudicht. Daher sorgen die wirthschäftlicheren Spanier, und Abiponer, ob sie gleich ihre Pferde nicht gar so gewissenhaft wie die Europäer kämmen, waschen, und striegeln, und auch nicht die nöthigen Werkzeuge dazu haben, dennoch fleißig dafür, daß diese, welchen das freye Feld statt der Krippe und des Stalles seyn muß, nicht in ihrem Unflathe verfaulen. Hängen sich Dörner, Disteln, oder so was stachelichtes an ihre Schwänze an, so werden diese mit Unschlitt durchgeschmieret, und jene mit einem Rüthchen sorgfältig ausgelöset. Sobald sie von einer Reise nach Hause kommen, satteln sie ihre Pferde ab, waschen ihnen den Rücken, wenn er noch vom Schweiße triefet, mit kaltem Wasser, trocknen selben hernach ab, und bedecken sie, damit sie nicht von der kalten Luft aufschwellen, eine Zeitlang mit einer Decke. Die Gesundheit und Lebhaftigkeit der Pferde gewinnt sehr viel, wenn man dafür Sorge trägt, daß sie nahe bei Seen und Flüssen, die helles und lauteres Wasser haben, weiden, damit sie nicht nur, so oft sie wollen, trinken, sondern auch besonders bei strengerer Sommerhitze sich öfters abschwemmen können, welches ihnen eben so angenehm, als gesund, und beinahe nothwendig ist. Denn

Winter werden sie wegen der rauhen Luft, und im Som=
mer wegen der langen Trockenheit gemeiniglich mager und
raudicht, wenn sie nicht einen Ort haben, wo sie sich
oft baden, und herumschwimmen können. In einem Fle=
cken nahe bei uns weiß ich, daß eine Menge Stutten
aus Mangel eines tiefen Wassers durch die Raude bald
daraufgegangen wäre. Sie erholten sich wieder, sobald
man ihnen durch den dazwischen liegenden Wald einen
Weg zum nahen Bache eröffnete, der ihnen statt eines
Bades und besser noch als eine Apothecke gedienet hat.

Auf den Feldern von Paraguay, dieser Herberge
des Viehes, giebt es nicht nur viele Schlangen, sondern
auch verschiedene Gattungen von Kräutern, welche giftiger noch
als jede Schlange vor dem hungrigen Viehe zum Auffressen
dastehen. Das bekannteste, und welches daselbst am häu=
figsten wächst, heißt bei den Einwohnern Nio. Es hat
einen langen Stengel und eine gelbe Blume, aber das
Vieh zu tödten, eine pestartige Kraft. Die Pferde,
welche davon fressen, fallen um, wenigstens werden sie
eine Zeitlang mit einem fieberhaften Zittern gequälet.
Ich habe selbst in dem Gebiete von Korduba ganze Fel=
der von diesem Kraut gesehen. Die daselbst geworfenen
Pferde können es ohne Nachtheil fressen; weil sie von
ihren ersten Tagen an daran gewöhnet sind: aber dafür
werden sie auch von jedermann für schwach und zu lan=
gen Reisen untüchtig gehalten. Ich werde nun etwas von der
Sorgfalt erzählen, mit welcher die Spanier ihre Pferde von
diesem tödtlichen Futter hindanzuhalten beflissen sind. Wenn
sie in den Krieg ziehen, so schicken sie alle Tage einige von
ihren Leute als Kundschafter voraus. Diese besichtigen
nun, wo sie zu Mittag oder zu Nachts bleiben, das
ganze Feld, worauf die Pferde des nachkommenden Ge=
schwaders weiden sollen, weit und breit. Sobald sie

nun

nun solcher Kräuter gewahr werden, reißen sie einige
davon aus, binden sie in ein Bündel zusammen, und werfen selbe in das Feuer, damit der daraus entstehende
Rauch von dem Winde den Pferden entgegen gewehet
werde, weil der Geruch desselben, wenn er den Rossen
in die Nase steigt, ihnen einen unüberwindlichen Ekel vor
dem giftigen Kraut beibringt.   Diese werden sich daher
an dem übrigen Grase begierig weiden, aber jenes nicht
anrühren.   Allein es giebt in Paraquay noch eine Menge
anderer Werkzeuge der Zerstörung, als Tieger, Schlangen, Gewürme ꝛc., welche letztere allein unzählige Pferde zu Grunde richten.   Die Ursache und der Ursprung
der Würmer, welche an den Pferden nagen, sind die in die
Paraquay üblichen Sättel.   Diese werden aus gegärbten
Leder gemacht, und mit zwey Bündeln Binsen ausgefüllet,
welche dem Pferde beiderseits auf den Ribben also auflie-
gen, daß der Rücken desselben von dem Sattel gar nicht
berührt wird.   Polster, wie man sie in Europa sowohl
zur Bequemlichkeit des Reuters als des Pferdes braucht,
haben sie keinen.   Statt deren werden 4 Ellen Boy
übereinander, und auf den Rücken des Pferdes gebreitet.
Auf diese kömmt noch statt der Satteldecke eine Decke
von weichem Leder verschiedentlich ausgeschnitten und mit
Figuren gezieret zu liegen.   Dieses alles wird dem Sattel um den Rücken des Pferdes zu schonen untergelegt.
Hierauf bringt man noch, damit der Reiter desto weicher
sitze, eine Haut von einem Widder, oder eine zierlich
buntgestreifte Kotze von Schaafwolle an, von der Art derjenigen, welche die Paraquayer, wenn sie auf freyem
Felde schlafen, statt der Matratze sich unterbreiten.   Diese
Sättel werden nicht mit Stricken von Hanf, sondern
mit einem Riemen von Ochsenhaut an dem Pferdrücken
festgemacht, ohne daß eine Schnalle dazu nöthig wäre.
Die Steigbügel werden von Holz künstlich ausgeschnitten,
und für die Vornehmen mit Silber beschlagen.   Auf spanisch

nisch heißen sie baules, Koffer, weil sie solchen gleichsehen, indem sie den Fuß des Reuters ganz umschließen,
und wider die Unannehmlichkeiten des Weges und der
Witterung in Sicherheit setzen. Allein stürzt ein Pferd
jählings oder wirft es seinen Reuter ab, dann schwebet
dieser in Gefahr geschleifet zu werden, indem man aus selben den
Fuß nicht so leicht herausbringen kann, wie aus den
eisernen Steigbügeln der Europäer. Die Steigbügel der
gemeinen Spanier, welche keine Schuhe tragen, sind
gleichfalls von Holz und mit einem so kleinen Loch versehen, daß sie nur die große Zehe hineinstecken können.
Die Wilden bedienen sich nach den Sitten ihrer Väter
gar keiner Steigbügel, und einige auch keiner Sättel.
Ein paraquayisches Gebiß ist sowohl an der Gestalt als
an der Größe von dem unsrigen unterschieden. Die Indianer machen die ihrigen aus Ochsenhorn mit Querhöl-
zern so, daß sie wie ein Rost aussehen, und das Maul
des Pferdes ganz ausfüllen. Die Sporne der Spanier
sind überaus groß, und mit langen, großen, und stumpfen
Spitzen versehen, womit sie das Pferd mehr in die Seite stossen
als stechen. Ihnen kommen die kleinen und spitzigen
Sporne der Europäer ganz unausstehlich vor, weil sie
glauben, daß das Pferd dadurch leicht wund gespornet
und scheu gemacht werden kann. Die Wilden, deren
Pferde so schnell laufen, als wenn sie geflügelt wären,
bedienen sich klüglich gar keines Sporns, denn ein
schnelllaufendes Pferd braucht, wie Ovid sagt, nicht gespornet zu werden. So eines hat mehr des Zaumes
nöthig, und ein wilder kann mit seiner nackten Ferse
auch den trägsten Gaul zum strengsten Galopp bringen.
Dieß ist die ganze Rüstung eines Pferdes in Paraquay.
Ich will, daß meine Leser von allem unterrichtet seyn
sollen, was die Pferde in Paraquay betrifft. Ich werde
daher noch einiges von ihren Krankheiten und Heilmit-
teln erwähnen.

Ost

Oft wird der Rücken des Pferdes durch die rauhe Decke wund gerieben, und oft durch den harten Sattel wund gedrücket. Nimmt man einem Pferde nach einer starken Ermüdung, wenn es noch vom Schweiße schäumet, seine Decke weg, so schwillt es von der gäh darauf fallenden rauhen oder regnerischen Luft auf, bis endlich die Geschwulst nach und nach aufbricht. In die aufgebrochene oder wunde Haut setzen sich sogleich ganze Schwärme Fliegen. Aus ihrem Unflath und Saamen entstehen auf dem Rücken weiße Würmchen, dergleichen man bei dem Fleisch eines frischgeschlachteten Ochsen beobachtet. Hier ist Gefahr in dem Verzug: denn die Würmer vermehren sich stündlich auf eine unglaubliche Weise, und fressen allgemach in das Innere. Will man das Pferd retten, so muß man auf der Stelle mit einem kleinen Hölzchen die Würmer aus dem Fleische herausgraben, und die Höhlung, diesen Schlupfwinkel der Würmer, mit im Munde gekautem Toback öfters ausfüllen. Das Bittere davon tödtet die Würmer, verscheuchet die Fliegen, woraus jene entstehen, und hindert das weitere Umsichgreifen der Fäulniß. Den Schaden muß täglich mit Unschlitt beschmieret werden, damit die Haare nachwachsen. Weil nun die Meisten dieses Mittel außer acht laßen, oder damit so lang zaudern, bis die Wunde unheilbar ist, so zweifle ich gar nicht, daß mehrere Pferde von den Würmern gefressen, als von den Tiegern zerrissen werden. Frische Rückenwunden heilen leicht; alte kaum ein einziges= mal vollkommen. Scheint es auch, als wenn sie zugeheilet wären, und sich eine Haut darüber gezogen hätte, so brechen sie doch, wenn man das Pferd im Reiten etwas zu sehr anstrenget, oder eine kalte Luft einfällt, wieder auf, welches demselben unleidentliche Schmerzen verursachet, und dadurch den Reiter in Gefahr setzet. Denn diese machen das Pferd so wütend, daß es ohne aufhören ausschlägt, bis

es den Reiter, der ihm so wehe thut, aus dem Sattel
geworfen hat. Ich habe das vielmal erfahren. Die
Indianer legen bald die im Munde zerbissene Wurzel Quay-
curù, bald zerlassenes Tigerschmalz, bald die Asche einer
verbrennten Muschel von einem rauhen Thiere, welches
die Spanier Armadillo, oder Quiriquincho, die Quaranier aber Tatupoyù nennen, bald noch etwas anders
dem verwundeten Pferde auf den Rücken, aber selten mit
dem gewünschten Erfolg. Ich habe in dem Werke des
P. Martin Szentivani aus Ungarn, von der Viehzucht und
der Landwirthschaft, ein Mittel gefunden, welches alle a-
merikanische weit übertrifft, und sowohl durch meine,
als unzähliger Paraquayer Erfahrung bewährt ist. Man
zerreibt Salz sehr fein, vermengt es mit Essig und dem
gelben vom Ey. Mit dieser Masse wird der verwundete
oder aufgeschwollene Rücken des Pferdes täglich einmal
bestrichen. Sie nimmt den Eiter weg, hindert das Ansetzen der Würmer, hebt innerhalb wenig Tagen die Geschwulst, und macht frisches Fleisch und frische Haare.
Nach eben diesem Szentivani kann man auch halb-
gebratenen Zwiebel von der Art, wie man ihn in der Küche zu Speisen braucht, auf die Geschwulst, oder den
schadhaften Rücken des Pferdes aufbinden. Durch beide
Heilmittel, sind, wie ich selbst gesehen habe, eine Menge
Pferde erhalten worden. Wenn auch die Paraquayer sich
wenigstens eines von beiden bedienen wollten, so würde
man auf den Feldern nicht so viele Aeser von krepirten
Rossen erblicken, welche ein Opfer der Trägheit und eine
Speise der Würmer geworden sind. Es giebt gewisse
grosse, buntfärbigte, und fleischfressende Vögel von der Art
der Geyer, welche die Quaranier Quiriquiri nennen,
die aber eigentlich die Aerzte der Pferde heißen könnten: denn
sie setzen sich dem Pferde auf den Rücken, becken aus dem
Geschwüre, ohne sich durch das Ausschlagen ihres Patienten irre machen zu lassen, den Eiter und die Würmer

her-

heraus, ob sie gleich auch oft die Wunde mit ihren spitzigen Schnabel größer machen. Doch verdienen sie hierinn Nachsicht wie unsere Aerzte, welche bei aller ihrer Sorgfalt für die Kranken bald durch die zu sehr angreifenden Arzneyen, bald durch eine zu starke Dosis derselben den Schmerzen und die Gefahr der Kranken vermehren. Aber die Fledermäuse, welche die europäischen sowohl an Menge als Größe ohne Vergleich übertreffen, fallen dem Pferde nicht nur beschwerlich, sondern sind auch denselben sehr schädlich. Am zahlreichsten flattern sie auf dem Felde herum. Sie setzen sich auf das Pferd, und während daß sie mit dem Schnabel seinen Rücken zerfleischen, fächern sie mit ihren Flügeln ein sanftes und gelindes Lüftchen an. Das thut dem Pferde so wohl, daß es darüber gleichsam einschlummert, und ohne sich zu sträuben, sein Blut von der Fledermaus aussaugen läßt. Bestreuet man die zurückgebliebene Wunde nicht alsogleich mit warmer Asche, so schwillt sie auf, und schwüret nach und nach aus, also zwar, daß meines Erachtens in den Bissen der Fledermäuse etwas giftiges stecken muß. Auf eben die Weise, wie sie den Thieren nachstellen und nach ihrem Blute dürsten, pflegen sie auch in den Häusern den Menschen im Schlafe das Blut auszusäugen. Die Empfindung des Schmerzens, den sie mit ihrem Schnabel erregen, wissen sie mit dem Plätschern ihrer Flügel zu mildern: und die Meisten werden die von den fliegenden Egeln an ihnen gemachte Operation erst dazumal inne, wenn sie frühe beim Aufwachen das Bett mit ihrem Blut überall besprißet finden. Dieß ereignet sich in den Landhäusern, die schon lange nicht bewohnet waren, sehr oft. Wenn der Regen einige Wochen Tag und Nacht in einem fort anhält, wie das in Paraquay nichts seltenes ist, so schwimmt das flache Land überall im Wasser. Die Pferde haben nirgends einen Ort, wo sie einen Fuß hinsetzen könnten, als das Feld. Da sie also so lange im Wasser bleiben

beu

ben müssen, so werden ihre Hufe so weich, daß sie mit
denselben nirgends sicher auftreten, und ihr Futter suchen können, folglich nur gesundem Leibe daraufgehen. Als
wir einst nach einem Regen von 32. Tagen den Flecken
Conception von dem Ufer des Narahaguen an den Fluß
Salado versetzten, hatte ich das Mißvergnügen zu sehen,
wie die spanischen Soldaten auf einer 22tägigen Reise
mehr als 200 Pferde wegwarfen. Bisweilen leiden
die Pferde an den Harnwinden, der Dysurie, und wie
die Krankheiten alle heißen mögen, welche der Absönde-
rung des Harns in Wege stehen. Einem solchen kranken
Gaul bindet der Spanier statt aller Medizin einen Sattel
auf, giebt ihm die Sporne und läßt ihn mit verhängtem
Zügel gallopiren, bis der Schweiß ganz von ihm trieft.
Das ist hinlänglich das Pferd, welches so nahe beim ver-
recken war, wieder herzustellen; denn es machet gleich
darauf um sich her einen See. Bisweilen werden auch die
Pferde von den Krämpfungen und dem Rheumatismus befallen, so, daß sie sich kaum auf den Beinen erhalten können. Diesen binden die Spanier die Füße zusammen, und
werfen sie auf die Erde. Hierauf pissen sie wacker auf
ihre Beine, und tretten sie zu wiederholtenmalen mit den
Füßen. Zuletzt binden sie selbe wieder los, setzen sich
darauf, und jagen damit fort, so wenig Lust auch die
kranken Pferde dazu bezeugen mögen. Diese Art zu ku-
riren ist ein wenig grob, aber kompendiös. Ich selbst
habe den glücklichen Erfolg davon gesehen und bewundert.
Ich fand für gut dieses Wenige von den Pferdkuren der
Paraquayer zu melden, nicht daß sie die Europäer nachmachen, sondern darüber sich verwundern oder lachen
sollen. Da Paraquay an Pferden einen eben so großen
Ueberfluß als an Insekten hat, so ist man um die Genesung der Kranken wenig bekümmert. In Europa sind
sie seltner und kostbarer. Es ist daher ganz begreiflich,
daß man bei uns auch Aerzte und Apothecken für sie bereit

U   hält

hält. In Paraquay dürfte beides überflüßig seyn. Einmal erkranken daselbst die Pferde weder so schwer noch so oft. Dies kann man daraus schließen, weil sie sich selbst überlassen, im Genuß ihrer Freyheit, auf dem Felde fröhlich herumlaufen, unter freyem Himmel die reinste Luft einathmen, frisches Gras weiden, wenn ihnen die Mutter Natur welches bescheret, aus den lautersten Bächen trinken, und so oft es sie lüstet, in der Schwemme sich erquicken können. Sie dürfen auch weder hart tragen, noch ziehen; und sind daher schon darum lebhafter, und gesünder als die europäischen Pferde, welche wie Missethäter an Ketten geschmiedet, oft in finsteren Ställen wie im Kerker eingesperret, den größten Theil des Jahres und ihres Lebens zubringen. Heu so dürr wie Binsenstein, und Sprey so hart wie Holz muß mehr ihren Magen ausfüllen, als sie sättigen. Haaber bekommen sie selten und sparsam. Oft und lange müßen sie Hunger und Durst leiden, manchmal aus Schuld ihrer faulen oder diebischen Wärter, manchmal aus Geiz ihrer Herren, welche mehr bedacht sind sie zu nützen, als zu füttern. Ich übergehe ihre immerwährenden Beschwerden, und den Schmerzen, den die Pferde bei dem so vielmaligen Beschlagen ausstehen müßen. Wenn ich dieses alles so überdenke, so wundert es mich nicht, daß unsere Pferde tausend Krankheiten unterworfen sind; es wundert mich nur, daß noch ein einziges übrig ist. Man müßte eine Schule errichten für Menschen, welche die Pferde heilen sollten.

Pferde und Maulthiere weiden in Paraquay untereinander: wir wollen sie daher auch in unserer Geschichte nicht trennen. Es giebt sehr viele, welche den Pferden an Größe gleich kommen, dennoch sind die meisten kleiner als die spanischen und italienischen. Von der Menge der Maulthiere kann man sich einen Begriff machen, wenn man bedenkt, daß jährlich bei 80000 aus Paraquay in

Peru

Peru wandern. Die Paraquayer tauschen sich dafür mit nicht geringem Gewinn alle die Kostbarkeiten ein, womit ihre Kirchen und Häuser prangen. Ein unabgerichtetes Mäulthier von zweyen Jahren gilt in Paraquay 3 spanische Thaler; in Peru hingegen 10, bis 14. Wer mag aber alle die Maulthiere zählen, welche in Paraquay sowohl in den Städten als auf den Meyereyen sowohl zum Tragen, als zum Reiten täglich gebraucht werden. Viele tausend werden mit paraquayischem Thee bepacket, um denselben aus den Wäldern nach der Stadt zu bringen. Hierunter gehen ganze Schaaren sowohl durch die Rauhigkeit des Wegs als auch ihrer Treiber zu Grunde. Ich weiß Meyereyen, die bei 4000 Maulthiere und noch weit mehr Stutten, die zur Maulthierzucht bestimmt sind, zählen. Aber alles dieses fodert Fleiß und Anstalten, welche die Europäer entweder nicht kennen, oder vernachläßigen, weßwegen auch bei uns die Maulthiere so selten und theuer sind. Ich werde mit aller möglichen Kürze, und Anständigkeit alles auseinander setzen, woraus die Landwirthe Nutzen ziehen können.

Das Feld, auf welchem die Stutten, und ihre Beschäller die Esel weiden, muß mit einem Graben, Zaun, Wald oder Fluß von allen Seiten umgeben seyn, damit die Stutten nicht zu den Hengsten, und die Esel nicht zu den Eselinnen kommen können: denn vermög ihres Naturtriebes suchen sie ihres Gleichen. Die Erzeugung der Maulthiere ist immer ein Werk der Kunst und der Gewalt, sie mögen nun von einem Hengsten und einer Eselin, oder einem Esel und einer Stutte abstammen, wie es in Paraquay der Brauch ist. Damit ein Maulthier, dieses durch sein ganzes Leben arglistige und verschmitzte Thier, empfangen werde, muß man auch mit aller Arglist, und Schlauheit zu Werke gehn. Die Esel, welche sich mit den Stutten begatten sollen, müßen künstlich abgerichtet

U 2   wer-

werden. Man hält ein Gestütt von Eselinnen, welche
Eseln, und Stutten, welche Füllen werfen, in Bereitschaft.
Sobald die Stutte sich ihres Füllens entladen hat, wird
es erwürgt und ausgezogen. In diese Haut wird, solang
sie noch frisch ist, ein gleichfalls neugeworfener Esel gesteckt, und der Stutte, der Mutter des erdrosselten Füllens, vorgeführet. Da sie seine langen Ohren erblicket,
so weigert sie sich anfangs denselben für ihr Kind zu erkennen, und stößt ihn von sich. Allein durch den aus
der Haut ihres Füllens hervordünstenden Geruch betrogen,
fängt sie an zu zweifeln, ob der Esel dennoch nicht ihr
Junges ist. In dieser Ungewißheit glaubt sie ihrer Nase
mehr als ihren Augen, hält das untergeschobene Junge für
ihr eigenes, und säuget es. In der Folge, wenn beide
völlig zusammengewöhnet haben, ziehet man dem Esel die
Pferdhaut ab, welcher nun unmaskiret sich mit der Milch der
Stutte nähret, und unter den Stutten aufwächst. Nun
versetzt man ihn in das Feld, wo die zur Maulthierzucht
bestimmten und von den Hengsten abgesönderten Stutten
weiden. Diese aber begehren der von ihnen gesäugten Esel nicht, und würden sie auch nicht auflassen. Man muß
ihnen daher einige Beschellhengste beigesellen, welche die
Begattung zwar anheben aber nicht vollenden können. Sie
müßen daher nicht ganz, sondern nur (ich hoffe, man wird
mich verstehn) an gewissen Theilen verschnitten seyn. Ich
bin in Verlegenheit. Um den Wohlstand nicht zu beleidigen
werde ich unverständlich; doch will ich mirs lieber an
Klarheit als an Behutsamkeit gebrechen lassen. Denn es
daran liegt, alles dieses aus dem Grunde zu wißen, dem
werde ich alles umständlich eröfnen. Man kann einem
bescheidenen Mann vieles zwischen 4 Augen sagen, was
man nicht ohne zu erröthen vor dem Publikum aufdecken
darf. Die zur Maulthierzucht hergerichteten Esel heißen
auf spanisch Burros hechores, und die verstümmelten
Hengsten retajados. Diese letztern werden theurer verkau-

laufet, weil bei der schmerzhaften Operation der Verstümme-
lung mehrere daraufgeben. Man wählt gemeiniglich kleinere Stutten zum Maulthiertragen sehr weislich aus, weil
sie sich eher zu dem Körperbau der Esel schicken. Dieses alles, was ich bisher angemerket habe, beobachtet man
in Paraquay pünktlich. Darum hat man auch daselbst
so viele Maulthiere. In mittelmäßigen Meyereyen, wo
man eine hinlängliche Anzahl Stutten nebst einigen zu
diesen Geschäfte gehörigen Eseln unterhielt, beobachteten wir,
daß jährlich bei 100 und mehr Maulthiere geworfen wurden. Ich schreibe dieses zum Nutzen der österreichischen
Provinzen, wiewohl mit flüchtiger Feder, nieder, damit
wir nicht stets unsere Maulthiere mit so grossen Kosten
aus Italien bringen zu lassen genöthiget sind. Hungarn
würde vor allen, weil es Pferde, grosse Haiden, und
die fettesten Viehweiden hat, in wenig Jahren Maulthiere
die Menge aufweisen können, wenn ihre Einwohner die
Vortheile, die ihnen die Natur anbietet, nach dem Beispiele der Paraquayer benützen wollten. Ohne Zweifel
würde der Handel mit Maulthieren, welche die angränzenden Provinzen begierig auflaufen würden, demselben
mehr als der Wein- und Getreidehandel eintragen.

Obgleich die Maulthiere weder erzeugen, noch gebähren, so bespringen sie dennoch wie die Böcke die Stutten,
welche dadurch unfruchtbar werden. Deßwegen werden
die jungen Maulthiere, wenn sie ein Jahr alt sind, von
den Stutten getrennet, um dieser ihre Fruchtbarkeit zu
bewahren. Die meisten werden verschnitten, und nach 2
Jahren zum Lasttragen oder Reiten abgerichtet. Dieses
gefährliche Geschäft kostet denen, die sie abrichten, weil
sie außerordentlich unbändig sind, täglich viele Zeit und
Mühe. So gelehrig und folgsam sie sich auch in den
folgenden Jahren beweisen, so darf man ihnen dennoch
nie trauen; Denn ein Maulthier dienet, wie das spa-

nische

nische Sprichwort sagt, seinem Herrn 70 Jahre, damit
es ihn mit seinem Huf am Ende erschlagen könne. Die
Wahrheit dieses Sprichworts ist durch eine Menge trau-
riger Geschichten, welche ich selbst gesehen habe, bestättiget. Viele wurden auf der Erde geschleifet, oder bra-
chen sich die Beine, oder verloren ihre Hände, oder zerquetschten sich ihren Kopf an den Bäumen und Steinen u. s. f.
Denn obgleich die Maulthiere durch die Bank stärker
als Pferde sind, und in Wäldern, Steinwegen, und unwegsamen Halden gelinder und sister auftretten, auch mit
ihrem Hufe fast niemals anstossen, so haben sich dennoch
die Reitenden bei ihnen mehr als bei allen Pferden in
Acht zu nehmen, weil sie, von Natur furchtsam, überall
Gefahren vermuthen. Auf dem Wege stehen sie oft auf
einmal erschrocken still, riechen im Grase überall herum,
horchen mit gespitzten Ohren, und blinzen mit unstetten
Augen auf die entlegensten Gegenden. Eine unbekannte
Pflanze, ein fremder Geruch, das Zwitschern eines Vogels,
das Geräusch der Bäume in den Wäldern, und das Sausen
der vom Winde etwas stärker bewegten Blätter macht
sie einen nahen Tieger fürchten, besonders wenn es däm-
mert oder finster ist. Ein panischer Schrecken bemächtiget sich ihrer; sie rennen mit dem Reiter fort, stürzen ihn
wenn er sich nicht recht gegenwärtig ist, herab, oder
schleifen ihn, wenn er sich in die Steigbügel verhängt,
eine Zeitlang auf der Erde. Das Ausschlagen der
Maulthiere ist sehr gefährlich, weil sie lange und oft nacheinander ausschlagen. Die Maulthiere hat man also niemals mehr zu fürchten, als wenn sie sich selbst fürchten;
denn alsdann sind sie nicht mehr im Zaume zu halten, und
scheinen ganz von Sinnen gekommen zu seyn. Wer ein Pferd
haben kann, soll sich Vormittags auf kein Maulthier setzen. Denn in der Frühe sind gemeiniglich von den Tiegern, die im Felde herumziehen, noch frische Spuren und

Aus-

Ausdünstungen übrig: nun aber erzittern sie vor dem blossen Schatten dieses Thieres, so daß er ihnen den Todes-
schweiß auspreßt. In dem Flecken S. Karolus hatte einer meiner Abiponer einen Tieger mit einer Lanze erlegt,
gehörig zerstücket, und also zu Pferde nach Hause gebracht,
um seinen Hausgenossen einen tüchtigen Schmaus davon
zuzubereiten. Auf dem Weg verlor er ohne sein Wissen
ein Viertel von demselben, weil der Riem, an dem es
hieng, brach. An eben diesem Tag kam ich, der ich von
der ganzen Sache nichts wußte, an diesen Ort. Allein
das Maulthier, auf dem ich ritt, roch vom weiten den ver-
lornen Braten, ward scheu, und jagte mit mir auf Ab-
wege fort. Ja es merkte sich viele Monate seinen Schrecken, und war auf keine Weise dahin zu bringen, daß es
bei dem Platze, wo das Tiegerviertel gelegen hatte, vor-
beigegangen wäre. Ich mußte daher immer daselbst einen Umweg nehmen, wiewohl von dem Tieger weder ein
Haar noch das geringste Beinchen mehr übrig war. Wir
haben von Natur überaus gutartige Maulthiere gesehen,
welche auf ein einzigesmal, daß sie ein Tieger erschrecket
hatte, also scheu geworden sind, daß sie lange Zeit weder
jemanden aufsitzen, noch sich etwas aufladen liessen. Der
Schrecken ergriff so ihre ganze Seele, daß ihnen derselbe
nur sehr spät und schwer aus dem Sinne kam. So viel
Gewinn der Maulthierhandel in Paraquay abwirft, eben
so gefährlich ist er auch für die Maulthierhändler wegen
jener ihrer unglaublichen Zaghaftigkeit und ihres Hanges
davon zu laufen. Auf einmal werden oft 10000 Maulthiere ganz frey ohne Riemen von wenig Spaniern
nach Peru getrieben. Ehe sie sichs versehen, nehmen alle,
wenn sich auch nur ein Laub reget, voller Schrecken den
Reißaus, und flüchten sich spornstreichs von allen Seiten
in die unermeßlichen Ebenen und unabsehbaren Halden. Alle
Mühe der Reiter und die Geschwindigkeit der Pferde sie
wieder auf den rechten Weg zu bringen ist vergebens. Ich

U 4   er-

erinnere mich, daß einst bei 2000 Maulthiere in dem
Gebiete von Korduba ihrem Eigenthümer zu Grunde giengen. Ein auf einem Baum zum trocknen aufgehängtes,
und von den stürmischen Winden hin und her gewehtes
Hemd war die Ursache ihrer Flucht, und des für den Maulthierhändler so beträchtlichen Schadens. Beispiele einer solchen Flucht, und eines solchen Schadens hört man
öfters; viele gerathen dadurch ins Verderben.

Ich habe wackere und herzhafte Leute gekannt, welche durch so viele Unfälle schüchtern gemacht den Entschluß
gefaßt haben, sich Zeit ihres Lebens auf kein Maulthier zu
setzen. Sie pflegten zu sagen: ni mula, ni mulato;
Maulthieren und Mulaten müße man nicht trauen, das
ist, Leuten, welche von einem Weißen, und einer Schwarzen
abstammen. Ich kenne aber auch eine Menge anderer,
welche die Maulthiere den treflichsten Pferden zur Reise
vorzogen. Man kann sie auch deßwegen nicht tadeln: denn
wenn gleich die Maulthiere furchtsam und tückisch sind, so
haben sie doch vor den Pferden viele Vorzüge. Sie haben besonders, wenn sie Paßgänger sind, einen außerordentlich sanften und dennoch festen Schritt, und tretten
überall sicher auf, es mag nun die Reise über steile Felsen, oder über morastige Gegenden gehn. Zum Ueber-
setzen über die Flüße aber taugen die Pferde, weil sie höher sind, mehr. Eine lange und beschwerliche Reise, zu
welcher kaum 4 Pferde zureichten, hält ein einziges Maulthier aus. Sie sind auch mit dem schlechtesten Futter, das
ihnen in dem Wege kömmt, zufrieden, und dennoch meistens fett und dick. Viele laufen noch weit geschwinder als die
schnellsten Pferde, welches ich beim Wettrennen der Soldaten vielmals beobachtet habe. Zudem leben sie auch länger als andere Thiere, vielleicht weil sie sich nicht begatten. Zu S. Joachim hatte ich Maulthiere, welche mehr
als 30 Jahre alt waren, und dennoch bei allem ihrem Alter

ter einen Reiter aufſitzen ließen, und ihn bei Gelegenheit mit Ausſchlagen auch wieder abwarfen. Sie haben Rieſenſtärke, und Kräfte, die allen Glauben überſteigen. Mit paraquayiſchem Thee bepacket tragen ſie auf dem Rücken eine Laſt von 4 Zentnern durch die ſchrofeſten Wege viele Monate in einem fort. Kurz man kann nicht leicht entſcheiden, ob bei den Maulthieren die treflichen oder ſchlechten Eigenſchaften vorwiegen. Als einen Zuſatz füge ich hier noch folgendes bei. Unter der unendlichen Menge der Maulthiere, die ich in Paraquay geſehen habe, kannte ich nur ein einziges, welches von einem Pferde und einer Eſelin erzeugt war. Es gab keinem Pferde an Höhe und Größe etwas nach; an Gutartigkeit aber übertraf dasſelbe alle. Blos die Ohren verriethen, daß es zu der Abart der Maulthiere gehörte. Es kam von ſich ſelbſt täglich in unſern Hof und ſogar auch in unſer Zimmer, weil wir ſelben Brod und Salz gaben. Wenn wir es aus dem Zimmer hinausjagten, ſo ſteckte es ſeinen Kopf zum Fenſter hinein, wie ein Bettler. Weil das Maulthier aus meiner Hand vielmals dieſes Schleckwerk erhielt, ſo lief es mir ſowohl auf dem Platz, als auch auf das Feld hinaus nach, begleitete mich nach Hauſe, ſtreckte mir ſeinen Kopf vor, damit ich ihm die Ohren kratzte, bleckte die Zähne, damit ich ihn Salz gäbe, und ſchmeichelte mir wie ein Hund, indem es ſeinen Kopf an meine Schulter drückte. Man hätte es für eine Pantomime halten ſollen. Die Indianer haben oft darüber gelacht, und noch öfter ſich darüber verwundert. Auf den Reiſen in holperichten Wegen zeigte ſich dasſelb, ohne auf ihre Länge zu achten, allezeit unermüdet und unerſchrocken. Folgendes iſt der Aufmerkſamkeit der Philoſophen nicht unwerth. Wiewohl dieſes Maulthier von einem Hengſten erzeuget, und von einer Eſelin geworfen wurde, und an ſeinem Körperbau und ſeiner Geſtalt von den Pferden, die Ohren ausgenommen, in nichts unterſchieden war, ſo

U 5   trug

trug es dennoch vor den Pferden einen gewissen Abscheu, und gesellte sich immer zu den Eseln, wenn es deren einige erblickte oder roch. So sehr neigte der Naturtrieb daßelbe auf die mütterliche Gattung hin. Ich möchte sagen, daß bei dem oftberührten Maulthiere der Spruch der Rechtslehrer: Partus sequitur ventrem, statt hatte.

Der Esel darf man ihrer Verwandschaft wegen mit den Pferden und Maulthieren bei Erwähnung dieser nicht vergessen. In den Ebenen von Paraquay laufen sie haufenweise herum, und gehören niemanden, als dem der sie fängt und wegführt. Von ihrem Schreyen erhallt die Luft und die nahen Pflanzer laßen sie nicht schlaffen. In Italien und Portugall sind die Esel, wie ich selbst gesehen habe, die geschäftigsten Thiere, und zum Lastkorbe, und Sattel gleich brauchbar. In Paraquay dürfen diese nichts thun. In recht großen Meyereyen unterhält man auch große Heerden Esel, um stets frischgeworfene bei der Hand zu haben, welche man hernach zu Erzeugung der Maulthiere braucht. Die Esel sind nicht so fruchtbar als man glauben dürfte, ohne daß man die Ursache davon weiß. Außerdem richten auch die Tieger täglich grausame Niederlagen unter ihnen an, besonders unter denen, welche sich mit den Stutten vermischen. Auf diese gehen sie am ersten los. Ob ihnen ihr Fleisch auch schmackhafter vorkömmt? Ich glaube es wenigstens, weil es stinkt: denn die Tieger pflegen auch den stinkenden Mohren dem Spanier und das faule Fleisch dem frischen vorzuziehn, wie wir aus Erfahrung wußten. Kein Amerikaner wird dem Esel den Vorwurf der Feigheit machen; denn sie stoßen den Tieger, wenn er auf sie zukömmt, mit ihren Hufen zurück, und wehren sich hartnäckiger als alle Pferde. Allein weil sie dumm, und wie überall langsam sind, so werden sie von dem schlauen und schnellen Tieger

mei-

meistens mit List überwältiget. Die Spanier tödten
gleichfalls alle Jahre nicht wenig Esel, ihrer Fette wegen,
welche sie wider die natürliche Einrichtung der andern Thiere im Genicke haben, und die Gerber die Hirschhäute abzugerben brauchen. Andere machen davon auch noch einen anderen Gebrauch. Bei der unzählichen Menge Pferde und Maulthiere in Paraquay wird es nicht nur jeder
Spanier, sondern auch der elendeste Mohr für eine Schande halten einen Esel zu besteigen. Doch würdigen sich die
Spanier um die Städte Rioja und Catamarca herum,
weil es dort wegen der wenigen Felder auch wenig Pferde giebt, auch auf Esel zu setzen. Ein für alle sehr heil-
sames Gesetz untersaget unsern Quaraniern Pferde zu halten, um ihnen alle Gelegenheit zu benehmen zum Nachtheil
wenigstens mit Gefahr der andern umherzuschweifen. Sie
bedienen sich durchgängig der ihnen zugehörigen Esel ohne
Unterschied des Geschlechts, die Früchte vom nahem Felde nach Hause zu schaffen. Denen aber, welchen die
Aufsicht über das Vieh, und die Besorgung der Angele-
genheiten des Fleckens anvertrauet ist, hielten allemal Pferde und Maulthiere in Bereitschaft.

So wie Paraquay an anderem Vieh Ueberfluß hat,
so wimmelt es auch daselbst von zahlreichen Heerden Schaafen, die den unsrigen völlig gleich kommen, und um welche Europa diese Provinz beneiden dürfte. Einige quaranische Kolonien zählen bei 30000, andere weniger, nach
der Zahl ihrer Einwohner und der Ergiebigkeit der Weide. Ihre Wolle wird hauptsächlich zur Kleidung der Indianer verarbeitet: Denn die Indianerinnen tragen nichts
als ein weißes baumwollenes Tuch zu ihrer Bedeckung.
Das Geschäft der Mädchen war auf dem Felde die zeitige
Baumwolle zu sammeln, der Weiber hingegen ihres, nicht
nur diese, sondern auch die Schaafwolle zu spinnen; das
der Männer endlich, die Faden verschieden zu färben und
zu

zu weben. In jedem Flecken ist eine grosse Weberwerkstätte, worinnen, um so viele tausend Einwohner alle Jahre neu zu kleiden, stets gearbeitet wird. Nie wird ein Indianer mit seinem Loos zufrieden leben, es sey dann, er habe seinen Magen mit Fleisch angepfropfet, und eine gute Kleidung auf dem Leibe, also daß zur Erhaltung dieser Kolonien die Menge der Ochsen und Schaafe wesentlich nothwendig ist, weil die ersten Fleisch zur Speise, und die zweyten Wolle zur Kleidung hergeben.

Das Wollvieh erfodert, weil es zärter ist, mehr Sorgfalt und Fleiß als das Hornvieh. Daher sahen wir uns immer mit aller Sorgfalt um treue und emsige Hirten um, die es den Wölfen nicht nachmachten. Diesen banden wir fleißig ein, die Heerden zu den gesetzten Stunden in das Gehege (einen bedeckten Ort ohne Seitenwände) zu treiben, damit sie wider den nächtlichen Thau, die mittägige Sonnenhitze, und die Anfälle der Löwen und Tieger in Sicherheit wären. Auf das Feld durften sie selbe nicht eher hinaus lassen, als bis die Sonne den Thau aufgetrocknet hätte. Von sumpfichten Gegenden, bethautem Gras, Disteln und Dörnern mußten sie die Schaafe sorgfältig entfernet halten: Denn die übermäßige Feuchtigkeit verursachet denselben oft einen tödlichen Husten, und die Dörner raufen ihnen viel Wolle aus. Um fette Weiden, wo viel Salpeter und Wasser ist, sollten sich die Hirten fleißig umsehen. Die überflüßigen Widder, welche den Schaafen ohne Zweifel nachtheilig gewesen seyn würden, mußten sie beschneiden, um sie fett zu machen. Gebraten taugen sie auf dem Tische mehr als lebendig auf dem Felde. Alles was bockartig ist, durften sie zu den Schaafen nicht einmal in die Nähe lassen, damit nicht ihre Wolle durch ihre Vermischung mit Böcken an der Zartheit verlöre. Die Schaafwärter mußten gleichfalls sehr darauf sehen, daß sie die zarten Lämmer, sobald sie

ge

geworfen waren, in einen fichern Ort brachten, um
dort von ihrer Schaafmutter gefäuget und abgelecket zu
werden. Ohne diese Vorsicht werden sie von den größeren zertretten. Auch mußten sie wohl acht haben, daß
sich an dem feuchten Nabel der Lämmerchen keine Würmer ansetzten. Zur Aufnahme der Meyereyen trägt
gleichfalls nicht wenig bey, wenn man das ganze Heer
der Schaafe, welches sich auf 10 bis 30000 Stücke
beläuft, in kleinere Haufen eintheilet, jedem derselben
ein besonderes Geheg, wo sie des Nachts verwahret werden können, und eine besondere Weide anweist, und eigene
Wärter giebt, weil diese mehreren hernach die Sorge
über die Schaafzucht miteinander theilen und ihre Geschäfte leichter und emsiger verrichten können. Durch diese
Sorgfalt nahmen die Meyereyen der Quaranier täglich
auf eine den Europäern unglaubliche Weise an Schaafen zu.

Da Paraquay an Vieh von aller Art einen so beneidenswerthen Ulberfluß hat, wer wird diese Provinz,
ungeachtet selbe an Mineralien Mangel leidet, für ein
armes Land ansehen? Gewild, Thiere, Vögel, Fische
Amphibien, Bäume, Früchte, Arzneypflanzen rc. bringt
selbe gleichfalls in unendlicher Manchfaltigkeit hervor.
Die genauere Beschreibung davon werde ich an einem
anderem Orte liefern. Noch ist mir von dem Klima in
Paraquay und den übrigen Eigenschaften der dortigen Ath-
mosphäre einiges zu sagen übrig. Die Beschaffenheit
der Luft ist nach der Verschiedenheit des Ortes verschieden. Je mehr ein Ort gegen Süden, welches dort
die kälteste Gegend ist, zuliegt, desto mehr nimmt auch
die Kälte zu. In der Terra Magallanica oder dem
Lande der Patagonen, welches man noch zu Paraquay
rechnet, herrscht die strengste Kälte, in dem nahen Gebirge liegt immerwährender Schnee; und die stürmischen
Süd-

Südwinde toben auf den dortigen Meeren, wofür sich
jeder Schiffer fürchtet, mit einer schrecklichen Wuth.
Selbst in dem Gebiete von Buenos Ayres, welches unter
dem 34. Grad der Breite liegt, ist die Luft noch zu
rauh, als daß Toback, Baumwolle, Zuckerrohre
paraquavischer Thee, Affen und allerley Gattungen von
Papageyen sich erhalten, oder erzeugt werden könnten,
ungeachtet die Getreiderndte daselbst sehr ergiebig ausfällt, und auch Citronen, Pfirsiche, Küten, Granatäpfel, Feigen ꝛc. ganz gut fortkommen, wenn anders der
Fleiß der Anpflanzer der Fruchtbarkeit des Bodens entspricht. Außer den Gebirgen nahe bei Chili habe ich
sonst nirgends Schnee gesehen. Auch giebt es hier 4
Jahrszeiten wie in Europa, aber in einer anderen Ordnung. Denn wenn die Europäer Sommer haben, ist
daselbst Winter, haben sie aber Frühling, so ist in Paraquay Herbst. Denn der November, December und
Jäner machen den Sommer; der Hornung, März und
April den Herbst; der May, das Heu- und Brachmonat
den Winter; der August endlich, der September und
Oktober den Frühling aus. Im August blühen die Bäume, die Vögel bauen ihre Nester, und die Schwalben
lassen sich wieder sehen. Im Winter fällt gar kein Schnee,
und der Reif nur sehr selten, so daß auch im Winter
an vielen Orten die Melonen und Hülsenfrüchte gedeihen,
ohne von der rauhen Luft zu leiden, wie ich selbst gesehen habe. In den Gebirgen von Taruma, wo ich mich
8 Jahre aufgehalten habe, fällt der Reif dreymal nach
einander. Aber, was zu bewundern ist, auf den dritten,
welcher strenger ist, als die beiden vorhergefallenen,
folget gegen Mittag noch am nämlichen Tag allemal ein
Ungewitter mit Blitzen, Donner, und häufigem Regen,
wodurch das vom Reif verbrannte Gras wieder grünet,
oder neues hervorschießt. Nach der Verschiedenheit der
Win-

Winde waren gleichfalls die Luftveränderungen verschieden. Der Südwind bringt Kälte, der Nordwind Wärme. Wir hatten daher an einem Tage Sommer und Winter, so oft beide Winde einer den andern ablöseten. Mann kann weder mit Gewißheit, noch allgemein bestimmen, worinn der Winter sich vom Sommer unterscheidet. Denn einige Länder, wie Brasilien werden damals von einem unaufhörlichen Regen durchweichet; andere hingegen dorren durch eine oft viele Monate anhaltende Trockenheit völlig aus, wie das Gebiet von S. Jakob de Storea. Donnerwetter sind nicht wie in Europa dem Sommer allein eigen, sondern das ganze Jahr hindurch gewöhnlich. Auch kann man von keinem Wintermonate sagen, daß selber von Schlossen, vom Wetterstrahl, Blitz und Donner frey wäre. Die Sommerhitze ist dem Reitenden am beschwerlichsten, aber im Schatten, oder unter dem Dache oft erträglicher als in Oesterreich, wenn die Wärme daselbst den höchsten Grad erreichet hat. Ich habe dieses zur Genüge erfahren. Daß der Frost des Winters in Paraquay nicht sehr eindringend seyn müsse, mag man daraus schließen, weil die Indianer und Indianerinnen denselben ohne Unterschied des Alters mit blossen Füßen, meistens auch mit blossem Kopf und nur in eine leichte Leinwand gehüllet, ohne Gefahr zu erkranken, aushalten können, und das Vieh Tag und Nacht auf dem Felde bleibt. Doch pflegen sich die berittenen Wilden bisweilen mittelst eines Mantels von Otterfellen wider die rauhe Luft zu beschützen. Der kürzeste Tag in Paraquay ist im Junius, nämlich wenn in Europa die sommerliche Sonnenwende einfällt. Die Sonne geht damals um 6 Uhr 52 Minuten auf, und um 5 Uhr 7 Minuten unter. Der längste Tag fällt im December ein zur Zeit der winterlichen Sonnenwende, und dauert von 5 Uhr 7 Minuten bis 6 Uhr 52 Minuten Abends. Ich verstehe dieß

von

von dem Himmelsstriche, worunter die quaranischen Flecken liegen, das ist, von dem 24. 25. 26. 27. 28.
und 29. Grade der Breite. Hieraus erhellet, daß in
Paraquay die Tage niemals weder so lang noch so kurz
wie in Deutschland sind. Die Luft ist in diesem grossen
Lande verschieden, meistens gesund, und fähig das Leben
auf viele Jahre hinaus zu verlängern. Der Kranken
giebt es daselbst, im Vergleiche mit Europa so wenige,
als die Zahl der Greise groß ist. Nicht wenige Spanier, Indianer und Mohren werden über ein Jahrhundert alt. Aber am längsten leben die berittenen Wilden.
Die Ursache ihrer außerordentlichen Lebenskraft werde ich
in der Geschichte der Abiponer, die ich itzt bald anheben
werde, auseinandersetzen, so wie eine Menge anderer
Paraquay allein eigenthümlicher Erzeugnisse, welche ich
hier Kürze halber übergangen habe.

Mit Recht würde man meiner Geschichte den Vorwurf der Unvollständigkeit machen können, wenn ich nicht
auch wenigstens die merkwürdigsten Eigenschaften der vierfüßigen Thiere, Amphibien, Vögeln, Fische, Pflanzen,
Bäume und ihrer Früchte kurz und gleichsam im Vorübergehen berühren wollte. Ohne Zweifel würde ich diese Sehenswürdigkeiten der Natur in Paraquay näher und
aufmerksamer betrachtet haben, wenn ich vorgesehen hätte, daß ich davon in Oesterreich schreiben würde. Wer
sich damit vollständiger und genauer bekannt machen
will, der schlage den berühmten Linnäus, und den gelehrten Holländer Wilhelm Piso, der sich lange Zeit in
Brasilien aufgehalten hat, und andere nach, welche g.fis-
sentlich alles Stück vor Stück der Ordnung nach beschrieben haben. Dennoch schmeichle ich mir, wenn ich mich
                                                        nicht

nicht sehr irre, meine Leser hie und da mit Merkwür=
digkeiten zu unterhalten, welche diese berühmten Schrift=
steller weder gesehen, noch aufgezeichnet haben. Kurz
man wird innen werden, daß auch oft eine blinde Henne
ein Waitzenkörnchen aufscharret. Da die Abiponer der
Hauptgegenstand meiner Geschichte sind, so mußte ich
das zur Erläuterung derselben dienliche nur obenhin durch=
gehen in der Besorgniß, die Noten möchten weitläuftiger
als der Text und das vorläufige Buch größer als die
Geschichte selbst ausfallen. Wir wollen von den vierfüßi=
gen Thieren anfangen. Der Tieger soll zuerst auf den
Schauplatz hervortretten.

Der Tieger, Onza und Mbaracayà.

In Paraquay giebt es mehr Tieger, als man
glauben sollte; weil diese Provinz an Vieh, der Nah=
rung des Tiegers, Uiberfluß hat. Alle Tieger haben
schwarze Flecken, doch mit dem Unterschiede, daß bei eini=
gen die Farbe der Haut ins Weiße, bei andern ins Gel=
be fällt. Gleichwie die Löwen aus Afrika um viel grö=
ßer und grimmiger sind als die in Paraquay, so über=
treffen hinwiederum die paraquanischen Tieger an Größe
weit die afrikanischen. In der Mayerey zu St. Ignaz
welche dem Kollegium von Korduba gehörte, fanden wir
bei unserer Ankunft aus Deutschland die Haut eines Tie=
gers, welcher Tags vorher erlegt worden war, auf der
Erde mit hölzernen Nägeln ausgespannt. Sie maß 3
Ellen und 2 Zolle. Länger fodern sie auch die Spanier
von einem ausgewachsenen Ochsen nicht. Sonst ist auch
der größte Tieger schlanker und leichter gebauet als jeder
Ochs. Die Tieger mögen nun wie die Katzen auf etwas
hinanspringen oder davon fliehen, so ist ihr Lauf allemal
außerordendlich schnell, aber nicht anhaltend. Ein rüsti=
ger Reiter wird sie im Felde leicht einholen, und erle=

X   gen.

gen. Im Walde verbergen sie sich hinter Bäumen oder in einem Schlupfwinkel, und wehren sich, wenn sie angegriffen werden, auf das Hartnäckigste. Es ist unglaublich, welche Verwüstungen sie täglich in den Meyereyen anrichten. Ochsen, Schaafe, Pferde, Maulthiere und Esel zu erwürgen kostet ihnen keine Mühe. Ihre Aeser schleppen sie in ihre Höhlen, um sie erst dann zu verzehren, wenn sie zu faulen anfangen. Uiberhaupt essen sie allemal das faule und stinkende Fleisch lieber als das frische. Zum Beweise mögen folgende Erfahrungen dienen. Wenn ein Spanier, ein Indianer und ein Mohr auf dem Felde an einem und eben demselben Orte, und bei ebendemselben Feuer miteinander schlafen, so wird der Tieger den Spanier und Indianer liegen lassen, und ohne Verzug auf den Mohren losgehen, um ihn zu zerreißen und aufzufressen: denn von Mohren, deren Haut, besonders wenn sie schwitzen, ganz abscheulich stinket, sind sie außerordentliche Liebhaber. Aeser von Pferden, auf denen bereits die Motten wachsen, speisen sie bis auf den letzten Bissen auf, wenn gleich lebendige Pferde, womit sie ihren Apeptit stillen könnten, vor ihren Augen weiden. Weil die Tieger sogar großen Schaden thun, so setzen ihnen die Indianer und Spanier allenthalben nach. Jene pflegen einen großen Kasten, der wie eine Mausfalle aussieht, aus dicken Dielen zusammen gezimmert ist, und auf 4 Rädern wie ein Fuhrwagen liegt, an den Ort, wo sie einen Tieger verspüret haben, hinzuführen. In den einen der inneren Winkel des Kastens wird ein Stück tüchtig stinkendes Fleisch statt des Köders gelegt. Wenn nun der Tieger hineintritt, und es wegfrißt, fällt die Thüre zu, und der Räuber ist gefangen, welcher hernach entweder erschossen, oder mit einer Lanze durch die Oeffnungen des Kastens erstochen wird. In dem Flecken zum h. Rosenkranz sahen wir einst im Walde einen halbgewachsenen Tieger, der schon allgemach auf die

Vor-

Vorübergehenden lauerte, ungesehr einen Büchsenschuß von meinem Hause. Ich gieng daher, um uns auf immer davon zu befreyen, mit 3 bewaffneten Spaniern gleichfalls bewaffnet zu ihm hinaus. Kaum bemerkte er uns, als er sich unter die Bäume und Hecken flüchtete, so daß wir ihn aus dem Gesichte verloren. Wir giengen seinen Spuren nach und fanden ihn in einem bejahrten, grossen, und inwendig ganz hohlen Baume, der auf der Erde lag, verborgen. Um dem Tieger jede Möglichlichkeit, uns zu entlaufen, abzuschneiden, ließ ich die Oeffnung mit den nächsten besten Holztrümmern verrammeln, aber zugleich mit einer Axt auf einer Seite, um mit unserem Gewehre ihm zukommen zu können, ein kleines Loch machen. Endlich erlegte ich ihn ohne die geringste Gefahr mit vielen Flintenschüßen und Bajonetstichen. Sobald der Tieger einige Wunden im Leibe hatte, machte er in der Höhlung des Baumes jämmerliche Springe, bald hinauf, bald herunter, wie Quecksilber im Wetterglase. Seine Haut war wie ein Sieb durchstochen und durchschossen, folglich ganz unbrauchbar, an seinem Fleische aber weideten sich die Abiponer. Ich beneidete sie darum wahrlich nicht. Uibrigens darf sich einer allein über einen Tieger, wegen der außerordentlichen Stärke, Geschwindigkeit und Arglist dieser Thiere, auf freyem Felde nicht wagen. Ich läugne nicht, daß es auch zuweilen einem einzigen Indianer oder Spanier gelungen ist einen Tieger, der auf ihn lossprang, mit der Lanze zu erstechen, oder mit der Schlinge zu erwürgen: aber vielmal sind auch Spanier und Indianer von denselben zerrissen worden, wenn ihnen der Lanzenstich fehlschlug, oder sie selben keine tödtliche Wunde beibrachten. Kein Thier stirbt mit solchen eisenfesten Sehnen ohne Wuth, es sey denn, daß es im Kopf, Herzen oder Rückgrabe stark verwundet ist; es geht meistens desto grimmiger auf seine Angreifer los, je härter es verwundet wurde.

X 2   Will

Will man also auf diese fürchterliche Bestie Jagd machen, so tretten ihrer immer mehrere zusammen, und nehmen Lanzen zu sich; weil die Flinte allein mit vieler Gefahr verbunden ist: denn wenn der Tieger nicht auf den ersten Schuß auf dem Platze bleibt, so springt er stracks dorthin, woher die Kugel kam, und zerreißt den, der geschossen hat, in Stücken. Um dessen Leben zu retten, müßen zween mit Lanzen Bewaffnete ihm zu beiden Seiten stehen, welche den Tieger, der nach dem Schuß hinzuläuft, niederstechen. Die Gefahren, welche andere ausgestanden haben, sind mir Beweises genug, daß man hierinnfalls mit Pulver und Bley behutsam umgehen müße. Ich reisete einst mit 6 Mocobis von Santa Fé nach dem Flecken Xavier, und blieb über Nacht an dem Ufer des runden Sees, wie es da der Brauch ist, auf freyem Felde. Der Himmel war unser Dach, und der Boden unser Bett. Das Feuer, diese nächtliche Schutzwehre wider die Tieger, brannte eine Zeitlang helle mitten unter uns, nachmals aber immer matter. Um Mitternacht schlich sich ein Tieger heran. Die Indianer hatten sich, um nicht das Ansehen zu haben, als wenn sie auf die Freundschaft der Spanier ein Mißtrauen setzten, unbewehret auf den Weg begeben. Ich hatte wohl eine Flinte bei mir; aber sie war nicht geladen, weil ich an keine Gefahr dachte. Meine Gefährten ließ ich einen Feuerbrand nach dem andern auf den herannahenden Tieger werfen, welches sie auch mit vieler Geschicklichkeit bewerkstelligten, so daß der Tieger auf jeden Wurf brüllend zurückfuhr, aber immer frischen Muth faßte, und wieder drohend heransprang. Indessen lud ich die Flinte. Weil ich mir aber bei diesem nächtlichen Dunkel keine Hoffnung machte, denselben gehörig zu treffen, und ihn weiter nichts als zu verscheuchen wünschte, so lud ich mein Gewehr mit doppelter Ladung Pulver ohne Kugeln, und drückte es los. Der außerordentliche Knall trieb

den

den Tieger in die Flucht: wir aber schliesen auf ein
neues ein, voller Freuden, daß uns unser Anschlag so
gut gelungen war: denn wir wollten den Tieger nicht um
sein Leben bringen, zufrieden, wenn er uns das unsrige ließ. Ebendenselben Mittag begegneten uns, als wir
durch einen engen Weg ritten, den einerseits ein tiefer
See, auf der andern Seite aber der Wald umschloß,
zwey solche Raubthiere, welche die ihnen nachsetzenden
Mocobis ohne Zweifel mit ihren Schlingen gefangen
hätten, wenn sie ihnen nicht in das Gehölz entwischet
wären.

Alle Jahre bemächtigen sich die spanischen und indianischen Reiter einer unzähligen Menge Tieger, indem
sie ihnen einen ledernen Strick umwerfen, selbe hernach
im vollen Carriere mit sich fortschleifen, und am Ende
erwürgen. Die südländischen Wilden, welche wir Pampas nennen, schlagen mit einem zähen Rohr den Tieger
auf den Rücken, und tödten ihn dadurch auf der Stelle.
Sonst schleudern sie auch starke Pfeile, oder drey an
Riemen hangende Steinkugeln mit vieler Geschicklichkeit
auf diese Bestien. Ihre Stärke kann man hieraus abnehmen. Wenn sie zwey an einandergekuppelte Pferde auf
dem Felde weiden sehen, springen sie unvermuthet auf
das eine, bringen es um, und schleppen es nebst dem
lebendigen in ihre Höhle. Ich würde dies für ein Mährchen halten, wenn ichs nicht selbst auf den Reisen, die
ich mit einigen Soldaten von S. Jakob gemacht habe,
gesehen hätte. Ihre Schlauheit gleicht ihrer Stärke.
Finden sie in dem Walde oder auf dem Felde keine
Nahrung, so holen sie sich selbe aus dem Wasser. Weil
sie vortreflich schwimmen können, so tauchen sie in einem
See oder Fluß bis an den Hals unter, und speyen einen
weißlichten Schaum aus ihrem Rachen heraus, welcher
oben auf dem Wasser schwimmt, und wie ein Köder von

X 3

den hungrigen Fischen begierig aufgeschnappet wird.
Diese faßt nun der Tieger mit seinen spitzigen Klauen,
und wirft sie geschwind auf das Land. Auch die Schildkröten, deren es in den Flüßen eine ganze Menge giebt,
fängt derselbe, löset sie sehr künstlich aus der Schaale
heraus, und verzehret sie. Als ich mich in dem Flecken
S. Ferdinand unter den Yaaucanigas aufhielt, stieß ich
einst mit meinem Gefährten an dem Ufer des schwarzen
Flußes auf einen Tieger, eben als er an einer Schildkröte speisete. Ich hielt es für gefährlich meine Augen länger an diesem Schauspiele zu weiden, und machte mich daher eilends davon. Bisweilen verstecken sie sich
unter das hohe Gras oder ein Gesträuch, schauen ruhig
und ungesehen eine Schaare Reiter nahe bei sich vor-
beiziehen, und machen sich erst über den letzten, der
den Schluß macht, ohne Widerstand her. Zu Nachts,
wenn es regnet oder stürmet, schleichen sie sich leise und
listig in die Häuser hinein, nicht um zu rauben oder zu
morden, sondern um sich wider das Wasser, das sie
scheuen, und den kalten Wind zu verwahren. Zu Corrientes lag einst die Mutter mit ihrer Tochter in dem
nämlichen Bett. Als diese in der Frühe aufstand, sah sie
unter dem Bett einen Tieger liegen. Sie winkte daher
der Mutter, daß sie sich ja nicht rühren sollte, und holte
zugleich Leute, welche dem gefährlichen Gast die Thüre
wiesen. Dieses schwierige Unternehmen gelang nach Wunsche. Wenn die Parana zu den bestimmten Zeiten aus ihren Ufern tritt, so schwimmen die Tieger aus den unter
Wasser gesetzten Inseln eilends nach dem Lande. Einer
von ihnen wurde, eben als er an das Ufer von Corrientes
hinaufarbeitete, von einem hinzugelaufenen Portugiesen
durch einen Schuß verwundet, und lief in den Hof unsers Kollegiums. Alle Patres fiengen zu zittern an.
Endlich erlegte ihn ein Spanier, durch Zuthun einiger
anderer mittelst einer Schlinge. Dieser Vorfall gab zu
einem

einem luſtigen Rechtsſtreit Anlaß; denn der Portugieſe, welcher den Tieger zuerſt verwundet hatte, wollte ſich auch die Haut zueignen; allein ſie wurde wie billig dem Spanier, der demſelben vollends vom Leben half, zugeſprochen.

Wiewohl man ſich vor einem jeden Tieger in Acht zu nehmen hat, ſo muß man dennoch diejenigen beſonders ſcheuen, welche ſchon einmal Menſchenfleiſch verſuchet haben. Ein ſolcher Tieger heißt auf ſpaniſch Tigre çevado, und iſt dermaſſen auf die Menſchen erpicht, daß er ihnen ohne Ende nachſtellet. Er geht den menſchlichen Fuß-ſtapfen viele Meilen weit nach, wie ich ſelbſt geſehen habe, bis er endlich den Wanderer einholet. Ein ſolcher Tieger hat einſt auf der Landſtraſſe von Santa Fè nach S. Jakob, worauf man täglich eine Menge Reiſende antrifft, zehn unbehutſame Spanier in verſchiedenen Tagen jämmerlich zerriſſen. Wegen zunehmender Gefahr ſchickte der Un-terſtatthalter von S. Jakob einige Soldaten aus, dem Frevel dieſes unverſchämten Straſſenraubers einmal ein Ende zu machen, und auf dieſer ſo gangbaren Straſſe die Sicherheit wieder herzuſtellen. Dieſe unbedeutende Expedition koſtete Zeit und Mühe: ſie hatte aber auch den glücklichſten Erfolg. Ich war dazumal bei den Abiponern zu Conception nahe bey dem Tummelplatze, wo das reißende Thier ſo herumwüthete. Bey dieſer Gelegenheit will ich einige Rettungsmittel wider den Tieger erwähnen. Den Baum, den jemand um den Klauen deſſelben zu entgehen hinauf klettert, beſteiget auch der Tieger. Aber hier kann man auf der Stelle Rath ſchaffen. Der Urin dienet in dieſem Falle ſtatt der Waffen. Sobald man ihm davon unten am Baume in ſeine grimmigen Augen ſpritzet, ſo iſt nichts mehr zu beſorgen. Der Tieger nimmt auf der Stelle den Reißaus. Bei der Nacht ſchützet ein groſſes Feuer wider ſeine Anfälle. Auch die Hunde fürchtet er, wiewohl er ihnen das Fell oft jämmerlich über die Ohren

X 4   ab-

abzieht, oder sie zerreißet. Die Spanier haben gewiße
grosse Fanghunde, welche derselbe besonders scheuet. Zu
S. Ferdinand schlich sich ein Tieger öfters in das Gehege,
wo die Schaafe des Nachts verwahret werden. Er sog
das Blut aus den erwürgten Schaafen, biß ihnen die
Köpfe ab, und ließ das Uebrige liegen. Da wir diese
Unverschämtheit nicht länger ertragen wollten, so stellten
wir gegen den Abend 20 Abiponer mit Lanzen in einen Hinterhalt, um dem verderblichen Thiere das Wiederkommen
zu verleiden. In die Mitte stellten wir einen mit Pistolen. Wiewohl sie sich in einer nahen Scheune verbargen,
und ohne einen Laut von sich hören zu lassen, auf den Tieger lauerten, so mußte er sie dennoch entweder gehöret,
oder gerochen haben; denn er getrauete sich dasmal nicht
den Schaafen seinen gewöhnlichen Besuch zu machen. Man
gab alle Hoffnung auf seiner habhaft zu werden, und
gieng daher vor Anbruch des Tages wieder nach Haus.
Kaum wandten ihm die Abiponer den Rücken, als er erschien und ungefehr 10 Schaafe zerriß. Um ihn auszuspüren begaben sich alle Abiponer, so viel ihrer zu Hause
waren, Abends auf den Weg mit beiderseits gesenkten
Lanzen. Ich machte auf ihr Verlangen mit Pistolen, und
einer Flinte, worauf eine Bajonette gepflanzet war, den
Schluß. Nachdem wir die ganze Nachbarschaft rein aus-
gegangen waren; kehrten wir wieder unverrichteter Dinge
zurück, und wurden dafür von den Weibern tüchtig ausgelachet. Dennoch wagte sich der nämliche Tieger täglich
Abends nahe zu dem Flecken, um aus dem Aase eines
Pferdes ein Stück Fleisch zu holen, ohne daß ihn die auf
ihn laurenden Indianer erwischen konnten. Die Abiponer
kämpfen täglich mit diesen Raubthieren und überwältigen sie
allemal; es sey denn, daß jenen im Stechen die Lanze ab-
springt. Daher frißt ein Tieger selten einen Abiponer,
aber diese zehren um so viel mehrere Tieger auf. So ei-

nen

nen abscheulichen Geruch ihr auch frisches Fleisch ausdünstet, so sehnen sich doch alle berittene Wilden, die ich
kenne, auf das begierigste darnach. Das Tigerschmalz
lassen sie zerrinnen, trinken es, und halten es für ein
Stärkungsmittel. Hüner, Eyer, Schaafe, Fische, Was-
serschildkröten ißt keiner, weil sie glauben, daß der Genuß
dieser zarten Speisen Feigheit, Zaghaftigkeit und Erschlaf-
fung der Leibes- und Seelenkräfte zurücklasse. Die Folge
davon ist sehr natürlich. Auch Julius Cäsar schrieb (im
V. B. von dem gallischen Krieg) von den alten Britten:
„ Ihrer Meinung nach ist es unrecht von einem
Haasen, Huhn oder einer Gans zu essen. Doch
unterhalten sie selbige zum Vergnügen und zur
Lust.“ Hingegen sehnen sich die Abiponer begierig nach
dem Fleisch von Tiegern, Stieren, Hirschen, Wildschweinen, Ameisenbären, und Elendthieren, weil diese Nahrung
ihnen, ihrer Meinung nach, Stärke, Kühnheit und Entschlossenheit giebt. In den vielen Kämpfen mit den Tiegern werden nicht wenige Abiponer durch ihre Klauen
verwundet, wenn sie auch übrigens den Sieg davon tragen. Die Narben verursachen ihnen auch nach geheilten
Wunden eine Entzündung und die unleidentlichsten Schmerzen, wogegen weder Zeit, noch Arzney etwas vermag. Ich
habe ihrer mehrere gekannt, welche Zeit ihres Lebens unglücklich und elend geblieben sind. Auch die Tieger leiden
oft an der Entzündung ihrer Klauen. Um sich zu heilen,
kratzen sie öfters an dem Baum Seibo, und ziehen Furchen
in die Rinde. Dieser Baum bringt die schönsten Blüthen
hervor, übrigens aber taugt er zu nichts; denn das Holz
desselben ist so weich, daß man es mit einem gemeinen Messer wie einen Apfel schneiden, aber weder zur Feuerung
brauchen, noch sonst auf eine Weise verarbeiten kann. Die
Rinde dieses Baumes giebt dem Tieger eine Arzney, vielleicht auch dem Menschen, wenn man nur die Kräfte derselben besser untersuchte?

X 5   Der

Der Tieger verschonet keine Thierart: er fällt alle an, aber mit ungleichem Vortheile, und Erfolge. Pferde und Maulthiere unterliegen meistens, wenn sie sich nicht eilfertig durch die Flucht retten. Wenn der Esel rücklings sicher ist, so treibt er seinen Feind zurück dadurch, daß er in einemfort ausschlägt, und sich dabei im Rade herumdreht. Aber auf dem freyen Felde zieht er gemeiniglich den Kürzeren, besonders wenn er zur Maulthierzucht bestimmet ist, weil die Tieger diesen am meisten nachstellen, zum grossen Nachtheile der Meyerhöfe. Die Kühe vertheidigen sich und ihr Kalb mit ihren Hörnern wider alle Angriffe des Tiegers auf das Herzhafteste. Die Stutten hingegen lassen ihre Füllen, so bald er auf sie losgeht, im Stich, und nehmen die Flucht. Die Elendthiere, deren Stärke über alle Vorstellung gehen soll, erwarten ihren Feind, so zu sagen, mit offenen Armen rücklings liegend, und erdrücken ihn in dem Augenblick, da er auf sie zuspringt. So erzählen es wenigstens die Eingebohrnen des Landes. Weil der Tieger in seinem Leben dem Menschen so gefährlich ist, so ist er ihm dafür nach seinem Tode in manchem Betracht, nützlich. Seine Fette ist ein bewährtes Mittel wider die Würmer, und seine Klauen stillen, wenn man sie zu Kalk brennet, die Zahnschmerzen, wie ich an einem anderen Orte weitläuftiger auseinander setzen werde. Die Tiegerhäute brauchen die Abiponer bald zu Pferddecken, bald zu Tapeten, und bald zu Mäntel. In Spanien kostet eine 4, bisweilen auch 6 Gulden unseres Geldes. Des Gewinnes wegen gesellen sich oft in Paraquay mehrere Spanier zusammen, und unternehmen eine Tiegerjagd. Alle Jahre wird eine grosse Menge Tiegerhäute in Spanien gesandt. Zu Santa Fè kannte ich einen anfangs armen Spanier, der in kurzer Zeit sich durch diesen Handel mit Tiegerhäuten beträchtliche Reichthümer gesammelt hat. Bewunderungswürdig scheinet es, daß von den vielen Jesuiten, welche beinahe alle Haiden, Wäl-

ter,

der, Ufer, Inseln und ungeheuere Wüsteneyen in Paraquay in das zweyte Jahrhundert durchgelaufen haben, nicht ein einziger durch einen Tieger zerrissen oder auch nur verwundet worden ist, wiewohl diese Raubthiere beinahe täglich unter den Spaniern, und berittenen Indianern häufig Unheil anrichten. Eben dieses gilt auch von den vielen in Paraquay befindlichen, oft bösartigen und oft giftigen Schlangen, von welchen meines Wissens noch keiner aus unserer Gesellschaft gebissen worden ist. Dieß halten wir für eine besondere Wohlthat der Vorsicht, die über uns gewachet hat. Daß sich einst an dem Ufer des salzichten Flußes ein Tieger mir im Schlafe auf 10 Schritte genähert hatte, überzeugten mich beim Anbruche des Tages die noch frischen in den Sand tief eingetrettenen Spuren desselben. Ein solcher wurde auch in dem neuen Flecken Conception an der Schwelle meiner Hütte, die keine hölzerne Thüre hatte, einigemale entdeckt. In den Wäldern von Mbaevèra verjagten die Indianer, meine Gefährten, einen Tieger, der mir des Nachts im Schlafe nachstellte, mit Feuerbränden und Spießen. Ich schreibe es auch der göttlichen Vorsicht zu, daß ich unter so vielen Gefahren und menschenfreßenden Thieren unverletzt durchgekommen bin. Der Tieger, von dem ich jetzt geredet habe, heißt bei den Quaräniern Yaguaretè, bei den Abiponern aber einst Nihiranàk, hernach Apanigehak endlich Laprißatraye; denn sie pflegen, wie ich an einem anderen Orte sagen werde, ihre Namen, und die Namen der Dinge nach Belieben abzuändern. Zur Klasse der Tieger rechnet man auch zwo Thierarten, welche kleiner und weniger blutdürstig sind. Die eine heißt bei den Spaniern Onza, die andere bei den Quaräniern Mbaracaya. Diese gehen seltner auf die anderen Thiere los. Sie besuchen dafür des Nachts die Hünerbehältnisse, und lassen sich beym Tage fast gar nicht sehen.

Der

Der Löwe.

Die paraquayiſchen Löwen verdienen dieſen fürchterlichen Namen nicht: denn ſie kommen mit den Löwen aus
Afrika weder an Geſtalt noch an Größe, noch an ihren
übrigen Eigenſchaften überein Wider Pferde, Ochſen, und
Menſchen unternehmen ſie nie etwas. Blos Kälber, Füllen
und Schaafe ſind der Gegenſtand ihrer Fraßgier. Auf die paraquayiſche Löwen paßt das alte Sprichwort der Spanier:
No es tan bravo el Leon, como ſe pinta. (Der Löwe
iſt nicht ſo grimmig als man ihn mahlt.) Ihr Fleiſch läßt
ſich vom Kalbfleiſch kaum unterſcheiden, weßwegen auch
die Spanier und Indianer begierig dabei zulangen. Ihr
Fell iſt goldgelb und hie und da weißlicht; ihr Kopf groß
und kugelförmig; ihr Nacken fleiſchicht. Ihre Augen funkeln und ihr zottichter Knebelbart beſteht aus langen und
ſteifen Haaren, wie Borſten. Ich habe ſie ſelbſt mit meiner
Hand angefühlet. Man vernehme bei welcher Gelegenheit.
Die ſpaniſchen und indianiſchen Wärter der Met ereyen ſtecken
die Köpfe der Tieger und Löwen, die ſie getödet haben, als
Siegeszeichen und Denkmale ihrer Wachſamkeit und ihres
Muthes auf die Gehege des Viehs und auf Pfähle aus, ungefehr ſo, wie man an den Richtſtätten die Köpfe und
Hände der Miſſethäter an den Galgen angeheftet ſieht.
Ich ſtieg einſt in einer Meyerey auf ſo ein Gehege hinauf,
beſah nach der Reihe die Tieger- und Löwenköpfe, deren es
daſelbſt immer eine Menge giebt, betrachtete ihre Augen,
Ohren, Zähne und rupfte aus dem Knebelbärte der Tieger verſchiedene Haare aus, welche ich wie Eiſendrat, an
der Wurzel dick, und elaſtiſch fand. Ich blieb lange Zeit
mit Verwunderung dabei ſtehen, und trug ſie nach Hauſe um ſie den neuen Ankömmlingen aus meiner Geſellſchaft zu zeigen. Warum die Abiponer die jungen Löwen
nicht aufziehen, begreife ich nicht, da ſie doch die jungen
Tieger ſo lieb haben, wiewohl ein Vergnügen dieſer Art

alle-

allemal mit Gefahr verbunden ist. Noch klein geben sie
Beweise ihres angebohrnen Blutdurstes von sich, und fallen, die ihnen nahe kommen, mit den Zähnen an, besonders wenn die Sonnenhitze ihr Blut in Wallung bringt.
Einer riß einem jungen Tieger Zähne und Klauen aus,
damit er nicht schaden könnte: aber auch ohne Waffen
fiel er über Kinder und Kälber her, und würde sie ohne
Zweifel erwürget oder erdrücket haben, wenn nicht alsogleich Leute ihnen zu Hülfe herbeigeilet wären. Damit
er nicht bei zunehmenden Alter auch an Bösartigkeit zu-
nähme, hat man durch einen Schuß seinem Leben ein Ende gemacht.

Die Wildkatze.

In den meisten Wäldern in Paraquay sieht man
Wildkatzen, die unsern zahmen ganz gleich sehen,
außer daß ihr Schwanz am Ende platt und zusammen gedrücket ist, und sie selbst etwas größer als diese zu seyn scheinen. Es giebt solche Katzen von allerlei Farben. Dem
Indianer grauet es nicht selbe gebraten zu essen: doch
kostet es ihm viele Mühe, bis er eine erwischt, weil sie
außerordentlich schnell und scheu sind. Wir hatten zu S.
Conception ein Kätzchen von einer zahmen Katze und
einem Waldkater. Eine schönere und größere hab ich in
meinem Leben nicht gesehen, aber auch keine wildere, und
scheuere. Sie gerieth dem Kater nach, und konnte weder durch die Länge der Zeit, noch durch Liebkosungen ein-
heimisch gemacht werden, wiewohl ihre Mutter durch ihre
besondere Gutartigkeit unsere Zuneigung völlig gewann.
Die Katze heißt auf abiponisch Kapaik, auf quaranisch
Chibì, auf spanisch Gato, ein Thier, welches in Pa a-
quan, wo es so viele Ratten und Mäuse giebt, nicht nur
nützlich, sondern äußerst nothwendig ist.

Das

Das Elendthier, oder die grosse Bestie.

In den tiefesten Wäldern gegen Mitternacht wandelt das Elendthier, welches auf latein Alce, auf spanisch Anta oder la gran Bestia, auf italienisch Dante, auf französisch Elan, auf quaranisch Mborebi, und auf abiponisch Alalèk heißt. An Größe sieht dasselbe einem ausgewachsenen Esel, und in Rücksicht auf Kopf, Augen und Füße einem Schwein gleich. Es hat kurze und von vorne zugespitzte Ohren, sehr spitzige Zähne, und ein Kälbermaul, dessen obere Lefze rüßelartig aussieht. Wenn es zornig ist, pflegt es diese Lefze hinvorzustrecken. Seine Vorderfüße spalten sich in zwo hohle Klauen, die Hinterfüße in drey. Ein kahler und haarloser Schwengel vertritt bei ihm die Stelle des Schwanzes. Die Haut der Elendthiere ist dunkelbraun und ungewöhnlich dick. Darum trocknen sich die Spanier und Abiponer selbe in der Luft, und machen sich Goller daraus, welche Pfeile und Säbelhiebe aushalten, aber Lanzen und Kugeln nicht widerstehn. Dieses Thier flieht die Menschen und ihren Anblick, wiewohl es eine solche Stärke besitzet, daß es, wenn man ihm einen ledernen Strick umwirft, in der Flucht Reiter und Pferd mit sich fortreißt. Bei Tage schläft es fast immer; und geht blos bei der Nacht in den Wäldern herum, und seinem Futter nach. Wenn es so im Gehölze herumstreicht, bricht es die Zweige mit vielem Geräusche ab, und verräth dadurch seine Gegenwart. Ich habe einmal einem solchen Thiere, als es unter der Dämmerung von dem Brunnen zurückkehrte, mit einem Schießgewehr eine Zeitlang nachgesetzt; allein es war mir unmöglich, dasselbe zu erreichen, weil ich wegen des morastigen Bodens nicht mehr weiter konnte. Die Indianer, welche in den Wäldern wohnen, richten den Elendthieren aus Stöcken Fallen auf, oder verbergen sich unter einem Gesträuch, ahmen ihre Stimme sehr natürlich

nach.

nach, und erschießen sie, wenn sie hinzulaufen, mit Pfeilen. Denn die Wilden nähren sich täglich mit ihrem
Fleisch, welches sie theils frisch aufzehren, und theils an
der Luft dörren, ob es gleich hernach wegen der Dürre
eben nicht sehr schmackhaft ist. Neben dem Magen, als
dem Speisebehältniße der Elendthiere liegt ein Beutel, in
welchem sehr oft mehrere Bezoarsteine gefunden werden.
Diese Bezoarsteine sind nicht größer als eine Haselnuß weder länglicht noch eyförmig, sondern vieleckicht und bleyfärbig oder aschengrau. Die Aerzte halten sie für besser
und von grösserer Heilkraft, als die aus anderen Thieren.
Arapotiyù, der indianische Jüngling, den ich nebst anderen aus den Wäldern Mbaeverà (die Wilden heißen selbe Mborebiretà das Vaterland der Elendthiere) nach S.
Joachim geführet habe, hat mir eine ganze Menge solcher Bezoarsteine angebotten. Nimm sie, Vater! sagte er,
diese heilsame Steine. Sie sind aus den Elendthieren,
die ich selbst erlegt habe. Als ich ihn um die Kraft dieser Steine fragte, und welchen Gebrauch sie in den Wäldern davon machten, antwortete er mir: Sobald wir eine Entzündung an einem Theile unseres Körpers wahrnehmen,
so machen wir diese Steinchen bei dem Feuer warm,
und reiben hernach damit unsere Glieder. Dieses hilft
uns allemal. Ueber diesen Gebrauch der Bezoarsteine mögen die Arzneygelehrten urtheilen: denn ich gestehe, daß
ich in meinem Leben keinen Versuch damit gemacht habe.
Die Klauen der Elendthiere schätzen die Spanier, als Be-
wahrungsmittel der Gesundheit wider die böse Luft sehr
hoch. Sie sollen auch in Europa in den Apotheken zu
verschiedenem medizinischen Gebrauch, besonders in der
fallenden Sucht, dem Pocken und Kinderflecken, verkauft
werden, wie Woyts in seinem medizinisch-physischen Magazin
meldet. Er erzählet auch, entweder aus anderen, oder
mit anderen, daß die Elendthiere öfters von der fallenden
Sucht befallen werden, und um sich den Schmerz zu lindern,

dern, sich mit den Klauen des Hinterfußes das linke Ohr kragen. Ob dem also ist, mögen die zusehen, welche diese Erzählung zuerst verbreitet haben. Auf deutsch heißt es das Elendthier, weil man es der fallenden Sucht wegen, der es unterworfen seyn soll, für elend hielt. Die alten Deutschen aber nannten es Elch, nach dem griechischen ἀλχη̑ oder dem lateinischen alx oder alce. Da ich aus allen Geschichtschreibern wußte, daß die Elendthiere in den nördlichen Gegenden von Europa Geweihe tragen, in Paraquay aber keine, wie ich selbst gesehen habe, so entstand in mir der Zweifel, ob diese nicht von jenen der Art nach unterschieden sind, und blos einer Aehnlichkeit wegen gleichen Namen führen. Sehr sonderbar finde ich das Meiste, was Julius Cäsar (im 6 B. von dem gallischen Kriege) von dem Elendthiere schrieb: Auch giebt es daselbst, sagt er, da er von den ausländischen Thieren spricht: Thiere von der Art, welche man Elendthiere nennt. Sie sehen den Ziegen ziemlich ähnlich; außer daß sie größer sind, und stumpfe Hörner tragen. Ihre Felle sind buntfärbig. *) Dieß ist eben so unerhört als unglaublich, weil es dem Zeugnisse der übrigen Schriftsteller geradezu widerspricht. Ich kann mir nicht vorstellen, daß Cäsar ein Elendthier auch nur von Weitem gesehen habe, weil er sie für ziegenähnlich ausgiebt. Vielleicht ließ er sich durch fliegende Gerüchte hintergehen: oder vielleicht haben die Kriegsunternehmungen seine ganze Aufmerksamkeit so auf sich gezogen, daß er in dem damals kriegerischen Deutschlande diese Thiere weder sehen wollte, noch auch sehen konnte. Als er den Fuß in unser Vaterland setzte, war ihm

---

*) Sunt item, quae appellantur Alces. Harum est consimilis capris figura, & varietas pellium, sed magnitudine paulo antecedunt, mutilaeque sunt cornibus.

ihm einzig darum zu thun, die Völker die sich mit ihm
zerworfen hatten, zu demüthigen, und unter seine Both-
mäßigkeit zu bringen.   Die äußere Gestalt des Gewildes
mag ihm daher nicht sonderlich am Herzen gelegen seyn.
Es ist also kein Wunder, daß er sich in Beschreibung
der Elendthiere so, wie in anderen minder beträchtlichen
Dingen, geirret hat.   Ich würde mich nicht unterfangen
einem so grossen Feldherrn und Geschichtschreiber zu widersprechen, wenn mir nicht beim Suetonius Tranquillus,
nach der Ausgabe des Georg Grotius (S. 29.) in dem
Leben des Julius Cäsar folgende Worte aufgefallen wären.   Pollio Asinius glaubt, Cäsar habe seine
Nachrichten von dem gallischen Krieg etwas nach-
läßig, und unrichtig abgefasset, indem er die Thaten anderer meistens ohne Untersuchung hingeschrieben, seine eigenen aber, entweder mit Fleiß
oder aus einem Gedächtnißfehler verkehrt aufgezeichnet hat. Seiner Meinung nach würde er sie um-
geschrieben oder verbessert haben c.   Diese Meinung hegte Pollio Asinius der Liebling des Kaiser August
von der Geschichte des Cäsars; ein Mann, von dem Quin-
tilian sehr viel rühmliches schreibt.   Ich bin auch der
Meinung derjenigen nicht, welche die Elendthiere für
Pferdehirschen folglich für Bastarte ausgeben, als wenn
sie von einem Hirschen und einer Stutte erzeugt wären.
Dieses kann man sich, wenigstens von den paraquayischen,
nicht einmal als möglich vorstellen; denn sie halten sich
in den unwegsamsten und tiefesten Wäldern auf, wo es
nicht nur keine Hirschen, und Pferde giebt, sondern auch vielleicht noch keines von beiden hingekommen ist.
Auf hundert Meilen weit fänden die Elendthiere kein
flaches Land, wo sie mit den Hirschen oder Pferden zu-
sammenkommen könnten.   Es sey ihm nun, wie ihm
wolle, so glaube ich, daß man sich hierinnfalls nur auf

Y   die

die' verlaſſen müße, welche ſich zu unſerer Zeit mit
der Bearbeitung der Naturgeſchichte eigends abgegeben
haben.

Der Huenack.

Da das Thier, welches auf ſpaniſch Guanàco,
auf abiponiſch aber Hakahàtak heißt, im Latein keinen
Namen hat, was ſoll uns hindern daſſelbe Ε᾽λαφοκαμηλον,
ein Hirſchkameel zu nennen, ſo wie es Strauße giebt,
die unter dem Namen Struthiocameli Straußenkameele
bekannt ſind? denn an dem Kopf, Hals, Rücken, der geſpaltenen Oberleſze und dem Schwanze, welcher eine Spanne
lang iſt, ſieht es einem Kameel, im übrigen aber einem
Hirſchen gleich. Die Füße ſind geſpalten, die Haut zot-
ticht, und größtentheils röthlich. Die Haare brauchen
die Hutmacher; das Fleiſch aber eſſen die Spanier und
Indianer. Die Waffen des Huenacken beſtehen in ſeiner
Geſchwindigkeit. Er thut niemand etwas zu Leid, weder
mit den Zähnen, noch mit den Klauen. Beleidiget ihn
aber jemand, ſo wird er aufgebracht, und ſpeyet ſeinen
Beleidiger an. Dieſer Schaum ſoll nach der gemeinen
Meinung anfangs eine rothe Blaſe, nachmals aber die
Krätze verurſachen. Die Huenacken klettern wie die Gemſen die ſteilſten Berge und Felſen hinan, ſteigen aber auch des
Futters wegen, ſo oft es ihnen einfällt, haufenweiſe in
das unten im Thale gelegene Feld hinab. Indeſſen macht
ein Männchen auf einer Anhöhe die Schildwache, und
ſieht ſich fleißig herum, ob nicht irgendwo eine Gefahr
drohet. Treibt ein jählinger Schrecken die ganze Heerde in die Flucht, ſo laufen die Weibchen voraus, und
die Männchen hinten drein. Allein dieſe Furcht fährt in ſie
ſo gar oft nicht umſonſt; denn die ſpaniſchen Reiter werfen ihnen vielmals, wenn ſie auf der Ebene weiden, Stricke
um: doch braucht man dazu die ſchnellſten Pferde, weil

ſie

sie außerordentlich geschwind laufen. Ein vortreffliches Windspiel, welches mich auf dem Weg begleitete, verfolgte lange Zeit einen jungen Huenacken ohne ihn einholen zu können. Auf meiner Reise durch die Gebirge von Korduba in Tukuman habe ich ganze Heerden solcher Huenacken angetroffen. Sobald sie die Pferde hören, fliehen sie schaarenweise auf die Gipfel der höchsten Felsen, stellen sich wie Soldaten in lange Reihen, und sehen auf die vorüberziehenden Reiter herab, welchen sie nachwiehern auf eine Art, die dem Lachen der Menschen nahe kömmt. Gleich darauf aber nehmen sie, wie sie von Natur zaghaft sind, erschrocken nach allen Seiten hin die Flucht. Dieses Schauspiel machte uns Europäer oft lachen, und allen überhaupt viel Vergnügen. Die kleinen Huenacken werden in den Flecken sehr leicht zahm gemacht, wiewohl sie sonst sehr wilde und scheu sind. Einen solchen haben wir in der Kolonie S. Sakrament, in deren Hafen wir zuerst einliefen, nicht ohne Verwunderung gesehen. Wie ein Hund lief er auf dem Platze herum. Außer dem Fleisch und der Haut der Huenacken schätzt man auch den Stein Bezoar (die Spanier nennen ihn la piedra Bezar,) welcher zuweilen in ihren Eingeweiden gefunden wird. Manchmal wiegt er über ein Pfund, ist immer eyförmig, fast so groß wie ein Hünerey, und mit den ausgesuchtesten Farben wie ein Marmor besprengt. Wahrscheinlich ist dessen Heilkraft eine Wirkung der gesündesten Kräuter, welche die Huenacken auf den Gebirgen weiden: doch sollen die neuen Mediziner, welche das Alte geringschätzen, nichts mehr, wenigstens nicht so viel mehr darauf halten. Ich bins zufrieden, wenn nur unsere Arzneygelehrten diese mit so vielen Kosten aus Amerika gebrachten Heilmittel nicht nur mit minder kostbaren, sondern auch mit eben so heilsamen ersetzen. Natürlich muß man nicht das aus der

Y 2   Frem-

Fremde kommen laffen, was man eben so gut zu Hause antrifft.

Die peruanifchen Schaafe, Llamàs.

In dem an Paraquay anfloffenden Peru giebt es Thiere, in deren Eingeweiden Bezoarsteine von verschiedener Farbe, Größe und Figur wachsen. Nämlich die diesem Lande eigenthümlichen Schaafe, welche die Indianer llamàs, die Spanier aber Carneros de la tierra nennen, und zum Tragen kleiner Lasten, die sich nicht über einen Zentner belaufen, wie Lastthiere brauchen. Ferners die Vicuñas, welche unseren Ziegen an Größe gleichen, keine Hörner, sondern eine dunkelgelbe und seidenartige Wolle tragen, die von den Europäern sehr geschätzet wird. Die daraus verfertigten Kleider sind im Sommer sehr kühl, und sollen die Nierenschmerzen und die Qualen des Podagra mildern. Die Indianer essen das Fleisch der Vicuñas, wiewohl es nichts weniger als schmackhaft und zuweilen eine Medizin ist. Einer, der im Schnee zu lang herumgegangen war, zog sich in Peru eine Augenkrankheit zu. Eine Indianerinn legte demselben frisches und noch vom Blute triefendes Vicunasfleisch auf die Augen: und gleich darauf soll aller Schmerz aufgehöret haben. Außer den llamàs und Vicuñas halten sich auch in Peru die Pacos, Tarugas und Mocomoros auf, welche den vorigen fast gleichsehen, auf die nämliche Art genützet werden, und gleichfalls den Stein Bezoar erzeugen.

Der Ameisenbär.

Ein sehenswürdiges und lächerliches Thier ist der Ameisenbär. Auf quaranisch heißt er Tamanduà, Yoqui und Nurumì, auf spanisch Osso hormigero, auf

abipo-

abiponiſch endlich Heteyꝑei. Seinen Namen hat er von
den Ameiſen, ſeiner Nahrung. Doch muß man auch
wiſſen, daß er nicht alle Ameiſen ohne Unterſchied, ſondern blos die, welche die Quaranier Cupis nennen,
ſammt ihren Epern frißt. In Ermanglung dieſer begnü-
get er ſich mit kleinen Würmern, fliegenden Inſeckten,
Honig, und kleingeſchnittenem Fleiſch. Er iſt ſo dick
wie ein Schwein, aber länger und größer. Sein Kopf
ſteht mit dem übrigen Körper in keinem Verhältniße.
Eine kleine enge Spalte, die auf ſeinem langen Rüſſel
angebracht iſt, macht ſein Maul aus, in welchem eine
ſchwärzlichte, glatte und über 20 Zoll lange Zunge dünner noch als ein Schreibfeder verborgen iſt. Dieſe ſtre-
cket er in die Ameiſenhaufen, die er mit ſeinen Klauen
aufwühlet, hinein, und zieht ſie erſt dann zurück, wenn
ſie mit Ameiſen und ihren Epern ganz voll iſt, welche er
dann verſchlingt. Er hat kleine und ſchwarze Augen,
mittelmäßige und beinahe runde Ohren, eine ſchwärzlichte und größtentheils zottichte Haut. An dem Ende der
Vorderfüße ragen vier eingebogene Klauen hervor, von
denen die mittleren zwo beſonders ſtark und ungefehr 3
Zolle lang ſind. Dieſe Waffen hat der Ameiſenbär un-
umgänglich nöthig, die Erde, unter welcher die Ameiſenhaufen verborgen liegen, aufzuſcharren, und wegzuräu-
men. Die Hinterfüße ſind 5 Zoll lang, und mit eben
ſo vielen Klauen verſehen, womit er im Gehen die Fußtapfen eines Knabens nachmachet. Die Haare ſeines
Schwanzes ſind ſteife Borſten, länger noch als eine
Pferdmähne, und ſo lang als ſein ganzer Leib Derſelbe iſt auch ſo breit, daß der Bär, wenn er ſchläft, ſich
damit ganz zudecket, und nicht nur wider die Kälte, ſondern auch wider den Regen ſchützet; indem er die Haare
wie einen Fliegenwedel oder Fächer auseinander ſpannet,
und gegen den Kopf zukehret: ungefehr ſo wie ſich unſere Eichhörner mit ihrem aufgebogenen Schwanze zu bedecken

D 3 pfle-

pflegen. Dieses Thier kann nicht lang laufen, so daß es nicht nur jeder Reiter, sondern auch jeder Fußgänger leicht fangen kann. Sein Fleisch essen die Indianer, wiewohl nicht sehr gerne. Er hat übrigens Riesenkräfte. Den Tieger empfängt er, wenn er von selbst angegriffen wird, bald sitzend, und bald rücklings liegend gleichsam mit offenen Armen, wie ich schon einmal gesagt habe, und erdrücket ihn. Junge Ameisenbären werden in den indianischen Kolonien bald zahm; allein man zieht selten einen auf, weil sie sich blos von Ameisen nähren, die man mühsam zusammensuchen muß. Darum habe ich auch den Ameisenbär, den mir die Indianer anbotten, nicht angenommen. Diese Leute fangen ihrer jährlich unzählige.

Das Wildschwein.

Wildschweine, welche die Quaranier Tayaçà, die Abiponer AhergPanPaik, und die Spanier Javali nennen, giebt es daselbst überall in unglaublicher Menge, und so viel ich weiß, von viererlei Gattungen. Die merkwürdigsten hierunter sind die, auf deren Rücken man ein schwammigtes, drüsenartiges, und mit einem weißen, milchähnlichen und nach Biesam riechenden Saft angefülltes Fleischgewächs wie einen Nabel gewahrnimmt. Sobald das Wildschwein erlegt ist, muß auch dieses Gewächs herausgeschnitten werden: sonst würde der unerträgliche Biesamgeruch das ganze Fleisch anstecken, und für Menschen ungenußbar machen. In den Wäldern, um welche Sümpfe, oder sumpfichte Felder sind, ziehen sie heerdenweise herum, und werden meistens von den Indianern, ohne daß sich diese ihre Absicht anmerken ließen, theils mit Pfeilen erschossen und theils mit Stöcken erschlagen. So hoch die Indianer das schwarze Wildprät achten, so sehr verabscheuen sie das einheimische

Schwei

Schweinefleiſch. Dieſe Enthaltung vom Schweinefleiſch beſtärket viele in der Vermuthung, daß die Amerikaner von Juden abſtammen, und bedienen ſich hierzu Beweiſe, die mich zwar nicht völlig überzeugen, aber dennoch viele Wahrſcheinlichkeit für ſich haben. Einſt fiel eine ganze Heerde Wildſchweine in die Kolonie S. Ferdinand ein, vielleicht in der Hoffnung Futter anzutreffen, vielleicht auch aus einem andern Triebe. Allein die Abiponer rannten haufenweiſe hinzu, und erlegten ihrer mit Pfeilen, Spießen und Stöcken eine ganze Menge, woraus ſie ſich einige Tage die herrlichſten Schmauſe zubereiteten. Ich habe auch von andern vernommen, daß die Wildſchweine in die Flecken am Uruquay eben ſo zahlreich eingebrochen ſind. Aus dem Leder derſelben, machen ſich die abiponiſchen Weiber Felleiſen auf die Reiſe; die Borſten aber binden ſie in ein Bündel zuſammen, und bedienen ſich ihrer ſtatt des Kammes.

Verſchiedene Füchſe. Der Zorrino.

Die dortigen Füchſe ſind von den unſrigen verſchieden und von dreyerlei Art. Die größeren heißen auf abiponiſch Kaálk, die mittleren Lichekan, und die kleinſten Lichaka. Eine Gattung der Füchſe nennen die Spanier Zorrino, und die Quaranier Yaguañe. Die Franzoſen in Kanada geben ihnen mit Recht den Namen Bête puante, des ſtinkenden Thieres, oder Enfans du diable der Teufelsbrut. Dieſe Thiere ſind ſo groß, wie kleine Gemſen, kaſtanienbraun, und auf beiden Seiten weißgeſtreift. So ſehr ihre niedliche Geſtalt die Augen ergötzet, ſo unerträglich iſt in der Nähe ihr Geſtank der Naſe. Sie ſind ſchön, aber nichts weniger als höflich: denn ſie biſſen alle, die ihnen nahe kommen, mit einem ſo peſtilenziſchen Saft an, daß ſich der Hund, der davon

getrof-

getroffen wird, jämmerlich eine Zeitlang auf der Erde
herumwälzt, als wenn man ihn mit siedendem Wasser
begossen hätte. Spritzt ihm etwas ins Aug, so ist er gewiß blind. Wird ein wollenes Kleidungsstück, ein Stock,
oder sonst etwas damit verunreiniget, so muß es des
Gestankes wegen, der sich daranhängt, und den man nicht
wieder herausbringen kann, weggeworfen werden. Nach
einigen soll sich derselbe durchs Räuchern mit schwarzer
Wolle, oder durchs Vergraben unter die Erde nach und
nach herausziehen: allein die Erfahrung überzeugt alle
vom Gegentheile. Läßt der Fuchs auf freyem Felde sein
Wasser, so wird der Dampf davon durch den Wind
auf eine Meile Wegs verbreitet. Dieser weiße Saft leuch-
tet bei der Nacht wie Phosphorus, und wo derselbe
immer vorbeigeht, sieht man einen Feuerstrahl. Schleicht
sich diese Bestie zuweilen in die Häuser, und spritzt sie
daselbst ihren fürchterlichen Harn heraus, so läuft alles,
als wenn es im Hause brennete, zum Thor hinaus, entweder auf den Platz oder auf das freye Feld, um nicht
von dem Gestank erstickt zu werden, und frey athmen zu
können. So schwach und klein dieser Fuchs ist, so sehr
wird er von Tiegern, Fanghunden und allen Menschen
gefürchtet. In dem Gestank, womit sich gar nichts vergleichen läßt, bestehen seine Waffen. Wer ihn unbeschädigt fangen will, um ihm sein schönes Fell auszuzie-
ziehen, der darf ihn nur beim Schwanz nehmen, und
seinen Kopf gegen die Erde hinabdrücken: denn auf diese
Weise kann er von seiner Harnröhre, weswegen er allein
zu fürchten ist, nicht Gebrauch machen und sein Gift
ausspritzen. Einige glauben, die Fette, welche an den
Nieren des Fuchses wächst, sey die Ursache und die Quelle
des Gestankes; und sein Fleisch würde, wenn man jene
wegnähme, nicht nur genußbar, sondern auch schmackhaft zu essen seyn. Ich beneide niemand um diese Delikatesse. Herr Nerville, ein Franzose und Statthalter

von

von der Insel Maloina, ehe sie noch an Spanien ver=
kauft war, der mit uns auf einem Schiffe nach Europa
zurückfuhr, hatte einen Mantel von Zorrinosellen, welche
die Magallanischen Indianer sehr künstlich zusammengefügt
haben, mit sich gebracht. Er ließ denselben auf dem
obersten Mastkorbe öfters auseinanderlegen, und vom
Winde durchwehen, damit er weder vom Liegen noch von
Kleidermotten Schaden litt; und zweifelte nicht, daß
dieses amerikanische Kleid in ganz Paris Aufsehen machen
würde.

Von dem Zorrino haben viele geschrieben, aber
die meisten aus anderen; ich schreibe leider! aus meiner eige=
nen Erfahrung: andere vom Hörensagen, ich, weil ich
ihn roch. Ich scheue und schäme mich das Andenken
eines traurigen Vorfalles, der mir begegnet ist, zu er=
neuern. Dennoch will ich mich überwinden, um meinen
Lesern einen Beweis meiner Aufrichtigkeit zu geben. Als
wir aus Europa zu Buenos Ayres angelangt waren;
reiseten unser etliche und fünfzig Jesuiten kurz nachher
in Gesellschaft aus diesem Hafen durch die unermeßliche
Ebene von 140 Meilen nach Korduba in Tukuman.
Jeder fuhr in einem Wagen, welcher von 4 Ochsen ge=
zogen wurde; denn der Wagen muß in diesen Wüsteneyen
die Stelle des Obdaches, und des Bettes vertretten.
Man legt sich also auf die Kisten, und fährt so Tag
und Nacht fort, nach Maßgabe der Zeit, des Weges
und der Witterung. Das Schütteln dieses grob aus=
gearbeiteten Fuhrwerks ist unausstehlich, und außerordent=
lich ermüdend. Daher diente uns ein Spaziergang, oder
Spazierritt des Abends, wenn es schön Wetter war,
zur Erholung. Als ich so mit zweenen Spaniern aus mei=
ner Gesellschaft herumspazierte, sah ich von weitem ein
kleines Füchschen mit einem sanften Schritt herankom=
men. Seht nur, sprach ich zu meinen Begleitern, was

Y 5   das

das für ein schönes und niedliches Thierchen ist. Wir trauten zu sehr der Farbe; weil sich keiner von uns von dem schrecklichen Gift etwas beifallen ließ, das unter diesem prächtigen Felle verborgen lag. Wir wollten das Thierchen fangen, und liefen ihm daher in die Wette nach. Unglücklicher Weise lief ich schneller als die Spanier. Wie der verschmitzte Fuchs sah, daß ich ihm nahe war, blieb er stehen, als wenn er sich fangen lassen wollte, und schien sich auch wirklich zu ergeben. Weil ich den Schmeicheleyen eines unbekannten Thieres nicht trauen wollte, so rührte ich dasselbe nur leicht mit einem spanischen Rohre an. Auf der Stelle hob es seinen Fuß auf, und bespritzte mich mit seinem höllischen Harn, besonders aber meine linke Backe. Hierauf lief es, so schnell es konnte, siegreich davon. Ich muß es noch für eine Wohlthat ansehen, daß der Fuchs meine Augen verschonet hat. Nun stand ich, wie vom Donner getroffen, und war mir selbst unerträglich; denn der abscheuliche Gestank drang von der bepißten Backe in den ganzen Leib, und in meine innersten Kleidungsstücke, und selbst in den Frock. Weil sich eben dieser Gestank in einem Augenblick über das ganze Feld ringsumher ausbreitete, so wußten meine Gefährten sogleich, was mir begegnet war. Nun eilten alle, theils zu Pferd, theils zu Fuß herzu, mich anzusehen, und wollten vor Lachen fast bersten. Allein kaum rochen sie mich von weitem, als sie sich noch geschwinder, als sie kamen, zurückzogen. Wie einer, über den der Bannfluch gesprochen ist, wurde ich von allen vermieden, und selbst in das Gezelt, worinn ich mit den andern zu Abends hätte speisen sollen, nicht zugelassen. Ich kehrte also zu meinem Wagen zurück, und fragte sogleich meinen spanischen Fuhrmann (er hieß Quintéro,) ob er nichts unangenehmes röche. Er antwortete mir, er habe schon vor vier Jahren den Geruch verloren. Vortrefflich dachte ich mir; denn, wenn der Fuhrmann noch hätte

rie-

riechen können, so würde er mich auch von meinem Wagen verbannet haben. Nachdem ich alle Kleider von mir weggeworfen hatte, wusch, rieb und trocknete ich mein Gesicht zu verschiedenenmalen ab: allein ich wusch an einem Mohren. Ich hätte gewünscht, diesmal aus mir se'bst heraustretten zu können: so sehr hatte der Dampf alle meine Fiebern durchdrungen. Auf meinem Backen brannte es wie Feuer. Die Kleider, welche ich alle ausgezogen und auf die Decke des Wagens über ein Monat in den Wind, Regen, Staub und in die Sonne täglich hinaus gehängt hatte, verloren den Gestank nicht, und konnten daher nie wieder gebraucht werden. Hätte ich hundert Zungen, so würde ich das pestartige und durchdringende desselben nicht ausdrücken können. Ob das, was diese stinkende Bestie ausspritzt, Harn oder eine andere Feuchtigkeit ist, weiß ich bis auf diese Stunde nicht. Das allein halte ich vor ausgemacht, daß Theosphrastus, Paracelsus, und alle Chymiker zusammen mit allem ihrem Wissen und allen Apothecken und Schmelzöfen keinen höllischeren, der menschlichen Nase unerträglicheren Gestank ausfünsteln können, als der ist, welchen der Zorrino von Natur ausdünstet. Hirschhorngeist und jeden noch ärgern Gestank wird jeder für Zimmt, Weihrauch, Gewürznelken, oder Wohlgeruch duftende Rosen halten, wer immer einen Zorrino von weitem riechet. Man kann Europa Glück wünschen, daß es von Amerika gänzlich getrennet ist, schon aus dem Grunde, weil man daselbst von diesem unflätigen, und verhaßten Thiere nichts weiß. Durch die Erfahrung, welche ich auf meiner ersten Reise in Paraquay gemacht habe, ward ich klüger, und vermied diese Füchse nachmals mit aller Sorgfalt. Dennoch war ich, wenn ich auf freyem Felde mein Nachtlager aufschlug, einigemal nahe daran, von demselben angepißt zu werden.

Der

Der Biscacha.

Auf die stinkenden Zorrinos laß ich die lächerlichen
Biscachas folgen. Auf abiponisch heißen sie Nehelaterek,
sehen einem Hasen ziemlich ähnlich, haben einen Fuchs-
schwanz, Haare wie Sammt, und einen schwarz- und
weißgefleckten Pelz. Ju den Feldern graben sie sich auf
den Anhöhen mit vieler Kunst Höhlen aus, worinn sie
wider den Regen vollkommen verwahret sind. Diese
Höhlen theilen sie in verschiedene Gemächer ab, weil an
einem Orte mehrere Familien solcher Biscachas beisammen wohnen. Auch sieht man auf der Oberfläche der
Erde verschiedene Eingänge zu denselben, um welche sie
unter der Dämmerung haufenweise herumsitzen, und mit
gespitzten Ohren horchen, ob nicht jemand in der Nähe
ein Geräusch von sich hören läßt. Ist alles ruhig, und
die Nacht heiter, so gehen sie fouragieren aus, wobei sie,
weil sie dem türkischen Korn und dem Getreide überhaupt
sehr hold sind, die Aecker jämmerlich hernehmen. So
lang sie irgendwo Getreide wissen, lassen sie das Gras
stehen. Daram wird man auch schwerlich auf öden Feldern eine Höhle der Biscachas antreffen. Entdecket man
auf der Reise eine, so ist man gewiß von den Kolonien
der Spanier nicht mehr ferne. Oft wunderte ich mich,
daß man weder in dem Gebiete der Abiponer, noch in
den Feldern der Quaranier, wo doch auch Früchte von
aller Art wachsen, keine Biscachas findet. Um den Ein-
gang in ihre Höhlen liegen dürres Gebein, Holzträmer,
und sonst allerley Unrath, den sie täglich zusammen
schleppen, herum. Ihre Absicht dabei kann niemand errathen. Die spanischen Landleute unterhalten sich oft mit
ihrer Jagd. Man gießt in ihre unterirdische Gemächer
viele Kannen Wasser. Um nicht ersäuft zu werden, springen die Bestien auf das Feld hervor, und werden, weil
ihnen alle Wege zur Flucht abgeschnitten sind, mit Stö-

den

cken erschlagen. Ihr Fleisch, wenn sie nicht zu alt sind, essen selbst die Spanier.

Der Haase.

Haasen, welche blos an der Größe von den europäischen unterschieden sind, giebt es in Paraquay, aber wenige. Dieß schließe ich daraus, weil ich auf allen meinen Reisen durch dieses Land, und solang ich bei den Indianern, die doch keine Thierart verschonen, gewesen bin, nur einen einzigen gesehen habe. Doch weiß ich aus der Erzählung eines anderen, daß sie in Tukuman gegen Peru zu nichts seltnes sind.

Verschiedene Kaninchen.

Die Kaninchen sind in Paraquay eben so mannichfaltig, als zahlreich. Die Spanier heißen sie allzusammen Conejos, die Abiponer die größeren Cañàn, die kleineren Névege. Einige vergraben sich wie die unsrigen unter die Erde, und sind vielfärbig. Andere verbergen sich unter die Gesträuche, und Stauden, sind kleiner als die Haasen, und größer als unsere Kaninchen, semmelfarb oder vielmehr kastanienbraun. Ihr Fleisch ist sehr schmackhaft, und kömmt auch auf die Tafel der Vornehmen. Einst soll jemand, welcher durch Paraquay nach Peru reisen wollte, einige Paare dieser Thierchen aus Spanien gebracht haben. Als er einmal auf dem freyen Felde Mittag machte, ließ er einige Kaninchen beiderlei Geschlechts aus ihrem Behältnisse heraus. Sie ersahen aber ihren Vortheil, und entflohen. Ihre zahlreiche Nachkommenschaft sieht man noch itzt in Tukuman, besonders um S. Jakob herum. Es giebt noch andere Kaninchen, welche die Quaranier Aperèa nennen, nicht viel größer als eine Feldratte sind, und sich theils unter

die

die Zäune der Aecker, und theils in unterirdische Höhlen
verstecken. Das Getreid leidet sehr von ihren Verwüstungen, weil ihrer so gar viele sind. Die Abiponer,
welche oft die größten Reisen ohne Wegzehrung unternehmen, pflegen, wenn sie zu Mittag oder Abend speisen wollen, das dürre und hohe Gras anzuzünden, und
tödten und braten das Gewild, welches darunter verborgen liegt, und nun aus Furcht vor dem Feuer her-
vorspringt. Finden sie keine Tieger, Rehe, Hirschen oder
Straußen, so mangelts ihnen doch nie an Kaninchen.
Diese binden sie zu hundert an eine Schnur, und tragen
sie so von der Jagd, wie die Deutschen die Zwiebel, nach
Hause. Daß sich einst die Abiponer, wenn sie auf einem forcirten Marsch wider die Feinde zum Jagen kei-
keine Zeit hatten, der in der Luft gedörrten Kaninchen statt
des Proviants bedienet haben, hat mir Barreda ein alter Krieger zu S. Jakob erzählet.

Der Hirsch.

In den Ufern der Flüsse Parana und Paraquay,
und den größeren Inseln derselben giebt es fast überall eine Menge Hirschen, die von den europäischen in nichts
verschieden sind. Außerdem sieht man in ganz Paraquay
kaum einen einzigen. Die Abiponer holen mit ihren
pfeilschnellen Pferden auch die flüchtigsten Hirschen ein,
fassen sie bei den Geweihen, und geben ihnen mit dem
Messer oder der Lanze den Fang. Jagen sie aber in Wäldern, wo ihre Pferde nicht durchkommen können, so erschießen sie selbe mit großen Pfeilen. Ehe die Wilden
den Gebrauch des Eisens kannten, steckten sie das Ende
eines Hirschborns an ihre Lanzen, und machten damit
sehr weite Wunden. Noch zu meiner Zeit, da ich mich
unter den Abiponern aufhielt, bedienten sich noch die alten und armen Abiponer der Spieße mit Hirschgeweihen
und

und wurden sehr gefürchtet. Mit der zerronnenen Fette der Stutten, deren viele in dieser Absicht geschlachtet werden, gärben und bereiten die Spanier die Hirschhäute, welche sie hernach zu allerlei Dinge. verwenden. Sie glauben auch, daß das kleinste Stück Hirschleder. wenn sie es am Leibe tragen, wider alle Schlangenbisse vollkommen in Sicherheit setze; weil man weiß, daß nicht nur die Dan hirschen, sondern auch die anderen fast mit allen Schlangen anbinden, die ihnen im Wege kommen. Ich wenigstens habe das kalzinirte Hirschhornpulver, weil es für viele Krankheiten gut ist, allemal in Ehren gehalten.

Das Reh.

Wenn man in Paraquay auf das Feld hinaus, geht, so findet man überall Rehe, welche den europäischen vollkommen gleichsehen. Die Abiponer heißen sie Heëgehäk, die Spanier Venados. Die auf dem Felde bleiben, sind lichtkastanienbraun, die in den Wäldern etwas dunkler, beide aber mit weißen Punkten besprengt. Die Waldrehe nennen die Quaranier Quazubirà, die Feldrehe hingegen Quazuty. So lang sie jung sind, kostet es keine Mühe sie zahm zu machen. Ich habe selbst ein kleines Reh, welches erst vor etlichen Tagen gefallen war, und mir ein Abiponer gebracht hatte, in meinem Zimmer mit Kühmilch aufgezogen. Wie es größer ward, lief es mit den Kühen, welche in dem Hofe des Hauses gemolken wurden, und ihren Kälbern wie ein Kalb täglich mit auf das Feld zur Weide; aber im Nachhausegehen band es sich an kein Gesetz. Fand es mein Zimmer zugeschlossen, so klopfte es mit den Füßen an die Thüre, und erinnerte mich oft bei stiller Nacht, daß es da wäre. Ich mochte ausreiten, oder ausgehen, so begleitete mich dasselbe allemal wie ein

Hund

Hund. Die Schaare Hunde, welche auf das Thierchen zu
liefen, sah es unerschrocken an, stampfte mit den Füßen
auf die Erde, und jagte sie alle in die Flucht. Das
Halsband mit metallenen Schällen, das ich ihm umhieng,
schreckte alle Hunde zurück, und betrog sie dermassen,
daß sie selbes für ein fremdes und gefährliches Thier
hielten. Es fraß Fleisch, Brod, Wurzeln und Kräuter, aber köstlicher als ein Blatt Papier war in seinen
Augen nichts. Meine Philosophie, die uns der Lehrer,
wie es damals üblich war, durch 3 Jahre in die Feder
diktirt hatte, fraß es nach und nach ganz auf bis auf
einige Blätter vom Magnet, die ich mir zu meinem künftigen Gebrauch aufbehielt. Musikalien mausete es mir,
in meiner Abwesenheit zu meinem nicht geringen Verdruß
vom Tische weg, und verzehrte sie. Weil ihm das Halsband,
das ich ihm, als es noch sehr klein war, umgebunden hatte,
bei zunehmenden Jahren zu enge wurde, so wollte ich
es ihm weiter machen. Allein das Reh mußte geglaubt
haben, daß ich ihm nach dem Leben strebte, und es nicht
mehr aufrichtig mit ihm meinte. Kurz es nahm die
Flucht, und irrte in den entferntesten Wäldern über
ein Monat herum ohne wieder zu kommen. Die Indianer bekamen es einigemal zu Gesicht. Ich hatte mir
vorgenommen das Thierchen wieder mit mir auszusöhnen,
und hereinzuholen: und wies ihm daher von weitem ein
Blatt Papier, welches so sehr auf dasselbe wirkte, daß
es sich mir mit Zittern näherte, und mir, weil ich ihm
von Zeit zu Zeit ein Blatt nach dem andern gab, bis in
mein Haus folgte. Es vergaß alle Feindschaft und seinen
Schrecken, und blieb bis an das Ende seiner Tage treulich bei mir Oft focht es mit den Maulthieren. Ein
lustiges und sehenswerthes Schauspiel, zu welchem die
Indianer haufenweise hinzuliefen! Der Rehbock stellte
sich nämlich auf die Hinterfüße, und schlug mit seinen
Vorderfüßen das Maulthier auf den Kopf: da nun dieses

ses jenem Gleiches mit Gleichem vergelten wollte, so machte derselbe allerlei Seitensprünge bald rechts, bald links; und entgieng daher allemal den Schlägen, und der Rache des erbitterten Maulthieres, mittelst seiner unglaublichen Hurtigkeit. Nach so vielen Siegen, die es über diese Pferdeseln davon trug, machte es sich auch auf dem Felde an einen der unbändigsten, der dem zwey= jährigen Rehe den Rückgrad einschlug, und selbes also um das Leben brachte, nachdem ihm allgemach die Hör= ner (es war ein Männchen) zu wachsen angefangen hat= ten. Man kann sich kaum vorstellen, wie nahe uns al= len das Unglück dieses Thieres gieng. Ich habe noch itzt ein Buch Musikalien, das in seine Haut gebunden ist. Ich weiß noch von einem andern merkwürdgen Reh= weibchen, welches in dem quaranischen Flecken zu den h. h. Aposteln erzogen wurde. Weil es sich nach einem Männ= chen sehnte, verlief es sich in den Wald. Alle Einwoh= ner bedauerten den Verlust der Entlaufenen, als sie sich wieder nach einer Abwesenheit von einigen Monaten mit einem jungen Rehe, das sie eben geworfen hatte, folglich mit Wucher bei ihrem Herrn einstellte. Jedermann be= wunderte den Trieb der Natur, und die Treue dieses Thieres.

Ykipàra.

Die Ykipàra=, eine Art Maulwürfe, halten sich unter der Erde auf, und machen ein entsetzliches Getös. Es ist gerade, als wenn man von weitem paucken hör= te. Fremde, die nichts davon wissen, können nicht ohne Schauder zuhören. Ich beschreibe die äußere Gestalt dieses Thieres nicht, weil ich es zwar oft gehöret, aber nie gesehen habe. Ich vermuthe, daß das Ge= brumm desselben in den hohlen Krümmungen und

Z   Schlan=

Schlangengängen der Erde abpreße, und sich dadurch
verstärke.

Verschiedene Gattungen der Affen.

Wollte ich die Gestalt, die Benennungen, und Eigenschaften aller Affenarten von Nordparaquay umständlich
beschreiben, so würde ich damit allein einen ziemlichen
Band anfüllen. Ich werde also nur das Vornehmste
berühren. Alle Affen heißen auf spanisch Mono, auf
abiponisch aber Nichikatpana. Die Quaranier geben
jeder Affenart einen besonderen Namen. Die Carayà
sind die zahlreichsten, aber auch die häßlichsten. Sie
haben braune Zotten, sehen immer mißmüthig aus, klagen immer, und sind träge und bissig. Da sie Tag und
Nacht fortheulen, so verlangt sie niemand zahm zu machen. Sie sitzen schaarenweise auf den Bäumen, und
springen auf denselben des Futters wegen herum. Ver-
doppeln sie ihr Geheul, so ist dies ein Zeichen eines
nahen Regens, oder Ungewitters. Es gleicht dem Geklirre der Fuhrwägen, welche lange Zeit nicht geschmie-
ret worden sind. Man hört dasselbe auf mehrere Meilen weit, weil immer einige hundert miteinander heulen.
Sie sind mittelmäßig groß.

Cayì.

Die kleinen Affen, welche man Cayì nennet, sind
kaum, auch wenn sie ausgewachsen sind, eine Spanne groß,
stets fröhlich und munter, und wenn man sie von ihren
ersten Tagen an zahm macht, sehr gelehrig. Doch kann
man sie nicht oft frey im Zimmer herumgehen lassen, weil
sie alles kosten und anfühlen wollen, und bei dieser Gelegenheit Dintenfaß und Geschirre umstürzen, die Bücher
zerreißen, alles was flüßig ist, ausschütten, und alles was
glä-

gläsern ist, zerbrechen. In die Büchsen, Lampen, und Kannen stecken sie ihre Klauen hinein, riechen dazu, und verunreinigen Tisch und Kleider. Sehen sie etwas eßbares, so mausen sie es. Deßwegen bindet man sie an einen langen und dünnen Riemen, damit sie hin= und herlaufen können. Wir hatten zu S. Joachim ein solches Aeffchen, welches uns, sobald wir vom Pferd stiegen, die Spornriemen auf das behendeste auflösete. Ich habe einige gesehen, welche sich auf der Reise auf einen Hund setzen, den Menschen nachspotten, und wie Possenreißer zum Lachen und zur Verwunderung allerlei Gauckeleyen machen. Es ist daher kein Wunder, daß diese Affen nicht nur den Indianern, sondern auch den Europäern sehr werth sind, und oft von diesen mit großen Kosten angeschaffet werden. Die Batatas (die Deutschen nennen sie Erdäpfel) sind ihre tägliche und gesündeste Nahrung, wiewohl sie auch Fleisch, Brod, und andere Mehlspeisen essen. Man muß sich sehr in acht nehmen, ihnen nicht zu viel zu geben; denn sie fressen sich so sehr an, daß ihnen der Magen zerplatzet. Im Walde tragen die Affenweibchen ihre Junge, welche sich wie Kinder mit den Pfötchen an ihren Hals schmiegen, auf dem Rücken, und auf den Aesten der Bäume herum, wo sie ihre Nahrung finden. Wenn also ein Indianer einen lebendigen jungen Affen haben will, so erschießt er mit einem Pfeile die Mutter, von welcher sich ihr Söhnchen noch in ihren letzten Zückungen nicht ohne zu winseln trennen läßt. Folgendes ist noch merkwürdiger und beinahe unglaublich. Die Quaranier bleiben oft 4 Tage im Wald auf der Jagd. Haben sie nun eine hinlängliche Anzahl Affen erlegt, so verzehren sie einige davon gleich auf dem Wege, und tragen die andern gebraten, um sie bei der Sonnenhitze vor der Fäulung zu bewahren, nach Hause. Die kleinen Affen welche sie zur Lust lebendig aufbehalten, erkennen noch ihre Alten, auch wenn sie gebraten sind, und so schwarz als eine Kohle

Z 2

Aus=

ausfehen; und hängen fich an ihre Schultern, ohne daß
ihnen der geringfte Gedanke von der Flucht beifiele. Wer
wird nicht diefe Liebe der Jungen gegen ihre Alten bei
den Affen bewundern, welche, wie fie in anderen Stücken
blos Nachahmer der Menfchen find, alfo in diefem Punkte gewiß ihre Lehrer feyn können?

Barbudos.

Die Spanier in Paraguay, welche die Blätter des
Baumes Caà zu einem Getränke zubereiten, treffen oft
große, fauerfehende, und ftark bebartete Affen an, welchen
fie von dem Barte einen lächerlichen Namen, den ich mit
Vorbedacht verfchweige, beigeleget haben. Sie lieben ab-
feitige Oerter, und fliehen die Menfchen und das Tageslicht. Ihrer Waffen wegen find fie zu fürchten; denn fie
werfen ihren Unrath, der um fie ftets herumliegt, wie
eine Kugel zufammgeballet, auf alle, die ihnen nahe kommen. Allein diefer Geftank ift, bei aller Abfcheulichkeit
deffelben, dennoch mit bem Harn der Zorrinos verglichen,
Rofen- und Gewürzgeruch. Dergleichen Affen zu fangen,
oder zu zähmen ift noch niemanden eingefallen.

Caruguà.

In den tiefeften Wäldern irren Affen herum, welche die Quaranier Caruguà, die Spanier aber Diablo
del monte Waldteufel heißen. Ich wäre verfucht fie
Faunen und Satyren zu nennen, wenn fie nach der Phan-
tafie der Mahler und Dichter Geißfüße und Hörner hätten. Sie find mit Haaren bewachfen und beinahe die
größten von allen Affengefchlechtern. Sie gehen auch
aufrecht auf den hintern Füßen. Ihre Fußtritte gleichen
denen eines vierzehnjährigen Jünglings. Diefe Affen lieben die Einöde und ftellen dem Menfchen nicht nach. Kömmt
aber

aber jemand unvermuthet in den Irrgängen der Wälder ihnen auf die Nähe, so zerreißen sie ihn ganz erbärmlich. Ich weiß von einem Quaranier, welcher an den Wunden, die ihm ein Caruguà versetzt hatte, in der Kolonie S. Stanislaus gestorben ist. Ein anderer Indianer aus eben diesem Flecken erlegte in den entferntesten Wäldern einen solchen Affen. Weil er die Beschwerlichkeiten der langen Reise bei der strengen Sonnenhitze scheuete, so ließ er den todten Körper zurück, und schnitt ihm blos seine entsetzlichen Klauen, welche noch weit fürchterlicher als ein Bajonet sind, ab, und wies sie dem P. Petrus Paulus Danesi, einem Römer, welcher dazumal dem Flecken vorstand. Sie wurden hernach in den übrigen Flecken der Quaranier herumgetragen, damit man aus den Klauen auf den Caruguà schließen, und seine schrecklichen Waffen kennen und fürchten lernte, so oft eine Reise durch minder besuchte Wälder unternommen werden sollte. Es hatte wenig gefehlt, daß nicht auch ich eine Beute dieser grimmigen Affen geworden bin. Als ich einst mit den Indianern und dem Spanier Villalba, meinem Gefährten, in den Wäldern Mbaeverà übernachtete, und diese von ganzer Seele schnarchten, hörte ich eine Zeitlang ein Geräusch von abgebrochenen Baumästen, und zugleich einen der menschlichen Stimme ähnlichen Laut. Ich war in Aengsten zu wissen, was es seyn möchte. Da die Stimme, und das Geräusch meiner Ruhestätte, die von dem Feuer der Indianer etwas entfernt war, immer näher kam, besorgte ich Gefahr, und schrie meinen Indianern zu, von welchem Vogel oder Thiere dieses Geräusch herrühre. Mein Geschrey weckte sie endlich auf. Sie, und der Spanier horchten ein wenig, und sagten mir dann einstimmig, daß ein Caruguà oder ein Waldteufel sich nähere. Gleich liefen alle mit Bränden und Lanzen zu mir. Ihre Nähe erschreckte die Bestie, und sie machte sich eilends davon. Ich aber hohlte nach dieser Gefahr wieder frey Athem.

B 3

Qua-

Quaù.

Das Thier Quaù scheint mir ein Bastart zu seyn: denn es sieht an seinem Rüßel einem Ferkel, an dem Kopf einem Fuchs, und im übrigen einem mittelmäßigen Affen gleich. Es ist etwas gelblicht, und sein Schwanz welcher an Länge den ganzen Leib übertrift, wie geringelt und vielfärbig. Die Quaù laufen wie die Affen auf den Bäumen herum, und weiden sich an deren Früchten, wiewohl wir auch einst eine zahlreiche Schaare derselben auf der Erde herumhüpfen sahen. Auch die Alten werden in wenig Tagen von den Indianern zum Verwundern zahm gemacht; aber Hühner und Eyer, von denen sie besondere Liebhaber seyn sollen, sind vor ihnen nie sicher.

Ay.

Bei unserer Affenmusterung soll der Ay den Beschluß machen. Dieses Thier hat nichts weniger als die Hurtigkeit und Leichtigkeit der Affen, und wird wegen dessen angebohrner Trägheit und Langsamkeit von den Quaraniern Ay, von den Spaniern la Pereza oder die Trägheit und spottweise el Perico ligero, das hurtige Hündchen genennt. Es ist so groß wie ein unsriger Fuchs, und hat einen kleinen Kopf, eine enge Schnauze, kleine und schwarze Augen, lange aschenfärbige Zotten, die auf den Hals wie eine Mähne herabhängen, einen braunen Streif über den Rücken, ein stets offenes Maul, an jedem Fuß lange und eingebogene Klauen, einen stumpfen Schwanz, schwache Zähne, und keine Ohren; kurz alles, was man anschaut, ist bei ihm ungereimt und abscheulich. Der Ay lebt in den Gipfeln der Bäume von ihren Blättern, und zuweilen auch von kleinen Ameisen. Auf seinen Hinterfüßen sieht er niemals. Man sieht ihn nie

                                                                                          kria

trinken; sondern er scheint sich mit dem Thau allein zu
begnügen. Langsamer als jede Schildkröte scheuet er die
kleinste Bewegung, so daß er sowohl im Hinaufsteigen auf
einen Baum, als auch im Herabsteigen wohl einen Tag
verkriechet. Er erstarret, wenn es auch nur etliche Tropfen auf ihn regnet. Er seufzet immer den Buchstaben
I hervor; außer dem bricht er das ewige Stillschweigen nie, und liebt die Ruhe über alles. Sein Leder
soll besonders dauerhaft seyn; sein Fleisch aber finden
selbst die Indianer, so viel ich weiß, eckelhaft. Aus
allem diesem erhellet, daß die träge Bestie mit den Affen
fast gar nichts gemein hat. Diese können nicht einen
Augenblick still sitzen, sondern laufen, spielen, und springen den ganzen Tag. Ihre tägliche Ermüdung von dem
immerwährenden Herumhüpfen macht sie so mager, daß
nichts als Haut und Bein an ihnen ist. Doch essen die
Indianer auf den Reisen die gebratenen Affen als etwas
sehr köstliches. Ich lachte von ganzem Herzen, als einer
von ihnen zu einem gebratenen Affen, den er in Beiseyn
meiner mit einem Pfeile von dem obersten Gipfel des
Baumes heruntergeschossen hatte, eine ziemliche Anzahl
seiner Reisegefährten einlud: denn ich glaube nicht, daß
auf einen ein Beinchen gekommen ist; allein sie wollten
lieber an einem Beine nagen, als Hunger leiden, nachdem sie aus einer unzeitigen Gefräßigkeit die ihnen reichlich mitgegebene Wegzehrung schon verschlungen hatten.
Das Affenfleisch ist in verschiedenen Ländern von Amerika
eine der gewöhnlichsten und köstlichsten Speisen der Ja-
bianer. Daß sie dasselbe schmackhaft finden, ist sehr natürlich, weil viele von ihnen vorher Menschen fraßen, denen die Affen noch am nächsten kommen. Die düm-
mern Amerikaner glauben sogar, daß sie reden können,
daß sie aber, um nicht von den Spaniern zur Arbeit angehalten zu werden, sich stumm stellen, und nicht einmal leise flüsterten, wiewohl sie zuweilen lachten, und

heul-

heulten. Wenn ein Aff mit einer Flintenkugel getroffen
wird, so drückt er alsogleich die Pfotte auf die Wunde,
um das Blut und sein Leben zu erhalten, und seiner
Seele den Ausgang zu verwehren. Ist er auch bereits
entseelt, starr, und kalt, so bleibt dennoch die Pfotte
auf seiner Wunde. Die Erfahrung hat mich das Schädli-
liche und Gefährliche an den Affenzähnen kennen gelehret.
Ein Priester aus meiner Gesellschaft wurde einst von einem zornigen Affen gebissen, und der Rothlauf zog sich
vom Arm in den Kopf. Eine heftige Entzündung und
Geschwulst nebst unleidentlichen und beinahe tödlichen
Schmerzen waren die Folge davon. In Europa habe
ich viele Affen gesehen, welche mir nicht einmal dem
Namen nach bekannt waren, und von denen ganz Paraquay nichts weiß. In den verschiedenen Ländern giebt
es verschiedene Affengeschlechter, die nach Verschiedenheit
der Sprachen auch verschiedene Namen führen. Zu Lissabon werden in vielen Kaufmannsbuden allerlei amerikanische, asiatische, und afrikanische Affen verkauft, die mir
in Paraquay nie zu Gesicht gekommen sind. Eben dieses
gilt auch von den Papageyen.

Armadillo oder Tatù.

Das vierfüßige Thierchen, welches die Spanier
Armadillo, die Quaranier aber Tatù nennen, ist nicht
viel größer, als eine gemeine Schildkröte, sonderbar anzusehen, aber schmackhaft zu essen. Es ist am ganzen
Leibe mit reihenweise schwarz und weißgefleckten Horn-
schuppen bepanzert. Wenn eine Gefahr drohet, verbirgt
es seinen Kopf, der einem Ferkelkopf gleichet und
den es sonst im Gehen hinvorstrecket, unter ihren Panzer,
wie eine Schildkröte. Sein Hals ist sehr lang, und seine Schuppen sind rechts und links besonders unter dem Bauche mit weißen Haaren bewachsen. Es hat Schildkröten

renſäße mit 5 ungleichen, Zehen, und ſehr ſpißigen Klauen,
womit es ſich bald unter der Erde Gruben gräbt, und
bald ſich an derſelben ſo feſt anhält, daß ſelbes auch
der ſtärkſte nicht davon wegreiſſen kann. Sein langer
Schwanz, aus welchen ſich die Abiponer Kriegspfeiffen
machen, iſt gleichfalls bepanzert. Die Ohren der Armadillos haben weder Haare noch Schuppen. In ihrem Genicke ſind zwey Gelenke angebracht, damit ſie
ihren Hals rechts und links herumdrehen können. Sie
laufen ſehr ſchnell, meiſtens ſich ſack, um von den Menſchen und Hunden, die ihnen nachſetzen, nicht erwiſcht zu
werden, und freſſen Wurzel und Kräuter. Sie trinken
viel und werden auch ſehr fett. Die Hunde wittern ſie
in ihren unterirrdiſchen Schlupfwinkeln aus. Sie brüten nicht Eyer aus, wie die Schildkröten, ſondern bringen ihre Jungen lebendig auf die Welt, und zwar meh-
tere auf einmal. Schon die ungebohrnen Jungen haben
ihre Panzer, wiewohl von der äußerſten Zartheit. Ich
habe ihrer viele geſehen, wann die Soldaten trächtige
Armadillos, ehe ſie gebratten wurden, aufſchnitten.
Solche Thierchen giebt es in Paraquay von dreyerlei Gattungen, welche ſich an Geſtalt, Größe und ihrem Namen
von einander unterſcheiden. Zur erſten gehören die, welche wohl zwo Spannen lang und etwas größer, als ein
Ferkel ſind. Sie haben längere Klauen, und theils
braune, theils rothe Haare; und heißen daher bei dem
ſpaniſchen gemeinen Volke Kirikincho peludo, die haa-
richten Armadillos, bei den Quaraniern Tatù poyù,
bei den Abiponern endlich Yanik laip. Streuet man von
dem zur Hälfte gebrannten, und zu Pulver geriebenen
Panzer der rothen Armadillos auf den wunden oder haar-
loſen Rücken der Pferde, ſo wird dieſer dadurch geheilet.
Da die größeren Armadillos die Aeſer der Pferde und
Maulthiere auf dem Felde freſſen, ſo eckelt den meiſten
vor ihrem Fleiſch: doch bedienen ſich gemeine Leute ih-

Z 5

rer

rer grossen Schaalen oder Panzer in der Küche statt der Teller und Schüßel. Die Armadillos der zweyten Art sind viel kleiner als die vorigen, essen keine Aeser, und geben daher selbst ein fettes und schmackhaftes Fleisch. Die Spanier heißen sie Mulita, kleine Maulthiere; die Abiponer Katoikaik. Die dritten endlich und kleinsten kugeln sich, so oft es ihnen einfällt, wie die Igeln zusammen. Ihre Panzer aber sind so fest, daß beladene Futrwägen, ohne sie' einzudrücken, darüber wegfahren, und selbe durch keine Gewalt aufgemacht werden können, es sey dann daß man viel Waßer auf einmal daraufgießt. So bald sie naß werden, schließen sie sich von selbst auf. Die Spanier nennen sie Bolita, eine kleine Kugel, die Abiponer Kaitavalk. Ihr Fleisch ist schneeweiß und voller Saft. Ohne Zweifel würde dasselbe jeder Europäer Hühnern, Kapaunen und Phasanen vorziehen. Ihre viele Fette braucht man auch zu Arzneyen. Von diesen Panzerthieren wimmelt es fast überall in den paraquayischen Feldern. Wir wenigstens aßen selbe vielmal, wenn ich mit den spanischen Reitern durch diese Haiden zog, oft ein Mittag- und oft ein Abendmahl ab.

Bisher handelte ich von den vierfüßigen Thieren, welche in Paraquay zu Hause sind. Von den Pferden, Maulthiere, Eseln, Ochsen und Schaafen dieses Landes habe ich anderswo geredet. Elephanten, Rhinoceros, Kameele, Pantherthiere Hyäne, Rennthiere, Luchsen, Dachsen, Bären und gemeine Wölfe kennet Paraquay nicht. Wir wollen daher zu den Amphibien übergehen.

Der Krokodil, oder Caymán.

Unter den Amphibien, welche Cicero Doppelthiere (ancipites bestias) nennt, soll das Krokodil den Anfang machen. Dieses Thier, welches um viel größer,

als

als die andern, aber auch um viel langsamer ist, nennen die Abiponer ißt Kaéperliak (ehedessen nannten sie es Peénè) die Quaranier jacarè, die Mohren von Congo Caymàn, die Spanier Cocodrilo oder Lagarto, (eine Eydere;) weil dasselbe, wenn es vom Ey ausschließt, kaum über eine halbe Spanne lang ist, und unseren Eyderen in den Gärten gleichsieht. In der Folge aber wächst es zu einer ungeheuern Größe an. Man sieht in Amerika durchgängig 10 Schuhe lange Krokodile. Aelian giebt ihnen in seiner Geschichte der Thiere (17. B. 6. K.) eine Länge von 26 Ellen, andere eine noch größere. Plinius sagt im 8. B. 25. K.: „Kein „Thier, das im Anfage so klein ist, wächst zu so einer „Größe an.“ Dieß ist auch kein Wunder, weil die Krokodile (nach der gemeinen Meinung) so lang wachsen, als sie leben. Da sie nun ein äußerst hohes Alter, und nach dem Aelian oft das sechzigste Jahr erreichen, und auch manchmal überleben, so kann man leicht auf ihren Wachsthum schließen. Das Alter der Krokodile konnten die Völker in Asien wissen, welche sie entweder in den Teichen zur Verehrung oder in den Gräben der Stadmauern zum Schutz ihrer Städte mit gewissenhafter Sorgfalt aufzogen, und fleißig dafür Sorge trugen, daß, wenn die alten Krokodile auf was immer für eine Art umkamen, sie durch Junge ersetzet wurden. Als einst während einer zweyjährigen Trockenheit verschiedene Seen und Flüße austrockneten, sahen wir in Paraquay nebst andern Wasserthieren auch eine Menge Krokodile im Felde herumirren, und da sie nirgends Wasser fanden, durch Durst umkommen. Schreckbare Gestalten und Ungeheuer von einer noch nie gesehenen Größe kamen uns täglich unter die Augen. Die Krokodile erreichen ihr höchstes Alter durch eine besondere Wohlthat der Natur, welche sie mit so vielen Schutzwehren ausgerüstet, und dadurch ihre Erlegung

so

äußerst schwer gemacht hat. Hier ist ein roher Umriß
zur Zeichnung dieser Thiere. Ihr Kopf ist groß und
platt gedrücket; der Rachen sehr weit aufgesperret. Bei=
de Kinnbacken sind mit sehr spitzigen, aber ungleichen Zäh=
nen besetzt. Ihre Augen sind groß, rund, und grau,
haben einen schwärzlichten Augapfel, und funkeln fin=
ster und drohend aus dem Wasser hervor. Sie ha=
ben keine Zunge, sondern an ihrer Stelle ein ganz un=
bewegliches Häutchen. Ihre vier Füße sind mit Klauen,
wie Vogelkrallen versehen. Sie brauchen selbe theils zum
Schwimmen, und theils zu ihrem langsamen Gange am
Ufer. Der Rumpf des übrigen Körpers ist wie ein
Block unförmlich groß, und endiget sich in einem langen
zugespitzen Schwanz, an dessen äußerstem Ende oben eine
schwarze Kugel ohne alle Oeffnung angewachsen ist, als
das Unterscheidungszeichen des weiblichen Geschlechts, wie
meine Aegyptier sagten, welche in den Naturkenntnissen
eben so bewandert als in dem Uibrigen unwissend sind.
Dieses Kügelchen haben die männlichen Krokodile nicht.
Ihre Haut ist rauh, und mit eisenfesten, und schwarz
und gelb zierlich gefärbten Schuppen wie mit Muscheln
geharnischt. Diese machen hauptsächlich den Kopf, den
Rücken und den Schwanz für alle Waffen undurch=
dringbar. Der Bauch, die Seiten und Füße sind eben
so bunt checket; aber mit weicheren Schuppen mehr ge=
zieret als bewaffnet. Auf der Oberfläche der Haut ragen
theils zirkel= theils parallelogrammenförmige Figuren,
welche reihenweise gelb und braun geflecket sind, als wenn
es Muschel wären, wie die Warzen auf der Haut des
Menschen hervor. Der Schwanz besteht aus schwärzlich=
ten Ringen, und einer zackichten Floßfeder zum Schwim=
men. Die Haut, welche den Hals umgiebt, ist weicher,
und daher am leichtesten zu verwunden. Wird ein Kro=
kodil von einem Tieger angefallen, so wehrt es sich mit
dem Schwanze und bringt ihn um: kömmt aber selbst
um,

ein; wenn es am Hals oder Bauch, wo die Haut schwä=
cher ist, von einem Thiere mit Hörnern oder Klauen
verwundet, oder von einem Pfeil, einer Kugel oder Lanze ge=
troffen wird. Auch schwer verwundet, sucht dasselbe noch
durch Schwimmen zu entkommen: allein die Indianer ho=
len es im Schwimmen meistens ein, und bringen es aus
dem Wasser zurück an das Ufer. Wenn der Südwind
stark bläst, so erstarren die Krokodile, welche des Nachts
in den kalten Seen bleiben, vor Frost, und legen sich,
um sich an der Sonne zu wärmen, des Morgens wie
ein Block auf das nahe Gestad heraus. Da sie nun bei=
nahe gefühllos und alle ihre Glieder fast erfroren sind, so
werden sie von den Abiponern mit Lanzen ohne Mühe
und Gefahr durchstochen. Diese lassen die Körper liegen,
und nehmen blos die Zähne, nebst einigen Beinchen
aus dem Rückgrade heraus, mit welchen sie, weil selbe
wie Stahl so hart, und wie Schuhsohlen so gespitzt
und elastisch sind, ihre Glieder, wenn sie miteinander
zechen, aus Prahlerey zu zerstechen pflegen, von welchem
Gebrauche wir an einem andern Orte mehr sprechen wer=
den. Die Krokodilzähne, welche die Amerikaner theils
als Verwahrungs=und theils als Heilmittel wider die
Schlangenbisse sehr hoch schätzen, tragen sie entweder in
einer Schnur am Arm, oder verkaufen sie bei Gelegen=
heit den Spaniern. Das Krokodilenfleisch ist so zart
und weiß, daß es von dem Hausen, dem größten und
köstlichsten aller Flußfische, welcher in Ungarn in der Donau,
und der Theiße gefangen wird, schwer zu unterscheiden
seyn dürfte. Das Krokodil war vormals ein Gott der
Aegyptier, und nun ist es eine Speise der Amerikaner
und Afrikaner. Jene beteten ihn an, diese essen ihn.
Von seinem Fleisch sollen viele amerikanische Nationen,
besonders an den Inseln des Flußes Urinoko und anderer
leben. In Paraquay aber ißt davon meines Wissens
außer dem Payaquas, welche an den Füßen wohnen,

nie=

niemand, weil diese Provinz nicht nur zahmes und wildes
Vieh, sondern auch Erd- und Baumfrüchte genug hat.
Uibrigens bin ich der Meinung, daß kein Europäer das
Krokodilenfleisch verschmähen würde, wenn es nicht nach
Biesam röche, welchen dieses Thier theils im Rachen,
und theils in den Hoden herumträgt. Die Priester
pflegen ein Stückchen von einer solchen Drüse, an dem
der Biesam klebet, in Seide oder Goldstoff einzuwickeln, und
in dem Tabernackel aufzuhängen, um die Würmer hindan
zu halten, welche sich sonst unter einem so feuchten und
hitzigem Himmelsstriche in den h. Hostien ansetzen. Die
alten Deutschen scheinen auch von diesem Mittel wider
die Würmer gewußt zu haben. Wir sehen in Oesterreich eine Menge alter Kästen, welche nach Biesam riechen, und dadurch Jahrhunderte von den Würmern un-
angegriffen und unversehrt geblieben sind. Nicht ohne
Ursache schreiben Kircher und andere Naturkundige,
daß aller eindringende Geruch die Flöhe, Wanzen,
Schnacken und andere dergleichen Insekten verscheuche und
vertreibe. Die Wiener haben meinen ganzen Beifall,
daß sie das Krokodil an einem alten Schilde einer Gewürzbude in ihrer Provinzialsprache den schmeckenden
Wurm nennen.

Wenn man hört, daß die Krokodile giftig sind,
so darf man dieses sicher unter die Märchen rechnen: denn
einmal ist es gewiß, daß sie die Indianer ohne Schaden
essen. Auch die Europäer würden, wenn ihr Fleisch
nicht vom Biesamgeruch angestecket wäre, begierig dabei
zulangen. Die Zähne derselben sind in ihren Lücken tief
eingestecket, bei der Wurzel hohl, aber am obern Ende, wo
sie spitzig werden, äußerst dicht; und die Krokodile können die härtesten Dinge damit aufbeißen. Schrecklich
ist, daß dieses Thier nichts mehr von dem, was es
einmal mit den Zähnen gefaßt hat, ausläßt. Wenn
also

also in Neugranada ein Krokodil einen schwimmenden Amerikaner in den Arm beißt, so wird dieser von den zu Hilfe gekommenen Indianern eilig abgeschnitten, weil man sein
Leben auf keine andere Art zu retten weiß. Die spanischen Landleute pflegen halbgebrannten Flachs oder Baumwolle, welche sie statt des Zunders beim Feuerschlagen
brauchen, in einem schön ausgearbeiteten Horn von einem Kalbe auf der Reise bei sich zu tragen. Statt dieser Büchse bediente sich ein Spanier aus Peru (ich habe ihn sehr gut gekannt) eines Krokodilenzahnes, welcher dicker als ein Mannsbaum war. Hieraus kann
man auf die Größe des Zahnes, und aus dem Zahne
auf die Größe des Thieres, das denselben im Rachen
hatte, wie aus den Klauen auf den Löwen, schließen.
Folgendes ist ihre Erzeugungsgeschichte. Die Weibchen
legen einige Tage nacheinander bei etlich und dreißig
Eyer, welche cylinderförmig und so groß als Gänse-
eyer sind. Diese graben sie in Sand, und lassen sie von
der Sonne ausbrüten. Am Ende schliefen Junge, wie
unsere Eyderen hervor. Weil die Krokodile kurze Füße
haben, und mit ihrem dicken Bauche an dem Boden
streifen, so zertretten sie im Gehen eine Menge Eyer.
Dieß ist eine Anstalt der Vorsicht, ohne welche in Amerika schon lange weder für die Fische, noch für andere
Thiere ein Raum übrig geblieben seyn würde. Daß einige Indianer die Krokodileneyer nicht nur essen, sondern auch für eine Delikatesse halten, finde ich sehr natürlich. Ob sie auch nach Bisam riechen, weiß ich
nicht: denn ich mochte sie nicht kosten. In dem Flecken
Conception hatte ein Abiponer zwey eben ausgebrochene
Krokodile, ein Männchen, und ein Weibchen meinen
Amtsgefährten gebracht, auf dessen Zureden ich sie auf-
zog. Gleich den ersten Tag verlohr sich das Männchen
aus meinem Zimmer, und wurde alles Suchens ungeachtet nicht wieder gefunden. Nach 8 Tagen aber legr-

te

te es freywillig zu seinem Schwesterchen zurück. Damit
es mir nicht wieder entwischte, verschloß ich beyde in einem hölzernen Mörser von einer ziemlichen Höhe und
Weite, worinn wir sonst das türkische Korn zermalme-
ten. Ich gab ihnen von Zeit zu Zeit frisches Wasser;
und warf ihnen Erde, kleine Fische, und kleinzerschnitte-
nes Fleisch hinein. Dieß war ihre Wohnung und Nahrung, bis in das siebente Monat. Bisweilen nahm ich
sie aus dem Wasser heraus, und ließ sie in dem Hofe
herumgehen. Die Abiponer sahen mit einer besonderen
Freude den Thierchen zu, wie sie bald auf dem Wasen
spielten, bald ihren kleinen Rachen aufsperrten, und bald
sich aufbäumten. Ich hatte einen jungen, und eben darum sehr muthwilligen Hund. Dieser beilte die Krokodile an und sprang endlich mit aller möglichen Unvorsichtigkeit auf sie hin. Gleich fieng ihn eines bei der
Nase mit seinen dazumal schon äußerst gespitzten Zähnen.
Da dem Hunde das kleine Thierchen, welches ihm an
der Nase hieng, unleidentliche Schmerzen verursachte,
so lief er winselnd in dem ganzen Hofe herum: weil ihn
aber niemand von seinem beschwerlichen Anhängsel befreyen
konnte, eilte er endlich nach Hause uns um Beistand an-
zuruffen, da dann die herumstehenden Abiponer, welche
ihn ohne Lachen nicht ansehen konnten, das hartnäckige
Krokodil von seiner Nase losmachten. Eingedenk des er-
littenen Schmerzens flüchtete sich das Hündchen allemal,
so oft es eines von diesen Thierchen auch nur von weitem erblickte. Daß selbe ein sehr feines Gehör haben,
kann man daraus abnehmen, weil sie das unmerklichste
Geräusch, daß ein Mensch lange nicht hören würde, z. B.
den entferntesten Donner aus einer Wolke unter dem
Horizont, bei der Nacht hörten, und mir im Schlafe
durch ein wiederholtes Gemurmel ù, ù, ù, ù, anzeig-
ten. Nachdem sie 7 Monate alt, und kaum noch eine
rechte Spanne lang waren, erfroren sie, als ich mich
der

den spanischen Soldaten, die Kolonie zu versetzen, eine Reise von 21 Tagen machte, und die Thierchen in einem kupfernen Keßel mit mir nahm. Ein strenger Reif (wir reiseten im Winter) hat meine Zöglinge aufgerieben. Ohne Zweifel würden sie bei einer völligen Freyheit, und den ihrer Natur angemessenen Nahrungsmitteln in so vielen Monaten größer gewachsen seyn.

Von der Grausamkeit der Krokodile gegen die Menschen ist von vielen Vieles geschrieben worden. Ich widerspreche niemanden: doch kann ich mich über die Krokodile in Paraquay, ohne ihnen Unrecht zu thun, nicht beklagen. In den 22 Jahren, daß ich mich in diesem Lande aufhielt, habe ich nicht von einem einzigen gehört, der von demselben getödtet, oder verwundet worden wäre. Die meisten Abiponer, Männer und Weiber, Knaben und Mädchen pflegen sich täglich nach Mittag in der größten Sommerhitze in den Bächen, Flüßen, Seen und Teichen, wo sich die Krokodile aufhalten, (wiewohl nach dem Unterschiede des Geschlechtes in verschiedenen Orten) mit Schwimmen und Baden abzukühlen. Niemanden haben noch die neben ihm herschwimmenden Krokodile etwas zu Leide gethan, und auch niemand fürchtet sich vor ihnen. Vielmal werden sie durch das Getöse der schwimmenden Indianer erschrecket, und nehmen die Flucht, besonders die schwarzen. Die röthlichten halten die Abiponer für kühner und gefährlicher. Allein ich habe beide durch eine lange Erfahrung als ganz unschädliche Thiere sowohl zu Lande als zu Wasser kennen gelernet. Wenn ich oft auf einer Ochsenhaut oder einem niedrigen Kahn über die Flüße setzte, sah ich sie vielmals ihre Köpfe in die Höhe strecken, mit den Augen funkeln, und mit aufgesperrten Rachen hart neben mir schwimmen, aber allemal ohne die geringste Gefahr. In dem Flecken zum h. Rosenkranz war ein Teich, worinnen

A a

innen es von diesen Thieren wimmelte, nicht einmal einen Büchsenschuß weit von meinem Hause entlegen. Der
Flecken S. Ferdinand war überall von grossen Landseen
umgeben. Unter der Dämmerung giengen wir oft spazieren frische Luft zu schöpfen. In diesem Spaziergange
stießen uns Krokodile beiderlei Geschlechts und von verschiedenem Alter auf, die sich uns auf 6 oder 7 Schritte näherten, ohne daß wir von einem See zum andern
auch nur von einem einzigen wären beunruhiget worden,
wiewohl wir gar keine Waffen bei uns hatten. Aber
eben diesem schreibe ich unsere Sicherheit zu; denn mir
deucht, daß diese Thiere nur die beleidigen, von denen
sie beleidiget werden. Wenn man ihnen nichts thut, so
thun sie auch nichts. Mich wunderts nicht, daß sie in
Quito, Neugranada, und einigen andern Provinzen von
Asien und Afrika auf die Menschen so grimmig losgehen;
weil die dortigen Einwohner ihr Fleisch essen, und ihnen
daher täglich auflauern, nachsetzen, sie scheu machen, fangen und tödten. Auch der Wurm windet sich, wenn man
ihn tritt. Die Paraquayer hingegen pflegen die Krokodile, weil sie entweder Rindfleisch oder Wildprät oder
beides zugleich im Ueberfluß haben, weder zu essen, noch
zu verfolgen; und darum werden sie auch von diesen ver-
schont. Dieses Thiergeschlecht scheint Gleiches mit Gleichem zu vergelten, und Mord mit Mord rächen zu
wollen. Wer auf die Worte des Plinius, Aristoteles,
und ich weiß nicht, noch welcher Naturgeschichtschreiber
einmal geschworen hat, der wird freylich meiner Erzählung schwerlich beipflichten. Seiner Meinung nach werden die Krokodile überall nach Blut dürsten, nichts als
umbringen, und nachdem sie ihren Raub gefressen haben,
helle Thränen weinen, und alle ihre Adern von einem
tödtlichen Gifte angeschwollen seyn. Alles genau zusam-
mengerechnet möchten wohl diese Thiere in Asien und
Afrika denen in Amerika ziemlich gleichsehen; dessen un-

achtet

geachtet kann man jene allerdings für schlauer, und grau=
samer halten als diese; denn daß sich die Beschaffenheit
und die Eigenschaften der Thiere nach der Verschieden=
heit der Länder richten, haben wir bei den Tiegern
und Löwen gesehen. Diese fürchtet in Paraquay niemand,
in Afrika jedermann. Die paraquayischen Tieger hin=
gegen sind viel größer und gefährlicher als die afrikanischen,
wie ich schon gemeldet habe. Eben dieses trifft auch
bei andern Thieren und Pflanzengeschlechtern zu, wie ich
gewiß weiß. Man bedient sich nicht überall einer
gleichen Methode die Krokodile zu fangen und zu erle=
gen. Einige fahren mit Kähnen auf dem Fluß herum,
und werfen ein Stück Holz, an das ein Stück Fleisch
angeködert, und ein langer Strick angebunden ist, in
das Wasser. Jene verschlingen nun das Fleisch sammt
dem Holz, und werden, weil sie daßelbe aus ihrem Ra=
chen nicht mehr herausbringen können, mit dem Stri=
cke an das Land gezogen und erschlagen. Andere pflegen
eine lange zugespitzte Stange in ihren Rachen tief hin=
ein zu stecken, und bringen sie so ohne weiters um das
Leben. Die Abtponer stechen sie meistens mit ihren Lan=
zen nieder, wenn sie in der Frühe welche an dem Ge=
stade ausgestrecket und erstarret finden Der Pfeil, so
stark derselbe auch seyn mag, ist allemal ein unsicheres
und schwaches Werkzeug sie zu erlegen, wenn man sie
nicht in den Hals, wo die Haut am dünnsten ist, trifft.
Eben dieses gilt auch von dem Schießgewehr. So
wenig gefährlich die Krokodile in Paraquay für die
Menschen sind, so sehr sind sie es für die Fische, welche
sie auffressen oder verjagen. Man macht von ihnen aller=
lei medizinischen Gebrauch. Die Wunden, die ein Kro=
kodil macht, werden mit dessen Fette beschmieret, und
glücklich geheilt. Sein innrer Magen (ein fettes und
dickes Eingeweide) lindert gedörrt und zu Pulver gerie=
ben die Steinschmerzen. So sollen auch die kleinen, un=

Aa a   sern

fern Kieſeln ähnliche Steinchen, die man in ſeinem Spei-
ſebehälniſſe findet, ein treffliches Mittel wider das vier-
tägige Fieber ſeyn, und wider den Stein in den Nieren,
wenn man ſie pulveriſirt trinket. Daß die Krokodilenzäh-
ne wider die vergifteten Schlangenbiſſe verwahren, oder
ſelbe heilen, habe ich oben ſchon geſagt, und werde davon noch mehr an ſeinem Orte ſagen. Ich hatte dieſes
ſchon geſchrieben, als es mir in den Sinn kam, den P.
Maffei nachzuſchlagen, um zu wiſſen, was dieſer berühmte Schriftſteller von dieſen Thieren denkt. In ſeinem
ganzen groſſen Werke hat er dieſe Materie nur ein einzigesmal berührt, nämlich im 2. Buche 35. Kapitel,
wo er ſchreibt: Man ſieht auch daſelbſt (er redet von
Kananor) groſſe Teiche, worinnen alles von ungeheuren Eydexen voll iſt, die wie die Krokodile ausſehen. Dieſe haben wie die Muſchelthiere
einen undurchdringlich harten Rücken, überaus
groſſen Kopf, eine doppelte Reihe Zähne, und
einen erſchrecklich weiten Rachen. Auf die
Menſchen gehen ſie wütend los. Ihr Hauch iſt
ſehr wohlriechend. *) Mit dieſen Worten mahlet er
den Krokodil ſo, wie ich ſelbſt in Amerika allzeit geſehen habe, und wie er auch nach dem Bericht anderer
Schriftſteller in Afrika iſt. Auch kann man nicht aus
den Worten: Teiche, worinnen alles von Eydexen
voll iſt, die wie die Krokodile ausſehen, (Stagna
plena lacertis ad crocodili effigiem) ſchlieſſen, daß
die-

---

*) Stagna quoque paſſim occurrunt ingentia gran-
dibus plena lacertis ad crocodili effigiem. Ii
tergoris duritie conchyliorum inſtar impenetra-
bili, enormi capite, duplici dentium ſerie,
horrendo prorſus hiatu in hominem furenter
invadunt. Eorum halitus oris eſt ſuaviſſimus.

diese Eyderen etwas anders als Krokodile sind: denn
die Spanier und Portugiesen bezeichnen diese Thiere mit
beiden Namen, doch so, daß nicht alle Eyderen Krokodile, (denn es giebt auch auf dem Felde Eyderen wie
die unsrigen) aber alle Krokodile Eyieren auf spanisch
Lagarto, und auch Caymän oder Cocodrilo genennet
werden. Dieses leztere ist verdorbenes Latein, so wie
das gemeine Volk auch statt Cathedral Yglesia Catre-
dàl, statt Tigre Trige, statt Pobre probe auszuspre-
chen pflegt durch eine Versetzung der Buchstaben, die
auch bei den Lateinern nichts ungewöhnliches ist. Deutlicher und richtiger hätte Maffei sagen können: Krokodile, die wie Eyderen aussehen, weil er ein den Europäern unbekanntes Thier durch die Vergleichung mit
einem bekannten erkläret hätte. Wenn diese Thiere in
Asien, Afrika, und einigen Ländern von Amerika auf
die Menschen wütend losgehen (in hominem furenter invadunt) warum verschonen sie selbe in Paraquay? Ich habe die Ursache dieses Unterschiedes oben
angegeben. Sie wüten nämlich wider die Paraquayer
nicht, weil sie auch von diesen nicht zur Wuth gereizet
werden. Durch die Worte endlich: Ihr Hauch ist
sehr wohlriechend (Eorum halitus oris est suavissimus)
findet man meine obige Erzählung bestättiget, daß nämlich die Krokodile am ganzen Leibe hauptsächlich aber
in ihrem Rachen und den Hoden stark nach Biesam
riechen. Was man bei den übrigen Schriftstellern Wahres und Falsches von diesen Ungeheuern findet, übergehe
ich theils aus Wahrheitsliebe und theils wegen der
Kürze. Habe ich mich über den Krokodil zu weit ausgebreitet, so werden mir es meine Leser zu gute halten,
weil ich mich in der Beschreibung minder merkwürdiger
Amphibien desto mehr der Kürze befleißen werde.

Aa 3

Der

Der Wasserhund, Aguarà.

In den Seen und Flößen hält sich der Wasser-
hund oder Aguarà auf, wie ihn die Quaranier nennen.
Ich habe in den Feldern an dem Ufer ihrer mehrere gesehen. Sie gleichen an Größe den Fanghunden, fürchten alles, und flüchten sich, sobald sie einen Menschen
auch nur von weitem sehen. Vor ihnen aber hat man
sich nicht im Geringsten zu fürchten. An den Ohren sehen sie den Eseln, an dem Kopfe aber einem Hund
gleich, und haben starke und spitzige Zähne. Bei der
Nacht machen sie ein außerordentliches lärmendes Gebelle.
Auch stellen sie den kleineren Thieren nach. Von den
Spaniern werden sie el Zorro grande die großen Füchse genannt. Die Abiponer jagen sie blos um ihres Fel-
les willen, welches zottlicht, dunkelgelb und zuoberst auf
dem Rücken mit einem schwarzen Streife, wie eine Esel-
haut, durchschnitten ist. Ihre Haare sind äußerst weich
und zart. Die Spanier schätzen gleichfalls ihre Haut
sehr hoch, weil sie in der Gicht, dem Seitenstechen,
und anderen Schmerzen der Eingeweide, wie ich selbst
erfahren habe, vortreffliche Dienste thut. Einige breiten selbe auf die Sättel, weil ihre Wärme dem menschlichen Körper sehr heilsam ist. Ich habe eine aus Paraquay mit nach Europa bringen wollen: allein man hat
mir selbe auf dem Schiffe, auf dem ich nach Hause se-
gelte, gestohlen. Dieser Verlust kränket mich noch itzt.

Der Wassertieger, Yaguaro

In dem tiefesten Gewäßer verbirgt sich meistens ein
Thier, welches größer, als jeder Fanghund ist, und
von den Quaraniern Yaguaro, von den Spaniern aber
der Wassertieger genennet wird. Dasselbe hat ein zott-
lichtes Fell, einen langen und zugespitzten Schwanz, und
starke

starke Klauen. Pferde und Maulthiere, welche über
diese Flüße schwimmen, zieht es in den Abgrund. Kurz
nachher sieht man die Eingeweide des Thieres, das der
Wassertieger zerrissen hat, auf der Oberfläche des Wassers schwimmen. Uiber so viele Flüße ich auch geschiffet
habe, so ist mir dennoch glücklicher Weise keiner zu Gesichte gekommen, wiewohl ich ihrentwegen stets in Aengsten war, besonders so oft ich auf dem See Mbururù,
gefahren bin. Diesen See müssen alle, welche von S.
Joachim nach Assumtion reisen, auf einer Ochsenhaut
übersetzen, so oft derselbe vom häufigen Regen anschwillt.
Die Spanier, welche auf ihrer Rückreise aus den Wäldern mit :em paraquayischen Thee darüber ziehen müßen,
klagten sehr oft, daß ihnen der Yaguarò Maulthiere
entführet habe. Daß auch auf der Uiberfahrt üzer den
Fluß Aquapey an dem Ufer des Fleckens S. Cosmas
und Damiani im Jahre 1760 ein Maulthier im Beiseyn der Indianer von einer solchen Bestie angepacket
worden ist, hat mir ihr Pfarrer der P. Joh. Bap.
Marqueseti von Fiume erzählet. Der Yaguarò hält
sich meistens in den tiefsten Wasserschlünden auf: doch
gräbt er sich auch auf den Anhöhen am Gestade große
Höhlen aus, wo er sich und die seinigen verbergen kann.
Au dem hohen Ufer des Paraquay hörten wir auf dem
Schiffe oft ein entsetzliches Gekrache, das nach der Vermuthung der Schiffleute und Soldaten von den Höhlen
der Wassertieger herrühret, welche von dem anspielenden
Wasser allmählich untergraben werden, und am Eude
einstürzen.

Aò.

Eines der grausamsten Raubthiere mit Tiegerkopf
und Tiegerklauen in der Größe eines großen Fanghun-
des ist der Aò, welches Wort bei den Quaraniern eine

Klei-

Kleidung bedeutet, und diesem Thier darum beigelegt
worden ist, weil sich einst die Wilden aus seiner Wolle
Kleider machten. Es hat keinen Schwanz und ist eben
so wild als schnell. Die Aò ziehen haufenweise bald in
den Teichen und Morästen, und bald in unwegsamen
und abgelegenen Wäldern herum. Hat ein Indianer auf
der Jagd das Unglück ihnen zu begegnen, so ists um
sein Leben geschehen, wenn er sich nicht schleunig durch
die Flucht rettet, oder einen hohen Baum hinaufklettert,
und auf diese Art ihren schrecklichen Zähnen und Klauen
entgeht: wiewohl er auch auf den höchsten Aesten nicht
sicher ist, indem die bösartige Bestie, weil sie den Baum
nicht besteigen kann, dessen Wurzeln ausgräbt, bis der
Stamm selbst und mit ihm der Indianer fällt. Am
besten thun die, welche gleich anfangs alle ihre Pfeile
auf diese gierigen Minierer abdrücken. So erzählen und
glauben es alle eingebohrne Indianer und Spanier. Ich,
der ich zu Pferd und zu Fuß durch so viele Wälder, Haiden, und Moräste gereiset bin, habe auch nicht den Schatten eines Aò gesehen. Ich schließe daraus mit Grunde,
daß dieselben weder häufig noch in dem ganzen Lande seyn
müßen. Zu wünschen wäre es, daß sich in ganz Paraguay keiner fände. Die Geschichtschreiber erwähnen
des Famacosio als eines der grimmigsten Thiere. Die
meisten von uns waren der Meinung, daß es vom Aò
blos dem Namen nach unterschieden ist.

Das Wasserschwein, Capiiguarà.

Nicht nur in den größten Flüßen sondern auch in
minderen giebt es Wasserschweine, welche bei den Quaraniern Capiiguarà, bei den Abiponern aber Atopehén͂a
heißen. Sie gehen zuweilen, weil sie auch Gras freßen,
in die nahen Felder hinaus auf die Weide zum großen
Nachtheil der Aecker. – Ausgewachsen sind sie so groß
als

als zweyjährige Schweine, denen sie auch im übrigen
ziemlich gleichsehen, außer daß sie einen großen und kugelförmigen Kopf und fast wie die Katzen an der Oberfläche einen Knebelbart haben. Ihre Ohren sind klein,
die Augen groß und schwarz, die Haare braun und sehr
kurz. Ihr Maul ist zwar weit, aber mit engen Lezzen
geschlossen. Schwänze haben sie keine, aber über 48
Zähne, die zween großen und krummgebogenen Hauer, die
aus dem Rüßel hervorragen, nicht mitgerechnet. Diese
Zähne sind oben flach, unten aber hohl, und darum
in ihren Lücken und verschiedenen Beinchen fest eingefüget: welches mit Worten zu beschreiben zu langwürig
und zu schwer seyn dürfte. Ihre Füße sind Schwei-
füße, von denen die vordern vier, und die hintern drey
Zehen haben. Sie schwimmen und gehen haufenweise
miteinander und setzen über die Flüße mit einer erstaunlichen Geschwindigkeit. Bei der Nacht kirren sie wie die
Esel, und erschrecken zuweilen die Reisenden, welche von
Amerika noch nicht genug Erfahrung haben. Ihr Fleisch
gleichet zwar in etwas dem Schweinefleisch, aber weil
es nach Fisch riechet, so ißt es fast niemand als die Indianer. Aber ihre Säugeferkeln finden selbst die Europäer schmackhaft. Einen Capiiguarà zu fangen, nachdem
man selben mit Lanzen, Pfeilen oder Flintenkugeln verwundet hat, ist keine Kunst, sondern ein Glück: denn
er geht, sobald er seine Wunde fühlt, wie denn diese
Thiere überhaupt vortreffliche Schwimmer und Täucher
sind, unter das Waffer, und nimmt die Lanzen und
Pfeile mit sich, wie ich vielmals gesehen habe. Als ich
einst auf dem großen Paranastromm schiffete, sah ich an
dem Ufer desselben eine Heerde solcher Wasserschweine.
Ich stieg aus, und schoß unter sie. Mein Schuß traf
richtig aber ohne Erfolg; denn sie stürzten sich alle in den
Fluß, ohne daß wir ein einziges mehr zu Gesichte bekommen hätten. Die Abiponer, welche sich mit dieser

Aa 5.   Jagd

Jagd oft abgeben, schwimmen den verwundeten Schweinen nach, bis sie selbe unter dem Wasser einholen. Die Haut der Capiiguarà ist sehr dick, und wenn sie gehörig zubereitet wird, zu allerlei zu gebrauchen.

Der Fischotter.

Die Fischotter, welche bei den Spaniern Nutrias, und bei den Abiponern Nichigehè heißen, sind in allen Flüßen und Seen so häufig, wie bei uns die Frösche in den Lacken. Etwas kleiner scheinen sie mir als die europäischen, sonst kommen sie denselben völlig gleich. Bei den Abiponern und um die Städte Santa Fé, Corduba und Corrientes herum sieht man die meisten. In den entlegenen Gegenden gegen Mitternacht bei den Mocobis und Tobas giebt es wenige oder gar keine. Die Wilden ziehen daraus allerlei Nutzen. Das Fleisch des Fischotters essen sie. Von seiner Haut schneiden die Weiber die Füße weg und spannen sie so geviert mit hölzernen Nägeln zum Trocknen auf der Erde auf. Ist sie getrocknet, so streichen sie selbe gewürfelt wie ein Damenbrett roth an. Aus diesen Häuten, welche sie blos mit den Händen abgärben, fügen sie so künstlich Mäntel zusammen, daß auch der Scharfsichtigste weder Nähte noch Fuge daran gewahr wird. Ihre Nadel ist ein feiner Dorn, und ihr Faden ein feines Zäserchen aus der Pflanze Caraquata. Mit diesen Mänteln, welche ganz viereckicht sind, und ein Lein- oder Tischtuch vorstellen, bedecken sich die Abiponer Tag und Nacht vor dem scharfen Südwind. Sogar in der größten Sommerhitze tragen selbe die alten Männer und Weiber, und kehren die Haare bald aus- und bald einwärts, je nachdem es ihnen in den Kopf kömmt. Wenn die Indianer schwitzen, so dünsten ihre Mäntel einen für die Umstehenden ganz unerträglichen Geruch aus, weil die Fischotterhäute, daraus sie bestehen, nur von Weiberhänden abgeärbet, und nicht von Kürschnern ordentlich zugerichtet sind. Die Abyponer gehen meistens auf die Fischotterjagd aus, wenn bei einer langwührigen Trockenheit auch die Flüße und Seen fast ganz austrocknen, da man denn dieselben zu Fuß durchwaden kann. Sie schicken ihre Windspiele voraus, und erschlagen einige hundert Fischotter in einem Tage. Weil diese Bestien außerordentlich gefährliche Zähne haben und bissig sind, so kommen Indianer und Hunde von einer solchen Otterjagd nicht selten schwer verwundet zurück. Ich weiß dieses aus eigener Erfahrung. Ich fischte einst in dem Fluß Narahegem mit dem Angel. Mein Hund (er hieß Yapitalakà) fiel über einen Fischotter her, welcher aus dem Wasser hervorguckte. Beide rangen schwimmend hartnäckig um den Sieg, welcher sich aber lang auf keine Seite neigte, so daß bald der Otter, und bald der Hund den Kopf aus dem Wasser herausbrachte. Endlich kehrte mein Yapitalakà von seinem Gegner an der Seite hart verwundet zu mir zurück, nachdem ich mich bereits über diesen Kampf satt gelachet hatte; denn derselbe währte schon über eine Viertelstunde, und hätte selbst des Kato Zwergfell erschüttert. Die große Wunde heilte endlich durch vielfältiges Ablecken des Hundes zu; brach aber nach einigen Monaten etliche male wieder auf. Hieraus schloß ich, wie gefährlich die Fischotterzähne seyn müßen.

Der Bieber.

Die Bieber gehören auch zur Klasse der Fischotter, allein so sehr man ihren künstlichen Bau, die Zartheit ihrer Haare, und das Castoreum, welches sie für die Apothecken hergeben, durchgängig rühmet, so wenig werde ich von ihnen melden, weil sie im mittägigen Amerika

rika eben so unbekannt als im mitternächtlichen häusig
sind. Man kann also hierüber die Schriftsteller von diesem Lande nachschlagen, welche über die Materie von
Biebern umständlich geschrieben haben.

Die Eydexe, Yguana.

Die Yguana, ein vierfüßiges Thier, welches auf
quaranisch Teyuguazù, und auf abiponisch Navolgraik
heißt, ist von der Gattung der Eyderen, und dem Drachen, welchen die Mahler unter das Pferd des h. Rit-
ters Georg hinmahlen, größtentheils sehr ähnlich. Ihre Länge beträgt bisweilen mehr als eine Elle. Ihr
Bauch ist groß, und ihre Haut mit grünen, weißen,
gelben und auch rothen Schuppen gezieret. Vom Kopfe
bis auf des Schwanzes Ende raget auf dem Rücken eine
fast wie die Sägen, ausgezackte Floßfeder hinauf. Ihr
Schwanz ist dick, lang, geringelt, hie und da rothgefle-
cket, und wo er aufhört, scharf zugespitzt. Die Yguana
hat grosse und schwarze Augen, ein doppeltes Nasenloch,
nahe bei der Schnautze, kurze Zähne, eine gespaltene Zunge, die selbe, wenn sie zornig ist, äußerst schnell schlängelt,
und vier Füße mit fünf wie eine Fußsohle breitgedrück-
ten Zehen, die durch eine zarte Schwimmhaut zusam-
menhängen, und womit sie bald im Wasser schwimmt,
und bald die Bäume besteigt. Dieses Thier verbirgt
sich zuweilen in die Winkel der Häuser, und kann außerordentlich lang Hunger leiden. Es thut keinem Menschen etwas zu leide, sondern es nährt sich mit Honig-
fladen, Vögeleyern, Pomeranzen, süßen Citronen, und
andern Baumfrüchten. Das Leben der Yguanas ist unglaublich zähe. Man mag ihnen die Haut abziehen, auf
den Kopf schlagen und stechen; sie sterben nicht, bis man
ihnen nicht den Kopf abschneidet. So fürchterlich ihr
Anblick ist, so gut schmecket ihr weißes Fleisch einer Menge

ge Menſchen. Mein Amtsgenoſſe täuſchte mich einſt, ſo daß ich daſſelbe einmal ſtatt eines Fiſches und ein andermal ſtatt eines Huhnes aß; und ich fand es beidemal ſehr ſchmackhaft. Doch wiſſentlich habe ich es nie über mich bringen können, davon zu eſſen. So ſehr ſchreckte mich und andere die äußere Geſtalt dieſer Thiere ab. Der P. Joſeph Gumilla, welcher in den Kolonien von Neugranada viele Jahre zuegebracht hat, geſteht in ſeiner Beſchreibung des Flußes Urinoco, daß er vor den Yguanas Abſcheu getragen habe, weil ſie, ſo wie alle andere Schlangen, wenn man Tobacksblätter in ihren Rachen ſteckt, auf der Stelle todt bleiben. Dieſer Verſuch bewog ihn die Yguanas unter die Schlangen zu rechnen, und ſie darum wegen des Giftes in Verdacht zu haben. Allein dieſer Verdacht wird durch meine und ſo vieler anderer Erfahrungen, welche von ihrem Fleiſche ohne Schaden geeſſen haben, auf das augenſcheinlichſte widerlegt. Bei dem Fortpflanzungsgeſchäfte legen die Weibchen einige Tage nacheinander bei 40 Eyer, welche rund, ſo groß, wie wälſche Nüße, weiß und gelblicht wie Hünereyer ſind, Einige eſſen ſelbe gebacken. Weil ſie eigene Fette haben, ſo gießt man in die Bratpfanne ſtatt des Oeles und des Butters nur ein wenig Waſſer. In dem Kopfe der Yguanas ſollen zuweilen Steinchen gefunden werden, welche zu Pulver zerrieben und in einem geſunden Trank getrunken, oder auch blos an den Leib gebunden, die Nierenſteine vermindern, oder vertreiben. Andere behaupten, daß man, ich weiß nicht in welchem Theile dieſer Thiere einen andern weißen Stein eine Unze ſchwer findet, welcher pulveriſirt, und im lauen Waſſer getrunken den verhaltenen Harn treibet. Ich habe weder die groſſen noch die kleinen Steine geſehen, und noch weniger einen Verſuch damit gemacht. Man ſieht in Paraquay auch noch andere Gattungen von Eidexen, welche von verſchiedener Geſtalt und Farbe, aber nicht ſehr merkwürdig ſind. Der

Cha-

Chamäleon, welcher einer Eydere sehr ähnlich ist, läßt
sich nur sehr selten sehen. Ich habe einen aus einem
Kahne, der auf dem Gestade trocken lag, hervorspringen
gesehen, ohne daß er mir Zeit ließ, meine Beobachtungen über ihn zu machen.

Die Wasserwölfe.

In den meisten Flüßen, und sogar auch in den
kleinen Bächen trifft man zweyerlei Wölfe an. Die
größeren heißen die Abiponer Oanelkiraik, die kleineren
Lakopach. Ihre Jungen machen die abiponischen Weiber zu Hause zahm, und reichen ihnen sogar ihre eigenen Brüste. Eben diesen Liebesdienst leisten auch einige
von ihnen den jungen Hunden, wiewohl kein Weib das
Kind eines andern säugen darf, weil ihr Mann dieses
für eine Beleidigung ansehen, und die Säugende verstoßen würde. Diese Wölfe halten sich fast immer unter
dem Wasser verborgen, wiewohl sie auch zuweilen an
das Gestad hinausgehen, oder in den Höhlen, welche sie
an dem hohen Ufer ausgraben, verweilen. Ungeachtet
ihr Fleisch nichts taugt, so erschießen sie die Abiponer
dennoch mit verschiedenen Pfeilen, weil sie ihre Haut,
welche braun, hie und da gelblicht, und ungemein weich an-
zufühlen ist, brauchen können. So oft die Wölfe wider
den Stromm schwimmen, und mit einer gewissen Lustig-
keit zu tanzen scheinen, so wollen die Einwohner, wie
ich schon irgendwo gesagt habe, eine nahe Uiberschwemmung oder einen nahen Sturm ahnden Ich habe dieses Wahr-
zeichen auf den vielen großen Flüßen, auf denen ich gefahren bin, sehr richtig gefunden. In der That wären
wir einmal mit Mann und Maus untergegangen, wenn
wir nicht die schlimme Loosung, die uns die Wasserwölfe
gaben, in Acht genommen, und uns an einem sichern
Orte vor Anker geleget hätten. Einer der gewaltigsten Stürme

me von Süden tobte in dem Fluße dermaßen, daß er
uns selbst auf unserem Ankerplatze drey Tage lang zittern
machte.

Die Seewölfe.

Die Seewölfe sind überaus groß. Man sieht ihrer in dem Silberflusse unzählige, besonders in dessen
Mündung. Die erste Insel, welche denen, die den Fluß
hinanfahren, aufstößt, führet den Namen von ihren vielen Wölfen (La Ysla de lobos) Wir haben selbst
ganze Heerden dieser Thiere darauf herumlaufen gesehen,
und über die Weibchen gelacht, welche durch das Ge-
prassel unseres Schiffes erschrecket, mit ihren Jungen
nach allen Seiten den Reißaus nahmen. Sie haben mehr
Fette als Fleisch, so daß die äußerste Hungersnoth vorhanden seyn muß, wenn man sich davon zu essen entschlie-
ßen soll. Ihre Haut fällt ins Gelbe, ist sehr schön und
hat auf dem Rücken einen schwarzen Streif, und weiche
Haare. Die Europäer bezahlen sie um einen sehr hohen
Preis. Diejenigen aus unserer Gesellschaft, welche auf
Befehl Philpip des V. Königs von Spanien die magallanischen Küsten besichtiget hatten, berichten in ihrer kleinen Reisebeschreibung, daß die dortigen Seewölfe größer
als zweyjährige Ochsen sind, an dem Ufer schnurgerade
auf ihren hinteren Füßen stehn, und ringen: und daß
diejenigen Erdbeschreiber irren, welche diesen Wölfen eine Mähne und den Namen der Seelöwen beilegen: wiewohl es auch nach anderer Meinung Seelöwen und Seewölfe giebt. Ich bekümmere mich darum wenig. Diesen Streit mögen andere ausmachen: ich halte denselben
für einen Wortstreit.

Frö.

Frösche, Kröten.

Bei den Amphibien mögen die Kröten und Frösche den Schluß machen, wovon nicht nur alle Flüße, Seen, und Moräste, sondern auch alle Felder in Paraquay voll sind. Und was ist ihr Thun? Sie klagen noch immer in dem Schlamme ihre alte Klage fort, da sie doch in Paraquay keine Ursache sich zu beschweren haben, indem sie daselbst aus der Zahl der Gerichte ausgeschlossen, und von der Küche verbannet sind, und überhaupt weder Liebhaber noch Meuchelmörder finden, so daß sie in völliger Sicherheit ihres Lebens froh werden. Ihr Loos ist ohne Zweifel glücklicher, als das der Europäischen, welche bald gesotten, und bald gebacken den Gaumen der Lüsternen befriedigen, oder die Kranken laben müßen, wiewohl ich niemand darum beneide. Die Frösche gänzlich auszurotten habe ich schon lange gewünscht, daß die gefräßigen Indianer einmal an ihrem Fleische Geschmack finden möchten. Es ist unglaublich, wie sehr uns, wenn wir an dem Ufer der Seen und Flüße unter freyem Himmel schliefen, das Gequäcke so vieler zusammengurgelnder Frösche ermüdet hat. Sie haben so vielerlei Stimmen als Farben. Einige von ihnen singen einen hellen und reintönenden Diskant, andere hingegen accompagniren diese Morastsänger mit ihrer groben Baßstimme. Das Geklirre eines ungeschmierten Wagens würde uns zehnmal erträglicher gewesen seyn. Von den Kröten, Egeln, und andern giftigen Insecten werden wir anderswo reden. Der Frosch heißt auf abiponisch Oergetelè, die Kröte aber Hiymeya.

Vögel.

Europäische Vögel außer der Schwalbe hat Paraquay keine, aber es hat desto mehr eigenthümliche, welche

che in Europa gar nicht bekannt sind. Jene empfiehlt mehr ihr Gesang, diese mehr die Farbe ihres Gefieders. Ich werde unter der Menge nur einige beschreiben.

Das Vögelchen, Picaflor.

Unter allem Federvieh fällt am meisten ein Vögelchen in die Augen, welches eben so klein als schön ist. Die Abiponer heißen selbes Oachiniegraka; die Spanier hingegen bald Picaflor, und bald Lisongero, und zwar mit Recht, weil es an den Blumen zupft, und aus selben wie eine Biene den Saft heraussauget. Man kann unmöglich etwas schöner kolorirtes oder niedlicheres als seine Federn sehen. Das ganze Körperchen des Picaflor ist nicht größer, als eine Olive oder Muskatnuß. Er hat einen langen Schnabel spitziger noch als eine Nadel, lebhafte Augen, und eine breite Zunge aber so dünn, als ein Seidensfaden. Er zwitschert bisweilen ziemlich angenehm, aber fast unvernehmlich. Ich fand einst in einer schon lange öde gestandenen Kapelle ein Nest von diesen Vögelchen, welches nicht größer als eine welsche Nuß war, und von den zweyen Ecken der Mauer an einem Pferdhaare herabhieng. Das Weibchen brütete dazumal eben auf zweyen Eyern, die unseren Erbsen an Größe glichen. Man kann aus diesem Neste auf die Leichtigkeit und Kleinheit des Vogels schließen. Seine Federn sind bald hellgrün, (denn wir haben neun Arten von diesen Vögeln entdecket) bald blau, bald safrangelb, bald roth und auch pomeranzengelb. Aber alle diese scheinen mit dem auserlesensten Golde überzogen zu seyn. Wenn die Sonne darauf scheint, so kann das Auge eines Menschen ihren Glanz nicht ertragen. Die Goldfarbe, welche man in dem ausgebreiteten Pfauenschwanze oder an dem Halse der Aenten sieht, ist nur ein Schatten gegen den Goldglanz dieses Vögelchen. Wenn es den Saft aus den Blumen

saugt,

saugt, so scheint es nicht mit den Füßen darauf zu stehen, sondern in der Luft zu schweben, und drähet sich gleichsam flatternd und zitternd mit den Flügeln um selbe herum. Einige nahmen solche Vögelchen mit nach Hause, und wiewohl sie selbe mit im Wasser zergangenen Zucker fleißig ätzten, so blieben sie doch nie über vier Tage beim Leben, weil sie blos an den Blumensaft gewöhnet sind. Die Indianer in Peru sollen einst von diesen von Natur aus so unnachahmlich schön gefärbten und vergoldeten Federn so künstliche Bilder zusammengesetzet haben, daß ein jeder darauf geschworen hätte, sie wären mit dem Pinsel gemahlen, und mit Gold aufgetragen. Die Betrachtung dieser in Paraguay sehr gemeinen Vögel hat oft meine ganze Aufmerksamkeit auf sich gezogen, und ich fand so viele in einem so kleinen Körper zusammengehäufte Schönheiten noch bewundernswürdiger, als die grosse in eine Nußschaale zusammengedrängte Ilias des Homer. Als einst ein Europäer in Amerika zuerst den Picaflor erblickte, erstaunte er über die Anmuth der kleinen Dingerchen, und bewunderte den großen Werkmeister der Natur in dem kleinsten seiner Geschöpfe. Diese Vögel, welche nach dem gemeinen spanischen Namen Picaflor, sonst auch Colibri, Quentos, Quindos, Rabilargos, Quachichil &c. in den Wörterbüchern genannt werden, heißen auf deutsch die Blumenhacker, richtiger würde man sie die Blumensauger nennen.

Der Condòr, ein Geyer.

Vom kleinsten Vögel gehen wir zu dem grösten über. Der Condòr, oder wie andere schreiben Cuntùr, aus der Gattung der Geyer hat in den Gipfeln der höchsten Felsengebirge von Tukuman und anderen Ländern seinen Sitz, woraus er in die unten gelegenen Thäler hinabfliegt sich unter den Viehheerden einen Raub zu holen.

Sein

Seine Größe übersteigt allen Glauben. Wenn er seine
Flügel ausbreitet, so mißt er zehn, und nach anderen
sogar sechzehn Schuhe. Jeder Federkiel ist so groß wie
ein Mannsfinger. Ich habe den Flügel eines solchen
Condor, welcher zu Korduba in unserem Kollegio aufbewahret wurde, gesehen, mit den Händen befühlt, aber
nicht gemessen. Er hat spitzige Hünerklauen, und einen
starken und so scharfen Schnabel, daß er damit eine
Ochsenhaut durchbohret. Er ist schwarz und nur hie und
da mit weißen Federn besprengt. Auf dem Kopfe trägt
er wie die Hahnen einen Kam, welcher aber nicht so
zackigt ist. Seine Stärke gleichet seiner Größe. Gewissen Thieren, besonders den frischgeworfenen Kälbern
und Füllen stellet er sehr nach. Diesen hackt er mit
seinem Schnabel zuerst die Augen aus, bringt sie aber
hernach um, und verzehret sie, wie ich mit Augen gesehen habe. Die Lämmer soll er durch die Luft mit sich
fortführen. Es ist unglaublich, welches Unheil er täglich unter dem Horn- und Wollviehe anrichtet. Zu einem
Raub gesellen sich allzeit mehrere zusammen, und brechen
in zahlreicher Menge selbst unter das große Vieh ein.
Sind sie satt, und haben sie ihren Magen mit Fleisch
angefüllet, so suchen sie sich, weil sie zum Fliegen zu schwer
geworden sind, durch ein Erbrechen zu erleichtern und
zum Fliegen behender zu machen. Seitdem die spanischen
Viehwärter dieses beobachtet haben, so werfen sie
ihnen gesalzenes Rindfleisch vor. Weil die Condors
dasselbe nun begierig auffressen, durch das Erbrechen
aber nicht wieder von sich geben, folglich auch nicht fliegen können, so laufen sie auf dem Felde herum, und
werden meistens mit Stöcken und Steinen erschlagen.
Hieraus kann man schließen, wie gesund das Salz dem
menschlichen Körper ist. Sonst macht eine Schaare flie-
gender Condors, wenn sie ihre ungeheuern Flügel
schwingen, einen entsetzlichen Lärm, so daß darüber alle:

erschrecken, die selben hören, In der Last scheinen sie
nicht größer als unsere Sperlinge; so hoch arbeiten sie
sich empor. Als ich durch das Gebirg von Korduba reisete, habe ich viele sowohl fliegen, als auch auf dem
Felde dem Vieh auflauern gesehen, und die ungeheuern
Körpermaschinen nie genug bewundern können. Ich war
immer der Meinung, daß die Gämsengeyer, dergleichen
es in verschiedenen Gebirgen von Deutschland giebt, bei
aller ihrer Größe, dennoch mit den amerikanischen Cordors
nicht verglichen werden können.

Der Strauß.

Die Straußen sind in den Ebenen eines großen
Theiles von Paraquay sehr häufig, und in Europa zu
bekannt, als daß ich ihre Gestalt weitläuftig beschreiben
müßte. Doch will ich ihre merkwürdigsten Eigenschaften
kurz berühren. Auf spanisch heißen sie Avestruz, auf
abiponisch Gejenk, bei andern auch Chuni. Man zählet den Straußen unter die Vögel, weil er beflügelt ist,
wiewohl seine Schwingen für seinen großen Körper zu
schwach sind, als daß er damit fliegen könnte. Aller
Gebrauch, den er davon machen kann, besteht darinn,
daß er damit wie mit Rudern und Segeln seinen Lauf
auf der Erde beschleuniget, besonders wenn ein günstiger
Wind bläst; denn der widrige Wind hält ihn sehr auf.
Ihm nachzusetzen, ist kein leichtes Stück Arbeit, weil
er nicht nur äußerst schnell, sondern auch sich sack läuft.
Jaget man nun demselben mit dem Pferde nach, so wird
dieses durch so viele Wendungen des Zügels und des
Weges verwirrt, und stürzet sammt dem Reiter nieder.
Man kann hieraus abnehmen, daß die Straußenjäger die
besten Pferde haben, und selbst die geschicktesten Reiter
seyn müßen. Fußgänger fangen die Straußen schwerer
und seltner, weil sie sogar vor dem Schatten eines Menschen

schen fliehen: es sey dann, jene wären so zahlreich, daß
sie durch ihre Menge dieselben umgeben könnten. Wenn
der Strauß den Hals aufrecht hält, so reichet er dem
größten Mann bis zum Scheitel, welches aber blos der
Länge des Halses und der Füße zugeschrieben werden muß;
denn sein Kopf ist für sich sehr klein. Uiber die kleinen
Augen hänget ein über die Maaßen großes Augenbraun.
Der Leib gleichet am Gewichte einem Lamme. Sein
Fleisch, welches meistens sehr fett ist, essen und rühmen die Indianer. Die Spanier halten blos die Flügel für schmackhaft, und für das beste am Straußen.
Anfangs aß ich auch von selben, nachmals aber eckelte
mir allzeit davor. Aus den Straußenhäuten machen sich
die Abiponer Felleisen, Beutel, Küßen rc. Einen Theil
davon, nämlich vom Steiße, setzen sie sich auf den Kopf statt
einer Haube, oder eines Helms. Die Federn brauchen
sie häufig und zu allerlei. Man macht auch Fliegenwedel, Mücken- und Sonnenschirme daraus, welche sich
die vornehmen Spanier, und die abiponischen Weiber im
Reiten vorhalten, damit nicht die Sonne ihr Gesicht zu
sehr abbräunet. Die Männer hingegen sind der Meinung,
ein von der Sonne verbranntes Gesicht gereiche den Krie-
gern zum Ruhme, und rühren daher durchaus keinen
solchen Sonnenschirm an. Zu hinterst an den
Sätteln pflegen die Indianer von allen Nationen lange
Straußenfedern aufzustecken, weil sie, wie sich das Pferd
bewegt, sich gleichfalls rütteln, und dadurch die Fliegen,
Bremen, Wespen und Schnacken, welche sonst von allen
Seiten um dasselbe herumschwärmen, vertreiben. Die
Straußenweibchen legen alle, so viel ihrer in der Nähe
beieinander sich aufhalten, an einem Orte ihre Eyer zusammen, welche alsdann ohne eines Menschen oder Thieres Zuthun von der Sonne ausgebrütet werden. Die
Jungen werden von dem Männchen gehzet, nicht von
dem Weibchen. Die ersteren pflegen nämlich, damit

die

die ausgeschloffenen gleich zu essen finden, die noch vollen
Eyer aufzubecken, und diese damit zu ätzen. Auf diese
Weise werden die ungebohrnen Brüder von den neuge-
bohrnen gegessen. In einem Neste findet man manchmal
mehr als hundert Eyer. Spanier und Indianer essen
sie theils gebacken und theils gesotten, wiewohl sie ohne
Wein schwer zu verdauen sind. Wir haben uns selbe
auf der Reise durch die Haiden allemal gut schmecken
lassen. An einem Ey können sich mehrere satt essen; indem man ungefehr 36 Hünereyer in ein Straußeneyschaale
ausleeren kann. Ich schreibe dieses einem ungenannten
Arzneygel rten nach, welcher seinem Vorgeben zufolge
den Versuch selbst gemacht hat. Ob es dem also ist,
kann sich ein jeder selbst überzeugen, da man zu Wien, wo
ich schreibe, in allen Gewürzbuden Straußeneyer entweder feil hat, oder doch zur Schau ausstellet. Die
Schaale davon ist fest, und wie ein irrdenes Geschirr
zu verschiedenem zu gebrauchen. Einige bedienen sich derselben statt des Weihbrunnkessels, andere schmücken die
Altäre damit aus. Die Türken und die Perser sollen
nach dem Bericht einiger Schriftsteller dergleichen Eyer
von dem Plafond ihrer Moscheen zwischen den Lampen
als einen Zierrath herabhängen lassen. Ich konnte nie
ohne Eckel zusehen, wie die Abiponer die bereits faulen Eyer, in denen man schon das Straußenküchgen
wahrnahm, sich unter den übrigen auslasen, und begierig auffrassen. Ich begriff dieses sehr wohl, weil ich
aus Erfahrung wußte, daß allen Indianern nach den
unzeitigen Kälbern, welche aus dem Mutterleibe der
geschlachteten Kühe herausgenommen wurden, als nach
einer Delikatesse die Zähne wässerten. Die Straußen
essen Gras, Getreid, Früchte, kurz alles was sie auf
dem Felde finden. Verschlingen sie aus Unvorsichtigkeit
Eisen oder Beine, so treiben sie es unverdauet, und unversehrt von sich. Die kleinen Auen, welche zwischen
den

den Feldern liegen, besuchen sie des Schattens wegen
sehr oft. Mit Vergnügen sah ich sie vielmals auf der
Reise schaarenweise herausgehen und herumspazieren; allein meine Freude währte nicht lange; denn sobald sie
jemand, es sey zu Pferd oder zu Fuß, von weitem
erblicken, so machen sie sich auf der Stelle davon. Die
Jungen werden bald zahm, gehen wie die Hühner und Hunde
auf dem Platze oder in dem Hofe herum, spielen ohne
Scheu mit den Kindern, und entfliehen niemals, wenn
ihnen auch das Feld vor ihren Augen ist. Es giebt fast
keinen indianischen Flecken, wo man nicht dergleichen
zahme Straußen sieht. Sonst sind ihre Eigenschaften
und Größe nach der Verschiedenheit des Erdstriches auch
verschieden, so wie dieß bei verschiedenen Thieren, Pflanzen und Bäumen eintrifft. Die um Buenos Ayres und
in Tukuman sind die größten, schwarz, weiß und aschengrau. Die bei der magallanischen Meerenge sind weniger
schwer vom Leibe, aber desto schöner; denn ihre schnee-
weißen Federn haben schwarze Spitzen, und die schwarzen weiße. Die Kasqueten und Hüte der Europäer
würden sie vortrefflich kleiden. Die daraus verfertigten Sonnenschirme schätzen die vornehmen Spanier
sehr hoch.

Die Tuncà.

Die Tuncà ist vorzüglich ihres Schnabels wegen
merkwürdig, welcher um nichts kleiner als ihr ganzer
Leib ist. Er ist so leicht wie Papier, limoniengelb mit
einem rothen Streife und einem schwarzen Flecken am
Ende. Am Rande ist derselbe wie eine Säge ausgezacket. Dieser Vogel hat eine lange Zunge und große und
lebhafte Augen, welche ein kleiner grünlichter Kreis,
und außer dem noch ein anderer größerer sehr gelber
umgiebt. Seine Federn fallen großentheils ins Schwärz-

lich-

lichte, außer dem Hals, welcher weiß, und dem Schwanz, welcher am Ende schön roth ist. Es giebt auch blaue. Sie haben überhaupt die Größe einer Taube. Einige heißen die Tunca: el pajaro predicador den Prediger= vogel, vielleicht ihrer klingenden Stimme wegen. Dieser Vogel läßt sich mit keinem andern in eine gesellschaftli= che Verbindung ein; wiewohl man ihn allenthalben sehr häufig sieht. Er frißt den zeitigen Saamen des Baumes Caà, aus dessen Blättern man den paraquayischen Thee bereitet: da er aber denselben wegen seines vielen Gum= mi nicht verdauen kann, so giebt er ihn wieder ganz von sich, so daß daraus neue Bäume, und durch deren Vermehrung ganz neue Wälder entstehen zum unglaubli= chen Vortheil der Einwohner. Ich habe einen Abiponer von dem Stamme der Yaaukanigas gekannt, der, wenn er in den Streit zog, allemal einen grossen Tunkaschnabel an seine Nase band, um den Feinden, welche unsere Kolonie anzugreifen Miene machten, desto fürchterlicher zu scheinen.

Der Kardinalvogel.

Die Kardinalvögel singen vortrefflich und würden meines Erachtens unseren Kanarienvögeln den Rang ab= laufen, wenn sie in einem Athem fort solche Triller wie diese schlagen könnten. Sie haben ihren Namen von dem prächtigen Purpurroth, wovon alle ihrer Federn glänzen. Blos der Wirbel des Hauptes ist mit einem schwarzen Büschchen wie mit einer Haube bedecket. Ihre Größe gleicht der Größe der Stieglitzen. Auf den wüsten Feldern, welche größtentheils mit Disteln bewachsen sind, fliegen sie haufenweise herum, und lassen sich von den Kindern ohne Mühe fangen. Diesen giebt man zu Corrientes für 3 oder 4 lebendige Kardinalvögel eine Nadel. Eben= daselbst habe ich einen alten Layenbruder aus unserer

Gesell=

ſellſchaft gekannt, welcher für den Geſang dieſer gepur-
purten Vögel dergeſtalt eingenommen war, daß er mehrere Jahre hindurch deren ein ganzes Zimmer voll gefüttert hat. Ich habe noch andere Kardinalvögel geſehen, welche den erſten ganz gleichſahen; außer daß ſie
ſo groß wie die Staaren, und folglich größer als die
vorigen waren.

Der Chopï.

Die Chopï ſind ſo groß, wie unſere Schwalben,
ſchwarz von Federn, und wenn die Sonne darauf ſchei-
net, blau, fliegen wie die Sperlinge haufenweiſe auf die
Dächer, und Getreidefelder, und ſingen ſehr angenehm.
Jemand ſtreuete täglich gegen Mittag in unſerem Hofe
Brodſaamen und kleine Körner auf; welche aufzuzehren
unzählige Vögel zu gewiſſen Stunden herangeflogen kamen. Es giebt noch andere ſehr kleine Vögel, deren
Namen ich nicht mehr weiß, welche in den Gärten
zwiſchen den Aeſten der Bäume ſehr lieblich ſingen, aber
in dem Käfig nicht lange aushalten.

Der Quïrapù.

Ein Vogel in der Größe der Tauben heißt der
Quïrapù, welches auf guaraniſch einen ſchallenden Vogel
bedeutet, weil ſeine Stimme wie eine metallene Glocke
ſchallet. Er iſt aſchengrau oder weißlicht, hat ſchöne
Augen, einen großen Kopf und eine grüne Kehle, welche,
wenn er trillert, aufſchwillt. Er bleibt an keinem Orte
lange, ſondern fliegt in der größten Geſchwindigkeit von
einem Baum zum andern. Man fängt daher ihrer nur
ſehr wenige und mit vieler Mühe. Ich kenne noch andere Vögel, welche eben dieſen Namen führen (die
Quïrapù mïrï,) aber kleiner und weiß und braun ſind. Sie

Bb 5

flie-

fliegen schaarenweise miteinander. Sobald einer den
Gesang anhebt, schweigen die anderen alle.

Der Vogel Tiůini.

Der Vogel Tiůini ahmt besonders bei der Nacht
die menschliche Stimme nach, und erschrecket zuweilen
die Fremden, die im Walde über Nacht bleiben; indem
diese einen feindlichen Überfall oder wenigstens feindliche
Kundschafter befürchten. Ich kenne jemanden, der die
ganze Nacht deßwegen wache blieb, wie er mir selbst
nachmals eingestand.

Der Vogel Tijeras.

Die Spanier nennen einen ganz weißen Vogel, welcher etwas kleiner, als ein unsriger Sperling ist, Tijeras
eine Scheere, weil er seinen aus zwoen langen schnee-
weißen Federn bestehenden Schwanz bald auf- und bald
zuzieht.

Verschiedene Holztauben.

Die Apicazù, Yeruti und andere Arten der Holztauben gehen haufenweise miteinander, und richten die
Äcker und Gärten jämmerlich zu, besonders die Reben,
wenn anders die Ameisen, welche alles zernagen, noch
einige Trauben übrig gelassen haben. Sie erquicken das
Aug durch ihre niedliche Farbenmischung, noch mehr aber
den Gaumen, wenn sie gesotten oder gebraten sind.

Die Ińambù, Martinetes, Gallinetas.

Von einem Vogel, welchen die Spanier Perdiz,
die Quaranier Ińambù, die Abiponer aber Uimiřal oder
Nahal

Nahal nennen, ist in den dortigen Gegenden alles voll.
Er sieht theils einem Rebhun, und theils einer Wachtel
gleich. Sein Fleisch ist zwar sehr weiß, und schmack=
haft, aber beinahe trocken. Einen dümmeren Vogel, der
sich öfter und leichter fangen ließe, wird man schwerlich
gesehen haben. Wenn er im Wasen sitzt, so reitet man
etlichemal um ihn herum, und da er auch mit herum=
geht, so wird er mit einem Zügelriemen oder einem dün=
nen Rohre niedergeworfen. Man bringt täglich unzählige
nach Buenos Ayres, und verkauft sie um einen sehr
geringen Preis. Zu den Rebhühnern zählet man auch
die, welche etwas größer als ein Huhn, mit allerlei
Farben und einem schönen Federbusche geschmücket, und
sehr köstlich zu essen sind. Die Spanier heißen sie
Martinetes und Gallinetas, die Abiponer aber Yauik
Loapel wegen ihres Helms, der aus schönen rothen Fe=
dern besteht.

Verschiedene Phasanen.

In Paraquay giebt es eine Menge Vögel, welche
unsern Phasanen sehr ähnlich sind. Die meisten zählet
man von denen, welche die Quaranier Yacù, die Abi=
poner Akilgità, die Spanier la Pàva, und andere In=
bianer Charràta nennen. Sie sind so groß, wie ein
ausgewachsenes Huhn, kohlschwarz und für den Gaumen
ein treffliches Leckerbißchen. Sie halten sich am liebsten
in den nahe an Flüßen oder Seen gelegenen Wäldern
auf. Bei Untergang oder Aufgang der Sonne findet
man ihrer sehr viele auf einem Baume. Schießt man ei=
nen herab, so fliegen die übrigen nicht weg, sondern blei=
ben auf dem nämlichen Ast, auf dem sie saßen, und rü=
cken immer näher zusammen, so daß man alle einen nach dem
andern herabschießen kann. Dieses habe ich vielmal ge=
sehen, und allzeit sehr sonderbar gefunden, daß diese

Dd

Vögel weder durch den Knall des Schießpulvers erschrecket, noch durch das Herabfallen ihrer Brüder scheu
werden. Diese Unbeweglichkeit, welche man bei einem
Soldaten, der auf dem Wahlplatze mitten unter den Leichen unerschrocken aushielte, als eine Heldentugend ansehen
müßte, ist bei den Yacù ein Beweis ihrer unbegreiflichen
Dummheit. Das übrige Federvolk weit entfernt selbe
nachzuahmen nimmt vielmehr bei dem geringsten Geräusch
die Flucht. In dem Flecken S. Ferdinand, der von
Wäldern und Seen ganz umgeben ist, hat der P. Joseph Klein in 20 Jahren unzählige solche Paraquayer-
phasanen erlegt. Mit mehr Recht verdienet der Mbituù
unter die Phasanen gerechnet zu werden; ein Vogel, wie
ein indianischer Hahn. Seine schwarzen Federn endigen
sich in weiße Spitzen. Der Bauch aber ist bei ihm bunt
wie bei den Rebhühnern. Auf dem Kopfe hat er ein
Büschchen wie einen Helm von schwarzen und weißen, und
wie Seide so zarten Federn, welche er im Zorn aus-
strecket. Sein Schnabel ist lang, krumm, und schwärzlicht. Er hat einen langen und breiten Schwanz. In
seinem niedlichen Kopfe stecken große, schwarze und helle
Augen. Seine hohen Beine stehen auf 4 Hühnerkrallen.
Wir haben einen zu S. Joachim eine Zeitlang in unserem Hause unterhalten. Er wird bald zahm, und liebt
die Anhöhen. Alle rühmen sein zartes Fleisch. Wenn
er nur eben so häufig im Walde wäre, als er schmackhaft
in der Schüssel ist!

Verschiedene Papageyen.

Die Papageyen sind in Paraquay unendlich mann-
faltig und zahlreich. Alle diese Arten unterscheiden sich
von einander durch die Verschiedenheit ihres Körperbaues,
ihrer Stimme und Federn, so wie die Regimenter durch
die Farbe ihres Uniforms, ihrer Waffen und Feldzei-
chen.

Gen. Auf spanisch heißen sie alle Loro oder Papagayo,
und auf abiponisch Kahaoʼa. Die Quaranier belegen
jede Gattung mit einem besonderen Namen. Die bekanntesten sind: Paracau teè, Paracau bay`, Irybaya,
Aruay`, Tu`, Mbaracanà, Quaà, nach andern Quacamayo, auf abiponisch Natalgelà latenk, Caninde,
Catita, auf abiponisch Kikilk, und andere mehr, die
ich mir zwar noch recht gut vorstellen kann, deren Namen
ich aber schon vergessen habe. Von jeder mir bekannten
will ich das Hauptsächlichste anführen. Paracauteè heißt
ein ächter und wahrer Papagey, weil derselbe das meiste Talent hat die Stimme der Menschen und Thiere
nachzumachen. Er hat die Größe einer kleinen Taube,
und nicht nur grüne Federn, sondern auch auf dem Kopf,
Schwanz und den Flügeln gelbe, rothe und blaue. Ich
fütterte einen, welcher Don Pedro hieß, und mich auf
den größten Reisen begleitete, durch 5 Jahre. Er sprach
sehr viele Wörter, und sogar ganze Sätze sehr deutlich
auf spanisch, quaranisch und abiponisch aus; denn mit
diesen Nationen bin ich wechselweise umgegangen. Er
lernte mir sogar ein spanisches Lied. Außerdem machte
er auch den starken Husten, das Lachen, Weinen, Bellen und hundert andere dergleichen Gauckeleyen vortrefflich
nach. Man hätte geschworen, daß man einen Menschen
hörte. So oft ich ausgieng oder austritt, setzte er sich
auf meine Schulter, und schwätzte, und trieb unaufhörlich Possen. Wenn ich ihn seines Geschreyes überdrüßig
nicht mehr tragen wollte, und deßwegen meinem Gefährten dem Indianer gab, so biß er ihn zornig in das Ohr-
läppchen und flog eilends zu mir zurück. Einer Quara-
nierinn, welche uns auf einem Esel begegnete, lachte er
lange aus vollem Halse nach. Ob er sich aber gleich
den ganzen Tag auf meiner Schulter sehr ruhig verhielt,
so wurde er dennoch wie die Hühner gegen die Dämmerung

merung zu alle Tage aus Schläfrigkeit unwillig, plätscherte
mit den Flügeln, und peckte mich fleißig in die Ohren,
um mich freundschäftlich zu erinnern unser Nachtlager
aufzuschlagen. Wenn ich des andern Tags wieder mein
Pferd bestieg, war er wieder munter und fröhlich, und
wußte des Singens und Lachens kein Ende zu finden.
Im Flecken spazierte er auf einer langen, im Hof auf
zwoen Säulen ausgespannten Schnur auf und ab, aber
nur bei Tage; denn die Nacht brachte er, um nicht
von den Katzen gefressen zu werden, in meinem Zimmer
zu. Gieng ich ins Speisezimmer, so war er flugs hinter mir, lief den Tisch, während als wir speiseten, wie
eine Schildwache auf und ab, und hackte immer im
vollen Zorne auf den Indianer los, welcher die Schüs-
feln mit den übriggebliebenen Speisen wegtrug. Was
ihn gelüstete, das kostete und raubte er auf der Stelle.
Wenn er im Hof herumspazierte, rieb er zuweilen im
Sande, den er oft als eine Arzney zu sich nahm, seinen
Schnabel und schärfte denselben. Fiel ein Platzregen,
so breitete er seine Flügeln weit aus, und reckte die Federn
des Kopfes schreckbar in die Höhe, verdrähte rechts
und links die Augen, sperrte den Schnabel auf, und
ließ seinen ganzen Leib, in dieser fürchterlichen verzehrten
Gestalt, von dem Regen tüchtig durchweichen. War er
recht durch und durch naß, und zitterte er vor Frost,
so flog er in meinen Schooß, wie ein Schiffbrüchiger
in den Hafen, weil er wußte, daß ich ihn abtrocknete
und wärmete. Durch dieses Bad schien er mir das Ungeziefer, das sich an seiner Haut ansetzte, austränken
zu wollen. Uiber einen kleinen Papagey einer andern
Art fiel er im Anfang aus Eifersucht, weil ich ihn lieb-
kosete, mit dem Schnabel her. Allein die Schmeicheleyen des Jungen nahmen den Alten dergestalt ein, daß
er ihn nicht nur unter seinen Flügeln schlafen ließ, sondern auch als seinen Schüler, und ich möchte fast sagen,
als

als sein Söhnchen behandelte. Was der Alte mit seiner rauhen Stimme vorsprach, wiederholte der Junge mit seiner zarten. Diesem Unterricht sah niemand ohne zu lachen zu. Die Quaranier binden alle Papageyen, so viele sie ihrer zu Hause haben, mit einem Fuß an ein langes Rohr mittelst eines Bindfadens an, um ihre Flucht zu verhindern. Diese Fessel mißfielen uns; wir stutzten daher unsere Papageyen an einem ihrer Flügel nur sehr wenig, damit sie weder weit fliegen, noch lang darinn aushalten konnten, und ließen ihnen übrigens die Freyheit herumzugehen, wie sie wollten. Endlich fiel es meinem Don Pedro ein, seiner vieljährigen Treue ungeachtet, als ihm die Flügel mir unbewußt zu sehr nachwuchsen, davon zu fliehen und nicht wieder zu kommen. Nach vielem vergeblichen Suchen konnten wir ihm auf keine Spur kommen. Nach dreyen Tagen sah und erkannte er mich, als ich durch den Wald gieng, von einem hohen Baume herab. Auf der Stelle kroch er mit Hilfe seiner Krallen und seines Schnabels durch die Aeste der Bäume schleunig zu mir und flog auf meine Schulter, indem er mir immer sein Don Pedro wiederholte. Seine Schmeicheleyen aber sprachen ihn nicht von der Buße für seine Untreue los; denn ich stutzte ihm seine übermächtigen Flügel. Oft wunderte ich mich, daß dieser Papagey seine Reden so zweckmäßig anbrachte, als wenn er ihre Bedeutung verstanden hätte. Wenn ihn hungerte, sagte er mit einer kläglichen Stimme Pobre Don Pedro, armer Herr Peter! bis man ihm zuletzt gewisse Wurzeln, Brod, oder sonst ein Futter gab. Dieß wollte ich von meinem Papagey, an den ich mich noch immer mit Vergnügen erinnere, etwas umständlich anmerken, um von den gutartigen Trieben der Thiere einen Beweis zu geben, und zu zeigen, daß sie sich gegen ihre Lehrer dankbarer und willfähriger beweisen, als viele Wilde. Die Weibchen lernen eher und besser als

die

die Männchen reden. So hatte mein Amtsg:noß eines, welches das Vaterunser auf quaranisch vortrefflich her- sagen konnte: Oreruba Ybape ereyabe &c. Ich glaubte oft einen betenden Knaben zu hören. Dieß ist sonderbar und bewundernswürdig, indem wir die Weib- chen der anderen Vögel stumm, und fast gesanglos fin- den. Ich habe niemals begriffen, wie die Papageyen, welche von den Engel- und Holländern von den äußersten Gegenden von Asien, Afrika und Amerika nach Europa gebracht werden, und oft viele Monate, ja auch Jah- relang reisen müßen, dennoch deutsche oder französische Sprüche, oder was immer für eine europäische Spra- che lernen, da man doch in Paraquay nur die unbefie- derten und frisch aus dem Neste entnommenen zum Re- denlernen geschickt hält. In der That haben wir die Alten immer ungelehrig befunden. Am besten und sicher- sten lernen sie bei der Nacht, oder in einem finstern Or- te, wo sie weder sehen noch hören: wiewohl sie auch im Hofe auf ihrer Stange oder Schnur das Bellen der Hunde, das Wiehern der Pferde, das Brüllen der Kühe, das Husten der Alten, und das Pfeiffen, Lachen und Weinen der Knaben vortrefflich nachmachen lernen, indem sie auf alles äußerst aufmerksam sind. Wir haben auch durch eine lange Erfahrung wahrgenommen, daß sich die Papageyen von den Knaben und Weibern, welche eine zärtere Stimme haben, lieber und beßer als von Män- nern unterrichten laßen.

Die Paracaubay' sind eben so groß und eben so gestaltet als die Paracautèe, außer daß sie blos grüne Federn, und unter denselben nur sehr wenig blaue haben, ohne daß man in dem Kopf, Schwanz und den Flügeln eine safrangelbe oder rosenfärbige entdecken könnte.' Auch diese plaudern von Natur im Predigertone etwas daher,

was

was niemand versteht. Einen abgegliederten Laut können sie weder lernen noch hervorbringen: und taugen zu nichts als zum Fressen.

Die Aruày sind etwas kleiner, als die vorigen, sehr schön, mit rosenfärbigen, gelben und grünen Federn auf das prächtigste geschmückt, und wenn man sich ihrentwegen Mühe giebt, sehr geschwäzig.

Der Iribaya ist fast um nichts größer als ein europäischer Stieglitz, und dunkelgrün von Federn, denen auch einige rothe und blaue beigemischet sind. Ein weißer Kreis umgiebt seine Augen, und unterscheidet ihn von allen andern. So lebhaft, geschwäzig, unruhig und bissig er auch ist, so hat er dennoch keine Anlage zum Redenlernen, und eine knirschende Stimme. In einigen Wäldern sind sie so zahlreich, daß sich darinn gar kein anderer Papagey sehen läßt.

Die Mbaracanà und andere dergleichen ganz grüne Papageyen sind nicht im geringsten weder schön, noch gelehrig; dennoch ziehen die Indianer ihrer viele auf. Die Tuy sind von verschiedener Art. Sie empfehlen sich alle durch die graue Farbe ihres Gefieders. Die kleinsten sind nicht größer als der kleine Finger einer Mannshand, aber sehr munter, und auch bösartiger als die anderen. Die größten und schönsten Papageyen in Paraguay sind die Quaà, oder wie andere sprechen: Quacamayo, und Caninde. Die Federn dieses letzteren sind berlinerblau, und ungemein gelb; die des ersten ganz roth und dunkelblau. Ihr Schwanz pranget mit ellenlangen Federn. Beide sehen sich gleich sowohl an Gestalt als an Größe, an der sie einen Hahn um viel übertreffen. Sie haben einen so starken Schnabel, daß sie die härtesten Mandelschaalen auf einen Druck durchbre-

E e

brechen; und müßen daher sehr behutsam behandelt
werd n. Im Zahmwerden haben sie nicht bald ihres
Gleichen. Zu S. Joachim hatte ich einen zahmen
Quaà und Caninde einige Monate. Sie giengen in
unserm Hof den ganzen Tag herum. Sie konnten von
einander nicht geschieden werden; aber waren sie beisammen, so balgten sie sich unaufhörlich herum. Kurz der
Vers des Martial: Non possum tecum vivere, nec
sine te, (ich kann nicht ohne dich, und auch nicht mit
dir leben) paßte buchstäblich auf sie. Bei schönem
Wetter stiegen sie oft auf der hölzernen Stiege auf den
Glockenthurm, der nach dem dortigen Landesgebrauch
aus vier hölzernen Säulen zusammengezimmert ist, hinauf,
und machten da den Prediger, indem sie unter beständigem Plätschern der Flügel, Erhebung und Abänderung
der Stimme an die Umstehenden ihr Wort richteten, welches aber nichts bedeutete; denn außer ihrem Namen
Quaà, welchen sie oft mit rauher Stimme laut und ver-
nehmlich aussprechen, lernen sie keine Sprache. Diese
Papageyen schickte ich dem berühmten Sieger und
Statthalter von Buenos Ayres Zevallos, welcher
sich damals mit 500 Dragonern in dem quaranischen
Flecken S. Borgias an dem östlichen Ufer des Uruquay
aufhielt. So vielen kriegerischen Ernst er allemal an
sich bemerken ließ, so unterhielt er sich dennoch sehr
gerne mit diesen zweenen Vögeln, besonders mit dem
Caninde, weil er die Farbe des Uniforms seiner
Dragoner nämlich Blau und Gelb trug. Ich habe oft
den Wunsch geäußert einen noch unbefiederten Caninde
aus dem Neste frisch zu bekommen, weil ich ihn gewiß
reden gelehret hätte. Allein meine Wünsche waren vergebens; und die ältesten Indianer, welche im Walde
gebohren und erzogen waren, gaben mir alle einstimmig
zur Antwort: Tupa immon angàra note oiquaà &c.
Gott der Allschöpfer weiß allein, wo die Caninde ihre

Nester

Nester haben. Man glaubt nämlich, daß sie in den abgelegensten Wäldern, wo nur selten jemand hinkömmt, ihre Jungen ausbrüten, und erst da sie mit diesen, wenn sie etwas älter geworden, in das freye Feld herausfliegen, wo ihnen die kleinen Palmbäume Yatai genannt, ihre Näße zum Futter darbieten. Auf dieser Weide fangen die unter den Zweigen verborgenen Indianer eine Menge solcher Papageyen mit Schlingen. Zu Wien habe ich in dem kaiſ. Belvedere in der dortigen Bildergallerie, wo man die Kunſtſtücke der berühmteſten Mahler älter und neuer Zeiten aufbewahret, einen nach dem Leben getroffenen Caninde mit Verwunderung gesehen, und gewünscht, daß die Geschichtschreiber die Geschichte von Amerika eben ſo aufrichtig schreiben möchten, als der Mahler diesen amerikanischen Vogel abbildete. Wiewohl man Papageyen von allerlei Gattungen sowohl zu Lissabon in den Kaufmannsbuden feil hat, als auch faſt überall in den Menagerien großer Herren sehen läßt, ſo habe ich dennoch außer Paraquay keinen Caninde, welcher an Schönheit keinem Papagey etwas nachgiebt, gesehen. Zwar sieht man ihn auch in Paraquay nicht überall, weil er wie die andern Papageyen von den schöneren Gattungen blos in den gegen Mitternacht gelegenen Wäldern seine Wohnplätze hat. In den südlichen Gegenden schwärmen große, düſtere, und dunkelgrüne Papageyen in den Wäldern, besonders in den Palmwäldern mit einem abscheulichen Geschrey schaarenweise herum. In eben diesen Gegenden giebt es auch noch unzählige andere kleine blaßgrüne in der Größe einer Taube. Die Spanier heißen sie Catitas, die Abiponer Kikilk. Sie sind munter, frisch, hurtig, schlau und einige Worte zu lernen ziemlich geschickt. Man verwahret sie in ledernen Käfigen. Es iſt unglaublich, wie sie die türkischen Kornäcker verwüſten. Man muß eigene Hüter halten, die sie von Zeit zu Zeit wegtreiben. Zu S. Joachim hat

te ich 9 Papageyen, jeden von einer andern Art und
Benennung, auf einem runden Tische, welcher auf einem
au gedrähten Fuß stand und von einem Orte zum andern getragen werden kunnte, beisammen. Einige Monate hatte ich sie gefüttert, und beobachtet. Allein da die
Katze in meiner Abwesenheit einige gefressen, und
der Aruay, der schönste unter allen, die Flucht genommen hatte, so schenkte ich den übrigen die Freyheit.
Die Indianer können die natürliche Farbe des Papagey
in was immer für eine andere beliebige verwandeln. Es
verlohnt sich der Mühe ihre, Manipulation hiebei etwas
genauer zu beschreiben. Sie rupfen nämlich den Papageyen ihre natürlichen Federn aus dem Grunde aus; und
kratzen die Haut, wo sie selbe ausgerupfet haben, mit
der Hand auf bis aufs Blut. In die Ritze oder Lücken
lassen sie einen Saft von der verlangten Farbe hineintrie-
fen, und reiben ihn hernach hinein. Je nachdem sie in
die Flügel einen gelben, blauen oder hochrothen Saft
gießen, je nachdem wachsen nach und nach gelbe,
blaue oder hochrothe Federn heraus. Diese Papageyen-
färberey ist bei den Brasilianern, Quaraniern, und nach
dem Zeugniße des P. Joseph Sanchez Labrador auch bei
den wilden Mbayas im Brauche, welche diese Operation im Frühlinge oder im angehenden Herbst vornehmen. Die grüne Farbe wird leicht gelb. Rupft man
gelbe Federn aus, so wachsen nur gelbe nach. Dieses erinnert der P. Sanchez nach seinen eigenen Versuchen.
Wenn jemand selbe bei den europäischen Vögeln nachmachen wollte? Ohne Zweifel würde ein rother Kanarien-
vogel, gelber Stieglitz, eine blaue Lerche ein seltner und
kostbarer Vogel seyn. An verschiedenen Saftfarben mangelt es meines Erachtens den Europäern nicht. Zur
hochrothen nehmen die Indianer Cochenille, zur blaßro-
then Achote, Urucù und Nibadena, zur lichtgelben
Virga aurea, zur blauen Indigo, zur schwarzen Nan-
dipa.

dipa. Die Papageyen haben eine niedliche Farbe und fröhliche Geschwätzigkeit, und sind für den Magen eben so köstlich als für Aug und Ohr unterhaltend. Weil ihr Fleisch ein wenig zähe ist, so muß man dasselbe, um es mürbe zu machen, beitzen. Doch weder ich, noch die Indianer nahmen uns auf der Reise, wenn uns hungerte, diese Mühe. Der Hunger würzet am besten. Die Zähne mögen immer etwas mühsamer kauen, wenn nur der ungestümme Magen mit seinen Foderungen befriediget wird. Da die Papageyen sehr argwöhnisch sind, so ist nicht jedwede Zeit bequem sie zu fangen. Wenn sie auf den höchsten Aesten der Bäume beisammen sitzen, so steht einer auf dem obersten Wipfel Schildwache, wo er dann, sobald er jemanden erblicket, alsogleich durch ein heftiges Geschrey seine Kameraden wegen der Gefahr warnet, und ihnen die Loosung zur Flucht giebt. Unter der Dämmerung bereiten sie sich wie die Hühner zur Ruhe. Meistens läßt sich eine ganze Schaare auf einem einzigen Baume nieder. Da ein jeder den höhern Ort einnehmen will, so entsteht täglich unter ihnen ein Gezänke, indem einer den andern aus dem eingenommenen Posten zu verdrängen suchet. Hierbei schreyen sie nun ganz entsetzlich, und die Federn, welche sie einander theils mit dem scharfen Schnabel, und theils mit den Krallen ausrupfen, fliegen in Menge herum. Während dieses Kampfes um den obersten Platz kömmt der Indianer mit leisen Schritten hinzugeschlichen, und schießt die streitenden Partheyen mit dem Bogen oder der Flinte herab. Das wahre Bild der Ehrgeitzigen, welche, indem sie sich wechselweise stürzen wollen, oft miteinander fallen. In dem Walde, durch welchen der Fluß Empalado fließt, schlug in der Nacht, die ich mit meinen indianischen Reisegefährten darinn zubrachte, der Donner in einen von unzähligen Papageyen besetzten Baum ein, welche sich alsogleich nach allen Seiten hin zerstreueten, und unsere Ohren und

die

die ganze Gegend mit ihrem gräßlichen Geschrey erfüllten. Hört man zuweilen in verschiedenen vornehmen Häusern die Papageyen anders nennen, als ich sie bisher genannt habe, so darf man sicher glauben, daß selbe entweder von den Engelländern, Holländern oder Portugiesen aus Asien, Afrika oder anderen amerikanischen Provinzen gebracht worden sind, oder andere willkührliche Namen erhalten haben. Von den weissen Papageyen mit dem rothen Büschchen, welche man bei uns Cacatu heist, den aschengrauen, deren ich in Deutschland viele gesehen habe, und anderen dergleichen weiß man in Paraguay nichts. Die kleinen, welche wir auf guaranisch Tuv nannten, heißen in Europa auf französisch Perroquét. Den grossen mit rothen und blauen Federn, welche wir Quaà oder Quacamayo nennen, legen die Deutschen unrichtig den Namen indianischer Raben bei. Was amerikanische Raben sind, werde ich gleich sagen.

Amerikanische Raben.

Die amerikanischen Raben sind zwar auch schwarz wie die europäischen, aber viel grösser als diese. Ihr Kopf und Hals ist, bis wo die Flügel anfangen, kahl, ganz ohne alle Federn und runzelicht. Sie essen auch die Aeser und Eingeweide der geschlachteten Thiere. Wenn man nach dem dortigen Landesgebrauch auf dem Felde Ochsen abthut, so machen sich die Raben sogleich von den Dächern und Bäumen über die zurückgelassenen Gedärme her, und tragen sie, nachdem jeder dieselben bei einem andern Ende gefaßt hat, wie lange Stricke ausgespannt durch die Luft im vollen Fluge weg. Ihr König ist schneeweiß, und fliegt immer, so selten er auch sich sehen läßt, von mehreren schwarzen wie von Trabanten umgeben einher. Diese mir vorher unglaubliche Erscheinung sah ich zu S. Hieronymus selbst zu, weil mich die Abiponer

ner vorher auf die Ankunft des Rabenkönigs aufmerksam
gemacht hatten. Sie heißen selben Oaeñk, die gemei=
nen Raben aber Rateghàm, Hapeù, Roerepiglemafàt.
Da sich gleich und gleich gerne zusammengesellet, so zie=
hen die Abiponer, welche vorher vom Raube lebten, die
Jungen dieser Raubvögel zu Hause auf, und machen sie
bis zu einem bewunderungswürdigen Grade zahm. Die
großen fliegen ihren Herren, wenn selbe oft mehrere
Meilen weit auf die Felder hinaus, oder auf die Jagd reiten,
nach, machen Halt, wenn diese Halt machen, und kehren
wieder mit selben nach Hause zurück, ohne sich von den
andern Raben, welche ihnen auf der Reise begegnen, zu
einer Untreue gegen ihre Herrn verführen zu lassen. Die
Rabenfedern brauchen die meisten Wilden, weil sie ﬂsehr
fest sind, zu ihren Pfeilen.

Der Caracaràs oder Carrancho.

Die Zunftgenossen und Gehilfen der Raben sind
gewisse Vögel, welche die Spanier Caracaràs oder Car=
ranchos, die Abiponer aber Ecpïai nennen. Ihre Fe=
dern sind schwarzbraun, und mit gelben und weißen Punkten
besprengt. An Größe gleichen sie einem Huhn, an
Kopf, krummen Schnabel, ihren langen und spitzigen
Klauen und dem langen Schwanze aber einem Habicht. Sie
gehen auf die Aeser wie die Raben, und stellen den Hüh=
nern und übrigen Vögeln ohne Ende nach. Ihr Fleisch
taugt zu nichts.

Verschiedene Habichte.

Auf die Caracaràs lasse ich die Kirikirì, mit Punk=
ten von verschiedenen Farben gefleckte Habichte, folgen.
Ich würde nicht fertig werden, wenn ich alle zum Ha=
bichtgeschlechte gehörigen Vögel durchgehen wollte. Hier=

Cc 4

unter

unter sind die Nariäm Gavilan, Kataingit, Halcon
&c. Unter den Nachteulen sind die bekanntesten der Ki-
kik lechuza, Kaalekavàlk mochuelo &c. Die Fledermaus heißt auf abiponisch Kahit, und auf spanisch
Murçielago. Ihrer giebt es eine große Menge und
verschiedene Arten, wie ich anderswo melden werde.

Gänse, allerlei Aenten, Reiger, Störche, Haria, Wasserraben, Schwalben, und brasilianische Hühner.

In Paraquay sieht man so viele und so verschiedene Wasservögel, daß ich, wenn ich alle gehörig beschreiben wollte, einen ganzen Band damit anfüllen würde.
Ich will daher ihrer nur einige berühren. Gänse, wie
die europäischen fand ich in den Seen zwar etwas seltner,
aber desto zahlreicher beisammen. Aenten giebt es nicht
nur in den Seen, sondern auch in den meisten Flüßen
in einer solchen Menge, daß wir das Wasser wegen des
häufigen Unraths dieser Thiere, der darinn herumschwamm,
nicht trinken konnten. Die mit schwarzen und weißen
Federn, welche die Spanier Patos Reales, die Königs-
änten, die Abiponer aber Kaènra nennen, sind die häufigsten und am Tage im Wasser, und bei der Nacht
auf den nahe am Wasser stehenden Bäumen. Leichter
und öfter werden sie außer dem Wasser mit Flinten geschossen. Ihre Junge werden in den Flecken nur sehr
selten zahm. Es giebt auch noch andere Aenten, welche
bei den Abiponern Roacabl heißen, vielfärbige Federn
und rothe Füße haben. Die kleinen Aenten, auf abiponisch Rullilié, fliegen bei der Nacht mit einem großen
Gezische schaarenweise miteinander, und werden von den
abergläubischen Abiponern für Geister, Gespenster, oder
die Seelen der Abgestorbenen (Mehalenkachié) gehalten. Besonders merkwürdig scheinen mir gewisse Aenten

ten von mittlerer Gröſe zu ſeyn, welche vom Kopf bis
auf den Schwanz roſenfärbig, und zugleich ein Sinnbild
menſchlicher Schönheit ſind; denn ſo ſehr ihre niedliche
Geſtalt die Augen blendet, ſo ſehr fallen ſie jedermann
durch den ihnen von Natur eigenen Geſtank läſtig.
Unter den Flügeln, und dem ſo prächtig kolorirten Ge-
ſieder des übrigen Körpers, wovon nicht nur die Federn, ſondern auch die Kiele hochroth gefärbet ſind, ſteckt
eine Haut und ein bischen Fleiſch, welches alles zuſamm
ganz unleidentlich ſtinket.   Die Naſe derer, welche aus
dem ſcheuſlichen Körper die roſenfärbigen Federn ausrupfen, muſ bei dieſem Geſchäft ganz entſetzlich viel aus-
ſtehen.   Ihre Federn ſind dünner und feiner als die
Gänſefedern.   Die Abiponer brauchen ſelbe zu ihren Fe-
derkronen.   Ich ſchrieb lange Zeit damit.   Paraquay
mangelt es auch nicht an Flußvögeln, welche unſern
Reigern und Storchen ſehr ähnlich ſind.   Die Spanier
nennen dieſe Ciguenas, die Spanier Nêtagꞯanak; jene hingegen heiſen bei den erſteren Garzas, bei den letzteren Yavige liehil.   Der Haria, ein Vogel in der
Gröſe eines Storchs, iſt ein geſchworner Feind aller
Schlangen, bringt ſie mit dem Schnabel um und friſt
ſie.   Bei den Spaniern wird er bald zahm, und kömmt
ihnen in ihren Gärten ganz wohl zu ſtatten, indem er
ſelbe von allem ſchädlichen Ungeziefer ſäubert, oder dieſes
durch die Furcht davon entfernt hält.   Lachen muſte ich
auch oft über einen andern groſen Flußvogel, welcher,
wenn er ſeinen Hals ausſtrecket, über die gröſten Männer hinausraget, und ſchwerer noch als ein Lamm wiegt.
Er iſt durchgängig weiſ, hat lange Füße, und bleibt in
einem Zuſtande der Betrachtung mehrere Stunden unbeweglich im Waſſer.   Ich geſtehe, daß ich ſeinen Namen
ſchon vergeſſen habe.   In dem Fluß Parana und auch
anderswo ſieht man eine Menge Waſſerraben, auf abiponiſch Halemꞯaye.   Ihre Jungen eſſen die Wilden

Cc 5   gern,

gern, ungeachtet sie vor den jungen Hühnern und Vögeln einen unüberwindlichen Abscheu tragen. Ich würde zu weitläuftig, wenn ich aller der verschiedenen Gattungen der Wasservögel erwähnen wollte, welche schaarenweise in den großen Flüssen herumziehen, und von Fischen leben. Ehe ich von den Vögeln zu !den Fischen übergehe, will ich als einen Anhang von den gemeinen Hühnern und Schwalben folgendes hinzusetzen. Diese kommen den europäischen an Gestalt, Gesang und natürlichen Eigenschaften ganz gleich. Weil zwar in Paraquay kein Schnee fällt, aber dennoch der kalte Südwind eine rauhe Witterung verursachet, so ziehen die Schwalben im angehenden Herbst, wie in Europa wer weiß? wohin, um den Winter dort zuzubringen, und kehren zu Anfang des Frühlings wieder zurück. Die paraquayischen Hühner sind wie die europäischen gestaltet und befiedert. Vor wenig Jahren wurden in Paraquay aus dem benachbarten Brasilien einige Hühner gebracht, welche die gemeinen Hühner zwar an Größe aber nicht an Güte des Fleisches übertreffen; denn dieses ist an jenen hart und nicht schmackhaft. Ihre Jungen geben, nachdem sie aus dem Ey ausgeschloffen sind, lange Zeit nackt herum, und bekommen erst nach einigen Wochen Federn. Die Hähnen sind ungewöhnlich groß, und haben statt des Hahnenkams der unsrigen große, hochrothe Kronen von einer besondern Pracht. Im Jahre 1748 sah ich in der Menagerie des Großherzogs von Toskana allerlei asiatische und afrikanische Hühner, deren seltsamen Körperbau ich nicht genug bewundern konnte. Nun wollen wir auch das Schuppenvolk in Paraquay mustern.

Verschiedene Gattungen der Fische.

Europäische Fische habe ich zwar in Paraquay keine gesehen, aber dennoch viele, welche den unsrigen in manchem Betrachte ähnlich sind. Ich werde hier nur derjenigen, die ich kenne und indianische oder spanische Namen führen, erwähnen. Ich weiß ihrer noch etlich und zwanzig Gattungen: nämlich die Dorado, Pacù, Corvino, Mungrullù, Sabalo, Boga, Armado, Zurubí, Palometa. Patì, Peje blanco, Dentudo, Raya, Vagre oder Ñundia, Mandiy', Machete, Suchì, Mojarra, Vieja, Anguilla, Murena, Peje Rey, Sardina, Almeja grande, lisa, verschiedene Piquì, &c. &c.

Der Fisch Dorado.

Der Fisch Dorado, welcher von den Quaraniern Pyrayù, von den Abiponern aber Henegelfaik genennet wird, hat von dem Goldglanze seiner Schuppen den Namen eines vergoldeten Fisches erhalten. Er ist oft sehr groß und hat ein körnichtes, weißes und sehr schmackhaftes Fleisch. Seinen Kopf rechnet man unter die Leckerbißchen, wiewohl man sonst in Paraquay fast alle Fische ohne Kopf, als welcher in den Küchen abgeschnitten und weggeworfen wird, auf den Tisch kommen. Diese Goldfische werden in den Flüßen gefangen. Wir fiengen ihrer aber auch viele in gewissen Gegenden des Meeres, besonders, wenn ein lang anhaltender Sturm von etlichen Stunden im Anzuge war. Sie bissen in die Welte in unsere Angeln, als wenn sie den Sturm geahndet, und sich vor dem Herumwerfen im Meere gefürchtet hätten.

Der

Der Fisch Pacù.

Der Pacù, auf abiponisch Katlaän eine Lanze, zeichnet sich nicht nur durch seine Länge und Breite, sondern auch durch seine Köstlichkeit aus. Er ist sehr fett. Seine Schuppen sind braun, und an einigen Orten auch schwefelgelb. Der Kopf scheint auf seinen übrigen Körper zu klein zu seyn. In dem Paranastrome, wie auch in andern Flüßen, welche sich mit jenem vereinigen, findet sich dieser delikate Fisch sehr häufig.

Der Corvino.

Der Corvino wird meistens in den Bayen von Montevidèo und Maldonado, und dort herum, wo das süße Wasser des Silberflußes sich mit dem gesalzenen Meerwasser vereiniget, meistens mit der Angel gefangen. Er ist fast wie ein Karpfe, aber um viel größer und schmackhafter, so daß er auch von den Einwohnern entlegener Städte sehr gesuchet wird.

Der Mungrullù.

Der Mungrullù ist der stärkste und größte aller Flußfische in Paraquap, und wiegt über einen Zentner. Sein Fleisch ist fest und röthlicht.

Der Zurubì

Der Zurubì, auf abiponisch Etapranak, ist nicht viel kleiner als der vorige, und hat keine Schuppen, sondern eine beinahe aschenfärbige, glatte und schlüpfrichte Haut, welche mit großen schwarzen Punkten auf Tiegerart geflecket ist. Man findet an ihm ein weißes, festes, schmackhaftes und gesundes Fleisch. Wie schwer er

ist,

ist, mag man daraus abnehmen, weil zween Indianer an ihm, wenn er auf einer Stange aufgehänget wird, genug zu tragen haben.

Der Patì.

Der Patì wird dem vorigen an Größe und Güte beinahe gleichgehalten.

Der Armado.

Der Armado verdienet ohne Zweifel seinen Namen, indem er überall auf den Seiten und dem Rücken mit 8 spitzigen Floßfedern [und Luftröhren] bewafnet ist. Mit diesen sucht er den Fischer, während daß dieser die Angel aus seinem Rachen losmacht, zu verwunden, und brüllt, und wirft sich ganz entsetzlich herum. Deßwegen muß man ihn, sobald man ihn aus dem Fluße zieht, mit einem Stocke tüchtig auf den Kopf schlagen, welcher breit, einem Froschkopfe ähnlich, und mit einer schwarzen Schaale, wie mit einem Schilde, bedecket ist. Er hat kleine, aber helle und mit einem goldgelben Ringe umgebene Augen, ein enges Maul, und einen fürchterlichen Knebelbart, wie es sich auf einen Kriegsmann schicket. Der Leib ist eisengrau, und mit langen und harten Schuppen bepanzert. Dieser Fisch ist dicker als lang und wiegt oft 4, 6, auch mehrere Pfunde. Sein Fleisch ist ein sehr wollüstiges Gericht, und wie man glaubt, auch für Kranke sehr gesund. Dieser edle Fisch findet sich am meisten in dem Fluße Paraquay. Als wir von Assumtion nach Buenos Ayres schifften, fiengen wir täglich mehrere mit der Angel. Da ich mit der Schnur, womit ich angelte, meine Hand umwunden hatte, so wäre ich bald von einem großen Armado, der an der Angel zog, aus dem Vordertheil des Schiffes in den Fluß hinausgerissen wor-

worden. Zum Glück rettete mich noch, als ich um Hilfe rief, ein spanischer Soldat, wie Raphael den Tobias, indem er die Schnur mit beiden Händen an sich hielt, damit ich meine Hände loswinden konnte.

Der Vagre.

Der Vagre, auf abiponisch Ypik, öbᵲ Yhelokayé, auf quaranisch aber Nundia, gehört zum Geschlecht der Forellen. Seinen Kopf bedecket eine harte Schaale. Seine Haut ist schlüpfricht, kahl und mit rothen Flecken gezieret. Sein Fleisch ist wohlgeschmack. In den verschiedenen Flüßen entdecket man verschiedene Gattungen derselben, welche sich durch die Zahl, Größe und Farbe der Floßfedern, Luströhren und Bärte unterscheiden, alle aber sehr köstlich zu essen sind. Wenn man ihre Blase mit den Zähnen zerkauet, und aledann Brandtwein dazuaießt, so wird ein vortrefflicher Leim daraus, womit die Spanier ihre Geigen, die Villelas aber (sehr geschickte indianische Pfeilschützen) die Federn und die Spitzen ihrer Pfeile an das Rohr mit dem besten Erfolge leimen. Einen ähnlichen Gebrauch machen die europäischen Handwerker von der Blase des Hausens, eines ungarischen Fisches.

Der Savalo.

Der Savalo ist unserem Karpfen etwas ähnlich, aber geschmeidiger, und niedlicher. Schwerer als zwey Pfunde wird man schwerlich einen finden. Er ist auch noch voller Gräten. Man fängt ihn niemals mit der Angel, wiewohl er in den meisten Bächen und Seen sehr häufig ist. Warum ihm die Indianer vorzugsweise den Namen Fisch fast durchgängig beigeleget haben, begreife ich nicht; weil er vor den übrigen keinen Vorzug hat. Bei den Abiponern heißt er gleichfalls Noay', welches Wort

einen

einen Fisch überhaupt bedeutet. Eben dieses nahm ich
auch bei den Indianern Mataràs gewahr.

Der Bòga.

Der Bòga, auf abiponisch Parik, ist von dem
Sàvalo wenig unterschieden, aber köstlicher und seltner.

Der Peje Rey'.

Peje Rey' heißt ein Königsfisch. In der That
läßt er bei aller seiner Mittelmäßigkeit in Ansehung der
Größe die übrigen an Niedlichkeit weit zurück. Kopf
und Maul ist an ihm außerordentlich groß. Fette hat
er gar keine, und wird blos in dem Fluße Parana in
der Gegend von Santa Fé oder in den nahen Bächen,
in welchen er laichet, gefangen. Der frische Peje Rey'
kömmt als eine Delikateße der ersten Klasse auf die
Tafeln der Vornehmen. Uneingesalzen und blos in der
Luft gedörret wird er von Santa Fé auch noch in andere Derter versendet, und erhält sich lange Zeit. Wird
er aber auf dem Wege feucht, so greift ihn sogleich die Fäulung an. Die Abiponer nennen ihn Lalagraik den
weißen Fisch.

La Vieja.

La Vieja, welches Wort ein altes Weib bedeutet, ist ein sonderbarer und seltsamer Fisch. Auf abiponisch heißt er Aoraik. Sein ganzer Leib ist mit einer harten Schaale oder einer hornichten Rinde überzogen, so daß auch kein Messer durch selbe dringen
kann. Er muß daher in seiner Schaale auf die Glut
gelegt werden, wenn man ihn braten und essen will.
Mit der Angel fängt man diesen Fisch nur sehr selten;
auch

446

auch wiegt er faſt niemals über ein Pfund. Als die Flüße nach einer zweyjährigen Trockenheit faſt ganz ausgetrocknet waren, ſahen wir auf dem Boden viele theils ſchon umgekommene, theils wirklich umkommen.

Der Dentudo.

Den Dentudo findet man überall ſehr häufig, und würde ihn auch ſchmackhaft finden, wenn er weniger gräticht wäre. Er iſt kaum ein Pfund ſchwer. Ich habe unzählige Dentudos mit der Angel gefangen und gegeſſen; aber auch bei dieſer Gelegenheit nicht wenige Angeln verloren, weil ſie mir mit ihren ſtarken Zähnen die Schnur abbiſſen.

Der Raya.

Der Raya iſt ein Fiſch von einer ſo wunderlichen Geſtalt, daß man ihn zum Fiſchgeſchlechte gar nicht rechnen ſollte. Auf abiponiſch heißt er Eparañik. Er ſieht wie ein flacher und länglichtrunder Suppennapf aus. Sein Rücken iſt ſchwarz, und ſein Bauch weiß. In deſſen Mitte wird man ein enges Maul gewahr. Sein Schwanz iſt ſehr lang, dünn, zugerundet, wie eine Säne ausgezacket, und am äußerſten Ende mit einem giftigen Stachel bewaffnet. Der Raya verbirgt ſich oft am Uſer der Flüße im Sande und ſticht damit die Schiffleute, welche mit bloſſen Beinen herumgehen, wenn er kann, jämmerlich in die Füße. Dieſe Wunde ſchwillt gleich auf, entzündet ſich, und bringt den Tod, wenn man nicht alſogleich warme Aſche darauf legt. Daher pflegen die vorſichtigen Schiffleute, wenn ſie ihr Schiff nicht mehr mit Rudern gegen den Stromm treiben, ſondern zu Fuß mit einem Tau ziehen wollen, einen von ihnen vorauszuſchicken, der den Sand am Uſer mit
einem

einem Stocke aufwühlet, und immer darauf stößt, um die Rayas, wenn darinn welche verborgen seyn sollten, zu entdecken und zu verjagen. Wunderbar ist es, daß sich die Abiponer des vergifteten Stachels dieser Fische wie einer Lanzette zum Aderlassen glücklich und ohne Nachtheil bedienen. Ihr Fleisch ist zwar genußbar, aber außer dem Fall einer Hungersnoth sehnt sich niemand darnach. Dennoch muß ich eingestehen, daß es mir, wenn es gehörig gebraten war, sehr wohl geschmecket hat. Die Größe und die Gestalt der Rayas (wir wissen von mehreren Arten derselben) ist verschieden. Sie gebähren lebendige Junge. In ihrem Bauche hat man die unzeitige Frucht vielmals gefunden.

Die Palometa.

Die Palometa, auf abiponisch Rakik, haben die Schwimmenden mehr als alle Krokodile zu fürchten. In ihren beiden Kiefern, deren jedes mit 14 spitzigen und dreyeckichten Zähnen, als so vielen Bajonetten, bewaffnet ist, besteht ihre Rüstung. Sie beißt damit den Menschen, sie mag ihn anpacken, wo sie will, auf den ersten Biß durch und durch. Eine tiefgespaltene Fußsohle eines wackern Abiponers, und die ganz abgebissene und blos an der Haut hängende Zehen eines abiponischen Knaben habe ich selbst gesehen. Ich habe auch zween spanische Soldaten gekannt, welche, da sie ihren Pferden über einen Fluß nachschwammen, von den Palometas völlig entmannet wurden. Der erste von diesen, aus Santa Fé, setzte über den Fluß Rey (die Abiponer heißen denselben Ychimaye) welcher dazumal sehr angeschwollen war; der zweyte, von Corrientes, hingegen schwamm über die Parana, wo selbe schon mit dem Paraquay vereiniget ist. Dieses wird man desto glaubwürdiger finden, wenn ich sage, daß die abiponischen Weiber die

Kiefer der Palometas noch itzt als Scheeren zum
Schaafscheren gebrauchen, und daß vormals die Abiponer selbst, ehe sie noch eiserne Messer hatten, den Spaniern damit die Köpfe abschnitten. Dieser Fisch findet sich überall sehr häufig doch mit dem
Unterschiede, daß er in kleinen Flüßen auch kleiner ist,
und kaum ein halbes Pfund wiegt, in größeren aber zu
zwey und drey Pfunden anwächst, ohne daß dessen Länge
seiner Breite jemals gleichkäme. Sein Rücken ist krumm,
sein Kopf abgestumpfet, der Rachen weit, der Schwanz
gespalten, und breit. Seine Augen sind klein und
rund. Außer seinem fürchterlichen Gebisse, hat er auch
große beinartige Schwimmohren und sieben stachelichte
Floßfedern seinen Angreifern entgegen zu setzen. Eine
dieser Floßfedern läuft mitten durch den Rücken bis zum
Schwanze fort. Der Körper ist mit lichtaschengrauen
Schuppen bedeckt, woraus doch hie und da Blau, Feuer-
farb und Gelb hervorsticht. Das Fleisch der Palometa
ist sein, weiß, und nicht nur eßbar, sondern auch sehr
schmackhaft, aber auch sehr gräticht. Ich habe ihrer eine
Menge mit der Angel gefangen und verzehret. Wenn
man aus ihrem Rachen die Angel herauszieht, muß
man sich sehr in Acht nehmen, daß man nicht von ihren Zähnen oder stachelichten Floßfedern erreicht werde,
weil die Wunde, die sie machen, nicht nur sehr schmerz-
haft, sondern auch gefährlich ist.

Die Mbuzù.

In den schlammichten Bächen, und auch in den
Lachen sieht man zuweilen Fische wie unsere Aalen. Die
Quaranier heißen selbe Mbuzù, das ist, grosse, die
Abiponer aber Nauin; aber niemand ißt sie, weil sie
wie Schlangen aussehen. Als wir einst einen solchen
Fisch, den man uns aus dem Rio Salado von ungefehr
gebracht

gebracht hatte, aſſen, ſo verbreitete ſich ſogleich unter
den Indianern das Gerücht, daß die Europäer Schlangen eſſen. Ob dieſe Fiſche zu den Aalen oder Schlangen gezählet werden müßen, getraue ich mir nicht zu
entſcheiden. Von den übrigen Fiſchen, deren Namen ich
oben angegeben habe, weiß ich nichts beſonders Merkwürdiges zu erzählen.

Die Flußkrebſen.

In ſo großer Menge man in Paraquay die aus-
geſuchteſten Fiſche antrifft, ſo arm iſt dieſes Land an
Kreoſen. Blos in einigen Bächen um den Uraquay
herum giebt es nach der Erzählung, die man mir davon
gemacht hat, etliche wenige ganz kleine, und ihrer Geſtalt nach mehr unſern Flußkrebſen, als den Meerkrebſen ähnliche. Man hat uns ſelbſt zu Conception, einem
Flecken am Uruquay, deren einige auf unſere Tafel geſetzet.
Dieſe Krebſen aber ſind ſo klein, daß ſie mit den unſrigen verglichen mehr das Anſehen eines Zwerges, und
der Jungen haben. Da mir auf meinen vielen Reiſen zu
Lande und zu Waſſer, und ſo oftmal ich auch gefiſchet
habe, kein Krebs zu Geſichte gekommen iſt, ſo bin ich
der Meinung, daß es in Paraquay faſt keine, oder doch nur
ſehr wenige geben müße. Der Krebs heißt bei den Abiponern Oatelée. Es iſt ſonderbar, daß ſie einen Namen
für ein Thier haben, daß vielleicht keiner von ihnen, oder
doch nur der tauſendſte geſehen hat.

Die Meerkrebſen.

In Paraquay giebt es Meerkrebſen von allerlei
Art und Größe. Die kleinen heißen auf latein Squillæ,
die mittleren Gamari, die größten Aſtaci. Ihre Größe
kann man aus Nachſtehendem abnehmen. Zu Liſſabon

kann

kam den 16 August 1748 auf eine Tafel, zu der ich auch gezogen wurde, eine Scheere von einem Meerkrebsen, die man
in einer großen Schüsel wie einen Schweinsschinken auftrug.
Von etlich und sechzig Gästen assen die meisten davon, und
dennoch blieb noch etwas übrig. Diese entsetzliche Krebs-
scheere bewunderten wir als eine Seltenheit, aber schmackhaft fanden wir sie nicht im geringsten.

Wasserschildkröten.

Den Abgang der Krebsen ersetzen in diesem Land
die häufigen Schildkröten, welche zwar um viel größer
als die unsrigen aber um nichts besser sind. Die Abiponer nennen sie Epaček. Flüsse, Bäche, Seen, alles
ist voll von ihnen. Kaum ließen wir unsere Angel ins
Wasser, so hieng sich eine Schildkröte an, welche wir
aber allemal wegwarfen; denn in dem größten Theile von
Paraquay assen selbe weder Spanier noch Indianer.
Die Abiponer besorgen, sie möchten mit den Schildkröten ihre angebohrne Langsamkeit mit hineinessen. Während unserer zweymonatlichen Schiffahrt auf dem Paraquay und der Parana fischten wir täglich mit der Angel.
Wenn wir nun bei dieser Gelegenheit eine Schildkröte
fiengen, so warfen die Schiffleute selbe alsogleich über
Bord. Sie sagten, dies wäre ein böses Zeichen, und
man müßte, wenn die Schildkröte auf dem Schiffe bliebe,
einen Schiffbruch oder wenigstens eine Verzögerung der
Reise befürchten. Eine so unbegreifliche Dummheit,
wem soll sie nicht lächerlich vorkommen? Aber wer weiß
auch nicht, daß dem gemeinen Volke überall hundert
dergleichen abergläubische Alfanzereyen im Kopfe sitzen.
Zu S. Hieronymus ließen wir uns eine Schildkröte et-
lichemale nacheinander kochen. Allein dieser vielmaligen
Zubereitung ungeachtet blieb selbe so hart, daß unsere
Zähne nicht vermögend waren sie zu kauen. Der einzige
Nutzen

Nutzen, den die Schildkröten den Paraquayern abwerfen, besteht in ihren Schaalen, welche die gemeinen Leute statt der Schüßel und Teller zu gebrauchen pflegen.

Meerschildkröten.

Daß es im Meere ungeheure Schildkröten von mehr als einem Zentner gebe, weiß ich nicht nur aus verschiedenen Schriftstellern sondern auch aus eigener Erfahrung. Als wir zu Ende des Jäners von Livorno nach Lissabon unter Segel gegangen waren, konnten wir etliche Stundenlang nahe bei Algier einer anhaltenden Windstille wegen nicht von der Stelle kommen. Auf dem unbewegten und spiegelebenen Meere trieben unzählige schlafende Schildkröten hin und wieder. Unser Schiffskapitän Kornelius Jansen, ein Schwede und sehr guter Mann, erlaubte einigen Matrosen auf ihr Begehren ein Boot auszusetzen, und etwelche von diesen Schaalthieren zu fangen. Sie legten daher den schlafenden Schildkröten zwey Ruder unter dem Bauche an, und schnellten auf diese Weise zwey und dreyßig mit vieler Geschicklichkeit in ihr Fahrzeug, worauf sie selbe zu uns zurückbrachten. Der Kapitän wog sie in unser Gegenwart, und fand die meisten bei 50 Pfunde schwer, zwey Junge ausgenommen, die er sich vornahm mit nach Schweden zu bringen. Diese ließ er in das kleine Boot legen, und Wasser darauf gießen. Hier beobachtete ich sie nun mit aller möglichen Aufmerksamkeit. Ihr Gebiß war so fest, daß sie ein ihnen vorgehaltenes Stück Holz auf einen Biß wie Stroh zerknirschten. Bei der Nacht im Schlafe schnarchten sie wie betrunkene Bootsknechte. Die Schweden zehrten die Schildkröten nach und nach auf. Eine schenkten sie uns; allein um sie für uns genußbar zu machen, hätten sie uns auch ihre Zähne dazu leihen sollen. Zwo überließ der Kapitän dem Lieutenant des englischen Kriegs-

schiffes

schiffes: Prinz Friedrich, welcher uns zu visitiren (denn
es war in Kriegszeiten) den Auftrag hatte. Diese Schildkröten waren indessen nicht von der Art derjenigen,
aus deren Schaalen man Tabattieren und verschiedene
Behältniße verfertiget; denn ihre Schaalen schienen nicht
massiv, sondern aus verschiedenen Häuten, wie aus Zwie-
belhäuten, zusammengesetzte Muscheln zu seyn. Die kostbaren für die Kunstarbeiter werden aus den Inseln Kuba,
Jamaika und aus andern Provinzen gebracht. In Quia-
na giebt es roth und blau gesprengte. In Arabien
sollen sie zween Schuhe im Durchschnitte haben; an einem andern Orte noch mehr.

Landschildkröten.

So wie die Abiponer, Quaranier und andere Indianer, mit denen ich umgegangen bin, die Schildkröten nicht nur nicht essen, sondern auch einen unüberwindlichen Abscheu vor selben tragen, so sind sie hinwiederum den größten Theil des Jahres hindurch die vorzüglichste
Nahrung der Chiquiten. Sie suchen diese buntfärbigen
Schaalthiere in den Wäldern, und auf den Felsen mit
vieler Mühe zusammen, damit ihnen nicht in den Monaten der Uiberschwemmung, da ihre Wohnplätze unter
Wasser zu stehen kommen, der Proviant ausgehe: denn
da ihre Gegenden mehr waldicht und bergicht als eben
sind, so können sie aus Mangel der Viehweide nicht
so viele Ochsen erzielen und schlachten, als zu ihrem
Unterhalt erforderlich wären, und in den quaranischen
und abiponischen Kolonien geschlachtet werden. Die
Chiquiten essen also statt des Rindfleisches Schildkröten.
Auf quaranisch heißen sie Carumbė.

Schnecken.

Schnecken sieht man in den Wäldern, Feldern und Ufern der Seen allenthalben in unzählbarer Menge. Die Spanier nennen sie Caracóles, die Abiponer aber Nalagìniga; aber meines Wissens ißt sie in Paraquay niemand. Ihre Gehäuse oder Schaalen brennen die Quaranter zu Kalk, und weißen sich damit ihre Wände, weil es ihnen an Kalksteinen gebricht, wiewohl auch viele die weiße Erde Tobaty, welche der Erde von Tripolis ähnlich sieht, und ziemlich häufig ausgegraben wird, zu diesem nämlichen Geschäft brauchen. Aus gewissen weißen Schneckenhäusern arbeiten die Villelas, eine unberittene indianische Nation, mit unglaublicher Gednlt runde Scheibchen oder Flinserchen aus, durchbohren selbe in der Mitte, und verkaufen sie so den andern Indianern. Von diesen Scheibchen hängen sich die Abiponer außerordentlich große und schwere Schnüre um den Hals. Männer und Weiber dünken sich desto geschmückter, je schwerer sie damit bepacket sind. An dem Ufer des Uruquay sieht man eine besondere Art Schnecken, welche größer als eine Mannsfaust sind, von den Indianern in ihrer Schaale gebraten, und begierig gegessen werden. Von den übrigen Muschelthieren und Conchylien habe ich nichts Merkwürdiges anzuführen. Edelgesteine und Perlen, womit die übrigen Provinzen in Amerika prangen, hat Paraquay nicht. Horn und Wolloieh ist die vornehmste Quelle des Wohlstandes seiner Einwohner. Dieß habe ich schon oft gesagt, und wiederhole es noch einmal.

Verschiedene Arten des Fischfanges.

Nachdem ich von den Fischen das Merkwürdigste gesagt habe, muß ich auch der verschiedenen Methoden

zu

zu fischen erwähnen. Zu Buenos Ayres reiten die spa=
nischen Fischer in den Silberfluß, soweit sie können, hin=
ein. Die Ende des Stückes, womit das Netz entweder
ausgespannet oder zusammengezogen wird, halten zween
mit den Händen fest, und bringen in wenig Stunden
eine Menge der köstlichsten Fische an das Ufer, welche
alsdann einem jeden feilstehen. Die indianischen Natio=
nen der Payaquas und Villelas leben hauptsächlich vom
Fischfange, worinn sie sehr geübt sind, weil sie an den
Ufern der Seen und Flüße ihre Sitze haben, und so gut
wie die Fische selbst schwimmen. Sie brauchen zum Fi=
schen nur ein sehr kleines Netz, binden es wie einen
Schurz an den Unterleib, und halten das andere Ende
mit beiden Händen. So geschürzt springen sie vom Ge=
stade in das Wasser. Sehen sie auf dem Boden einen Fisch,
so schwimmen sie ihm nach, umschließen ihn mit dem
Netze, das sie unter seinem Bauche anzubringen suchen,
und schleppen ihn an das Ufer. Oft wird man einen
Indianer, den jedermann schon lang für ertrunken halten wür=
de, nach einer ziemlichen Weile und in einer weiten Ent=
fernung mit seiner Beute aus der Tiefe des Wassers
hervorkommen sehen. Sie verdienten eher Taucher als
Fischer zu heißen. Ist aber das Wasser hell und durch=
sichtig, wie im Fluße Salado, so daß sie die Fische
sehen können, so jagen sie denselben oft einen Pfeil,
oft eine Lanze und auch oft einen eisernen Dreyzack
durch den Leib. Die Indianer, welche in den Wäldern
wohnen, fangen mehr Fische mit List und Geschick=
lichkeit als mit Gewalt. Bisweilen umzäunen sie in ei=
nem Fluße eine große Strecke mit Stöcken und auf bei=
den Seiten derselben künstlich eingeflochtenen Baumreisern
dergestalt, daß die Fische zwar hinein, aber nicht wie=
der heraus können, fast auf eben die Art, wie unsere
Fischer an verschiedenen Orten in den Flüßen ihre soge=
nannten Fischreußen (aus Reben oder Binsen geflochte=

ne

ue Körbe) anzulegen pflegen, woraus die Fische nicht
entschlüpfen können, wenn sie einmal darinn sind. Sonst
werfen die Indianer auch die Pflanze Yeipotingi, welche sich um die Bäume herumschlingt, oder die Blätter
des Baumes Caraquata, oder auch dessen frische Wurzeln
wohl zerrieben in das Wasser. Dadurch werden die Fische trunken, und da sie ihrer selbst nicht mächtig oben
auf dem Wasser herumtaumeln, mit den Händen gefangen. Oft peitschen sie das Wasser mit den Blättern eines gewissen Baumes, welcher besonders an dem Ufer
des Flußes Aringy häufig wächst Ihr Saft soll den
Fischen äußerst nachtheilig seyn. Ich erinnere mich noch
als ein Knab gehört zu haben, daß auch die Europäer
in eben dieser Absicht gewisse Nüsse aus Aegypten und
der malabarischen Küste (Cocculi di Levante) brauchen.
Bisweilen bedienen sich die Indianer gewisser Hacken von
Holz oder Rohr. Unser einziges und allgemeines Werkzeug zum Fischen war eine eiserne Angel, an der wir
frisches Rindfleisch anköderten. Um nicht in den neuen
Kolonien der Abiponer an Fasttägen Fleisch essen zu
müßen, giengen wir selbst zu den entlegenen Flüßen und
Bächen auf den Fischfang aus, oft mit Gefahr unseres Lebens, der herumschwärmenden Wilden wegen, niemals aber ohne viele Beschwerlichkeiten, weil uns die
Schnacken, die besonders beim Wasser in Menge herum-
summsen, fast ganz bedeckten. Und dennoch mußten wir
oft mit leeren Händen nach Haus zurückkehren.

Die Fischerey auf dem Meere.

Nicht nur die Portugiesen, welche uns nach Amerika hinübersührten, sondern auch die Spanier, welche uns
wieder nach Europa zurückbrachten, gaben sich sehr mit
dem Fischen ab, einige die Zeit zu vertreiben, andere ihren Hunger zu stillen; denn alle zogen die frischen Fische

Dd 5

sche dem geräucherten, eingesalzenen und faulem Fleische, den Linsen und Bohnen vor. Man fischte auf allerlei Art. Die Portugiesen löderten die Fische herbeizulocken ein Stück rothes Tuch, welches wie Fleisch aussah, an ihre Angeln. Die Spanier hingegen rissen den Hühnern aus dem Steiß weiße Federn aus, welche die grossen Fische für kleine hielten, und daher begierig darauf zuschnappten. Hieraus schließe ich, daß die Seefische entweder hungriger oder dümmer sind als die Flußfische, weil jene sich blos durch die äußere Gestalt des Fleisches hintergehen und fangen lassen, da doch die letzteren das Fleisch oder die Würmer sehen oder riechen müßen, ehe sie anbeißen. Ich habe vielmals beobachtet, daß jede Gegend des Ozeans ihre eigenen Fischarten nähre. In der ersten Woche fiengen wir blos Dorados, nach einer ziemlichen Strecke aber nur Bonitos, ohne daß wir mehr einen Dorado zu Gesicht bekommen hätten. Dieser Fisch setzt am meisten dem fliegenden oder Schwalbenfische, peje volador, wie ihn die Spanier oder Pirabebè, wie ihn die Quaranier nennen, besonders während eines Sturmes nach. Die fliegenden Fische hingegen fliegen, um nicht gefressen zu werden, aus dem Meere heraus. Die portugiesischen Matrosen fürchten gar sehr des h. Franziskus von Assisi Tag, weil er ihrem Vorgeben nach das Meer mit seinen Stricken peitschet, und aufbringt. Diese ihre lächerliche und offenbar abergläubische Meinung gründen sie auf ihre Erfahrung, die wir auch, ohne Zweifel aus einem blossen Ungefehr, mitgemacht haben: denn an diesem Tage gieng die See eines heftig stürmenden wiewohl uns günstigen Windes wegen dermaßen hoch, daß wir damals zuerst nach vielen Tagen unserer Seefahrt die fliegenden Fische, und zwar haufenweise erblickten. Es fielen ihrer nicht wenige in unser Schiff, wo wir sie mit aller möglichen Aufmerksamkeit betrachten kennten. Ihre Größe gleichet

der

der eines Härings. Der Leib ist länglichtrund, und ge
gen den Schwanz zu dünner; der Kopf groß und zusammen-
gedrücket; das Maul mittelmäßig ohne Zähne, oben mit
einem Kiefer, welches wie eine Feile nur leicht ein-
geschnitten ist; der Schwanz breit und gespalten. Die
Augen sind groß und kugelförmig mit einem kohlschwar-
zen Augenapfel, welche ein gelber Ring und ein noch
größerer schwärzlichter umgeben; die Flügel sind gleichfalls
groß, und bestehen aus einer lichtaschengrauen wie Papier so feinen Pergamenthaut. Dieser Fisch hat sechs
Floßfedern, eine beinartige und am Ende stachlichte Schaale mit Schuppen von verschiedener Farbe und Gestalt,
so daß er wie ein Häring glänzet. Den Nachstellungen
der Dorados zu entgehen, fliegt er aus dem Wasser
heraus. Allein dieser Flug dauert nur wenige Augenblicke; denn wenn die Flügel in der Luft trocken geworden sind, so fällt er in das Meer zurück, netzet sich
selbe wieder, und fliegt abermal. Seine Gestalt und Größe
ist in den verschiedenen Meeren verschieden. Die portugiesischen Matrosen verschmähten sein Fleisch nicht. Diese Klasse
von Menschen hat mehr Hunger als andere, und einen
geräumigeren Magen: sie werden daher von kleinen Fischen nicht satt, sondern sehnen sich nach größeren, hauptsächlich aber nach den Tuburons, deren sie während
unserer Seereise eine Menge mit einer eisernen Angel
von mehreren Pfunden gefangen hatten. Die Tuburons
schwimmen dem Schiffe nach, und verschlingen alles begierig, was man von Aesern oder anderem Unrath über
Bord wirft. Sie sind so groß, und schwer, daß 12
starke Matrosen genug zu thun hatten, wenn sie mit dem
Stricke einen aus dem Meere in das Schiff zogen. Es
ist auch hieran nichts Unbegreifliches, indem ein solcher
Fisch bei 9 Fuß lang, und 3, auch mehrere breit ist.
In seinem schrecklichen Rachen sind dreyeckichte und za-
ckichte Zähne in einer dreyfachen Reihe hintereinanderher-
gepflan-

gepflanzet, bereit alles, was ihnen in den Wurf kömmt, zu zermalmen. Sein Blick ist immer wild und wachsam, und seine Haut buntfärbig und äußerst rauh. So oft die Matrosen einen ausweideten, so oft war uns sein Magen ein ganz lustiges Schauspiel. Wir glaubten eine Trödelbude vor uns zu sehen. Alte Kleider, abgenützte Hemder, Hüte, welche der Wind in das Meer gewähet, ganze Hühner, und was die Matrosen sonst noch in die See geworfen hatten, fanden wir in ihm. Ein gählinger Windstoß nahm einem meiner Gefährten bei der Nacht sein kleines sogenanntes Soli Deo - Käppchen und ließ es in das Meer fallen. Den andern Tag fanden wir dasselbe in dem Magen eines Tuburon, welcher noch vormittag gefangen wurde, aber mit einem grünen Schleim, wie mit einem Moos, überzogen. Man gab das Käppchen seinem Herrn zurück, welcher sich darüber ungemein freuete, weil er sonst keines aufzusetzen hatte. Von uns aber waren die meisten der Meinung, er sollte mit dem Käppchen, welches eine ganze Nacht in dem Bauche eines Tuburon gelegen hatte, nicht mehr seinen Kopf bedecken, sondern selbes in einem Kuriositätenkabinete aufbewahren lassen. Einige behaupten, ich weiß nicht, mit welchem Rechte, daß der Prophet Jonas von einem Fische dieser Art verschlungen worden sey, und daß dieser Fisch Canis Carcharia oder Lamia heiße. Das weiß ich, daß man den Leichen Kanonenkugeln, oder Steine anhängt, um sie in den Grund des Meeres zu versenken, weil sie, wenn sie auf der Oberfläche desselben herumtrieben, sogleich von den Tuburons aufgefressen würden. Das Fleisch dieser Fische ißt, so weiß es auch ist, außer den hungrigen Matrosen niemand, wiewohl auch diese die Weibchen nicht essen, und eines in meinem Beisern, sobald sie es für ein solches erkannt hatten, wieder in das Meer warfen. Die Ursachen dieses Unterschieds weiß ich nicht. Die Abiponer hingegen essen ge-
bratene

bratene Heuschreckenweibchen; vor den Männchen aber
eckelt und grauet ihnen. Warum? Das werden sie
wissen.

Delphinen, Wallfische.

In den neun Monaten, die ich auf dem mittelländischen und großen Weltmeere zubrachte, habe ich auch
andere Seeungeheuer gesehen; aber außer den Tuburons
und anderen Fischen von mittlerer Größe fiengen die Matrosen nichts. Zur Zeit einer Meeresstille sahen wir
oft die Delphinen fröhlich in der See spielen, und gleichsam Tänze beginnen, ohne daß uns dieses Schauspiel eine sonderbare Freude verursacht hätte, indem die Lustig-
keit der Delphinen gemeiniglich ein Vorbothe eines nahen
Sturmes oder Ungewitters ist, wie wir vielmal erfahren
hatten. Der Anblick der ungeheuern Wallfische war uns,
wiewohl sie sich unsern Schiffen niemals näherten, nichts
Seltenes, aber zweymal äußerst schreckbar. An den wüsten Küsten von Brasilien glaubten wir einst ein Seeräu-
berschiff zu entdecken. Allem Unglück zuvorzukommen, wurde sogleich der portugiesische Kapitän, welcher damals
schlief, aufgewecket. Dieser entdeckte bald von dem obersten Mast aus die entsetzliche Körpermaschine des Wall-
fisches. Da er sich so zwischen den Wellen fortwälzte,
so stellte diese Fischbestie ein Schiff vor. Die hinauf-
ragende Floßfeder, welche oft 50 Schuhe hoch seyn soll,
hatte das Ansehen eines Mastbaumes. Aus ihren schrecklichen Schwimmohren spritzete sie wie aus einer großen
Feuerspritze eine unglaubliche Menge Wasser in die Höhe,
welches von dem Winde auseinandergestreuet, und von
der Sonne (es war gleich nach Mittag) beleuchtet, ein
förmliches weißes Segel bildete. Dieß war die Ursache
unseres Irrthums und leeren Schreckens, und bald darauf
des

des allgemeinen Gelächters: denn wie der Wallfisch näher zu uns kam, so richtete er sich bald aufrecht wie eine Säule, bald warf er sich wieder in die See, und spielte uns allerlei Gauckeleyen vor. Auf unserer Rückfahrt in Europa sahen wir das Wasser nicht weit von unserem Schiffe auf eine ungewöhnliche Weise Wellen werfen, und abprellen. Der Kapitän, welcher in der Nähe Sandbänke und Klippen vermuthete, ließ das Schiff wenden. Allein der unerträgliche Gestank entdeckte uns bald das schreckliche Wallfischaas, an welchem das zurückströmmende Wasser abprellte, und benahm uns unsere Besorgnisse. Dieser höllischen Ausdünstung wegen branchten wir in einer Stunde mehr spanischen Toback, als wir sonst in einem Tage schnupften. Die Wallfische gehen auf eben die Art zu Grunde wie die Schiffe; denn wenn sie auf Sandbänke gerathen, so sind sie ohne Rettung verlohren. Ihre Aeser wirft zuweilen das Meer mittels der Ebbe und Fluth an das Ufer aus, wo wir selbe einigemale erblickten. Der Melotas, einer Art großleibichter Fische, wovon uns im November einige Wochen hindurch ganze Heereszüge begegneten, habe ich anderswo erwähnet. Will man die See- und Flußfische sammt den Conchylien näher kennen lernen, so darf man nur die Ichtyologie des Klein, den Linee, Aldrovandi, Geßner, Rondelet, Lister, Rumpf, und andere dergleichen berühmte Schriftsteller nachschlagen, welche eigends diese Materie weitläuftig und systematisch auseinander gesetzet haben. Ich habe nur im Vorübergehen meine Beobachtungen angemerket, weil ich zu dem Hauptgegenstand meiner Schrift, den Abiponern, eile, welche ihr Rindfleisch oder Wildpret allen Fischen vorziehen; wiewohl es in Amerika auch nicht an Völkern mangelt, welche Fische essen, und sich dieselben recht sehr schmecken lassen. Wir wollen uns nun von den Fischen beurlauben, und in den Feldern und Wäldern

von

von Paraquay die sonderbaren Pflanzen und Bäume
dieses Landes aufsuchen.

Pflanzen.

Unser P. Thomas Falkner aus Engelland, einer
der erfahrensten Aerzte, und Kräuterkenner, welcher sich
bei den südländischen Wilden um die magallanische Meerenge herum viele Jahre die wichtigsten Verdienste gesammelt hat, sagte oft unverholen, die wohlthätige Natur habe Paraquay so viele Pflanzen, Wurzeln, Harze,
Holze und Früchte bescheret, daß man, wenn man ihre
Kräfte und Eigenschaften genau kennen würde, zu keiner
Krankheit der europäischen Apothecken nöthig hätte: denn
nach Seneka's Zeugnisse bestand einst die Arzneywissenschaft
in der Kenntniß weniger Kräuter, so daß sie erst nach
und nach zu diesem Grad ihrer itzigen Unermeßlichkeit
erweitert worden ist. Von den vielen paraquayischen
Pflanzen, welche theils zu Arzneyen, und theils zu einem andern
Gebrauche dienen, werde ich die vornehmsten in der Ordnung, in der sie mir in den Sinn kommen, beschreiben.
Genauer und schulgerechter werden ohne Zweifel die Botaniker davon geschrieben haben; ob aber auch richtiger?
Dafür stehe ich bei allen nicht.

China chinæ, oder die Fieberrinde.

Von den Bäumen, welche die Chiquiten Pizóes
nennen, giebt es in ihren Gegenden die Menge. Sie
sind von darum merkwürdig, weil ihre Rinde die China chinae (Cortex peruvianus) oder die Fieberrinde
ist. Dieser Baum ist mittelmäßig groß, und trägt eine
kleine, fast runde, in der Mitte etwas erhabene, aber
nicht eßbare Frucht, welche zween gelbe und wie Mandelschaalen überall eingeschnittene Kerne in sich einschließt. Sie
enthält

enthält auch einen braunen, balsamischen, angenehmrie-
chenden, und sehr bitteren Saft. Die Indianer stillen
sich damit ihre Augenschmerzen, Halswehe und Magen-
beschwerden, wenn selbe eine Folge der Erkältung sind.
Die Rinde des Baumes ist von Natur weiß, wird aber,
sobald man sie vom Baume ablöset, an der Außenseite
nach und nach gelb, und bekömmt etwas blasse Flecken.
Inwendig ist sie mehr zimmetfärbig als hochroth, doch
so, daß etwas gelbes durchsieht. In dem Munde ist sie
bitter, gewürzartig, und eines zwar angenehmen aber
schimmlichten Geruchs. Diese Beschreibung dürfte vielen
überflüßig scheinen, indem die Fieberrinde itzt überall zu
haben und zu sehen ist. Da man nicht nur in Fiebern
sondern auch in andern Krankheiten von dieser Rinde
allenthalben so vielfältig Gebrauch macht, so sollte meines Erachtens von den Pizóeswäldern in Peru und Quito, wo sie am häufigsten sind, schon lange nichts mehr
übrig seyn. Die Fieberrinde heißen auch einige das Je-
suitenpulver, weil die peruanischen Missionäre aus dieser
Gesellschaft zuerst die herrliche Kraft derselben wider
die Fieber bekannt gemacht haben. Der berühmte Arzneygelehrte Woyts sagt, daß der spanische Jesuit und
nachmalige Kardinal de Lugo diese Arzney im Jahre
1650 zum erstenmal nach Europa gebracht habe.

Die Zarza parilla.

Die Zarza parilla ist die Wurzel einer rebenarti-
gen, grünen, und hie und da mit kleinen Dornen be-
wachsenen Pflanze. Ihre Blätter sind fast eine Spanne
lang. Wo diese anfangen, wachsen zwo krause Ga-
beln hervor, welche sich um andere Pflanzen herum-
schlängeln. Die Blüthen haben die Gestalt einer Traube, worauf anfangs grüne, nachmals rothe, und am
Ende, wenn sie reif sind, schwarze und wie gedörrte
Kir-

Kirschen runzlichte Beere folgen, denen sie auch an
Größe und der äußeren Form gleichen. Diese Pflanze
heißt auf guaranisch Yuapecangà, auf spanisch aber
Zarza parilla, weil sie, wie gesagt, dornicht ist: denn
Zarza heißt auf spanisch eine dornichte Pflanze z. B.
Zarza mora. eine Brombeerstaude; parilla aber bedeu
tet einen Rost, worauf man das Fleisch röstet. Da
nun die Blätter dieser Pflanze mittelst ihrer drey großen
Streife und der anderen kleineren, welche durch die Quere laufen, gewissermaßen einen Rost vorstellen, so gab
man ihr den Namen parilla oder der Rostpflanze, wo
mit einige Botaniker die peruanische Stechwinde (Smi-
lax Peruviana) andere aber eine indianische Rebe bezeichnen. An dem Ufer des Uruguay und des Rio negro,
welche ein besonders gesundes Wasser führen sollen,
wachsen die Zarza parillas sehr häufig. Man findet sie
auch am Ufer des dritten Flußes (El Rio Terzero)
um Santa Fé, und einigen andern Ländern von Amerika
Die aus dem Gebiete de las Honduras werden am meisten gerühmet. Die Wurzeln derselben, in welchen allein
die medizinische Kraft steckt, sind nicht viel dicker als
eine Schreibfeder, an der Außenseite runzlicht und braun,
inwendig aber weiß; und wachsen alle aus dem nämlichen Knotten hervor. Einen besonderen Geschmack oder
Geruch haben sie nicht. Sie bestehen aus Harz und
Gummi, welches letztere den weicheren Theil derselben
ausmacht, und färben, wenn man selbe sieden läßt, das
Wasser roth. Den vielfältigen Gebrauch, der sich davon
machen läßt, kennen Aerzte und auch Kranke zu gut,
als daß ich hierüber ein Wort verlieren sollte. Es
giebt noch eine Yuapecangà einer anderen Art, welche ein besonderes Heilmittel wider die vergifteten Schlan-
genbiße, und nach einigen der Vejucus serpentium,
und sogar auch die Radix Chinz seyn soll.

Ee   Die

Die Rhabarbar.

Die Rhabarbar, auf spanisch Ruybarbo, ist die Wurzel einer Pflanze aus dem Geschlechte der Ampfer Lapathi. Aus der Scheide ihrer Blätter sprosset ein Büschel Blüthen hervor, welches in mehrere Sträuschen getheilet ist, und auf dem man vier mit Blättern umgebene Blüthen gewahrnimmt. Aus diesen Blüthen keimet ein dreyeckichter Saame. Die Wurzeln der Rhabarbarpflanze sind länglicht, etwas schwammicht, ziemlich schwer, von außen gelb, von innen aber wie eine Muskatnuß marmorirt, und von einem scharfen und bitteren Geschmack. Sie ist widerwärtig zu kauen, und hat einen Gewürzgeruch. In den verschiedenen Gegenden von Paraquay, besonders in den Gebirgen (la Cordillera) bei der Stadt Assumtion wächst auch an dem Ufer der Flüße Ypane mirĩ und Tapiraquay eine Rhabarbar, welche der von Alexandria an Farbe, Geschmack, Geruch und Kraft ganz ähnlich, und nur darinn von selber unterschieden ist, daß die Blätter der alexandrinischen von vorne gespitzet, und von hinten breit sind, die aber von der paraquaischen Rhabarbar wie die Lilienblätter sich vorne ausbreiten, und am Ende zuspitzen. So erzählt es es der P. Joseph Sanchez Labrador. Ich höre, daß die Aerzte die aus Ostindien, Persien, Moskau und der Tartarey der aus Amerika vorziehen.

Die Wurzel Ialapa.

In Paraquay wächst die Wurzel Ialapa sehr häufig. Die Pflanze davon heißt bei den Botanikern planta mirabilis. Diese Wurzeln sind etwas lang, dick, und harzicht. Wenn sie von außenher aschengrau, inwendig aber glänzend ist, ohne im geringsten wurmsti-

Sig

hig zu seyn, so hält man sie für vorzüglich gut. Sie
treibet nicht nur die Galle, und den Schleim, sondern
auch andere böse Feuchtigkeiten aus dem Leib.
Man macht das Jalapaharz daraus, ein Harz von ent-
schiedenem Nutzen. Die Jalapa wird auch von einigen
das schwarze Mechoacàn genennt.

Die Wurzel Mechoacàn.

Die grosse und leichte Wurzel Mechoacàn kömmt
anfangs ganz weiß hervor; nachmals aber wird sie aschengrau. Einige heißen sie die Bryonia indica (die indianische Stickwurzel.) Allein ob sie gleich dieser Wurzel
ähnlich sieht, so ist dennoch ihre Pflanze zusammengerollt,
und trägt Blätter in Gestalt eines Herzens, wie auch
kleine Beere. Die Mechoacàn wird auch die weiße
Rhabarbar genennet, und ist den Kindern, um sie gelinde abzuführen, sehr dienlich: denn das Pulver, welches
man aus der Wurzel bereitet, hat keinen Geschmack;
und sieht wie Mehl aus.

Sassafràs.

Der Baum Sassafràs, welcher in Amerika nichts
Seltenes ist, empfiehlt sich durch seine Schönheit und
heilsame Kraft. Der Stamm wächst schnurgerade, glatt
und bei 30 Schuhe hoch, ehe sich sein Wipfel in Aeste und Zweige ausbreitet. Nicht nur das Holz dieses
Baumes, sondern auch die Rinde und Wurzeln desselben
riechen wie Fenchel. Da nun dieser Geruch der Fäulung und den Holzwürmern widersteht, so dauert dieses
Holz viele Jahre, und steht nicht nur bei Apothekern,
sondern auch bei Kunstarbeitern sehr in Ansehen.
Dessen Farbe ist wie bei dem Sandelholz gelblichtaschen-
grau. Es hat einen scharfen und gewürzhaften Ge-

Ee 2   schmack

schmack, aber einen angenehmen Geruch. Die Apothecker müßen sehr auf ihrer Hut seyn, daß sie nicht statt
Saßafraß rothes mit Feuchel ausgesottenes Tannenholz
von den fremden Kaufleuten einhandeln. Es giebt auch
Saßafraßbäume einer andern Art. Diese treiben Lorberblätter und eine wohlriechende Frucht, welche, sobald
sie reif ist, auch schwarz wird. Ihre Rinde ist dunkel-
rothaschengrau. Beide Bäume sollen im Schweiß-
und Harntreiben, in Krankheiten, welche aus einer Erkältung entstehen, in der Lustseuche, Verstopfung der
Eingeweide, den Mutterschmerzen rc. gleiche Kräfte äußern. Aber genug hievon. Unsere Aerzte kennen den
Gebrauch und die Eigenschaften dieses heilsamen Holzes
sehr wohl. Die Bäume Apiterebi, welche man in
Nordparaquay in großer Anzahl sieht, scheinen einigen
eine Gattung der Bäume Saßafräs zu seyn.

Lignum Sanctum.

Der Baum, welcher von den Spaniern Palo santo, von den Abiponern Enerafanfat, auf latein aber
Lignum sanctum genennet wird, ist nicht sehr hoch,
aber von einem großen Umfange, und treibt kleine und
fast runde Blätter, deren immer zwey an einem Stengel
wachsen, und am Rande gleichsam einen Einschnitt haben. Die Blüthen, welche theils in der Mitte und
theils an dem äußersten Ende der Aeste einzelnweise oder
zwey und zwey hervorkeimen, sind gelb. Das Holz ist
eines der härtesten und im Wasser fast von einer ewigen
Dauer. Das Mark des Baumes ist bleyfärbig. Das
Harz, welches der Baum ausschwitzt, ist bitter, aroma-
tisch und nach einigen gleich dessen Holz ein Arzneymittel.
Jenes und der Gummi werden auch zu einem Pulver zerieben,
welches die Paraquayer, wenn es in warmen Wasser
getrunken wird, für ein Mittel wider die Ruhr halten.

Zu

Zu was noch für Krankheiten daſſelbe dienen mag, werde ich hier nicht angeben, weil es meine Sache nicht iſt.
Die ſpaniſchen Einwohner bewahren die Eßlöſel, die
Schaalen zum paraquayiſche Thee, und die Tabackrohre,
welche aus Lignum ſanctum geſchnitzet ſind, als ein
Heiligthum und allgemeines Hausmittel zu Hauſe auf.
Dieſer Baum wächſt nicht im ſüdlichen Paraquay ſondern
nur im nördlichen, wo die Mokobier und Abiponer wohnen, und in einigen Gegenden von Obertukuman. Die
Beſatzung von Corrientes gieng einſt unter der Anführung
des Unterſtatthalters Nikolaus Patron auf einem Streif-
zug in Chaco aus, in der Abſicht den Weg durch Val
buena wieder zu finden, auf welchem man vorhin den paraquayiſchen Thee nach Salta führete, und bei Gelegenheit auch den dazumal noch wilden Mokobiern, welche
dem neuen Flecken S. Ferdinand ſtets zuſetzten, eines
anzufängen. Allein ſchon tief in Chaco wurden ſie, eben
als ſie in völliger Sicherheit Mittag machten, von dem
Caziquen Amokin mit einem groſſen Haufen ſeiner
Mokobier überfallen, und jämmerlich erſchrecket. Der
Unterſtatthalter, ein ſonſt wackerer und unerſchrockner
Mann, fand nicht für gut ſich mit der ihm überlegenen
Anzahl ſeiner Feinde zu meſſen, und wollte ſich lieber
durch ſeinen Dollmetſchen Caſco, einen Spanier, welcher
lange Zeit bei den Abiponern gefangen war, vor den
Mokobiern ſchmiegen, als es mit denſelben zu einem
Handgemenge kommen laſſen. Er verſprach ihnen daher goldene Berge, und läugnete es ihnen rund weg, daß er etwas feindſeliges im Schilde geführet hat. Er getrauete ſich auch nicht weiter fortzurücken, ſondern kehrte wieder unverrichteter Dinge nach Haus. Die Soldaten
brachten anſtatt der Palmen und Lorberzweige Lignum
ſanctum, welches ſie auf dem Wege gefället hatten, in
die Stadt zurück, und glaubten von ihrer Unternehmung
Vortheile genug gezogen zu haben, wenn ſie durch die

mit-

mitgebrachte Arzney ihre Gesundheit in Sicherheit ge=
setzt hätten. Dieß war der unrühmliche Ausgang des
mit so vielem Lärme unternommenen Streifzuges, wel=
cher nachmals das Märchen der ganzen Stadt und der
Gegenstand des allgemeinen Gelächters geworden ist.
Ich hielt mich eben dazumal nahe bei der Stadt Corrien=
tes in dem neuen abiponischen Flecken S. Hieronymus
auf. Nachher mußte ich, als ich nach dem Flecken S.
Ferdinand versetzt wurde, und Geschäfte halber in Cor=
rientes mich aufhielt, dem nämlichen Caziquen Amokin,
der mit einer Schaare Mokobier dem Unterstatthalter ei=
nen unvermutheten Besuch abstattete, zum Dollmetscher
dienen. Allein der gute Mann sah damals erst ein,
und bekannte es frey, daß er den Mokobiern in Chacò,
als er sich von denselben überfallen sah, mehr versprochen
hatte, als in seinen Kräften stand.

Quayacàn.

Ohne Zweifel irren diejenigen, welche das Lignum
sanctum und das Holz Quayacàn für eines und eben
dasselbe halten: denn ob ich gleich mit ihnen darinn eins
verstanden bin, daß sie einerlei Heilkräfte besitzen, so
sind dennoch beide Bäume nicht nur dem Namen sondern
auch der Gestalt nach offenbar von einander unterschie=
den. Der Quayacàn, auf abiponisch Enerapanpat Lad=
rana, wächst ungefehr so hoch als ein Nußbaum, und
ist mit vielen Aesten beladen, an welchem harte, kleine,
und den Blättern des Baumes Algarroba, woran das
Johannesbrod wächst, ähnliche Blätter hervorschießen.
Seine Blüthen sind safrangelb. Früchte mit einem fetten
Saamen keimen daraus. Das Mark des Baumes ent=
hält desto mehr Harz in sich, je schwärzer es ist. Die
Rinde desselben ist gleichfalls harzicht, hart, aus mehreren
Häutchen oder Lagen zusammengesetzt, von außen aschen=

grau

grau mit untermengten Flecken, von innen blaßröthlich, bitter vom Geschmack, aber angenehm zu riechen; und soll mehr Heilkraft als selbst die Holztheilchen besitzen. Die Aerzte Johann Fabri von Florenz, Frakastor, Hutten, Boerhave, rc. erheben das Holz Quayacan, oder wie sie sagen, Quayacum als die kräftigste Arzney wider die Luftseuche bis an den Himmel. Die berühmten Freyherrn und kaiserl. Leibärzte van Swieten, und A. Störk wie auch andere der erfahrensten Aerzte von Wien halten noch in unseren Zeiten viel auf die Fieberrinde, Rhabarbar, Zarzaparilla, Jalapa, Mechoacan, Sassafras, Lignum sanctum und Quayacan; wiewohl sie eine Menge anderer Arzneyen, welche bey den Alten in Ansehen standen, geringschätzen, und in Mißkredit gebracht haben. Diese Betrachtung veranlaßte mich bei der Beschreibung dieser Pflanzen mich etwas länger aufzuhalten. Bei der Beschreibung der übrigen, welche mir noch einfallen, und ihres Nutzens werde ich mich kürzer fassen.

Zuyñandy

Der Zuyñandy ist ein großer und hoher Baum, hat ein weiches Holz, und eine dicke saftvolle Rinde. Er treibt eine rothe Blüthe, welche aus einem großen, auseinandergefalteten Blatte zu bestehen scheint. Wenn man von der Rinde die äußere rauhe Haut abschälet, gehörig zerstößt, und auf die Wunden legt, welche von Tigerzähnen oder Tigerklauen sind gemacht worden, so soll sie denselben außerordentlich wohl zu statten kommen.

Zamuu.

Die Gestalt des Zamuu ist eben so lächerlich als seine Benennung. Die Spanier geben ihm den Namen

Ee 4   Palo

Palo borracho des betrunkenen Baumes. Er wächst
sehr hoch. Sein Stamm ist überall mit großen Dornen umwachsen. Seine Blüthen sind groß, und schön-
roth. Sein Stamm sieht sonderbar aus. Oben und
unten ist er dünn, in der Mitte aber weit wie ein Faß.
Daher macht man auch gern aus seinem weichen Holz
Kannen oder Fässer. Je weiter er von Flüßen weg ist,
desto mehr breitet er sich aus. So sehr scheuet er sich
vor dem Wasser. Aber darum ist er nicht unfruchtbar;
denn er bringet eine runde, den großen Kürbissen ähnliche,
und hartschaaligte Frucht hervor, welche von sich selbst
aufspringt, sobald sie reif ist, und dann wollartige Flo-
cken wie Baumwolle in ihrem Inneren sehen läßt. Diese sind
so fein wie Seide aber von so kurzen Fäserchen, daß
man sie nur mit vieler Mühe spinnen kann. Die
Dornen des Zamuù scheinen nicht dem Menschen zum
Schaden sondern zum Nutzen gewachsen zu seyn: denn
wenn man sie zerstößt, und in Wasser sieden läßt,
so machen sie daselbe roth, und für wunde Augen
sehr heilsam. Gleiche Beschaffenheit hat es auch mit seinen
Blättern.

Mangay

Der Mangay wächst in der Größe eines Kirsch-
baums, und trägt weiße und wohlriechende Blüthen. Seine Frucht sieht goldgelb, und wie eine große Pflaume
aus. Reif ist sie sehr gesund und schmackhaft. Baum
und Früchte strotzen von einem gewissen milchartigen und
harzichten Safte. Macht man in die Rinde einen
Einschnitt, so trieft der Mangay cy (denn so heißt dieser Saft auf guaranisch) in Menge herab, und wird
mit der Hand oder einer Tafel aufgefangen. In der
Luft stocket er zu einer Haut. Diese ballet man zu Bal-
len zusammen, welchen so eine Schnellkraft eigen ist,
daß

laß sie, wenn sie die Spielenden nur sehr leicht auf die Erde werfen, ungemein hoch aufspringen. Jeder derselben gilt in Paraquay einen spanischen Thaler, das ist, in den Städten, wo noch eine Münze gangbar ist: in in den andern wird wie in allen übrigen Gattungen des Kaufs und Verkaufs eine Waare, als Baumwolle, Tobck, Zucker, ꝛc. dafür hingegeben, welche einen Thaler werth ist. Eben dieser harzichte Saft Mangaycy soll auch ein bewehrtes Mittel wider die Ruhr seyn. Es ist zu bedauern, daß sich nur wenige auf die Sammlung dieses Harzes verlegen, indem es in Europa von großem Nützen seyn würde.

Drachenblut.

Die Bäume Caàvera, von welchen das Drachenblut, auf latein Sanquis draconis, auf spanisch Sangre de drago, kömmt, sind mittelmäßig groß sowohl dem Stamm als der Höhe nach. Einige Botaniker geben ihnen den Namen pflaumenträchtiger Palmbäume mit Jakabblättern. Allein meines Erachtens haben sie mit den Palmbäumen nichts gemein. Als wir einst aus der Stadt Assumtion nach Buenos Ayres schifften, fanden wir an dem Ufer des Paraquay und der Parana, auf welchem wir so viele Nächte zubrachten, ganze Wälder von diesen Bäumen. Schneidet man in einen Stamm tief hinein, so fließt ein der Farbe und der Dichtheit nach dem Blut ähnlicher Saft heraus. Im Feuer gekocht verdicket er sich zu einem leberschbiaen Harz. Die Aerzte klagen zuweilen, daß die fremden Kaufleute unsern Apotheckern dafür oft mit Bolus untermengtes Bocksblut, oder rothes brasilianisches Holz mit arabischen Gummi untermischt verkaufen. Einige rathen mit dem heilsamen Holz des Baumes Caàverà die Zähne zu butzen; wiewohl ein spanisches Sprichwort sagt: Con oro, ò plata, ò bisnaga, ò nada; Man müße die Zähne mit

Ee 5　　　　　　　　Gold

Gold, Silber oder Bisnaga butzen, oder gar nicht
berühren. Die Bisnaga ist eine dem Fenchel ähnliche Pflanze, und wächst in Paraquay überall. Seiner Stengel bedienen sich die meisten statt eines Zahn-
stochers so wie in andern Orten des Mastirholzes.

Cupay

Die paraguayischen Bäume bieten jedermann ihre
Früchte frey und von selbst an; aber das Oel, das sie
in sich enthalten, geben sie erst dann von sich, wenn sie
gefället werden, oder einen Einschnitt bekommen. Von
dieser Anzahl ist auch der grosse, und weit sich ausbrei-
tende Baum Cupay, welcher Blätter zu einem halben
Fuß lang und röthlichte Adern und Streife hat. Außer
dem dunkelrothen Holz, welches hart und zur Verarbeitung besonders trefflich ist, bringt er auch eine von außen bräune Frucht hervor, dessen Kern an Gestalt und
Größe einem Nußkerne gleichet. Diese Frucht, welche
minder fleischicht als süß ist, essen auch die Indianer; die
Affen aber halten selbe für ein Leckerbißchen. Der Baum
Cupay hat sein ganzes Ansehen, und allen seinen Werth
seinem edlen Oele zu danken. Um diesen so heilsamen
Saft herauszulocken, muß man sich mit Werkzeugen
versehen, und die Mühe nicht gereuen lassen. Ich
werde hier die wahre Methode aus meinen eigenen vielen
Versuchen angeben. Man schneidet nämlich in den Stamm
des Baumes, welcher weder jung noch bejahrt seyn muß,
bis in das Mark hinein. Gleich nach gemachtem Einschnitt hört man ein kleines Geräusch von dem Oele,
welches von den Aesten und dem Wipfel herabfließt,
indem die warme Luft durch die Zwischenräumchen des eingeschnittenen Baumes hineindringt, und das von Natur
har-

harzichte und dicke Oel verdünnet, und flüßig machet.
Um dieses desto sicherer zu erhalten muß man an den
Seiten des eingeschnittenen Baumes brennendes dürres
Reisicht anbringen, durch dessen Hitze, das in den Zäsern
der Bäume zerstreut liegende Oel nach und nach schmilzt,
und in das unter den Stamm gesetzte Gefäß reichlich hin-
abrinnt. In einigen Stunden wird die Kanne mit diesem
Oele voll seyn. Will man damit mehrere anfüllen, so muß
man den Einschnitt an mehreren Cupaybäumen machen. Sie
sind in Paraquay in den gegen Norden zugelegenen Wäldern
sehr häufig: anderswo sieht man ihrer nur sehr wenige, oder
gar keine. Diese Operation muß im Frühling, im September und zwar im Vollmonde unternommen werden: denn
im abnehmenden Monde, Sommer oder Winter ist alle
Mühe vergebens, und man wird mit allem angewandten
Fleiße keinen Tropfen Oel herauspressen. Dieses weiß
ich gewiß aus meiner eigenen vielfältigen Erfahrung.
Mir kommen daher die Naturforscher sehr lächerlich vor,
welche dem Mond allen Einfluß auf die Pflanzen ab-
sprechen; denn Erde und Meer haben mir zu viele Beweise vom Gegentheile gegeben. Es ist auch sehr begreiflich, daß die Cupaybäume ihr Oel nur im Frühlinge sich abzapfen lassen, weil sie zu dieser Zeit in ihrem
besten Saft sind. Dieses Oel ist der Farbe nach vom
Wasser wenig unterschieden, bitter von Geschmack, weder wohl- noch übelriechend, und nicht nur den Aerzten,
sondern auch den Mahlern sehr willkommen. Die Kraft
desselben kenne ich nicht aus eigenen Versuchen, sondern
blos nach dem, was mir andere davon gesagt haben.
Hierinn besteht sie. Wenn dieses Oel warm auf eine
Wunde geleget wird, so stillet es das Blut, und heilet
jene in kurzer Zeit. Es dienet auch wider die Schlangenbisse, und in gänzlicher Ausheilung alter Narben. An
die Brust gestrichen hebt selbes die Schwäche im Magen;
am Unterleibe aber hilft es wider das aus Erkältung

ent-

entstandene Bauchgrimmen. Zwey oder drey Tropfen
davon in einem weichgesottenen Ey hineingeschlürfet stillen
den Durchlauf und andere dergleichen Uibel; den Eingeweiden aber geben sie wieder ihre natürliche Spannkraft
und Stärke. Bisweilen wird dieses Oel mit Zucker
versetzet, und im Wegerichwasser oder Rosenöl aufgelöset
statt eines Klystiers gegeben. Allein man darf davon nicht
anders als nach Gutbefinden der Aerzte, die den Kranken,
und die Krankheit am besten kennen müßen, Gebrauch
machen. Dieß will ich hier ein für allemal von allem
dem erinnert haben, was ich von dem Gebrauch und
der Heilkraft der Pflanzen noch sagen werde. Ich mache hier blos den Geschichtschreiber nicht den Arzneygelehrten. Dieser allein muß entscheiden, was dem Patienten nützlich oder schädlich ist. Es ist mir auch noch
nicht eingefallen, mich in das Fach eines anderen zu
mengen.

Aus eben diesem Cupayöle wird in Brasilien und
noch öfters in der Provinz Maragnon, welche an diesen Bäumen Uiberfluß hat, der in Europa so berühmte
Balsam Cupayba gemacht: allein diesem Balsam werden
auch andere Harze besonders von dem Baum Ybirapayè,
von dem wir weiter unten mehr sprechen werden, beigemischet, wie man aus seinem starken und annehmlichen
Geruch abnehmen kann. Das Cupayöl wissen nicht nur
die europäischen, sondern auch die amerikanischen Mahler auf allerlei Art zu nützen. Mit Knoblauch gesotten
ist es einer der besten Firnisse, und giebt den Mahle-
reyen, wenn man statt des Leinöls die Farben damit anma-
chet, einen besonderen Glanz, welcher niemals matt
wird. In Bildsäulen von Holz ist dem Gesicht und
den Händen die Fleischfarbe zu geben, nichts so dienlich
als dieses Oel. Ich glaube fast nicht, daß dasselbe rein
und unverfälscht aus Amerika in unsere Offizinen
kömmt

weil die Kaufleute um dabei mehr zu gewinnen, selben, ich weiß nicht, welche fremde Zusätze beizumischen pflegen. In Paraquay giebt es drey dem Namen nach nahe verwandte Baumarten, welche aber an sich ganz von einander unterschieden sind: nämlich den Cupay, Curupay, und Curupicay. Ich sprach bisher von dem ersteren. Der Curupay giebt so wie der çevil eine Rinde her, welche die Indianer zur Zurichtung der Ochsenhäute brauchen. Um diese roth zu machen, mischen sie unter die Curupayrinde noch eine andere des Baumes Caatiguà, welchen die Abiponer Achitè nennen. Der Baum Curupicay ist weder größer noch fester als eine Hollunderstaude, und hat ein schwammichtes Holz, das man meines Wissens zu nichts verwenden kann. Man darf es nur leicht berühren, so drücket man einen milchartigen, und, nach der gemeinen Meinung, giftigen Saft heraus.

Die Piñon del Paraquay, oder die Purgier-nüße.

Diese wachsen an einer an Blättern, Gestalt, und dem weichen Holz unserern Feigenbäumen sehr ähnlichen Staude. Drückt man selbe oder ihre Blätter mit der Hand zusammen, so triefet ein milchartiger Saft mit vieler Molke vermengt von ihr. Ihre Früchte sind braune Nüße, unter deren harten und schwarzen Schaalen drey weiße mit einer gleichfalls weißen Haut überzogene Kerne in dreyen Gemächern abgetheilet liegen, und sowohl an Süßigkeit als auch Gestalt den Mandeln gleichen. Diese Kerne heißen nun Piñones del Paraquay paraquayische Zirbelnüße, auf quaranisch Mandubiquazù, bei den Medizinern aber nuces catharticæ, Purgierbohnen, Purgiernüße oder ricini americani. Wenn man zwo oder drey solcher Nüße verschlingt,

nach-

nachdem man ſie zuerſt (nach dem Rathe einiger Aerzte) von ihrem weißen Häutchen abgeſchälet, in Wein gebaizet, und um ihre Purgierkraft zu mindern etwas im Feuer geröſtet hat, ſo machen ſie erbrechen, reinigen die Eingeweide und ſchaffen alle böſe Feuchtigkeiten aus dem Leibe. Unſere Abiponer wenigſtens pflegten allemal, ſobald ſie ihren Magen mit zu vielem Rindfleiſche angepfropfet, und mit einer Unverdaulichkeit beſchweret fühlten, alſogleich von uns ſolche Nüße als ein Arzneymittel zu fodern, und bedienten ſich derſelben mit dem beßten Erfolge. Die erſten Spanier, welche in Paraquay kamen, und folglich die Wirkungen der Früchte dieſes Landes noch nicht aus Erfahrung kannten, nahmen in Abgang der Lebensmittel zu dieſen Kernen ihre Zuflucht, und verzehrten ſelbe, weil ſie noch ſüßer als Mandeln ſchmecken, mit der größen Begierde ohne Maaß und Ziel. Allein ſie büßeten bald ihre unzeitige Gefräßigkeit durch das heftigſte Erbrechen, und den unaufhörlichen Durchlauf, welcher ſie zwar ganz erſchöpfte, aber dennoch nicht hindern konnte, daß ſie nicht in ein helles Gelächter ausbrachen, als ſie bemerkten, daß ſie ſtatt Speiſe Medizin zu ſich genommen hatten. Ob dieſe Kerne auch in den europäiſchen Apothecken verkauft, oder von den Aerzten auch unſern Kranken verordnet werden, weiß ich nicht. Gewiß iſt, daß man die Kräften des Patienten genau kennen, und alle Vorſicht anwenden muß, ehe man ſich derſelben bedienet. Wenn man einen Reiſer von dieſer Staude abſchneidet, und in die Erde einſetzet, ſo ſchlägt er ſtraks Wurzeln, und wächſt in ſehr kurzer Zeit auf.

Die Vaynilla.

Die Vaynillapflanze (ein werther Name für alle Chokoladeliebhaber) wächſt an feuchten Orten rabanartig,

uud

und schlingt sich um gewisse Palmbäume, um sich von selben tragen zu lassen. Sie hat grosse, ungefehr eine Spanne lange Blätter, und weisse kleine Blüthen. An dieser Pflanze sprossen wie bei den Hülsengewächsen Bälge oder Hülsen hervor, welche eine Vierteleлle lang, dreyeckicht, und wenn sie reif sind auf der Aussenseite braun und glänend werden; einen annehmlichen und durchdringenden Geruch von sich geben, und wie die Feigen mit kleinen Saamenkörnchen voll sind. Aus diesen pflegen sich die indianischen Weiber Rosenkränze anzusädeln und als einen Halsschmuck um den Hals zu tragen. Sonst wußten die Wilden vormals von der Vaynilla keinen Gebrauch zu machen, wiewohl die Affen und Vögel selbe begierig verschlangen. Weil diese Frucht in eine Schote oder Hülse eingeschlossen ist, so gaben ihr die Spanier den Namen Vaynilla. Sie verwandeln nämlich das lateinische vagina eine Scheide in Vayna, und vaginula in Vaynilla. Die Beschreibung dieser Pflanze, welche, seitdem man die Chokolade erfunden hat, für die Amerikaner so einträglich geworden ist, gehört dem P. Joseph Sanchez zu, welcher die Gegend der Chiquiten, wo diese Frucht wie in Peru und anderen amerikanischen Ländern wächst, bereiset hat: denn in dem Theile von Paraquay, den ich durchgezogen bin, ist diese Pflanze niergends zu sehen. Ohne Zweifel darf man die Schuld hievon nicht dem Boden, sondern der Trägheit der Einwohner beimessen, indem selbe in den nördlichen Gegenden, wenn man sie anders pflegte, gewiß fortkommen würde.

Cacao.

Von der Vaynilla muß man den Cacao nicht trennen. Der Baum, an welchem diese Bohne wächst, ist etwas größer als ein Pomeranzenbaum, im übrigen aber

aber demselben ähnlich. Sein Wipfel trägt eine Art von Krone. Die Früchte, die er hervorbringt, gleichen den großen Melonen. Innerhalb derselben sieht man sette Kerne wie Mandeln, welche mittelst eines weißen und überaus süßen Häutchens, wie durch eine Scheidewand, einer von dem andern abgesöndert sind. Die Indianer pflegten selbe vorhin, da sie nämlich ihren Gebrauch bei der Chokolade nicht kannten, wegzuwerfen, und blos das wie Honig so süße Häutchen zu kauen, und auszusaugen. Die Bäume dieser Art wachsen in ihren Wäldern zu einer besondern Größe an, und bedecken ihre Melonen mit ihren Blättern und Zweigen dergestalt, daß sie nur von den zunächst dabeistehenden gesehen werden können. Auf einem anderen Boden werden sie so groß nicht. In Paraguay habe ich einen einzigen Cacaobaum, welcher noch nicht ausgewachsen war, weil man ihn erst vor einigen Monaten gesetzet hatte, in einem Garten gesehen. In Peru bei dem Mojos, in Mexico und den meisten amerikanischen Provinzen giebt es ganze Wälder von diesen einträglichen Fruchtbäumen. Doch beobachtet man in den verschiedenen Ländern an den Früchten und Bäumen einen Unterschied, welchen uns auch die Erfahrung an anderen Pflanzen und Thieren zeiget.

Die Tamarinde.

Die Tamarinden, welche man in den europäischen Apothecken ganz wohl kennet, sind eine Art Pflaumen, von einem etwas säuerlichten aber angenehmen Geschmacke, mit einer braunen Rinde überkleidet, und voll schöner und großer Kerne. Wenn man sie eine Zeitlang im frischem Wasser läßt, so löschen sie nicht nur den brennendsten Durst, sondern sie führen auch den Leib gelinde ab. Sie wachsen an Bäumen, welche wie Palmbäume aussehen, und so große Zweige und Blätter treiben, daß sie eine

ganze

ganze Schaare Menschen bedecken, und durch ihren
Schatten wider die Sonnenhitze verwahren können. Die
Tamarinden, welche bei den Botanikern unter dem Namen: Dactili acidi (saurer Datteln) vorkommen, sind
in dem Lande der Chiquiten und auch noch an
andern Orten zu Hause. In den übrigen Gegenden von
Paraquay weiß man davon nichts.

Das Harz Yçica.

In dem Baum Yciy' steckt ein Harz, welches
nach einigen mit dem venetianischen Terpenthin völlig einerlei, nach andern aber dem Gummi Elemi, welcher
aus Aethiopien kömmt, ähnlich seyn soll, wiewohl das
paraquayische Harz bitziger ist als der Gummi, ihrem eigenen
Geständnisse zufolge. Dieses Harz trifft man neben den
Wurzeln der Bäume unter der Erde an, wohin es aus denselben bei der großen Sonnenhitze in Menge zu fließen
pflegt. Bei den Quaraniern heißt es Yçica, und wird nicht
nur als eine Arzney in Krankheiten, sondern auch in Ermanglung des Theers zum Schifkalfatern zuweilen gebrauchet.

Der Baum Abatitimbaby'.

Der Baum Abatitimbaby' ist einer von denen,
welche sich weit ausbreiten, und schwitzet, wenn die Sonne heiß scheinet, eine Menge goldgelben und gleich dem
reinsten Chrystale durchsichtigen Gummi von sich, aus welchem die gemeinen Spanier und die wilden Judianer
Kreuze, Ohren- und Halsgehänge zu machen pflegen.
Hier ist ihr ganzes Kunstgeheimniß. Sie setzen nämlich
ihre in Holz oder Rohr ausgearbeitete Modeln an den
Baum an, so daß der herabtriefende Gummi in selbe
hineinfließt, wo er dann in der Luft hart wird und die
Figur der Kreuze, Ohren- oder Halsgehänge vollko.. en

annimmt. Man sollte darauf schwören, diese Figuren
wären von Chrystall. Sie widerstehen auch der Feucht ge-
keit, wiewohl sie übrigens so zerbrechlich als Glas sind.
So schön nnd hart wird dieser Gummi. Meines Erachtens würden europäische Künstler allerlei Knöpfe,
Schnallen, Bilderchen und andere niedliche Sächelchen
daraus verfertigen. Vielleicht, daß er auch in der Medizin gute Dienste leisten könnte? Allein bis itzt hat
noch niemand seine Eigenschaften untersuchet.

Der Cederbaum.

In den gegen Norden gelegenen Wäldern von
Paraquay und Tukuman sieht man unzählige Cederbäume von einer außerordentlichen Höhe. Da ihr Stamm
schnurgerade, und zu einer unglaublichen Höhe und Dicke
aufwächst, so tauget zum Schiffbau, und zur anderwär-
tigen Verarbeitung kein Holz besser als das Cederholz,
weil es entweder gar nicht wurmstichig wird, oder im
Wasser es ewig bleibet. Aus keinem amerikanischen Baume
lassen sich so lange und breite Bretter schneiden, als aus
eben diesem, welche aber, weil sie durch keine Wasser-
maschine, sondern durch Menschenhände mühsam gesäget,
und dann erst aus Tukuman bei 300 Meilen weit auf
sehr hoch zu stehen kommen, indem diese Stadt auf allen Seiten von Wäldern entblößet ist. Eben dahin wer-
Fuhrwägen nach Buenos Ayres gebracht werden, daselbst
den sie auch von den entferntesten Wäldern der Stadt
Assumtion nach einer oft zweymonatlichen Schiffahrt auf
dem Flaße gebracht. In Tukuman errichtete ein unsriger Laybruder aus Deutschland eine Sägmaschine, die
vom Wasser getrieben, und wodurch beim Bretterschneiden viele Mühe und Arbeit ersparet wurde. Allein die
Einwohner, welche Feinde von allen Neuerungen sind,
ließen sie kurz nachher eingehen, und zerstörten sie hernach

hernach vollends. Aus einem einzigen Cederbaum wird oft ein großer Kahn ausgehöhlet, welchen zu bemannen oft 30 Ruderknechte nicht zulangen. Der berühmte Statthalter von Assumtion und Buenos Ayres Ferdinand Arias soll sich zu seinen verschiedenen Reisen, die er durch beide Provinzen machte, eines solchen Kahnes bedienet haben. Dieß ist weder neu, noch unerhört; denn wenn wir dem Plinius und anderen glauben wollen, so wachsen in der Insel Cypern die Cederbäume über 130 Schuhe hoch und so dick, daß selbe fünf Männer nicht umarmen können. Ich läugne nicht, daß man auch aus dem Baume Timboy Bretter und Kähne schneidet; allein sie sind kürzer und schmäler als die von Cederholz, als welches sowohl wegen der und Dicke Geradheit des Stammes als auch wegen der Geschmeidigkeit des Holzes und der immerwährenden Dauer desselben unter dem Wasser unstreitig den Vorzug vor allen übrigen behauptet. Der Cederbaum heißt auf quaranisch Ygary; und folglich ein Kahn, welcher meistentheils aus Cedern gebauet wird, Yga, oder Ygàra; die Schifflände aber oder der Ankerplatz Ygarupà. Ein Schiff hingegen, welches nicht aus einem Ceder ausgehöhlet, sondern aus mehreren Brettern zusammengezimmert ist, nennen die Quaranier Ygaratà. Welchen Namen die Abiponer dem Cederbaum geben, weiß ich in der That nicht. Die Mokobier, in deren Gegenden er sehr häufig wächst, heißen ihn Otelalafik. In Paraquay giebt es Cedern von zweyerlei Art. Das Holz der einen ist schön roth, das der anderen blasser: aus beiden aber dringt ein starker Wohlgeruch hervor. Bei strenger Sonnenhitze triefet gemeiniglich aus dem Stamme und den Aesten eine Menge bald weißer, bald rother, allzeit aber helldurchsichtiger Gummi. Wir machten davon beim Zusammennähen und Illuminiren ungefehr den nämlichen Gebrauch, zu welchem der arabische Gummi dienet. Auch mangelt es selben an medizinischen Kräften

nicht.

nicht. Trinkt man Zederspäne in Wasser gekoch‘, so
treiben sie das aus den Gefäßen getrettene Blut aus dem
Körper derjenigen, welche durch einen heftigen Fal von
einem Pferde oder Baume, oder sonst durch einen gewaltigen Schlag eine Quetschung erlitten haben, wiewohl
man auch in dergleichen Zufällen, die Genesung der Ge-
quetschten zu beschleunigen, denselben Quinòa, eine Hül-
senfrucht von sehr kleinen Körnern, in Wasser gesotten zu
trinken giebt. Andere zerstoßen eben diese Quinoa in
einem Mörser, gießen siedendes Wasser dazu, und machen so einen Umschlag daraus, welcher auf den gequetsch-
ten oder verwundeten Theil geleget werden muß. Sie
vertreibet auch die bösen Feuchtigkeiten weit schneller, als
es der Arzt oder der Kranke zu hoffen waget. Ich schreibe dieses aus eigener Erfahrung. Eben diese Hülsen-
frucht ist auch eine der gesündesten Speisen.

Die amerikanische Fichte Curiy

Der Curiy kömmt an Höhe und Blättern der europäischen Fichte nahe. Er hat aber ein härteres Holz,
welches weiß und mit rothen Adern untermenget ist.
besonders geben die Knotten, oder die hervorragenden
Auswüchse, welche die paraquapische Fichte austreibet, den
Steinen an Härte beinahe nichts nach. Aus diesen
großen Knotten schnitzen sich die Quaranier sehr künstlich
ihre Statuen der Heiligen aus, oder sie dråhen sich davon Rosenkränze. Wenn man sie nur ein wenig dem
Feuer nähert, so schmilzt durch die Wärme desselben das
in dem Holzröhrchen enthaltene Harz, so daß sie wie ge-
fürnißt glänzen, und eine schöne rothe Farbe annehmen.
So lang der Baum Curiy noch grün ist, schwitzt er in
der Sonnenhitze ein röthlichtes Harz von sich, welches
angenehm riechet, und zur Heilung der Wunden sehr
dien-

lich iſt. Dieſer Baum erzeugt auch Zirbelnüſſe und Tan=
nenzapfen in der Gröſſe der Kürbiſſe. Sobald ihre Ker=
ne aus der ſchwammichten Schaale herausgenommen
ſind, ſo iſt ſelbe jedermann gern. Dergleichen Fichten
ſieht man in Paraquay nicht überall, wiewohl es ihrer
an einigen Orten auch ganze Wälder giebt, welche die
Spanier los Pinares nennen. Die Curiy kommen auch
in den Gärten ſehr gut fort. Ich habe deren viele in
verſchiedenen quaraniſchen Flecken geſehen.

Algarroba, oder Johannesbrod.

In verſchiedenen Rückſichten verdienet der Baum
gerühmet zu werden, deſſen Frucht auf ſpaniſch Algar=
roba, auf abiponiſch, Hamàp, auf lateiniſch Siliqua
graeca, auf griechiſch κεράτιον, von Galenus κεγχ=
ωνία, von den mehr gebildeten Deutſchen Johannes=
brod, von dem gemeinen Manne aber Bockshorn ge=
nennet wird. Indeſſen iſt die amerikaniſche Algarroba
an Geſtalt, Gröſſe und Farbe von derjenigen unterſchie=
den, welche man in Deutſchland feil hat, und in Spa=
nien Algarroba de la Barbaria nennet, weil ſelbe die
Mohren aus der Barbarey in Portugall und Spanien
verpflanzet haben, wo ſie noch itzt in den Wäldern im
Uiberfluſſe wild wächſt, ſo daß man in dieſen Ländern
Ochſen und Maulthiere im Winter damit füttert, wie
ich ſelbſt geſehen habe. Die Schaale der ſpaniſchen Al=
garroba iſt breiter, voll groſſer Saamenkörner oder
Steinchen, und braun von Farbe, wiewohl ihr Fleiſch
weißlich und ſüß iſt. Die Schaalen der paraquayiſchen
ſind faſt eine Spanne lang, zuweilen einen Zoll breit,
aber ſchmackhafter als jene und mit einer zärteren Haut
bedecket. Sie haben auch kleinere und weichere Saa=
menkörner. Unter den verſchiedenen Gattungen der pa=

Ff 3   raquayi=

raquayiſchen Algarroba verdienen hauptſächlich zwo
einer Erwähnung, nämlich die weiße und die ſchwarze.
Dieſe heißen die Abiponer Roàk, jene hingegen Oàik.
Die weiße und trockene wird theils ſo gegeſſen, wie ſie
vom Baume fällt; theils zuvor in einem Mörſer zerſtoſſen.
Die Abiponer hingegen und andere Wilden werfen ſie
in das Waſſer, und trinken ſie erſt dann, wenn ſelbe
zu Moſt wird. Es iſt nämlich ein Geſchäft ihrer Weiber die Algarroba in den Wäldern zu ſammeln, nach
Hauſe zu tragen, in einem Mörſer zu zerſtoſſen, und in
einer Ochſenhaut, welche ihnen die Dienſte eines Faßes
oder einer Tonne verſieht, Waſſer dazu zu gießen, wo
ſelbe dann ohne einen andern Zuſatz nach ungefehr 12
Stunden durch ihre natürliche Hitze wie der Moſt in
eine Gährung geräth, ſo daß daraus ein kräftiges, ſüßes
und geſundes Getränke wird. Der unmäßige Gebrauch
deſſelben macht Kopf und Füße taumeln, und was ich
zuerſt hätte ſagen ſollen, die Zunge ſtammeln. Um die
Abiponer zu berauſchen braucht man weder Muſkat- noch
Tokayerwein. Die Algarroba, oder Laagà, wie ſie dieſen
Trank nennen, macht bei ihnen die nämliche Wirkung,
indem ſie oft mehrere Stunden und ſogar Tage lang in
einem fort trinken. Gleichwie aber ſelbe unter betrunkenen Wilden oft Anlaß zu Schlägereyen und Mordthaten giebt, ſo dienet auch ihr mäßiger Genuß die Geſundheit zu befeſtigen, und in dem Blut eine gewiſſe Lebhaftigkeit zu erhalten. Wenn wir zuweilen einen ausgemergelten, ausgezehrten und ſchwindſüchtigen Indianer
ſahen, ſo pflegten wir immer zu ſagen: Wenn er nur
lebt, bis das Johannesbrod zeitig iſt, dann wird er
gewiß wieder zunehmen. Unſere Worte und Wünſche
trafen auch meiſtens richtig ein. Wir ſtaunten oft über
die Menge entkräfteter Indianer, welche durch den häufigen Gebrauch dieſes Trankes wieder zu Kräften kamen.
Sind

Sind doch auch die Pferde, Maulthiere und Ochsen niemals fetter und stärker, als wenn sie mit Johannesbrod gefüttert werden. Von dieser Frucht sind weit und breit alle Wälder voll, besonders um Chaco und S. Jakob herum; wiewohl man auch in unermeßlichen Strecken von Paraquay nicht ein Sträußchen dieses Baumes erblickt. Wenigstens sieht man in den Gegenden der Quaranier, welche 32 Flecken bewohnen, und folglich einen ungeheuren Strich Landes einnehmen, nicht einen einzigen. Wir fanden aber auch nicht für gut solche Bäume, so schnell sie auch wachsen, dorthin zu verpflanzen, damit sie sich nicht wie die andern Indianer anzechten und berauschten. Aus eben dieser Absicht hatten wir bei den Quaraniern ein Verbott aus den Zucker-rohren, welche in vielen Flecken im Uiberflusse wachsen, Brandwein zu brennen, wiewohl sich dasselbe auf die Pfirsche, Pomeranzen, Kütten und andere dergleichen Früchte nicht erstreckte. Uibrigens wächst der Algarrobasaamen auf jeder Erdscholle gewiß und schnell zu Bäumen auf, wenn er auch nur von ungefehr dort ausgestreuet worden wäre. Auf dem Felde, auf welchem vormals an dem Ufer des rothen Flußes (Rio Vermejo) die Stadt Conception (sie ist schon lange von den Wilden zerstöret worden) gestanden hatte, steht heut zu Tage einer der dicksten Wälder. Die täglich auf die Gassen geworfenen Saamen der Algarroba, welche die Einwohner, so zu sagen, Tag und Nacht tranken, sind der Ursprung derselben. Aus eben diesem Grunde steigen auf allen den Ebenen, auf welchen die Abiponer sich lange Zeit aufgehalten haben, Wälder empor. Hier sind noch andere Merkwürdigkeiten von diesem Baume. Der weiße Algarrobabaum giebt nicht nur Speise und Trank sondern auch Medizin, und zum Fuhrwägen-Häuser- und Schiffbau das trefflichste Holz her. Dieses ist veilchenblau, geschmeidig und im Wasser ungemein

Sf 4

mein feſt. Hieraus wird der Kiel der meiſten Schiffe, welche auf dem Paraguay und der Parana fahren, gezimmert. Auf demſelben werden hernach die Seitenhölzer, und Balken eingefüget, ungefehr wie es die Rippen auf dem Rückg-ade ſind. In den Wäldern von S. Jakob, und dem waldichten Ufer von Corrientes gegen Niedergang zu ſiehe man allenthalben die längſten und dickſten Algar-rolabäume. Nicht minder häufig ſind auch daſelbſt Bäume einer andern Art, die ihrer Länge und Dicke ungeachtet wegen des krummen Wuchſes ihrer Stämme zur Verarbeitung nichts taugen. Die Blätter derſelben, welche die Abiponer Oaikik nennen, ſind klein, wie ihre blaßgelben Blüthen, aus welchen das Johannesbrod in Schoten wie die Bohnen hervorſproßet. Im November werden ſie reif, und währen in den Wäldern bis zum März, wenn man ſie nicht nach und nach einſammelt und zur Vorſicht zu Haus aufbewahret. Von den Blüthen der Algarrobi fangen die Abiponer ihr Jahr an. Daher bedeutet das Wort Yñeka zugleich die Blüthe ihrer Frucht, und zugleich ein Jahr. Anſtatt zu fragen: wie alt biſt du? ſagen ſie: wie oft hat in deinem Leben das Johannesbrod geblühet? Hegem leyeka yñekachi? Hierauf weiſen die anderen anſtatt zu antworten, weil ſie in ihrer Sprache kein Wort haben, welches mehr als drey ausdrückte, ihre Finger und Zehen. Von der Rechenkunſt der Abiponer werde ich an einem andern Orte mehr ſagen. Die andere Art der Algarroba, welche die Spanier die ſchwarze, die Abiponer aber Koàk nennen, ſieht der erſten ganz gleich, außer daß jene kleiner und ſüßer iſt. Ihre braune Schaale hat rothe Flecken. Wenn man ihrer viele roh ißt, ſo ſchmeicheln ſie zwar dem Gaumen durch ihre ungewöhnliche Süßigkeit, aber ſie ſchärfen die Zunge auf und lähmen ſelbe. Ich weiß dieſes aus eigener Erfahrung. Als es mir einſt auf einer langen Reiſe a

allen

Lebensmitteln gebrach, so pflückte ich im Reiten von
dem nächsten besten Baume dergleichen Früchte ab, und
aß sie begierig hinein, um meinen Magen zu befriedigen.
Dadurch stillte ich mir wohl den Hunger, aber ich verlor auf einmal die Sprache. Das Stillschweigen von
einigen Stunden war zugleich die Krankheit, und zugleich
das Gegenmittel darwider, während daß meine Gefährten aus vollem Halse über mich lachten. Uibrigens
wird diese Art Johannesbrod öfters zur Speise, als
zum Tranke gebraucht. Die Schaalen desselben werden
in einem hölzernen Mörser zu Mehl gestoßen, hernach in
einem Siebe geläutert, und in ein rundes hölzernes Gefäß geworfen, wo man den Brey mit den Händen zu-
sammenknettet. Weil dieser sehr harzicht ist, so wird
von selbst ein Brod daraus, und wie Stein so hart;
denn das fette Harz des Mehls ist ebendasjenige, wodurch es beisammen hält. Dergleichen Brode (man heißt
sie Patay) werden vorzüglich in der Kolonie S. Jakob gemacht, und auch in andere Städte versendet,
wo sie nicht nur zur Speise sondern auch zur Arzney
dienen; und zwar hauptsächlich den Europäern, welche
an dem Stein oder den Harnwinden leiden. Uiberhaupt
leisten beide Algarroba die weiße und die schwarze, man
mag sie essen oder trinken, den Auszehrenden, oder denen, die mit Harnverstopfungen beschweret sind, weil
diese Frucht viele harntreibende Kraft besitzt, unstreitig
die ersprießlichsten Dienste. Die Eingebohrnen wenigstens, welche von Jugend auf täglich Johannesbrod essen, kennen diese Beschwernisse auch nicht dem Namen
nach. Einige behaupten, man könne aus beiden Arten
desselben eine Essenz, welche den mit dem Steine Be-
hafteten und Schwindsüchtigen sehr heilsam seyn soll, mittelst chymischer Prozesse herausziehen. Wir dürfen auch
der dritten Gattung der Algarroba nicht vergessen. Diese halten einige der Acacia, einem ägyptischen Gewächs,

Ff 5   woraus

woraus der arabische Gummi fließt, vollkommen gleich. Ihr Holz ist hart und dunkelroth. Ihre Blätter sind denen der bieher erwähnten Gattungen dieses Baumes ähnlich, ihre Blüthen aber zusammengeballet, klein, safrangelb, und duften einen Gewürzgeruch von sich. Die Rinde der Schaale ist dick und schwarz. Die Saamenkörner sind in Schoten eingeschlossen, und den Linsen ähnlich aber härter. Die Schoten enthalten sammt ihrem Fleische etwas Harzichtes, sind scharf und herbe vom Geschmack, und weder eß- noch trinkbar. Die Einwohner von S. Jakob färben mit dieser Frucht mittelst eines Zusatzes von Alaun oder Vitriol ihre Schaaf- und Baumwolle schwarz. Aus eben diesem Baume triefet ein Harz, welches dem arabischen Gummi vollkommen gleich sieht. Zu diesem füge ich noch eine kleine Baumart als die vierte Gattung der Algarroba. Ihre Schoten sehen hochroth oder vielmehr braun aus. Geschmack haben sie keinen, weder einen süßen noch einen bitteren. Die Einwohner machen sich daraus einen Trank, welcher den Schweiß stark treibet, und dadurch nach dem Zeugniße P. Thomas Falkoner, eines Arzneykundigen, vielen ihre Gesundheit wiederherstellt, welche sich in Europa die Speichelkur hätten gefallen lassen müssen.

Verschiedene Palmbäume. Die Carandaý

Die einzigen Palmbäume, welche die Abiponer Neboquè nennen, die Quaranier aber nach ihren verschiedenen Arten mit verschiedenen Namen belegen, würden mir zu einem dicken Bande Stoff genug geben, wenn ich die Namen der verschiedenen Gattungen, ihre Gestalt und Nützlichkeit auseinandersetzen wollte. Die amerikanischen Palmwälder kann man mit Recht das Zeughaus, die Apothecke, die Garderobe und das Vorrathshaus der Amerikaner heißen; indem ihnen die

Pal

men bald Speise und Trank, bald Arzneyen, bald Waffen und Kleider, und oft auch einen Unterstand geben.
Ich will hier von der Menge dessen, was ich in Paraquay selbst gesehen habe, nur einiges anführen. Die
Palmbäume Caranday wachsen hoch, breiten wie
Fliegenwedel ihre Blätter auseinander, und tragen süße
Datteln, welche sich auch die Europäer wohl schmecken
lassen. Die Rinde des Stammes ist hart wie Eisen,
und wird, nachdem man selbe mit der Art gespalten,
und vom Mark, das aus lauter scharfgespitzten Dornen
besteht, abgesöndert hat, in einigen Städten statt der
Schiedel und Dachziegel zum Häuserdecken gebraucht.
Man schlägt sogar Hütten davon auf: denn wenn man
die Palmen in einem günstigen Mondesviertel, nämlich in dem
abnehmenden Monde fället, so hält ihre Rinde, wie ich
selbst erfahren habe, viele Jahre aus. Auch das ist gewiß, daß zwischen diesen Palmbäumen das beste und
gesündeste Futter für das Vieh wächst, weil das Regenwasser, während daß es von ihren Aesten auf die Erde fällt, eine gewisse Salzigkeit annimmt, und allenthalben Salpeter erzeuget, welches die beste und schmack-
hafteste Würze für das Vieh ist. In den nahe bei den
Flecken gelegenen Wäldern lassen die Abiponer oft einige tausend Pferde weiden, indem diese nirgends so gewiß und in so kurzer Zeit fett werden.

Der Pindò.

Der Pindò, eine sehr hohe und zahlreiche Gattung der Palmbäume, hat eine weißlichte und rauhe
Rinde, und statt des Holzes einen Kern, welcher wie
ein Schwamm locker und leicht ist, und aus Fäsern, die
schnell Feuer fangen, besteht. Er bringt Datteln hervor,
welche die Quaraner Ybapyta nennen. Man zerstößt
selbe, ehe man sie ißt, oder in Wasser trinket, in einem

nem Mörſer. Von den aus den häufigen Palmbäumen
herabfallenden Datteln ſind die Wälder ganz voll. Wegen
ihrer natürlichen Härte verurſachen ſie den Indianern
im Auftretten unglaubliche Schmerzen, wiewohl dieſe Zeit ihres Lebens keine Schuhe tragen, und alſo ſehr
harte Sohlen haben. Hieraus kann ein jeder urtheilen,
was ich, der ich von Jugend auf an die Schuhe gewöhnet bin, von dieſen harten Zapfen ausgeſtanden habe,
wenn ich oft mehrere Tage mit bloſſen Füſen durch den
Wald wanderte; denn die Schuhe und Strümpfe von
Leder wurden in lang anhaltenden Regen und in den Pfützen ſo abgenützt und fleiſchicht, daß ich ſie gar nicht
mehr brauchen konnte, und folglich wegwerfen mußte.
So ſehr aber dieſe Bäume dem Reiſenden beſchwerlich
fallen, ſo ſehr kommen ſie auch demſelben zu ſtatten.
Wenn die Quaranier im Walde übernachten, und ein
Ungewitter dem Ausbruche nahe iſt, ſo ſuchen ſie bei
den Palmbäumen Schutz wider den Regen. Sie fällen
nämlich einige der nächſten beſten, und bauen ſich aus
ihren weichen und ſchwammichten Stämmen in der Eile eine
Hütte auf, welche ſie mit Palmzweigen bedecken, indem
ſie die Blätter derſelben rechts und links künſtlich einflech-
ten. Man iſt darunter vollkommen gedecket. Der Regen mag noch ſo häufig herabſtürzen, durch dieſes Dach
wird kein Tropfen bringen. In einer ſolchen in der Eile aufgeſchlagenen Hütte habe ich oft viele ſtürmiſche Nächte unter Donner und Blitz, unter Platzregen und Hagel
trocken zugebracht, und bei der Gelegenheit die Willfäh-
rigkeit und Gutherzigkeit der Quaranier bewundert.
Wenn ich zuweilen ſchreibe, daß ich vom Regen ganz
durchgenetzet und durchgeweichet war, ſo muß man allzeit hinzudenken, daß mich entweder kein Quaranier begleitet, oder daß die Quaranier keine Palmbäume von
der Art der Pindò angetroffen hatten. Aus ihren Blättern
ſicht man zuweilen, wie aus Weiden, Stricke und Körbe.

be. Diese Bäume wachsen nicht nur zu einer außerordentlichen Höhe auf, sondern sie strecken auch ihre Aeste sehr zierlich aus, und geben dadurch dem Auge ein angenehmes Schauspiel, wie sie denn auch die Gärten prächtig schmücken.

Der Yatay.

Die Yatay, eine kleine Art Palmbäume, erzeugen außer den Datteln auf ihrem Wipfel einen zarten Keim, welcher weich wie Butter, und pomeranzengelb ist. Wie man selben vom Baume herabnimmt, so wird er auch gegessen; und jedermann findet ihn gut. Die Papageyen besuchen diesen Palmbaum schaarenweise seiner Nüße halber.

Der Yatay quazù.

Der Yatay quazù hat außerordentlich große und frischgrüne Blätter, wie auch einen schwammichten und wenigstens fünf Ellen langen Stamm. Seine Früchte bestehen in eyförmigen Nüßen; die Spanier nennen selbe Coccos. Diese Nüße haben wenig Fleisch; doch ist es eßbar, wenn es gekocht wird. Jede derselben enthält drey große Kerne, welche im Gaumen wie Mandeln schmecken, aber fetter als diese sind.

Der Mbocayay.

Der Mbocayay wächst am häufigsten auf den Anhöhen. Sein Stamm und seine Blätter sind mit langen und starken Dornen bewachsen. An diesem Baume wachsen Trauben von Datteln, welche länglicht rund aussehen, und bald roh und bald geröstet gegessen werden. Man preßt ein Oel daraus, welches mit dem
Oliven-

Olivenöl fast ganz übereinkömmt. Eben dieser Baum erzeugt auch Fäden, welche stärker sind als die Fäden von Hanf, und woraus sich die Wilden ihre Bogensehnen, und Augeschnüre zu flechten pflegen. Ich habe selbst auf dem Meere eine solche gebraucht. Um Korduba herum sieht man Palmbäume, deren Namen ich nicht weiß, aus deren Blättern aber so bequeme und dauerhafte Kehrbesen gemacht werden, daß man sie sogar in die entlegensten Städte haufenweise versühret. Die Spanier von S. Jakob, welche in den Wäldern Wachs und Honig sammeln, hauen mit der Axt in gewisse Palmen bis an das Mark hinein. In diesen Bäumen finden sie, wenn sie nach einigen Wochen dorthin wieder zurückkehren, grosse und fette Würmer, welche sie in einem Kessel oder Hafen kochen, und hernach mit vielem Appetit verzehren. Allein ich würde mich zu lang aufhalten, wenn ich alle Gattungen der Palmbäume, die in Amerika wachsen, und ihren verschiedenen Nutzen durchgehen wollte. Ich habe noch so viele Bäume, Stauden und Pflanzen, welche entweder fruchtbar, oder zu Arzneyen dienlich oder in einem anderen Betracht nützlich sind, vor mir, die, wenn ich sie gleich nicht umständlich beschreibe, dennoch von mir nicht ganz übergangen werden dürfen.

Fruchtbäume.

Von europäischen Früchten sieht man in Paraquay fast gar keine. Aepfel, Birne, Pflaumen, Kirschen, Haselnüsse, Kastanien zc. habe ich, durch so einen großen Theil von Paraquay ich auch gewandert bin, fast nirgends, wenigstens nur äußerst selten zu Gesicht bekommen. Diese Bäume mögen noch so fleißig gepflanzet und begossen werden, man kömmt mit ihnen nicht zurecht, weil ihnen der Himmelstrich und der Boden von Paraquay

quay ganz zuwider ist. Sie bringen daher nichts als
Blätter, oder doch so seltsam aussehende Früchte hervor,
daß man diese mehr für Auswüchse als für eine Erqui-
ckung des Gaumens halten soll. Die Seltenheit gedachter europäischen Früchte, wird durch die unglaubliche
Menge Feigen, Pfirsiche, Küten, Granatäpfel, süßer
und anderer Citronen, und grosser Pomeranzen in einem
beneidenswerthen Uiberfluße ersetzet. Von dergleichen
Fruchtbäumen sind nicht nur Gärten sondern auch ganze Wälder voll, welche theils durch die Hände der Europäer angepflanzet worden, und theils aus den von
dem Winde hingewehten Saamen entstanden sind. Diese edlen Aepfel werden von vielen roh geessen, von den
meisten aber gekochet, oder mit Zucker eingesotten, und
zu allerlei Sulzen und Confituren verwendet. In dem
nahen Königreiche Chili, wo die Luft der Gebirge wegen sehr rauh ist, gedeihen fast alle europäischen Früchte nebst vielen andern einheimischen sehr wohl, weßwegen
sie auch gedörret, und in andere Provinzen mit grossem
Gewinne verführet werden. Gleichwie es aber Paraquay
an vielen europäischen Früchten gebricht, so hat dieses
Land hingegen auch viele eigenthümliche, welche man in
Europa auch dem Namen nach nicht kennt. Ich werde hier diese Bäume und Stauden anführen, ohne Unterschied und wie sie mir einfallen, doch ohne mich ins
Umständliche einzulassen.

Der Baum Mistol.

Aus dem braunrothen, harten und schweren Holz
des überaus hohen Baumes Mistol lassen sich die treflichsten Mörserstößel und Lanzenstöcke schnitzen. Seine
Frucht aber, (die Abiponer nennen sie Naalà) ist roth,
in der Größe einer Kastanie, und gleichet der Brustbeere
(Ziziphus) welche auf spanisch Azofaifa, in der Apo-
theker-

theckersprache aber Jujuba heißt, und einst aus Afrika in
Spanien und Italien gebracht worden ist. Sie hat
eine zarte Haut, einen ziemlich grossen und harten Kern,
und ein eßbares Fleisch. Man macht auch einen süßen
Trank daraus, und sogar ein Brod, welches Indianern
eben so köstlich als mir unschmackhaft vorkam. Die Brustbeere oder die Jujuba verordnen die Aerzte in Europa
in Brustbeschwerden, dem Husten, der Heiserkeit und
im Seitenstechen. Ob dem Mistol in Paraguay die
nämliche Kraft eigen ist, weiß ich nicht.

Der Baum Chañar.

Das Holz des Baumes Chañar, oder Apehìk,
wie ihn die Abiponer nennen, ist sehr hart und gelb-
lich; dessen Frucht aber der vorigen etwas ähnlich, wiewohl minder roth und süß. Auf abiponisch heißt sie
Apehè. Man ißt und trinkt selbe: einige dörren sie und
behalten sie zu Hause auf.

Der Baum Yacanè.

Die Frucht des Baumes Yacanè ist safrangelb,
an Größe einer mittleren Citrone, und am Geschmacke
einer faulen Birne gleich.

Die Früchte Quabyraquazù und Quabiyù.

Die Quabyraquazù sind den Pflaumen, und die
Quabiyù den Kirschen ähnlich, und werden theils zur
Speise und theils zum Trank gebraucht. Die Quabyra
wachsen sehr häufig und werden von den Indianern sehr
geschätzet. Mir hat immer davor geeckelt; weil sie nach
Wanzen riechen. Beide Baumarten, welche diese Früchte

te erzeugen, haben ein Holz, welches sich besonders schön
drähen läßt.

Der Quabyra miri.

Die Quabyra miri oder die kleinere ist von der
vorigen ganz unterschieden, und meines Erachtens sowohl
an Heilsamkeit als Annehmlichkeit allen Früchten von
Paraquay vorzuziehen. Sie bestehet in einem kleinen
einer Mispel an Gestalt und Größe ähnlichen Apfel.
Ihre Haut ist etwas zähe und anfänglich grün, wird
aber dunkelponceauroth, sobald die Quabyra miri zeitig ist. Das mit zarten Saamenkörnern untermengte
Fleisch schmecket im Munde vortrefflich wiewohl etwas
süßsäuerlicht, und duftet einen balsamischen Geruch von
sich, der auch in der abgeschälten Haut und in dem
Laube verbreitet ist. Man zerreibet dieses zu Pulver,
und bestreuet damit den paraquapischen Thee, um selben
einen angenehmen Geruch zu geben, und seinen Werth
zu erhöhen. Sonderbar ist es, daß man von dieser von
Natur hitzigen Frucht ohne Nachtheil oder Gefahr
essen darf, so viel man will. Die Quabyra miri wächst
an Stauden, welche wie die österreichischen Wachholder
aussehen; denn auch diese wachsen in andern Orten zu
Bäumen auf. Die Quabyramiristaude hat einen
dünnen Stamm, aber viele dicke und knorrichte Wurzeln,
welche sich weit und breit unter der Erde ausbreiten.
Sie kömmt blos in einem sandichten Boden, auf dem
sonst kein gutes Gras wächst, fort. In den Feldern
von Taruma, wo wir den Flecken S. Joachim hin-
baueten, in den Gegenden des Städtchens Curuquati
und gegen die Stadt S. Paul an den Gränzen Brassi-
liens sieht man sie durchgängig; aber eben da wird man
auch minder fette Weiden gewahrnehmen, weil entweder
der Sand das Futtergras verbrennet, oder weil die ge-

dach-

dachten Stauden die beßen Säfte der Erde an sich ziehen. In dem übrigen Paraquay, das ich durchgereiset bin, und wo ich einen fruchtbareren Boden bemerket habe, ist mir nicht eine Spur einer Quabyra miri zu Gesicht gekommen. Ich muß hier noch eines andern Nutzens erwähnen, den diese Pflanze schaffet. Auf ihren Aesten machen die Ameisen ein Wachs, welches noch weißer als der Schnee ist, und wie der edelste Balsam alles um sich her mit dem lieblichsten Wohlgeruch erfüllet. Dieses Wachs bestehet aus ungemein kleinen und weißen Körnern, welche auf der Staude auseinander gestreuet sind. Die Weiber sammeln selbe mit vieler Mühe, schmelzen sie hernach zusammen, und machen Kerzen daraus, deren man sich in den Kirchen bedienet, und welche im Brennen einen sehr angenehmen Geruch ausdünsten. Es ist zu bedauern, daß dieses vortreffliche Wachs gar keine Härte hat, indem die daraus gegossenen Kerzen leicht zerrinnen, und nicht lang brennen. Um ihre Dauer zu verlängern, gab ich dem Ameisenwachs oft einen Zusatz von dem Wachs der Bienen. Ich bedauerte und verwunderte mich oft, daß man von diesem vortrefflichen Wachs, welches gewiß jedermann außerordentlich finden würde, noch keines nach Europa gebracht hat. Dem vornehmsten Adel würde es vermuthlich sehr willkommen, und vielleicht auch den Kranken sehr gedeihlich seyn?

La Granadilla; oder die Passionsblume.

Mit Recht lassen wir auf die Quabyra miri die heilsame Frucht folgen, welche die Spanier La Granadilla, die Quaraner Mburucuyà, und die Abiponer Netegniklepà nennen. Sie wächst ohne Unterschied der Jahreszeit im Felde sehr häufig und zwar an einer Staude, welche sich wie der Epheu an die Zäune und

Gesträu-

Gesträuche anhängt. Es giebt ihrer verschiedene Gattungen, die sich aber durch nichts als die Gestalt ihrer
Theile und Farbenmischung von einander unterscheiden.
Alle stellen einen goldgelben und rothbesprengten Apfel
von mittlerer Größe vor. Vom Geschmacke sind sie süßsäuerlicht, von innen aber voll schwarzer runder Saamenkörner und sehr wohlriechend. Man mag sie roh
essen oder im Zucker wie Citronen eingemacht im kalten
Wasser trinken, so werden sie allemal dem Körper des
Menschen sehr zu statten kommen; indem ihr Nektar-
saft den Magen stärket und die von der Sonnenhitze
matten Glieder ganz besonders erfrischet. Betrachtet
man diese Blume etwas aufmerksamer, so wird man die
Geisel, die Krone, das Kreuz, die Nägel, die Säule,
Würfel, die Galle und die übrigen Marterwerkzeuchen,
die in der Leidensgeschichte unseres Heilandes vorkom-
men, auf denselben nicht unkenntlich abgedruckt sehen.
Ich finde daher alle diejenigen lächerlich; welche dieses
für eine phantastische Erdichtung einer frommen Schwär-
merey, und für eine erzwungene Auslegung der Werke der
Natur ausgeben. Man hat hierüber noch alte lateinische
Verse eines unbekannten Schriftstellers. Auf deutsch
lauten sie also: „In Amerika blüht eine niedliche
Blume, voll herrlichen Wohlgeruchs, welche die kostbaren
Denkmale des ermordeten Gottmenschen an sich trägt" *)
Sie heißt daher durchgängig die Paßionsblume, und war
es werth, daß man sie einst unter P. Paulus dem V.
aus Amerika nach Rom brachte. Diese Blume ist von
unserm Eusebius Nierenberg in seiner Naturgeschichte im
14. Buche 10. H. umständlich beschrieben, und von vie-

Gg 2   len

*) Pulcer in America Moscho redolentior est
   flos,
Qui fert occisi nobile stemma Dei,

len verschiedentlich mit der Feder gezeichnet worden: allein um davon jemanden eine richtige Vorstellung beizubringen, muß sie ordentlich mit Farben abgemahlet werden.

Quembè.

Je unbekannter die Frucht Quembè selbst vielen von denen ist, die in Paraquáy grau geworden sind, desto merkwürdiger ist sie. Sie wächst eigentlich blos in den nördlichen Wäldern dieses Landes. Ihre Länge beträgt mehr als eine Spanne, ihre Dicke in der Mitte eine Mannsfaust an dem Enden aber weniger, so daß sie beinahe cylinderförmig und wie eine entfiederte Taube aussieht. Es giebt einige, die über zwey Pfunde wiegen. Ihre zarte Haut ist gelblicht und mit einer Menge kleiner Warzen, die in der Mitte einen schwarzen Punkt haben, besetzt. Ihr Fleisch ist saftig, überaus süß, aber voll unsichtbarer Dorne, welche man nur im Saamen fühlt. Man muß also dasselbe nicht lang kauen, sondern geschwind hinunterschlingen: denn wenn man es lange unter den Zähnen herumwälzt, so wird die Zunge durch die verborgenen Dorne aufgeschärft, und eine Zeitlang im Reden gehindert. Der in der Mitte wie bei dem türkischen Korne sich befindliche Stengel hat etwas Holzichtes an sich; und wird daher weggeworfen. Es ist unglaublich, wie angenehm und gesund diese Frucht ist, und wie sehr sie einen durch langes Gehen ermüdeten Menschen, der ganz vom Schweiße trieft, erquicket. Ich habe ihre wohlthätige Kraft auf meinen vielen Reisen erfahren, die ich in die Wälder, Wilde aufzusuchen, unternommen habe. Die schwere Quembè wächst an einem zähen Strauche, welcher wie ein Strick aussieht, und wie Epheu sich um die hohen Bäume schlinget. Sie hängt auch daran wie an einem Stricke.

Wie

Wie feſt dieſer Strauch iſt, (auf quaraniſch heißt er Quembepi) mag man daraus abnehmen, indem die ſtärkſten Indianer, wenn ſie Honig ſammeln, und deßwegen mit der Axt in die Bäume Oeffnungen machen, ſich auf den um die Aeſte und den Stamm derſelben geſchlungenen Quembepi ſetzen, und lange ohne die geringſte Geſahr darauf bleiben. Aus demſelben machen ſich die Spanier und Portugieſen zuweilen Schifftaue, welche weniger noch als die aus Hanf zerreißen.

Tatayy, ein Maulbeerbaum.

Auf dem Tatayy, einem der höchſten und größten Bäume, wachſen Maulbeere, welche an Geſchmack und Geſtalt von den unſrigen in nichts unterſchieden, aber gelblicht und größer ſind. Die Quaranier heißen ſelbe Tatayyba. Das Holz dieſes Baumes iſt ſehr hart, geſchmeidig und ſofrangelb. Die Indianer drehen ſehr ſchöne Flöten, Pfeiffen, Büchſen und andere Dinge daraus, wie die Europäer aus dem Buchsbaum. Die Holzſpäne davon werden mit Alaun geſotten, und die Schaaf- und Baumwolle gelb zu färben mit dem beſten Erfolge gebraucht.

Die Mammones.

Die Mammones, eine Frucht, welche ungefehr ſo groß als eine Küte, und manchmal auch noch größer iſt, kommen an dem Stamme des Baumes ſelbſt und zwar zur Zeit ihrer Reife gelbgrün zum Vorſchein. Da ſie an kurzen Stengeln hangen, ſo ſehen ſie wie Brüſte aus, von welchen ſie auch ihren Namen haben. Ihr Fleiſch gleicht den Melonen an Farbe und Geſchmack, und wird bald roh geeſſen, und bald, welches auch beſſer iſt, mit dem Fleiſch gekochet. Der Baum, an den ſie

wach-

wachsen, ist mittelmäßig groß, und dick; und an seiner
aschengrauen Rinde einem Nußbaum, an seinen breiten
und eckichten Blättern aber einem Feigenbaum ähnlich.
Sein schwaches Holz strotzt von einem milchartigen und
unschmackhaften Saft. Dies ist der zweyte Grund, weßwegen seine Früchte von den Brüsten ihren Namen haben. Diese Bäume tragen das ganze Jahr hindurch
Blüthen und Früchte; aber eben diese Fruchtbarkeit
macht, daß sie über vier Jahre nicht aushalten. Von
ihrer Anpflanzung an brauchen sie nur ein Jahr um auf-
zuwachsen und Früchte zu tragen. Es giebt zweyerley
Gattungen derselben, wovon man die einen die Männchen
und die andern die Weibchen nennt. Sie sind wohl in
einigen Stücken von einander unterschieden; aber falsch
ist, daß die einen ohne die andern unfruchtbar bleiben.
Diesen Geschlechtsunterschied hat man mehreren Pflanzen
und Bäumen beigeleget. So häufig die Mammones
in Brasilien und andern Ländern von Amerika angetroffen werden, so selten sieht man sie in Paraquay, und
außer den Gärten fast niemals.

Die Alabas.

Ein Strauch oder, beßer zu sagen, eine niedrige und
dornichte Distelstaude, welche am beßten auf einem sandichten Boden fortkömmt, bringt die Alabas oder Pita-
hàyas, wie die Californier diese ihre einzige Lieblings-
nahrung nennen, hervor. Es sind Aepfel in der Größe eines Hünereys mit einer dicken, zähen und mit dünnen
spitzigen Dornen stark besetzten Haut, unter welcher oft
ein rothes und oft ein schneeweißes und saftiges Fleisch
verborgen liegt. Dieses Fleisch, das durchaus mit
überaus kleinen Saamenkörnern, kleiner noch als die
Pulverkörner, untermenget ist, schmecket ganz vortrefflich,
und erfrischet den Leib, wenn man vor Hitze fast ver-
schmach-

ſchmachtet. Hätte man die Alabas in Europa, ſo würden ſie ohne Zweifel auf dem Nachttiſche der Vornehmen eine vorzügliche Stelle behaupten. In einigen Strichen von Paraquay findet man ſie häufig, in andern ſeltner. Auf der Reiſe löſchten ſie mir oft den Durſt.

Der Aguay.

Der Aguay iſt ein dicker Baum, und erzeugt Früchte wie Pflaumen. Da dieſe einen ſcharfen Saft enthalten, ſo iſt man ſie im Waſſer gekocht öfter und mit weniger Gefahr. Dieſem Baum iſt noch ein anderer dem Namen nach verwandt, aber an ſich und in ſeiner Geſtalt von dem vorigen ganz unterſchieden.

Der Anguay, oder Ybirapayé.

Der Anguay iſt ein außerordentlich hoher und dicker Baum von einem ſehr harten, röthlichten, wohlriechenden und zur Verarbeitung ganz vortrefflichen Holz. Statt der Früchte trägt er harte, Mandeln ähnliche Saamenkörner, welchen man auch unter den Arzneyen einen Platz eingeräumet hat. Da dieſe veilchenblauen und dreyeckichten Kerne prächtig glänzen, ſo hängen ſich die wilden Indianer ſelbe um den Hals als einen Halsſchmuck. Das Harz, welches aus dieſem Baume trieſt, duftet einen ſtarken Wohlgeruch von ſich, und iſt ungemein heilſam. Der weltberühmte Balſam von Braſilien und Peru wird aus demſelben mit Beimiſchung des Cupaydles und anderer Ingredienzien zuſammgeſetzt. Eben daſſelbe wird auch in den Kirchen ſtatt des Weihrauchs gebraucht, als welchen gedachtes Harz um viel übertrifft. Gleiche Dienſte leiſtet auch die Rinde des Anguay, weil ſelbe viel Harz enthält. Dieſer Baum führt darum dieſen Namen, weil die Quaranier ihre meiſten Mörſer

daraus

daraus schnitzen. In der Sprache dieses Volkes heißt derselbe auch Ybirapaye der Hexenmeisterbaum; denn Paye heißt ein Hexenmeister, Zauberer, Arzt, Wahrsager, kurz ein Betrüger. Mit dem Harze des gedachten Baumes pflegen sich die Wilden, die von dieser Quacksalberey Profession machen, so oft sie von ihren Landesleuten einen Besuch erwarten, ihre Hütte zu beräuchern, um diesen Nebel in die Augen zu streuen, als wenn etwas Göttliches in ihrem Aufenthalt duftete.

Der Ybaporoyty.

Der Ybaporoyty ist ein kleines Aepfelchen auf die Art der Kirschen, etwas säuerlicht aber köstlich. Aus diesem Baume wird ein Balsam gemacht.

Der Tarumay.

Die Frucht des Baumes Tarumay sieht zwar den Oliven etwas ähnlich; aber ihren Geschmack hat jene bei weitem nicht. Weil diese Bäume um S. Joachim herum sehr häufig wachsen, so heißt die Gegend um erwähnten Flecken bei den Spaniern und Indianern Taruma. Nach ihren Früchten sehnt sich niemand.

Der Quayába.

Der Baum Quayába erzeugt ovale und mit Körnern ganz angepfropfte Birne, deren Außenseite zur Zeit der Reise gelb wird. Ihr Fleisch ist roth. Im Zucker eingesotten sind sie schmackhafter und auch gesünder. Kocht man selbe, ehe sie ganz reif sind, so stärken sie den Magen, und stillen den Durchlauf. Dieser Baum gedeiht auch auf einem minder fetten Boden.

Der

Der Vinàl.

Der große Baum Vinàl ist mit Blättern, welche wie Olivenblätter aussehen, aber größer sind, überkleidet. Er bringt wie die schwarze Algarroba Schoten hervor, welchen aber die Schoten des Johannesbrods an Länge nicht gleichkommen. Aus dieser Frucht bereitet man einen Trank. Der Vinàl ist auch mit spannenlangen, sehr spitzigen und starken Dornen bewachsen. Wer damit gestochen wird, ist übel daran, nicht allein des Schmerzens wegen, den sie verursachen, sondern auch wegen der damit verbundenen Gefahr. So giftig sind ihre Stacheln. Dieser Baum nützet aber auf einer andern Seite dem Menschen wieder, indem man aus seinen Blättern, nachdem man sie vorher gehörig zerrieben hat, einen Saft auspreßt, welcher auf die Augen gestrichen in Augenschmerzen eine große Linderung verschaffen soll, besonders, wenn böse Feuchtigkeiten daran Schuld sind.

Der Ybïrayepiro.

Aus dem Ybirayepiro wissen einige einen trefflichen Balsam zu machen, dessen Gebrauch mir aber nicht bekannt ist.

Der Caaÿcy.

Der Caaÿcy, welcher nach einigen eine Art des Mastixbaumes seyn soll, schwitzet ein durchsichtiges und wohlriechendes Harz von sich.

Der Aquaribay.

Aus der Staude Aquaribay, welchen man ebenfalls zu den Mastixbäumen rechnet, wird auch ein Balsam

berei-

bereitet, welchen man zur Reinigung und Heilung der Wunden sehr dienlich findet. Nimmt man selben in den Mund, so stillet er den Blutsturz und Husten.

Der Molle.

Von dem bekannten Baum Molle erhalten die Kunstarbeiter ein festes aber der Fäulung sehr unterworfenes Holz. Seine immergrünenden Lorberblätter werden zerrieben, und dann zum Abgärben der Bocksfelle, und selbst zu Arzneyen verbraucht. Sein Stamm giebt eine Menge lieblichriechenden Gummi von sich, den man statt des Weihrauchs anzündet. Seine Früchte sind schwarz, und bekommen zur Zeit der Reife eine lichtbraune Rinde. Die Abiponer heißen selbe Aparañi. Weils sie süßer noch als das Johannsbrod sind, so kocht man sie mit Wasser, und macht daraus einen süßen und scharfen Syropp, welcher mit Wasser vermengt, ein angenehmes und geistiges Getränke giebt. Die daraus entstehende Trunkenheit macht nicht nur die Augen der Berauschten von einem gewissen wilden Feuer funkeln, sondern vergehet auch vor einem Paar Tage nicht. Uibrigens wissen die Aerzte aus den Aesten und dem Harze dieses Baumes allerlei Nutzen zu ziehen, zum offenbaren Vortheil ihrer Kranken, wie ich aus eigener Erfahrung weiß.

Der Bacóba und Bananà.

Die in den Augen der Amerikaner so kostbaren Früchte Bacoba und Bananá gehören zum Geschlecht der Feigen. Sie sind eyförmig und roth. Die Stauben, an denen sie wachsen, haben weder Saamen noch Aeste, aber lange, breite und prächtig grüne Blätter, aus deren Mitte Keim und Frucht hervorschießen. Der
Stamm

Stamm der Staude ist dünn und schwach. Nachdem sie ein einziges mal getragen haben, gehen sie zu Grunde, werden aber durch die Sprossen ersetzet, die aus ihrer Wurzel herauswachsen. Die Früchte der Bananas sind etwas länger, viereckicht, von außen safrangelb, von innen weich, nicht sehr saftig, aber frisch; und daher, wenn sie nicht sehr reif sind, dem Magen nachtheilig. Die Bacòba ist also gesünder als die Bananà. Dennoch leisten beide Früchte, wenn man sie gehörig zurichtet, in verschiedenen Krankheiten gute Dienste. Der darausgepreßte Saft berauschet, wenn man ihn im Uebermaaße zu sich nimmt. Ihre Stauden gedeihen in dem unfruchtbarsten Boden, und tragen zu allen Zeiten des Jahres Früchte. Einige nennen die Bacobas Platanus; allein zwischen dem paraquapischen und römischen Platanus findet ein ungeheurer Unterschied statt.

Die Ananàs oder Piña del Paraquay.

Die Ananàs, diese Delikatesse der Vornehmen in Europa, und Zierde ihrer Gärten, heißen die spanischen Eingebohrnen Piñas del Paraquay, weil sie mit den Zirbelnüßen einige Aehnlichkeit haben. Im nördlichen Theile von Paraquay wachsen sie sehr häufig, und werden von den Quaraniern Nanà (Disteln) genennt. Da man sie bei uns nicht nur in den Gärten großer Herren sieht, sondern auch oft auf dem Markte feil hat, so finde ich ihre Beschreibung ganz überflüßig. Dennoch will ich als einen Zusatz folgendes beifügen. In der Gegend Taruma, wo ich mich 8 Jahre aufgehalten habe, wächst diese Frucht sehr häufig, dennoch habe ich sie nur zweymal gekostet, weil ich darauf immer in meinem Magen eine Erkältung fühlte. Einige behaupten mit Monard, daß die Ananas kühlen, und andere mit dem Christophorus Akosta, daß sie hitzen. Wer soll hierüber den

Aus-

Ausspruch thun? Nach meinen Beobachtungen sind die
Ananas in Paraquay größer, in Europa aber süßer.
Ihr Saft ist wie der Erdbeersaft zwar dem Gaumen angenehm, aber, wenn sie nicht sehr zeitig sind, scharf und
feurig. Aus diesem Grunde wird die Frucht der Länge
nach in Stücke zerschnitten und im starken Weine gebaizet. Ihr Saft, besonders der, welchen man durch das
Feuer herausbringt, weckt die schlafen Seelenkräfte auf,
schärfet den Appetit, hebt die Harnverstopfungen und die
daraus entstandenen Schmerzen, und bringt den Alten ihre natürliche Wärme wieder. Einige machen sich auch
die Ananas in Zucker ein, um sie aufzubehalten. Jede
Pflanze giebt jährlich nur eine Frucht; worauf sie er-
schöpft nach und nach wieder vergeht. An ihrer Stelle
wird eine kleine Pflanze, welche auf der Krone der zeitigen Ananas hervorkeimt, abgepflücket, und in die Erde
eingesetzt, damit sie das Jahr darauf ihre Frucht bringe. Dieses geschieht auch auf dem Felde, ohne daß jemand dabei eine Hand anlegt; indem der neue Keim
von der Pflanze herabfällt und Wurzel schlägt.

Die Mandiocà.

Die Wurzel Mandiocà ist von Natur allen
Thieren tödtlich, nach der gehörigen Zubereitung aber
eine gesunde Nahrung einer Menge wilder Völkerschaften,
und das vorzüglichste Lebensmittel der Brasilianer, als
welchen es an europäischem Getreide gebricht. Da von
dieser Wurzel in den Geschichten von Amerika öfters Erwähnung geschieht, so verlohnt es sich allerdings der Mü-
be ihre Entstehung, Gestalt, Zurichtung, Verwen-
dung und Nützlichkeit etwas genauer auseinander zu se-
zen. Die Mandiocà ist eine Wurzel des kleinen Bäum-
chens Mandiò, welches ungefehr so hoch als ein mittelmäßiger Mann wächst. Der Stamm des Mandiò ist

schaur-

schnurgerade, ungefehr einen Zoll dick, wie die Moos-
rohre knotticht, an der Rinde einer Haselnußstaude und
an seinem schwammichten und von Milch strotzenden Mark
einem Hollunderstrauch ähnlich. Oben auf dem Wipfel
pranget derselbe mit grossen und kleinen Aesten, schönen,
langen aber schmalen Blättern, welche ein liebliches Grün,
wie das der Päonienrosen, schmücket. Seine Blüthen sind
bleichgelb. Statt der Früchte hat er grosse, oft drey
Fuß lange, aber spröde Wurzeln, welchen oft ein Manns-
arm an Dicke nicht gleichkömmt. Seine Rinde ist
wie die der Haselnußstaude, dunkel von Farbe. Sein
Mark hingegen ist schneeweiß und voll eines milchartigen,
zähen, kleberichten und vergifteten Saftes. So wie
man in dem Zimmtbaume blos die Rinde brauchen kann,
so hat an dem Bäumchen Mandio für die Menschen
nichts als die Wurzel einen Werth. Die Amerikaner
kennen bereits einige und zwanzig Arten derselben, welche an Gestalt und Eigenschaften von einander unterschieden sind. Der Mandio erzeugt einen Saamen, welcher
dem Saamen des Piñon del Paraquay (Ricinus
Americanus) nicht unähnlich, aber in Rücksicht auf die
Fortpflanzung des Baumes ganz unnütz ist. Denn zu
dieser Absicht wird der Stamm eines erwachsenen Bäum-
chens in ungefehr zwo Spannen lange Zweige zerschnitten,
deren man immer drey und drey in kleine Erdhaufen
einsetzet, also zwar, daß sie eine Spanne weit aus der
Erde hervorragen. Sie keimen, grünen und wachsen in
kurzer Zeit auf. Begossen dürfen sie nie werden, indem Wasser und Schatten dieser Pflanze ganz zuwider
sind, und selbe blos auf einem sandichten und freyem Felde
fortkömmt. Ihre Anpflanzung muß in einer völlig
trockenen Erde und in den Sommermonaten geschehen.
Nach sechs Monaten wird man ihre Wurzeln schon eßbar finden, wiewohl sie um ganz auszuwachsen, und zu
ihrer völligen Reise zu gelangen, ein ganzes Jahr brau-

chen

chen. Gräbt man sie auch nach dieser Zeit nicht aus, so erhalten sie sich dennoch lange unter der Erde ohne schadhaft zu werden; gräbt man sie aber aus, so nimmt bei denselben innerhalb dreyer Tagen die Faulung überhand. Deßwegen muß man die ausgegrabenen Wurzeln ohne Verzug fleißig reinigen, abschälen, in Stücke zerschneiden und zween Tagelang an der Sonne dörren. Dadurch werden sie weiß wie eine Kreide und so hart, daß man sie sogar zum schreiben brauchen kann. Man stößt sie hernach in einem hölzernen Mörser, macht Mehl daraus, und aus dem Mehl Brod von allerlei Formen, welches zwar gesund ist, aber nur demjenigen schmackhaft vorkommen kann, der kein unsriges Getreidebrod gekostet hat. Dieses amerikanische Brod besteht in runden, weißen und dünnen Zelten, welche den Rinden, die man von dem Korkholz abschälet, an Härte gleichen, und von den Quaraniern Mbeyù genennet werden. Unsern Lebzelten sehen sie sehr ähnlich, haben aber gar keinen Geschmack. Sonst drücket man auch aus der Wurzel Mandioca den Saft aus, welcher nach zwoen Stunden in dem Gefäße einen weißen Satz auf dem Boden zurückläßt. Diesen Satz trocknet man und macht Mehl daraus; aus dem Mehl Kuchen, Kügelchen, und ich weiß nicht noch was alles. Eben diesen Saft zieht man auch zuweilen durch das Feuer aus der Mandiocà, und macht sich einen Brey daraus, welchen die Quaranier Mingaù nennen, und nicht nur ihren Hunger zu stillen, sondern auch ihre Wäsche zu stärken, und sogar auch das Papier zusammzupappen brauchen. Es giebt noch eine andere Gattung Mandiò, deren Wurzel einige Tage in das Wasser geleget, manchmal aber unter der Asche gebacken, und ohne Nachtheil gegessen wird. Ich würde nicht fertig werden, wenn ich aller der verschiedenen Methoden erwähnen wollte, nach welchen man aus der Mandiocà bald Speise und Trank, bald eine Arzney ziehen, und

und mit Butter, Reiß und Zucker gekocht in eine Art
von Zuckerwerk verwandeln kann. Glückliche Amerikaner,
die ihr euren Magen durch so verschiedene Kunstgriffe
täuschen und befriedigen könnet! So sehr es mich auch
zuweilen auf meinen Reisen hungerte, so konnte ich es
dennoch nie über mich bringen, daß ich die Mandioca,
wie sie auch immer zugerichtet seyn mochte, als ein
Mittel meinen Hunger zu stillen hätte ansehen können.
Ich habe sie oft gekostet, aber allemal wieder weggeworfen. Genug, wenn sie nur den Amerikanern schmecket!
Ich beneide sie darum so wenig, als mir ihr Geschmack
seltsam vorkömmt. Doch muß ich auch eingestehen,
daß diese Wurzel, wenn man sie ganz läßt und gehörig
reiniget, mit dem Rindfleische gesotten nicht völlig zu
verwerfen ist. So zugerichtet fand ich sie allein schmackhaft, wiewohl ich nie gezweifelt habe, daß sie auch anders zugerichtet frisches Blut und gute Säfte erzeuge.
Um unter den vielen Erfahrungen nur eine anzuführen,
so pflegen die amerikanischen Mütter, wenn sie ihre Kinder säugen, und ihre Brüste zu trocken sind, etliche
male gekochte Mandioka zu essen, und ihre Brüste strotzen wieder von Milch. Die Portuglesen versehen sich
zu vierteljährigen und noch längeren Reisen, die sie durch
ungeheure Wüsteneyen zu Fuß machen, blos mit Man-
diokamehl, Farinha do pao. Auch die portugiesischen
Matrosen nähren sich, wenn sie oft viele Monate in den
brasilianischen Häfen aufgehalten werden, und in ihr
Vaterland zurücksegeln, meistentheils mit dieser Wurzel,
so wie die meisten Einwohner; denn da der viele Monate anhaltende Regen das Getreid nicht aufkommen läßt,
so essen blos die Vornehmen Getreidebrod, wozu sie sich
das Mehl von Lissabon mit grossen Kosten über das
Meer bringen lassen. Auch die nördlichen Amerikaner
schätzen und pflegen fleißig die Mandioca. Die Mexikaner nennen sie Ycà, so wie das daraus gebackene Brod

Ca-

Cazave. Diese Wurzel soll nach der Meinung der Indianer in Brasilien und Paraquay einer alten Ueberlieferung zufolge der h. Apostel Thomas, von welchem wir an einem anderen Orte mehr reden werden, entdecket haben. Sie halten auch selbe für eine besondere Wohlthat der Vorsicht, weil sie oft ohne dieselbe erhungern müßten. Wenn die Heuschrecken, Ameisen oder andere gefräßige Insekten, oder auch eine langwührige Trockenheit das türkische Korn (May'z) die Hülsenfrüchte, Melonen und Baumfrüchte nicht zu ihrer völligen Reife kommen lassen, so bleibt dennoch unter der Erde die Mandioca übrig, und ersetzt im Nothfalle alles andere. Diese Wurz. l wächst und erhält sich auch dann im besten Zustande, wenn ihr Baum Aeste und Blätter durch was immer für einen Zufall verloren hat. Die Trockenheit, wobei alle andere Pflanzen so viel leiden, ist der Mandioca sehr gedeihlich.

· Sonderbar ist es, und einer kurzen Untersuchung allerdings werth, warum das Vieh die rohen Wurzeln ohne allen Nachtheil essen kann, der daraus gedruckte Saft aber Menschen und Vieh tödtet, da doch derselbe gekocht beiden sehr gesund ist: Denn wenn verschiedene Arten des Giftes durch die Hitze noch angreifender und zerstörender werden, warum benimmt das Feuer diesem Saft seine Schädlichkeit, ? Cardenas ein Arzneygelehrter glaubt, daß der Saft der Mandioca aus zweyen verschiedenen Ingredienzien bestehe, einem feinen giftigen Dampf und einem dicken, klebrichten und den Thieren sehr heilsamen Wesen. Das Feuer zerstöre den ersten, und lasse das zweyte übrig. Dieß ist seine Meinung. Wer einer andern beipflichten will, den werde ich daran nicht hindern. Gewiß aber werden eine Menge Dinge, welche entweder wegen ihrer natürlichen übergroßen Kälte oder Hitze

dem

dem menschlichen Körper nicht wohl bekommen, durch das
Feuer mittelst chymischer Operationen also verändert und verbessert, daß dasjenige, was vorhin Gift war, durch eine vor-
schriftmäßige Zubereitung zur heilsamsten Arzney wird. Von
dem Schierling und hundert andern Kräutern ist dieses
bekannt. Uibrigens will ich den europäischen Ankömmlingen gerathen haben, ja nicht bei allen Eßwaaren von
Mandiока oder andern amerikanischen Früchten blindlings
zuzugreifen, sondern sich von den Eingebohrnen leiten zu
lassen, als welche ihre Pflanzen am besten kennen, und
das Eßbare vom Gift und das Schädliche von dem Un-
schädlichen allein zu unterscheiden wissen. Das schönste Aepfelchen, welches jedermanns Augen auf sich zieht, wird,
wenn man es ißt, Schmerzen oder sonst ein Uibel verursachen. Die Namensähnlichkeit erinnert mich von
dem Mandió zur Mandiyù hinüberzugehen.

Die Mandiyù, oder die Baumwollenstaude.

Wie der Mandió den Amerikanern ihre vorzüglichste Nahrung giebt, so giebt hingegen die Mandiyù
(auf latein Gossipium, auf spanisch Algodon) deusel-
selben ihre meiste Kleidung. Die Europäer sehen und
befühlen die Baumwolle täglich, und dennoch wissen viele von ihnen nicht, woher sie kömmt. Ich wills ihnen
sagen. Sie wächst an einer Staude, welche nicht viel
größer als eine unsrige Haselnußstaude, an Holz und Rinde aber einem Hollunderstrauch ähnlich ist. Sie hat nicht
wenig zartes Laub mit vielen Einschnitten. Zwischen
dreyen Blättchen, dergleichen unsere frischen Haselnüße
um sich haben, wachsen Blüthen, welche größer als die
Rosen sind, und aus fünf breiten, gelben und rothge-
streiften Blättern bestehen. Aus der innern Höhlung
keimen safrangelbe Fäserchen hervor. Zuletzt werden aus

Hh   den

den Blüthen grüne, ey-oder vielmehr kegelförmige Früchte, welche den Rosenknospen ähnlich, und ausgewachsen noch größer als große Pflaumen sind. Zur Zeit der Reife verwandelt sich ihre grüne Farbe in eine schwarze: wobei sie sich selbst in drey Theile spalten, aus welchen sie die weißeste Baumwolle hervortreiben. Diese Baumwolle ist mit schwarzen, an Größe und Gestalt den Pistazien ähnlichen Körnern ganz voll, unter deren Haut ein weißgelblichtes, süßes, fettes, und wider den Husten und schweren Athem sehr dienliches Mark verborgen liegt. Das aus dem Baumwollensaamen ausgepreßte Oel soll die Steinschmerzen, und die Flecken an der Haut vertreiben. Die gebrannte Baumwolle stillet das Blut. Da diese nach und nach reif wird, und alsdann auf einmal aus ihrem Behältniße hervorbricht, so sammelt man sie auch nicht auf einmal ein, sondern man muß alle Tage jemanden selbe zu sammeln auf das Feld hinausschicken. In den Flecken der Quaranier ist dieß das Geschäft der Mädchen, welche das Feld langsam ausgehen, und die Frucht gelinde abbrechen um den Stauden nicht wehe zu thun. Die täglich gesammelte Baumwolle wird in dem Hofe des Hauses auf Ochsenhäuten auseinandergebreitet, und zum Trocknen an die Sonne geleget. Wenn man alles dieses genau beobachtet, so kann selbe, wenn man immer will, gesponnen, oder in einem ledernen Sacke viele Jahre aufbehalten werden. Die Indianer machen Zeuge, Kammertuch, Muschlin u. d. g. daraus. Um aber den Saamen aus der Baumwolle heraus zu lösen bedienen sich ihre Weiber einer hölzernen Maschine, welche aus zwoen zween Zolle dicken Walzen besteht. An diese stecken sie die Baumwolle und drähen sie hernach herum; worauf aller Saame auf die Erde fällt, indem selber, weil der Raum zwischen den zwenen Cylindern für ihn zu enge ist, herausgedrücket wird. Die Deutschen nennen die Maudiyù nicht ohne Ursache

Baum-

Baumwolle; weil selbe auch zuweilen an Bäumen hervorkömmt, wiewohl man sie ordentlicher Weise von den Stauden sammelt. In der Stadt S. Jakob sah ich einen solchen ziemlich bejahrten mittelmäßig hohen und dicken Baum, dessen Baumwolle zum Docht der silbernen Lampe verwendet wurde, welche in unserer Kirche wie gewöhnlich vor dem Allerheiligsten Tag und Nacht brannte. An einigen Orten in Paraquay sieht man auch gelbe Baumwolle wiewohl etwas seltner. Alle übrige Baumwolle ist schneeweiß und wächst an Stauden, welche aus dem in gewissen Beeten auf dem Felde gesäeten Saamen entstehen, und lange Zeit Früchte tragen. Wird eine dürr oder alt, so wird nur der Saame geleget, worauf eine frische Staude hervorwächst, welche gleich das erste Jahr fruchtbar ist. Die Baumwollenstauden haben am liebsten ein freyes, hohes und steinichtes Feld, wo der Wind überall frey durchziehen kann. Morastige, mit Wälder umgebene, oder sumpfichte Oerter und anhaltender Regen reiben diese Gewächse auf. Aus dem vielen Regen und der überflüßigen Feuchtigkeit wachsen unzählige Würmer, welche die Aeste, Blätter, Rinde und Früchte erbärmlich zernagen, wiewohl nicht ungestraft; indem sehr große Vögel (ihr Name ist mir entfallen) haufenweise auf die Stauden zufliegen und die Würmer verschlingen, ohne daß der Landmann daraus Nutzen zöge, weil der Acker bereits verwüstet ist. Das zum Baumwollenbau bestimmte Feld fodert eine besondere Sorgfalt. Man muß dasselbe oft umackern, und von Unkraut und andern Gräsern sorgfältig reinigen. Die Furchen oder Gruben, in deren jede man drey oder vier frische Baumwollenkörner hineinstecket, müssen in einer geraden Linie gemacht werden, und so weit von einander abstehen, daß durch zwo gleiche Furchen ein Paar Ochsen mit ihrem Pfluge durchackern können. Alle Jahre muß der Acker von Neuem geackert werden. Gegen den Frühling be-

Oh 2   schneidet

schneidet man die im Winter entblätterten Zweige der Stauden wie die Reben, worauf sie bald frisches Laub bekommen. Ich habe von dem Baumwollenbau etwas umständlicher gesprochen, damit man auch einmal in Oesterreich auf die Einführung desselben Bedacht nehmen möchte, wie ich längst gewünschet habe, um nicht immer so viele Baumwolle aus Candien, Malta, und andern Inseln in Amerika und dem Archipelagus mit so vielen Kosten kommen lassen zu dürfen. Ich läugne nicht, daß die Baumwolle nur unter einem milderen Himmelsstriche gedeihet, und darum kömmt sie auch in Amerika nicht überall fort. Um Buenos Ayres und in den übrigen mehr gegen Süden gelegenen Erdstrichen wird man nicht einen einzigen Baumwollenstrauch entdecken. Vielleicht wäre derselbe dort nicht so selten, wenn man auch in diesen Gegenden Baumwolle anpflanzte. Diese Meinung gründe ich auf eine gewisse Erfahrung. Der Flecken Yapeyü, welcher auch den Namen von den h. drey Königen führet, und von 7000 christlichen Quaraniern bewohnet wird, ist an dem westlichen Ufer des Uruquay gelegen, ungefehr 200 Meilen Nordostwärts von Buenos Ayres. Alle Jahre mußte derselbe Toback, paraquapischen Thee und Baumwolle, Bedürfnisse, deren die Indianer nicht entbehren können, von andern quaranischen Flecken, welche näher gegen Mitternacht zu liegen, erhandeln, weil man immer in dem Wahne stand, die rauhere Luft dieses Himmelsstriches wäre dem Anbau erwähnter Pflanzen hinderlich. Schaafe und Ochsen, an welchen der Flecken Uiberfluß hat, wurden zu tausenden um Baumwolle, Toback und paraquapischen Thee hingegeben. Der P. Franz Serdahély ein Ungar, einer meiner Mitgefährten in Oesterreich und auf dem Meere, und Pfarrer zu Yapeyü bauete diese drey Pflanzen an, und und pflegte sie mit dem Erfolge, daß nachmals die Ernte wider alle Erwartung ergiebig ausfiel zum offenba-

ren Nutzen des Fleckens. Obgleich nicht alles auf jed-
wedem Boden wächst, so wird dennoch oft der Erdstrich
von dem trägen Pflanzer unschuldig einer Unfruchtbarkeit angeklaget. Wenn man nur den Saamen der Erde
anvertraute, und sie gehörig pflegte, so würde man oft
über die Früchte erstaunen, mit denen selbe die auf sie
verwandte Mühe belohnte. Viele Felder im Bannate
in Slavonien und Ungarn, welche Toback und Wein im
Uiberflusse erzeugen, würden gleichfalls, wenn sie zugerichtet würden, Baumwolle in Menge hervorbringen.
Von Görz und dem benachbarten Gebiete dieser Stadt,
wo eine mildere Luft herrscht, behaupte ich dieß um desto zuversichtlicher. Welch eine unermeßliche Menge
Seide wird nicht in diesen Provinzen gesammlet? Wer
mag die darinn gepflanzten Maulbeerbäume, mit deren
Blättern man die Seidenwürmer füttert, zählen? Die
Enkel verkaufen mit unglaublichem Gewinne die Seide,
die ihre Ahnen und Urahnen nur dem Namen nach gekannt haben. Ja dem edeln Königreiche Ungarn, diesem
an Gold, Silber, Kupfer, Vieh, Wein, Getreid und
und allen Arten von Früchten so gesegneten Lande, ist
erst unter der höchstseligen Maria Theresia diese neue
Quelle des Nationalreichthums eröffnet worden, und nun
belohnet und spornet der Gewinn den Fleiß der Einwohner. Wie! wenn unter Joseph dem II. ihrem würdigsten
Thronfolger und Erben aller ihrer Königreiche und Staaten, welcher das Komerz seiner Unterthanen zu Land
und zu See auf eine Stuffe der Größe erhoben hat, auf
die der Nachbar nur mit dem scheelen Auge der Eifersucht hinblicket, auch die Baumwolle recht Wurzel faßte! Welche Vortheile würden der österreichischen Monarchie zu-
strömmen, und welche Summen im Lande bleiben, wenn
man nur einmal die Erzeugniße zu Hause haben könnte,
die man von der Fremde herbringen lassen muß. Es
lege nur ein Einziger Hand an das Werk, und er wird

seine

Bemühungen über alle seine Erwartung mit dem glücklichsten Erfolge gekrönet sehen. Auch wird es ihm nicht
an Nachahmern fehlen, welche die Hoffnung des Gewinnes
und die Leichtigkeit der Baumwollenzucht zu gleichen Unternehmungen anfeuern wird. Der Flachs fodert unendlich mehr Mühe als die Baumwolle; denn sobald diese
von der Staude abgebrochen, und nach einigen Stunden
getrocknet ist, so kann man selbe schon den Spinnerin-
nen übergeben. Wie viele Menschenhände hingegen beschäftiget der Flachs, ehe er an den Weberstuhl kömmt!
Erst auf dem Felde ausgerauft, und abgesaamet muß er
in einer Lache sich abliegen, dann im Ofen geröstet, ge-
brechelt und gehächelt werden, damit die Rinden und
Fäsern wegfallen. Bis das alles gehörig verrichtet wird,
vergehen einige Wochen. Weit weniger Arbeit fodert die
Baumwolle, als welche mit vieler Ersparung an Zeit
und Mühe vom Felde auf das Spinnrad oder die Spin-
del, und von dieser auf den Weberspuhl gebracht wird.
Um also diesen Aufwand an Zeit und Arbeit nicht machen zu dürfen, bauen die Quaranier keinen Flachs,
wiewohl selber in ihren Gegenden sehr schön ausfällt;
sondern Baumwolle, womit fast hundert tausend Indianer jährlich bekleidet werden. Doch säeten wir auch in
ihren Flecken Leinsaamen aus, aber blos zu dem Ende, daß wir aus den Saamenkörnern des Flachses das
für Aerzte und Mahler gleich nöthige Leinöl herauspressen konnten. Der Flachs hingegen wurde der vielen
Mühe wegen, die dessen Zurichtung fodert, allezeit weggeworfen. Die gemeinen Spanier tragen Hemder von
Koton; die reichen hingegen leinene. Diese wollen sich
lieber die Leinwand dazu mit unglaublichen Kosten aus
Europa bringen lassen, als die Beschwerlichkeiten des
Flachsbaues selbst übernehmen. Und sind denn viele
Europäer weniger tadelnswerth, welche lieber die Baumwolle

wolle mit grossen Kosten anderswoher kommen lassen, als selbe in ihrem Vaterlande anpflanzen wollen, welches ihnen dieses Erzeugniß im Uiberfluße verschafte. Eben dieses gilt auch von dem Reißbau, den man gleichfals in Oesterreich einführen sollte.

Der Reiß.

In den ersten Jahren meines Aufenthalts in Paraquay war daselbst der Reiß so selten und theuer, daß wir dieses Gericht, weil man es aus fremden Ländern bringen lassen mußte, gar nicht oft auf unserer Tafel zu Gesicht bekamen. Der Reiß wurde nirgends gesäet; und es fiel auch keinem Spanier ein, den, der an den entferntesten Ufern des Paraquay gegen Mitternacht zu von selbst wächst, zu sammeln und herzubringen, weil sie sich vor den in den dortigen Gegenden herumschwärmenden Payaguas fürchteten. Von den Portugiesen unterrichtet verlegten wir uns endlich in den quaranischen Flecken auch auf den Reißbau und erndteten so viel ein, daß wir unsere Erndte nicht aufzehren konnten. Da das Abschälen der Reiskörner etwas mühsam ist, so werden die Indianer dieser Arbeit leicht überdrüßig, und wollen lieber türkisches Korn, welches man ohne Beschwerniß im Mörser zerstossen kann, als Reiß essen. Auf diese reichliche Erndte hatten wir diese Frucht in einem solchen Uiberfluß, als sie vorhin theuer und selten war. Auch muß sich niemand einbilden, als wenn das Aussäen und Pflegen derselben so viele Kenntnise voraussezte; denn er wird wie das europäische Getreid gesäet und eingeerndtet, blos mit dem Unterschiede, daß der Saame zu Anfange des Frühlings in einem feuchten Felde unter die Erde kommen muß. Daß der Reiß nur an morastigen und sumpfichten Orten wächst, ist falsch, indem derjenige, den wir in Waldgegenden oder vielmehr, wo vorhin

ein

ein Wald gestanden hatte, säeten, weit ergiebiger ausfiel als der,
den wir in morastigen Gegenden anbauten. Der Ort,
auf dem einst Bäume stauden, behält lange Zeit eine
gewisse Nässe. Verbrennet man die gefällten Stämme
gleich auf der Stelle, so wird die Fruchtbarkeit des
Bodens durch die Asche derselben unglaublich erhöhet.
Auf dergleichen Feldern pflegen die Quaranier Toback,
Mayz und andere Früchte, die Baumwolle ausgenommen,
mit dem besten Erfolge anzusäen. Blos meine warme
Vaterlandsliebe vermochte mich dieses alles genauer und
weitläuftiger zu beschreiben. Lange schon war es einer
meiner heißesten Wünsche diesen Baumwollen- und Reißbau
in unseren Ländern in Aufnahme gebracht zu sehen, weil
der Reiß die vorzüglichste und die gesundeste Nahrung
einer Menge morgenländischer Völker ist, und dem Körper eine besondere Stärke mittheilet, den Wiedergenesen-
den aber in kurzer Zeit ihre Kräfte wiederherstellet. Ich
weiß dieses aus einer vielmaligen Erfahrung. Auf vielen
viele Wochen langen Reisen war der Reiß meine einzige
und beste Wegzehrung. Wer Lust hat, mag dessen Anbau versuchen, und es wird ihn seine Mühe schwerlich gereuen. Ich rathe ihm aber an verschiedenen Orten
und zu verschiedenen Zeiten den Versuch zu machen, bis
die Erndte seiner Erwartung entspricht. Wie viele aus-
ländische Blumen und Früchte, wie viele Pflanzen aus
Asien, Afrika und Amerika hat man nicht in Europa gebracht, und an unseren Boden glücklich gewöhnt? Aber
in wie ich ein Labyrinth von Bäumen, Stauden und Pflanzen bin ich gerathen? Wie schwer wird es mir den Ausgang aus selben zu finden? Noch will ich mich, aber
nur ein wenig, darinn aufhalten, und nachdem ich die
Frucht- und zur Arzney dienlichen Bäume abgehandelt
habe, auch die zur Verarbeitung brauchbaren oder sonst
merkwürdigen überhaupt durchgehen.

Der

Der Tayy', Urundey', Quebracho, Lapacho, Viraro, Espinillo.

Außer den schon angeführten Bäumen lignum sanctum, Quaycàn, Mistol, Tatayy', Anguay', Algarroba, Molle &c. zeichnen sich die Bäume Tayy' oder Tajibo, Urundey', und die theils rothen, und theils weißlichten Quebracho durch ihre Härte und Größe aus. Beide Bäume heißen bei den Spaniern von darum Quebracho o er Quebrahacho, weil selbe, wenn nicht erfahrene Holzhauer oder Zimmerleute darüber kommen, die Aexte au den ersten Streich in Stücke zersprengen, in ein sie au Härte dem Eisen fast gleichkommen; denn Hacha bedeutet eine Axt, und Quebrar zerbrechen. Der rothe Quebracho oder Quebracho Colorado ist blaßgelb, so lang er mit seiner Rinde bedecket ist. Wird er aber gefället und ausgearbeitet, so wird er sogleich von seinem vielen Harz, welches in der warmen Luft schmilzt und nach der Außenseite des Holzes zufließt, roth, und glänzet wie porphyrischer Marmor. Die Guaranier verbrennen die Holzspäne des Baumes Tayy', und fangen den davon aufsteigenden Rauch mit einer reinen Schaale, oder einem Teller auf, rühren warmes Wasser darunter, und machen, indem sie etwas Gummi oder Zucker dazu mischen, eine ziemlich gute Dinte daraus. Der Lapacho ist besonders schwer und hart, und thut daher bei Mühlen, in welchen man Zuckerrohre, Oliven und andere Dinge auspreßt, wie auch an den Rädern der Fuhrwägen treffliche Dienste. Der Viraro hat ein weißes, nicht sehr hartes aber dauerhaftes Holz. Der Espinillo, auf abiponisch Apagnik oder Apaték hat zwar auch ein festes Holz, welches aber, weil es so ungeschmeidig ist, auf dem Heerde bessere Dienste thut als in der Werkstätte.

Der

Der Baum Neterge.

Der Baum Neterge heißt auf spanisch Palo de
dardo. Aus seinem Holz macht man die besten Lanzen und
Lanzenstöcke. Sein Stamm ist besonders hoch und dick.
Seine Blätter, welche fast wie länglicht runde große Dor=
ne aussehen, hängen abwärts gegen den Boden. Statt
der Früchte bringt er, wie die Algarroba, Schoten her=
vor, welche ungefehr eine Spanne lang sind, und nach
Balsam riechen. Der Kern dieses Baumes giebt dem Ei=
sen an Härte beinahe nichts nach. Er ist veichenblau, wird
aber schwarz, wenn er eine Zeitlang unter den Händen
abgenützet wird. Wie die Wilden ihre Lanzenstöcke dar=
aus schnitzen, werde ich anderswo sagen.

Der Baum Ybarô.

Den Ybarô, einen Baum von einer ansehnlichen
Größe, nennen die Spanier Palo de Rosarios, weil
schwarze glänzende Kügelchen fast in der Größe einer Ha=
selnuß daran wachsen, welche man in der Mitte durch=
bohret, um daraus Rosenkränze zusammzusetzen. Auf
einigen Feldern giebt es gleichfalls eine Menge Stauden,
welche auch solche schwarze, wiewohl um viel kleinere Kü=
gelchen erzeugen, die wir in Europa die Frutill nennen.

Der Baum Cevil.

Die Rinde des Baumes Cevil braucht man das Le=
der abzugerben. Die Schoten oder Hülsen, die aus dem=
selben hervorsprossen, zündeten einst die wilden Indianer an,
schlossen ihre Hütte enge zu, und sogen ihren Rauch, den
sie mit Blasbälgen fleißig hervorlockten, mit Mund, Nase,
und dem ganzen Leib in sich, so daß sie darüber berauscht,
wahnwitzig, und zuweilen auch wütend wurden. Allein
die=

dieſer abſcheuliche Gebrauch hat längſt aufgehöret. Heut zu Tage begnügen ſie ſich mit dem Rauche allein nicht, ſondern ſie ſuchen ſich mit allerlei Getränke zu berauſchen und zu betäuben. Hievon anderswo ein mehreres.

Der Baum Seibo.

Der Seibo, auf abiponiſch Naińik, ein mittelmäßiger Baum treibt veilchenblaue Büthen, und krumm ſich windende Aeſte; und beſteht aus einem ſchwammigen Holz, welches wie Kork ſo weich iſt, und gleich im Anfang wie ein Apfel ſich ſchneiden läßt, wiewohl ſelbes, wenn es dürr wird, ſelbſt der Art widerſteht. Jeder Zweig dieſes Baumes, den man in die Erde ſteckt, ſchlägt ſogleich Wurzeln und wächſt ſchnell auf. Man ſagt, daß der Tieger, ſo oft ihm eine Entzündung an ſeinen Klauen Schmerzen verurſachet, ſelbe zu lindern die Rinde dieſes Baumes aufkratze.

Palo de leche.

Der Baum, welchen die Spanier Palo de leche (den Milchbaum) nennen, heißt bey den Abiponern Nichiegik, weil ſein Holz weißer noch als die Milch und ſo geſchmeidig iſt, daß man es mit einem gemeinen Meſſer ſchneiden, und bearbeiten kann.

Der Baum Yçapy.

Der Baum Yçapy iſt groß und ſehr hoch. Seine Blätter ſind wie die Blätter der Citronenbäume, aber kleiner und blaßgrüner. Sonderbar iſt es, daß von allen ſeinen Blättern, ſolang es warm iſt, Tag und Nacht Waſſer in Menge herabtrieft, welches den ganzen Raum des um den Baum herumgelegenen Erdreichs ſo naß und lothig macht, daß wir dadurch auf unsern Reisen durch die Wälder nicht wenig auszustehen hatten. Das Holz dieses Baumes ist sehr leicht, zähe, und auch in der Näße dauerhaft. Man braucht es daher zu Steigbügeln; denn das gemeine Volk bedienet sich nur hölzerner. Johann Verkens von Leipzig erzählt in seinen Nachrichten von der Reise, welche einst die Holländer unter dem Peter Wilhelm Verkuffen nach Ostindien unternommen haben, daß es in der Insel Ferro, einer von der kanarischen, einen grossen Baum gebe, von dem immerwährend Wasser träufelt. Die Einwohner setzen unter den Baum grosse Kannen, um das herabtriefende Wasser für sich und ihr Vieh aufzufangen, indem man daselbst an süßem Wasser einen unglaublichen Mangel leidet. Wenn dem also ist, so halte ich diesen Baum für den nämlichen, welchen die Quaraner in Paraquay den Ɣɛapy̅ heißen. Diesem Wasser soll auch eine medizinische Kraft eigen seyn; worinn sie aber besteht, weiß ich nicht.

Der Ameisenbaum.

Der Ameisenbaum, Arbol de hormigas, hat ein schwaches und schwammiges Holz. Dieser Baum ist überall durch und durch von Ameisen ausgehöhlet und bewohnet. Der ihn kennt, wird sich auch nicht von Weitem hinzunahen: Denn sobald man den Baum anrühret, so ist es eben, als wenn man den Ameisen die Losung gegeben hätte. Sie kommen in unübersehbarer Menge aus ihren Höhlen hervor, und bedecken den Baum, und den, der dabei steht. Man muß sich daher gleich auf der Stelle davon machen, wenn man nicht von den Ameisen erbärmlich zugerichtet seyn will.

Der

Der Baum Umbù.

Der Baum Umbù heißt auf abiponisch Akalmaik. Dieser Baum ist in Ansehung seiner Aeste und seines Stammes so dick, daß desselben unterster Theil von der Sonne nie beschienen wird. Fünfzig Mann können in seinem Schatten gemächlich ausruhen, und sind auch durch seine Aeste wider den Regen hinlänglich bedecket. Die europäischen Linden sind mit einer bejahrten Umbù verglichen blos Stauden.

Die Weide.

An einigen Inseln der Parana, und dem Ufer einiger Flüße sieht man fast nichts als Weiden, an anderen Orten hingegen auch auf viele Meilen Weges keine einzige. Auf spanisch heißen sie Sauce, auf abiponisch aber Apaſanik. Die Blätter und das Holz derselben werden theils zu Medizinen, und theils zu einem andern Gebrauch verwendet. Wir haben beide oft mit vieler Mühe aber vergebens gesuchet. Von dem Ursprung und Untergang der Weidenwälder, und ihrer Inseln selbst, habe ich anderswo das Nöthige gemeldet.

Der Ambay.

Der Ambay, aus dem Geschlechte der wilden Feigenbäumen, wächst in wenig Monaten zu einer ziemlichen Höhe auf. Sein Stamm ist dünn, und wie eine Hollunderstaude ausgehöhlet, und mit einer dem Feigenbaum eigenen Rinde bedecket. Sein Holz sieht wegen dessen weißlichter Farbe den Birken ähnlich, ist aber so weich, daß man es mit dem Messer zerschneiden kann. Der Ambay hat nur an dem obersten Wipfel große und gefaltete Blätter, und etliche wenige Aeste, so daß der größere Theil des

Stam-

Stammes wie bei den Palmbäumen nackt dasteht. Die
Indianer pflanzen diese Bäume gern um ihre Hütte herum,
weil sie selbe auf allerlei Weise zu nützen wissen. Ihre
Wurzeln trocknen sie; und reiben hernach darauf Stäbchen von hartem Holz, so schnell sie können, herum, um
durch diese Reibung beider Hölzer gegeneinander Feuer
herauszulocken, welches sie alsdann mit Hanf, Stroh,
oder einem dürren Blatt aufangen und unterhalten.
Statt der Ambaywurzel nehmen auch andere das Holz
Caraquatà oder Urucuy. Stahl und Feuersteine aber
brauchen sie nicht. Außerdem ergötzt der Ambay nicht
nur das Aug durch sein anmuthiges grün, sondern er steht
auch seiner Heilkraft wegen, die seine Rinde, Blätter,
und Säfte im Saamen-Blut-und Bauchfluß äußern, bei
den Indianern sehr in Ansehen.

Der Nußbaum.

Der paraquanische Nußbaum ist an Gestalt und
Frucht von dem unsrigen in nichts unterschieden, und wächst
in den Wäldern von Tukuman sehr häufig, in anderen
Gegenden aber desto seltner. Mit seinem Holz schießt
man die Flinten an, und macht auch Handhaben und andere Werkzeuge für die Schreiner daraus. Der Nüße
giebt es verschiedene Arten. Einige sind groß und von
einer weichen Rinde; andere hingegen sind niedrig, und
haben eine Rinde gleich einem Stein.

Der Urucuy.

Der Urucuy, eine baumartige Staude, sieht an der
Schwärze der Rinde und der Weiße des Holzes einem Ha-
selnußstrauch gleich. Seine Blätter sind groß, und haben
die Gestalt eines Herzens. Seine aus fünf Blättern be-
stehende Blüthen gleichen an Größe einer gemeinen Rose,

ha-

haben aber keinen Geruch. Statt der Früchte treibt der Urucuy anfangs grüne nachmals aber rothe Hülsen, in deren jeder ungefehr 10 auf beiden Seiten flachgedrükte, und gleich den Apfelförnchen inwendig weiße Körner wie Erbsen liegen. Ihre Außenseite glänzet von einem prächtigen Roth. Sie beflecken damit die Hand, sobald man sie anrührt. Die reifen Hülsen springen von selbst auseinander; die Körner aber sind, frisch oder dürr, so gut als Menig. Die Wilden zerreiben selbe, gießen Wasser dazu, und bemahlen sich hernach damit bald ihren Leib, um sich zu schmücken, und bald ihre Pfeile, Kannen ꝛc. Diese Farbe ist sehr dauerhaft, wenn man die Urucuykörner im warmen Wasser annacht, und hernach Urin oder Alaun dazu nimmt. Eben diese Körner werden auch ins siedende Wasser geworfen. Aus der Farbe, die sich an dem Boden ansetzt, macht man Zeltchen, welche nicht nur von Mahlern und Färbern, sondern auch von dem europäischen Frauenzimmer zur Schminke gebraucht werden. In der Apothecke nehmen sie so gut, als in der Küche ihren Platz ein, indem man sie daselbst verschiedentlich vermischet und zubereitet. Die Indianer reiben sich, wie ich kurz vorher gesagt habe, aus dem Holz des Urucuy Feuer heraus. Aus den Rinden desselben werden Schifftaue und Stricke gemacht, welchen die aus Hanf an Stärke nicht gleichkommen. Eine von Wäldern, Steinklippen, Pfützen und Teichen ganz durchschnittene Gegend wird wegen der Menge der darinn wachsenden Urucuy Urucuti genennt. Ich habe selbe auf meinen vielen Reisen, bald zu Pferde und bald zu Fuße durchwandert, als ich mich noch in den nahen Flecken S. Joachim aufhielt. Da ich itzt von den Ursprung der scharlachrothen Farbe geredet habe, so will ich auch der Pflanzen erwähnen, welche uns die blaue, rothe, gelbe und schwarze Farbe liefern.

Der

Der Añil oder Indigo.

Die blaue Masse, welche die Spanier Añil oder Añir, die übrigen Europäer aber Indigo nennen, wird aus einer Pflanze gemacht, deren Wurzel dünn, lang und in mehrere Zweige getheilet ist. Aus diesen wachsen andere hervor, die sich theils auf der Erde hinwinden, und theils in die Höhe steigen. Auf einer Seite sind sie roth; und mit Sprossen, und runden Blättern, die dem Nagel eines kleinen Fingers gleichen, einerseits dunkelgrün, auf der andern Seite aber lichtsilberfarb aussehen, besetzet. Die rothen Blüthen dieser Pflanze sind etwas blaßgelb, und den Erbsenblüthen, oder wie andere sich ausdrücken, einem offenen Helm ähnlich. Auf diese folgen mit olivenfarbigen Rübensaamen ganz angepfropfte Schoten, welche an einem Stengel hängen. Die Blätter der Pflanze werden zur Zeit ihrer völligen Reife in Büschel gebunden, in einem steinernen Mörser zerstossen, alsdann in einen Kessel mit lauem, oder wie es anderen besser dünkt, mit kaltem Wasser geworfen, um selbe abliegen zu lassen; und mittlerweile öfters herumgerühret. Hernach gießt man sie auf einen mit einem etwas hohen Rande eingefaßten Tisch, worauf hin und wieder Grübchen ausgehöhlet sind. Da nun das lautere Wasser verfiegt, so bleibt die dicke Materie der Farbe in diesen Grübchen sitzen, verdicket, und vereiniget sich, und wird hart. Die daraus genommenen festen Stücke, werden nach einigen Tagen getrocknet; denn je trockner sie sind, desto mehr nähert sich ihr Blau dem venetianischen. Dieß ist die Methode den Indigo zu bereiten; wie wohl andere anders dabei zu Werke gehen, auch sich anderer Werkzeuchen dazu bedienen. Die in Paraquay damit Zeuge und Tücher blau färben wollen, nehmen den Urin von Knaben und keinen Alaun dazu. Die Pflanze Añil wird an einigen Orten gesäet, in Paraquay wächst sie durchgängig auf den Feldern von selbst. — Allein die

Ein

Einwohner vernachläßigen sie sehr, so wie vieles andere,
woraus sie Gewinn ziehen könnten; denn ihre Industrie
entspricht überhaupt der Freygebigkeit der Natur nicht.
In einer Meyerey der Stadt S. Jakob trug eine solche
Indigofabrike ihrem Eigenthümer ungemein viel ein,
wie man aus den heut zu Tag noch übrigen Rechnungen
ersehen kann. Steine, Mörser und noch einige andere
Ueberbleibsel der eingegangenen Fabrike sieht man noch itzt.
Unstreitig würde diese Pflanze auch in einigen milderen
Himmelsstrichen von Europa fortkommen. Man müßte
aber den Saamen in ein weiches, und wohlbearbeitetes
Erdreich legen. Die jungen Pflanzen müßten auch wie
der Salat und Kohl versetzt werden, so daß sie in der gehörigen Entfernung voneinander stünden. Das Unkraut,
welches jene ersticken könnte, würde der Gärtner sorgfältig auszureuten genöthiget seyn. Wie diese Pflanze auf
lateinisch heißt, ist schwer zu bestimmen. Die Araber
nennen die blaue Farbe, und das bekannte Kraut Isatis,
oder Glastus *Nil* oder *Nir.* Die Spanier haben der
Pflanze Inigo den nämlichen Namen gegeben, indem sie dem
Worte Nil die Sylbe an als ein Geschlechtswort vorsetz-
ten, so ungefehr wie man statt Chymie Alchymie, und
statt Coran (das Gesetzbuch der mahumedanischen Religion!) Alcoran zu sagen pfleget. Dieses Al hält man für
den Artikel. Man sehe hierüber das alte spanische Wör-
terbuch des Anton Nebrija nach. In andern Wörterbüchern werden Isatis und Glastum als gleichbedeutende
angenommen. Jenes ist griechischen, dieses aber lateinischen Ursprungs, wiewohl es andere mit mehr Grund für
ein altbrittisches Wort ausgeben. Cäsar sagt im V. B.
14. Kap. Omnes vero se Britanni vitro inficiunt, quod
Cœruleum efficit colorem; atque hoc horridiore
sunt in pugna aspectu. Alle Britten streichen sich
mit Glasfarbe an, welche blau färbet, und selben
im Treffen ein schreckbares Ansehen giebt. An,

J i   dere

dere behaupten aus allen Kräften, daß man nicht vitrum
sondern glastum lesen müße.' Die, welche Cäsars Nachrichten erläutert, oder vielmehr verwirret haben, zanken
sich über die ächte Leseart eben so heftig, als unnüz, weil
alles darauf ankömmt, daß vitrum ein lateinisches, und
glastum ein brittisches Wort ist; beide aber das Kraut
bedeuten, welches die blaue Farbe macht. Denn Plinius schreibt im 22. Buch 1. Kap. „Eine dem Wegerich
„ähnliche Pflanze heißt in Gallien Glastum. Die Weiber
„der Britten und ihre Schwiegertöchter bestreichen sich da-
„mit am ganzen Leib, wohnen so gewissen Religionsübun-
„gen bei, und gehen nackt herum, also zwar daß sie wie
„die Mohren aussehen" schwärzlich nämlich, wie die Pflanze Glastum färbet: denn ihr Blau ist nicht Berliner = oder
Himmelblau, sondern dunkel. Daß aber Glastum und
Vitrum gleichbedeutende Wörter sind, läßt sich, um anderer Zeugnisse zu übergehen, aus dem Humfred Lhupd einem Britten aus Walles offenbar erhärten. Dieser sagt:
„Nicht diese, sondern die Britten pflegten sich, wie Cä-
„sar und andere melden, ihren Leib mit Glastum blau
„zu färben, um ihren Feinden desto fürchterlicher vor-
„zukommen. Wir nennen daher bis auf diesen Tag die
„blaue Farbe Glas, welches von dem hohen Alter die-
„ses Wortes zeugt. Wir pflegen auch das dem Wege-
„rich ähnliche und unsern Kaufleuten wohl bekannte
„Kraut damit zu bezeichnen." So schreibt der Britte
von seinem Engelland. Wir Deutsche nennen auch noch
izt Vitrum Glas. Wer hierüber noch besser unterrichtet seyn will, der lese die Kommentarien des berühmten
Franz Oudendorgs eines Holländers über das kurz vorher angeführte 14. Kapitel des V. Buches des Cäsars
Die zu unseren Zeiten die Naturgeschicht bearbeitet haben
unterscheiden die Isatidem tinctoriam (auf deutsch Waid)
welche in Frankreich, Thüringen, und auch an andern

Orten

Orten wächst, von der amerikanischen Farbe Indigo.
Dieß ist aber blos ein Wortstreit, welchen andere ausmachen mögen.

Die Cochinilla.

Die Cochinilla oder, wie andere schreiben, Cochi-
nella ist eine bekannte Farbe, welche die Abiponer Ca-
chil, die Spanier aber la grana nennen, weil sie mit den
Kermesbeeren einige Aehnlichkeit hat, welche man von dem
Scharlachbaum, einer Art Eichen, abpflücket. Dieses
Bäumchen wächst in Spanien sehr häufig, besonders um
den Quadalquivir herum, wo vormals die Turditaner
wohnten, desgleichen in Portugall und in einigen Strichen
von Frankreich. In den Blättern derselben wachsen kar-
moisinrothe Beere, welche aber im Grunde nur Würmer-
neste seyn sollen; indem kleine Mücken durch die Blätter
bohren und ihre Eyer darinn niederlegen. Daraus sollen
nun die Kermesbeere entstehen, welche die Mahler und
Färber zur karmoisinrothen Farbe brauchen, dergleichen
man auch von der Purpurschnecke erhält. Die para-
quavische Cochinilla kömmt von geflügelten Insekten her,
welche sich auf gewisse Distelstauden, die bei den Spaniern Tunas, bei andern aber indianische Feigen heißen,
setzen, und sich von ihrem Saft nähren. Es giebt mehrere Gattungen von diesen Disteln, welche an Gestalt und
Früchten von einander unterschieden sind. Einige heißen
bei den Abiponern Lakà, andere Roàyami, Kakèe und
Nanapsahète: alle aber tragen eßbare Früchte. Die
Distel, worauf man die Cochinilla findet, nennen die
Spanier überhaupt Tuna, die Brasilianer Jamacarù,
und die Botaniker Opuntia. Ihr Stamm ruhet auf
einer sehr kurzen Wurzel, ist dick, grün, von einem schie-
fen Wuchse, weißen und spröden Holze, bald drey= und
bald viereckicht, und überall mit Dornen umgeben. Statt

Ji 2   der

der Blätter und Zweige treibt sie andere ziemlich lange, überaus saftige, und einander durchaus ähnliche Stämme rechts und links. Auf ihre gelben Blüthen folgen rothe Früchte; welche größer als gemeine Feigen, süßsäuerlich und daher sehr angenehm zu essen sind. Ihr Fleisch ist voll kleiner schwarzer Saamenkörner wie die Weinbeere. Abgeschälet schmecken sie vortreflich, besonders wenn man Durst hat, oder von der Hitze entkräftet ist. Auf diesen Stauden sammeln die Weiber in den meisten Feldern Cochenille, welche aus sehr kleinen, weißen, flüßigen und schleimichten Körnerchen besteht. Man streicht mehrere Stückchen davon zusammen, macht runde Scheiben daraus und setzet selbe hernach an die Luft, wo sie roth und hart werden. Hierauf sind sie zum Mahlen und Färben schon brauchbar. Bisweilen findet man in dieser weißen Masse überaus zarte und fast unsichtbare Würmchen, welche aber, sobald man sie auch nur leicht berühret, unter den Fingern zerfließen, so daß von den Thierchen gar keine Spur mehr übrig bleibt. Einige glauben, daß die Cochenille ein indianisches Insekt sey, und geröstet oder mit den Händen zerrieben eine rothe Farbe gebe. Wenn diese Schriftsteller von der amerikanischen überhaupt geredet haben, so kann ich ihnen unmöglich nicht widersprechen: weil ich meinen Augen mehr als fremden Worten traue. Ich habe diese weiße und flüßige Masse, so wie sie die Weiber von den Disteln gesammelt haben, unzähligemale gesehen, mit meinen Händen betastet, und zum Blumenmahlen, und den Eßig roth zu färben gebraucht, ohne daß ich auch nur das geringste Insektenmäßige daran bemerket hätte. Finden die Europäer dergleichen Fetzwerk unter der Cochenille, so mögen sie überzeugt seyn, daß damit ein Betrug von Seite der auswärtigen Kaufleute vorgegangen seyn müße, welche durch allerlei Zusätze ihre Waare und ihren Gewinn zu vermehren suchen. Daß sie den Tamarinden unsere

Pfl au-

Pflaumen beimischen, hat mir ein Apothecker aufrichtig geklaget. Vor wenig Jahren habe ich in einer öffentlichen Gewürzbude Cochenille gekauft, welche so verdorben und ich weiß nicht, durch welchen Unrath so verfälschet war, daß ich selbe, weil sie keine Farbe gab, wegwerfen mußte. Der berühmte Arzneygelehrte Woyts meldet, daß die fremden Kaufleute drey- oder viererlei Gattungen von dieser Farbe nach Europa bringen, deren eine von der andern ganz unterschieden ist. Wie man anderswo in der Zubereitung der Cochenille zu Werke gehe, weiß ich nicht. Von der paraquayischen, von der ich hier allein spreche, vermuthe ich, daß sie der Auswurf der Insekten ist, welche auf den Tunas sich aufhalten, oder noch besser ihr Saame, ungefehr so wie die Seide aus den Seidenwürmern zu kommen pflegt. So wie sich diese von Maulbeerblättern nähren, so leben jene von den Disteln der Tunas. Da nun selbé purpurrothe Früchte tragen, so geben auch die Insekten, welche aus diesen Disteln ihre Nahrung ziehen, einen anfangs weißen, nachmals aber, wenn er trocken wird, purpurfärbigen Saft von sich, auf eben die Art, wie die Ameisen, welche sich von den wohlriechenden Quabyramiristauden nähren, ein eben so lieblich riechendes Wachs machen, wie ich oben gesagt habe. Dieser von den Tunas gesammelte Saft der Insekten, welcher in der Luft getrocknet sich in eine purpurrothe Masse zusammensetzt, er mag seyn, was er will, heißt in Paraquay Cochinilla, und wird ohne eine andere Zubereitung zum Mahlen oder Färben verwendet. Ich habe davon bei den vielen tausend Blumenstöcken, die ich selbst gemacht habe, um die Kirchen damit auszuschmücken, eine unendliche Menge verstrichen, ohne darinn das Geringste von einem Insekte wahrzunehmen. Findet jemand eine Mücke, oder ein Würmchen in dieser Masse, so muß selbes als diese noch flüßig war, entweder wie bei den Speisen von ungefehr hineingekom-

men,

men, oder von den Kaufleuten, derselben, um ihr ein
größeres Gewicht zu geben, betrügerischer Weise beigemischet worden seyn. Das weiß ich gewiß, daß sich in
Paraguay kein Mahler oder Färber der Insekten, sondern blos ihres Saftes, den man auf den Disteln findet,
bedienet. Ob aber die Insekten, welche in ihrem Leben
die Karminfarbe von sich lassen, auch todt eine solche
Farbe enthalten, ist mir nicht bekannt; denn wir verfielen nie darauf einen Versuch damit zu machen, weil es uns an
der natürlichen Cochenille nie gemangelt hat. Die Körner,
welche in der Größe einem Pfefferkorn gleichen, meistens
schwärzlicht, bisweilen licht, übrigens aber rund, viereckicht
oder runzlicht aussehen, und fast in allen Gewürzbuden und
Werkstädten der Färber zu sehen sind, heißt man zwar auch
Cochenille; im Grunde aber scheinen sie der Steckbalm oder
die grünreiche Kermesbeere, oder Scharlachbeere zu seyn,
welche man wahrscheinlich aus Spanien, Frankreich, oder
einer andern europäischen Provinz gebracht hat: es wäre
denn, daß sie von den bermudischen oder Sommerinseln
kamen; denn nach einigen sollen dort Beere wachsen, welche bei uns das Sommerinselrothholz heißen, und
vollkommen die Farbe der Cochenille haben. Es mag
nun seyn wie ihm wolle, so betheure ich wenigstens, daß
ich in Deutschland keine Cochenille gesehen habe, die mit
der amerikanischen nur in etwas übereinkäme. Ich
finde vielmehr, daß man alle die Körner, welche nur ei-
nigermassen karminroth aussehen, ohne Unterschied Cochenille nennet, gerade so wie die Indianer jedem, es
sey nun aus Trauben, oder aus andern Früchten ausge-
preßten Trank den Namen Wein beilegen, weil es eine
gemeinschäftliche Wirkung des Mißbrauchs von beiden ist,
den Menschen betrunken zu machen. Unser P. Johann
Marchiseti von Fiume Pfarrer zu U. L. Frau von Santa Fé ließ in seinem ungeheuren Hausgarten solche Tu-
nadistel pflanzen, um seinen Pfarrgenossen die Mühe zu
erspa-

sparen die für seinen Flecken nöthige Cochenille auf
dem Felde zusammenzusuchen. Nachdem diese Disteln
eine ziemliche Höhe erreicht hatten, ließ er durch die Indianer die geflügelten, Wanzen ähnlichen Insekten in Körben bringen und unter denselben vertheilen. Der Erfolg
übertraff alle Erwartung; denn er sammelte so viele und
so vortrefliche Cochenille, daß alle Pfarrer in der Nähe selbe für ihre Flecken um was immer für einen Preis
in die Wette auskauften, weil selbe die Feld- und Wald-
cochenille sowohl an Glanz als Lieblichkeit der Farbe um
viel übertraff, besonders wenn man sie mit Citronensaft
besprengte. In den folgenden Jahren umzäunete der P. Mar-
chisetti alle Zugänge zu seinem Flecken mit diesen Disteln, damit die berittenen Wilden, von welchen die Einwohner so viel
ausgestanden hatten, und noch mehr befürchten mußten,
diese nicht so leicht überfallen könnten. Dieser lebendige Zaun, dergleichen die Spanier um ihre Gärten und
Meyereyen fast überall anlegen, war nicht nur eine Art
von Vormauer wider die Feinde, sondern auch eine immerwährende Pflanzstätte der Cochenille, welche den Paraquayern nicht nur zur prächtigsten Farbe sondern auch
zur Arzney nämlich als eine Herzstärke, zum Schweiß-
treiben und als ein Gegengift dienet, also zwar, daß
man selbe ohne Gefahr mit Eßig, oder anderen Liqueurs,
es sey nun sie um zu färben, oder zu versetzen, vermengen
darf. Ich verstehe dies aber blos von der paraquayischen; denn von den andern, die ich nicht kenne, und
denen ich schon darum nicht traue, möchte ich nicht gern etwas
auf meine Zunge nehmen. Als einen Zusatz will ich noch
folgendes anmerken. Der Abbe Vidaure meldet, daß
die Chilenser die auf den Blättern der Opuntia sitzenden
Insekten mit Nadeln durchstechen um sie zu fangen.
Allein zugegeben, daß dieses in Chili statt findet, so
bin ich dennoch durch meine vieljährige Erfahrung über-

zeugt,

zeugt, daß so was von Paraquay nicht behauptet werden kann.

Die Virga aurea.

Die Virga aurea, auf deutsch Machtheil, auf abiponisch Nakalièk, hat einen schnurgeraden Stamm, prächtige gelbe Blüthen und Zweige von oben bis unten. Sie ist 4 bis 5 Schuhe hoch und wächst in vielen paraquay-schen Feldern im Uiberfluße. Ihre Blüthen geben mit Alaun vermischt eine glänzende safrangelbe Farbe. Mengt man blau darunter, so erhält man das schönste Grün. Die Holzspäne des Baumes Tatayy geben, wie ich schon anderswo gesagt habe, auch ein Gelb, welches aber nicht sehr frisch ist. Eben diese Virga aurea steht auch bei den Aerzten sehr in Ansehen und wird von ihnen zu allerlei verwendet. Ich erinnere mich, daß einst zu Santa Fé eine vornehme Frau, welche viele Jahre das Bett hüten mußte, und deren Krankheit der Wissenschaft aller Aerzte und der Heilkraft ihrer Arzneyen trotzte, von einem deutschen Ankömmling durch den Gebrauch dieser Pflanze schleunig und glücklich wieder hergestellet worden ist. Es giebt mehrere Gattungen dieser Virga aurea. In Paraquay kannte ich nur eine einzige.

Die Wurzel Yzipà.

Die Quaranier pflegen aus den sumpfichten Feldern gewisse schwärzlichte Wurzeln auszugraben, welche sie Yzipà nennen, und womit sie ihre Gewebe von Schaaf- und Baumwolle dunkelroth färben. Ob dieses der sogenannte Grapp ist (Radix rubia tinctorum) getraue ich mir nicht zu behaupten, weil ich von dem letzteren

noch

noch nichts gesehen habe, so häufig derselbe auch in De‐
sterreich angebauet wird.

Die Rinde Caatiguà.

Die Rinde des Baumes Caatiguà (auf abiponisch
Achite) färbt in Wasser eingetaucht blaßroth, besonders
aber das Leder, wenn es abgegerbet wird.

Farbmaterialien zur schwarzen Farbe.

Die Zeuge schwarz zu färben braucht man bald eine
Art Johannsbrod, welches an einem der ägyptischen
Acacia ähnlichen Baume wächst, wie ich anderswo ge‐
sagt habe, bald paraquapischen Thee, und zuweilen auch
eine kohlschwarze fette Thonerde. Die Baumwolle nimmt
zwar auch die schwarze Farbe an, aber sie ist von keiner
Dauer. Da nun unsere Kleider in Paraquay meistens
baumwollen waren, und die schwarze Farbe ausgieng,
so blieben jene ohne alle Farbe. Die spanischen Frauen
zu S. Jakob und die Chiquiten besitzen allein das Ge‐
heimniß die Baumwolle dauerhaft schwarz zu färben.

Eine namenlose Staude zur grünen Farbe.

Als ich einst am Ufer des Narahagem spazieren
gieng, entdeckte ich eine unbekannte Staude, an de‐
ren Blättern ein so glänzend Grün schimmerte, daß
mich die Versuchung anwandelte sie in den Mund zu neh‐
men. Ich fand sie so süß als Zucker, und hielt dafür,
daß man damit statt des letzteren den paraquapischen Thee
versüßen könnte. Ich wünschte mir in Geheim über
meine Entdeckung Glück, und reichte diese Blätter auch
meinem Gefährten, einem Spanier, zu kosten. Allein die‐
ser trauete der unbekannten Pflanze nichts Gutes zu, wie

Ji 5   er

er auch recht hatte; und wollte sie nicht einmal anrühren. Wir fragten hierüber die alten Indianerinnen im
Flecken. Ihre Antwort war, daß die besagten Blätter
zwar grün färbten, aber auch etwas Giftartiges in sich
enthielten. Ich machte mir hierauf Vorwürfe über
meine Unbedachtsamkeit, daß ich eine Pflanze, die ich
nicht kannte, so leichtsinnig in den Mund genommen
hatte.

Färbehölzer.

Andere Färbehölzer von verschiedener Farbe, welche man aus Brasilien, Quayana und anderen amerikanischen Provinzen nach Europa bringt, findet man auch
in Paraquay, auf der Seite gegen Brasilien zu. Eben
dieses gilt auch von den Wurzeln der Bäume, ihren
Oelen, Säften, Harzen, Gummi und Kernen.

Die Cardones.

Von den Tunas oder indianischen Feigen müssen
wir die Cardones, welche die Botaniker Cereos peruvi-
anos, und die Abiponer Alagarik heißen, nicht trennen.
Ihr Stamm ist dick und lang, ihr Holz ist schwammicht
und spröde. Statt der Blätter und Aeste haben sie
überaus lange, dicke, saftige, mit Dornen umwachsene,
aufwärts stehende Stengel, und weiße Blüthen. Ihre
Früchte sind größer als ein Gansey, oval und dunkelroth, und werden von den Indianern ohne Gefahr gegessen. In den Einöden von Paraquay habe ich ganze
Wälder von diesen Distelstauden angetroffen. Der Honig, welchen man darauf findet, wird sehr gerühmt.
Den daraus gepreßten Saft verwenden Europäer
und Amerikaner zu Arzneyen. Es giebt verschiedene Gattungen derselben von allerlei unförmlichen Gestalten. Ei-

nige

zige winden sich in die Höhe. Die merkwürdigste darunter ist ohne Zweifel die große peruanische Dornhecke, Cereus peruvianus, welche bei 20 Fuß hoch und einen dick ist. Ihr Stamm bildet allerlei Ecke und gleichsam Kanäle. Er hat auch Stacheln und Warzen, eine grüne Rinde, fleischichtes Mark, und unter demselben etwas Holz; und einen weißen und saftigen Kern. Diese Dornhecke blühet selten. Wer sich hierinn näher unterrichten will, der besuche die Gärten großer Herren. Dort sind sie.

Verschiedene Gattungen der Caraquatà.

Die Bäume Caraquatà, welche die Abiponer Kalitè, die Mexikaner aber Maguey oder Metl nennen, sieht man allenthalben in großer Menge. Sie gewähren verschiedenen Nutzen. Weil sie einiges mit der Aloe gemein haben, so halten sie viele für eine Gattung dieser letzteren, und darum heißt sie auch auf spanisch Azibar oder Zábila laut des Wörterbuchs des Ant. Nebrija. In Paraquay sieht man mehrere Arten derselben. Ich werde die bekannteren ein wenig durchgehen. Caraquatà quazù oder die große stützet sich auf einer dicken aber kurzen Wurzel. Sie bestehet aus etlich und zwanzig überaus fetten, auf beiden Seiten wie eine Säge ausgezackten, und sehr spitzigen zween Schuhe langen Blättern. In der Mitte erhebt sich ihr Stengel wie der Stamm eines Baumes auf fünf Schuhe und noch höher. Dessen Gipfel umgiebt ein Kranz von safrangelben Blüthen. Aus den Adern der Blätter spinnen die Indianerinnen Fäden wie aus Hanf oder Flachs, und machen sich Stricke, Kleider, und Hangmatten daraus, welche sie auf zween Bäume aufhängen, um darauf zu schlaffen. Diese Fäden werden nie recht weiß, und alle Kunstvortheile sind diesfalls vergebens, auch behalten sie keine Farbe lange

lange. In der Provinz Quayana sollen nach dem Zeugnisse glaubwürdiger Schriftsteller aus eben diesen Caraquatasdden (die Spanier heißen selbe Hilo de pita oder Chaguar) so schöne Strümpfe gestricket werden, daß man sie wegen ihrer Dauerhaftigkeit und Weiche in Frankreich zuweilen den seidenen vorzieht. Man sieht auch in den Wäldern eine andere, von der vorigen fast in nichts unterschiedene Gattung der Caraquatà, welche sich aber nicht spinnen läßt. Darum heißen die Abiponer selbe den Bruder der Caraquatà Kalitè nañalhevos. In den zwischen den Flüßen Acaray und Monday Nordostwärts gelegenen Wäldern Mbaéverà spinnen sich die Waldindianerinnen nicht aus der Caraquatà sondern aus der Rinde des Baumes Pino, welche sie zuvor sorgfältig reinigen, einen Faden, und verarbeiten selben zu Kleidungsstücken, welche so weiß sind, als unsere schönste Leinwand, wie ich öfters mit Erstaunen gesehen habe: indem das Gespinnst aus der Pinorinde sich, wenn es an die Sonne gesetzet, und öfters besprützet wird, nicht nur vortreflich bleichet, sondern auch alle Farben annimmt und unauslöschbar beibehält. Zu wünschen wäre es, daß der Baum Pino nicht blos in den Wäldern, auf den Gebirgen, sondern auch in andern Strichen von Paraquay angetroffen würde. Es giebt noch eine andere Art der Caraquatà, welche wie eine Ananas oder Artischocke aussieht, scharlachrothe Früchte hervorbringt, und häufigen in einem geraden aber dünnen Stengel verschlossenen Saamen erzeugt. Um diese Pflanzen wachsen ungeheure große, wie eine Säge ausgezackte und abwärts gesenkte Blätter herum, in derer Mitte die Reisenden oft eine ziemliche Portion des reinsten Wassers antreffen. Sie löschen sich damit in den großen Wüsten, wo man zuweilen keinen Tropfen Wasser findet, den Durst. Noch eine andere Caraquatà hat Blätter, welche genau einem Schwerd gleichen, und auf beiden Seiten mit einer fürch-

terlichen

terlichen Reihe Dörner besetzt sind. Ihre Frucht ist
aus = und innwendig blaßgelb, voll schwarzen Saamens,
und eines säuerlichten aber kostbaren Saftes. Allein es
ist nicht so leicht selbe aus den vielen Dörnern, womit
sie von den Blättern der Caraquatà bewahret wird,
unbeschädigt herauszubringen. Wenn man diese Frucht
mit Zucker versetzet, so wird nicht nur ein trefflicher
Trank daraus, sondern auch eine in verschiedenen Zustän-
den heilsame Arzney, wofür sich aber dennoch die schwan-
gern Frauen sehr in Acht zu nehmen haben, weil selbe
dadurch Gefahr laufen um ihre Leibesfrucht zu kommen.
Aus diesen und andern Gattungen der Caraquatà ziehen
die Amerikaner unglaublichen Nutzen. Pflanzt man sie
um die Gärten und Wirthschaftsgebäude, so wird daraus
ein lebendiger Zaun, welcher nicht nur wider alle mögliche Witterung besteht, sondern auch seiner Dörner wegen
Vieh und Menschen ganz unübersteiglich ist. Ihre Blätter lassen sich wie Flachs spinnen, und werden auch in
der Eile aufgeschlagene Hütten zu decken gebraucht. Ihre Dörner versehen die Dienste der Nähnadeln. Aus
ihrem Laube preßt man auch einen fetten Saft heraus,
dessen sich die Wäscherinnen statt der Seife bedienen.
Gesotten ist dasselbe genußbar. Die Indianer essen verschiedene Früchte der Caraquatà. Schabet man ihre
Blätter mit einem Messer, so triefet eine Menge süßen
Saftes heraus, welcher im Feuer zu einem Zucker verdicket wird. Es liegt daher in der neuen in Frankreich
mit so vielem Prunke angekündigten Erfindung des H.
Bouchery aus den Melissen Zucker zu sieden, gar nichts
unbegreifliches. Aus eben diesem Safte der Caraquatà
wird, wenn man selben mit Pomeranzen = und Melonen-
kernen ansetzt, und Wasser darunter mischt, eine Art
Wein; in der Sonne aber Eßig. Ich würde zu weitläuftig werden, wenn ich alle die Zufälle, und Wunden,
beschreiben wollte, worinn der aus der Caraquatà trie-

fende

sende Saft seine heilsamen Kräfte beweiset. Außerdem wächst auch gemeiniglich an der Carayuatà das Engelsüß oder Eichfarn (Polypodium), welches nach dem Urtheile der Arzneykündigen dem europäischen weit vorzuziehen ist. Des vielen und grossen Nutzens ungeachtet, den dieses Gewächs den Europäern abwirft, muß ich dennoch aufrichtig gestehen, daß selbes durch so viele Jahre mir nicht im geringsten zuträglich, auf meinen Reisen aber sowohl zu Fuß als zu Pferd vielmals hinderlich gewesen ist. Wie die Kettenhunde die Ankommenden mit aufgesperrten Rachen anzubellen pflegen, eben so breiten diese undurchdringliche Dornhecken, womit oft der Weg ganz besetzet ist, ihre gestachelten Blätter aus um die Vorübergehenden zu verwunden. Vor einigen Jahren hatte Se. Exzellenz der Graf Erddöi zu Preßburg, der Hauptstadt in Ungarn, die Gnade für mich, mir seinen Garten, worinn man einen Schatz von ausländischen Pflanzen antrifft, persönlich zu zeigen. Ich erstaunte über die Tunas, Carduos, Cardones, und andere amerikanische Gewächse, deren ich darinnen gewahr wurde, und erklärte hiebei ihren Nutzen, ihren Namen und Eigenschaften. Am Ende bezeugte ich dem Grafen meine Verwunderung, daß man diese Stauden mit so grossen Kosten aus Amerika bringt, und mit so vieler Mühe unterhält, nachdem wir in Paraquay alle unsere Mühe und Arbeit an die Ausrottung derselben vergeblich verschwendet hatten.

Verschiedene Schilfrohre.

Nicht nur an den sumpfichten Oertern sondern auch in Wäldern von einem etwas feuchteren Boden wachsen die Schilfrohre in außerordentlicher Menge und Mannigfaltigkeit. Einige sind dicht, andere hohl. Ihre Dicke ist gleichfalls verschieden, indem einige an ihrem Umfange

dem Oberschenkel eines Mannes nichts nachgeben, andere
hingegen kaum einen Zoll im Durchschnitte haben. Einige, welche so dünn wie eine Schreibfeder, aber wohl
zehn Klafter lang sind, schlingen sich um die nächsten
Bäume, und werden von den Quaraniern Taquarembò
genannt. Ein Schilfrohr überhaupt heißt auf quaranisch
Taquà, auf abiponisch Akatlefaye, auf spanisch aber
Caña. Man findet allenthalben Schilfrohre von so ungemeiner Größe, daß man sie sogar in Ermanglung des
Holzes zum Häuser-Schiff-und Wagenbau brauchet,
indem selbe, wenn man sie zu rechter Zeit fället, jenes
an Härte und Dauer übertreffen. Aus den größeren
Schilfrohren werden auch Weinflaschen auf die Reisen
gemacht, weil hiezu die gläsernen wegen ihrer Zerbrechlichkeit weniger taugen. Da in den verschiedenen Strichen von Paraquay auch verschiedene Rohre wachsen,
so wissen die Indianer aus den Pfeilrohren, die sie von
ungefehr finden, die Namen und das Vaterland der
Wilden, welche die Pfeile verloren haben, sehr genau zu
entziffern. Nicht selten haben wir ganze Wälder von
Schilfrohr zu Fuß durchgewandert, und auch die Nacht
darinn zugebracht, wiewohl allzeit in Aengsten und schlaflos; denn da das Rohricht blos an morastigen Oertern
wächst, so halten sich darinn nichts als Insekten, Schlangen, Schnacken, 2c. auf, welche besonders bei einer Windstille nie unterlassen mit ihrem Gesumse und ihren Stacheln den Ohren und der Haut des Reisenden beschwerlich
zu fallen. Erhebt sich aber ein etwas stärkerer Wind,
so wähet dieser die Brände des Feuers, um das man he
rumsitzt, auseinander, und in das dürre Schilfrohr hinein, welches sogleich Feuer fängt. Da man nichts bei
der Hand hat, dasselbe zu löschen, und auch auf eine
andere Art sich nicht retten kann, so ist man nicht selten
in der äußersten Gefahr verbrannt zu werden, wie denn
auch wirklich viele dadurch umgekommen sind. Von den
Schilf

3

542

Schilfrohren, welche wir Deutsche die spanischen, die
Spanier aber die indianischen nennen, und als Stöcke
brauchen, wächst in Paraquay keines, wiewohl dieselben
im nördlichen Amerika weder selten noch theuer sind.
Ein spanisches Rohr darf in Paraquay niemand als die
Befehlshaber der Truppen tragen.

Das Zuckerrohr.

In den wärmeren Gegenden gegen Mitternacht gedeiht das Zuckerrohr recht vortrefflich, wenn es anders
die Pflanzer an ihrem Fleiße nicht ermangeln lassen.
Im Augustmonat das ist zu Ende des Winters setzt man
in einem wohl durchgeackerten Felde einen oder zween
Schuhe lange Stücke von einem Zuckerrohr in gleichweit
von einander abstehenden Furchen schief ein. Auf der
Stelle, wo diese Stücke verfaulen, wächst der Keim neuer
Zuckerrohre hervor, welche acht Fuß hoch, und nach
zehn Monaten reif werden, worauf man sie abschneidet.
Je länger man sie auf dem Felde läßt, desto dicker und
süßer wird ihr Saft, welchen nachmals die Amerikaner
auf verschiedene Weise und mit allerlei Werkzeugen aus-
pressen. In Paraquay nimmt man zuerst von den Zuckerrohren das Laub weg, und schneidet selbe hernach in
anderthalb Schuhe lange Stücke; diese steckt man mit der
Hand zwischen zwo große Walzen, welche aus dem stärksten Holz gemacht sind, und mittelst eines großen hölzernen Rades von zweenen Ochsen herumgetrieben werden.
Die itzt beschriebene Maschine heißen die Paraquayer
Trapiche. Der durch die enge an einander sich schlie-
ßenden Walzen ausgepreßte Saft fließt in ein un-en angebrachtes hölzernes Gefäß, wornach solcher in einem
kupfernen Kessel gesotten wird, mehr oder weniger, je
nachdem man denselben zu einem Gebrauche bestimmet.

Soll

Soll dieser Zuckersaft wie der Honig zur Speise und zum Trank dienen, so wird selber weniger verdicket, in Schläuche eingemacht, und so lange aufbehalten als man will. Wenn wir die Schläuche mit der Zeit ausgeleeret hatten, so fanden wir immer auf dem Boden mehrere weiße, wie Crystall durchsichtige Steine, welche sich aus dem gestockten Zuckerhonig zusammgesetzet hatten, und gemeiniglich der feine oder natürliche Candizucker genennet werden; denn der gelbe, der in den Gewürzbuden verkauft wird, und mit Fäden durchzogen ist, scheint ein künstlicher zu seyn. Ist aber der Zuckersaft zum Zuckersieden bestimmt, so muß selber länger gekochet, und mehr verdicket werden. Die verdickte Masse wird nun in irdene Töpfe, die auf dem Boden hie und da durchlöchert seyn müssen, geschüttet, und an die Sonne gesetzet. Je länger sie an der Sonne bleibt, desto reineren, weißeren, und besseren Zucker giebt sie; indem die Hefen derselben in ein unter dem Topf angebrachtes Gefäß hinabfliesen. Aus diesem Rest wird entweder ein schlechter Zucker gemacht, oder ein Rosoglio oder Liqueur ausgebrannt. Zu eben diesem Zwecke brauchen andere die durch die Walze bereits zerquetschten Zuckerrohre, oder die sogenannten Bagasso, weil noch etwas Saft darinn ist. Wir gaben selbe in unsern Flecken den Pferden und Maulthieren zu fressen, welche dieses Lieblingsfutter aller Thiere mit der äußersten Begierde verzehrten, auch sich dabei nicht wenig herumbissen. Außerdem darf ich auch nicht unangemerkt lassen, daß man die Töpfe, in welchen man den Zuckersaft an die Sonne setzet, mit nassem Thon sorgfältig zudecket. Aller Zucker, der in Paraguay oder dem benachbarten Brasilien gesotten wird, sieht wie Getreidemehl aus. Der Portugiese bedient sich gar keines andern. Dieses Zuckermehl wird von Lissabon aus auf Schiffen in ganz Europa verführet und mittelst verschiedener Zubereitungen mit Stierblut, und andern Zusätzen gleichsam zu einem Stein verhärtet.

Kk   Die

Die Portugiesen tragen vor diesem durch allerlei ihnen verdächtige Künste zubereiteten Zucker einen grossen Abscheu, wie ich selbst gesehen habe, und ziehen demselben allemal den natürlichen, und unzubereiteten vor. Allein, ihre Besorgnisse sind, wie jedermann die Erfahrung überzeugt, ganz grundlos. Da in Paraquay der Fleiß der Einwohner der Fruchtbarkeit des Bodens nie zusaget, so haben sie selbst an dem Zucker, den sie erzielen, kaum genug, zu geschweigen, daß sie einen nach Europa auszuführen dächten. Brasilien hingegen zieht aus Europa von seinen Zuckerplantagen außerordentliche Summen, wie denn überhaupt der Zucker ein Hauptgegenstand des Handels der Portugiesen, und die vornehmste Quelle ihrer Reichthümer ist. Die Zuckerrohre heißen auf quaranisch Taquarey auf spanisch Caña dulce, auf abiponisch endlich Akatle-Paye noëtè. Sie sind von den Schilfrohren fast in nichts unterschieden, außer daß sie mehr Knotten und kleinere Absätze haben. Zu oberst prangen selbe mit prächtig grünen und grossen Blättern. Dieses Rohr ist 4 Zoll dick und 7 bis 8 Schuh lang. Ein grosser Theil gegen den Wipfel muß davon weggeworfen werden, weil solcher zu viel Laub und zu wenig Saft hat. Am besten gedeihet es wie die übrigen Rohre in einem fetten Grund und nassem Boden. An Anhöhen kömmt man damit selten weit, man mag es noch so fleißig begießen. Einem frisch angepflanzten Zuckerrohr muß man im Sommer mehr Erde zuscharren, damit es nicht ausdorret; im Winter aber weniger, damit dasselbe nicht zu stark treibt, und weniger Laub, aber destomehr Saft bekömmt. Das Unkraut, welches den Grund aussaugt, muß sorgfältig ausgereutet werden. Mäßige Reise verdicken den Saft der Zuckerrohre, und sind daher denselben sehr zuträglich; zu scharfe aber schädlich, weil sie die Pflanze erschöpfen. In Ansehung der Ameisen, welche den ausgewachsenen Rohren säm-

kümmerlich zusetzen, kann man nicht zu viele Sorgfalt anwenden. Das Uebrige, was man bei der Pflege der Plan-
tagen, dem Ausdrucken und Zubereiten des Zuckersaftes zu
beobachten hat, will ich Kürze halber übergehen. Ich
habe das Meiste davon nur überhaupt angemerket, um
den Europäern, welche den Zucker treflich zu nützen wissen, auch von dessen Ursprunge einige Begriffe zu geben,
und es ihnen begreiflich zu machen, warum diese in
Amerika so mühsam erzeugte Süßigkeit in Europa oft
um einen so übertriebenen Preiß abgesetzet wird.

Der Bienenhonig.

Von dem Honig, das man aus den Zuckerrohren
preßt, wollen wir zu dem Honig übergehen, das die Bienen machen. Von den Bienenkörben, welche in Europa
den Bienenwärtern so viele Sorgfalt kosten, sieht man in
ganz Paraquay keinen einzigen; weil die verschiedenen Gattungen der Bienen ihren vielen und köstlichen Honig theils
in hohlen Bäumen, theils in den Erdklüften, und theils
auch im freyen Felde von sich geben; besonders wo der
Himmelsstrich milde, oder eine blumichte Ebene in der
Nähe ist. Nach der Verschiedenheit der Oerter, Jahrszeiten, und Bienen ist auch der Honig sowohl dem Namen als auch dem Geschmack nach unterschieden. Den
unter der Erde verborgenen heißen die Abiponer Nahérek.
An einigen Orten ist er säuerlicht, an anderen aber ganz
süß. Aus einer einzigen solchen Erdhöhle wird oft eine
ungeheure Portion herausgenommen, für welche manchmal mehrere Kannen nicht zureichen. Der im angehenden Frühling in den Stauden oder auf dem hohen Grase
gesammelte Honig heißt bei den spanischen Einwohnern Le-
chiguaná, bei den Abiponern Naätek oder Naháurek.
Die Bestandtheile der Kuchen sind wie Löschpa-
pier, diese aber von einem so grossen Umfange, daß

Ll 2

man

man ſelbe kaum mit beiden Armen umfaßen kann. Einige Weſpen in Europa legen ihre Kuchen faſt auf die nämliche Art an. Auf die Vortrefflichkeit des Honigs Le-
chiguàna mag man daraus ſchließen, weil derſelbe aus
den erſten Frühlingsblumen erzeugt wird, und wenn man
ihn einige Monate ungeſehen und unangetaſtet läßt, wie
Zucker ſo hart, und noch ſüßer als dieſer wird. Wachs
findet man daran keines. Die einen ſolchen Kuchen von
den Stauden abnehmen wollen, verhüllen weislich ihren
Kopf in ein wollenes Tuch, um ſich vor den Stacheln
der Bienen, welche ihr Haus und ihre Arbeit auf das
hitzigſte vertheidigen, ſicher zu ſtellen. Unbehutſame müßen dieſen Göttertrank oft theuer genug bezahlen. Ob
man gleich ſowohl unter der Erde als auch auf dem Felde mancherlei Gattungen des Honigs antrifft, ſo ſind
dennoch die Wälder die eigentliche Honigfabrike; als wo
die Bienen in den hohen und hohlen Stämmen der Bäume ihren Vorrath an Wachs und Honig niederlegen. Die
Abiponer heißen dieſen überhaupt Néelgek oder Aaloeyák
die Quaranier aber Ybiraey, wiewohl dieſe letzteren jede
Gattung der Bienen und des Honigs mit einem beſonderen
Namen bezeichnen, wie man aus ihren Wörterbüchern
erſehen kann. Die Verſchiedenheit des Honigs rührt von
der Verſchiedenheit nicht blos der Bienen, ſondern auch
der Säfte her, die ſie ſaugen. Er erhält ſo gar von
dem Orte, worinn er niedergelegt wird, verſchiedene Eigenſchaften und Namen. Die Spanier von S. Jakob
halten denjenigen für den beſten, welchen man in den obenerwähnten Cardones findet. Die Quaranier aber und
alle Kenner geben mit Recht dem Eyrobaña als dem
reinſten und ſüßeſten den Vorzug. In einem Gla-
ſe wird denſelben niemand vom helleſten Brunnenwaſſer auf
das bloße Anſehen unterſcheiden. Aber dann iſt gewiß
mit dieſem Honig keiner zu vergleichen, wenn er in dem

ſo

so vortrefflich riechenden Baume Ybirapave, den ich oben
gerühmt habe, gefunden wird, weil er in diesem Falle
den herrlichen Wohlgeruch des besagten Baumes annimmt.
Meine Erzählung würde eben so unnütz, als weitläuftig
werden, wenn ich alle Benennungen und Arten der Bienen,
und ihres Honigs anführen wollte, nachdem dieses bereits
von anderen ausführlich geleistet worden ist. Ohne Zweifel irren diejenigen, welche mit Isidor Pelusiota (Lib. 1.
p. 132.) Den wilden Honig für äußerst bitter, ge-
schmackwidrig, und dem Gaumen ganz unerträglich ausgeben. War der zwischen Jerusalem und Jeri-
cho nämlich nach dem Menochius (Lib. 2. cap. 1.) von
Anatot bis Thecue und Engaddi, dem Aufenthalt des h.
Johannes, der vom wilden Honig lebte, ein solcher, so
muß dieses entweder den Bienen, oder dem Saft, den sie
sogen, zugeschrieben werden, ohne daß man an anderen
Orten dem wilden Honig diesen Vorwurf der Bitterkeit
machen könnte. Denn wenn gleich aller amerikanische Honig süß ist, so ist dennoch diese Süßigkeit zuweilen mit etwas Bitteren untermischt, wenn die Bienen an der Rau-
te, dem Wermuth, Rosmarin oder dem Beifuß saugen.
In den Monaten Junius, Julius und August, welche in
Paraquay die Wintermonate ausmachen, glauben die Abiponer, daß ihnen der Honig nicht zuträglich ist, und enthalten sich daher desselben sehr gewissenhaft. Die Spanier von S. Jakob gehen schaarenweise miteinander in die entlegensten Wälder auf die Honig- und
Wachssammlung aus. Das Wachs bleichen sie unverdrossen an der Sonne, und verkaufen es nachher mit sehr mit-
telmäßigem Gewinn an die Einwohner in Chili und Peru.
Den Abiponern kostet es gar keine Mühe die in den Wäldern verborgenen Honigkuchen aufzuspüren, und abzuneh-
men. Wenn es schön Wetter ist, und die Sonne hell
scheinet, reiten sie auf das Feld hinaus. Da sie unglaublich scharf sehen, so beobachten sie die herumschwär-

Kk 3   men-

menden Bienen, lassen am Eingange des Waldes ihre
Pferde zurück, und folgen jenen zu Fuße nach, bis sie
den Baum entdecken, wo die Bienen ihre Niederlage haben. Diesen Baum klettern sie so behende hinan wie die
Affen, erweitern die Oeffnung, wo die fleißigen Thierchen
aus- und eingehen, mit der Art, nehmen den Honig und
das Wachs, und tragen jenes in einem ledernen Behältnisse nach Haus, wo sich ihre Freunde, Kinder und Gat-
tinnen leckend und schlürfend an diesem Göttermahl mit
herzlicher Freude laben. Ist unter den Männern ein ge-
meinschäftliches Saufgelage angesagt, so wird der Honig
mit kaltem Wasser vermischt und mit dem nächsten besten
Holz umgerühret. Nach einigen Stunden fängt er von
sich selbst ohne einen anderen Zusatz zu gähren an, schäumt,
wird weinartig, und berauscht die Indianer gleich dem
stärksten Wein, wenn sie gleich noch so sparsam davon
trinken. Einen Indianer um sein bißchen Verstand zu
bringen sind zween oder drey Becher dieses berauschenden
Getränkes überflüßig, wie ich aus Erfahrung weiß. Das
Wachs, welches die Abiponer Loapàt, die Quaranier aber
Yraiti nennen, ist bei den Indianern von keinem Gebrauch;
weil das Feuer, welches auf dem Boden ihrer Hütte Tag
und Nacht fortbrennet, bei Tag die Stelle der Küche,
und bei der Nacht die der Kerze vertritt. Haben sie aber
eben eines zu Hause, so geben sie es den Spaniern für
Spielwerk und Tändeleyen hin. Daß der vielfältige Genuß des Honigs zu dem blühenden Gesundheitszustande und
der langwierigen Lebensdauer der Abiponer nicht wenig
beitrage, werde ich anderswo auseinandersetzen.

Das Salz.

Auf den Honig wollen wir das Salz folgen lassen.
Die Wilden sehnen sich wie das Vieh unglaublich darnach,
wiewohl sie selten eines habhaft werden; denn obgleich

Pa-

Paraquay an einigen Orten natürliches, und künſtliches
Salz im Ueberfluß hat, ſo leiden dennoch mehrere ungeheuere Striche dieſes Landes daran Mangel, es ſey denn
daß man dieſes Bedürfniß anderswoher mit groſſen Koſten dahin bringt. So giebt es in den Flecken der Quaranter, ſo weit ſie auch auseinander liegen, weder Kalk noch
Salz. Beides muß aus den entfernteſten ſpaniſchen Kolonien theils zu Waſſer, und theils auf der Achſe hinge-
führet, und um einen unerträglich hohen Preis gekauft werden. Manchmal aber bekömmt man auch für Geld keines. In dem Gebiete von Korduba und auch in anderen Gegenden geben zwar die Seen, wenn ſie bei einer
langwierigen Trockenheit verſiegen, eine Art Sodſalz. Aber
eben damals hält es auch am ſchwerſten zu einem ſolchen
See zu kommen, weil in den Feldern, durch welche die
Reiſe geſchehen muß, nicht ein Tropfen Waſſer weder für
die Fuhrleute, noch für die Zugochſen, durch welche das
Salz auf Wägen in die Stadt geſchaft werden muß, zu
finden iſt. In naſſen Jahren, in welchen die Seen nicht
ablaufen, ſchießt auch kein Salz an. Da nun ſolche
Jahre ſehr oft kommen, ſo iſt das Salz daſelbſt unglaublich ſelten und theuer. An einigen Orten in dem
Gebiet der Städte Aſſumtion und S. Jakob zieht man
aus dem im Felde geſammelten Salpeter, und theils auch
aus dem ſaueren Waſſer, welches man in kleinen Töpfen
kochet, etwas Küchenſalz heraus. In dem Pflanzort Conception brachte man uns einſt ein Salz, welches in dem Flecken S. Lucia ausgeſotten worden, aber ſo bitter war,
daß wir lieber unſer Fleiſch ungeſalzen eſſen, als unſeren
Gaumen mit dieſer bitteren Säure quälen wollten. Unter den Salzen hält man dasjenige, welches in dem in-
pianiſchen Flecken Lambarè und in Cochinuco an der
Gränze von Peru gemacht wird, für das beſte, weil es
das härteſte, weiſeſte, und zu Arzneyen das dienlichſte iſt.
Die Einwohner von Buenos Ayres laſſen ſich zuweilen

Ll 4 auf

auf der Südsee, und zuweilen auch über Land auf Last-
wägen das Salz aus den Seen kommen, worinn man einen Ueberfluß von dem weißesten Salz findet. Da aber
diese Seen viele Tagreisen weit gegen die magallanische
Mee renge zugelegen sind, so kann man nie ohne grosse
Kosten, und nur sehr selten ohne Gefahr dahin gelangen.
Oft ist eine ganze Schaare Spanier, welche, in der Absicht
Salz zu holen, in die mittägigen Gegenden hinabzogen,
von den südländischen Wilden niedergemacht, und der ganze Vorrath von Wägen und Lastthieren eine Beute dieser
Unmenschen geworden, so daß manchmal ihren blutgieri-
gen Händen kaum ein einziger entronnen ist, der die Nachricht von dem Schicksale seiner Ge ährten in die Stadt
gebracht hätte. Wenn man diese Schwierigkeiten erwägt,
so läßt sich die Seltenheit und der oft gänzliche Mangel
des Salzes in Paraquay leicht begreifen. Zu Moppa,
einem zum Gebiet von S. Jakob gehörigen Flecken, hat
einst ein vornehmer Spanier, von dem ich bei meiner Ankunft auf Chaco stattlich bewirthet worden bin, in allen
Gäßen des Ortes für so viel Salz, als man für zwey
weich-gesottene Eyer braucht, jeden von dem Eigenthümer
selbst zu bestimmenden Preis anbieten lassen, aber dasselbe nicht erhalten In dieser Zeit würde überall ein Pfund
Wachs für ein Pfund Salz ausgewogen. Die Quaranier verzehren ihr Fleisch und was sie sonst von Eßwaaren
haben, meistens ganz ungesalzen, indem ein Hausvater von
seinem Pfarrer für die ganze Woche nicht mehr als einen
einzigen Löffel voll Salz, und das noch aus blosser Grof-
muth seines Seelenhirten am Sonntage erhielt. So eine
kleine Portion kam dennoch dem Flecken außerordentlich
hoch zu stehen, weil einige bei 1000, und andere bei 7
bis 800 Familien zählten. Da eine Arroba Salz (ein
spanisches Gewicht von 25 Pfunden) um 4 Thaler das ist
8 Gulden unsers Geldes gekauft wurde, so kostete das
Pfund ungefehr 20 Kreuzer unserer Währung, wiewohl

man

man statt des Geldes, weil daselbst keines gang und gäbe
ist, Tobackblätter, Ochsenhäute und Kotton hingab. Die
Wilden, welche in den abgelegensten Einöden wohnen, essen ihre meisten Speisen ungesalzen, weil sie weder Salz
noch Salzgruben haben: und das schien mir auch die Ursache zu seyn, warum ihrer so viele mit der Krätze gepla-
get sind. Die Fleißigeren besonders unter den Abiponern
pflegen die Stauden, welche die Spanier la Vidriera,
die Quaranier Yuquì, die Abiponer Achibikaik oder
Atakaik das ist Salz nennen, und manchmal auch andere zu verbrennen, und sich ihrer Asche statt des Salzes zu
Speisen und Arzneyen zu bedienen. Die, welchen der
Honig ihr täglicher Unterhalt und Trank ist, würden ihre
Zähne bald verlieren, wenn sie denselben nicht mit einem
Mittel, das ihnen ihre Väter zurückgelassen haben, zu
Hilfe kämen. Sie geben nämlich den alten Indianerinen Tobackblätter zu kauen. Nachdem diese Mütterchen
selbe mit den Zähnen wohl zermalmet haben, speyen sie
den Toback mit dem Speichelschaum auf ihre hohle Hand,
bestreuen die Masse mit Salz, und rühren und kneten
selbe mit dem Finger so lange ab, bis sie schwarz, harzicht,
und dem Theriak ähnlich wird. Diese aus Toback, Salz,
und dem Speichel der alten Weiber zusammgesetzte Masse
heißen die Indianer Noetà ihre Medizin, tragen selbe in
einem dünnen Horn an ihren Kleidern hängend von Jugend auf bei sich, zwacken von Zeit zu Zeit ein Stückchen
mit dem Nagel davon ab, und n.hmen es in den Mund.
Sie reichen auch selbe ihren Freunden, wie wir den Toback, dar. Diese Arzney, welche dem Europäer, der dabei zusieht, Eckel und Grauen bis zum Erbrechen verursachet, leistet den Wilden, die sich derselben durch ihr ganzes Leben bedienen, unglaubliche Dienste; denn die Meisten von ihnen werden nie inne, was Zahnschmerzen sind,
und bringen ihr ganzes Gebiß unversehrt in das Grab.
Fast täglich überliefen uns die Abiponer in unsern Woh-

Kk 5   nung-

nungen um den zu ihrer Medizin nöthigen Toback nebst Salz zu fodern. Vormals als sie noch keinen Toback gepflanzt hatten, brauchten sie statt desselben eine Wurzel, welche die Spanier Coro, und die Abiponer Noeta nennen. Sie kömmt an der Gestalt ihrer Blätter, Schärfe und der speicheltreibenden Kraft jenem am nächsten. Von der Tobackkultur und den verschiedenen Arten derselben habe ich anderswo gehandelt. Die Quaranier nennen den Toback Pety, die Abiponer aber Npoetèk, welches weiter nichts als das durch die abiponische Aussprache verderbte quaranische Wort ist. Auch die Lateiner nennen heut zu Tage den Toback Petum, ein Wort, welches unstreitig von dem quaranischen Pety abgeleitet ist. Andere bezeichnen diese Pflanze mit dem Wort herba Nicotiana, weil Johann Ricot ein Portugiese selbe vor ungefehr 180 Jahren aus Brasilien zuerst nach Europa gebracht haben soll. Die Benennung Toback endlich scheint mir derselben von der Insel Tabago geblieben zu seyn, weil man sie einst von dorther gebracht hat.

Aber wann würde ich mit meinen Beschreibungen fertig werden, wenn ich von allen Stauden und Pflanzen auch nur den Namen anführen wollte? Von Rosmarin, Rauten, Beifuß, Virga aurea, Münzen und Wermuth habe ich in einigen quaranischen Flecken ganze Wälder angetroffen. Wir kannten auch dreyerlei Gattungen Salbey von verschiedener Gestalt, aber einerlei Kraft. Vom Königssalbey, wie ihn die Spanier nennen, sieht man den wenigsten, weil selben fast niemand anpflanzt. Auch wachsen daselbst fast überall der Borretsch, der Wegerich, die Pappel, der Wohlgemuth, die Gartenkresse, die Ochsenzunge, der Erdrauch, der Eisenreich, das Burzelkraut, das Süßholz und Pfeffer von dreyerlei Arten, nämlich der gemeine Pfeffer, auf quaranisch Gy, der Cumbary welcher sehr scharf aber klein von Körnern ist, und der Aji,

Aji, oder der sogenannte türkische, welcher auch bei uns in Europa wächst. Der Pfeffer heißt auf abiponisch überhaupt Keeráye; aber fast niemand ißt davon gern, weil er herbe und bitter ist. Der Ingwer kömmt an seiner Pflanze im Ueberfluß hervor. Europäische Brennesseln hab ich auf einer so grossen Strecke Landes nicht eine einzige gesehen. Endlich hat auch die Natur Paraquay mit einer Menge medizinischer Kräuter als Contrayerva &c. reichlich versehen.

Von den Früchten, welche den Indianern vorzüglich zur Nahrung dienen, wollen wir dieses Wenige anmerken.

Der vorzüglichste Proviant der Amerikaner ist das türkische Korn, welches die Spanier Mayz, die Quaranier Abati, die Abiponer Nemelk und einige Europäer Luturuz nennen. Es giebt türkisches Korn von verschiedenen Farben und Gattungen. Unter denen, welche die Quaranier anbauen, kenne ich am besten das Abati hatá, dessen Körner außerordentlich hart sind; das Abati moroti, das überaus weiche und weiße Körner hat; das Abati miri, welches in einem Monat reif wird, aber lauter kleine und zwergartige Aehren hervorbringt; endlich auch den Abati Bisingallo, welcher unter allen der berühmteste, und in seinen Körnern eckicht und spitzig ist. Wenn man denselben in einem hölzernen Mörser zerstößt, so giebt er ein sehr schmackhaftes und gesundes Mehl. Man mag noch so hungrig und durstig seyn; man ist es nach einem Augenblick nicht mehr, wenn man dieses Mehl mit Honig oder Zucker vermischet, und mit Wasser trinkt. Das Mehl aus dem Mayz Bisingallo ist daher auch die beste Wegezehrung der Soldaten von S. Jakob, wenn sie den flüchtigen Wilden nachsetzen. Sie machen damit grosse und beschwerliche Streifzüge in wenig Tagen, ohne daß
sie

sie ein Feuer aufzumachen nöthig haben. Auf meinen mit so vielem Ungemach verknüpften Reisen hatte ich oft bei der größten Sonnenhitze keine andere Labniß als dieses Mehl. Die Indianerinen bereiten sich aus den Mayzkörnern, die sie theils ganz lassen, und theils in einem Mörser zerstossen, allerlei Eßwaaren; sie backen auch auf der Glut ein dünnes Brod daraus, welches aber den Europäern außer einer Hungersnoth nicht wohl behagen will. Das Brod überhaupt heißt auf guaranisch Mbuyapè oder auch Chipà, oder tortilla, auf abiponisch aber Etantà. Die spanischen Frauen backen sich aus dem Mayzmehl, nachdem sie es vorher durch ein Sieb mit aller Sorgfalt gereiniget haben, ein weißes, und wenn es neugebacken ist, sehr köstliches Brod. Ich wenigstens zog es allem Getreidebrode vor. Wenn man die Mayzkörner in einem Mörser zerstößt, und Wasser dazu gießt, so gerathen sie nach einigen Stunden in eine Gährung, und geben für den gemeinen Spanier, noch öfters aber für die Indianer ein Getränke, welches sie Chicha oder Aloja nennen. Man darf nur die Art der Zubereitung dieses Getränkes kennen um sich dasselbe völlig zu verleiden. So oft die Wilden untereinander gemeinschäftlich zu schwelgen beschlossen haben, so oft lassen sie alte und stinkende Indianerinnen kommen, welche die ihnen vorgegebenen Mayzkörner mit den Zähnen zermalmen, und dann mit ihrem Speichel in ein Gefäß ausspeyen. Diesen Speichel halten die Indianer für die beste Säure zum Gähren und für das beste Gewürz. Die jungen Weiber sind von der Ehre die Mayzkörner zerbeißen zu dürfen ausgeschlossen, weil man ihnen unreine Säfte zumuthet. Wem soll nun vor dem aus Wasser, und dieser unappetitlichen Masse zusammgegossenen Trank nicht eckeln und grauen? Die Abiponer, welche Honig und Johannesbrod im Ueberfluß haben, essen wohl auch türkisches Korn, aber sie machen

keinen

keinen Trank daraus. Uibrigens hat der Mayz vor dem
übrigen Getreide viel voraus, kömmt auch in einem schlech=
ten Boden fort, und ersetzet die Aussaat oft mit tausend=
fältiger Frucht. Dessen Aehren schmecken, wenn sie zart
und in ihrer Milch sind, geröstet oder mit Fleisch
gekocht Amerikanern und Europäern. Das türkische Korn
stärket, wie immer zubereitet, den Körper, vermehret das
Blut, und trägt zur Verlängerung des Lebens nicht
wenig bei, wie die Indianer täglich erfahren. Auch
wissen wir von keinem Futter, wovon Hüner und ande=
res Vieh sobald fett würden.

Die Batatas.

In dem Speisegemach der Indianer nehmen auch
gewisse Wurzeln, welche die Spanier Batatas oder Ca-
motes de Malaga, die Quaronier Yeti und die Deut=
schen Erdäpfel nennen, einen vorzüglichen Platz ein. Ei=
ne so allgemein bekannte Frucht weitläuftig zu beschreiben
hieße der Donau Wasser zutragen. Unstreitig aber wer=
den die deutschen Erdäpfel von den paraquaischen so=
wohl in Ansehung der Größe, als ihrer Güte übertrof=
fen. Diese Wurzeln, ich möchte sie lieber Rüben nen=
nen, sind in Paraquav theils weiß, theils roth, und zu=
weilen auch gelb. Die rothen sind nach meiner Meinung
die schlechtesten, die gelben hingegen, welche die Quaranier
Yeti parach nennen, die beßten.

Die Mandubi.

Eine Frucht, um welche Amerika zu beneiden ist,
und die Europa zu wünschen wäre, ist die Mandubi, wie
sie die Quaranier, oder Mani, wie sie die Spanier nen=
nen. An ihrer Süße, Gestalt, die der Rinde ausge=
nommen, und dem ölichten Wesen gleicht sie einer Man=
del.

bel. Sie wächst unter der Erde aus einer schönen ungefehr zween Fuß hohen Pflanze. Ihr Stengel ist vier-
seitig, mit Haaren bewachsen, grün und ein wenig röthlicht. Jeder ihrer schlanken Aeste hat vier theils hell-
gräne, theils weißlichte Blätter, und ist mit einer Art
von Wolle überzogen. Wo die Aeste anfangen, wachsen
safrangelbe und an dem Rande rothe Blüthen an einem
kleinen Stengel mit dreyen Blättern umkränzet heraus.
Die Wurzeln dieser Pflanze sind kurz, enz und krumm.
Länglichte und blaßgelbe Schoten mit einer dürren Rinde
hängen daran. In jeder derselben sind ein oder zween
Kerne (denn es giebt auch mehrere Gattungen der Mandubi) eingeschlossen. Diese Kerne haben eine schöne
purpurrothe Haut, und ein überaus weißes und öl.chtes
Fleisch. Ein wenig geröstet, oder gebraten, sind sie den
Europäern sehr willkommen. Das daraus gepreßte Oel
ist eben so gut oder vielmehr noch beßer als das Olivenöl, und wird zum Salat wie auch zu andern Speisen
statt der Rindsfette oder des Butters gebraucht. Ich
habe einen Italiäner von Bergamo gekannt, welcher seinen Schnupftaback, nachdem er selben vorher gehörig zubereitet hatte, mit diesem Dele begoß, und dadurch dem
spanischen Toback gleichmachte. Diese vortreffliche Frucht
habe ich vielmal unserem Europa gewünschet, weil sie so
vielfältigen Nutzen abwirft.

Verschiedene Hülsenfrüchte.

Außer den Linsen, Bohnen, Phisolen und anderen
Hülsenfrüchten, welche man aus Engelland, Italien, Deutschland und Afrika in Paraquay gebracht hat, (die Abiponer heißen sie Nauvirgilà, die Quaranier aber Cu-
mandà) giebt es auch daselbst Melonen, Kürbiße und
Gurken, welche auf verschiedene Weise zubereitet werden,
und nicht nur den Magen anfüllen, sondern auch dem
Gaumen

Gaumen schmeicheln, in unendlicher Manchfaltigkeit.
Die Spanier nennen sie Zapallos, von welcher die süße-
sten einst aus Angola, einer afrikanischen Provinz, gebracht
worden sind, andere aber bei den Quaraniern Quarahià,
Carapepè heißen. Die Curuquà eine Art Kürbisse sind
sehr groß, hängen an einem Stengel, und winden sich um
die Zäune und nächsten Bäume. Gekocht ist dieser Kürbiß eine angenehme Nahrung und eine sehr berühmte Arzney für die, welche mit dem dreytägigen Fieber behaf-
tet sind. Zu Hause kann man sie mehrere Monate aufbewahren, wo ihre Kerne das Gemach mit einem un-
vergleichlichen Geruch erfüllen. Die Zuckermelonen wachsen überall. Sie sind übermäßig süß, werden aber bitter, wenn man sie nicht sogleich herabnimmt, als sie zeitig sind; auch setzet sich hernach eine Art abscheulich stin-
kender Wanzen dārinn an. Die Wassermelonen, welche
die Spanier Sandias, die Abiponer aber Kaamàlakà die
Speise der Spanier nennen, sieht man allenthalben sehr
häufig und groß. Zu S. Jakob de Storea, kommen
sie, weil dort ein sandichter Boden ist, ungemein süß und
von einer ebentheuerlichen Größe, die allen Glauben
übersteigt, zum Vorschein, wiewohl man sie auch anderer Orten nicht klein findet. Ihr Fleisch ist bald rosen-
roth, bald safrangelb, allemal aber so kalt als Eis, und
erquicket die durstige Kehle und matten Glieder über alle
Erwartung, ohne daß der Magen hiebei Gefahr liefe,
besonders wenn man Wasser darauf trinkt; denn mit
dem Wein, welches sehr sonderbar ist, vertragen sich
diese Melonen nicht. In einem Orte, wo die Luft
freren Durchzug hat, können sie, aufgehangen, den größten Theil des Jahres unversehrt erhalten werden. Nasse
Jahre schaden den noch nicht ausgewachsenen Melonen
am meisten, weil sie so viel Wasser verschlingen, daß selbe,
ehe sie noch reif werden, zerplatzen, oder wenn sie es
werden, verfaulen.

Der

Der Salat, der Rettich, der Senf ꝛc.

Der Salat sowohl der Endivien, welcher auf la=
tein Intybus Sativus, und auf spanisch Elcarola heißt,
als auch der krause oder der wie der Kohl aus Häup=
tern besteht, gedeihet in den Wintermonaten, wenn man
ihn gehörig pfleget, im Uiberflusse, in Sommermonaten
aber nur sehr selten, es sey denn an den Usern der Bä=
che; denn in den Gärten wächst er sogleich aus und
treibt Saamen wegen der zu großen Sonnenhitze. Eu=
ropäische Rüben wachsen das erste Jahr, das sie gesät
werden; das zweyte Jahr aber arten sie gemeiniglich in
den schwärzesten und schärfesten Rettig aus; denn der Bo=
den von Paraquay kömmt dem Rettig besonders wohl zu
statten. Blos von dem Saamen, welchen der Wind von
ungefehr aussireuet, wachsen in den Getreidefeldern als
eine Art Unkraut ungeheure Stücke, welche dem Getrei=
be grossen Schaden thun. Den Senf, diese so gesunde
Fleischwürze (auf spanisch Mboſtaza) sieht man fast in allen
Gärten. Den europäischen Meerrettig (Kreen, Nasturtium)
dessen Wurzeln die Deutschen mit dem Rindfleisch essen,
kennt man in ganz Paraquay nicht, wiewohl der Gär=
ten = oder Brunnkreß, auf spanisch Nasturço, in allen
wässerichten Oertern von selbst wächst. Europäischen S =
fran, auf spanisch Azafran, hat man in ganz Paraquay
ebenfalls keinen. Der amerikanische hat blos den Namen
und die Gestalt mit dem unsrigen gemein, und wird nur
zum Gelbfärben, nicht aber zu den Speisen gebraucht.
Spargel wächst auf dem Felde, aber bitter, und so
dünn wie ein Faden; allein er würde ohne Zweifel ohne
Vergleich grösser, wenn man ihn in Gärten pflante. Der
Zwiebel und Knoblauch, dieser Schmuck der Küche, und
Zierde der Tafeln, ohne welchen in Europa viele Völ=
ker nicht leben können, werden von den Spaniern mit
                                          unglaub=

unglaublichen Fleiß und Aufwande gepflanzet, indem sie
selbe auch roh zum Frühstücke mit vielem Appetit zu
sich nehmen.   In den Wäldern und Feldern giebt es
auch allerlei Schwämme, wiewohl niemand selbe anzu-
rühren oder zu verkosten das Herz hat.   Die Verenjena,
auf lateinisch Melongena, die Tomates, auf deutsch
Paradeisäpfel, und andere dergleichen Delikatessen, welche
man in Spanien besser als in Deutschland kennet, sind
in den Gärten und auf dem Tische überall zu sehen.
Weil die Indianer blos nach dem Süßen haschen, so
sträuben sie sich wider den Rettig, Senf, Garteukreß
Salat, wenn selber mit Essig zugerichtet ist, und sträu-
bäupt wider alles, was sauer, scharf oder herbe ist, aus
allen Kräften. Die Abiponer, welche, als sie noch in der Irre
herumzogen, weder auf eine Aussaat dachten noch einer
Erndte nöthig hatten, aßen wie die Vögel und das Gewild, alles, was ihnen bei ihren Raubereyen in den Wurf
kam, oder was ihnen auf der Jagd von den Erzeugnissen
der Wälder, Felder, Seen, und Flüße in die Augen fiel.
Fanden sie auf der Oberfläche der Erde nichts, was ihren Magen befriedigte, so suchten sie unter derselben und
im Waßer gewiße Wurzeln, deren sie einige Ne'yeka,
andere Hakamik, und die übrigen Leëkate nennen.
In den meisten Wäldern trifft man auch eine Art überaus kleiner Bohnen an, welche bei ihnen den Numen
Nauvirgilà führen.   Gekocht stillen sie zwar den Hunger;
aber schmackhaft sind sie nicht.

Das Getreid.

Der Boden in Paraquay ist besonders um Buenos
Ayres, Montevideo und S. Jakob in Tukuman herum
außerordentlich fruchtbar an Getreid.   Sonderbar,
aber dennoch gewiß ist es, daß die meisten eingebohrnen
Spanier das Getreidbrod kaum einmal in ihrem Leben
Y y   kosten

koſten, weil ſie die Mühe beim Anbauen und Mahlen des
Getreides ſcheuen. In ganz Paraquay ſieht man nicht
eine einzige Waſſermühle. Die Mühlſteine müßen durch
Pferde oder Maulthiere getrieben werden. Dennoch giebt
es an einigen Orten auch Windmühlen. Von dieſen
ſah ich in Buenos Ayres nur zwo. Das paraquaiſche
Getreid iſt von dem europäiſchen verſchieden; denn es
hat einen kürzeren Halm, längere Aehren, und größere
Körner. Die quaraniſchen Schnitter ſchneiden blos mit
einem gemeinen Meſſer die Aehren allein ab und laſſen
die Halme ſtehen um ſelbe nachmals zu verbrennen,
weil ihre Aſche die Felder beſſer als jeder Dung dünget.
In den Flecken der Quaranier wird nicht mehr Getreid
ausgeſäet, als man in einem Jahre zu verzehren gedenn-
ket. Wenn die Erndte glücklich ausfällt, wird alles in
Säcken oder in den Scheuern vom vorigen Jahre noch
übrige Getreid den Indianern umſonſt ausgetheilet, welche daſſelbe vermög ihrer natürlichen Trägheit lieber gekocht eſſen, als mahlen und backen wollen. Alle Tage
wurde zweenen Prieſtern, welche die Aufſicht über den
Flecken hatten, ein neugebackenes Semmelbrod beim Mit-
tagmahle aufgeſetzet. Einem alten Gebrauch zufolge wurde auch eine Semmel ſammt einer Portion Rindfleiſch,
welches in unſerer Kuchel war geſotten worden, zu Mittag den Kranken in das Haus geſchickt. In den volkreichen Flecken, welche oft 4 bis 6 und 7000 Einwohner zählen, war die Anzahl der an die Kranken täglich
abgelieferten Semmeln ſehr beträchtlich. Auch den obrigkeitlichen Perſonen des Fleckens wurden an gewiſſen Tagen
des Jahres, da man ſie feſtlich bewirthete, ſolche Mund-
ſemmeln vorgeleget. Außerdem gaben wir nicht blos den
Obrigkeiten und Kranken, ſondern auch gemeinen Jndianern, wenn es die Umſtände fügten, von dieſem
Brod; daß alſo das Getreid unſtreitig größtentheils von
denjenigen aufgezehret worden iſt, welche es gebauet und

geernbtet haben; welches mir auch nichts mehr als billig deucht. Das Getreid wird hier zu Lande nicht mit
dem Flegel ausgedroschen, sondern von den Pferden aus-
getretten, indem man ihrer bei 100 oder 200 in dem
Hof, wo die Aehren liegen, und der umzäunet ist, he-
rumtreibt. Dadurch ersparet man viele Zeit und Mühe.
Den Haaber kennen die Paraquaper auch dem Namen nach
nicht: wird doch auch in Spanien, wie ich von Spaniern selbst
gehöret habe, keiner gebauet. Was dort von dieser Getreid-
art wächst, wächst als Unkraut; denn daselbst werden die
Pferde nicht mit Haaber sondern mit Gerste gefüttert.

Der Wein.

Außer den tukumanischen Städten Corduba, Rioja,
und Catamarca giebt es fast gar keine Weinlese. Allein
der in diesen Orten ausgepreßte Wein erklecket nicht einmal für die Priester zum Meßlesen, so daß man den
abgängigen von den dießseits des Gebietes gelegenen Gebirges in Chili gelegenen Städten Mendoza, S. Ludwig und S. Johann mit unsäglicher Mühe und außerordentlichen Kosten herbringen muß. Die Spanier in
Paraquap scheuen weder den Wein noch den Weinbau.
Der Boden und der Himmelsstrich ist daselbst den Reben
besonders günstig, und der Wein, der daselbst wächst,
feurig und gesund, aber, wenn man die Größe des Landes in Erwägung zieht, sehr wenig, welches aber nicht
der Trägheit der Einwohner, sondern den unendlichen Amei-
senschwärmen zugeschrieben werden muß, die da die Hoffnung
des Winzers vereiteln und die Reben zernagen. Die Trauben,
welche der Gefräßigkeit der Ameisen entgehen, werden von den
Wespen und Holztauben, die sich bei der Nacht schaarenweise
darauf niederlassen, geplündert. Aber ich erinnere mich hievon schon anderswo das Nöthige gesagt zu haben.

Versteinerungen.

Zu dem, was ich bereits von den in Paraquap befindlichen Seen und Flüssen gesagt habe, finde ich weiter

nichts

nichts merkwürdiges mehr hinzuzusetzen. Ich habe schon
an einem andern Orte die Erwähnung gemacht, daß in
dem Flusse Parana die größten Blöcke Holz versteinert
werden, welche in Europa und besonders in Frankreich,
dem Vaterland der berühmtesten Künstler, ohne Zweifel
theuer abgesetzet und die Kabinete der Fürsten-
personen und ihre Juwellenschränke zieren würden. Ich
habe auch in dem Walde Urucuty'y Ochsenhörner in
marmorbesprengte und gleich dem Kiesel, wenn man mit
dem Stahl daran schlug, funkensprühende Steine verwandelt gesehen, und selbe nach S. Joachim gebracht
um sie meinen Amtsgefährten gleichfalls sehen zu lassen.
In den Strichen von Paraquay, welche ich durchgereiset bin, ist mir nirgends ein Gesundbrunnen oder sonst
ein Mineralwasser zu Gesicht gekommen. Dennoch hat
der P. Joseph Sanchez Labrador, dessen ich schon einmal
mit Ruhme gedacht habe, auf seinen Reisen durch die
Flecken der Chiquiten an zweenen Orten warme Bäder
entdecket, welche ich fast mit seinen eigenen Worten beschreiben werde. Die Quelle des einen Bades ist un-
weit des Fleckens S. Jakobs mitten im Walde. Sie
ist groß und ungefähr 3 Schuh tief. Da das Wasser
von unten heraufsprudelt, so giebt es einen Klang von
sich, als wenn es in einem kupfernen Kessel am Feuer
stehe. Taucht man den Fuß hinein, so wird man eine
hestige Hitze fühlen, welche man aber bald darauf erträglicher findet. Auf dem Wasser schwimmen kleine Fische
herum, welche aber niemand beschwerlich fallen. Blos
der Schwefelgeruch desselben ist ein wenig unangenehm.
Das Ufer der Quelle ist mit Kalksteinen eingefaßt. Je
weiter das Wasser von seiner Quelle wegfließt, desto
mehr verliert es von seiner ursprünglichen Wärme, und
bildet endlich einen Bach, welcher bei dem Flecken von
dem Herzen Jesu vorbeiläuft, und sich drey Meilen von
dannen in den großen Palmwäldern verliert. Viele, die

lang

lang und schwer krank waren, haben in diesem Bade ihre Gesundheit wieder erlanget. Im Angesichte des Fleckens S. Johann entspringt an dem Rande eines Felsens eine andere kleine Quelle mit siedendem Wasser. Sie formiret in dem nahen Thale einen Teich, aus dem nachher ein Bach herausfließt. In der Urquelle ist dieses Wasser zwar heiß, wird aber nach einiger Entfernung von derselben immer kälter, und von den Chiquiten getrunken. Im Trinken ist es weit unannehmlicher als gesund: indem die Meisten demselben die mindere Fruchtbarkeit der Indianerinnen in diesem Flecken zuschreiben. Eben dieses klagen auch die Einwohner von S. Jakob. Ich schließe aber daraus blos, daß dieses Wasser für den Kranken, der sich damit wäscht, heilsamer ist, als für den Gesunden, der es trinkt. Was ich bisher von den Chiquiten gemeldet habe, und noch einige Nachrichten bin ich den Beobachtungen und Erzählungen des P. Joseph Sanchez eines der emsigsten Naturforscher schuldig, als mit welchem ich nicht nur in Paraquay durch viele Zeit täglich umgegangen bin, sondern auch verschiedene Reisen zu mehreren Monaten gemacht habe. Ich wünschte nur, daß ich die vortrefflichen Zeichnungen bei der Hand hätte, die er von den wilden Thieren, Vögeln, Fischen und Pflanzen in Paraquay mit der Feder ausgearbeitet hat. Sie wären es werth von einem wienerischen Stichel in Kupfer gegraben zu werden. Von den Metallen, oder besser zu sagen, von dem Metallmangel in diesem Lande habe ich anderswo geredet. Das Uibrige, was noch Paraquay angeht, habe ich gelegentlich meiner Geschichte kurz eingeschaltet. Uiber die Thiere, Bäume und Pflanzen bin ich nur leicht weggegangen, wie einer, der seine Reise beschleuniget. Ich wollte nur das Nöthigste und überhaupt, aber mit der strengsten Aufrichtigkeit anmerken. Wer sich hierinn genauer unterrichten will, darf nur die Kräuterbücher und Botaniker nachschlaschlagen, welche diesen Stoff eigends in grossen Bänden abgehandelt haben. Findet man bei mir etwas, worinn ich von diesen Schriftstellern abgegangen bin, so darf man darum weder mich noch sie eines Irrthums oder einer Unwissenheit beschuldigen, indem zwischen denselben hunderterlei Streitigkeiten über den Namen, die Gestalt und Eigenschaften besonders der amerikanischen Produkte obwalten, und der eine das läugnet, was der andere behauptet. Oft denken beide über etwas gleich, und gehen nur in Worten von einander ab, weil einer den andern mißversteht, und jener vom Zwiebel und dieser vom Knoblauch redet. Die Menge der Sprachen und der Mangel an ihrer Kenntniß war sehr oft die einzige Quelle der Zänkereyen, so daß es schwer hält zu bestimmen, wem aus beiden man beistimmen soll. Ich meines Theils habe mir gleich Anfangs, als ich an die Beschreibung der paraquayischen Produkte Hand anlegen wollte, zum Grundsatz gemacht, meinen Augen mehr als fremden Nachrichten zu trauen, denjenigen aber am wenigsten, welche Amerika entweder gar nicht oder doch nur wie Reisende mit einem flüchtigen und unstetten Auge gesehen haben. Indessen will ich niemand bereden, auf meine Worte zu schwören. Ich bin in meinen Behauptungen nichts weniger als hartnäckig; denn ich weiß zu gut, wie oft auch das schulgerechteste Pferd strauchelt; und wie sehr sich oft die berühmtesten Schriftsteller betrügen und fehltretten. Aber genug hievon. Ich eile zu meinen Abiponern als dem Haupgegenstande meiner Geschichte, damit ich mir nicht den Vorwurf zuziehe, als hätte ich mich zu lange im Eingange derselben aufgehalten.

Ende des ersten Theils.

Druckfehler.

In der Vorrede statt vollſtåndig lies vollſtåndig
— — Anmerkung ſtatt Peti lies Peti

Seite	Zeile	anſtatt	lies:
4	33	Staſſe	Straſſe
8	30	Manilla	Manila
9	8	Luyaba	Cujaba
9	18	Stådtchens	Fleckens
10	22	Spgniern	Spaniern
11	14	30 Minut.	20 Minut.
12	3	ſoll es heißen: deren die erſte an dem weſtlichen, die zwepte aber an dem öſtlichen Ufer der Parana erbauet iſt.	
13	6	Aukanigas	Yaaukanigas
14	9	Siffbau	Schiffbau
16	19	Alabarazie	Albarrazin
16	31	für einen	für einen jeden
17	22	1762	1732
17	8	unterliegen	erliegen
18	20	wahrthaft	wahrhaft
18	21	unverſchåmen	unverſchåmten
18	27	Stådte	Flecken
22	10	25	28
22	22	gegen	wider
26	16	Aquamirano	Altamirano
28	6	konnten	konnte
28	29	Della	De la
29	33	ein tüchtiger	wenn ein tüchtiger
31	31	Neenquirù	Neenguirù
33	21	nicht	—
34	6	vor Anker lagen	uns aufhielten
34	16	Gazettas	Gazetas

Seite	Zeile	anstatt	lies:
185	23	von dem Grimme	vor dem Grimme
186	11	bekommen	bekamen
187	20	und Brand	den Brandwein-
188	1	haben	habe
189	27	stållsten	steilsten
189	3	28	25
189	31	sich	sie
189	35	ausgesteuert	aufgestecket
192	7	eingenommen	mitgenommen
192	7	Krucken	Krücke
192	13	8 Tagreise	5 Tagreise
195	12	Bauchratzen	Bauchkratzen
203	24	brasilianische Wei- ber	mit brasilianischen Wei- bern verheurathet
234	18	Ranconier	Rançonier
242	15	In wenigere	Je weniger!
277	35	Ein Fischer	Ein Fleischer
278	1	Quaraner	Paraquaner
286	32	Aguillas	Aguilillas
296	12	Cubayba	Cupayba
331	6	ἐλαφοχαιηγλον	ἐλαφοχαμηλον
342	15	Tayaçà	Tayaçù
418	9	Cordors	Condors
430	3	Ereyabe	Ereybae
431	21	graue Farbe	grüne Farbe
453	11	Villelas	Vilelas
469	7	Lustseuche	Lustseuche
477	7	Glånzed	glånzend
480	21	soll es heißen: bei 300 Meilen weit nach Buenos-Ayres gebracht worden, wo sie sehr hoch zu stehen kommen, in dem diese Stadt auf allen Seiten von Wäldern entblößet ist.	
480	29	Bretterischneiden	Bretterschneiden
480	30	Allen	Allein

Seite	Zeile	anstatt	lies:
481	14	wegen der und Di= cke Geradheit	wegen der Dicke und Geradheit
489	12	Schiedel	Schindel
500	29	dirses	dieses
501	2	Nachttische	Nachtische
509	35	Ycà	Yucà
519	4	Quaycàn	Quayacàn
519	5	Algarroba	Algarrobo.
520	20	Cevil	Çevil
524	23	niedrig	klein
517	20	Inigo	Indigo
556	22	zubereitet	zubereitet
556	23	Bpanischen	spanischen
558	18	Mbostaza	Mostaza
553	23	eckicht	eckicht ꝛc.

In

	beura- then.	Verstor- bene Er- machsene	Verstor- bene Kinder	Kommu- nionen.	Seelen.

Gotto. Es gerieth von ungefehr
in dessen, was ich von der star-
kerne solche Art pflegten wir unsere
jäh wir verschiedenen indianischen
Näterhof zu erstatten. Ueber die
grbern; denn neben dem, daß die
Winner, welche sehr oft theils zu
Kdurch das Ungemach des Krieges
unsickfale der quaranischen Kolonien
gasiche Menge Einwohner zählten,
wuld durch den Hunger, woran oft
bi und nicht selten die Viehseuche
Sorhin minder bevölkerte Flecken,
w litten, an Volksmenge beträcht-
lichten alle Flecken der Quaranier
zuo alten noch zween neue S. Joas-
chimen waren. Die Tabelle desto
ve

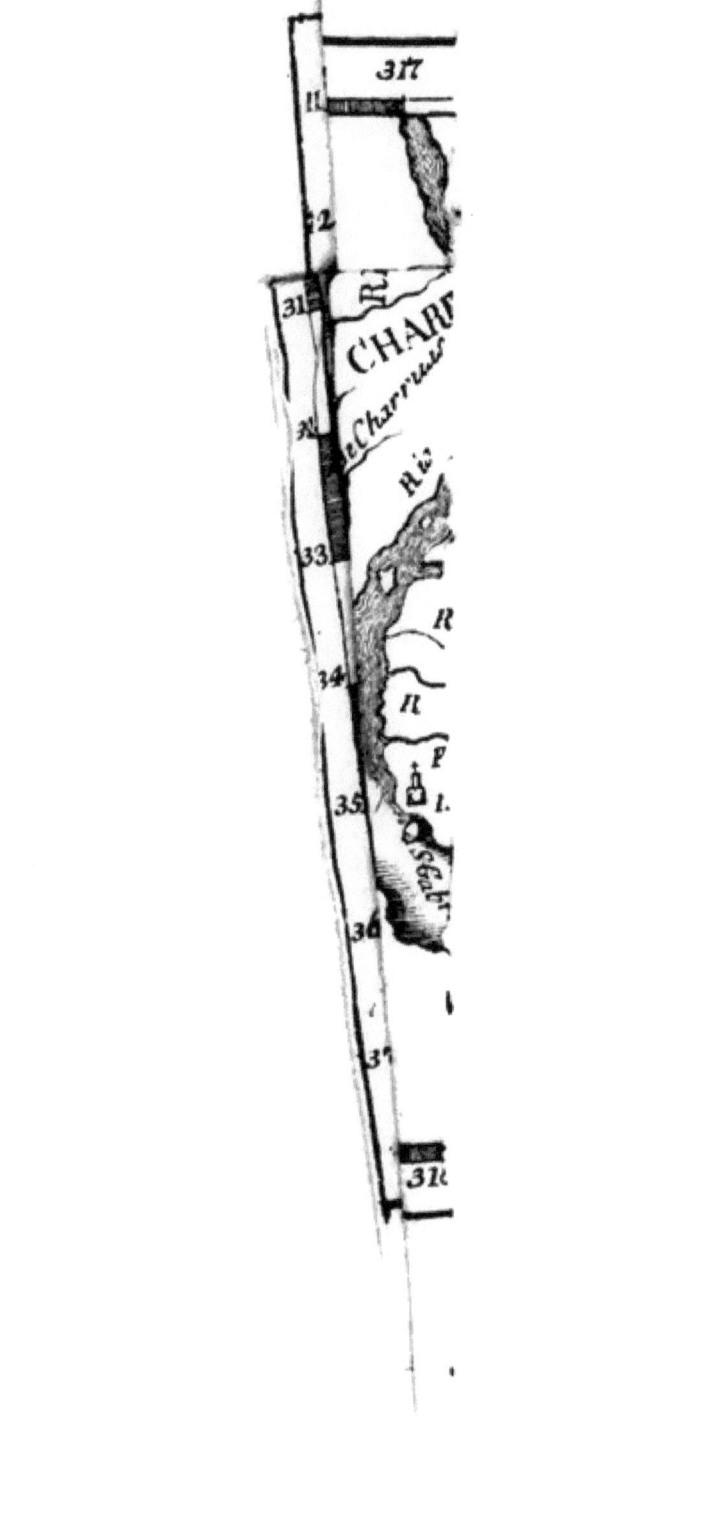

912

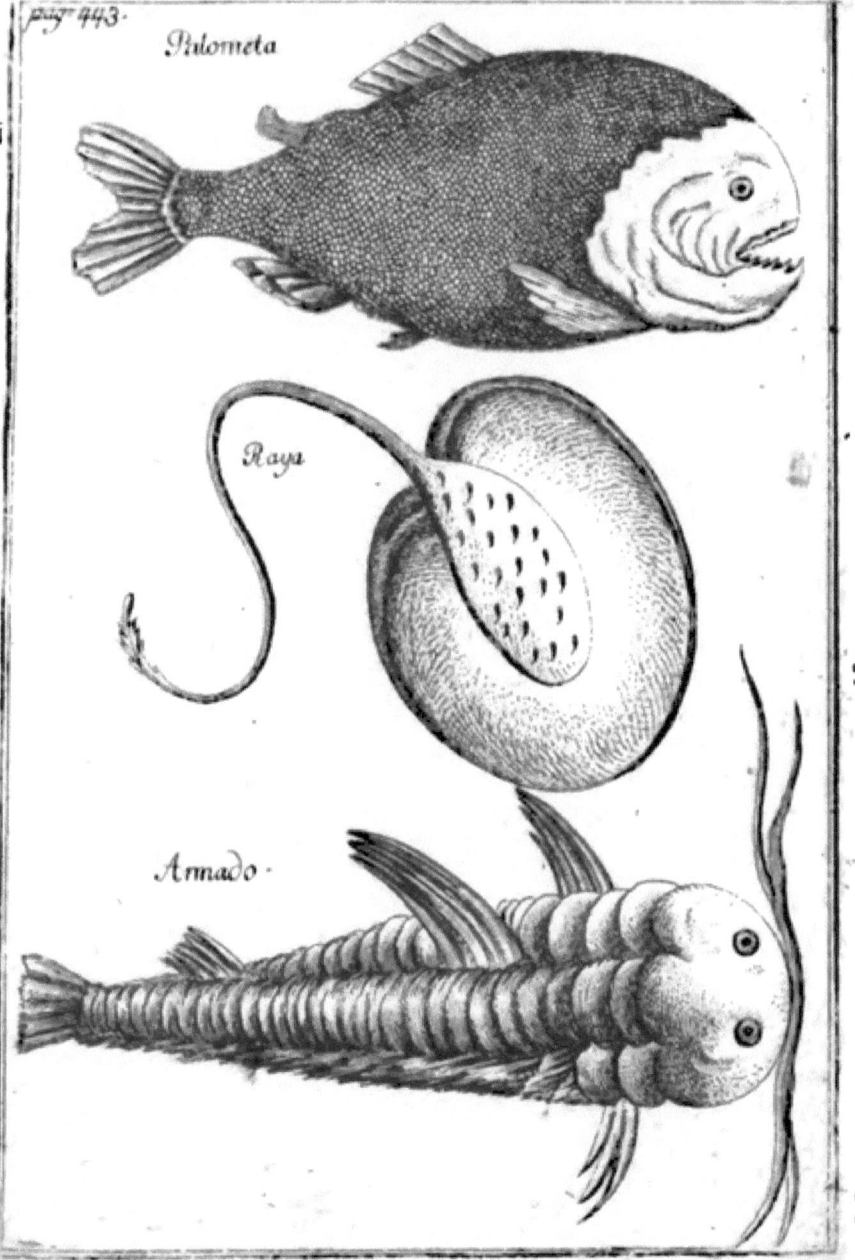

Palometa

Raya

Armado

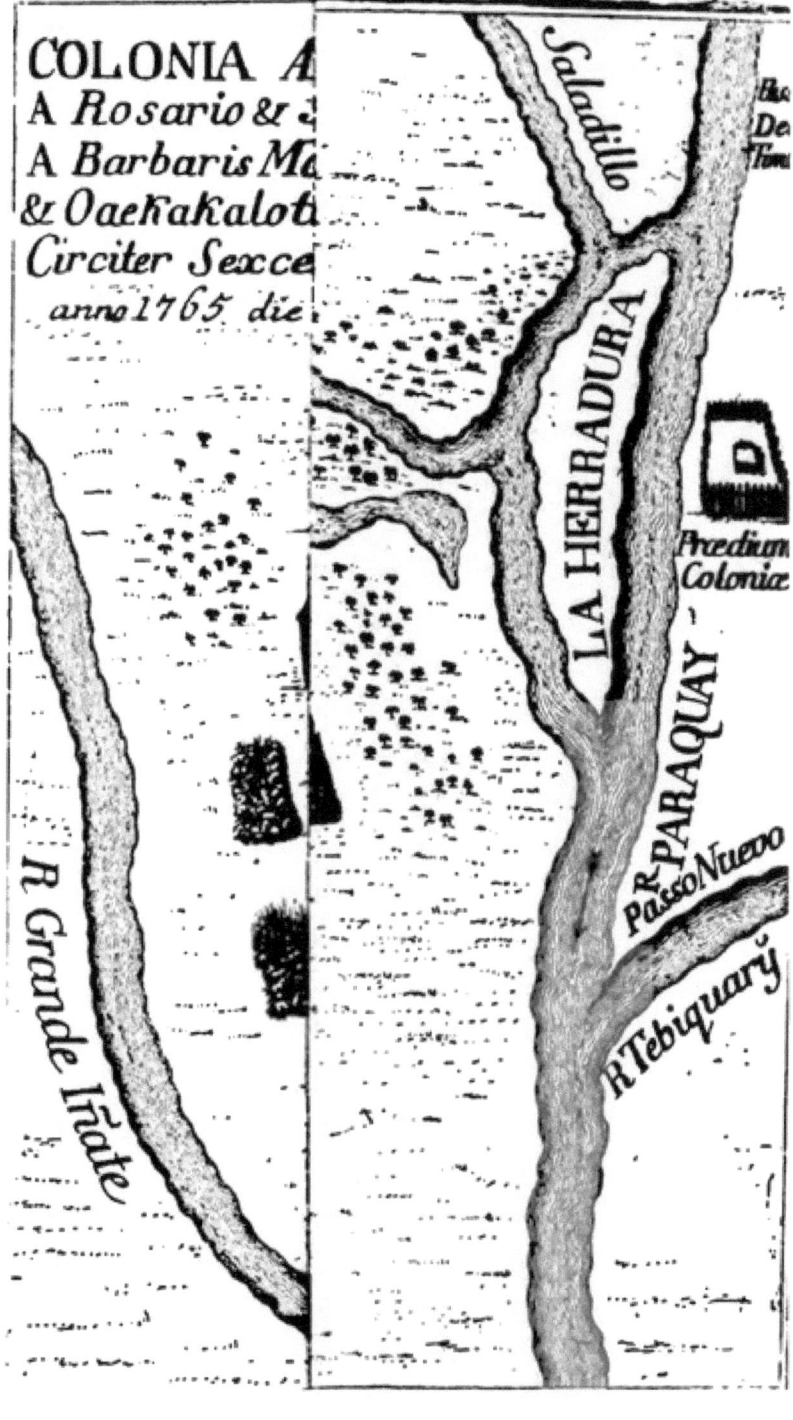